novum pro

**Moira Dawkins**

# SKOTOM

DER VERSTAND SIEHT
WAS ER SEHEN WILL

novum pro

www.novumverlag.com

Bibliografische Information
der Deutschen Nationalbibliothek:

Die Deutsche Nationalbibliothek
verzeichnet diese Publikation in
der Deutschen Nationalbibliografie.
Detaillierte bibliografische Daten
sind im Internet über
http://www.d-nb.de abrufbar.



ISBN 978-3-99107-246-1
Lektorat: Alexandra Eryigit-Klos
Umschlagfoto:
Maksim Prochan | Dreamstime.com
Umschlaggestaltung, Layout & Satz:
novum Verlag
Innenabbildungen: Moira Dawkins

Die von der Autorin zur Verfügung
gestellten Abbildungen wurden in der
bestmöglichen Qualität gedruckt.

Gedruckt in der Europäischen Union
auf umweltfreundlichem, chlor- und
säurefrei gebleichtem Papier.

**www.novumverlag.com**

# INHALTSVERZEICHNIS

# DANKSAGUNG

Für den Doc
Sie haben mir immer ein offenes Ohr geliehen und versucht mir mit Rat und Tat zur Seite zu stehen. Sie waren stets wie ein Vater für mich. Ich hoffe, dass dieses Buch Ihnen hilft mich wirklich zu verstehen.

★★★

Danke Julia
Deine Beharrlichkeit, logische Argumentation und klaren Worten haben mir den entscheidenden Tritt zu der Veröffentlichung dieses Buches gegeben.

★★★

Danke Gamze
Du beantwortest meine Fragen, als meine emotionale Dolmetscherin, zum Verhalten von Menschen immer geduldig und ausführlich.
Dein Verständnis für sehr Persönliches, das ich in diesem Buch offenbare, zeigt mir das Besondere an unserer Freundschaft.
Und Deine Vorfreude auf dieses Buch hat, in seinem unermesslichen Ausmaß dafür gesorgt, dass jeder von diesem Buch erfahren hat – ob ich es wollte oder nicht.

★★★

Danke Monika
Sie haben mir, zusammen mit Ihren Kollegen, eine große Chance gegeben. Die Mühen, die Sie alle vom novum-Verlag aufgewendet haben, bedeuten mir sehr viel.

***

Für Cindy, das wandelnde Disney-Musikalbum
Der **Zeitpunkt** ist gekommen Dir deinen größten Wunsch zu erfüllen. Du hast ihn mir oft beschrieben, **des** Weiteren haben wir verschiedene Szenarien hierzu gedanklich durchgespielt. Wie jeder Mensch, hast auch Du eine Liste von Dingen, die Du vor dem Erreichen deines **Todes** noch erleben möchtest.
Dein Wunsch lautet …

***

An alle Menschen, die mich seit jeher beneidet, kritisiert, gedemütigt und gehasst haben.

Egal wie groß eure Abneigung mir gegenüber war und ist – meine Abscheu bleibt immer größer. Jedes Unglück, das euch beschert wurde, hat mir den Moment versüßt.

Und an die, die immer geglaubt haben über mir zu stehen:

Ich dementiere dies mit einem Grinsen, das ich Euch von hier oben entgegenwerfe und bei seinem langen Fall beobachte.

# PROLOG

Als ich angefangen habe, dieses Buch zu schreiben, hätte ich niemals gedacht, dass es sich über so viele Jahre ziehen würde. Anfangs hatte ich vor, einfach nur über meine Kindheit zu schreiben und darzustellen, was trotz dieser aus mir geworden war. Dass sich über die Jahre jedoch so viele Höhen und Tiefen herauskristallisiert haben, die meiner eigenen Geschichte immer wieder eine Wende geben würden, hatte ich niemals ahnen können.

Bevor ich ein paar Worte zu dem Buch und dessen Entstehung sage, möchte ich darauf hinweisen, dass ich fast jedes Kapitel mehr oder weniger überarbeitet habe. Die ersten Kapitel sind weitestgehend unverändert (vor allem das erste). Diese spiegeln meine anfängliche Einstellung gegenüber meiner Vergangenheit und meiner Familie wider. Da viele beim Probelesen unterschiedliche Emotionen herausgelesen haben, möchte ich diese bewahren und nicht durch meine jetzige Einstellung zerstören. So wird hoffentlich ein Wandel über die Jahre bemerkbar.

Ich musste mich sehr oft davon abhalten, einiges zu löschen oder zu ändern, da sich meine Meinung und Einstellung zu vielem enorm verändert hat. Doch das Damalige muss bewahrt werden, um kenntlich machen zu können, was Veränderungen anrichten können.

Aber nun kurz zur Idee selbst:

Ich bin schon immer gern durch Büchereien gebummelt. Anfangs zog es mich mehr zu Horror und Mysterien, doch irgendwann siegte mein Interesse an Sachbüchern. Hierbei speziell über Leonardo da Vinci, griechische Mythologie und allerlei Wissenschaften – besonders Evolutionsbiologie und Körpersprache. Wenn etwas interessant aussah und einen Lerneffekt versprach, landete es mit hoher Wahrscheinlichkeit in meinem

Besitz. Auch wenn sich dieses Buch damit beschäftigt, habe ich nie Interesse an Büchern über Psychologie gehabt. Ich besitze zwar das ein oder andere, aber richtig gefangen genommen hat mich das Thema nie.

Beim Stöbern fielen mir natürlich auch die ganzen Biografien über Menschen und deren Schicksale auf. Es ist erstaunlich, wie viele Menschen ihre Geschichte zu Papier gebracht haben. Manche sind sicherlich gerechtfertigt und auch lesenswert, während andere wohl eher um Aufmerksamkeit und Geld buhlen.

Entsprechend angewidert lief ich durch die Reihen und dachte mir immer: *Jeder Depp kann ein Buch schreiben. Was dabei herauskommt, ist doch zum großen Teil sowieso nur Müll. Dann kann ich das doch auch, wenn so viele Leute diesen Schund lesen wollen!*

Obwohl ich dieses Heischen nach Mitleid überhaupt nicht leiden konnte, ging es mir nicht aus dem Kopf, mich unter diese Menschen zu mengen. Nicht etwa um des Mitleids oder um der Aufmerksamkeit willen. Nein, weil ich mir überlegt hatte, dass es auch anders gehen muss. Eine Geschichte kann tragisch sein, emotional berühren und sogar erschüttern. Aber der Ausgang muss nicht auch so sein. Ich wollte, dass Menschen mein Buch am Ende zuschlagen und zu sich selbst sagen können: „Wow, sie hat viel erlebt. Aber sie hat etwas daraus gemacht. Und dabei hat sie nicht alles geglaubt, was ihr aufgetischt wurde. Es scheint doch wichtig zu sein, sich ein eigenes Bild zu machen, anstatt anderen blind zu vertrauen. Vielleicht wäre es auch einmal ganz gut, jemanden nicht gleich zu verurteilen und in eine Schublade zu stecken. Manches Mal steckt mehr dahinter, als man denkt, und erfordert sogar ein Denken um die Ecke."

Deshalb habe ich dieses Buch auch „Skotom" genannt. In meinem Leben musste ich oft mit den Vorurteilen anderer Menschen kämpfen. Auch ich musste lernen, mir erst einmal ein Bild zu machen und nicht voreilig Schlüsse zu ziehen. Oft lohnt sich ein genauerer Blick und es ist auch keine Schwäche, Fehler, auch bedingt durch Vorurteile, zuzugeben. Wir Menschen laufen mit vorgefertigten Meinungen durch die Welt. Wir gehen davon aus, alles zu kennen, jeden einschätzen zu können und absolut alles zu wissen. Wie sehr wir aber hinters Licht geführt werden, wird erst durch einen genauen Blick auf das Geschehen ersichtlich.

In diesem Buch möchte ich Sie daher auf eine Reise durch die Welt der Psychotherapie nehmen. Vielleicht sehen Sie das Konzept der Psychotherapie genauso skeptisch wie ich. Anfangs habe ich mich mit Händen und Füßen dagegen gewehrt, weil ich es für absoluten Schwachsinn hielt Doch da ich mich selbst dazu anregen wollte, mir eine genauere Meinung zu bilden, anstatt zu urteilen, ließ ich mich auf diese Reise ein.

Ich möchte Sie keinesfalls davon überzeugen, sich therapieren oder Ihre Skepsis die Oberhand gewinnen zu lassen. Ich kann im Nachhinein sagen, dass mir sicher viel Kummer erspart geblieben wäre, wenn ich von Anfang an auf meinen Instinkt gehört hätte. Gleichzeitig bin ich aber dankbar für diesen Fehler, da ich nun mehrere Blicke hinter die Kulissen werfen konnte und so mit Sicherheit sagen kann, wie es wirklich läuft.

Wird online oder in Büchereien gestöbert, finden sich sicher viele Bücher, die über die Psychotherapie sprechen. Die meisten werden wahrscheinlich sehr positiv sein und eine ähnliche Selbstfindung und Erleuchtung versprechen wie das Pilgern auf dem Jakobsweg oder das Finden zu Gott.

Ich jedoch werde Ihnen eine andere Seite zeigen. Bei mir hat die Psychotherapie mehr zerstört, als sie reparieren sollte. Manch einer würde wohl sagen, dass ich mich einfach nicht darauf eingelassen habe. Doch ich halte dagegen, dass es einen Unterschied macht, ob man belogen, bedroht und manipuliert oder unterstützt und ernst genommen wird.

Mein Leben lang hatte ich damit zu kämpfen, dass sich mein Gegenüber seine Meinung über mich bereits gebildet hatte, noch bevor ich die Chance hatte, dies abzuwenden. Das kam im kleineren Rahmen vor, aber auch im großen.

So wurde ich aufgrund meines Aussehens oft mit einem Jungen verwechselt, was ich allerdings sehr amüsant fand. Auch mein wahres Alter wich oft von den Schätzungen ab, da ich schon immer jünger ausgesehen habe, als ich bin.

Doch solche „Vorurteile“ waren nicht immer lustig oder schmeichelnd. Als meine ganzen Intoleranzen und Allergien anfingen, vermutete anfangs fast jeder hinter dem Gewichtsverlust eine Magersucht, da ich nur langsam wieder zunahm.

Von meiner eigenen Pflegefamilie wurde ich stets als dumm dargestellt, da für sie unter Intelligenz nur sehr gute Noten zu verstehen waren. Dass aber Unterforderung oder ausgefallene Hobbys ebenfalls auf eine erhöhte Intelligenz hinweisen könnten, war in ihren Augen absurd und demzufolge ein Zeichen von kognitiven Einschränkungen.

Am schlimmsten waren jedoch die Reaktionen auf meinen psychischen Zustand an sich. Ich hatte nie Probleme damit, über meine Vergangenheit zu sprechen. Mir fiel es nicht im Geringsten schwer, weshalb ich die erschütterten Reaktionen meines Gegenübers nie nachvollziehen konnte. Heute weiß ich, dass die emotionale Abschottung und Bagatellisierung meiner Erlebnisse ein Symptom einer Traumafolgestörung sind, doch damals war es für mich schlicht normal.

Leider wussten nur wenige davon, weshalb ich oft als Schauspielerin und Lügnerin abgetan wurde. Das heißt, egal was und wie ich etwas erzählte – mir wurde früher oder später vorgeworfen, dass mich das Gesprochene extrem belasten, ich aber tapfer die Zähne zusammenbeißen würde, um keine Schwäche zeigen zu müssen. Und diese Vorwürfe kamen selten von „Laien“, sondern von ausgebildeten Psychotherapeuten bzw. Ärzten mit Zusatzausbildung.

Diese Vorwürfe nahmen irgendwann überhand, sodass ich bei den kleinsten Erzählungen als Lügnerin dargestellt wurde. Egal, ob ich es versteinert erzählte oder schwarzen Humor mit einbaute, es wurde als Schauspielerei verurteilt. Berichtete ich wahrheitsgemäß über fehlende Emotionen beim erzählerischen Durchleben einer Erinnerung, wurde das sofort und sehr aggressiv als Unwahrheit betitelt. Versuchte ich mich zu rechtfertigen oder auf offensichtliche Abspaltungen der Emotionen zu verweisen, wurde dies wütend als kläglicher Versuch verurteilt, abzulenken – schließlich wurde ich „erwischt“ und mein Abstreiten bestätigte dies angeblich.

Selbst Menschen, die mich kaum kannten, hielten an ihren vorgefertigten Meinungen fest. Egal ob Kollegen, Ärzte oder Wildfremde. Ich sah sehr jung aus, war es auch (in ihren Augen) und musste daher dem Bild entsprechen, das überall vorgegeben wurde: nämlich dass ich sehr nervös, zielgerichtet und somit gestresst sei. Getrieben durch Ehrgeiz werfe mich somit jede Niederlage weit zurück und nur das geringste Zeichen von Schwäche löse Ungeahntes in mir aus. Ich gab es irgendwann auf, diese Annahmen abzustreiten, da ich wusste, dass es keinen Wert hatte.

Menschen neigen dazu, an den Ansichten aller festzuhalten, damit sie dazugehören und nicht als „andersdenkend" ausgeschlossen werden können.

Ich war schon immer anders als die anderen, wurde auch als solches erkannt, aber sobald die Gefühlswelt, die Emotionen, der Verstand oder die Intelligenz an sich im Mittelpunkt stand, bekam ich den Stempel aufgedrückt, der mich automatisch den anderen zuwies.

So war es nur eine Frage der Zeit, dass mir irgendwann niemand mehr glaubte, mich nicht ernst nahm und ich schlicht als „psychisch gestört" in eine Schublade verfrachtet wurde. Diese wurde geschlossen, sodass keiner mehr meine kläglichen Versuche hören konnte, mich und meine Persönlichkeit ins richtige Licht zu stellen.

Menschen, denen ich vertraut hatte, hielten irgendwann an ihren eigenen Meinungen fest. Meine Familie wandte sich von mir ab und gab mir zu verstehen, dass ihnen mein wahres Ich missfiel. Freunde gingen ihre eigenen Wege, da sie nichts mit mir anfangen konnten. Und selbst meine zahlreichen Versuche, von Psychotherapeuten verstanden und ernst genommen zu werden, scheiterten kläglich.

Es war völlig egal, wie sehr ich versucht habe, meine Persönlichkeit und meinen Charakter jemandem näherzubringen. Stets stand ich hinter mir selbst, opferte alles, um mich nicht für Anerkennung verstellen zu müssen. Diese Treue gegenüber mir selbst endete in Einsamkeit und Verzweiflung.

Deshalb habe ich beschlossen, meine Geschichte zu erzählen. Ich habe mir durch meine Erfahrungen selbst die Augen geöffnet. Jeder kennt den Spruch: „Wie man in den Wald hineinruft, so schallt es heraus.“ Durch das eigene Benehmen öffnen sich Türen, können sich aber auch schließen. Auch davon erzählt dieses Buch. Ich habe gelernt, wie ich bestimmte Ziele erreichen kann, und habe mir auch vieles abtrainiert, was ich als falsch erkannt habe. Dazu gehören z. B. Vorurteile.

Zwischenzeitlich haben mich die Zweifel und Anschuldigungen zahlreicher Therapeuten, Ärzte und Mitmenschen so sehr gezeichnet, dass ich jeglichen Glauben an das Gute im Menschen verloren habe.[1]

Daher bin ich ehrlich, wenn ich sage: Ich gehe fast schon davon aus, dass Sie, lieber Leser, einige Worte in diesem Buch anzweifeln werden. Und ich sage Ihnen auch warum:

Menschen neigen dazu, ihre eigenen Emotionen, Erfahrungen und Vorstellungen in andere Leben zu projizieren. Das heißt, sie stellen sich automatisch vor, wie sie in bestimmten Situationen reagieren und fühlen würden. Diese unbewusste Abwandlung vom Objektiven ins Subjektive endet mit einer fälschlichen Bewertung des fremden Lebens. Das endet dann in absurden Ratschlägen, langweiligen Anekdoten oder sogar der Hervorhebung des eigenen, besseren Lebens.

Natürlich halten sich solche Menschen für die größten Empathiker, obwohl sie sich nicht im Geringsten in ihr Gegenüber hineinversetzen können. Wie auch, wenn sin in ihrer Biografie nichts Vergleichbares finden können? Also stellen sie es sich einfach vor, was in einem totalen Desaster endet.

In diesem Strudel der Skotome bin ich seit meiner Kindheit gefangen und versuche seither verzweifelt herauszukommen.

Umgeben von Menschen, die vorgeben, mich zu kennen. Die vorgeben, sich hervorragend in mich hineinversetzen zu können. Die vorgeben, den richtigen Weg für mich zu kennen. Die vor-

1 Dieser Vorgang wird auch hoffentlich beim Lesen dieses Buches deutlich.

geben, immer für mich da zu sein, mich ernst zu nehmen und mich niemals aufzugeben.

Doch schlussendlich war stets eine bestimmte Bedingung zu erfüllen: Ich musste so sein wie alle anderen.

Mein wahres Ich war so schwer zu erfassen und zu interpretieren, dass sich kaum jemand Mühe machte, mich richtig kennenzulernen. Das hat mir gleichzeitig gezeigt, dass ich somit niemandem wichtig genug war.

Kaum jemand kann sich daher vorstellen, dass ein Mensch auch anders sein kann. Relativ schnell landet man deshalb in Schubladen, womit ich auch sicher nicht allein dastehe.

Wie der großartige Christopher Lloyd in dem hervorragenden Film „Interstate 60“ (2002) gesagt hat:

„It's easier for your mind to interpret them based on that past experience instead of being open to the idea they could be different. We see what we expect to see, not necessarily what's really there.“[2]

Vielen fällt es schwer, offen für Neues zu sein. Es scheint leichter zu sein, sich den Regeln des Skotoms zu beugen, denn „der Verstand sieht, was er sehen will.“

---

2 Es ist einfacher für deinen Verstand, sie, basierend auf vergangenen Erfahrungen, zu interpretieren, anstatt offen zu sein für den Gedanken, dass sie anders sein könnten. Wir sehen, was wir erwarten zu sehen, und nicht unbedingt, was wirklich da ist.

# MEINE KINDHEIT

Ich bin das zweite von fünf Kindern. Im Juni 1990 wurde ich im Osten Deutschlands in einem großen Dorf geboren. Wir waren nicht gerade reich, doch trotzdem bekam meine Mutter stets die nötige Aufmerksamkeit, die sie sich offensichtlich so sehr wünschte. Ich will es einmal so sagen: Nur zwei von fünf Kindern müssen sich einen Vater teilen. Ich besitze ebenfalls das Privileg, meinen Vater nicht teilen zu müssen. Na ja, inzwischen schon, da ich kurz nach meiner Volljährigkeit erfahren habe, dass er wohl noch eine Tochter hat. Also habe ich, streng genommen, nicht vier, sondern fünf Halbgeschwister. Kurzum, meine Mutter hatte gerne viel Spaß und dachte erst danach über mögliche Konsequenzen nach. Doch solche „Konsequenzen" kann man ja ganz einfach loswerden. Mein großer Bruder machte den Anfang. Er wurde mit ein paar Jahren zu Pflegeeltern gegeben, die ihn zu einem perfekten Gentleman erzogen.

Weniger als ein Jahr später kam ich auf die Welt. Mein Vater, Mann Nr. 2, verschwand. Ich weiß nicht, wer er ist, und habe auch keinerlei Erinnerung an ihn. Nur kurze Zeit später kam auch schon der nächste Mann, der so sehr mit seinen Eigenschaften überzeugte, dass er kurzerhand geheiratet wurde. Diese Ehe brachte meinen kleinen Bruder, meine kleine Schwester und eine Handvoll Traumata hervor.

Ich kenne meinen Stiefvater ebenfalls nicht mehr. Meine Erinnerungen beinhalten ihn kaum. Alles, was ich über ihn erzähle, habe ich wiederum ebenfalls aus Erzählungen. Vermutlich gehört er zu dem Typ Mann, der sein wahres Gesicht erst dann zeigt, wenn er bekommen hat, was er wollte. Im Fall meiner Mutter muss sie inzwischen so abhängig von ihm geworden sein, dass es für sie kein Zurück mehr gab. Sie ahnen es vielleicht schon: Meine Mutter heiratete doch tatsächlich einen gewalttätigen Säufer. Ich kann mir nicht vorstellen, wie viel Dummheit und Naivität nötig sein muss, um so etwas zu tun. Entweder war sie so verliebt in ihn, dass die sprichwörtliche durch Liebe ausgelöste Blindheit über Jahre anhielt, oder sie war so verzweifelt und überfordert mit mehreren Kindern verschiedener Väter, dass ihr jede noch so kleine Aussicht auf Unterstützung recht war. Wahrscheinlich von allem etwas. Meiner Meinung nach war sie schon mit der Fähigkeit geboren worden, konsequent die vergeblichen Versuche ihrer Vernunft, einzugreifen, unterdrücken zu können. Ich bin überglücklich, dass sie dieses „Talent" nicht an mich weitergereicht hat. Expertenmeinungen zufolge rührt ihr Verhalten vermutlich aus einer ebenfalls zerrütteten Kindheit. Warum man daraus dann nicht lernt, sondern seinen eigenen Kindern ebenfalls die Aussicht auf eine behütete Kindheit nimmt, wirft ebenfalls Fragen meinerseits auf.

Mein kleiner Bruder wurde zwei, meine kleine Schwester fünf Jahre nach mir geboren. Sie können nun selbst ausrechnen, wie lange wir mindestens unter diesem Tyrannen leben mussten. Wie gesagt, ich kann mich kaum an etwas erinnern. Jahre später bestätigte mein Stiefvater die Gerüchte in betrunkenem Zustand gegenüber meiner Schwester, die kurzzeitig Kontakt zu ihm hatte. Und Betrunkene sagen schließlich immer die Wahrheit, nicht wahr?

Unsere Mutter bekam das meiste ab. Es setzte augenblicklich Prügel, sofern zwei Kriterien erfüllt wurden: Sein Promillepegel war weit über einer akzeptablen Grenze und irgendetwas passte nicht in sein perfektes Weltbild. Das konnte alles sein: Die Frau war nicht schnell genug damit, seine Wünsche zu erfüllen, oder schlimmer noch – sie verweigerte einen Befehl und verschlimmerte die Situation damit zusehends. Oder eines der Kinder weinte grundlos.

Für dieses Problem fand sich jedoch schnell eine effektive, wenn auch grauenvolle Lösung: Man gab ihm einfach einen Grund. Diese Erfahrung durfte ich ebenfalls machen. In meinen ersten Lebensjahren war ich sehr anstrengend. Ich weinte viel und machte es somit niemandem leicht. Ich möchte keinesfalls die Schuld auf mich nehmen, aber mir ist bewusst, dass es mit mir nicht immer einfach war. Man kann natürlich hier das Argument anführen, dass wohl jedes Kind unter solchen familiären Umständen alles andere als glücklich gewesen wäre. Entschuldigen kann man die nachfolgende Tat daher überhaupt nicht. Doch ich komme später zu einigen Szenen, die typisch für mein Verhalten waren und an die ich mich noch gut erinnern kann.

Ich weinte also wieder einmal. Meine Mutter hatte es aufgegeben, nach dem Grund für meine Trauer zu suchen, und wahrscheinlich auch damit, mich zu beruhigen. Ich hätte vermutlich sowieso nicht auf sie gehört. Ihre fehlgeschlagenen Versuche blieben auch nicht meinem Stiefvater verborgen. Nachdem er den Grund für mein „Geschrei“ nicht in Erfahrung bringen konnte, beschloss er, die Sache selbst in die Hand zu nehmen. Und zwar im wahrsten Sinne des Wortes. Kurzerhand hob er mich hoch über seinen Kopf, ließ mich fallen und schloss seine Tat mit den Worten: „Jetzt hast du einen Grund zum Heulen!“

Mit Blick auf diese unfassbare Tat würde mich interessieren, was danach geschah. Stellen Sie sich ein kleines, weinendes Bündel vor, das zusammengekauert auf dem Boden liegt. Ein Mädchen zwischen drei und fünf Jahren, das geschockt sein muss, vielleicht auch Schmerzen hat und sich fragt, was soeben passiert ist. Es hat Angst, fleht um Hilfe und wünscht sich nichts mehr als Sicherheit, Geborgenheit und Trost.[3] Kam meine Mutter angelaufen, um mich in den Arm zu nehmen und zu trösten? Lief sie zu dem Gewalttäter und schlug auf ihn ein? Schrie sie ihn an? Verteidigte sie ihre Tochter? Hatte sie die Tat überhaupt mitbekommen? War sie evtl. gerade in einem Nebenraum gewesen, hörte nur den Aufprall, den abschließenden Satz und das Aufschreien eines Mädchens?

---

3 Vielleicht ging mir auch etwas anderes durch den Kopf. Ich kann mich nicht daran erinnern und daher nur mutmaßen.

Ich sage Ihnen, was ich glaube: Sie tat nichts und sah darüber hinweg. Sie ist zwar meine Mutter, verhielt sich aber nie so. Eine Mutter beschützt ihr Kind. Sie würde alles tun, um es vor drohendem Unheil zu beschützen. Nicht so diese Frau. Wie sie auch Jahre später bewies, hatte sie sicher tatenlos zugesehen und war womöglich noch froh darüber, dass es diesmal nicht sie getroffen hatte.

Ein weiteres Mittel, seinen Willen durchzusetzen, war die Drohung mit den Kindern selbst – genauer mit deren Gesundheit. Hier kam dann wohl doch ein wenig ihr Beschützerinstinkt zum Vorschein, da wir noch alle leben. Es hat sich Folgendes zugetragen: Offensichtlich war Verprügeln nicht mehr effektiv genug, um an seinen Willen zu kommen. Das Tunken in verschütteten Alkohol, wie einen Welpen in seine Hinterlassenschaften, und das Ohrfeigen von Säuglingen waren nur nebensächliche Aktionen meines Stiefvaters. Spannender war das Spielen mit dem Leben der Kinder. Für einen erwachsenen Mann ist es ein Leichtes, ein Kleinkind, sogar einarmig, aus dem Fenster zu halten und zu drohen, es fallen zu lassen, sollte sich der gewünschte Erfolg nicht sofort einstellen. Unsere Vollzähligkeit und Unversehrtheit sprechen für den Erfolg dieser Methode. Genau dieser Einfallsreichtum wurde Jahre später von meinem Stiefvater stolz (und besoffen) ebenfalls bestätigt.

Inzwischen fragen Sie sich sicher, warum meine Mutter über so viele Jahre bei diesem Mistkerl geblieben ist. Leider kann ich diese Frage nicht beantworten, da ich mir dieselbe stelle. Sie war verzweifelt und hatte große Angst, um sich und vielleicht auch etwas um uns. Doch weder Verzweiflung noch die Angst waren offensichtlich groß genug, um ihn zu verlassen. Man kann das Ganze natürlich auch von einer anderen Seite aus betrachten: War die Angst vor ihm zu groß? Vor seinen Taten, die er womöglich begehen könnte? Die Taten eines gewalttätigen, unberechenbaren, verlassenen Vaters und Ehemannes, der nichts mehr zu verlieren hatte?

Und während dieser ganzen Ausführungen stellt sich eine weitere Frage: Wie schlimm müssen die anderen, vorigen Männer gewesen sein, dass dieser hier offensichtlich der Gewinner war? Ich glaube, das kommt auf die Sichtweise an. Nein, ich muss es anders ausdrücken. Auch meine Mutter hatte Grundsätze. Einer war: Nimm dir den ersten Mann, ungeachtet seiner Herkunft, Intelligenz oder gesellschaftlichen Stellung, und sorge dafür, dass seine Gattung nicht ausstirbt. Ich bin weder Rassist noch glaube ich an Kasten oder Ähnliches. Ich lege allerdings Wert auf eine gewisse Intelligenz oder wenigstens ein gewisses Maß an Vernunft. Weder das eine noch das andere findet man, wenn man nur einen kurzen Blick auf die Väter aller Kinder wirft, die meine Mutter innerhalb von etwa sechs Jahren „gesammelt" hat. Mein großer Bruder hat daher asiatische Wurzeln. Nur wenige Monate später musste meine Mutter schon meinen Vater kennengelernt haben (er stammt aus dem osteuropäischen Raum), ihre angeblich „große Liebe". Leider erfüllte er nicht das Kriterium Intelligenz, von der er nicht gerade viel besaß, und musste daher, laut Jugendamt, betreut werden. Dass ihm ihre bereits bestehende Schwangerschaft nichts ausgemacht hatte und er sich wohl sehr dringend fortpflanzen wollte, vor allem mit ihr, beweist folgende Tatsache: Mein großer Bruder und ich sind „irische Zwillinge", das heißt, wir liegen nicht mal ein Jahr auseinander. Unsere Namen haben ebenfalls sehr viel gemeinsam und sind nicht durch Zufall entstanden. Ich besitze die weibliche Form des Vornamens meines Vaters. Mein großer Bruder hat die leichte Abwandlung und mein kleiner Bruder wurde ebenfalls mit einer weiteren Form des Vornamens meines Vaters gestraft. Aus Gründen der Anonymisierung kann ich diese hier nicht nennen, doch stellen Sie sich die gleiche Vorsilbe mit unterschiedlichen Endungen vor. Das nenne ich doch mal eine Liebeserklärung! Doch halt! Wo ist er und was ist aus der großen Liebe geworden? Dass mein Vater wohl nicht mit sehr viel Intelligenz gesegnet worden ist, erklärt den Umstand, dass er auf meine Mutter hereingefallen ist. Doch es gab noch einen Faktor, der meiner Meinung nach ausschlaggebend für die nachfolgenden Handlungen war: seine Mutter. Sie war wohl die Eifersucht in Person. Dass es eine andere Frau im Leben ihres Sohnes geben sollte, die auch noch seinen Nachwuchs austrug, war ihr ein Dorn im Auge. Teilen kam für sie nicht infrage und so versuchte sie dies um jeden Preis zu verhindern. Dies schloss einen Mordversuch keinesfalls aus. Sie haben richtig gelesen: Was meine Mutter Jahre später unter Leid und Schmerz mehrfach versuchen sollte, missglückte auch meiner Oma väterlicherseits. Als meine Mutter mit mir schwanger war, versuchte meine Oma zwei Fliegen mit einer Klappe zu schlagen: die verhasste Konkurrentin mitsamt Brut loswerden. Doch auch dieser Versuch blieb bei solchem. Sie sehen also, ich habe eine wirklich charmante Familie.

Der Letzte im Bunde war ein Afrikaner, der jedoch der harmloseste von allen war. Seine Tochter bildet den Schluss unserer vielfältigen „Familie“ à la united colors of Benetton.

Nachdem unsere Mutter also schon vor den alkoholinduzierten Taten geschädigt worden war, kann man es ihr da verübeln, dass sie irgendwann am Ende ihrer Kräfte war und somit keinen Ausweg mehr sah als den Selbstmord? Ich bin ehrlich: Die fehlgeschlagenen Versuche, sich mit Tabletten aus dem leid- und qualvollen Dasein zu erlösen, kann ich ihr nicht übel nehmen. Die Tatsache, dass sie uns mit diesem Säufer allein gelassen hätte, nährt zwar meine Wut auf sie, trotzdem habe ich Verständnis und kann nachvollziehen, wie verzweifelt sie gewesen sein muss. Ich gehe sogar noch einen Schritt weiter. Zugegeben, die nachfolgende Aussage erschreckt mich selbst ein wenig, da ich anders erzogen wurde, aber trotzdem spreche ich es aus: Ich bedauere es sehr, dass es selbst beim zweiten Mal nicht geklappt hat! Es ist böse und falsch, so etwas zu denken, doch es ist wahr. Dass ich überhaupt zu solchen Gedanken fähig bin, hat auch sie durch ihr Handeln möglich gemacht.

# MEIN NEUES LEBEN

Sollten Sie aufmerksam gelesen haben, sind Sie evtl. stutzig geworden, als ich sagte, dass ich eigentlich anders erzogen worden bin. Doch wie soll mich eine naive, unvernünftige, schwache Frau richtig erzogen haben? Natürlich gar nicht. Der Grund dafür, dass ich doch noch die Kurve gekriegt habe, nahm kurze Zeit später seinen Anfang:

Wie ich bereits erwähnt habe, wurde mein großer Bruder in sehr jungen Jahren zu Pflegeeltern geschickt. Wie sie diese Familie gefunden haben, weiß ich nicht. Über die Jahre wurden seine Pflegemutter und unsere Mutter allerdings Freundinnen. Sie beobachteten das Kommen und Gehen der verschiedenen Männer, die Hochzeit und die damit verbundenen Folgen. Nachdem es mein Stiefvater geschafft hatte, unsere Mutter so zu brechen, dass sie keinen Ausweg mehr sah, gab es doch noch einen lichten Moment, der uns alle retten sollte. Wie genau diese Erleuchtung vonstattenging, kann ich leider auch nicht sagen. Offensichtlich hatte ihr etwas oder jemand so lange die Augen geöffnet und ihr den nötigen Mut verschafft, dass sie mit uns Kindern in ein Frauenhaus flüchtete. Besser spät als nie, nicht wahr?

Nach dem Aufenthalt im Frauenhaus hatte man uns vermutlich in einer kleinen Wohnung untergebracht und augenscheinlich vergessen.

Da standen wir nun, zwei Kleinkinder und ein Baby, mit einer Mutter, die psychisch so sehr am Ende war, dass sie uns komplett vernachlässigte. So musste ich mich als Älteste (ich war damals fünf Jahre alt) um meinen dreijährigen Bruder und meine zehn Monate alte Schwester kümmern. Dass ich das überhaupt hinbekommen habe, wundert mich sehr. Ich vermute, dass ich hauptsächlich das Tun meiner Mutter überwacht und sie auf dies und das aufmerksam gemacht habe. Etwa ob meine Schwester etwas zu essen bekommen hat[4] oder ob ihre Windel gewechselt werden sollte. Mein Bruder und ich versorgten uns wahrscheinlich selbst. Dass dabei ein Chaos entstand, ist anzunehmen, da Kleinkinder kaum für sich selbst sorgen können. Lange hielt dieses Zusammenleben allerdings nicht an. Unserer Mutter ging es immer noch nicht besser und wir machten ihr es wohl auch nicht gerade leicht. Es ist fraglich, ob sie überhaupt Hilfe bekommen hat, sei es in psychotherapeutischer Weise oder einfach, um ihr mit uns etwas unter die Arme zu greifen. So war sie überfordert, gezeichnet von einem gewalttätigen Mann und hatte jegliche Lebensfreude verloren. Sie erkannte jedoch, dass etwas getan werden musste. Also verfasste sie einen Brief. Einen Brief, der einen stummen, aber offensichtlichen Hilfeschrei enthielt. Diesen Brief gab sie ihrer damals besten und wahrscheinlich einzigen Freundin: der Pflegemutter meines großen Bruders. Die Übergabe wurde von den Worten begleitet, dass es ihr freistehe, den Brief an das Jugendamt weiterzuleiten.

So bekam das Jugendamt einen Brief zugestellt, in dem pure Verzweiflung, Angst und nackte Hilflosigkeit zum Ausdruck gebracht wurden. Unsere Mutter schrieb von Überforderung, Kraftlosigkeit, Unmut und Demotivation. Ihre Reue, mehrfache Mutter werden zu wollen, spiegelte sich deutlich in ihren Worten wider (Zitat: „Ich weiß gar nicht, wie ich auf die Idee gekommen bin, mehrere Kinder haben zu wollen …“).

Nun geschah alles ganz schnell. Nach dem Erhalt des Briefes handelte das Jugendamt sofort und holte uns unverzüglich aus unserer „Familie“ und unserem „Zuhause“ heraus. Diesmal kann ich mich sogar genau an diesen Moment erinnern. Ein Mann holte uns mit den Worten „Wir machen jetzt einen Ausflug“ ab. Der

---

4 Auf spätere Fragen erwiderte meine Mutter gleichgültig, dass sie hin und wieder eine Milchschnitte bekommen habe oder andere Nahrungsmittel, die eigentlich nicht für ein Baby gedacht sind.

„Ausflug" endete in einem Kinderheim. Man hatte uns in die nächstbesten Klamotten gesteckt, was auch die Fotos, die an diesen denkwürdigen Tag gemacht wurden, beweisen. Eine Psychologin nahm uns in Empfang, womit sie uns etwas die Skepsis gegenüber diesem neuen Ort nahm. Trotzdem war es schwer uns ein Lächeln zu entlocken. Bei mir klappte es besser, doch bei meinem Bruder mussten die schweren Geschütze, in Form eines Plüschclowns, aufgefahren werden. Die Fotos beweisen, dass dieser Versuch kläglich scheiterte.

Kurz darauf wurden wir in unsere „Gruppe" gebracht. Das Heim bestand aus mehreren Gruppen von Kindern und Jugendlichen verschiedenen Alters. Jede Gruppe hatte ein eigenes Haus. Die Kinder wurden entweder zu mehreren oder einzeln in Zimmern untergebracht. Auf dem Gelände, das einmal ein Kloster gewesen war, befanden sich außerdem eine Schule, eine Turnhalle, ein Schwimmbad, mehrere Spielplätze, ein großer Teich und für den Winter ein Hügel, den man Schlittenberg nannte. Die „Überbleibsel" des Klosters waren Ordensschwestern, die überall verteilt worden waren. Jede Gruppe hatte so eine Schwester, die Tag und Nacht anwesend war und die zur engsten Bezugsperson wurde. Neben den Schwestern wechselten sich Erzieher(innen) und Zivis ab, um die jeweilige Horde Kinder unter Kontrolle halten zu können.

Wir drei kamen in Gruppe 1. Der Empfang wurde uns so einfach und kinderfreundlich wie möglich bereitet, und zwar mit Kuchen und Spielzeug. Wir waren somit abgelenkt, während der Mitarbeiter des Jugendamtes alles Nötige klären konnte.

Unter anderem auch die Frage, ob wir uns bei unserer Ankunft sofort an den Tisch gesetzt hatten. Nachdem diese Frage verwundert bejaht wurde, klärte man die Anwesenden auf: Als man uns aus der Wohnung geholt hatte, waren den Mitarbeitern kaum Möbel aufgefallen. So stellten sie unter anderem fest, dass es nicht einen einzigen Tisch gegeben hatte. Dass wir trotzdem in der Lage gewesen waren, die Bedeutung und Nutzungsweise dieses Möbelstücks richtig zu deuten, mag wohl daran liegen, dass wir in meinem Geburtsort meistens an einem Küchentisch gesessen hatten. Allerdings wirft dies die Frage auf, warum wir kaum Möbel in der Wohnung hatten! Wurde unsere Mutter nach dem Frauenhaus nicht richtig betreut oder wollte sie einfach keine Hilfe?

Nun waren wir also im Heim. Allerdings nur vorübergehend. So wurde es zumindest geplant. Nur für ein paar Wochen, Zeit genug also, um ein paar Dinge zu regeln. Unsere Mutter wollte versuchen, wieder auf die Beine zu kommen, und uns dann wieder aus dem Heim herausholen. Doch das Gegenteil war der Fall. Sie wollte uns alle zur Adoption freigeben. Diesen Plan hatte sie von Anfang an gehabt, auch wenn uns anfangs etwas anderes erzählt wurde.

Als ich bereits über 18 Jahre alt war, erfuhr ich Folgendes: Meine Eltern hatten mich zur Adoption freigegeben. Das Gleiche hatten sie auch mit meinen kleinen Geschwistern vorgehabt, doch ihr Vater verweigerte die Zustimmung zu diesem Schritt. So war ich also, neben meinem großen Bruder, von keinem meiner Eltern gewollt und sollte daher „ein besseres Leben" erhalten. Zum Glück erfuhr ich dies erst viel später. Wer weiß, was dieses Wissen im Kindesalter aus mir gemacht hätte. Also hofften wir abgegebene Kinder, dass unsere Mutter eines Tages wieder vor uns stehen würde, um uns mitzunehmen. Ich vermisste sie anfangs wirklich sehr. Das äußerte sich vor allem in Tränen. Doch mit der Zeit hatte ich mich an meine neue Familie gewöhnt. Ich hatte Freunde gewonnen. Kinder, denen es ähnlich ergangen war wie uns. Meine kleine Schwester hatte mehrere Mütter und ich gab es bald auf, mich nach ihrem Wohlergehen zu erkundigen, da sie offensichtlich gut versorgt wurde. Wir hatten unsere Kindheit also wieder.

Wir verbrachten ca. zweieinhalb Jahre in dem Heim. Schon bald hatten wir gelernt, dass wir in der besten Gruppe des ganzen Heims gelandet waren. Wie ich bereits erwähnte, gab es ein Schwimmbad. Es lag nicht nur genau gegenüber unserem Haus, wir hatten auch noch den Schlüssel dafür. So war es nicht selten, dass wir unsere Gruppenschwester dazu überredeten, nachts mit uns ins Schwimmbad zu gehen. Neben dem ganzen Haufen Spaß gingen wir natürlich auch in die Schule und den Kindergarten[5] und wurden an einen geregelten Tagesablauf gewöhnt. Dazu gehörte neben sportlichen Aktivitäten auch die sog. Einzelstunde. Im Grunde war das nichts anderes als eine Psychotherapie für Kinder. Wir kannten diese „Stunde" aber als Aufenthalt in einem riesigen Spielzimmer mit einer netten Frau. Während wir also mit ihr spielen durften, stellte sie versteckte Fragen oder ließ uns bestimmte Bilder malen. Aus unserem Verhalten und den Aufgabenstellungen versuchte sie wahrscheinlich zu ermitteln, inwieweit wir traumatisiert waren und einer weiteren Behandlung bedurften. Doch das wurde mir erst sehr viele Jahre später bewusst. Für mich war es damals einfach nur „spielen".

Wir Kinder verstanden uns sehr gut und auch zu unseren Erziehern hatten wir ein hervorragendes Verhältnis. Besonders eine Erzieherin hatten wir ins Herz geschlossen, die nur wenige Jahre später einer der wichtigsten Menschen in meinem Leben werden sollte: meine zukünftige Pflegemutter!

Wir hatten sie über die Jahre kennen- und respektieren gelernt. Wir liebten und respektierten sie. Sie hatte eine Art an sich, die uns gefiel. Sie war gutmütig, aber doch streng. Sie verstand es stets, uns unter Kontrolle zu halten.

Trotz des familiären Zusammenlebens wurden die richtigen Familien niemals vergessen. So gab es Heimfahr-Wochenenden, an denen es den Kindern möglich war, zu ihren Eltern zu fahren. Sie mussten nicht auf die Ferien warten und der Kontakt wurde so stets aufrechterhalten. Zumindest bei den meis-

---

5 Als uns das Jugendamt in dem Heim untergebracht hatte, war ich etwa sechs Jahre alt. Theoretisch also alt genug für die Schule. Jedoch wurde ich ein Jahr zurückgestellt, was bedeutet, dass ich für ein weiteres Jahr in den Kindergarten geschickt wurde. So hatte ich noch etwas Zeit, mich an die neue Situation zu gewöhnen, bevor ein so großer Lebensabschnitt wie der Schulalltag begann.

ten Kindern. Bei uns war das leider nicht möglich. Unsere Mutter war kurz nach unserer Unterbringung im Heim schon wieder schwanger geworden und wir hatten somit eine weitere Schwester bekommen. Sie war also beschäftigt und hatte keine Zeit mehr für uns. Sie besuchte uns daher nur selten und wahre Highlights konnte man das kühle Aufeinandertreffen auch nicht nennen. Dass sie sich überhaupt einmal in dem Heim blicken ließ, lag an Besprechungen, bei denen sie das Jugendamt dabeihaben wollte. Von allein wäre sie niemals zu ihren Kindern gekommen, da sie oft verdeutlicht hatte, dass sie uns nicht mehr zurückwollte.

Die Tatsache, dass wir über die Wochenenden und Ferien nicht heimfahren konnten, brachte Probleme mit sich. Man konnte das Heim bzw. die Gruppe unseretwegen nicht ständig geöffnet lassen. Jeder Mitarbeiter hatte eine Pause verdient. So musste also eine Entscheidung her.

Diese bestand darin, dass es Zeit wurde, uns zu trennen und an Pflegeeltern zu vermitteln. Bei mir war das gar kein Problem, da es meinen beiden Eltern nicht eine Sekunde schwergefallen war, mich loszulassen. Man fand auch eine Familie, die bereits eine Tochter hatte und gern noch eine weitere haben wollte. Jedoch war die Natur schneller und tatsächlich bekamen sie noch eine Tochter. Dann noch ein Pflegekind aufzunehmen, war zu viel. Das Problem der drei Kinder, die vermittelt werden mussten, bestand also weiterhin.

Da fasste unsere Lieblingserzieherin einen Entschluss, der unser aller Leben verändern sollte. Um das Zusammenbleiben von uns drei Kindern garantieren zu können, würde sie uns in ihre Familie aufnehmen. Dazu besprach sie alles mit ihrem Mann und ihren eigenen drei Töchtern. Ganz recht, damals hatten die beiden bereits drei erwachsene Töchter. Und nun wollten sie das ganze Programm erneut durchspielen? Das zeugt, in meinen Augen, von wahrer Güte![6]

6 Bitte behalten Sie diese Aussage im Hinterkopf.

Meine Pflegemutter kannte uns bereits und wusste, worauf sie sich einließ. Doch wie überzeugt man die eigenen Kinder, einem so enormen Zuwachs zuzustimmen? Zum einen damit, dass die beiden ihre drei Mädchen nach ihren Grundsätzen erzogen und ihnen ihre Werte erfolgreich vermittelt haben.

Eine meiner großen Schwestern erzählte mir zudem folgende Geschichte: Als die große Entscheidung im Raum stand, habe sie beobachtet, wie ich auf ihre Mutter zu gerannt sei. Das Leuchten in meinen Augen und der Anblick von uns beiden, als wir uns in die Arme fielen, hätten sie vollends überzeugt.

Das freut mich natürlich ungemein und macht mich auch stolz. Stolz, solch tolle Geschwister bekommen zu haben.

Es waren also alle überzeugt und einverstanden und die Vorbereitungen für unseren neuen Lebensabschnitt konnten getroffen werden: ein Leben als Kind eines Lehrers und einer Erzieherin, drei großer Schwestern und einer großen, liebevollen Familie!

An den Tag X kann ich mich noch genau erinnern. Der Abschied fiel uns sehr schwer und es flossen viele Tränen. Ich war inzwischen acht Jahre alt, hatte Freunde gefunden und musste von meiner alten Familie in eine neue wechseln. Doch das Heim war natürlich nicht aus der Welt. In den Ferien verbrachten wir einige Tage dort und hielten so den Kontakt aufrecht.

Eine weitere Umstellung war die Ansprache unserer Pflegeeltern. Wir waren es gewohnt, unsere ehemalige Erzieherin zu siezen, und nun sollten wir beide beim Vornamen nennen? Das war anfangs natürlich seltsam, doch den Dreh hatten wir schnell raus. Dadurch, dass wir schon im Heim an gewisse Regeln gewohnt worden waren, unsere Pflegemutter bereits kannten und die beiden durch ihre eigenen Kinder und ihre Berufe Erfahrung hatten, war ein geregelter Alltag schnell erreicht. Noch mal drei Kinder großzuziehen, ist natürlich kein Zuckerschlecken, doch sie haben es erneut geschafft.

Natürlich wurden wir unserer neuen Familie nicht ohne Unterstützung überlassen. Das Jugendamt unterstützte die beiden finanziell und in sog. Hilfeplänen wurden regelmäßig vergangene wie auch zukünftige Ereignisse besprochen.

Nicht nur die Zusammenarbeit mit dem Jugendamt war neu für uns alle. Auch unser Umfeld, insbesondere die Familie meiner Pflegeeltern, Freunde und Bekannte, mussten sich erst an uns gewöhnen. In unserem Heimatort ging das relativ schnell, da meine Pflegeeltern dort sehr bekannt sind und eine solche Veränderung sofort realisiert, aber auch ebenso schnell geklärt und akzeptiert wurde. So wussten bald alle, dass wir eben nicht die Enkel, sondern die Pflegekinder waren. Zu unserem großen Glück wurden wir von der ganzen Familie sehr herzlich aufgenommen und schlagartig hatten wir Großeltern, Tanten, Onkel, Cousins und Cousinen. Zwar wurde jedem neuen Familienmitglied die Situation erklärt, doch sie wurden daran gewöhnt und wussten gleichzeitig, dass es auch Kinder geben kann, die eben ohne ihre richtigen Eltern aufgewachsen sind.

Eines vergaßen unsere neuen Eltern nie während all der Jahre: unsere richtigen Eltern bzw. unsere richtige Mutter. Ihr stetes Bemühen, den Kontakt zwischen ihr und uns aufrechtzuerhalten und sogar zu verstärken, zahlte sich aus. Nach einigen Jahren konnten wir tatsächlich die damals unmöglichen Heimfahr-Wochenenden erleben. Unsere Mutter war nun doch endlich auf die Beine gekommen und empfing uns abwechselnd (meist einzeln) an den Wochenenden bei sich zu Hause. Mein kleiner Bruder und ich genossen die Zeit bei ihr sehr. Wir hatten ein unterschiedliches, jedoch sehr gutes Verhältnis zu ihr.

Inzwischen besuchte ich die Realschule und hielt dort nicht damit hinter dem Berg, wie cool und toll meine Mutter doch sei. Sie war im Grunde wie eine Freundin. Wir lachten viel, hatten etliche Gemeinsamkeiten und verbrachten jede Minute miteinander. Sei es mit Reden, Spielen, Fernsehen oder sonstigen Beschäftigungen. Ich war stolz, solch eine Mutter zu haben, und scheute mich auch nicht davor, das jeden wissen zu lassen. Meinem Bruder erging es nicht anders. Nur unsere kleine Schwester sollte diese Erfahrung nie machen. Ich kann nicht sagen, warum unsere Mutter sie so sehr ablehnte – ich kann es lediglich vermuten. Sie tat es einfach. Ganz konnte man es ihr jedoch nicht verübeln. Denn auch mein Bruder und ich verstanden uns nicht sonderlich mit ihr. Von der Fürsorge und dem Verantwortungsbewusstsein, das ich noch vor dem Heim für sie gehegt hatte, war kaum etwas übrig geblieben. Lediglich wenn sie von anderen Kindern geärgert wurde, schaltete sich unser Beschützerinstinkt wieder ein. Frei nach dem Motto: „Wenn sie jemand ärgert, sind wir das!“

Sie hatte wirklich nichts mit uns gemein und was sie auch tat, es ging uns auf die Nerven. Ich vermute, dass es unserer Mutter ähnlich ging. Zwischen den beiden fehlte jegliche Bindung. Zwar glaube ich inzwischen, dass das bei mir und meiner Mutter ebenfalls so war, doch meine kleine Schwester zerstörte alles komplett.

Schon bald fuhr sie nur noch selten zu unserer Mutter. Die Streitigkeiten zwischen ihnen, wie auch die zwischen ihr und unserer ganz kleinen Schwester, nahmen enorme Ausmaße an. Da sowieso nur der kleinen Prinzessin Glauben geschenkt wurde, hatte sie keine Chance, und so stand bald ihr Wort gegen das unserer Schwester. Doch nicht nur sie merkte, dass die Beziehung zu ihrer Mutter allmählich zerstört wurde.

Mit den Jahren wurde ich reifer, vernünftiger und stand schon bald in jeglicher Hinsicht über meiner Mutter. Bereits mit elf Jahren war mir das auch von meiner Pflegefamilie ohne Ausnahme bestätigt worden. Meine Mutter bemerkte diesen Umstand ebenfalls, hielt sich jedoch anfangs zurück. Damals wollte ich das Offensichtliche allerdings nicht sehen und verkroch mich weiter hinter meinem Bild der „tollen Mutter“. Heute kann ich sagen, dass ich unbewusst schon die Wahrheit kannte; richtig realisiert habe ich dies in folgender entscheidender Situation:

Als ich kurz vor meinem Realschulabschluss stand, verbrachten mein kleiner Bruder und ich ein weiteres Wochenende bei unserer Mutter. Plötzlich bestellte sie uns in die Küche mit der Begründung, dass sie uns etwas zu sagen hatte. Dass ihr die bevorstehende Kundgebung nicht leichtfiel, war mir sofort klar. Gleichzeitig platzte ich vor Neugierde, da es sich offensichtlich um etwas sehr Großes handelte. Und dann brachte sie es endlich hervor: „Ich möchte euch wieder zurückhaben. Ich möchte, dass wir wieder eine Familie werden …"

Das war vielleicht eine Überraschung! Mein Bruder freute sich natürlich wie verrückt, da er von uns beiden das beste Verhältnis zu ihr hatte. Seine Einwilligung kam dementsprechend wie aus der Pistole geschossen. Und ich? Mir schoss nur ein Gedanke durch den Kopf: *Wie machst du ihr jetzt schonend klar, dass du unter gar keinen Umständen für immer hier mit all deinen Geschwistern und deiner Mutter leben möchtest? Weg von deinen Pflegeeltern, deiner neuen Familie, deinen Freunden, deinem neuen Zuhause? Einem offensichtlich besseren Leben?*

Ich versuchte mein Glück mit einer Lüge, da ich wusste, dass sie die Wahrheit niemals ertragen würde. Also stammelte ich, auf den Tisch starrend, vor mich hin, dass ich mich auf meinen Schulabschluss konzentrieren wolle und deshalb ausgerechnet jetzt keinen neuen Lebensabschnitt beginnen könne. Ihre Antwort kam genauso trotzig wie auch plötzlich: „Oh … na ja … wir haben uns sowieso nie besonders gut verstanden …"

Diese Konversation trat eine Lawine los, die erst fast zehn Jahre später zum Stillstand kommen sollte. Zumindest teilweise, da jeder einen Beitrag leistete, der das Leid jedes Beteiligten nur weiter in die Länge zog. Doch von Anfang an:

Mit seiner Zustimmung, zurück zu seiner Mutter zu ziehen, wandelte sich mein kleiner Bruder rasant und, zu unserem Bedauern, sehr ins Negative. Ich hatte mich mit meiner Entscheidung ebenso schnell ins Aus geschossen. Dass mein Bruder der Liebling meiner Mutter war, machte sich nun erst recht bemerkbar. In den qualvollen Monaten vor seinem schlussendlichen Auszug benahm er sich so grauenvoll, dass ich mich begann zu fragen, ob denn die gute Erziehung meiner Pflegeeltern wirklich so schnell verpuffen konnte. Der höfliche, hilfsbereite Junge war verschwunden. Zurück blieb eine jähzornige, gewalttätige Marionette, die alle Befehle ausführte, die ihr Meister ihr auftrug. So sollte er z. B. vor dem Jugendamt die dreiste Lüge in die Welt setzen, von unseren Pflegeeltern mehrfach geschlagen worden zu sein. Dass diese Behauptung glatt gelogen war, muss ich wohl nicht extra erwähnen. Ich werde nicht weiter im Detail ausführen, was sich mein Bruder noch für Respektlosigkeiten erlaubte, da ich weiß, dass er beeinflusst worden war und somit nicht wusste, was er tat.

Dann endlich war der Tag da: Das abschließende Gespräch mit dem Jugendamt mit der „Übergabe" des Sohnes. Leider war meine Mutter an dem Tag auch anwesend. Ich beachtete sie nicht und versuchte mir absichtlich ansehen zu lassen, dass ich ihr alles übel nahm, was sie nach dem Platzenlassen der Bombe und den nachfolgenden Ereignissen zu verantworten hatte. Im Nachhinein beschwerte sie sich sogar darüber, dass sie durch mein Ignorieren etwas weniger Aufmerksamkeit bekommen hatte.

So kam es also, dass meine Pflegeeltern von da an nur noch für zwei Kinder sorgen mussten. Man könnte nun meinen, dass dadurch die Probleme weniger wurden, doch weit gefehlt. Die Besuche bei unserer Mutter waren vorbei und der Kontakt brach komplett ab. Ich konnte meinen Abschluss machen und das Leben ging weiter. Leider gab es da noch meine kleine Schwester, die durch die erneute Ablehnung einen weiteren Knacks erlitten hatte. Inzwischen war sie so verwirrt und fühlte sich so missverstanden, dass sie beschloss, uns das Leben, in Vertretung für unseren Bruder, zur Hölle zu machen. Darunter fiel ihre Entscheidung, die Pubertät ein paar Jahre früher zu beginnen und ordentlich Randale zu machen. Alkohol, Tabletten, Ausreißen, Diebstahl und vieles mehr standen auf ihrer To-do-Liste des Grauens, die sie natürlich zur Sicherheit mehrmals durchging. Wir litten alle unter ihrem Benehmen. Im Gegensatz zu meinen Pflegeeltern hatte ich keinerlei Verständnis.

Irgendwann war der Punkt erreicht, an dem auch meine Pflegeeltern einen Schlussstrich ziehen mussten und sich gezwungen sahen, etwas zu tun. Sie bekamen sie einfach nicht mehr in den Griff und beschlossen, Hilfe für sie zu suchen. Meine kleine Schwester wurde von einer Unterbringung in die nächste geschoben, wobei sich nie eine deutliche Besserung bemerkbar machte. Zwischenzeitlich verbrachte sie sogar wieder einige Monate in dem Heim, in dem wir vor Jahren untergebracht worden waren. Durch die vielen Wohnortwechsel und das Fehlen von klaren Regeln bzw. das fehlende Annehmen derselben wurde aus ihr ein Mitglied des (wie ich es nenne) „Abschaums der Gesellschaft".

Damals wurde der Grundstein für die verkorkste Zukunft meiner kleinen Schwester gelegt. Und damit muss sie nun allein zurechtkommen – die Folgen ihres verantwortungslosen Handelns sollten mich jedoch nie ganz loslassen.

Ich habe die Hilfe meiner Pflegeeltern angenommen. Von ihnen habe ich alles gelernt, was ich heute weiß. Strukturen und Strategien, die ein nahezu sorgenfreies Leben ermöglichen. Trotzdem ist meine Vergangenheit auch an mir nicht spurlos vorbeigegangen. Ich weiß das, begründe darauf aber nicht mein Verhalten, so wie es z.B. meine Schwester macht.

Dass ich mich nun doch bewusster damit auseinandersetze, hat einen Grund, den ich schon am Anfang angesprochen habe: meine angeschlagene Gesundheit.

Nachdem meine gesunden Jahre ein jähes Ende gefunden hatten, machte ich eine wahre Odyssee an Arztbesuchen und kläglichen Versuchen der Diagnostik durch, die alle keine befriedigenden Ergebnisse brachten. Da nichts Körperliches gefunden wurde, nahmen die vorsichtigen Hinweise auf meine Psyche zu. Ein Thema, dem ich damals sehr empfindlich gegenüberstand. Da ich keinerlei Verständnis für das Benehmen meiner Schwester aufbringen konnte und wollte, war es für mich klar, dass ich keinesfalls so sehr unter meiner Vergangenheit litt, dass sich dies viele Jahre später in körperlichen Beschwerden zum Ausdruck bringen würde. Schließlich konnte ich ohne Probleme über das Erlebte berichten und fühlte dabei absolut gar nichts. Ich erzählte bewusst jedem meine Lebensgeschichte, da ich zeigen wollte, dass man auch mit einer fehlenden Bilderbuchkindheit ein normales Leben haben kann. Die Mehrheit meiner Zuhörer stellte mir nach beendeter Erzählung immer folgende Frage: „Warum bist du so normal geworden?"

Man merkte mir also kaum an, dass etwas bezüglich meiner Vergangenheit nicht stimmen konnte. Somit war für mich klar, dass diese keinerlei dramatische Spuren hinterlassen hatte. Es gibt welche, allerdings gehört meine Gesundheit nicht dazu. Trotzdem wurde ich immer mehr auf die Psyche als Ursache allen Übels verwiesen. Selbst Menschen, die ich schon seit Jahren kannte und die mich natürlich gut kennenlernen konnten, sprachen mich auf einmal auf dieses Thema an. Warum plötzlich dieser Wandel? Oder hatten sie vielleicht nur auf diese Gelegenheit gewartet? Sie meinten es zwar nur gut, wollten mir helfen, doch ich litt sehr darunter und wandte mich vorerst an niemanden mehr. Wie ich es schon als Kind gelernt hatte, war es besser, meine Sorgen und Ängste für mich zu behalten, um nicht noch mehr negative Reaktionen heraufzubeschwören. Ich verschloss mich fast gänzlich gegenüber meiner Familie und auch meine Freunde erfuhren nur das Nötigste. In meinen Augen waren lediglich meine Pflegeeltern und mein Hausarzt (kurz: Doc) meine Vertrauten. Ihnen konnte ich alles sagen und sie hielten sich mit psychischen Ursachen zurück.

Mein Doc sprach mich nie auf meine Kindheit an und wusste somit nichts davon. Dachte ich … Meine Pflegemutter gab irgendwann zu, dass sie sich aus lauter Sorge um mich an seinen Kollegen gewandt hatte, der mein Hausarzt gewesen war, als ich frisch zu meinen Pflegeeltern kam. Er solle sich doch mal meine Akte anschauen und mit meinem Doc über mich sprechen und ihm ggf. einen Rat geben. Er hat wohl auch mit ihm gesprochen und nun wusste ich, dass mein Doc schon lange Bescheid wusste. Erst war ich etwas enttäuscht über die Entscheidung meiner Pflegemutter und ihr Schweigen darüber. Doch dann freute ich mich umso mehr, dass mein Doc trotz gewonnenem Hintergrundwissen immer noch keinen Anlass sah, mich in psychotherapeutische Hände zu übergeben. Würde er es doch irgendwann machen wollen, könnte ich ihm wahrheitsgemäß sagen, dass ich diesen Schritt schon allein gegangen war.

Dieser Schritt war für mich sehr groß und meine Familie und auch meine Freunde waren darüber sehr erleichtert und dankbar.

Es ist nämlich so: Ich werde ungern zu etwas gezwungen. Wenn also eine große Entscheidung ansteht, muss ich sie selbst und durch eigenen Willen treffen. Ansonsten hat es keinen Sinn. Ich nehme es nicht ernst, mache es lächerlich und verletze womöglich alle Beteiligten mit unangebrachtem Verhalten. Ich gebe Ihnen ein Beispiel: Meine große Schwester (die Jüngste meiner Pflegeeltern) machte mir ein gut gemeintes Angebot. Ich sollte mit meinen Beschwerden zu ihrer Heilpraktikerin. Da eine Sprechstunde bei dieser Berufsgruppe nicht gerade billig ist, würde sie mir eine Beratung spendieren. Sie wusste zwar, dass ich an Homöopathie und dergleichen nicht glaube, meinte aber, dass es einen Versuch wert wäre. Ich lehnte ihr Angebot ab, da ich einer der größten Skeptiker in Bezug auf alternative Heilmethoden bin. Ich hätte ihre Heilpraktikerin nicht ernst genommen, hämisch gelächelt und sie all meine Zweifel und Skepsis spüren lassen. Ihre Tipps hätte ich natürlich auch nicht angewendet und wahrscheinlich alles, was sie gesagt und getan hätte, niedergemacht. Nachträglich natürlich, da ich doch einen gewissen Anstand besitze. Doch trotzdem hätte sie gemerkt, dass ich widerwillig gekommen wäre. Das wäre weder ihr noch meiner Schwester gegenüber fair gewesen.

Da ich mich nun mal am besten kenne, wusste ich also genau, wie eine solche Situation ungefähr ausgehen würde. Doch sobald ich selbst zu etwas bereit bin, benehme ich mich anders. So war es auch hier. Nach einer weiteren ergebnislosen Untersuchung war ich komplett am Boden zerstört. Ich lag zwar bereits am Boden, doch das Schicksal tobte sich an mir aus und trat noch mal ordentlich nach. Ich weinte jeden Tag und brachte kaum noch die Kraft auf, meinen Freunden den gut gelaunten, unerschütterlichen Spaßvogel vorzuspielen. Also überwand ich mich selbst und schrieb einer meiner Freundinnen die Wahrheit. Ich schüttete ihr mein Herz aus, was ich davor noch nie getan hatte. Alle negativen Gedanken und Gefühle lagen in meinen Worten und ich spürte, dass mir das Niederschreiben meiner Sorgen eine gewisse Erleichterung verschaffte. Auch wenn ich versuchte, all meine Verzweiflung und Ratlosigkeit in den Brief zu packen, hatte ich doch große Angst vor ihrer Reaktion. Zu meiner Überraschung war meine Freundin sehr verständnisvoll, beruhigte mich und versprach, mich zu unterstützen. Dass man das von einer Freundin erwarten kann, ist zwar logisch, doch damals glaubte ich überhaupt nicht mehr an das Gute.

Meine Freundin hatte selbst gerade eine schwere Zeit durchgemacht und brachte daher umso mehr Verständnis auf. Sie schlug mir vor, mich bei ihrer Psychotherapeutin vorzustellen, da sie großes Vertrauen in sie setzte und annahm, dass auch ich mich mit ihr verstehen würde und sie mir helfen könnte. Sie wusste natürlich um meinen Standpunkt, versuchte mich aber trotzdem langsam und vorsichtig zu diesem wichtigen Schritt zu bewegen. So bot sie mir an, meinen Fall in einer ihrer Sitzungen anzusprechen und mir dann die Telefonnummer ihrer Therapeutin zu geben. Ob ich mich dann bei ihr melden würde, sei mir überlassen. Zu meiner eigenen Überraschung willigte ich ein und hinterließ ein paar Tage später eine Nachricht auf ihrem Anrufbeantworter. Damals war mir alles egal und ich war der Meinung, dass es nicht schaden könnte, da mich früher oder später sowieso jeder zu diesem Schritt drängen würde. Anfangs waren wohl erst Schnuppertermine vorgesehen, bevor nach einigen Sitzungen beschlossen wurde, ob ich eine Therapie beginnen sollte oder nicht. Ich konnte also jederzeit aussteigen und hatte somit immer die Kontrolle. Dieser Gedanke gefiel mir und ich beschloss, der Therapeutin eine Chance zu geben. Für mich war klar, dass ich nicht über Gefühle oder Ähnliches sprechen würde. Sollte sie sich doch an mir die Zähne ausbeißen …

Und so hatte ich etwas in die Wege geleitet, das noch ein Jahr zuvor undenkbar gewesen war: Ich hatte eine Psychotherapie begonnen – doch wie es genau dazu kam, möchte ich nun ausführlicher erläutern.

# MEIN LEIDENSWEG

Ich habe mich immer damit gebrüstet, niemals krank zu sein und es pro Jahr höchstens mal auf eine laufende Nase zu bringen. Diesen Umstand verdankte ich vielleicht ein wenig der Tatsache, dass ich von klein auf nur barfuß gelaufen bin, zumindest im Haus (im Sommer auch draußen). Viele sagen, dass diese Angewohnheit das Immunsystem ungemein stärkt, doch das wollte ich ursprünglich gar nicht erreichen. Der Grund für das Weglassen der Fußbekleidung liegt darin, dass ich schon immer ein Gegner von Hausschuhen war. Sie sind unbequem und man muss sie immer ausziehen, wenn man sich z. B. aufs Sofa setzen will. Also zog ich sie als Kind irgendwann einfach nicht mehr an, was zur Folge hatte, dass meine Socken der Belastung nicht lange standhielten und so voller Löcher im Mülleimer landeten. Nach einer Standpauke meiner Pflegemutter, die mir nicht ständig neue Socken kaufen wollte, beschloss ich, etwas dagegen zu tun. Von nun an ließ ich nicht nur die Hausschuhe, sondern auch die Socken weg. Anfangs kam niemand mit meiner neuen Angewohnheit klar, da der Anblick meiner nackten Füße viele frösteln ließ. Im Sommer war dieser vielleicht noch zu ertragen, aber im Winter konnte niemand verstehen, warum ich nicht vor Kälte zitterte. Über die Jahre hatte ich mich immer mehr daran gewöhnt, wie auch alle anderen. Bis zu meinem 23. Lebensjahr blieben jegliche Erkrankungen von mir fern, was viele eben meinen nackten Füßen „in die (selten vorhandenen) Schuhe schoben“.

Doch dieser Nebeneffekt war schlagartig vorbei. Alles fing mit einer Gastritis (Magenschleimhautentzündung) an. Da ich bis dato eher selten zum Arzt gegangen war, versuchte ich die Schmerzen zu ignorieren. Doch irgendwann hielt ich die dazugehörende Übelkeit und den fehlenden Appetit nicht mehr aus.

Weinend rief ich zu Hause an und meine Pflegeeltern vereinbarten einen Termin bei ihrem Hausarzt. Er stellte die genannte Erkrankung fest, schrieb mich eine Woche krank und versicherte mir, dass ich dieses Elend bald los sein würde. Dem war auch so und ich konnte einigermaßen wiederhergestellt zu meinen Abschlussprüfungen meiner Ausbildung antreten, die kurz nach meiner Genesung bevorstanden.

Nur ein paar Wochen später stand ein Praktikum, in dem auch die Studienarbeit verfasst werden sollte, an und es ging wieder los: Appetitlosigkeit, Übelkeit und Durchfall. Ich dachte mit Schrecken an die ausgestandene Gastritis und konnte mir kein schlechteres Timing vorstellen. Meine Familie schob meine Symptome auf das bevorstehende Praktikum und auch ich zog diese Möglichkeit (heimlich) in Betracht.

Da es mir nach ein paar Tagen immer noch nicht besser ging, suchte ich erneut den Arzt auf. Das war das erste Zusammentreffen mit dem Doc[7]. Anfangs war ich skeptisch, erkannte jedoch schnell, dass wir uns auf einer Wellenlänge befanden. Trotz seiner coolen und humorvollen Art bringt er stets Verständnis auf, weiß wovon er spricht, ist immer ehrlich und behält dabei stets eine unglaubliche Ruhe. So war es nicht verwunderlich, dass ich ihm sehr schnell vertraute. Er schrieb mich für eine Woche krank. Dass dies an meiner Praktikumsstelle keinen guten Eindruck hinterlassen würde, war mir klar, doch was sollte ich machen? Nach einer Woche tauchte ich also wieder beim Praktikum auf und kassierte nach ein paar Tagen eine Standpauke meiner Chefin, die sich meine offensichtlich fehlende Motivation nicht erklären konnte. Ich wollte ihr nicht sagen, dass es mir schlecht ging, und ertrug stumm ihre Worte.

---

7 Wegen meines schlechten Namensgedächtnisses war es mir anfangs unmöglich, mir den Namen meines Hausarztes zu merken. Also nannte ich ihn schlichtweg „Doc“. Inzwischen kenne ich seinen Namen natürlich, habe den Spitznamen aber behalten, und inzwischen weiß jeder, wen ich meine, wenn ich vom „Doc“ spreche.

Meinem Darm ging es allerdings immer noch nicht gut. Der Doc wollte sichergehen und veranlasste eine Magen- und Darmspiegelung. Meine Chefin, selbst Ärztin, wusste inzwischen Bescheid und unterstützte mich in Sachen Gesundheit, wo sie nur konnte. Ich hatte mich eingelebt und hatte riesigen Spaß bei der Arbeit. Die anfängliche Standpauke meiner Chefin war vergessen und ich leistete gute Arbeit, was sie mir auch unter vier Augen zusicherte.

Die Spiegelungen brachten kein Ergebnis und ich wurde mit der Diagnose Reizdarm aus der Praxis verabschiedet. Inzwischen war ich untergewichtig, weil ich einfach nichts vertrug und ständig aufs Klo musste. Aus Angst vor Schmerzen, Durchfall und anderen unangenehmen Symptomen aß ich nur wenig, was sich natürlich auch an meinem Gewicht bemerkbar machte.

Der Doc ließ die abschließende Diagnose meines ersten Internisten nicht auf sich beruhen und erklärte mir, dass bei 90% aller Reizdarm-Patienten psychische Ursachen die Beschwerden verursachten und es fraglich wäre, ob es bei den restlichen 10% nicht genauso sei. Allerdings stritt er in meinem Fall diese Theorie ab, da er den Eindruck hatte, dass ich nicht in diese Sparte gehörte. Ich war sehr dankbar für diese Einschätzung und so folgte ich seinen nächsten Anweisungen. Die bestanden in der Durchführung von Intoleranztests. Ich sollte bei einem anderen Internisten einen Laktose- und Fruktose-Intoleranztest machen lassen. Was soll ich Ihnen sagen? Beide Tests waren positiv. Ich vertrug auf einmal also weder Laktose noch Fruktose. Verwundert über dieses Ergebnis, ordnete mein Internist noch einen Bluttest an, der noch eine Blutarmut obendrauf setzte. Gegen diese drei Dinge konnte man allerdings kaum etwas machen und so verzichtete ich erst mal komplett auf die „bösen Lebensmittel" und nahm Eisenpräparate, um meine Anämie in den Griff zu bekommen. Anfangs lief alles wunderbar. Ich hatte Zeit, mich auf mein Praktikum und meine Abschlussarbeit zu konzentrieren, und genoss das halbe Jahr sehr. Hin und wieder ging ich beim Doc vorbei, um ihm die Fortschritte zu übermitteln. Doch irgendwann ging auf einmal wieder gar nichts mehr. Erneut ging alles durch mich hindurch. Dann kamen auch noch unerklärliche lokalisierbare Schmerzen hinzu, die niemand so richtig einordnen konnte. Ungeachtet dieser neuen Beschwerden beendete ich mein Praktikum und damit auch meine Ausbildung. Nun ging es auf die schwierige Suche nach einem Arbeitsplatz. Doch meine angeschlagene Gesundheit machte mir einen Strich durch die Rechnung. Kurz vor dem Start an meiner ersten richtigen Arbeitsstelle klappte ich zusammen. Ich hatte einen Kreislaufzusammenbruch erlitten, was bei meiner damaligen körperlichen Verfassung kein Wunder war. Zum Glück hatte ich einen Tag später sowieso einen Termin beim Doc und so konnte ich ihm das Geschehene gleich erzählen. Besorgt eröffnete er mir, dass er mich gern ins Krankenhaus schicken würde, da man mich dort besser überwachen und von Grund auf durchchecken könne. Froh war ich über diesen Umstand natürlich nicht, doch es musste nun mal sein. Er rief in der Klinik an und eine Woche später sollte ich mich zur stationären Aufnahme melden.

Ich mache es kurz: Es wurden viele Untersuchungen gemacht, ich langweilte mich zu Tode und am Schluss stand fest, dass ich eine bakterielle Fehlbesiedlung des Dünndarms hatte. Mit den entsprechenden Medikamenten könne man nach ein paar Wochen eine Beschwerdefreiheit erreichen.

Ich nahm also brav die Medikamente und hatte nach einer Weile tatsächlich keine Beschwerden mehr. Ich konnte einigermaßen normal essen und genoss dies auch in vollen Zügen. Doch dieses Glück hielt nur wenige Wochen an. Wieder ging alles von vorn los. Ich suchte also erneut den Doc auf und erzählte ihm von der Verschlechterung. Er verschrieb mir vorsorglich Medikamente gegen eine Fehlbesiedlung und riet mir, mich noch einmal in der Klinik vorzustellen. Als ich dort endlich einen Termin in der Ambulanz bekommen hatte, war ich mit den Medikamenten bereits in der Endphase. Trotzdem wurde wieder ein Test zwecks Fehlbesiedlung angeordnet. Obwohl ich die Medikamente schon längst genommen hatte, war dieser wieder positiv. Auf meine Bemerkung, dass ich die Medikamente schon vorsorglich genommen hatte, hatte der vor mir sitzende Arzt nur ein gelangweiltes Schulterzucken übrig. Auf meine immer noch bestehenden Schmerzen ging sowieso niemand ein und so stand ich allein da. Lediglich der Doc versuchte mir zu helfen, doch es war vergeblich. Also versuchte ich selbst etwas zu tun, da ich nicht wollte, dass alles auf seinen Schultern lastete. Ich kontaktierte innerhalb mehrerer Monate unzählige Ärzte, schilderte ihnen meinen Fall und hoffte so auf einen hilfsbereiten Arzt, der sich meiner annehmen würde. Hier und da fand sich auch einer, der antwortete, Fragen stellte und sogar versuchte, mir zu helfen. Nach einem weiteren Krankenhausaufenthalt kam allerdings schon wieder nichts heraus. Und nach vielen weiteren Arztbesuchen und kläglichen Versuchen der Ursachenfindung war ich schließlich psychisch an einem Punkt angelangt, an dem ich selbst merkte, dass ich etwas tun musste. Zwar tat sich an der Arbeitsfront endlich etwas, doch ich wollte auch meine Gesundheit betreffend endlich gute Nachrichten haben.

So fasste ich den Entschluss, entgegen allen meinen Prinzipien, doch eine Therapie zu beginnen. Ich war zwar davon überzeugt, dass es mir nicht gegen meine Beschwerden helfen würde, doch ich dachte mir, dass es nicht schaden konnte. Allein dadurch, dass ich mir durch meinen Entschluss etwas den psychischen Druck genommen hatte, ging es mir schon besser. Zumindest mental. Die genauen Umstände habe ich bereits beschrieben.

Den Doc suchte ich trotzdem regelmäßig auf. Manchmal war es eine Anämie, dann wieder die Schmerzen. Ein ständiges Auf und Ab. Zwischenzeitlich war noch eine dritte Intoleranz, nämlich eine Histaminintoleranz, hinzugekommen. Ich pfiff aber auf meine Intoleranzen, da es mir wichtiger war zuzunehmen. Mein Doc hatte mir inzwischen gesagt, dass er nun doch glaube, dass Reizdarm die richtige Diagnose sei. Um dem entgegenwirken zu können und mir zu helfen, fand er es angebracht, mir Antidepressiva zu verschreiben. Sie helfen, an Gewicht zuzunehmen, machen Appetit und entziehen Wasser, was die übermäßigen Toilettengänge stoppen sollte. Mich ärgerte seine Theorie zwar, doch da ich ihn sehr respektierte und er zu den wenigen Menschen gehörte, auf die ich hörte, tat ich, was er verlangte.

Die Medikamente halfen tatsächlich. Ich nahm zwar weiter ab, hatte aber einen ordentlichen Appetit und wurde von etwas weniger Durchfall geplagt. Lediglich die Schmerzen gingen nicht weg. Doch an diese hatte ich mich sowieso gewöhnt.

Inzwischen hatte ich mich in meiner neuen Arbeit gut zurechtgefunden und verdiente mein erstes Geld. Ich fand es klasse, konnte mir wieder einiges leisten und sah über meine angeschlagene Gesundheit hinweg. Hin und wieder startete ich zwar noch verzweifelte Versuche bei ein paar Ärzten, doch niemand konnte und wollte mir helfen, bis ich es schließlich aufgab. Irgendwann sollte man gewisse Dinge einfach ruhen lassen.

Doch das Schicksal war nicht dieser Meinung. Irgendwann fiel mir ein nerviger Reizhusten auf, der einfach nicht weggehen wollte. Es störte mich vor allem abends und ich wurde fast wahnsinnig. Also ging ich zu einem HNO-Arzt, der mir ruhig versicherte, dass ich nach drei Wochen noch keine Bedenken haben müsse. Sollte der Husten allerdings weitere drei Wochen anhalten, sollte man genauer nachschauen. Natürlich ging ich mit meinem Husten auch zum Doc, der fast das Gleiche sagte. Allerdings äußerte er noch seinen Verdacht auf Asthma. Sollte der Husten also nach insgesamt zehn Wochen nicht weg sein, würde er mich auf Asthma testen müssen. Natürlich war der Husten dann nicht weg. Kurz nach meinem 24. Geburtstag wurde ein Lungenfunktionstest bei meinem Hausarzt durchgeführt. Mein nachträgliches Geburtstagsgeschenk war dann schließlich das positive Resultat auf allergisches Asthma. Mein Doc verschrieb mir ein Spray, das ich morgens und abends nehmen sollte. Dadurch sollte der Husten verschwinden. Wie prognostiziert, tat er das auch nach kurzer Zeit. Beim nachfolgenden Kontrolltermin mit erneutem Lungenfunktionstest bestätigte sich mein Eindruck der Besserung, was jedoch auch die Diagnose Asthma unterstützte. Doch mit dem Spray bin ich hervorragend eingestellt und somit leide ich nicht wirklich darunter. Lediglich im Frühling und Sommer brauche ich das Spray, da ich eigentlich auf alles, was grün ist, allergisch bin. Auf die Allergene reagiere ich zum Glück nur mit nervigem Reizhusten oder einem leichten

Zuschnüren der Atemwege. Doch ein richtiger Asthmaanfall ist bisher ausgeblieben – lediglich leichte Formen davon.

Monate nach meiner Eingewöhnung auf die jüngste Diagnose und die dazugehörigen Medikation fiel mir schon wieder eine Veränderung auf. Inzwischen war der Winter ins Land gezogen und trotz verminderter allergieauslösender Faktoren bekam ich schlecht Luft. Meine Versuche, die Atemnot durch das Asthmaspray zu beheben, schlugen fehl und so musste ich erneut den Doc aufsuchen. Zeitgleich vereinbarte ich einen Termin beim Pneumologen[8], da ich befürchtete, dass irgendetwas mit meiner Lunge nicht in Ordnung war, doch diese Furcht blieb unbegründet.

Als ich also ein paar Tage später vor dem Sprechzimmer von meinem Hausarzt wartete, erreichte die Atemnot wieder ihren Höhepunkt. Mein Doc bat mich herein und schwer atmend setzte ich mich an den gewohnten Platz neben ihm. Auf die Frage, was er denn für mich tun könne, antwortete ich nur keuchend, dass ich gerade sehr schwer Luft bekam. Ich zeigte ihm meine zitternden Hände und er bemerkte ruhig, dass ich gerade hyperventilieren würde.

Mithilfe eines Pulsoxymeters bestätigte sich sein Verdacht auf Herzrasen. Er schloss mich an das EKG an und verkündete mir dann, dass meine momentane Atemnot von einer supraventrikulären Tachykardie herrühren würde. Mein Herz schlug mehr als doppelt so schnell wie normal. Seine Versuche, das Rasen mit Medikamenten zu beenden, schlugen leider nicht an. Also musste er meine Pflegemutter in die Praxis bestellen, damit mich diese ins nächstgelegene Krankenhaus bringen konnte. Dort gab es mehrere Möglichkeiten, das Herzrasen unter Kontrolle zu bekommen.

Nur kurze Zeit später traf meine Pflegemutter besorgt ein und brachte mich ins Krankenhaus. Kurz vor der Klinik begannen die Medikamente auf einmal zu wirken: mein Herz raste wie wild, ich bekam fast keine Luft mehr und alles verkrampfte

---

8 Lungenfacharzt.

sich. Ein paar Tage später erklärte mir mein Hausarzt, dass dies typisch für das Wirken der von ihm verabreichten Medikamente war. Im Krankenhaus machte man kaum etwas, außer mich wie einen Idioten dastehen zu lassen. Es war Freitagnachmittag und alle wollten nach Hause. Deshalb war es nicht verwunderlich, dass der Doc ein paar Tage später wieder das Herzrasen in seiner Praxis feststellen musste und sauer in der Klinik anrief. Nach einem erneuten EKG verschrieb er mir Betablocker und trug mir auf, mich ein paar Stunden später noch einmal in der Praxis sehen zu lassen. Das tat ich auch und das nachfolgende EKG zeigte das Wirken der Betablocker.

Ich hatte also das Herzrasen und die Atemnot im Griff und konnte ungehindert meinen Tätigkeiten nachgehen. Doch schon wieder bahnte sich neues Unheil an. Alles fing in der Physiotherapie an. Ich hatte inzwischen Bindegewebsmassagen vom Doc verschrieben bekommen. Mit diesen sollten sich die Bauchschmerzen bessern. Während meine Physiotherapeutin oberhalb meines Bauches arbeitete, verspürte ich auf einmal einen enormen Druck auf der Brust, begleitet von Schwindel und Atemnot. Ich setzte mich schlagartig auf und versuchte, mit Gegendruck durch meine Hand gegen die Brustschmerzen zu kämpfen. Gleichzeitig hielt ich die Luft an, um nicht schnell atmen zu müssen. Nach ein paar Sekunden war alles vorbei und meine Therapeutin vermutete eine Reaktion auf die Behandlung ihrerseits.

Zum Glück hatte ich in dieser Woche wieder einen Termin bei meinem Hausarzt. Ich beschrieb ihm den Vorfall und er ordnete sofort ein Belastungs-EKG an. Dieses war, bis auf einen erhöhten Puls, normal. Nach dieser schweißtreibenden Untersuchung saß ich wieder neben ihm und wir sprachen über die Ergebnisse. Wie bestellt fing der Druck wieder an und ich fasste mir impulsiv an die Brust, um ihm entgegenzuwirken. Auf einmal wurde dieser wieder so stark, dass ich mich krümmte und hervorpresste, dass der Druck unglaublich stark und mir sehr schwindelig sei. Der Doc legte mir wieder das Pulsoxymeter an und beschrieb mir seine Beobachtung, dass mein Herz kleine Aussetzer machen würde. Die Betablocker würden hier eingreifen, in dem sie das

Herz schlagartig stoppten, was ich als diesen Druck empfinden würde. Sein nachfolgender Versuch, dieses Ereignis auf einem EKG festzuhalten, schlug leider fehl, da diese „Anfälle" nur von kurzer Dauer waren und somit schon alles vorbei war. Trotzdem ordnete er ein Langzeit-EKG an, das jedoch ohne aufgezeichneten Anfall blieb. Lediglich enorme Schwankungen des Pulses waren erkennbar, eine sog. Sinusarrhythmie. Mein Puls machte dabei regelrecht Sprünge, indem er mal sehr niedrig, dann wieder sehr hoch war. Und das innerhalb kürzester Zeit. Dagegen konnte man allerdings kaum etwas machen, doch ich sollte mich trotzdem bei einem Kardiologen vorstellen. Er hätte zwar jemanden im Hinterkopf, allerdings würde sich dieser mit so einer „Kleinigkeit" nicht abgeben. So versuchte ich mein Glück bei einem anderen, der mir jedoch lediglich riet, die Betablocker wieder abzusetzen, da ich wahrscheinlich situationsabhängige Anfälle hätte, sonst aber alles o. k. war.

Mit dieser Aussage waren weder mein Doc noch ich zufrieden und er riet mir von dem Weglassen der Betablocker ab. Ein paar Wochen später zeigte ein weiteres Langzeit-EKG eine kleine Besserung und wir starteten doch den Versuch, die Betablocker wegzulassen. Dies ging auch eine kurze Weile gut. Ich ging davon aus, dass ich nun ein Problem weniger hätte.

Hin und wieder bekam ich noch Schwindelattacken, doch auch diese verschwanden.

Somit war dieses Problem gelöst und ich konnte mich wieder meinem Bauch zuwenden. Inzwischen ging es mir schlechter. Ich aß zwar, was ich wollte, doch mir war übel; ich hatte keinen Appetit und suchte mehrmals täglich die Toilette auf. Inzwischen sah mir das auch der Doc an und ordnete daher eine 6-Food-Eliminationsdiät an. Hierbei sollten für zwei Wochen die häufigsten Allergene[9] weggelassen werden. Danach konnte jeden zweiten Tag etwas ausprobiert werden. Ich musste also zwei Wochen von Reis, Pute und Maiswaffeln leben. Da ich durch meine Into-

9 Weizen, Meeresfrüchte, Nüsse, Milch, Soja und Eier.

leranzen auf alles verzichten musste, war dies besonders zermürbend. Auch für meine Pflegeeltern war es alles andere als einfach, da wir wieder alles durchlesen und beachten mussten. Die Provokationsphase, in der ich also jeden zweiten Tag etwas anderes probieren durfte, war ebenfalls nicht einfach, da ich eigentlich gar nichts vertrug. Das hatte mitunter auch etwas mit der Tatsache zu tun, dass ich in dem Zeitraum keine Antidepressiva mehr nahm. Somit ging komplett alles durch, was meine Gewichtsabnahme nur noch beschleunigte. Nach ein paar Wochen zog mein Doc die Notbremse und verschrieb mir andere Antidepressiva, die auch schmerzlindernd wirken sollten. Durch das ganze Ausprobieren waren nämlich meine Schmerzen schlimmer geworden. Ein paar Stunden nach dem Essen konnte ich nur noch zusammengekrümmt und mit einem Kirschkernkissen auf dem Bauch daliegen, da ich bei jeglicher Bewegung starke Schmerzen hatte.

Ich nahm also wieder etliche Medikamente; unglücklicherweise war mir aufgefallen, dass das Essen sich wieder nicht lang hielt. Ob das mit den neuen Tabletten zusammenhing, konnte ich nicht mit Sicherheit sagen; ich wollte meinen Verdacht erst noch verifizieren.

Dem Doc ließen die starken Schmerzen kurz nach dem Essen jedoch keine Ruhe. Also recherchierte er und fand heraus, dass dies entweder eine Nebenwirkung der neuen Antidepressiva sein könnte oder überschüssige Gallensäure der Schuldige war. Beides konnte man mit einem Pulver bekämpfen, das in Wasser aufgelöst die überschüssige Gallensäure binden sollte. Laut seiner Vermutung litt ich an dem sog. Blindsacksyndrom. Hierbei führt eine unbehandelte bakterielle Fehlbesiedlung zu einer massiven Ansammlung von Bakterien im Dünndarm, wo sie eigentlich nicht hingehören. Die Gallensäure wird hier von den Bakterien zersetzt und kann so nicht an ihren eigentlichen Wirkungsort. Somit ist die Verdauung gestört.

Tatsächlich hörten die Schmerzen mit der Einnahme des Pulvers auf. Ich nahm allerdings dreimal täglich das Mittel ein, was dazu führte, dass sich die leicht abführende Wirkung entfalten konnte. Zumindest glaubte das der Doc. Ich hatte schon kurze

Zeit nach den neuen Antidepressiva gemerkt, dass ich das Essen wiederum nicht lange bei mir behielt und sehr schnell wieder auf die Toilette musste.

Meiner Meinung nach hatten die Medikamente mit dieser Tatsache nichts zu tun, doch das behielt ich für mich. Dadurch, dass ich das Essen nicht lange bei mir behielt, nahm ich allerdings schneller ab. Und nach einigen Wochen kam dann schon wieder eine starke Atemnot bei kleinsten Anstrengungen dazu. Jeden Tag maß ich daher meinen Puls und stellte fest, dass er viel zu hoch war.

Ich kontaktierte den Doc also erneut und schilderte meine Vermutung, dass eine Eisenmangelanämie daran schuld sein könnte. Er trug mir auf, vorbeizukommen und dies mittels Blutabnahme auszuschließen. Beim nachfolgenden Termin sollte er tatsächlich recht behalten. Eine Erklärung für die Atemnot war dies allerdings auch nicht. Inzwischen war es fast Sommer und die Temperaturen stiegen. Der Pollenflug war ebenfalls nicht ohne, doch der Lungenfunktionstest bestätigte eine hervorragende Funktion meiner Lungen, was also das Asthma als Übeltäter entlastete. Nach dem Test musste die Arzthelferin allerdings noch den Puls messen, der wieder viel zu hoch war. Die Sinusarrythmie zeigte sich ebenfalls in voller Pracht. Als ich meinem Doc den hohen Puls mitteilte sowie das erneute Springen meines Pulses, ordnete er zur Absicherung ein EKG an. Er hatte wohl die Ursache der Atemnot bei meinem Kreislauf vermutet und auch ich hatte dies befürchtet. Das EKG war unauffällig, allerdings war mein Blutdruck ebenfalls zu hoch.

Um mich in meinem jungen Alter nicht vollständig der Herrschaft von Medikamenten zu unterwerfen, sollte ich anfangen, Sport zu treiben. Das ist immer noch die gesündeste und leichteste Methode, den Kreislauf in Schwung zu halten. Damit hatte der Doc allerdings ein empfindliches Thema getroffen. Ich war von Natur aus ziemlich faul und hatte sowieso kein Geld für sportliche Aktivitäten. Ich lehnte alle seine Vorschläge ab, hatte im Hinterkopf allerdings schon eine Entscheidung getroffen, um seinen Rat zu befolgen. So beschloss ich kurze Zeit später mit dem Joggen anzufangen, da ich hierzu kein Geld benötigte und ich außerdem frei wählen konnte, wo und wann ich diesem Sport nachgehen wollte. Erstaunlicherweise hatte ich schon bei der zweiten Trainingseinheit „Blut geleckt". Ich hielt mich streng an meinen Trainingsplan und stattete mich mit geeigneten Klamotten aus. Mit der Atmung und der Ausdauer lief es besser, als ich gedacht hatte. Lediglich mein Bauch machte mir anfangs Probleme. Doch je länger die Einheiten wurden, desto schneller vergingen die anfänglichen Schmerzen. So war es zumindest anfangs. Irgendwann traten die Schmerzen auch an anderen Stellen auf. Ich hatte dafür allerdings eine Vermutung. Da ich immer noch nichts vertrug, hielt ich mein geringes Gewicht nur mit Mühe, und so war es nicht verwunderlich, dass ich in unregelmäßigen Abständen auf einmal wieder ein halbes Kilo leichter war. Hinter den Schmerzen vermutete ich daher meine Bauchorgane, die so ganz ohne schützende Fettschicht beim Laufen hin und her sprangen, was für mich sehr unangenehm war.

Als ich meinem Doc meine Vermutung schilderte, erklärte er mir, dass dies zwar sein konnte, es aber keine großen Einschränkungen bringen sollte. Die Schmerzen würden sich im Laufe des Trainings irgendwann verabschieden, da sich meine Muskeln dann an die Belastung gewöhnt hätten. Dass meine Kondition sowie das Atmen jedoch schon überhaupt kein Problem mehr darstellten, ließ mich etwas an seiner Theorie zweifeln. Doch das behielt ich für mich und akzeptierte somit seine Aussage. Natürlich hatte ich weiterhin Schmerzen beim Laufen.

Bevor ich mit dem Joggen anfing, hatte ich den Doc gefragt, was ich machen solle, wenn das Gewicht weiter sinke. Er setzte eine Grenze, die ich nicht überschreiten durfte (mein letztes minimales Gewicht, bevor es wieder stieg). Sollte dies doch geschehen, hätte er Medikamente, die mir helfen könnten, wieder zuzunehmen. Von diesen wollte er allerdings so lang wie möglich abraten, da sie nicht ganz ohne waren und er sie daher nur ungern einsetzen wollte. Zwar machte mir mein Gewichtsverlust Sorgen, trotzdem entschloss ich mich, die Einnahme der Medikamente zu verweigern. Da mein Gewicht konstant sank, hatte ich rasch die Grenze des Docs erreicht. Doch beim letzten Termin (hier war ich noch etwas drüber) gab seine Waage zum dritten Mal drei Kilo mehr an als meine. Obwohl er wenige Minuten vorher besorgt gewesen war, beruhigte ihn das Ergebnis seiner Waage so sehr, dass er absolut gar nichts tat. Doch inzwischen war mir das nur recht, da ich sowieso alle Maßnahmen verweigern wollte. Daher sah ich den sinkenden Werten meiner Waage gelassen zu. Zwischenzeitlich hatte eine Freundin von mir diese auch getestet, indem sie ihren Wert zu Hause mit dem bei mir verglich – er war identisch. Während ich insgeheim aber schon in eine Gleichgültigkeit geglitten war, beschloss ich – für die umliegende besorgte Mannschaft – noch einen letzten Versuch zu starten:

Ich kontaktierte den letzten Arzt, den ich aufgrund meiner Beschwerden aufgesucht hatte. Er war mir sehr positiv im Gedächtnis geblieben, und da ich sowieso gesagt hatte, dass ich mich melden würde, tat ich das dann auch. Ich schilderte ihm knapp die vergangenen Monate und bat ihn um seinen Rat. Erstaunlicherweise kam sofort eine Antwort, die anders ausfiel, als ich erwartet hatte. Er verstand zwar mein Aufgeben, trotzdem gab ihm mein Gewicht Anlass zur Sorge. Da weder die Psychotherapie noch Medikamente eine Besserung erzielt hatten, wäre es sinnvoll, eine Laparoskopie durchzuführen. Bestünde nämlich ein leicht zu lösendes Problem, könne man dies sofort beheben. War alles in Ordnung, wusste ich zumindest auf dieser Ebene Bescheid. Da aber bereits eine gemacht worden war, lehnte ich eine zweite ab. In meinen Augen hatte es einfach keinen Sinn mehr. Ich hatte über zwei Jahre in ganz Deutschland Hilfe gesucht. Dabei wurde ich entweder mit einem gewissen Respekt oder aber als ein wertloses Stück Dreck behandelt. Zwar wurde diagnostisch alles Mögliche unternommen, doch spätere Bitten um Hilfe wurden gnadenlos abgeblockt. Ein Arzt formulierte es dabei ganz treffend: „Die, die helfen wollen, können nicht. Und die, die helfen können, wollen nicht."

# ANDERE ABNORMITÄTEN

Während der ganzen Untersuchungen, die wegen meines Bauchs durchgeführt wurden, kamen auch spannende, wenn auch irrelevante Fehlbildungen zutage, die ich schon seit meiner Geburt mit mir herumtrage.

Ich bin relativ spät zu einem Gynäkologen gegangen. Ich weiß, dass Mädchen ab einem gewissen Alter diesen Spezialist aufsuchen sollten, doch ich sah darin kein Muss, da ich nie einen Freund hatte und entsprechend auch keinen Geschlechtsverkehr wollte und möchte.

Als die Geschichte mit meinem Bauch anfing, wurden natürlich auch meine Gebärmutter und die Eierstöcke als Unruhestifter in Betracht gezogen. Ich hatte zwar regelmäßig meine Periode und konnte auch sonst nichts Außergewöhnliches feststellen, doch es war wichtig, jede Eventualität auszuschließen. So suchte ich im zarten Alter von 23 zum ersten Mal einen Gynäkologen auf und war mächtig nervös. Ich hatte schon so manche Horrorgeschichte von diesem ominösen Stuhl gehört und meine Fantasie ging ordentlich mit mir durch. Doch es war alles halb so schlimm. Es tat weder weh noch gab es andere unangenehme Momente. Das lag wohl auch daran, dass mein damaliger Gynäkologe die Ruhe selbst war und mir damit sofort die Angst nahm. Trotzdem verließ ich seine Praxis mit drei Überweisungen. Er hatte einen Verdacht auf ein Myom[10] geäußert und wollte daher zur Sicherheit noch ein MRT machen lassen. Außerdem hatte er eine zusätzliche Scheidewand entdeckt. Ich dabei mir nichts dachte und beließ es auf der Aussage. Die zwei-

10 Gutartige Wucherung (in meinem Fall im Gebärmutterhals).

te Überweisung war für die Frauenklinik, da er das PCO-Syndrom[11] in Erwägung zog. Und die letzte Überweisung sollte ich bei einem Urologen vorlegen, da er beim Ultraschall sofort gesehen hatte, dass ich eine Beckenniere habe.

In der Frauenklinik schloss man seinen Verdacht allerdings aus, da ich keinerlei typische Beschwerden hatte und auch die Blutuntersuchung ohne deutliche Anzeichen blieb. Jedoch schlug mir die Frauenärztin, anhand meiner Symptombeschreibung, eine Laparoskopie[12] vor, um eine Endometriose[13] ausschließen zu können, die evtl. für meine Beschwerden verantwortlich war. Ich willigte ein und auch der Doc war mit dem Vorhaben einverstanden.

So ließ ich mir in den Bauch schauen, was sogar ambulant erfolgte. In dem Bericht stand jedoch nur etwas von den Eierstöcken und somit waren der Doc und ich enttäuscht darüber, dass sie sich nicht auch gleich den Darm angeschaut hatten. Aber in einer Frauenklinik hat man nun mal andere Spezialgebiete.

Zwischenzeitlich suchte ich eine Urologin auf, die mit einem geübten Blick den Verdacht auf eine Beckenniere widerlegte. Ich habe eine Nierenmalrotation, was bedeutet, dass meine Niere nicht am Rücken zu finden ist, sondern vorn etwa auf Höhe meines Bauchnabels (wenn ich stehe, rutscht sie etwas herunter). Außerdem hat sie sich einmal gedreht und liegt daher verkehrt, aber trotzdem funktioniert sie einwandfrei. Alljährliche Kontrolluntersuchungen sind allerdings nötig, um zu gewährleisten, dass keine Gefäße abgeklemmt worden sind.

Einen Tag nach der Laparoskopie wurde das MRT gemacht. Auf den nachfolgenden Bildern konnte ich, als Laie, nichts Besonderes erkennen, bis auf die offensichtlich falsch liegende rechte Niere. Als ich meinem Gynäkologen die Bilder brachte und er den Befund anforderte, meinte er knapp etwas von zwei ange-

---

11 Polyzystisches Ovarialsyndrom: Zysten an den Eierstöcken.

12 Bauchspiegelung.

13 Gutartige, meist schmerzhafte Wucherung von Gebärmuttergewebe außerhalb der Gebärmutter.

legten Gebärmüttern, was es jedoch nichts Dramatisches wäre. Wieder dachte ich mir nichts dabei, bis ich den Befund selbst durchlas und die mir fremden Begriffe im Internet nachlas. Was ich fand, war unglaublich faszinierend und erstaunte mich zugleich über die Maßen. Ich habe tatsächlich nicht eine, sondern zwei Gebärmütter! Besser noch, ich habe auch zwei Gebärmutterhälse. Sogar noch einen dritten, wobei dieser nicht voll entwickelt, sondern nur angelegt ist. Ich vermute, dass dies das vermutete Myom war, welches mein Gynäkologe auf dem Ultraschall gesehen hatte.

Ich sprach noch einmal in der Frauenklinik vor und sogar die Chefärztin ließ es sich nicht nehmen, meine seltene Fehlbildung zu begutachten. Obwohl ich erst ein paar Mal auf dem gewöhnungsbedürftigen Stuhl gesessen hatte, machte es mir nichts aus, dass ich auf einmal von vier Frauen umgeben war, die alle einen Blick auf meinen Uterus didelphys[14] werfen wollten. Die Gynäkologin sagte mir, dass ich ihnen den Tag erhellt hätte, mir dadurch aber leider nicht geholfen sei. Des Weiteren äußerte sie eine mögliche Mehrlingsgeburt, sollte ich einmal den Wunsch haben, Mutter zu werden. Dies bedürfe einer intensiveren Überwachung, da bei meiner Veranlagung höhere Risiken bestehen würden. Ich erinnerte mich daran, dass auch mein Gynäkologe so etwas erwähnt hatte, doch er war lange nicht so begeistert oder vorsichtig wie die Ärztin gewesen. Auch der Doc fand meinen MRT-Befund überaus spannend und betonte, dass ich eine erhöhte Chance auf Mehrlinge hätte. Natürlich vertraute ich seinem Urteil am meisten und sagte ihm gleich, dass ich sowieso nie vorhätte, schwanger zu werden (jetzt erst recht nicht). Er tat meine Behauptung mit einem Lächeln ab und begründete meine Aussage mit meinem Alter und den noch fehlenden Zukunftsvorstellungen.

---

14 Bei der Entwicklung verschwindet die Scheidewand normalerweise und es bilden sich eine Gebärmutter und ein Gebärmutterhals. Bei mir hat diese Verschmelzung aber nie stattgefunden.

Ein paar Monate später versuchte ich mein Glück bei einem anderen Gynäkologen, da mir der Weg zu meinem ersten sowieso zu lang war und ich immer noch Beschwerden hatte.[15] Gefunden hatte er nichts, verschrieb mir wegen der leicht vergrößerten Zysten aber die Pille. Doch er war hellauf begeistert von meinem Befund und bedankte sich nach der Sprechstunde sogar bei mir. Selten habe ich bei einem Arzt so ein Leuchten in den Augen gesehen. Ich finde es großartig, wenn man jemanden noch begeistern kann. Und auch er betonte das erhöhte Risiko für Mehrlinge. Nun war ich mehr als überzeugt und besiegelte mein Vorhaben, niemals schwanger zu werden (auch wenn meine Fehlbildung nur einen kleinen Teil zur Begründung beiträgt, den ich aber als Ausrede gegenüber anderen benutze).

Jeder, dem ich von meiner Fehlbildung erzählte, war erst mal sprachlos und fasziniert. Die einen sagten, dass ich nicht sicher Zwillinge oder mehr bekommen könne. Die anderen unterstützen die Aussage meines Gynäkologen und meines Docs. Und endlich traf ich jemanden, den ich künftig als Präzedenzfall nutzen sollte: meine Physiotherapeutin. Nebenbei erzählte ich von meiner Fehlbildung und sie offenbarte mir, dass sie eine ähnliche Fehlbildung habe. Besser noch: Sie hatte Zwillinge bekommen, und zwar in jeder Gebärmutter einen. Sie glauben gar nicht, wie ich mich über ihre Aussage gefreut habe! Ich hatte endlich einen Beweis für die ganzen Zweifler erhalten. Und den erbrachte ich auch bei jeder Gelegenheit.

Doch nicht nur mein Bauch beherbergte die eine oder andere Überraschung. Ich war schon als Kind bei ein paar Kieferorthopäden gewesen, da ich zwar keine dramatischen Zahnfehlstellungen hatte, ich aber mit den Kiefergelenken Probleme hatte. Angefangen hatte alles mit einem Knacken, das immer beim Öffnen des Mundes (z. B. beim Gähnen) auftrat.

---

15 Ein weiterer Internist hatte wieder meinen Eierstöcken die Schuld gegeben.

Mit den Jahren wurde das Knacken immer nerviger und ich fragte meinen Zahnarzt, was das denn sein könnte. Er trug mir auf, meinen Mund nicht so weit zu öffnen, und ich kam mir einfach nur veräppelt vor. Also suchte ich kurzerhand den Zahnarzt in unserem Ort auf. Auch ihm schilderte ich meine Beschwerden, woraufhin er feststellte, dass ich zwar eine Spange bräuchte, es mit dieser aber nicht getan sei. Man müsse dazu an die Wurzel allen Übels, und das war in meinem Fall der Kiefer. Da ich inzwischen volljährig war, stellte das allerdings ein Problem mit der Finanzierung dar. Er ließ eine Schiene für mich anfertigen, damit der Druck auf die Muskeln etwas gelockert werden konnte. Die komplette Belastung meines Kiefers lag nämlich auf den beiden hintersten Backenzähnen. Alle anderen Zähne berührten sich nicht, und das war zu anstrengend für den Kauapparat. Also reagierte der Kiefer entsprechend mit Knacken und Schmerzen, die sich zwischenzeitlich ebenfalls hinzugesellt hatten.

Nach meinem Umzug in eine andere Stadt erklärte ich meinem neuen Zahnarzt die Situation, woraufhin er mir eine Physiotherapie verschrieb und mir sagte, dass ich mich auch beim Neurologen vorstellen sollte, da evtl. der Gesichtsnerv die Probleme verursachen könnte (doch das CT zeigte keinerlei Auffälligkeiten). Gleichzeitig versuchte ich der Hausaufgabe meines alten Zahnarztes gerecht zu werden und stellte mich meinem heutigen Kieferorthopäden vor. Er brauchte nur einen Blick und ihm war sofort klar, was Sache war. Ich hatte eine Kieferfehlstellung, ausgelöst durch ein viszerales Schluckmuster. Beim Schlucken liegt meine Zunge also zwischen den Zahnreihen und nicht, wie sie sollte, im Mundraum (Kleinkinder schlucken auch so, gewöhnen sich dann aber eigentlich um). Probieren Sie es aus: Schlucken Sie und achten Sie darauf, wo sich Ihre Zunge befindet!

Endlich bestätigte jemand meine Aussage, dass ich als Kind keinen Daumen gelutscht hatte. Bis dato hatte mir das niemand geglaubt. Ich hatte auch einen offenen Biss, allerdings an der Seite und nicht vorn. Daher erkannte man zwar leichte Fehlstellungen der Zähne, sie waren aber gerade und standen z. B. nicht gravierend nach außen.

Des Weiteren lobte er meinen Zahnarzt für die Aussage, dass man an den Kiefer gehen müsse und es daher mit einer normalen Zahnspange nicht getan sei. Und wieder stand das Finanzielle im Vordergrund. Ich war zu der Zeit mitten in der Ausbildung und lebte von BAföG. Meine Pflegeeltern wollte ich nicht um Unterstützung bitten, vor allem da ich keine gewöhnliche Spange wollte. Ich kam dem Vorschlag meines KFO nach und entschied mich für eine incognito™ Zahnspange. Bei dieser speziellen Spange werden schmale, individuell angepasste, goldene Brackets auf die Innenseiten der Zähne geklebt. So sieht man von außen schon am Anfang deutliche Veränderungen. Genau so eine Spange wollte ich, wurde aber gleich durch die Kosten in meiner Euphorie gebremst. Die Herstellung der Spange wird nicht von der Kasse übernommen und den Rest musste man sowieso noch beantragen, wobei ich schon lange volljährig war und die Kassen dann immer zweimal hinsahen. Ob sie überhaupt etwas zahlen würden, war fraglich, obwohl eine Operation nötig war. So beantragten wir erst einmal die Behandlung und ich vollendete meine Ausbildung.

Tatsächlich bekam ich bald einen Brief meiner Krankenkasse, in dem sie mir mitteilte, dass sie die Kosten für die Behandlung übernehmen würden. Ich müsste zunächst den Eigenanteil zahlen, würde diesen nach erfolgreicher Beendigung aber zurückbekommen. Zusammen mit den Laborkosten für die Spange, die ich nach wie vor wollte, war das aber immer noch ein ordentlicher Haufen Geld. Also liehen mir meine Pflegeeltern die Hälfte der Kosten. Bevor es mit der Spange losging, musste ich noch in eine Zahnklinik, um dort das genaue Vorgehen zu besprechen. Sie mussten mir den Kiefer brechen und ihn richtig zusammenschrauben, da ich nicht nur einen Überbiss, sondern auch eine Verlagerung des Unterkiefers nach rechts hatte. Dazu kam noch eine starke Verkrümmung der Nasenscheidewand, wobei das relativ häufig mit Kieferfehlstellungen auftritt. Doch das schreckte mich nicht ab und ich willigte ein. Die Vorbereitungen mussten allerdings abgeschlossen werden und so ließ ich mir die Weisheitszähne ziehen, damit der Chirurg später genug Platz zum Operieren hätte.

Monate später kam noch ein weiteres Hindernis zum Vorschein. Inzwischen ging ich wegen meiner Kieferschmerzen regelmäßig zur Physiotherapie; mein Therapeut kannte mich und meine Abnormitäten. Für ihn war es spannend und gleichzeitig half er mir ungemein. Doch eines Tages bekam ich meinen Mund nicht mehr richtig zu. Ich hatte starke Schmerzen und rief besorgt bei dem Chirurgen an, der mir die Weisheitszähne gezogen hatte. Ich durfte sofort vorbeikommen und er ließ ein Röntgenbild anfertigen. Nach seiner Untersuchung war seltsamerweise wieder alles o. k., doch das Bild erbrachte etwas Klarheit. Mein rechtes Kiefergelenk ist deutlich kleiner als das linke. Das kann durch eine Mittelohrentzündung oder einen Unfall geschehen sein. Oder erst durch die Fehlstellung der Zähne. Genau kann das niemand sagen. Nun wusste ich aber Bescheid und auch mein Physiotherapeut bekam noch mehr Klarheit über die Gegebenheiten. Mein KFO schickte mich zur Sicherheit noch mal in die Zahnklinik, wobei der Chirurg dort schon Bescheid wusste. Er sagte mir, dass man nun auf jeden Fall etwas tun sollte, da die Gefahr bestünde, dass sich meine Gelenke sonst noch mehr abnützen würden.

Also konnte es endlich mit der Spange losgehen. Die Umstände und auch das Finanzielle waren geklärt und schon wurden die Spangen angefertigt und zwei Monate später eingesetzt. Man konnte sie von außen überhaupt nicht sehen, außer man schaute mir direkt in den Mund. Ich konnte lachen und dabei zusehen, wie sich die Zähne verschoben.

Während ich also inmitten der Kieferbehandlung steckte, regelmäßig zur Physiotherapie ging und sich offenbar eine Besserung einstellte, machte sich schon das nächste Exemplar für meine Kuriositätensammlung bereit: Da ich mich seit einigen Monaten zu den Joggern zählen durfte, ließ auch die erste Sportverletzung nicht lange auf sich warten: eine schöne Prellung, die mir das Gehen sehr erschwerte. Eine ärztliche Untersuchung beim Orthopäden sowie ein Röntgenbild sicherten die Diagnose und förderten nebenbei den neuen Eintrag für mein Portfolio zutage: Die letzten beiden Glieder meines kleinen Zehs waren zusammengewachsen. Klein, aber fein.

Während all diese Fehlbildungen, obwohl sie alle nicht dramatisch sind, zum Vorschein kamen, begann ich mich zu fragen, was meine Mutter während ihrer Schwangerschaft eigentlich alles eingeworfen hat. Ich hatte also zwei Gebärmütter, drei Gebärmutterhälse, ein zu kleines Kiefergelenk und eine verdrehte Niere. Dazu kamen noch Kleinigkeiten wie eine riesige Narbe von einem Blutschwamm[16], ein gespaltenes Zäpfchen[17] und Gehörgänge, die nicht gerade, sondern um ca. 45° gekrümmt sind.

Eine meiner absoluten „Lieblingsfehlbildungen" ist und bleibt mein Naevus anaemicus[18]. Jahrelang sind meine Pflegemutter und ich davon ausgegangen, dass es sich bei den weißen Sprenkeln auf meinem Oberarm und der Schulter um banale Pigmentstörungen handeln würde. Doch eine neugierige Frage beim Dermatologen belehrte mich eines Besseren. Bei meinem eigenen kleinen Kunstwerk handelt es sich um eine seltene Version des Feuermals. Mein Mal ist sozusagen der Albino der Feuermale. Der Grund für die weiße Färbung sind unterentwickelte Gefäße unter der Haut. Gerade bei Überwärmung leuchtet der Naevus besonders weiß auf, was ich sehr liebe. So kann die „gesunde" Haut knallrot werden, aber die „fehlgebildete" Haut bleibt schneeweiß. Ein genialer Anblick und daher mein liebstes körpereigenes Kunstwerk.

Besonderheit erlangt es auch durch mein Interesse an der griechischen Mythologie, was ich hier zum Besten geben muss:

Der Halbgott Tantalos übertrieb es mit seinen Vorteilen bei seinem Vater Zeus und hinterging ihn, indem er von den regelmäßigen Festmahlen bei den Göttern Nektar und Ambrosia stahl – die Nahrung der Götter. Diese verteilte er unter den Sterblichen, was ihm die Wut des Göttervaters Zeus einbrachte.

16 Gutartiges Geschwulst, das ich als Baby auf dem rechten Handrücken hatte.

17 Normalerweise ist das Zäpfchen tropfenförmig. Anscheinend bin ich haarscharf an einer Gaumenspalte vorbeigeschrammt.

18 „Blutarmer Fleck".

Doch Tantalos beließ es nicht dabei und forderte die Allwissenheit der Götter weiter heraus. Hierfür zerstückelte er seinen eigenen Sohn Pelops und bereitete aus dessen Fleisch einen Eintopf zu, den er den Göttern servierte. Alle bemerkten diese Grausamkeit sofort – bis auf Demeter. Diese trauerte um ihre Tochter Persephone, die von Hades entführt worden war. In ihrer Geistesabwesenheit aß sie ein Stück von Pelops' Schulter. Zeus war rasend vor Wut und verbannte Tantalos in den Tartaros, wo er bis heute für seine Taten büßen muss.

Zeus erweckte Pelops wieder zum Leben, doch leider fehlte ihm das Stück der Schulter, das Demeter gegessen hatte. Doch die Göttin Athene ersetzte ihm das fehlende Teil aus Elfenbein. Seither haben alle Nachfahren von Pelops einen weißen Fleck auf der Schulter.

Ich finde diesen Mythos genial, da ich so liebevoll behaupten kann, dass ich ein Nachfahre von Pelops bin. Denn der Naevus bildet tatsächlich einen großen Fleck auf meinem Schulterblatt. Natürlich ist das alles nur Fantasterei, aber Träumen ist schließlich nicht verboten.

Allerdings bin ich extrem froh darüber, dass mit meinem Gehirn alles in Ordnung ist. Ich habe natürlich meine Geschwister gefragt, ob sie ebenfalls von irgendwelchen Fehlbildungen wissen, doch niemand hatte bisher Anlass, sich so vielen Untersuchungen zu unterziehen wie ich. Natürlich werde ich von den meisten Dingen kaum beeinträchtigt, aber würde ich an Schutzengel glauben, hat meiner definitiv Überstunden gemacht. Vielen Dank dafür!

Doch genug der Abschweifung – weiter im Text …

Während meines Arzt-Marathons hatten andere keine Lust mehr, heute habe ich die Schnauze voll. Therapien in jeglicher Form waren mir zuwider.

Mit dieser Entscheidung im Hinterkopf ging ich also kurze Zeit später wieder zu meinem Hausarzt. Er versuchte mir ruhig zu vermitteln, dass ich nun an einem Punkt angekommen war, an dem es ernst für mich werden würde. Noch weiter durfte das

Gewicht nicht sinken, da ich sonst an einen gefährlichen Punkt gelangen würde. Mir war das alles sehr wohl bewusst, trotzdem versuchte ich ihm zu erklären, dass Essen für mich zur Last geworden war, ich sowieso keinen Appetit hatte und die Folgen der Nahrungsaufnahme viel zu unangenehm für mich waren. Daher würde ich es gleich sein lassen und begrüßte meine Appetitlosigkeit sogar. Mit ernstem Blick machte mir der Doc daraufhin deutlich, dass ich trotzdem schauen müsse, dass mein Gewicht wieder steige. Hier könnte er mit Cortisonspritzen nachhelfen, die mir mit großer Sicherheit zu Appetit verhelfen würden. Mit einem abfälligen Lächeln blockte ich seinen Vorschlag sofort ab und kommentierte, dass ich nichts mehr nehmen wolle.

Also versuchte er es auf einem anderen Weg: Die einzige Möglichkeit, mich vor größerem Schaden zu bewahren, war eine Reha, die wir zusammen beantragen könnten. Ich stotterte eine Weile vor mich hin, wand mich auf dem Stuhl und versuchte krampfhaft, seinem strengen, aber fürsorglichen Gesichtsausdruck auszuweichen. Schließlich setzte ich mich mit den Worten „Schauen Sie nicht so …“ wieder auf und willigte ein, eine Reha zu beantragen. Was sollte ich auch anderes machen? Er gab mir ein Formular für die Krankenkasse mit, die uns nach ein paar Wochen einen Antrag für die Reha zusenden würde.

Ich ließ mir die Sache mit der Reha eine Weile durch den Kopf gehen und kam schließlich zu dem Ergebnis, dass sie wohl nichts bringen würde. Warum sollte sich mein Darm in einer Klinik anders verhalten als zu Hause? Nur weil mir eine gelangweilte Diätassistentin, die mir zudem auch nicht zuhörte, sagt, was die meisten Menschen mit meinen Intoleranzen alles vertragen würden? Oder Kochunterricht, auf den ich mich sogar freuen würde, dessen Ergebnisse mir aber wieder Schmerzen, Übelkeit und Durchfall bringen würden? Da so ein Reha-Antrag aber eine Weile laufen würde und ich daher noch ein paar Monate Zeit hatte, stellte ich mir verschiedene Szenarien vor, wie es mir bis dahin gehen würde: Ich nahm auf einmal zu, beeinflusst von den Erwartungen der Reha und gestärkt durch die Warnungen meines Docs. Oder ich nahm weiter ab, hätte jegliche Hoffnungen begraben und wäre absolut gleichgültig gegenüber möglichen Folgen und Gefahren. Das zweite Szenarium erschien mir hierbei als das wahrscheinlichere. Erstaunlicherweise trafen die Antragspapiere bereits zwei Tage nach meinem Einwurf bei der Kasse bei mir zu Hause ein. Ich war davon ausgegangen, dass dieser Vorgang mindestens zwei Wochen dauern würde. Trotzdem ging ich weiterhin davon aus, dass die eigentliche Reha erst Monate später Realität werden sollte.

Zu dieser Annahme kam ich allerdings nicht allein. Nachdem meine Pflegeeltern, meiner Meinung nach, ablehnend gegenüber der Reha waren, beschloss ich nun aufs Ganze zu gehen und ihnen die volle Wahrheit zu erzählen. Ich holte also tief Luft und beichtete ihnen alles, was ich Ihnen bereits erzählt habe. Dass ich nichts vertrug und mein Gewicht zusehends in den gefährlichen Bereich sank. Allerdings fielen die Reaktionen nicht so aus, wie ich es mir erhofft, mir allerdings schon gedacht hatte: Sie rieten mir zu den Cortisonspritzen, da ich monatelang auf einen Rehaplatz warten müsse. Da ich diese Behandlung allerdings verweigerte, würde ich wohl warten müssen, bis ich wieder kollabierte. Dann würde man genau das machen, das das Beste für mich war: eine sofortige Einweisung in eine Klinik.

Erst nach dem dritten Anlauf hatte ich den beiden annähernd klargemacht, dass man in einer Klinik nichts machen würde. Warum sollten sie mich noch einmal untersuchen, wenn dies doch zwei Jahre vorher schon gemacht worden war? Und warum sollten sie mich aufpäppeln, wenn sie nur akute Fälle behandelten und den Patienten dann nach der Erfüllung des Auftrags entließen? Außerdem, fügte ich genervt hinzu, sei ich zu jung und nicht ausreichend versichert, um nach Hilfe suchen zu können. Daher sei eine Reha die einzige für mich logische Möglichkeit einer Besserung. Ich verschwieg allerdings nicht meine Zweifel gegenüber der Maßnahme, sagte ihnen aber, dass die dortigen Ärzte vielleicht noch eine Idee parat hätten, da ihnen eventuell ein ähnlicher Fall bekannt war. Dass so ein Antrag eine gewisse Zeit in Anspruch nahm, war natürlich klar.

Bei meinem nächsten Termin bei meinem Doc setzte dieser sich in gewohnter Manier locker vor mich hin und fragte mich, was wir denn nun tun sollten. Da eigentlich *ich* ihm diese Frage hatte stellen wollen, bekam er von mir nur ein Schulterzucken als Antwort. Kurz vorher hatte ich ihm in einer Mail erzählt, dass ich schon seit einer Weile eine Therapie machen würde und es nun für mich an der Zeit sei, ihm das ebenfalls zu sagen. Ich hatte jeden Moment erwartet, dass er mich auf dieses Thema ansprechen würde, und entschloss mich dazu, ihm nun doch einen Schritt voraus zu sein. Zu meinem Erstaunen erklärte er mir, dass er nur in akuten Fällen und bei bestehender Gefahr eine psychologische Behandlung in Betracht ziehen würde. Außerdem wäre dieses Thema derart verpönt, dass er mit derartigen Andeutungen die Patienten eher vergraulen würde. So würden sie wenigstens regelmäßig vorbeikommen und nach Hilfe suchen. Trotzdem sei er erleichtert, dass ich diese heikle Angelegenheit nun von mir aus angesprochen hätte. Wir konnten also offen sprechen. Daher fragte er mich auch umgehend, ob ich es in Betracht ziehen könnte, mich in eine Klinik einweisen zu lassen, die auch auf meine Psyche eingehen würde. Sie glauben gar nicht, wie sehr ich mich wieder auf dem Stuhl neben ihm gewunden habe! Ich druckste herum und jammerte, dass ich an so etwas nicht glauben würde und er ja sehen könne, dass mir die Psychotherapie in körperlicher Hinsicht nicht helfen würde. Er konterte allerdings mit dem Argument, dass ich doch im Moment sowieso nichts zu verlieren hätte[19] und ich die Therapie jederzeit freiwillig abbrechen könne. Die psychische Seite solle aber trotzdem abgeklärt und evtl. vor allem in Richtung Psychosomatik betrachtet werden. Nach langem Hin und Her versprach ich dem Doc, es mir zu überlegen und ihm beim nächsten Termin Bescheid zu geben.

Zu Hause machte ich meinen Pflegeeltern sofort klar, dass ich mich niemals auf diesen Vorschlag einlassen und ihm somit keine Chance geben wollte. Ich sprach auch mit meinen Pflegeschwestern und mit meinen Freunden und ließ mir dann al-

19 Zwischenzeitlich war ich aufgrund meines niedrigen Gewichtes krankgeschrieben worden.

les noch einmal durch den Kopf gehen. Schließlich hörte ich auf meinen Instinkt und sagte mutig zu. Der Doc nahm meine Einwilligung erleichtert auf und betonte noch einmal, dass ich nichts zu verlieren hätte – warum der Sache also keine Chance geben? Er setzte sich mit einem Professor in Verbindung und besprach mit ihm meinen Fall und das weitere Vorgehen. Diesem war ebenfalls eine baldige Gewichtszunahme am wichtigsten. Ein paar Tage zuvor hatte ich dem Doc allerdings das Kapitel über meine Kindheit geschickt, da er diesbezüglich Interesse geäußert hatte. Nun hatte sich seine Meinung etwas gedreht. Er war überzeugt davon, dass ich an einer komplexen posttraumatischen Belastungsstörung (cPTBS) leiden würde und es daher sehr viel aufzuarbeiten gelte. Zwar stimmte ich ihm in dem Punkt zu, allerdings nicht in seiner Vermutung, dass meine körperlichen Beschwerden vielleicht doch mit meiner Vergangenheit zu tun hätten. Dass er aber nicht komplett überzeugt war, bewies seine spätere Aussage, dass er mir nicht versprechen könne, dass sich an meinem Zustand und speziell am Gewicht etwas ändern würde. Doch die Aufarbeitung des Traumas sollte nun auch erfolgen. Trotzdem war ich überrascht, dass er mir nach dem Gespräch mit dem Professor mitteilte, dass man mich innerhalb der nächsten zwei Wochen in eine Psychiatrie (auf die Traumastation) einweisen würde. Auf einmal war das Gewicht doch nicht mehr vorrangig? Ich vertraute ihm allerdings und blieb bei meiner Entscheidung. Schließlich machte ich alles auf freiwilliger Basis und könnte jederzeit abbrechen. Des Weiteren war der Doc ja nicht aus der Welt und ich durfte jederzeit mit ihm Rücksprache halten. Was ich auch tat. Doch ich bezweifelte stark, dass sich irgendein Psychiater in den prophezeiten vier Wochen ein Bild von mir machen, geschweige denn einen Erfolg erzielen könnte. Schließlich standen meine Therapeutin und ich mitten in der Behandlung, auch wenn ich dem Doc gegenüber nichts davon erwähnt hatte. Sie wollte etwas an mir ausprobieren, von dem ich zuvor noch nie gehört hatte. Meine Neugierde übertraf meine Skepsis, was mich auch zuvor zum Start der Therapie bewogen hatte. Doch auch hier möchte ich den Beginn nicht verbergen:

# EINSTIEG IN DIE PSYCHOTHERAPIE

Ich hatte mir das Ganze weitaus schlimmer vorgestellt – was bei mir an der Tagesordnung ist, um ehrlich zu sein. Ich fand meine Therapeutin von Anfang an sympathisch, woran auch ihre beiden Hunde nicht ganz unschuldig waren. Allerdings behielt ich die Sitzungen lange Zeit für mich. Nur meine Freundin, die mir die Empfehlung ausgesprochen hatte, wusste Bescheid. Auch bei dieser Therapeutin brauchte ich eine gewisse Anlaufzeit, doch irgendwann vertraute ich ihr genauso wie meinem Doc. Genauer gesagt, ich habe mir die Zeit genommen, um Vertrauen zu ihr zu fassen, und nicht aufgegeben. Ich genoss es sehr, mich mit ihr über alles Mögliche zu unterhalten. Anfangs erläuterte ich ihr meine momentane Situation und den Grund für mein Vorsprechen bei ihr. Natürlich kam auch meine Vergangenheit zur Sprache, womit ich auch gerechnet hatte. Wie schon Dutzende Male vor ihr gab ich auch ihr die Kurzfassung des Geschehenen und beantwortete all ihre Fragen wahrheitsgemäß. Schon nach wenigen Sitzungen eröffnete sie mir, dass sie eine Fortführung unserer Sitzungen für angebracht halte und sie daher alles Nötige beantragen werde. Was mir an ihr gefiel, war, dass sie mich wie einen normalen Menschen behandelte, eine lockere Umgangsweise hatte und auch sonst sehr entspannt und verständnisvoll war.

Ich hatte mich inzwischen an die Sitzungen, die anfangs alle zwei Wochen stattfanden, gewöhnt und mir eigene Gedanken über die Ziele der Therapie gemacht. Ich wusste, dass sich meine Beschwerden durch die Therapie nicht bessern würden, da sie meiner Meinung nach nichts mit meiner Vergangenheit zu tun haben. Doch ich war neugierig auf die Meinung eines Profis bezüglich der damaligen Geschehnisse.

Doch zwischendurch kam es trotz entwickelten Vertrauens und verlorener Skepsis an einen Punkt, an dem ich keinen Sinn mehr in der Therapie sah. Ich ging ungern zu ihr und spielte mit dem Gedanken, die Therapie abzubrechen.[20] Schuld daran war, meines Erachtens, die mangelnde Nachfrage ihrerseits. Ich kann sehr ungeduldig sein und mir ging es einfach nicht schnell genug. Im Nachhinein ist mir klar geworden, dass sie wohl absichtlich etwas zurückhaltend war, da ich ihrer Ansicht nach einfach noch nicht so weit war. Da ich nun mal keine Gedanken lesen kann, wusste ich nicht, was sie gern von mir hören wollte, geschweige denn, in welche Richtung sie das Gespräch gerne lenken würde. Bevor ich meine Zweifel also zur Sprache brachte, probierte ich noch etwas anderes. Ich versuchte in meine Antworten auf ihre Fragen noch mehr Informationen einzubauen, die ihr zeigen würden, dass ich bereit war, über alles zu sprechen. Ich versuchte gezielt, die Richtung in meine Vergangenheit zu lenken, obwohl die Ausschweifungen manchmal gar nichts mit ihrer eigentlichen Frage zu tun hatten. So kam ich zu meinem nächsten Großprojekt, wobei das wohl eher ein Zufall war:

Eigentlich hatte ich ihr an diesem Tag sagen wollen, dass ich mit dem langsamen Fortschritt unzufrieden war und daher mit dem Gedanken spielen würde, die Therapie abzubrechen. Ich weiß leider nicht mehr, wie wir darauf kamen, doch ich baute absichtlich in meine Antwort die Feststellung ein, dass ich aufgrund fehlender telepathischer Kräfte nun mal nicht wisse, was Leute von mir hören wollten. Da ich keinerlei Probleme damit habe, über meine Vergangenheit zu sprechen, stört mich dieses Hindernis gewaltig. Ich sagte ihr, dass ich gern mehr von früher erzählen würde, ich aber viele Lücken zwischen meinen Erinnerungen hätte, für deren Füllung ich alles tun würde. So wäre ich auch zur Hypnose bereit.

Da wurde meine Therapeutin auf einmal hellhörig und fragte mich, ob ich mir da sicher sei. Nachdem ich das bejaht hatte, er-

---

20 Und das nach wenigen Wochen.

zählte sie mir von einer Therapieform, die erst vor Kurzem anerkannt wurde: Eye Movement Desensitization and Reprocessing, kurz EMDR. Bei dieser Traumatherapieform können Folgestörungen von Traumata behandelt werden (Hase). Meine Therapeutin war sich sicher, dass in meiner Kindheit genau so ein behandlungsbedürftiges Trauma vorgefallen sei. Ich war mir dabei jedoch nicht ganz sicher.

Doch ich hatte ihr kurz vorher etwas erzählt, das ich bis dato jedem verschwiegen hatte: Jeden Abend höre ich noch etwas Musik, bevor ich schlafen gehe. Ich liege dann zwar schon im Bett, aber ich grüble dann noch etwas vor mich hin, lasse den Tag Revue passieren und werde dadurch auch müde. Allerdings gab es Abende, an denen das Nachdenken nicht so ganz klappen wollte. In diesen seltenen Momenten fiel mir irgendwann auf, dass meine Augen flackerten. Gleichzeitig änderte das Bild vor meinem inneren Auge rasend schnell seine Größe. Irgendeine Szene oder Ähnliches wurde rasant groß und dann wieder klein, sodass ich irgendwann dachte, dass dies das erste Anzeichen eines Wahns wäre. Während dieses Flackerns hatte ich weder meine Augen noch meine Gedanken unter Kontrolle. Und wenn ich etwas nicht leiden kann, dann ist es Kontrollverlust. Nach langem Überlegen erzählte ich meiner Therapeutin davon und fieberte ihrem Urteil entgegen. Tatsächlich hatte sie eine Erklärung parat, die mir große Erleichterung verschaffte. Laut ihrer Aussage passierte vermutlich Folgendes: Wenn es nachts Zeit fürs Bett wird, kommt man automatisch zur Ruhe. Das würde auch das Gehirn merken und versuchen, tiefer gelegene Gedanken an die Oberfläche zu bringen. Erinnerungen, wie z. B. ein Trauma, nutzen diesen ruhigen Moment, um ins Bewusstsein zu gelangen. Solche unkontrollierbaren Bilder seien dabei ganz typisch. Ein weiterer Punkt, der ihre Aussage unterstützte, war meine Feststellung, dass ich beim Nachdenken nie meine Augen zuhalten kann. Nach wenigen Sekunden gehen sie sofort wieder auf.

Nun hatte ich eine Erklärung für meine „Macke“ und erzählte dann auch meinen Pflegeeltern und meinen Freunden davon. Anscheinend war ich somit geeignet für EMDR.

Ich ging davon aus, dass sich meine Therapeutin durch die EMDR-Sitzungen auch eine Besserung meiner Beschwerden erhoffte, da evtl. verdrängte Erfahrungen durch diese Therapieform aufgearbeitet und verarbeitet werden könnten. Jedoch ging sie sehr behutsam vor und so konnte ich nur mutmaßen, wie es weiterging und was noch alles auf mich zukommen würde. Die Vorbereitungen für die eigentlichen EMDR-Sitzungen nahmen sehr viel Zeit in Anspruch. Dadurch, dass sie vor allem bei Patienten mit posttraumatischen Belastungsstörungen (PTBS) angewendet werden, musste mit äußerster Vorsicht gearbeitet werden, weshalb auch nur ein speziell dafür ausgebildeter Therapeut für diese Therapieform infrage kommt. Durch das gezielte, kontrollierte und wiederholte Durchleben des Traumas lernen die Patienten langsam den Umgang mit diesem, ohne dabei in Panik zu verfallen oder weiter daran zu zerbrechen. Mit der richtigen Herangehensweise lernen die Patienten, dass das Geschehene zwar passiert ist, sie jedoch auch ohne enorme Einschränkung der eigenen Lebensqualität daran zurückdenken können. Mit der Zeit können sie so ohne körperliche oder psychische Symptome an das Erlebte denken. Dieser Weg erfordert allerdings von beiden Seiten, Therapeut und Patient, viel Zeit, Energie und Durchhaltevermögen. Der eigens für EMDR ausgebildete Therapeut benötigt das Wissen, die Erfahrung und die Menschlichkeit, die für diese Therapieform zwingend erforderlich sind. Durch äußere Stimulation, wie z. B. schnelles Hin- und Herbewegen der Finger vor den Augen des Patienten, wechselnde Musiktöne oder Tippen auf die Hand wird der Patient dann zurück in die Erinnerung begleitet. Durch die Verbindung zur Außenwelt kann sich der Patient in guten Händen wissen, da er jederzeit die Zügel in der Hand hält. Er kann jederzeit abbrechen, sollte es zu viel werden (Hase).

So ganz passte ich zwar nicht in die Sparte „geeigneter Patient für die Therapie", aber einen Versuch war es wert.

Nun stand ich also, aufgeregt wie ein Kind vor dem ersten Schultag, vor dem Start der EMDR-Sitzungen. Meiner Ungeduld gefiel die Aussage meiner Therapeutin überhaupt nicht, dass die Vorbereitung viel Zeit in Anspruch nehmen würde und sie schon zu Anfang vorsichtig sein müsse und nichts überstürzen dürfe. Da ich ihr inzwischen vertraute, respektierte ich ihre Vorgehensweise.

Nachdem sie mir etwas Infomaterial mitgegeben hatte, bekam ich auch schon die erste von vielen Hausaufgaben: Ich sollte mich über EMDR informieren und ggf. Fragen vorbereiten. Unter anderem recherchierte ich über die Entstehung, das Vorgehen, die Anwendungsgebiete und die Erfolgsaussichten. Mit den oben genannten Infos im Hinterkopf und ein paar Fragen fieberte ich also der nächsten Sitzung entgegen. Denn ein Punkt hatte mich etwas stutzig gemacht. Durch das wiederholte Durchleben der Erinnerung sollte eine minimale bis ausbleibende Belastung erreicht werden. Doch genau hier sah ich ein Problem. Ich empfand rein gar nichts bei meinen Erinnerungen. Wie sollte eine Belastung weggenommen werden, wo gar keine war? Ich wollte ja lediglich die Lücken füllen und so offene Fragen beantworten. Meine Zweifel tat ich meiner Therapeutin kund, doch sie versicherte mir, mit der Zusage zu EMDR die richtige Entscheidung getroffen zu haben. PTBS wäre schließlich nur *eine* Erkrankung, die mit EMDR erfolgreich behandelt werden konnte.

So übergab ich meiner Therapeutin eine kleine Liste von Erinnerungen, die ich aus meiner Kindheit hatte und die alles andere als positiv sind. Es war zwar keine Hausaufgabe gewesen, doch mir war wichtig, dass sie alles, was ich ihr erzählt hatte, auch schriftlich vor sich hatte. Zu folgenden Erinnerungen habe ich Lücken und Fragen, die ich gern gefüllt bzw. beantwortet haben wollte und noch immer möchte:

***Erinnerungen – wahr oder ausgedacht?***[21]

*Ich kann mich relativ weit in meine Kindheit zurückerinnern. Die Erinnerungen spielen etwa in einem Alter von drei bis fünf Jahren. Allerdings sind sie so unterschiedlich, manchmal verschwommen, manchmal*

21 Originalschrieb, den ich meiner Therapeutin so überreicht habe.

*glasklar, dass es mir schwerfällt zu unterscheiden, ob ich sie mir nur ausgedacht habe oder ob sie wirklich so passiert sind. Daher erhoffe ich mir durch die EMDR-Therapie Klarheit.*

*Im Nachfolgenden beschreibe ich Ihnen ein paar Erinnerungen, die mir hin und wieder in den Kopf kommen und bei denen ich mich jedes Mal frage: Hat sich das wirklich so abgespielt oder ist da deine kindliche Fantasie mit dir durchgegangen?*

*Noch ein kleiner Hinweis: Wenn ich mich an diese Situationen erinnere, fühle ich absolut gar nichts. Ich gerate weder in Panik noch bekomme ich Angst oder verspüre sonstige Reaktionen. Das Einzige, was ich an mir selbst beobachten kann, ist Neugierde. Ist das so passiert und was war davor bzw. danach?*

***Erinnerung 1:***
*Wie alt ich hier war, kann ich leider nicht sagen. Ich vermute mindestens vier Jahre. Wir waren zu Besuch bei einer Verwandten. Es kann eine Oma gewesen sein, da ich mich an eine alte Frau erinnere, die mit einem riesigen Messer vor meinem Gesicht herumwedelte und mir irgendwelche Horrorgeschichten erzählte. Typisch Omas eben …* ☺

*Zu dieser Zeit hatte ich, wie jedes Kind, eine Lieblingszeichentrickserie (Gargoyles: Auf den Schwingen der Gerechtigkeit – Erstausstrahlung Ende 1994). Schon damals war ich ein riesiger Fan von Fledermäusen, Monstern und Co. Ich saß auf dem Boden vor dem Fernseher und sah mir also diese Serie an. Auf einmal kam meine Mutter ins Zimmer gestürmt und machte, mitten in der Folge, den Fernseher aus. Sie begründete ihre Tat mit der Erklärung, dass wir jetzt gehen würden. Empört, wie man als kleines Kind, dem man eben die Lieblingssendung unterbrochen hat, eben sein kann, machte ich meinem Ärger Luft. Schlagartig genervt von meinen Beschwerden zog meine Mutter schnaubend ab. Sie hatte sich vor das Mehrfamilienhaus gestellt und qualmte eine Zigarette, um wieder herunterzukommen. Ihre soeben begangene Tat ließ ich nicht unbemerkt, stampfte ihr hinterher und beschwerte mich weiterhin. Ich wolle die Folge zu Ende sehen und danach könnten wir ja gehen. Ganz konnte ich meinem Ärger allerdings nicht freien Lauf lassen, da mich meine Mutter kurzerhand am Arm packte und mich wütend hinter sich herzog, zurück ins Haus. Ich wehrte mich weder verbal noch körper-*

*lich, da mich diese Aktion komplett überraschte. Sie schob mich unsanft in den einige Meter entfernten Aufzug, drückte irgendeinen Knopf und zog wutentbrannt wieder ab, um weiterrauchen zu können. Da stand ich nun, allein und völlig perplex im Aufzug, und sah den Türen zu, wie sie sich schlossen und meine Mutter dahinter verschwand. Sofort traten mir die Tränen in die Augen und ich fing an zu weinen. Nur wenige Sekunden später öffneten sich die Türen wieder und ein älteres Ehepaar stand vor dem Aufzug. Sie brachten mich sofort zurück zu meiner Mutter. Was sie allerdings zu ihr sagten und wie sie reagierte, als ich auf einmal wieder zurückgebracht wurde … keine Ahnung. Das wäre interessant zu erfahren.*

*Zusatz: Über 15 Jahre später habe ich das Intro der Serie, das ich von damals noch im Kopf hatte, gegoogelt und sie tatsächlich gefunden. Als sie im Fernsehen lief, habe ich mir jede Folge angesehen. Großartig!*

***Erinnerung 2:***

*Diese Erinnerung spielt in meinem Geburtsort. Ich muss also noch sehr jung gewesen sein, da wir im Laufe der Jahre sehr viel umgezogen sind. Vielleicht war ich drei Jahre alt. Diese Erinnerung unterscheidet sich von allen anderen in dem Punkt, dass sie nur schwarz-weiß ist. Ich weiß nicht warum, aber diese Tatsache lässt mich ein wenig an ihrer tatsächlichen Begebenheit zweifeln. Meine Mutter spielt hier wieder die Haupt rolle. Es fängt abrupt an und hört genauso plötzlich wieder auf. Ich sehe mich selbst, wie ich panisch vor Angst und mit tränenüberströmtem Gesicht von der Küche ins Schlafzimmer renne und versuche, mich zu verstecken. Ich weiß, dass ich verfolgt werde, und wenn mich mein Verfolger erwischen sollte, würde ich mehr als nur Ärger bekommen. Den Part des Verfolgenden übernahm hier meine Mutter. Unsere Wohnung war nicht sonderlich groß und so waren auch die Versteckmöglichkeiten begrenzt. Verzweifelt versuchte ich mich zwischen einen Schrank und das Gitterbett zu quetschen und hoffte, dass mich dieses spärliche Versteck retten würde. Doch auf einmal sehe ich nur noch ein wutverzerrtes Gesicht vor mir … und damit endet auch die Erinnerung.*

**Erinnerung 3:**

*Ich befinde mich diesmal im Geburtsort meiner kleinen Schwester. Wir sind zu meinem Stiefvater gezogen, der diesmal eine zentrale Rolle spielt. Aus Erzählungen weiß ich, dass er sehr oft betrunken und gewalttätig gegenüber uns allen war. Doch daran kann ich mich nicht erinnern. Seltsamerweise habe ich nur gute Erinnerungen an ihn. Ich erinnere mich an ein Zimmer, in dem eine gewaltige Soundanlage stand. Es liefen lauter Songs von Michael Jackson. Die Tatsache, dass dort eine professionelle Anlage stand, lässt mich stutzen, da wir eigentlich gar nichts hatten. Wir lebten in einer Bruchbude und Luxus war ein absolutes Fremdwort. Trotzdem sitze ich bei meinem Stiefvater auf dem Schoß und sehe mir ein Musikvideo von Michael Jackson an (Song: „They don't really care about us"). Als kleinen Snack hatte er mir zudem Gummibärchen gereicht, die ich genüsslich futterte.*

**Erinnerung 4:**

*In dieser Erinnerung bin ich mir sicher, dass das der Tag der Geburt meiner kleinen Schwester war (September 1995). Der Grund ist folgender: Wir waren in einer großen Wohnung. Es gab einen großen Fernseher, vor den mein Bruder und ich auch gleich gesetzt wurden. Wir saßen also auf dem Boden und futterten Rosinen (heute hasse ich Rosinen). Ich weiß nicht, bei wem wir waren. Ich erinnere mich an eine Frau und an einen Mann. Letzterer war evtl. mein Stiefvater. Auf einmal wurden wir eilig in ein leeres Zimmer mit einer Matratze geschoben und die Tür wurde hinter uns abgeschlossen. Uns wurde versichert, dass sie bald wiederkommen würden. Seltsamerweise waren wir an das Eingesperrtwerden gewohnt, da weder mein Bruder noch ich protestierten oder eine sonstige Regung zeigten. Wir wurden schon früh immer ins Schlafzimmer eingesperrt. Gnädigerweise ließ man uns dabei ein Töpfchen zurück, damit wir wenigstens unser Geschäft nicht in der Ecke erledigen mussten. Allerdings wurden wir nicht nur eine halbe Stunde eingesperrt, sondern über Stunden, da ich mich noch genau an den fast überlaufenden Topf erinnere.*

*Jahre später erzählten mir meine Schwestern, dass ich in der ersten Zeit bei meinen Pflegeeltern immer eine Toilette in meiner Nähe wissen musste, da ich immer sofort aufs Klo musste, egal wo wir waren (ich weiß das noch, lüge aber und bestreite es, weil es mir sehr peinlich ist). Das ist inzwischen nicht mehr so … zum Glück.*

***Erinnerung 5:***
*Diese Erinnerung liegt mir sehr am Herzen, da sie die einzige ist, von der ich glaube, dass sie meinen Opa beinhaltet. Ich kann mich weder an ein Gesicht noch an weitere Begebenheiten erinnern. Ich weiß auch leider nicht, ob ich damals überhaupt einen Opa hatte.*

*Ich bin wieder in meinem Geburtsort und stehe in der Tür zwischen Küche und Hausgang. Ein älterer Mann, zu dem ich bewundernd aufschaue und zu dem ich offensichtlich eine enge Bindung habe, reicht mir einen Kaugummi. Das war es leider schon. Doch das Gefühl, das ich dabei hatte, sagt mir, dass dort jemand gewesen sein muss, den ich wirklich geliebt habe.*

Meine Therapeutin nahm die Liste dankbar entgegen und wir fingen mit den Vorbereitungen an.

Um eine größere Störung ausschließen zu können, sollte ich zuerst einen Fragebogen ausfüllen, der die Aufdeckung einer eventuellen dissoziativen Störung[22] zum Ziel hatte. Zwar erahnte meine Therapeutin das Ergebnis bereits, doch da dies nun mal zum Prozedere gehört, füllte ich ihn aus. Ich mag Fragebögen und hatte auch mit diesem, bis auf ein paar Rückfragen, keine Probleme. Abgefragt wurden hierbei unterschiedliche alltägliche Situationen, wobei manche offensichtlich auf das Vorhandensein von mehreren Persönlichkeiten abzielten. Andere wiederum konnten von den meisten Menschen sicher als bereits erlebt bestätigt werden. Jede Frage musste auf einer Skala von 0 bis 100 beantwortet werden. Je höher der Wert, desto öfter hatte man die Situation bereits erlebt. Am Schluss wurde alles auf eine bestimmte Weise zusammengerechnet und ein spezieller Score ermittelte dann den Grad einer eventuellen dissoziativen Störung. Ab einem Score von 25 lag eine Störung vor. Mit einem Wert zwischen 21 und 22 lag ich darunter und somit war das Offensichtliche offiziell ausgeschlossen.

Als Nächstes übergab mir meine Therapeutin eine Trauma-Landkarte. Auf diesem Diagramm sollte ich die Erinnerungen

22 Multiple Persönlichkeitsstörung.

einzeichnen, wobei die y-Achse die Belastung und die x-Achse das Lebensalter darstellte. Wie ich bereits erwähnte, empfinde ich beim Zurückdenken an früher absolut nichts. Dies bemerkte meine Therapeutin ebenfalls, als sie mir die Karte übergab, da ich ihr dies auch kurz vorher erläutert hatte. Doch bei der nachfolgenden Besprechung musste auch meine Therapeutin feststellen, dass mich keine der beschriebenen Erinnerungen belastete. In dem Diagramm hatte ich jede einzelne dem Wert 0 zugeordnet.

Nachdem wir also die negativen Erinnerungen abhaken konnten, wurde es Zeit, sich mit positiven zu befassen. Und genau da traf sie meinen Schwachpunkt. Schon während meiner Recherchen war ich auf dieses Hindernis gestoßen und seither grübelte ich über positive Erinnerungen aus meinem Leben. Eingefallen war mir jedoch nichts. Genau das sagte ich ihr auch und sie versuchte mir zu verdeutlichen, was damit gemeint war. Es musste kein Erlebnis im zeitlichen Rahmen der negativen Erfahrungen sein. Es reichte auch etwas Aktuelles, ein gutes Essen, ein spezieller Ort oder eine andere Kleinigkeit. Ich grübelte also ewig und sagte ihr schließlich, dass ich ihr nichts sagen konnte. In diesem Moment fiel mir schlichtweg nichts ein, an was ich mich hätte erinnern können. Ich sagte meiner Therapeutin, dass alles irgendwie gleich wäre und ich sowieso nur die schlechten Erinnerungen behalten und beschreiben konnte. Sie gab jedoch nicht auf und half mir mit Tipps und kleinen Hinweisen auf die Sprünge, bis ich tatsächlich etwas fand: *Tiere!* Tiere bringen in mir immer das Beste zum Vorschein. Ich liebe sie über alles und kann auch nur ihnen gegenüber offen Gefühle zeigen.[23] Jeder, der tierlieb ist und ein eigenes Haustier hat, weiß, dass sie die Fähigkeit haben, einen die alltäglichen Sorgen wenigstens kurz vergessen zu lassen. Da ich jedoch noch nie ein Haustier gehabt habe, beließen wir es bei Tieren allgemein. Hauptsache es stand etwas auf der Liste.

23 Meine Therapeutin begründet diesen Umstand immer mit der Tatsache, dass Tiere einen nun mal nicht verurteilen.

Der nächste Punkt auf der Liste war besonders wichtig für die Vorbereitung und die Durchführung der EMDR-Sitzungen. Sollte während dieser etwas Belastendes aufkommen, war es zwingend notwendig, mich sofort an einen schönen Ort versetzen zu können, an dem ich mich wohlfühlte. Damit dieser Vorgang rasch und ohne Anstrengung vonstattengehen konnte, musste der Wechsel an diesen „Wohlfühl-Ort" trainiert und automatisiert werden. Bei der Wahl dieses Ortes musste ich zum Glück nicht lange überlegen. Er befand sich sogar unter den Beispielen meiner Therapeutin: mein Zimmer. Ich fühlte mich dort am wohlsten und sehnte es in unliebsamen Momenten herbei. Dabei sah ich immer folgendes Bild vor mir: Ich sitze, in eine Decke gehüllt, auf dem Sessel. Vor mir läuft der Fernseher (vorzugsweise läuft eine meiner DVDs) und neben mir steht eine Kanne Tee. Der Rollladen ist ganz unten, die Tür zu, es ist angenehm warm und die Deckenlampe spendet warmes Licht. Sollte ich mich also künftig in einer angespannten Situation wissen, wäre das der richtige Moment, um den Rückzug an meinen beschriebenen Wohlfühl-Ort zu trainieren. Dabei konnte ich mich als symbolische Hilfe selbst umarmen (Schmetterlingsgriff) oder, sollte ich nicht allein sein, eine Bewegung mit den Fingern einstudieren. Doch auch die entspannten Momente sollte ich zum Üben nutzen, damit der Rückzug so gut und schnell wie möglich in der entscheidenden Situation erfolgen konnte. Ich muss zugeben, dass ich gerade das Üben der „Selbstberuhigung" ordentlich schleifen ließ, da ich mir dabei enorm lächerlich vorkam.

Das Üben wurde mir zusätzlich erheblich erschwert, da ich zu diesem Zeitpunkt mitten im Umzug steckte. Der oben beschriebene Wohlfühl-Ort entsprach inzwischen meiner neuen Wohnung. Hin und wieder hatte ich ein paar Details geändert, wobei mein Lieblingsplatz wohl der zu Hause bei meinen Pflegeeltern blieb. Zwar hatte ich dort nicht meine Bilder und DVDs um mich herum, aber der Rest stimmte fast. Schlussendlich war es mir am wichtigsten, dass ich meine Sachen um mich herum hatte, dass es schön warm war und ich mich sicher fühlte.

Passend zu den bevorstehenden EMDR-Sitzungen war das „Augenflackern“ wieder vermehrt aufgetreten. Ob das nun mit der Therapie zusammenhing oder einfach nur perfektes Timing war, kann jeder für sich selbst entscheiden. So ergab sich mir schon bald die Möglichkeit, die von meiner Therapeutin genannten Tipps[24] in die Tat umzusetzen. Als nun also das Flackern wieder anfing, versuchte ich es anzuhalten, genauer zu betrachten und ggf. in einen vorgestellten Safe zu sperren. Doch jedes Mal, wenn ich versuchte, das zuckende Bild anzuhalten, wurde alles rabenschwarz. Nach vielen vergeblichen Versuchen gab ich es schließlich auf, hatte mich aber so auf das Bild konzentriert, dass ich mir zumindest gemerkt hatte, was da ständig seine Form geändert hatte.

Hierbei kam mir mein Zeichentalent sehr gelegen, doch das Ergebnis ähnelte einer flachen, mit Rillen versehenen Perle. Ich weiß nicht mal, ob es überhaupt eine Perle sein sollte, doch das war das Erste, an das ich beim Zeichnen dachte. Auch meine Therapeutin konnte mit diesem Bild nichts anfangen, fragte mich aber, wo und wann ich mit solchen Perlen in Berührung gekommen war. Das Einzige, was ich ihr sagen konnte, war, dass ich durch meine Leidenschaft für Armbänder und Ketten auch eine Zeit lang Ketten aus Holzperlen um meinen Hals getragen hatte. Dass hier ein Zusammenhang bestand, ist wohl eher unwahrscheinlich, denn diese Holzperlen hatten kein Muster.

Nur kurze Zeit später trat das Flackern erneut auf. Doch diesmal war etwas anders. Wieder zuckten meine Augen unkontrollierbar, auch wenn ich dies erst viel später bewusst wahrnahm. Auch das Bild behielt seine Größe und Position. Allerdings schob sich eine Art verzerrter Rahmen über die Szene.

Ich konnte die Szene zwar willkürlich verändern, der Rahmen jedoch blieb an Ort und Stelle. Mit dem Flackern der Au-

24 Ich sollte die „Tresor-Übung“ durchführen, bei der das störende Bild eingefroren und kontrolliert in einen imaginären Tresor geschlossen wird.

gen verschwand schlussendlich auch der Rahmen. Auch hier stieg ich noch einmal aus dem Bett, um diesen seltsamen Rahmen zeichnen zu können.

Auch zu diesem Bild hatte meine Therapeutin keine Erklärung, da ihr so ein Phänomen noch nie untergekommen sei. Um ehrlich zu sein, kehrte in diesem Moment der Gedanke zurück, dass ich vielleicht doch verrückt würde. Doch das behielt ich für mich. Nichtsdestotrotz fand sie es spannend und fügte ihren Unterlagen eine Kopie meiner Skizze hinzu.

Nach einem langen Gespräch über meine Gesundheit konnte ich meine Ungeduld nicht mehr verbergen und erkundigte mich vorsichtig nach dem weiteren Vorgehen in Sachen EMDR. Inzwischen hatten sich sogar meine Pflegeeltern nach dem Fortschritt erkundigt, was relativ selten vorkam. Das war für mich der ausschlaggebende Moment selbst einmal nachzuhaken.

Um mich nicht weiter auf die Folter spannen zu müssen, begann meine Therapeutin mit einer Übung. Hierbei sollte sich zeigen, ob ich meinen Wohlfühl-Ort auch oft genug trainiert hatte. Gleichzeitig konnte ich so den Ablauf der EMDR-Sitzungen kennenlernen. Sie erklärte mir, dass ich mir eine Situation denken sollte, die kaum traumatisierend war. Wohl eher einen Moment, in dem ich mich über etwas oder jemanden geärgert hatte. Dabei würde sie langsam ihre Finger vor meinen Augen hin und her bewegen. Dann sollte ich zwischen dieser unangenehmen Situation und meinem Wohlfühl-Ort wechseln, und das mehrere Male. Sozusagen ein Nippen an der negativen Erfahrung und sofort danach das Eintauchen in den Wohlfühl-Ort. Dies war allerdings noch nicht Teil der ersten Übung. Zuvor fingen wir ganz klein an. Dazu positionierte sich meine Therapeutin schräg vor mir, um so bequem mit ihren aneinandergelegtem Zeige- und Mittelfinger vor meinen Augen hin und her pendeln zu können. Nachdem wir beide also eine gute Position gefunden hatten, erklärte sie mir, dass sie sich exakt an ein vorgegebenes Protokoll halten würde. Ich solle mich daher nicht wundern, wenn es zu Pausen oder Wiederholungen ihrerseits kommen würde. Und dann ging es los:

Meine Therapeutin trug mir mit ruhiger Stimme auf, an meinen Wohlfühl-Ort zu denken, während sie langsam ihre Finger vor meinem Kopf hin und her bewegte. Wichtig war hierbei, dass ich ihnen lediglich mit den Augen und nicht mit dem ganzen Kopf folgen durfte. Nach wenigen Sekunden stoppte sie die Bewegung und erkundigte sich nach meinem Befinden. Zu meinem Erstaunen war da tatsächlich etwas. Während ich den Fingern gefolgt war und an mein Zimmer dachte, konnte ich spüren, wie sich langsam eine warme Schicht über meinen ganzen Körper zog. Nach ein paar weiteren Runden, die jedes Mal ein paar Sekunden andauerten, hatte sich diese „Schicht" auf meinen Kopf konzentriert. Diese Veränderung teilte ich natürlich meiner Therapeutin mit, die sehr zufrieden mit diesem Phänomen war. Offensichtlich sprach dies dafür, dass ich auf EMDR ansprach. Nach weiteren Runden hatte die Schutzhülle, wie ich sie nannte, eine entsprechende Dicke und Wärme erreicht, von der sie dann auch nicht mehr abwich. Erst an diesem entscheidenden Punkt hörten wir auf. Zufrieden konnten wir beide feststellen, dass wir das soeben Erlebte als Erfolg verbuchen konnten, auf dem es sich wunderbar aufbauen ließ.

Und genau das taten wir dann auch in der nächsten Sitzung. Zuvor hatte ich die Hausaufgabe erhalten, mir eine Erinnerung oder ein Erlebnis ins Gedächtnis zu rufen, das mich etwas belastet hatte. Sollte ich keinerlei Belastung ausmachen können, würde auch ein anderes Gefühl ausreichen, wie z. B. Ärger.

Wieder fiel mir anfangs absolut nichts ein. Da ich mir schon als Kind angewöhnt hatte, alles zu verdrängen, was mich belastete, und so jegliche Gefühlsbindung abzuwehren, war es entsprechend schwer, der Liste auch nur einen Punkt hinzuzufügen. Nur wenige Tage vor der Sitzung war ich endlich auf eine Erinnerung gestoßen, die ich wohl niemals vergessen werde: der Tag, an dem ich meine Pflegeeltern enttäuscht hatte. Tatsächlich denke ich an diese Szene nur sehr ungern, da ich dadurch sehr wütend werde – und zwar auf mich selbst.

Folgendes hat sich damals zugetragen:

Ich war ca. elf Jahre alt. Wir waren noch nicht sehr lange bei unseren Pflegeeltern und waren daher immer noch irgendwie in der Kennenlernphase. Besonders meinen Pflegevater konnte ich damals noch nicht so richtig einschätzen. Ich war zu der Zeit noch immer ein ordentliches Weichei und brach regelmäßig in Tränen aus. Zwar war es nicht mehr so schlimm wie vor dem Heimaufenthalt, aber so ganz kam ich nicht aus meiner Haut. Und auch hier sollte es nicht anders verlaufen. Wie jeden Abend brachten uns unsere Pflegeeltern ins Bett. Mein Bruder und ich teilten uns ein Zimmer mit Stockbett und durften abends noch eine Kassette hören. Diese lief bereits und mein Pflegevater beugte sich zu mir herunter, um mir eine gute Nacht zu wünschen. Dabei kratzte er mich aus Versehen am Arm. Ganz meiner damaligen Natur entsprechend, fing ich sofort an zu weinen, ohne auf seine Nachfrage nach dem Grund für mein Weinen zu reagieren. Also ging er schweigend aus dem Zimmer und mein Bruder erkundigte sich neugierig nach der Ursache meiner Tränen. Aufgelöst und ohne nachzudenken, brachte ich schluchzend hervor: „Das Arschloch hat mich gekratzt!“ Kaum hatte ich diesen verhängnisvollen Satz ausgesprochen, wurde die Tür mit einem lauten Knall aufgerissen und mein Pflegevater stand mit wutverzerrtem Gesicht in der Tür. Zu Recht stinksauer, erkundigte er sich, ob er soeben richtig gehört habe. Der Verzweiflung nahe, schob ich der Kassette das soeben Gehörte zu, wobei jedem im Raum klar war, dass das eine glatte Lüge war. Dann beugte sich mein Pflegevater erneut zu mir herunter und erteilte mir eine Standpauke, die sich gewaschen hat. Allerdings habe ich nicht ein Wort von dem wahrgenommen, was er damals zu mir gesagt hat. Der Grund dafür waren meine eigenen Gedanken. Als ich nämlich das zornige Gesicht über mir sah, erwartete ich regelrecht eine Tracht Prügel, die er mir bestimmt gleich verpassen würde. Vor meinem inneren Auge schlug er mich grün und blau. Dass er niemals einer Fliege etwas zuleide tun würde, war mir damals noch nicht klar. Doch mir muss die nackte Panik im Gesicht gestanden haben, denn ich war absolut sicher, dass er mich für meine Worte bestrafen würde. Also sah ich mir die schreckliche Szene in meinem Kopf an, zitterte vor Angst und konnte so seinen Worten keine Beachtung schenken.

Das war allerdings nicht das Belastende, an das ich so ungern zurückdenke.[25] Dies geschah am Tag darauf. An diesem baten mich meine Pflegeeltern zum Gespräch. Ich wusste natürlich ganz genau, worum es darin gehen würde. Dementsprechend starrte ich nur voller Scham auf den Boden, unfähig, auch nur einen der beiden anzusehen. Lediglich als meine Pflegemutter dies streng verlangte, hob ich meinen Kopf und legte all die Reue, die ich empfand, in meinen Gesichtsausdruck. Zuerst machten mir beide in einem unheimlich ruhigen Ton klar, dass das, was ich am vorigen Abend getan hatte, falsch gewesen war. Dass mein Pflegevater dies nicht verdient hatte, war mir zwar inzwischen klar geworden, trotzdem legten sie Wert darauf, dass ich genau das verstanden hatte. Und dann kam der schlimmste Satz, den eine Mutter jemals zu ihrem Kind sagen kann: „Wir sind wirklich sehr enttäuscht von dir!"

Da saß ich nun, hörte den soeben vernommenen Satz in meinem Kopf nachhallen, sah in die enttäuschten Gesichter der beiden und vernahm das langsame Brechen meines Herzens. Nie wieder habe ich mich so sehr geschämt wie an diesem Tag. Mein Gewissen erinnerte mich noch viele Jahre mit einem hämischen Grinsen an diesen Tag und ließ mich die Reue von damals in gleicher Intensität spüren.

Somit hatte ich also die perfekte Erinnerung für die EMDR-Sitzung gefunden. Meiner Therapeutin gefiel dieses Erlebnis sehr gut, sie notierte sich die Geschichte und dann konnte es auch schon losgehen. Wieder wurden unter den verwunderten Blicken ihrer Hunde die Möbel umgeräumt und schon bald saßen wir in bekannter Position nebeneinander. Bevor es losging, er-

25 Wobei ich zugeben muss, dass ich danach nie wieder solch eine große Angst hatte wie damals.

klärte mir meine Therapeutin, dass wir festlegen mussten, wie lange ich jeweils in das Erlebnis eintauchen sollte. Dabei lag die Zeitspanne bei null bis zehn Sekunden. Ganz tapfer entschied ich mich sofort für die vollen zehn Sekunden. Sie bremste meine Euphorie jedoch ein wenig und beschloss, dass acht Sekunden wohl zunächst ausreichend seien. Erst als ich als Belastungsgrad eine Drei angab, stimmte sie meiner Entscheidung zu und es blieb doch bei den zehn Sekunden.

Ihr Skript als Stütze auf den Knien liegend, bat mich meine Therapeutin mit ruhiger Stimme, in die soeben beschriebene Erinnerung einzutreten. Während sie also langsam ihre Finger vor meinen Augen hin und her bewegte, versetzte ich mich in die vergangene Situation, als ich reumütig vor meinen Pflegeeltern saß. Dabei hörte ich meiner Therapeutin zu, wie sie langsam von zehn rückwärts zählte. Als sie bei null angekommen war, holte sie mich in die Gegenwart zurück. Um sicherzugehen, dass ich auch wirklich mit all meinen Sinnen wieder im Hier und Jetzt war, prüfte sie mich mit der Frage, woher ich denn wisse, dass ich komplett zurück sei. Leicht verwundert über diese seltsame Frage antwortete ich ihr wahrheitsgemäß, dass ich sie hören und sehen konnte. Des Weiteren würde ich eine Lampe surren hören und auch einen ihrer Hunde, der stets schnarchend auf seinem Platz lag.

Zufrieden mit meinen Beweisen startete meine Therapeutin eine neue Runde. Nach dem erneuten Ablauf der zehn Sekunden holte sie mich zurück und baute meine zuvor erwähnten Anhaltspunkte der Gegenwart in ihre ruhigen Worte mit ein. Dann erkundigte sie sich nach dem Belastungsgrad der gerade erlebten Erinnerung. Ich war unsicher und teilte ihr genau das mit. Ihre Feststellung, dass der Belastungsgrad nicht gestiegen sei, konnte ich jedoch bestätigen, was sie sich zufrieden notierte.

Am Ende jeder Sitzung nahmen wir uns immer Zeit, um über alltägliche Dinge zu sprechen. Da bei jeder EMDR-Sitzung langsam und vorsichtig vorgegangen werden muss, war dies eine hervorragende Möglichkeit, um zu entspannen. Ich war zwar durchgehend ruhig und gelassen und genoss die Gespräche jedes Mal.

Wie so oft kam mein Hobby, das Zeichnen, zur Sprache. Nebenher erwähnte ich Leonardo da Vinci sowie meine Faszination für ihn. Ich erwähnte beiläufig, dass er Linkshänder war und deshalb in Spiegelschrift geschrieben hatte. Ich, als Rechtshänder, hatte mich schon oft in langweiligen Situationen (vor allem in der Schule) am Schreiben mit meiner schwachen Hand versucht, allerdings ohne das seitenverkehrte Schreiben. Ich erzählte meiner Therapeutin, dass ich dabei auch einen Hintergedanken hatte. Sollte nämlich aus irgendeinem Grund meine rechte Hand kurzzeitig ihren Dienst quittieren, z. B. durch einen Bruch, so könne ich ohne Probleme auf die linke Hand ausweichen. Natürlich war das eher als Spaß gedacht, da ich immer noch nicht richtig mit links schreiben kann. Trotzdem brachte diese Aussage meine Therapeutin auf eine Idee:

Dieses Mal bestand meine Hausaufgabe darin, eine Struktur des menschlichen Körpers, vorzugsweise des Darms, mit links zu zeichnen. Passend zu meinem Beschwerdebild schlug ich sofort eine Dünndarmzotte vor.

Das Ergebnis erstaunte mich selbst, doch gleichzeitig erleichterte es mich ungemein. Auf den ersten Blick sah es so aus, als hätte ich die Zeichnung mit meiner starken Hand angefertigt. Nun wusste ich, dass ich zur Not auf die linke Hand wechseln konnte. Mit ein wenig Übung würde dann auch der leicht verschwommene Eindruck verschwinden. Die Zeichnung war so sehr gegen die Erwartungen meiner Therapeutin, dass diese davon ausging, eine Skizze vor sich zu haben, die mit rechts gezeichnet worden war. Zugegebenermaßen war ich mächtig stolz auf mich, als ich sie aufklärte. Ihr Erstaunen hierüber war umwerfend.

Und wieder bekam ich am Ende der Stunde keine Hausaufgabe auf. Auf mein Nachhaken antwortete sie, dass sie sich etwas überlegen würde und ich absolut nichts dafür tun müsse. Mein gespanntes Warten wurde belohnt. In der nächsten Therapiestunde führte meine Therapeutin nämlich eine echte EMDR-Sitzung durch. Bevor es losging, benötigte sie wieder eine weniger belastende Situation von mir. Mir fiel auch sofort etwas ein, auch wenn hierbei der Ärger größer war als eine evtl. bestehende Belastung: Einer der letzten Ärzte, den ich wegen meiner Beschwerden aufgesucht hatte, hatte es tatsächlich geschafft, dass ich mich für einen kurzen Moment wie ein Stück Dreck gefühlt habe. Dabei wurde mir dieser Mann als gutmütig und großherzig empfohlen. Entweder war damals nicht sein Tag oder er zeigt seine gute Seite nur vor Privatpatienten. Ich tendiere dabei stark zu der zweiten These. Ich saß damals vor seinem Sprechzimmer. Neben mir saß eine Frau, die offenbar auch zu ihm wollte, denn sie las gerade einen Artikel über ihn. Sie war vor mir dran und kam eine gute halbe Stunde später freudestrahlend wieder aus dem Zimmer. Ich wartete nun gespannt darauf, aufgerufen zu werden, da dieser Mann wohl tatsächlich seinem Ruf entsprach. Schließlich wurde die Tür geöffnet, der Arzt trat heraus und rief meinen Namen. Doch als er sah, wer auf diesen Namen reagierte, und ich lächelnd auf ihn zuging, entgleisten ihm förmlich die Gesichtszüge. Jegliche Freundlichkeit und Wärme, die ich noch vor wenigen Minuten beobachtet hatte, als er die Dame vor mir begrüßt hatte, waren schlagartig verschwunden. Die Enttäuschung in mir wuchs mit jedem Schritt, den ich auf ihn zumachte, doch ich zwang mich zum sympathischsten Lächeln, das ich in diesen Sekunden aufbringen konnte. Das Gespräch verlief dementsprechend kühl und ich verließ das Sprechzimmer genauso hilflos, wie ich es betreten hatte. Noch nie habe ich meine Zeit derart verschwendet. Beim Verlassen der Klinik schaffte ich es kaum, meine Tränen zurückzuhalten, was bei mir sehr selten vorkommt.

Wieder war meine Therapeutin sehr zufrieden mit dieser Erinnerung. Nachdem sie sich wieder schräg vor mir postiert hatte, eröffnete sie mir, dass wir anhand der soeben beschriebenen Erinnerung eine echte EMDR-Sitzung durchführen würden. Doch zuvor brauchte sie noch ein paar Informationen. Dazu las sie die exakten Worte aus ihrem Protokoll vor, damit alles seinen rechten Gang gehen konnte.

Zuerst sollte ich mich kurz in die Situation versetzen, als dem Arzt klar wurde, dass bei mir nichts zu holen war. Die „Entgleisung der Gesichtszüge“ war der Dreh- und Angelpunkt der ganzen Erinnerung und somit auch der Mittelpunkt der Sitzung. Danach sollte ich mir eine negative Beschreibung zu meiner Person einfallen lassen, die am besten zu dem entscheidenden Moment passte. Anfangen sollte der Satz mit „Ich bin …“. Sofort schoss mir das Wort „wertlos“ durch den Kopf und so sagte ich etwas zögerlich: „Ich bin wertlos.“

Passend hierzu sollte ich nun eine positive Beschreibung angeben, die genauso aufgebaut war wie der negative Satz. Das war schon schwieriger für mich, da zu dieser Situation wohl nie etwas Positives passen würde. Nach langem Hin und Her einigten wir uns auf „wertvoll“, auch wenn es immer noch nicht ganz passte. Danach wandten wir uns wie jedes Mal dem Belastungsgrad der Erinnerung zu. Doch wie bereits erwähnt, belastete mich diese Erinnerung nicht wirklich. Daher gab ich ihr eine großzügige Eins.[26] Ich betonte dabei noch einmal, dass hier der Ärger vorherrschte und ich mir ja schon als Kind antrainiert hatte, mich von solchen Situationen nicht vereinnahmen zu lassen. Dann sprach meine Therapeutin erneut den negativen Satz an und bat mich auf einer Skala von 1–7[27] anzugeben, wie sehr dieser zu dem Entgleisungsmoment passen würde. Hier gab ich eine Fünf an. Anhand dieser Skala sollte ich nun auch dem positiven Satz eine Bewertung zukommen lassen, wobei dieser eine Eins bekam.

Die Vorbereitungen waren somit abgeschlossen und es konnte losgehen. Meine Therapeutin warnte mich noch vor, dass die Bewegungen ihrer Hand nun deutlich schneller sein würden, was ich kurz darauf auch bemerkte. Ich hatte große Mühe, mit meinen Augen ihren Fingern zu folgen und mich gleichzeitig auf das Erlebte von damals zu konzentrieren. Nach der ersten Runde passierte nichts, doch beim zweiten Mal fielen mir ein paar Details ein. Kleinigkeiten, wie ein Bild an der Wand oder das Aussehen der Zeitschrift der Frau. Genau das wollte meine

26 0 = keine Belastung; 10 = größte Belastung.

27 1 = überhaupt nicht zutreffend; 7 = absolut zutreffend.

Therapeutin erreichen und startete sogleich die nächste Runde. Erst als ich mehrmals keine Veränderung feststellte, beendeten wir die EMDR-Sitzung. Ein letztes Mal sprach sie mich auf den positiven und negativen Satz an. Wieder sollte ich angeben, inwieweit die beiden Sätze auf die Situation zutrafen. Bei dem negativen Satz „Ich bin wertlos“ gab ich eine Drei an, somit eine Besserung. Lediglich der positive Satz „Ich bin wertvoll“ passte, rein logisch gedacht, immer noch nicht dazu und erhielt weiterhin eine Eins. Auch der Belastungsgrad war auf eine Null gesunken, da ich in diesem Moment keinen Ärger mehr wahrnehmen konnte.

Zwar verlief diese Runde nicht exakt nach den Vorstellungen meiner Therapeutin, doch nun wussten wir beide, wie so eine EMDR-Sitzung abläuft, und konnten darauf aufbauen.

Als wir wieder, wie gewohnt, einander gegenüber saßen, sprachen wir über das soeben Erlebte und wie es weitergehen konnte. Als Nächstes sollten meine Kindheitserinnerungen an der Reihe sein. Meine Therapeutin machte noch einmal deutlich, dass sie wisse, dass mich diese in keiner Weise belasten würden, sondern dass ich lediglich die Lücken füllen wollte. Ich war erleichtert, dass sie diesen Umstand nicht vergessen hatte. Und die soeben durchgeführte Sitzung hatte gezeigt, dass solche Lücken tatsächlich gefüllt werden konnten. Sie betonte auch, dass ich als Kind instinktiv alles richtig gemacht hätte, als ich begonnen hatte, die belastenden Erlebnisse nicht an mich heranzulassen. Ich wäre heute sicher ein anderer Mensch, wenn ich jedes Mal zugelassen hätte, dass eine negative Erfahrung die Kontrolle über meine Gedanken und Gefühle übernimmt.

In der nachfolgenden Sitzung gab mir meine Therapeutin noch ein paar Übungen mit auf den Weg, die ich bei einer aufkommenden Belastung durchführen konnte. Zum einen die „Tresor-Übung“, die sie schon zum Thema Augenflackern angesprochen hatte; zum anderen die „Lichtstrom-Übung“. Hierbei sollte ich der Belastung eine Gestalt geben. Dieser Gestalt sollte ich dann einer Form, Farbe, Größe oder Temperatur zuweisen, damit daraus etwas Greifbares werden konnte. Wäre dies erreicht, sollte ich mir ein Licht in einer angenehmen Farbe (in meinem Fall Blau) denken. Dieses sollte ich über meinen Scheitel in meinen Körper strömen lassen. So würde beim Einatmen das mir angenehme Licht angezogen werden und sich in meinem Körper verteilen. Beim Ausatmen hingegen würden die Schmerzen oder eine anderweitige Belastung aus dem Körper hinausgeleitet werden.

Als sie mir dieses Vorgehen erläuterte, konnte ich nicht umhin, nur eines zu denken: Wann soll ich diese Übung ausprobieren, wenn ich doch nie zulasse, dass mich ein Gefühl bzw. ein belastendes Erlebnis derart überwältigt und erdrückt? Gleichzeitig kam ich wieder nicht umhin, der offensichtlichen Schwachsinnigkeit dieses Vorgehens keine Aufmerksamkeit zu schenken.

Inzwischen hatte ich meine Therapeutin ein Jahr lang regelmäßig aufgesucht. Durch die durch EMDR erforderlichen allwöchentlichen Sitzungen (davor war es ein 2-Wochen-Rhythmus) war die Anzahl der genehmigten Sitzungen rasch erreicht. Nun musste eine Weiterführung beantragt werden, die von uns beiden Einsatz verlangte, dessen Erfolg aber ziemlich sicher war. Um also weitere Sitzungen genehmigt zu bekommen, war es nötig, dass meine Therapeutin einen umfassenden Bericht über mich erstellte, den ein Gutachter bewerten sollte, um dann eine Zu- oder Absage erteilen zu können. Meine Therapeutin war sich allerdings sicher, dass unserer weiteren Zusammenarbeit nichts im Wege stehen würde.

Sie übergab mir daher einen Anamnesefragebogen, der über mehrere Seiten Fragen zu meiner Person und meiner Familie beinhaltete. Bei diesen wurden mein bisheriger Lebensweg, Fähigkeiten, Hobbys und das soziale Umfeld abgefragt. Da ich großen Spaß am Ausfüllen von Fragebögen habe, machte ich mich am gleichen Abend motiviert an die Beantwortung der Fragen. Ich verfasste auf dem Laptop zehn Seiten und hoffte, meiner Therapeutin damit das Erstellen des Gutachtens etwas leichter machen zu können.

Meinen „Roman“ nahm sie auch dankbar entgegen und schon in der nächsten Sitzung gab sie mir Rückmeldung dazu. Tatsächlich hatte ich mir dies auch erhofft, da ich sie schon lange fragen wollte, was ihr Eindruck von mir war. Mich interessierte brennend, was ein Experte zu meiner Person zu sagen hatte.

Kaum saß ich ihr also gegenüber, eröffnete sie mir, dass sie meine Antworten mit großem Interesse gelesen habe und ich wirklich gut schreiben könne. Diese Feststellung führte sie zu einer Frage, die mich doch sehr überraschte. So sehr, dass ich in verlegenes Gelächter ausbrach. Meine Therapeutin fragte mich grinsend und mit großer Neugier: „Sind Sie schon einmal auf Hochbegabung getestet worden?“

Nachdem ich meinen Lachflash überwunden hatte, brachte ich glucksend ein stotterndes „Nein“ hervor. Ich gab ihr gegenüber zu, dass ich schon oft darüber nachgedacht hatte, da mir mein Anderssein natürlich nicht entgangen war. Doch ich war vorerst bei der Feststellung geblieben, dass ich zwar nicht dumm sei, aber wohl nicht so weit gehen konnte, von einer Hochbegabung zu sprechen.

Auch wenn ich es als Lächerlichkeit abgetan hatte, so machte ich mir seitdem Gedanken über die Vermutung meiner Therapeutin. Ich fing an zu recherchieren, zuerst bei meiner Familie und dann im Internet. Dazu berücksichtigte ich meine eigenen Beobachtungen, die ich über die Jahre an mir selbst gemacht hatte, und führte alles zusammen. Ich kam irgendwann zu dem Schluss, dass ich zwar gerne Gewissheit hätte, ich mir aber neben den Kosten den Aufwand sparen konnte. Schließlich hielt meine Familie die Idee für absurd, und selbst wenn ich hochbegabt wäre, würde es mir für meine Zukunft kaum etwas bringen.

In der nächsten Therapiesitzung sprach ich diese Gedanken auch an. Schlussendlich einigten wir uns darauf, dass ich zumindest überdurchschnittlich intelligent sei, was mir zwar bereits klar war, aber ich fand es trotzdem schmeichelhaft, es zumindest grob bestätigt zu bekommen.

Nachdem dieses Thema also geklärt war, sprachen wir noch einmal über das Gutachten. Meine Therapeutin hatte sich zu meinen Antworten des Fragebogens noch ein paar Notizen gemacht und stellte mir dazu ein paar Fragen, um das Gutachten so präzise wie möglich formulieren zu können. Bevor die Stunde vorüber war, verdeutlichte sie mir, dass sie gern eine weitere EMDR-Sitzung durchführen würde. Diesmal wäre diese allerdings nicht als Übung gedacht, sondern sollte die erste richtig durchgeführte und hoffentlich erfolgreiche Sitzung darstellen. Sie würde hierbei mit einer „Affektbrücke" arbeiten, die mir den Zugang zu verdrängten bzw. schwachen Erinnerungen erleichtern sollte. Allerdings müssten wir dafür die Ferien abwarten, da sie nach der Sitzung rund um die Uhr erreichbar sein wollte, sollte irgendetwas mit mir sein.

Bei unserem letzten Wiedersehen vor ihrem Urlaub berichtete mir meine Therapeutin, dass sie mein Gutachten erstellt und ganze sechs Seiten an den Gutachter übermittelt hatte. Verwundert erkundigte ich mich, was sie denn so geschrieben habe. Zu meinem noch größeren Erstaunen bot sie mir an, mir eine Kopie des Gutachtens mitzugeben, was ich natürlich neugierig und dankbar annahm. Zu Hause las ich es mehrmals durch und fand viele Aspekte wieder, die ich auch selbst an mir beobachtet hatte. Ich war zwar etwas erschüttert, dass es wohl doch so offensichtlich war, gleichzeitig machte es mich stolz, dass ich nicht nur andere, sondern auch mich selbst sehr gut beobachten kann.

Das sagte ich ihr auch nach ihrem Urlaub. Inzwischen hatte ich auch Post von meiner Krankenkasse bekommen, die eine Fortsetzung der Therapie bewilligt hatte.

Nun sollte es also losgehen: die erste EMDR-Sitzung, die es mir ermöglichen könnte, mehr Details aus meiner Vergangenheit zu erhalten. Gespannt nahmen wir beide unsere Positionen ein und schon konnte es losgehen.

Zuerst erklärte mir meine Therapeutin noch einmal in knappen Worten, dass die EMDR-Sitzung wie zuvor geübt ablaufen würde, nur dass wir diesmal mit einer Affektbrücke arbeiten würden.

Bei der Affektbrücke wird über eine aktuell belastende Situation eine Brücke zu einer früheren belastenden Situation geschaffen. Für diesen ersten Versuch wollte sie daher meine Abscheu gegenüber Alkohol nutzen. Da ich schon bei dem bloßen Geruch dieser widerlichen Substanz jegliche gute Laune verliere, schien ihr dies als ein geeigneter Start. Das Prozedere unterschied sich trotzdem kaum von den vorherigen. Wieder sollte ich den Belastungsgrad angeben, wenn ich den Geruch von Alkohol im Atem einer Person wahrnahm (ich nannte eine Drei). Danach war es wieder Zeit für eine geeignete Beschreibung meiner selbst. Passend fand ich hierfür die negative Beschreibung: „Ich habe keine Kontrolle“, die ich mit einer Sieben als ziemlich zutreffend bezeichnete. Den positive Satz: „Ich habe die Kontrolle“ versah ich allerdings mit einer Drei. Wie immer spürte ich nichts im Körper und auch gefühlsmäßig zeigte sich keine Reaktion.

Nachdem ich mich in eine Situation versetzt hatte, in der mir plötzlich dieser grauenvolle Geruch in die Nase stieg, erhob meine Therapeutin auf mein Signal ihre Hand und bewegte ihre Finger vor meinen Augen, die ihnen brav folgten. Auf die Nachfrage, ob ich irgendetwas Bestimmtes gesehen oder gefühlt hätte, konnte ich leider nur mit den Schultern zucken. Nach zwei weiteren Runden fiel mir allerdings auf, dass ich immer wieder in der gleichen Szene landete und auch nicht mehr aus dieser hinauswollte. Meine Gedanken hefteten sich zunehmend an eine Erinnerung, die eigentlich gar nichts mit dem Geruch von Alkohol zu tun hatten. Genau das sagte ich auch meiner Therapeutin, die mir sofort auftrug, bei dieser Erinnerung zu bleiben und mir zu erzählen, was genau ich dort sah:

Als ich noch klein war, wurden mein Bruder und ich oft eingesperrt. In meinem Geburtsort gab es ein Schlafzimmer, das spärlich eingerichtet war und Platz für einen Schrank, ein Gitterbett und ein normales Bett bot. Ich saß auf dem Bett, während mein Bruder in dem Gitterbett stand und gerade noch so über den Rand schauen konnte. Mein Blick fiel sofort auf ein Nachttöpfchen, das randvoll gefüllt war mit meinen Hinterlassenschaften. Mein Bruder trug zu dieser Zeit noch Windeln, was bestätigte, dass nur ich für das Füllen des Töpfchens verantwortlich war. Ich schlussfolgerte weiter, dass wir vermutlich lange eingesperrt worden waren.

Meine Therapeutin stellte mir Fragen zu der Einrichtung (lieblos und kahl), dem Geruch (nichts wahrnehmbar), der Temperatur (ebenfalls nichts wahrnehmbar) und sonstigen Eigenschaften der Möbel. Krampfhaft versuchte ich mich in dem Zimmer umzusehen und beobachtete mein Verhalten genauer. Ich vermutete, dass wir absichtlich in das Zimmer eingesperrt worden waren, damit mein Stiefvater mit meiner Mutter allein war und sie, vermutlich, verprügeln oder anderweitig bestrafen konnte, ohne dass wir dabei zusehen mussten. Da sich die Tür zu dem Zimmer genau vor meinem Bett befand, studierte ich meine Position auf dem Bett genauer. Ich saß auf der Matratze und wandte mich dem Töpfchen zu. Doch auf einmal hatte ich eine Vermutung für meinen abgewendeten Blick: Immer wenn ich ein Geräusch genauer analysieren möchte, unterbreche ich den visuellen Reiz, indem ich wegsehe und eines meiner Ohren automatisch der Geräuschquelle zuwende.[28] Meine Vermutung sprach ich laut aus und meine Therapeutin bat mich, genau an dieser Szene festzuhalten und währenddessen noch einmal ihrem Finger zu folgen. Doch wieder geschah nichts.

Wie immer fragte sie mich danach, wie gut die Sätze, welche eine Kontrolle im positiven und im negativen Sinn beinhalteten, passen würden. Der positive Satz „Ich habe die Kontrolle" passte nun etwas besser zu dem wahrgenommenen Reiz der Alkoholfahne (von Drei auf Vier).

Nachdem wir erneut unsere gewohnten Plätze eingenommen hatten, bemerkte ich mit einer leichten Enttäuschung, dass mein Beschützerinstinkt nicht so einfach nachgab. Ich verdeutlichte ihr grinsend, dass er mir gesagt hatte: „Nein, nein, Fräulein, so einfach kommst du nicht an die Erinnerung ran!"

Interessiert befragte ich mich meine Therapeutin, was bzw. wer mein Beschützer sei und ob es noch mehr Charaktere geben

28 Ein paar Tage später kam mir der Gedanke, dass ich sicher versucht hatte, etwas zu hören, da sich mein Bruder ebenfalls der Tür zugewandt hatte und weder mir noch seinem Spielzeug Aufmerksamkeit schenkte, was Babys eigentlich in der Regel machen.

würde. Da ich tatsächlich gern Selbstgespräche führe, stellte ich ihr, mit Nachfragen ihrerseits, folgende Varianten von mir vor, von denen sich zwei jedoch als mein eigens geschaffenes Skotom herausstellen sollten:

- das gewöhnliche Ich
- Jack[29], mein Bodyguard (Skotom Nr. 1)
- Pandora, die Vernachlässigte (Skotom Nr. 2)
- mein Instinkt

Ich trainierte seit Jahren, die leise Stimme in meinem Hinterkopf lauter zu stellen und sie so noch schwerer ignorieren zu können. Egal was sie mir rät, ich höre darauf. Natürlich zweifle ich hin und wieder an ihr, doch das ist einfach der Besserwisser in mir. Jedes Mal stellt sich seine Theorie dann als falsch heraus, doch ich versuche trotzdem manchmal über meinem Instinkt zu stehen. Wir sind nichts anderes als Tiere, auch wenn sich der ein oder andere für einen Gott hält. Doch gewisse Eigenschaften, die wir vor Tausenden von Jahren wie selbstverständlich genutzt haben, sollten wir wieder zulassen, denn sie stellen sich sehr oft als ziemlich nützlich heraus.

Als ich meine Ausführungen über die verschiedenen Persönlichkeiten in mir abgeschlossen hatte, wartete ich gespannt, was meine Therapeutin dazu sagen würde. Mir waren diese verschiedenen „Charaktere" schon lange bewusst, doch sie war die Erste, der ich davon erzählte, da ich auch dieses Verhalten als ziemlich „irre" ansah. Sie fand es allerdings sehr interessant und sogar ziemlich typisch für meine Vorgeschichte. Es gebe Patienten, die sich der verschiedenen Persönlichkeiten überhaupt nicht bewusst seien. Wir hatten zwar schon ausgeschlossen, dass ich an einer dissoziativen Persönlichkeitsstörung litt, doch offenbar gab es verschiedene Formen der „Abspaltung von Gefühlen". Interessiert hakte sie daher nach, ob ich schon einmal versucht hätte, mit den

29 Nach Jack Bauer (gespielt von Kiefer Sutherland) aus der Serie 24.

dreien Kontakt aufzunehmen bzw. sie an einen Tisch zu setzen. Ich erzählte ihr, dass ich ziemlich oft in meinen Selbstgesprächen Diskussionen mit allen hätte, wenn mich ein Thema beschäftigte. Dann würde jeder seinen Senf dazu geben. Pandora sah dabei alles pessimistisch und verdeutlichte die negativen Aspekte meiner Sorgen. Sie befürchtete also immer das Schlimmste und blieb auch dabei. Jack war eher locker und tat sich mit meinem gewöhnlichen Ich zusammen. Wir stritten also das Negative ab und versuchten das Positive zu sehen und Vergleiche mit ähnlichen Situationen anzustellen. Auch mein Instinkt versuchte das Wort zu ergreifen, wobei dieses meist in dem Stimmengewirr der anderen unterging. Erst nach der hitzigen Diskussion versuchte er sich noch einmal Gehör zu verschaffen. Solche Gespräche verliefen aber nicht immer gleich. Manchmal hatte der eine, dann der andere die Oberhand. Erst wenn ich das Geschehene rekapitulierte und mir auch das Gesagte aller Charaktere durch den Kopf gehen ließ, konnte ich bewerten, wer recht hatte und wer nicht. Und dann war auch mein Instinkt der Einzige, der dann sagen konnte, dass er recht bzw. dass er so etwas geahnt hatte. Die anderen hatten eine blühende Fantasie, und wenn sich diese dann mit der Vorhersehung vermischte, herrschte ein riesiges Durcheinander. Dann konnte ich die Meinungen auch kaum noch voneinander unterscheiden und dementsprechend bewerten.

Nach meinen Ausschweifungen stellte meine Therapeutin erstaunt fest, dass ich genau das instinktiv gemacht hätte, wofür andere jahrelanges Training mit therapeutischer Hilfe brauchen würden. Ganz verwunderte mich dieser Umstand allerdings nicht, da ich trainiere, auf meinen Instinkt zu hören, also auch auf seine therapeutischen Vorschläge. Doch nicht mal eine Woche später ergaben sich neue Entwicklungen, die des Rates meiner Therapeutin bedurften.

Eigentlich bin ich es gewohnt, völlig absurde Träume zu haben. Ich träume von meinen größten Ängsten, zusammenhanglose Geschichten oder Wiederholungen von früheren Träumen. Dieser Traum übertraf jedoch alles vorher Dagewesene bei Weitem. Es passierte Folgendes:

# DER ALBTRAUM

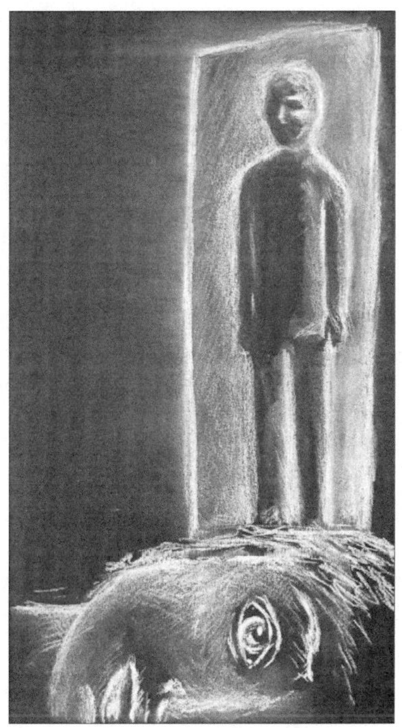

Ich lag in meinem Bett und schlief auf der Seite, mit dem Gesicht zur Wand. Somit hatte ich die Schiebetür im Rücken. Auf einmal öffnete sich diese, was mich natürlich sofort aufschrecken ließ. Langsam drehte ich meinen Kopf etwas zu der Tür, um einen Blick auf das Geschehen werfen zu können. Mit rasendem Herz beobachtete ich mit leicht geöffneten Augen eine Gestalt, die zu mir ins Zimmer schlich. Es war ein Mann mittleren Alters, der schwer atmete und sich vorsichtig zu meinem Bett bewegte. Inzwischen hatte ich mich wieder zur Wand gedreht und stellte mich schlafend, während ich jeder Bewegung des Mannes lauschte. Die Panik wuchs stetig in mir weiter und wandelte sich schließlich in blanke Angst, als ich spürte, wie er meine Decke zurückschlug und sich mit einem erleichterten Seufzer zu mir legte. Als ob es das Normalste der Welt wäre, schmiegte er sich eng an mich und kam schließlich zur Ruhe. Noch nie hatte ich so große Angst. Ich war in eine Art Schockstarre verfallen und spürte angewidert den Arm des Mannes um meinen Bauch sowie seinen Körper an meinem. Das Schlimmste an der ganzen Sache waren jedoch meine Gedanken. Während ich unbeweglich und voller Angst dalag, schoss mir nur ein Gedanke immer wieder durch den Kopf: „Oh nein, nicht schon wieder!"

Als ich meiner Therapeutin diesen Albtraum beschrieb, war sie etwas überrascht, stellte jedoch Fragen dazu. Ich beschrieb die Szenerie so gut ich konnte und schätzte die Größe, das Alter sowie andere Details, die mir zu dem Mann einfielen, für sie ein. Einen Reim konnte sie sich darauf nicht machen, fand es aber wichtig, dass wir die Sache beobachteten. Da ich ihr gesagt hatte, dass mich meine Gedanken am meisten verstört hatten, trug sie mir auf, auf ähnliche Träume zu achten. Es könne gut sein, dass nun weitere Albträume auftauchen würden, die in ihrer Struktur dem jetzigen ähnelten. Zum Glück machte mir der Traum nur ein paar Stunden zu schaffen. Ich erzählte schließlich einer Freundin davon und verschaffte mir so Erleichterung. In der Therapie wurde dem Traum keine Aufmerksamkeit mehr geschenkt und geriet schließlich in Vergessenheit.

Inzwischen waren die Sommermonate angebrochen und jeder machte sich auf in den Urlaub. Auch meine Therapeutin stand kurz vor ihren mehrwöchigen Ferien, was natürlich bedeutete, dass wir uns dann einige Zeit nicht mehr sehen würden. Daher hatten wir die letzten Stunden auch kaum etwas gemacht, was in Richtung EMDR wies. Wir unterhielten uns hauptsächlich über meine Gesundheit und Kleinigkeiten, die uns beide interessierten.

Doch eine weitere Veränderung hatte ich in den letzten Sitzungen an mir beobachtet, was das Wahrnehmen jeglicher Emotionen betraf. Diesbezüglich hatte ich auch eine kleine Andeutung in einer vorigen Stunde gemacht – mir war einfach alles gleichgültig. Meine Therapeutin versuchte noch, mich in eine optimistischere Richtung zu lenken, doch ich gab lediglich vor, dass sie das auch geschafft hätte.

Eigentlich war ich jedem gegenüber ehrlicher, als ich es vorgehabt hatte. Das drückte sich am meisten in meinem Verhalten aus. Hatte ich zuvor Mitgefühl oder Interesse bei Themen geheuchelt, die mir völlig egal waren, so zeigte ich nun offen, was sich wirklich in mir abspielte – nämlich nichts. Auch hatte ich es eingestellt, meinen Pflegeeltern irgendwelche Floskeln zu erzählen, nur damit wir ins Gespräch kamen. Wenn ich sah, dass eine mir bekannte Person (wie etwa ein Kollege) bedrückt war, so fragte ich nicht mehr nach und versuchte auch nicht, ihn aufzumuntern. Ich ging ganz meinen Beschäftigungen nach und scherte mich nicht um andere. Interessierte mich ein Thema bzw. eine Sorge aber wirklich, dann steuerte ich gerne einen Rat bei oder hörte einfach nur zu.

Während ich also über alles nachdachte und diese Gleichgültigkeit in vollen Zügen genoss, fiel mir auch auf, dass es nun an der Zeit war, meiner Therapeutin mitzuteilen, dass sie mit ihren Mitteln bei mir wohl auf Granit beißen würde. Ich weiß nicht, ob sie mich bei meiner Entscheidung unterstützt hat oder ob ich selbst darauf gekommen bin. Ich tendiere eher zu Letzterem. Schon während der EMDR-Sitzungen hatte ich ihr mehrmals gesagt, dass mein Instinkt es nicht zulassen würde, dass ich oder jemand anderes einfach so Einblicke in meinen Kopf bekomme. Er hatte alles zu Recht gesperrt und durch mein jahrelanges Training ist es beinahe unmöglich, an diese gewollten Informationen heranzukommen. Ich sage „beinahe“, weil ich davon ausgehe, dass er sie irgendwann freigeben wird. Da ich mich nun aber entschlossen hatte, meinem Instinkt das Kommando zu überlassen, würde ich mich automatisch verschließen und daher nichts Relevantes mehr über mich preisgeben. Da ich sowieso davon überzeugt war (und noch bin), dass meine gesundheitlichen Beschwerden nichts mit meiner Psyche zu tun haben, würden die

Versuche meiner Therapeutin erst recht in einer Sackgasse enden. Lange hielt mein Plan allerdings nicht an. Nach ungefähr zwei Wochen fiel mir auf, dass ich viel aggressiver und gereizter geworden war. Ich fühlte mich zwar gelassener und sorgenfreier, doch gleichzeitig geriet ich doppelt so schnell in Rage und konnte meine negativen Emotionen schlechter kontrollieren. Mir gefiel dieser Zustand nicht, was mich dazu bewog, wieder alles auf Anfang zu setzen. Nun wusste ich aber, dass ich meinen Kopf hervorragend im Griff hatte.

Das brachte mich natürlich ins Grübeln. Ich wollte wissen, warum ich das so gut unter Kontrolle hatte. Dass EMDR doch keinen Sinn hatte, bestätigte mir auch meine Therapeutin zögerlich, da ich schon davor festgestellt hatte, dass mich meine Kindheit bzw. die Erinnerungen daran überhaupt nicht belasteten (das war allerdings ein entscheidendes Kriterium). Daher beschloss ich meinen Horizont zu erweitern und mich ganz dem Gebiet der Traumatherapie, vor allem der Entstehung von Traumata, zu widmen, um so vielleicht feststellen zu können, was es mit Persönlichkeitsanteilen auf sich hatte und ob diese bei mir überhaupt wirklich vorhanden waren oder ich einfach nur sah, was meine Therapeutin wollte. Ich recherchierte über verschiedene Auswirkungen eines Traumas und stieß relativ schnell auf einen neuartigen Begriff, der laut meiner Therapeutin noch nicht vielen bekannt war: strukturelle Dissoziation.

# STRUKTURELLE DISSOZIATION

Als ich meiner Therapeutin erzählte, dass ich meine Gefühle individuell kontrollieren konnte, sagte sie mir, dass dieses Verhalten eine typische Folge eines frühkindlichen Traumas sei. Hierbei hätte ich Gefühle abgespalten, um mich so schützen zu können. Da wir in dem anfänglichen Fragebogen eine dissoziative Identitätsstörung ausgeschlossen hatten, nahm ich ihre Information zwar interessiert auf, beschäftigte mich vorerst aber nicht weiter damit. Erst als mir aufgefallen war, dass ich meine Gefühle besser steuern konnte, als ich dachte, begann ich genauer zu recherchieren. Es entwickelte sich eine Art Selbststudie daraus, in der die Gefühle Gestalt und Geschlecht annahmen sowie Namen zugewiesen bekamen. Jede(r) von ihnen hatte bestimmte Aufgaben und wurde mehr oder weniger von mir beachtet. Gleich zu Anfang muss ich allerdings erwähnen, dass diese „Personifizierungen", wie bereits erwähnt, reine Skotome und daher nie existent waren. Es hat jedoch so gut zu der Diagnose „strukturelle Dissoziation" gepasst, dass erst meine Therapeutin und dann auch ich nicht anders konnten, als genau das zu sehen, was wir sehen wollten. Dass wir einem gewaltigen Irrtum zum Opfer gefallen waren, erkannte ich zum Glück nur kurze Zeit später.

Im Folgenden möchte ich Ihnen diese (Skotom-)Gefühlspersonen vorstellen und hin und wieder Abschnitte aus recherchierten naturwissenschaftlichen Ansichten beifügen. Hierbei bildet das Bild der „strukturellen Dissoziation" den roten Faden:

Unter dem Begriff „Dissoziation" wird das Auseinandernehmen, das Distanzieren von etwas verstanden. In diesem Kontext versteht man hierbei eine Spaltung der Persönlichkeit, die durch traumatische Ereignisse hervorgerufen wurde. Der Schweregrad der Dissoziation hängt dabei, neben der Häufigkeit, Art und

Schwere der Traumatisierung, vom Alter und dem psychischen Entwicklungsstand der betreffenden Person ab (Lüttichau, 2014).

Werfen wir nun einen kurzen Blick auf die Strukturen des Gehirns. Bei einer traumatischen Situation trennt sich die Großhirnrinde von den anderen Strukturen des Gehirns, die, entwicklungsgeschichtlich betrachtet, älter als diese sind.

Die Großhirnrinde ist als „jüngste" aller Gehirnstrukturen unter anderem für die Steuerung der Wahrnehmung, Sprache, Gefühle und des Körpers zuständig. Mit ihr können wir bewusst denken, uns selbst reflektieren, Bewegungen koordinieren, Handlungen einschätzen und ausführen sowie unsere Sinne wahrnehmen.

Die weitaus älteren „unteren" Strukturen des Gehirns kann man auch als Säugetierzentrum bezeichnen, da hier die Vorgänge des limbischen Systems gesteuert werden, also alle Systeme, die bei anderen Säugetieren ebenfalls vorhanden sind. Darunter fallen Alarmfunktionen, Bewegungen und die Grundfunktionen des Körpers wie z.B. Atmung, Herzschlag, Verdauung und Schlaf.

Kurz: Die Großhirnrinde steuert die Wahrnehmung, während die älteren Strukturen den Körper übernehmen.

Schon im Laufe der ersten Lebensjahre bildet sich die Wahrnehmung aus. Für eine gute Entwicklung brauchen das Gehirn, der Körper und die Seele einen guten Nährboden. Durch Bindungen, Rhythmen, Wiederholungen und eine vernünftige Versorgung bekommt jeder Mensch durch viele kleine Erfahrungen sein eigenes Gefühl von Raum und Zeit. Als Säugling kann man sich selbst zwar noch nicht richtig wahrnehmen, trotzdem wird hier schon der Grundstein für eine individuelle Gestaltung des Erwachsenseins gelegt, wobei hier alle Möglichkeiten offen sind. Das Gehirn des Säuglings legt Verbindungen und Strukturen an, aus der sich dann eine Instanz entwickeln kann, die sich selbst beobachtet – also eine Zentrale, die sich selbst auf dem Laufenden hält. Ohne Pause werden dabei Verbindungen vom Körper geknüpft. Er stellt das Gleichgewicht her, sortiert Material aus, das noch nicht verarbeitet werden kann, und konzentriert sich so auf das Wesentliche.

Die Dissoziation beschäftigt sich somit mit dem Material, das aussortiert, aber nicht verarbeitet wurde. Wird einem Erlebnis nicht die nötige Aufmerksamkeit geschenkt, gerät es nicht ins Bewusstsein. So wird ein Geschehen zwar erlebt, jedoch nicht richtig wahrgenommen. Stellen Sie sich vor, Sie wollen die Straße überqueren. Plötzlich kommt ein Auto angerast. Ohne dass Sie über mögliche Konsequenzen nachdenken, reagieren sie blitzschnell und springen reflexartig zurück. Hier schützen Sie sich selbst und sorgen für Ihr Überleben.

Oder Sie sind nachts unterwegs und kennen sich nicht in der Gegend aus. Plötzlich hören Sie ein Geräusch, das sie keiner logischen Quelle zuordnen können. Augenblicklich erstarren Sie, spannen sich an und richten Ihre vollste Aufmerksamkeit auf die Hörquelle.

Beide sind Situationen, in denen die Verbindung zwischen der Großhirnrinde und den älteren Strukturen unterbrochen wird. Denn hier ist ein bestimmtes Verhalten notwendig, das dann nicht gesteuert bzw. beeinflusst werden kann (siehe Abbildung unten).

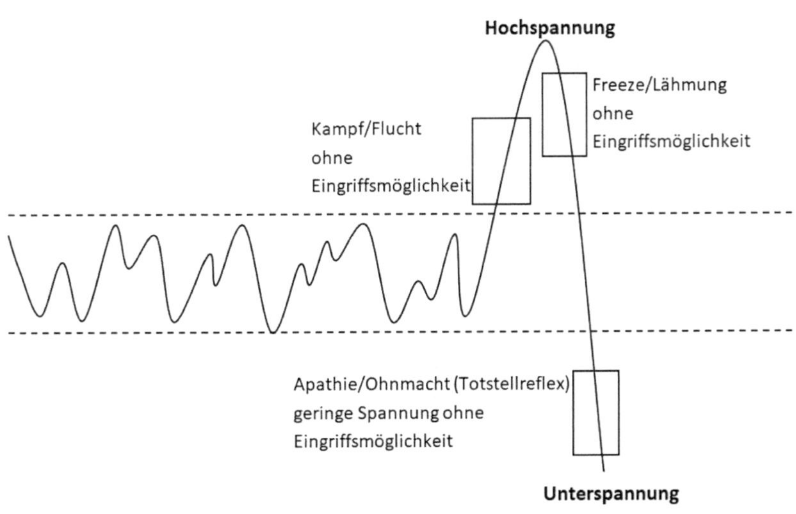

Befindet sich jemand in Hoch- oder Unterspannung, ist jegliches Eingreifen blockiert. Auch die Gefühle und Schmerzen werden abgeschirmt. In einer Notsituation kann die Großhirnrinde in keinem ihrer Bereiche etwas machen. So ist es nicht verwunderlich, dass alle im Notfall schlagen, schreien oder rennen, da sie nicht im Vollbesitz ihrer geistigen Kräfte sind. Selbst wenn jemand abschweift oder etwas ausblendet, besteht kein bewusster Zugriff, da dieser stark eingeschränkt wird. Durch das „Herunterfahren" des bewussten Denkens wird das Erlebte nur gespeichert, doch nicht verarbeitet und entsprechend eingeordnet, was kein Gefühl von „Das war einmal", „Es ist vorbei" zustande kommen lässt (Hantke & Görges, 2012).

Man kann sich bei der Persönlichkeit verschiedene Systeme vorstellen, die als Ganzes fungieren und so ein organisiertes und strukturiertes System bilden. Dabei gibt es bestimmte Handlungssysteme. Im Wesentlichen versteht man darunter alle Systeme, die man zur **Bewältigung des Alltags** benötigt. Darunter fallen auch angenehme Reize wie Nahrung oder gute Gesellschaft – also alles, was unter die **Erhaltung der Art** fällt.

Ein weiteres System ist das **Überlebenssystem**. Wie der Name schon sagt, beinhaltet es ein Programm, das in Notsituationen, z. B. wenn wir bedroht werden, abgespielt wird und uns so verteidigt.

Die erste Spaltungslinie, die sich bei der unwillkürlichen und zufälligen Dissoziation bildet, verläuft zwischen diesen beiden Systemen (Alltagsbewältigung und Überlebenssystem).

## Das Ego-State-System

Bei diesem System wird die Persönlichkeit nach einem Trauma in verschiedene Selbst-Zustände aufgeteilt, die abhängig von der Biografie des Opfers sind (verlassenes/misshandeltes Kind, Beschützer/Helfer). Bei ihnen handelt es sich also um systematisch organisierte Verhaltensweisen und Erfahrungen. Die Grenzen zwischen den Ego-States untereinander sind dabei unterschiedlich durchgängig. Die Ego-States sind am meisten daran interessiert, die Mechanismen, die zur Bewältigung der Kindheitsereignisse nötig sind, zu verbessern. Dabei können sie verschiedene Altersgruppen widerspiegeln, wie etwa den Menschen als Kind oder als Teenager. Sie können aber auch eine bestimmte Funktion übernehmen oder ein Persönlichkeitsmerkmal darstellen (z.B. Kritiker, Ernährer, Liebhaber, verletztes Kind). Auch wenn die Ego-States der traumatisierten Person halfen, ihr Überleben zu sichern, können sie sich im erwachsenen Alter als Hindernis herausstellen. Da sie noch in der Vergangenheit leben, wenden sie auch Jahre später dieselben Anpassungsstrategien an. Dabei verteidigen die Ego-States ihre Wichtigkeit und Existenz mit allen Mitteln. Sie sind außerdem dazu in der Lage, sich gegenseitig zu provozieren und durch die entstandenen Konflikte nur noch mehr Spannung in der Psyche des traumatisierten Menschen auszulösen. Allerdings können sie sich auch verändern, verbinden und sich an die Entwicklung der Person anpassen (Peichl, 2012).

Das System zur Alltagsbewältigung und zur Erhaltung der Art bildet den anscheinend normalen Persönlichkeitsanteil **(ANP)**. Das Überlebenssystem übernimmt den emotionalen Persönlichkeitsanteil **(EP)**.

## Der anscheinend normale Persönlichkeitsanteil (ANP)

Der ANP ist für den Alltag zuständig. Damit er ohne Probleme funktionieren kann, vermeidet er jegliches Erinnern an das vergangene Trauma. Wie eine Art Maske wird hier der Erwachsene vorgegeben. Der APN kümmert sich um das alltägliche Überleben.

Normalerweise hat er keine Erinnerungen an das Vergangene, verhält sich aber zurückhaltend im zwischenmenschlichen, sozialen und empfindsamen Bereich. Des Weiteren weiß der ANP zwar, dass er traumatisiert wurde, und ist sich auch der anderen

EP bewusst, doch ein Gefühl, das ihm klarmacht, dass er handlungsfähig ist, besteht nicht. Das Trauma selbst wird als Fakt, nicht jedoch als Teil der Lebensgeschichte abgespeichert. Erzählen traumatisierte Menschen also von ihrem Leben und erwähnen auch das Trauma, dann fehlt die hierzu angebrachte emotionale Beziehung zu diesem Punkt. Trotzdem gelingt es dem ANP, ein „normales" Leben zu führen, Kinder zu erziehen und beruflich zu funktionieren. Gesund ist dieser Anteil aber trotzdem nicht, da er nur den Schein der Normalität wahrt (Peichl, 2012).

## Der emotionale Persönlichkeitsanteil (EP)

An den EP ist das traumatische Ereignis gebunden.

Befindet sich eine Person also in dem EP, verhält sie sich genauso wie zum Zeitpunkt des Traumas. Alle Gefühle und Reaktionen, die damals präsent waren, kommen ungefiltert und in gleicher Intensität zum Vorschein. Der EP kann im Alltag auftauchen, sobald ein Trigger erscheint, und die betreffende Person in den Zustand des Traumas werfen. Sieht die Person während dieses Zustandes Bilder oder Ähnliches, handelt es sich bei ihnen nicht um Kopien der Erlebnisse, die zum Trauma geführt haben. Die Eindrücke wurden subjektiv bearbeitet, verändert und durch die Fantasie ausgeschmückt. Die emotionalen Persönlichkeitsanteile, die sich nach einem Trauma bilden können, können je nach Biografie unterschiedlich ausgestaltet sein.

So können sich täteridentifizierte Parts bilden, welche die Handlungen und Urteile des Täters verinnerlichen (z. B. „Ich habe es verdient, denn ich bin nur ein Stück Dreck!") (Eickhoff-Fels, 2011; Lüttichau, 2014).

Diese **„Täter-Introjekte"** spiegeln die Sicht des Täters auf das Opfer wider und können sehr entwertend oder auch sadistisch sein, was den ANP zu Selbstverletzungen, -bestrafungen oder sogar Suizid drängen kann. Manche geben sogar die Worte des Täters wieder und vertreten so seine Ansichten.

Der EP kann aber auch aggressiv ausgestaltet werden, da er die bei dem Trauma erlebte Wut und den Hass beherbergt. In der Vorstellung hat das Opfer sich gewehrt und den Täter z. B. weggeschoben. Durch die Aggression und die Wut entstehen Anteile, die einem trotzigen Kind ähneln, aber lediglich das „traumatisierte Kind“ schützen wollen.

Alle Personen, die unter einer dissoziativen Störung leiden, wurden durch eine enge Bezugsperson in ihrer Kindheit oder Jugend traumatisiert. Wird ein Kind z. B. angegriffen, sucht es einen Ort, an dem es Schutz findet (Bindungssystem). Es möchte sich aber auch verteidigen (Verteidigungssystem). Wenn jetzt aber der Angreifer und Beschützer ein und dieselbe Person ist, dann sind beide Systeme aktiv (Bindung und Verteidigung). Das Kind möchte sich eigentlich binden, zu seiner Mutter in den Arm und beschützt werden, doch die Mutter schlägt es gerade. Also muss es den Angreifer meiden. Diesen Widerspruch können Kinder niemals lösen. Vor allem, weil die Bindungsperson nie nur böse ist. So kann die Mutter das Kind heute schlagen, ihm morgen aber wieder etwas Gutes tun. Da Menschen Bindung aber zum Überleben brauchen, muss ein anderer Weg gefunden werden. Wenn eine Bezugsperson also diejenige ist, die es traumatisiert, muss ein Kind es dennoch schaffen, sich an sie zu binden, um zu überleben. Also hebt es den Widerspruch auf, indem es diese beiden Dinge voneinander spaltet, sie aber nie integriert (Eickhoff-Fels, 2011). Wird das Kind doch aggressiv bei einem Angriff des Täters, dann aktiviert sich die Möglichkeit zum Kampf oder zur Flucht (Furchtsystem). Wird allerdings der reflexartige Versuch, sich zu wehren, unterdrückt, weil sofort eine Bestrafung folgt, dann ist die Handlung, nicht aber die Tendenz unterbrochen worden. Das Kind sieht sich gegenüber dem Täter allerdings als aggressiv und demzufolge als böse. Dadurch identifiziert es sich mit dem Täter und erkennt, dass es offenbar „schlecht“ sein muss, da der Täter das sagt. Denn in dieser Entwicklungsphase gilt bei den Kindern, dass das, was die Eltern sagen, stimmt. So glauben sie ihnen auch, wenn sie als „schlecht“ oder „dumm“ bezeichnet werden. In ungünstigen Fällen verbindet sich die Aggression mit dem Täter-Introjekt, und der Glaube, dass man stark ist, alles schaffen kann und dem Täter gleicht, bringt eine scheinbare Unbesiegbarkeit hervor.

Durch sein hohes Misstrauen ist der aggressive EP allerdings sehr verschlossen, da er um jeden Preis eine weitere Traumatisierung verhindern will.

Bei den unterschiedlichen Formen der strukturellen Dissoziation unterscheidet man zwischen der Anzahl des anscheinend normalen Persönlichkeitsanteils (ANP) und des emotionalen Persönlichkeitsanteils (EP). Alle EP können individuell ausgestaltet werden. Sie haben bei vielen traumatisierten Personen ein Geschlecht, ein Alter, einen Namen und eine Funktion. Auch hier kommt es auf die Art der Traumatisierung, wie damit umgegangen wurde und die weitere Entwicklung an (Peichl, 2012).

## Primäre strukturelle Dissoziation

Während einer unverarbeiteten traumatischen Erfahrung, die eine Notfallreaktion hervorruft, entsteht der EP. Er trägt die traumatischen Erfahrungen und Erinnerungen in sich. Dieser bleibt erhalten und macht sich hin und wieder bemerkbar, indem er herausbricht, sobald Wahrnehmungen oder Reaktionen aktiviert werden, die das vergangene Trauma Realität werden lassen. Der EP kommt allerdings nicht an Erfahrungen oder Einschätzungen heran, die der Realität am nächsten sind. Der ANP hingegen reagiert auf alle alltäglichen Situationen angemessen, bis irgendetwas an die traumatische Situation erinnert. Durch dieses spezielle Überlebensmuster bestehen starke Einschränkungen, die den Alltag eher negativ erscheinen lassen. Dabei gibt es unterschiedliche Ausprägungen von ANP und EP, die über verschiedene Potenziale verfügen können und auf unterschiedliche Weise im Alltag aktiv werden (Hantke & Görges, 2012; Lüttichau, 2014).

## Sekundäre strukturelle Dissoziation

Hierbei entsteht die Dissoziation, wenn man sich während der traumatischen Erfahrung in der Unterspannung befunden hat. Die bewusste Wahrnehmung wird aus dem Körper entfernt und man nimmt die Situation „von außen" wahr. Dabei entstehen zwei EP. Diese „versprengten" Anteile haben unterschiedliche Aufgaben. Der eine bleibt möglicherweise mit der körpernahen Erfahrung verbunden, die sich in der Unterspannung gebildet hat. Der andere jedoch kann den Eindruck hinterlassen, als ob er neutraler Beobachter wäre. Er scheint nichts mit dem Körper und damit verbundener Wahrnehmung zu tun zu haben. Es bestehen also zwei emotionale Persönlichkeitsanteile, die durch auftauchende Erinnerungen hervorgerufen werden, unterschiedliches Verhaltensweisen und unterschiedliche Empfindungen zeigen können. Je nach Situation wird dabei ein bestimmtes EP aktiviert (Hantke & Görges, 2012; Lüttichau, 2014).

Bei der tertiären strukturellen Dissoziation bestehen mehrere ANP. Hier spricht man auch von einer dissoziativen Identitätsstörung (Hantke, Görges). Dabei besteht die Persönlichkeit nur aus dissoziativen Persönlichkeitsanteilen, die alle festgelegte Empfindungen, Verhaltensweisen und Reaktionsmuster haben (Lüttichau, 2014).

Diese dissoziativen Entwicklungen entstehen, wenn in die Fähigkeit der Verarbeitung und Integration eingegriffen wird. Das Erlebte konnte nicht Teil der Lebensgeschichte werden, da es nie in diese integriert und somit nie verarbeitet wurde. Erfährt ein Mensch immer wieder Situationen, in denen Angst, Ohnmacht, Hilflosigkeit, Einsamkeit oder Schmerz vorherrschend ist, werden nur neue Barrieren geschaffen. Dabei spielt auch der Zeitpunkt der Traumatisierung eine Rolle. Je jünger der Mensch zum Zeitpunkt der Traumatisierung ist und je länger diese anhält bzw. sich wiederholt, desto schlimmer sind die strukturellen Folgen. In jeder Altersstufe bilden die Inhalte der Entwicklung Grundlagen für die nachfolgende. Werden diese behindert und durch Gewalt aufgehalten, hat dies – je nach Altersstufe – unterschiedliche Auswirkungen (Hantke, Görges).

## SYMPTOME DER STRUKTURELLEN DISSOZIATION

Die Symptome, die sich nach einer Traumatisierung ausbilden können, sind abhängig von dem Erlebten. Dabei ist es wichtig zu wissen, dass keines der nachfolgenden Symptome lediglich nach Traumatisierungen auftritt. So kann es sein, dass jemand eines der Symptome zeigt, obwohl keine traumatische Situation in der Vergangenheit aufgetreten ist (Hantke, Görges).

Durch die unzureichende Integration und Verarbeitung des erlebten Traumas wurde dieses ohne Zusammenhang in verschiedenen Regionen des Gehirns und des Körpers gespeichert. Wie schon erwähnt, wird das Großhirn während des traumatischen Erlebens von den älteren Hirnregionen getrennt und verbleibt in diesem Zustand der Dissoziation.

Befand sich der Körper während der Traumatisierung in **Hochspannung,** werden diese Erinnerungen, gerade bei frühen Erlebnissen, vor allem als Körpererinnerung gespeichert. Wird man schon in den ersten Lebensjahren traumatisiert, fehlt oft eine bildhafte Erinnerung, die man sich wie eine Filmszene ins Gedächtnis rufen könnte. Vorrangig sind daher körperliche Symptome, wie

- Ein-/Durchschlafstörungen,
- Reizbarkeit/Aggressivität,
- Schreckhaftigkeit/Angst,
- Herzrhythmusstörungen,
- Verspannungen oder
- Bluthochdruck.

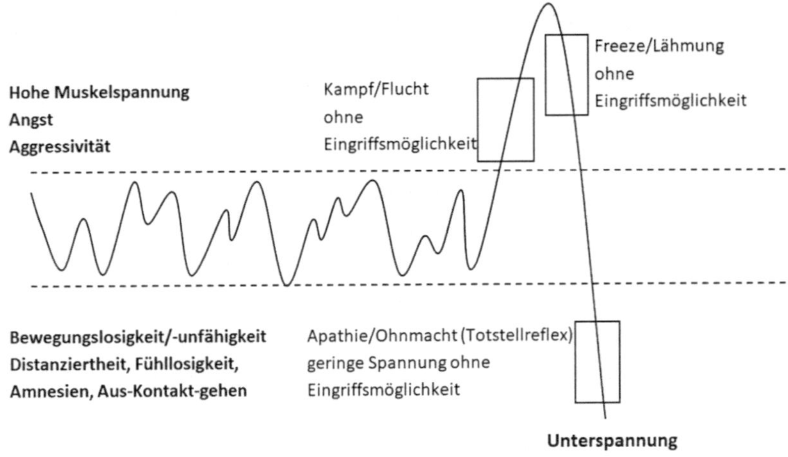


War der Körper allerdings in **Unterspannung,** schaltet er automatisch ab und geht in die unbewusste Vermeidung (siehe Abbildung oben). Erkennen kann man dies z. B. an

- Lähmungserscheinungen/Bewegungsstörungen,
- Depressionen/Antriebslosigkeit,
- Ohnmachtsanfälle,
- plötzlichem Einschlafen oder
- Kontaktvermeidung.

Häufig kann man sogar Wechsel zwischen der Hoch- und Unterspannung beobachten, wenn dies auch in der traumatischen Situation so ablief. Der Traumatisierte löste sich hier von seiner Aktivität, brach zusammen, rappelte sich wieder auf, nur um dann wieder zusammenzuklappen. Dieser Kreislauf wiederholt sich dann beliebig oft.

Während all dieses Durcheinanders versucht der Körper trotzdem die Situation auszugleichen, um so wieder eine Einheit herstellen zu können. Steht so ein Organismus unter Hochspannung, versucht er die nötigen Bedingungen zum Herunterfahren zu schaffen. Er versucht, die Erfahrungen zu integrieren, um diesen Ausgleich schaffen zu können.

Durch die Dissoziation zwischen Großhirnrinde und den älteren Hirnstrukturen entstehen Erinnerungen der Wahrnehmung, auf die der Körper sehr extrem reagiert. Diese Erinnerungen zeigen sich dann nach dem Erlebnis in Symptomen wie Amnesien, Empfindungslosigkeit des Körpers oder der Emotionen, Schmerzunempfindlichkeit, Konzentrationsstörungen oder einer verzerrten Wahrnehmung von Raum und Zeit.

Ein weiterer Faktor der Art der Symptome ist die **Entwicklungsstufe zur Zeit der Traumatisierung**. Dabei sind die Fähigkeiten und Möglichkeiten der Wahrnehmung von Bedeutung. Bei der ersten Traumatisierung wird ein Schema festgelegt, wie der Mensch auf eine erneute Traumatisierung reagiert. Reagiert er z. B. bei der ersten Traumatisierung mit Unterspannung, so wird dieses Schema bei einer erneuten Traumatisierung oder einer Bedrohung abgerufen, da diese Reaktion gefestigt wurde und somit das Niveau der Notfallreaktion bestimmt. Dieser Notfallplan wird bei nachfolgenden Traumata, Triggern oder ähnlichen Bedrohungen immer aktiviert, auch wenn es sein kann, dass es keine Erinnerungen an die erste Traumatisierung gibt (wie das bei Kindern der Fall sein kann) (Hantke & Görges, 2012).

Ereignet sich ein Trauma im Kindesalter und wird über längere Zeit wiederholt, bildet sich in diesem Moment eine Dissoziation, da das Kind noch nicht in der Lage ist, die Erlebnisse teilweise oder ganz zu integrieren, d. h., sie werden nicht Teil der einheitlichen Lebensgeschichte. Diese Fähigkeiten bilden sich erst im Laufe der Entwicklung. Das Kind muss sich aber in den entscheidenden Momenten anpassen und spaltet daher das Nicht-Integrierbare ab und lässt es so stehen. Dieses Vorgehen wird aber im späteren Leben zur generellen Konfliktlösung und daher weiterhin angewendet, was ein Problem in Form einer Behinderung der Anpassungsfähigkeit darstellt (Eickhoff-Fels, 2011; Lüttichau, 2014).

Gerade wenn Kinder in jungen Jahren traumatisiert werden, kann die Art der Beziehungsgestaltung während dieser Zeit, als Erinnerungsfragment, zu einem Symptom werden. Zu der Erinnerung gehört z. B., dass das Kind Angst hat und ihm jemand Angst gemacht hat. Rückblickend kann man sagen, dass hier ein ungleiches Kräfteverhältnis und eine angespannte Stimmung bestanden haben. Der Körper erinnert sich an diese Situation und passt sein Verhalten in ähnlichen Situationen an das Vergangene an: Ist das Gegenüber der Stärkere, so reagiert er mit Angst. Ist man selbst allerdings der Stärkere, dominiert die Aggressivität.

Wird dieses Trauma nicht verarbeitet, kann diese Reaktion zu einem Charakterzug werden. Erkennbar wird dies daran, dass jemand schnell laut wird, auf einmal verstummt und sich zurückzieht, sich in eine Traumwelt rettet, wenn der Lärm zu groß wird, oder sogar zuschlägt, wenn ihm jemand zu nahe kommt. Problematisch wird die Behandlung solcher Symptome vor allem in Versorgungskreisen wie Heimen, Therapien oder Gruppen, in denen jeder Einzelne sehr eng gesteckte Grenzen hat. Durch diesen Stress steigt auch die Anspannung. Wird dann auch noch die Grenze überschritten, kann durch den steigenden Stress eine **traumabedingte Beziehungsreaktion** bestehen, die nur mit viel Zeit und Hilfe verhindert werden kann (Hantke, Görges).

Viele Traumatisierte versuchen ein weiteres Auftreten einer Traumatisierung zu verhindern, indem sie sich zurückziehen, soziale Kontakte und bestimmte Themen vermeiden und sich keine Gedanken über die Zukunft machen. Um besser mit ihrem inneren Erleben zurechtzukommen, suchen sie sich daher Dinge, die ihre Aufmerksamkeit stark beanspruchen und sie ablenken, gleichzeitig aber in einer Sucht enden können (z. B. durch Drogen, Alkohol, Arbeit, Spielen, Chatten, Fernsehen etc.). Manche entwickeln auch Zwangshandlungen, welche die Eindrücke und Symptome der Hoch-/Unterspannung regulieren sollen.

Durch den gescheiterten Versuch der Großhirnrinde, das Geschehene einzuordnen und zu verarbeiten, versucht der Traumatisierte, selbst Zusammenhänge zu suchen und so seinem Verhalten einen Sinn zu geben. Dabei kommen oft Lebenseinstellungen zutage, die alles andere als optimistisch sind:

- „Ich weiß nicht, warum ich so lustlos und deprimiert bin, aber wenn ich es mir so überlege, widerfährt mir sowieso nur Schlechtes im Leben.“

- „Ich stelle mich immer so an, obwohl es eigentlich gar nicht so schlimm ist."
- „Ich darf niemandem vertrauen, nicht einmal mir selbst."

Es kann auch vorkommen, dass die Sätze, die man selbst oft genug hören musste, zur eigenen Lebenseinstellung werden:

- „Ich bin nun mal böse. Dann verhalte ich mich auch so."
- „Ich opfere mich nur deshalb auf, weil ich etwas wiedergutmachen muss."
- „Ich bin an all dem, was passiert ist, selbst schuld. Mein Leid ist die Bestrafung dafür."

Für viele ergibt es keinen Sinn weiterzumachen, da ihre Werte und Vorstellungen zu oft mit Füßen getreten wurden und es niemanden gibt, mit dem es sich zu leben lohnen würde.

Viele der oben genannten Symptome können mit der Zeit verschwinden, wenn die traumatisierten Menschen durch Trost lernen, darüber zu reden und es zu verstehen. Wenn ihnen ein Grund für ihr Verhalten gegeben wird, ist es leichter, damit zurechtzukommen, wie etwa: „Das kommt daher, weil du nie genug zu essen bekommen hast oder weil man dich geschlagen hat …"

Es kann erst viele Jahrzehnte später zu starken Symptomen oder Verhaltensänderungen kommen, wenn die Kindheitserinnerungen durch ein Erlebnis wieder hochgeholt werden. Das kann durch einen Tod einer nahestehenden Person oder durch sinkende Kontrollfähigkeit wegen einer Krankheit oder wegen des Alters erfolgen.

Erwachsene, die in ihrer Kindheit traumatisiert wurden, kämpfen oft mit Langzeitfolgen. Ihr Umgang mit ihren Gefühlen und inneren Impulsen ist verändert, was an Selbstverletzungen, der Suche nach Risiken oder der mangelnden Kontrolle von impulsiven Ausbrüchen zu erkennen ist. Daneben können Aufmerksamkeit und Bewusstsein beeinträchtigt sein, was sich dann in Gedächtnisstörungen und einer verzerrten Wahrnehmung des

Selbst und des Körpers zeigt. Dazu gehören auch unangemessene Gefühle von Schuld und Scham, aber auch eine Beeinträchtigung des Körpers (chronische Schmerzen, sexuelle Probleme). Das mangelnde Vertrauen zu anderen und auch alle Lebenseinstellungen (Verzweiflung, Hoffnungslosigkeit) gehören zu den Langzeitfolgen einer Traumatisierung (Hantke, Görges).

Nachdem die traumatische Erfahrung vorüber ist, wird die Verbindung zwischen der Großhirnrinde und den älteren Strukturen des Gehirns wiederhergestellt. Nun sieht jene sich vor einem Berg von Symptomen und Reaktionen, die sie nicht einordnen kann. Der Verstand war während des Geschehens mehr oder weniger ausgeschaltet. Zwar wurde alles registriert, doch eingreifen konnte er nicht. Nach einem prägenden Erlebnis braucht jeder Zeit, um sich mit der neuen Situation zurechtfinden zu können, das Erlebte zu verarbeiten und sich so zu regenerieren: Die Wahrnehmung des Selbst braucht eine Korrektur, die Sprache und die Gedanken müssen arbeiten, Geschehnisse verdauen und dann einordnen, Gründe müssen gefunden und Urteile gefällt werden. Kurz: Die Trauer muss untergebracht werden.

Dadurch bilden sich **Werte,** die beim Umgang miteinander – sei es verbal oder nonverbal – entwickelt werden. Bei der Geburt gibt es kein vorgefertigtes Schema von „richtig" oder „falsch". Um zu überleben, müssen wir uns an die unterschiedlichen Bedingungen anpassen. Es sind zwar Anlagen enthalten, doch diese müssen auch aktiviert werden. So kann ein sehr musikalischer Mensch dies nicht ausleben, wenn Singen verboten ist und keine Instrumente vorhanden sind. Die Werte hängen also davon ab, unter welchen Bedingungen diese gebildet werden und was an uns weitergegeben wurde. So kann ein Wert beinhalten, dass alles auf der Welt schützenswert ist. Doch auch die Ansicht, dass ich absolut wertlos bin, ist möglich. Weitere Werte können sein, dass Befehlen gehorcht werden muss oder man nicht ins Bett machen soll. All diese Werte machen uns zu einem Teil der Gesellschaft, denn nicht ein Einzelner bestimmt diese und kann sie daher auch nicht so einfach verändern. Versucht man dies doch, kann dies zu einem Verlust der sozialen und kulturellen Bezüge führen, d. h., man gehört nicht mehr dazu. Bei Traumatisierungen heißt dies oft, dass alles Wertvolle nun zerstört und verloren ist. Die bestandenen kulturellen Werte haben sich in Luft aufgelöst.

Doch wie soll ein Mensch nun lernen, was normal ist? Ist ein Kind von den ersten Lebensjahren an immer Übergriffen ausgesetzt, wird es diese erst hinterfragen, wenn es später erfährt, dass sich nicht alle so verhalten. Das eigene Handeln wird als selbstverständlich angesehen, bis man andere trifft, die sich ganz anders verhalten. Man kann sein eigenes Erleben für völlig normal ansehen, bis man bei einer Unterhaltung feststellen muss, dass das Gegenüber eine ganz andere Wahrnehmung hat. Dadurch entsteht ein existenzieller Bruch, der sich und die eigene Lebensweise infrage stellt. Auf einmal ist nichts mehr, wie es war, und man begibt sich auf die verzweifelte Suche nach einer noch so winzigen Kleinigkeit, die aber absolut sicher und unveränderbar ist. Daraus entwickeln sich Rituale, da diese Wiederholungen beruhigend wirken. Solch ein Verhalten unterstützt das Vorhaben, eine gewisse Verlässlichkeit wiederherstellen zu können. Trotzdem stellen sich viele Traumatisierte irgendwann die Frage, ob sie verrückt seien.

Jedem Menschen werden im Laufe seines Lebens Überzeugungen und Werte mitgegeben, die ihn selbst seinen bestimmten Platz in der Welt beschreiben lassen. Dabei kann dies, in Bezug auf traumatisierte Personen, in den ersten Jahren der Kindheit oder bei späteren traumatischen Erfahrungen geschehen, wobei sie hier die Überzeugungen ihrer nächsten Bezugspersonen übernehmen, die ihnen sagen, wie sie die Welt sehen sollten. Bei einer „normalen" Kindheit und einem „normalen" Umfeld werden **Ansichten** vermittelt, wie „Man schmeißt kein Essen weg" oder „Jedes Lebewesen ist einzigartig und schützenswert". Allerdings können auf der anderen Seite auch Werte vermittelt werden, die aussagen „Ich mache immer alles falsch" oder „Ich habe kein Recht zu leben". Diese Überzeugungen sind dabei mit Gefühlen, Körperempfinden und weiteren Wahrnehmungen verbunden. Diese Aussagen werden verankert und gelten als „Satz, der mich beschreibt" und werden somit als „wahr" wahrgenommen. Dabei gelten diese **negativen Selbstbilder** auf verschiedenen Ebenen: Bezüglich des Handelns und der Fähigkeiten haben sich Aussagen wie „Ich kann nichts“ oder „Ich mache immer alles falsch“ verankert. Das Selbstbild wird mit „Ich bin wertlos/hässlich“, „Ich bin der größte Loser“ oder „Ich sollte besser tot sein“ dargestellt. Und auch auf der Beziehungsebene haben Feststellungen wie „Ich bin es nicht wert, dass man mich liebt“, „Ich bringe allen Unglück“, „Ich muss Mama retten, weil ich eine gute Tochter bin“ oder „Ich kann niemandem vertrauen“ Vorrang.

Solche Sätze arbeiten sich von der Beziehungserfahrung in die sprachliche Form hinauf. Hierbei werden also die Erfahrungen, die man selbst gemacht hat, in Werte verwandelt. Durch die Sprache und das sprachliche Denken wird dem Erlebten ein Sinn gegeben. Die Sprache, die einem während der traumatischen Situation mitgegeben wurde, wird in Mustern transportiert und dann als die Wahrheit angesehen. Nicht nur visuelle oder physische Reize, auch sprachliche werden im Zusammenhang mit der Trauma-Situation als gleich wichtig erachtet. Dadurch werden Aussagen über das Opfer und Befehle, die ihm gegenüber ausgesprochen wurden, mit Todesangst verknüpft.

Die meisten Traumata gegenüber Menschen sind von Menschen geschaffen worden. Die resultierenden Verletzungen sind weitaus schlimmer als die von Unfällen oder Katastrophen.

Wie jeder weiß, braucht der Mensch Unterstützung, Zuspruch, Halt und menschliche Nähe, um überleben zu können. Selbst wenn nur ein minimales Maß an Kontakt und Beziehung besteht, ist zumindest ein Überleben möglich. Dabei kann sich das vorhandene Potenzial umso besser entfalten, je angemessener, liebevoller und förderlicher der Kontakt ist. Stellt sich ein Mensch, auf den man sich eigentlich verlassen können sollte, allerdings als gefährlich heraus, dann entsteht ein existenzieller Bruch. Denn was soll überhaupt noch richtig sein, wenn hier schon etwas nicht stimmt? So kann plötzlich Zuneigung präsent sein, wo vorher noch Schläge waren. Es ist auf einmal erlaubt zu handeln, obwohl vorher noch Befehle den Alltag bestimmt hatten. Dass solche Situationen mehr als verwirrend und verunsichernd sind, liegt auf der Hand.

Damit eine Veränderung oder ein Abbruch als bedrohlich erlebt werden kann, muss die vorige Beziehung nicht „gut" gewesen sein. Denn solange Gewohnheiten herrschen, obwohl sie leidvoll waren, besteht ein gewisser Grad Sicherheit. Damit neue Erfahrungen gelernt und akzeptiert werden können, braucht es Zeit. Wird dies allerdings nicht gewährleistet, kann alles zu viel werden. Dann wird versucht, die alten Beziehungsmuster wiederherzustellen, was allerdings das Risiko beinhaltet, dass der Erzieher das nicht akzeptiert und ausrastet. Verhält sich das Kind lieb, kann sich die neue Ordnung wieder einstellen. Unter diesen Voraussetzungen sind Schläge oder Misshandlungen unwahrscheinlicher.

Eine der zentralen Erfahrungen bei Traumatisierungen ist die **Hilflosigkeit**. Die Unfähigkeit, sich oder andere zu schützen, wird zur Notfallreaktion, welche die Grundlage für das Trauma bildet. Nur durch Hilfe von anderen, viel Zeit und Geduld kann dies verhindert werden. Geschieht dies aber nicht, bleibt das hilflose Gefühl und die Einstellung bleibt erhalten, dass man sowieso nichts bewirken und beeinflussen kann, da sowieso alles anders kommt, als man denkt.

Jeder hat das angeborene Bedürfnis, Kontrolle über die Auswirkungen der eigenen Handlungen zu behalten. Liegen die Konsequenzen des Handelns aber im Dunkeln, ist völlig unklar, was getan werden soll.

Durch frühe Übergriffe und Fremdbestimmung werden Strategien entwickelt, durch welche die Welt scheinbar beeinflussbar gemacht werden kann; auch wenn das heißt, dass die Hilflosigkeit selbst kaum sichtbar wird. Stellen Sie sich z. B. einen Jungen vor, der bei Auseinandersetzungen immer zuerst zuschlägt. Macht er das, weil er wenigstens den Anfang und den Verlauf der Prügelei bestimmen möchte und so weiß, was gerade passiert? Solche verwirrenden Strategien lassen sich schwer als Methoden erkennen, die das Leben kontrollierbar machen sollen.

Die meisten glauben, dass die Auswirkungen von Traumatisierungen gravierender sind, je früher die Erfahrungen gemacht wurden. Es stimmt, dass die strukturellen Auswirkungen umfassender sind, da hier die frühen Lernerfahrungen während einer Traumatisierung gemacht wurden. Jeder nutzt seine eigenen individuellen Fähigkeiten, um mit den Traumafolgen umzugehen. Dieser Umgang kann erheblich eingeschränkt werden, wenn durch ein späteres Erleben das komplette heile Weltbild zerstört wird. So ist es für ein Kind keine Überraschung, wenn es verraten wird, da in seinem Weltbild genau diese fehlende Verlässlichkeit vorherrscht – es wurde somit in diesem bestätigt. Hat es jedoch einmal gelernt zu **vertrauen** und wird dann verraten, wird ihn dieser Verrat nur umso härter treffen (Hantke & Görges, 2012).

# STRUKTURELLE DISSOZIATION UND ICH

Nun habe ich Ihnen relativ viel Fachwissen um die Ohren geworfen und möchte Ihnen anhand meines Falls ein Beispiel für die eine oder andere beschriebene Situation und Erfahrung geben. Ich war für ein paar Jahre der Meinung, dass ich in die Sparte der sekundären strukturellen Dissoziation gehöre. Doch ich werde am Schluss genauer auf die einzelnen Symptome eingehen, da noch eine weitere Verdachtsdiagnose im Raum stand, die ich später erläutern werde.

Die nachfolgend beschriebenen Details zu meiner persönlichen strukturellen Dissoziation beweisen etwas Grundlegendes: nämlich, dass Psychologen ihre eigenen Vorstellungen in ihre Patienten projizieren und sie damit um den Finger wickeln können. Somit kann das therapeutisch erzeugte Skotom mit den richtigen Argumenten auf den Patienten übertragen werden. Es muss sich nur logisch anhören. Dann fehlen noch Übereinstimmungen, die natürlich vom Patienten selbst kommen müssen. Frei nach dem Motto: „Jetzt, wo Sie es sagen – das scheint Sinn zu ergeben." Wird das nicht weiter hinterfragt, wird der Patient in diesen Strudel hineingezogen. Dabei wendet sich das Spiel relativ schnell. Hatte am Anfang der Therapeut die Zügel in der Hand (mit Fragen, Argumenten und Weitergeben von Wissen), übernimmt bei geglückter Überzeugung der Patient das Ruder. Plötzlich gibt er von sich aus Beispiele, Alltagssituationen und Emotionen an, die mit dem beschriebenen und erhofften Krankheitsbild übereinstimmen.

Ich selbst bin zwar nicht komplett darauf hereingefallen, aber doch genug, um mich eingehend damit zu beschäftigen. Im Laufe der Therapie habe ich gemerkt, dass das komplett an den Haaren herbeigezogen war. Trotzdem möchte ich meinen Irrtum nicht verbergen und nachfolgend berichten, was ich meiner Therapeutin beinahe abgekauft und auf was ich mich fast eingelassen hätte.

Somit zurück zur Dissoziation und den Anteilen, die ich meiner Therapeutin damals folgendermaßen beschrieb:

Neben meinem Ich, das im Alltag am meisten präsent ist und das meine Mitmenschen erleben, gab es auch noch zwei weitere Versionen von mir. Zähle ich die leise Stimme dazu, die jeder Mensch hat und die sich immer wieder Gehör zu verschaffen versucht, vereine ich zwei (emotional) unterschiedliche Zustände in mir, die ich Ihnen nun genauer vorstelle:

## Das gewöhnliche Ich (ANP)

In diesem Zustand kennen mich die meisten Menschen und in ihm bewältige ich auch meinen Alltag. Ich würde sagen, dass das mein ANP ist, also mein anscheinend normaler Persönlichkeitsanteil.

Wenn alles glattgeht, verhalte ich mich fast wieder jeder andere normale Mensch auch. Ich lasse nur meine positiven Eigenschaften in Erscheinung treten und zeige evtl. vor meiner Familie oder vor Freunden weitere Aspekte. Doch die meisten sehen mich als eine freundliche, sympathische und humorvolle Person (das hoffe ich zumindest). Ich versuche stets, jedem ein Lächeln ins Gesicht zu zaubern und dafür zu sorgen, dass es allen, die ich mag und respektiere, gut geht. Was wahrscheinlich jedem sofort auffällt, ist mein abgedrehter Humor. Ich kann über sehr viel lachen, solange nicht eine gewisse Grenze überschritten wird. Verstößt daher ein Witz gegen meine Prinzipien oder verletzt etwas oder jemanden, den ich mag und der es nicht verdient hat, dann entweicht mir nicht einmal ein Schmunzeln. Doch ansonsten hat mein Humor gewisse alberne Züge. Ich finde nahezu überall etwas Komisches und zeige dies auch gern. Dass ich selbst gern Späße mache und immerzu einen sarkastischen oder humorvollen Kommentar parat habe, dürfte jedem klar sein, der mich eine Weile erleben durfte bzw. musste. Ich gehe davon aus, dass ich einen eher fröhlichen Eindruck mache, und nur Vertraute wissen, dass ich auch anders kann. Des Weiteren gehört auch meine intellektuelle Seite zu meiner gewöhnlichen Erscheinung. Ich kann mich oft nicht zurückhalten, wenn es um das Richtigstellen von Informationen geht oder ich einfach jemandem erzählen muss, was ich Neues erfahren und gelernt habe. Meine Wissbegierde begleitet mich schon mein ganzes Leben und bis heute kann ich diese nicht stillen. Da ich an vielen Themen interessiert bin, habe ich auch immer genug Nahrung für meinen Wissensdurst. So weiß auch jeder, dass ich Tiere über alles liebe. Ich habe den größten Respekt vor ihnen und finde die Natur überaus faszinierend. Dass sich dies auch hin und wieder in meinen Zeichnungen spiegelt, ist daher nicht verwunderlich. Mit meinen anderen Hobbys können die meisten allerdings nichts anfangen und so nehmen es viele zur Kenntnis und belassen es dann dabei. Auch hier behalte ich meinen Anstand und akzeptiere diesen doch manchmal enttäuschenden Umstand. Hier hilft mir mein hohes Maß an Disziplin. Habe ich mir etwas in den Kopf gesetzt, wird dies auch knallhart durchgezogen, sei es eine Sparmaßnahme, bei der ich mir jegliches Einkaufen von Unterhaltungsmedien verbiete, oder das Einstellen von Gewohnheiten. Ist es nötig, wird es gemacht. Da kenne ich mit mir selbst auch keine Gnade.

Zu meiner gewöhnlichen Seite gehören auch all meine Talente, die ich natürlich gern zeige, wobei das eine oder andere mehr Erwähnung findet (z.B. kann ich in der Not sehr erfinderisch sein, wobei mir meine Kreativität wieder sehr hilft). Ich würde sagen, dass ich ein angenehmer Zeitgenosse bin, solange man nicht die andere Seite von mir heraufbeschwört und sie zum Handeln zwingt.

Einige Aspekte der obigen Beschreibung meines Charakters haben sich geändert, was jedoch im Laufe des Buches deutlich genug werden wird.

## Jack, mein Bodyguard (EP Nr. 1 alias Skotom Nr. 1)

Vermutlich war Jack[30] einer meiner emotionalen Persönlichkeitsanteile, wobei er der dominantere war. Er verkörperte mein Überlebens-/Verteidigungssystem und befehligt die „Fight or Flight (or Freeze)"-Reaktion.

Er passte auf alles auf und versucht mich stets zu beschützen, sei es gegenüber verbaler oder körperlicher Gewalt. Dass er wahrscheinlich in meiner Kindheit entstanden ist, dürfte naheliegend sein. Ich nannte ihn auch liebevoll meine „böse Seite", die manchmal zum Spielen herauskommen durfte. Alles, was mit Beobachten, Beschützen und scheinbar negativem Verhalten zu tun hatte, ging von ihm aus. Er war männlich, da ich mit einem Bodyguard einfach einen Mann verbinde, der stark, aggressiv und durchsetzungsfähig ist. Ich weiß, dass auch Frauen so sein können, doch es hätte nicht ganz zu dem verschwommenen Bild gepasst, das ich im Kopf hatte. Dass ich kein klares Bild von ihm hatte, ist an meiner Zeichnung erkennbar. Tatsächlich habe ich nur Teile seines Gesichts gesehen, wenn ich versucht habe, ihn mir anzuschauen. Alles andere lag im Dunkeln. Jack trat immer dann in Erscheinung, wenn er glaubte, dass ich in Gefahr schwebte. So achtete er stets auf meine Umgebung. Jedes Geräusch wurde analysiert und zugeordnet. Das merke ich vor allem daran, dass ich sehr geräuschempfindlich bin, was auf die Dauer sehr nervig sein kann. Jede Bewegung wird ebenfalls registriert und eingestuft. Er reagierte z. B. immer dann, wenn ich angefasst wurde. Sehe ich die Bewegung kommen und kann sie einordnen, reagiere ich entsprechend ruhig und gelassen. Werde ich allerdings unerwartet berührt, gehe ich sofort in den Abwehrmechanismus. Das kann ein Schulterzucken oder aber auch ein komplettes Entfernen von der Quelle sein.

Doch auch Gerüche ließen ihn aufhorchen. Befindet sich in meiner Nähe Alkohol, dann kann ich nichts anderes tun, als

30 Nach Jack Bauer (gespielt von Kiefer Sutherland) aus der Serie 24.

blanke Abscheu zu zeigen. Schlimmer noch, tritt eine Person an mich heran, die Alkohol konsumiert hat, werde ich ziemlich aggressiv. Hier übernahm mein Bodyguard komplett die Kontrolle und bewertet höchstens noch, ob die Person zu meinen Vertrauten gehört und daher keinerlei Abwehr vonnöten ist. Ich gebe Ihnen ein Beispiel aus meiner Schulzeit:

Zur Feier des bevorstehenden Realschulabschlusses feierte meine Klasse eine kleine Party. Es wurde viel Alkohol konsumiert und eine damals gute Freundin kam angetrunken auf mich zu, um mich zum Tanzen aufzufordern. Als ich sah, wie sie auf mich zutrat, mir irgendwas durch den Lärm entgegenbrüllte und mich dann am Arm berührte, stieß ich sie weg und schrie sie zornig an, dass sie von mir fern bleiben solle. Natürlich reagierte sie schockiert und beleidigt zugleich. Sie konnte sich meine Reaktion nicht erklären, doch Jack hatte nur seine Pflicht erfüllt und mich beschützt. In der Zwischenzeit habe ich diese Ausbrüche besser im Griff.

In der Schule albert man viel herum, wovon wohl jeder ein Lied singen kann. Jedem ist schon mal ein Schlag angedroht worden, obwohl dieser nie ausgeführt werden sollte. Doch jedes Mal, wenn Jack eine Hand näher kommen sah und deren Absicht ersichtlich war, ließ er mich in Deckung gehen. Mein Gesicht zeigt die nackte Angst und ich hebe schützend meine Hände vor mein Gesicht und ducke mich weg. Auch wenn ich weiß, dass mich mein Gegenüber nicht schlagen will, geht mein Bodyguard auf Nummer sicher. Hier sind die Reflexe also eindeutig schneller als das rationale Denken. Mich stören diese Reaktionen manchmal, doch ich finde es andererseits ganz nützlich.

Man sieht mir von außen mit etwas Übung an, wenn die Wahrscheinlichkeit hoch ist, dass Jack gerade das Kommando übernommen hat. Ich schaue mein Gegenüber ebenfalls von unten an, rümpfe aber nicht die Nase oder ziehe die Mundwinkel nach oben und fletsche mit den Zähnen. Ich grinse allerdings sehr breit und verschränke die Arme vor der Brust.

## Pandora, die Vernachlässigte (EP Nr. 2 alias Skotom Nr. 2)

Natürlich habe auch ich eine weiche und gefühlvolle Seite. Allerdings lasse ich diese nur sehr selten raus, da sie nicht nur für mich positive Gefühle beherbergt. Sie war ebenfalls ein emotionaler Persönlichkeitsanteil und verkörperte mein Bindungssystem. Sie verlangt auch heute noch Bindung, Wärme und Liebe. Doch lediglich vor Tieren darf sie ihre Gefühle in voller Pracht entfalten. Meine Therapeutin pflegte hierbei immer zu sagen, dass Tiere einen nicht verurteilen und auch anderweitig nicht negativ reagieren würden, was ein Verstecken meiner Gefühle für sie zwingend notwendig machen würde.

Trotzdem ist meine weiche Seite vernachlässigt und sehr schwach. Ich vermute, dass der Grund für ihre Vernachlässigung darin liegt, dass ich als Kind oft erfahren musste, welche negativen Folgen ein Zeigen der Gefühle haben kann, und ich ebenfalls mit Missachtung gestraft worden bin. Ich musste lernen, meine Gefühle zu unterdrücken und diese nur in sicherer Umgebung preiszugeben.

Ich hatte sie „Pandora" getauft. Sie kennen sicher die Geschichte der Büchse der Pandora aus der griechischen Mythologie. Der Göttervater Zeus möchte die Menschen bestrafen und erschafft die neugierige Pandora. Er gibt ihr eine Büchse und verbietet ihr, diese zu öffnen. Ihrer Natur gemäß siegt aber ihre Neugier und alle Übel der Welt entweichen aus der Büchse. Lediglich die Hoffnung bleibt zurück. Ich mag diese Geschichte sehr und habe daher folgende Theorie aufgestellt:

Ich hatte Pandora in ihre eigene Büchse gesperrt. Dort saß sie dürr und vernachlässigt, zusammen mit der Hoffnung, und wartete darauf, dass ich sie endlich für immer aus ihrem Gefängnis lassen würde. Da ich diesen Wunsch aber verweigerte, hat sie einen perfiden Plan geschmiedet: Wenn sie nicht rausdarf, wird sie dafür sorgen, dass sie zumindest optisch präsent ist. Daher zerstörte sie mich von innen und sorgte dafür, dass ich immer mehr ihrem Aussehen glich und genauso dürr aussah wie sie.[31] Mein Bodyguard verhinderte zwar die meisten negativen Emotionen, doch gegen körperliche Beeinträchtigungen konnte er nichts machen. War ich zudem auch noch geschwächt, weil mir übel war oder mir sonst nicht wohl war, dann nutzte Pandora die Chance dieser vorübergehenden Schwäche und brach aus ihrer Büchse aus. Sie wusste genau, wann ich die Kraft und den Willen aufbringen konnte, sie zu unterdrücken, und nutzte daher jeden kleinen Kontrollverlust zu ihren Gunsten.

Ich habe hin und wieder Phasen, in denen ich regelrecht in Selbstmitleid versinke. Wenn mir etwas klar wird, das mein eigenes oder das Verhalten meiner Mitmenschen erklärt, macht mich das meistens sehr traurig. Ich gebe Ihnen ein Beispiel: Schon vor der Nachfrage meiner Therapeutin hatte ich vermutet, dass ich intelligenter sein könnte als die meisten meiner Mitmenschen. Dies bestätigten mir auch Andeutungen von Menschen, die manchmal bzw. kurzzeitig mit mir zu tun hatten. Menschen, die selbst ein hohes Maß an Intelligenz besitzen und daher sofort erkannten, dass auch ich nicht dumm bin. Der Aspekt, der mich kurzzeitig aus der Bahn warf und mich dazu veranlasste, meiner Trauer Ausdruck zu verleihen, war meine Erkenntnis, dass nicht ein einziger dieser Menschen zu meiner Familie gehörte. Selbst als ich ihnen die Vermutung meiner Therapeutin erzählte, taten sie dies als Unsinn ab und beließen es auch dabei. Dass ich allerdings einige Anzeichen dafür klar zeigte, war ihnen egal.

So kommt es also vor, dass ich weinend versuche, meine Erkenntnis als Irrtum zu verwerfen. Da ich allerdings weiß, dass ich recht habe, brauche ich immer eine Weile, bis ich den Umstand akzeptiere. Ein Nachteil ist dann allerdings, dass ich mich dadurch immer mehr abschotte. Dafür ist dann auch meine gefühlvolle Seite zuständig, die sich dann mit ihrem ganzen Pes-

31 Ich möchte hier betonen, dass diese Ansicht eher eine Spielerei als ein wirkliches Zugeständnis ist. Ich bin immer noch davon überzeugt, dass meine Beschwerden nichts mit meiner Psyche zu tun haben. Allerdings machen mir diese Gedankenspiele sehr viel Spaß.

simismus an meinen Bodyguard gewandt hat und sie zusammen eine Strategie entwickelten, die mich nicht noch mehr verletzen konnte und mir so Zeit gab, die Wunden verheilen zu lassen.[32] Bezogen auf das obige Beispiel beinhaltet diese Strategie, dass ich zum einen dieses Thema nie wieder erwähne, und zum anderen, dass ich mich dumm stelle, sollte auf einmal doch meine Intelligenz gefragt sein. Lediglich Menschen, die sich mir gegenüber respektvoll und anerkennend verhalten, zeige ich, wozu ich fähig bin.

Jeder, der die obigen Beschreibungen liest, wird sich wahrscheinlich denken: Darauf kann sie doch nicht wirklich reingefallen sein?! Zumindest würde ich das denken. Ich bin sehr froh, dass ich ziemlich schnell darauf gekommen bin, dass Jack und Pandora reine Fantasieprodukte waren. Im Grunde waren diese „Persönlichkeitsanteile" nichts anderes als das gern genutzte Prinzip des „inneren Kindes", welches Psychotherapeuten nutzen. Ich habe auch schon von einer Erweiterung gehört, in Form der „inneren Bühne". Hierzu gehört die Personifizierung jedes Charakterzuges, also nicht nur der Emotionen, sondern auch anderer Teile der Persönlichkeit – in meinen Augen erneut reiner Betrug und Teil der Gehirnwäsche im Bereich der Psychosomatik.

Ich möchte nicht sagen, dass ich die Abspaltung von gewissen Anteilen für Quatsch halte. Sonst gäbe es keine Reaktionen, die nur durch Trigger ausgelöst werden. Jedoch ist es doch etwas weit hergeholt, solchen Triggern Persönlichkeiten zuzuordnen. Egal ob gewisse Reaktionen nur in bestimmten Situationen hervorkommen oder selbst ausgelöst werden können: Alles ist Teil meiner Persönlichkeit und kann niemandem zugeordnet werden. Somit ist es auch totaler Blödsinn, „alle" Anteile an einem Tisch Platz nehmen zu lassen, damit sie sich unterhalten können. Sicher, ich kann mir vorstellen, dass jeder einzelne Aspekt von mir seinen eigenen Körper bekommt. Aber das wäre dann mei-

32 Auch hier gilt: Vergangenheit → Skotom; Gegenwart → Wahrheit.

ner Fantasie geschuldet und nicht Realität. Da ich viel Fantasie besitze, war es für mich ein Leichtes, mir die „Anteile" vorzustellen und ihnen ein Gesicht und ihre eigene Persönlichkeit zu geben. Meine Therapeutin musste mir nur den nötigen Schubs geben und ganz darauf vertrauen, dass meine Vorstellungskraft den Rest erledigen würde. Genau das hatte ich auch getan. Wobei ich zugeben muss, dass ich das nach einer Weile ausgenutzt hatte, um gewisse Ausreden bunter ausfüllen zu können.

In der ersten Fassung dieses Buches haben sich die Namen Jack und Pandora überall wiedergefunden. Bei der Überarbeitung habe ich diese natürlich entfernt, aber das Beispiel der Persönlichkeitsanteile musste erhalten bleiben. Auch ich bin nicht unfehlbar und kann so aus eigener Erfahrung berichten, was für Tricks in der Psychotherapie angewendet werden und dass jeder darauf hereinfallen kann.

Doch eines habe ich während des „Erwachens" aus dem Schwindel gelernt. Während die „inneren Kinder" reine Kassenschlager in den Büchereien sind und der Gehirnwäsche in Therapiesitzungen dienen, bleibt die älteste Erfindung überhaupt erhalten. Und diese stammt nicht von geldsüchtigen, menschenverachtenden Egoisten, die streng nach Lehrbuch arbeiten und denen ihre Patienten völlig egal sind. Diese Erfindung stammt von der Natur selbst. Hierbei meine ich natürlich unseren Instinkt. Nichts ist zuverlässiger als die älteste Fähigkeit, seit die ersten Lebewesen die Erde bevölkerten. Ohne den Instinkt hätten wir uns sicher nicht so weit entwickelt. Schließlich hat er uns geholfen zu überleben und tut dies weiterhin bei unseren Verwandten – den Tieren.

Und somit möchte ich meinen eigenen Instinkt vorstellen, dem ich liebevoll auch einen Namen gegeben habe.

## Prometheus – mein Instinkt

Nun kommen wir also zu einer Seite von mir, die weder eine Eigenschaft, ein Gefühl noch eine Person darstellt. Jeder Mensch besitzt diesen Mechanismus, nur hören die meisten nicht mehr darauf: den Instinkt. Was in der Tierwelt als selbstverständlich angesehen wird, gilt bei den Menschen kaum noch. Obwohl wir zu den Säugetieren gehören, haben wir uns so sehr angepasst, dass wir unserem natürlichen Instinkten schon lange nicht mehr folgen. Zumindest nicht mehr bewusst. Jeder kennt die leise Stimme im Hinterkopf, die versucht auf etwas hinzuweisen oder einen Rat zu erteilen. Das können banale Dinge sein, doch wird die Stimme ignoriert, müssen die Konsequenzen akzeptiert werden. Erst dann wird deutlich, dass der Instinkt es die ganze Zeit gesagt hat und Zuhören durchaus angebracht gewesen wäre. Aus diesem Grund habe ich mich erneut der griechischen Mythologie bedient und meinen Instinkt Prometheus (griech. „der Vorausschauende“) genannt.

Ich trainiere seit Jahren, die leise Stimme in meinem Hinterkopf lauter zu stellen und sie so noch schwerer ignorieren zu können. Egal was sie mir rät, ich höre darauf. Natürlich zweifle ich hin und wieder an ihr, doch das ist einfach der Besserwisser in mir. Ich versuche immer noch manchmal über Prometheus zu stehen, doch schlussendlich gewinnt immer er. Wir sind nichts anderes als Tiere, auch wenn sich der ein oder andere für einen Gott hält. Doch gewisse Eigenschaften, die wir vor Tausenden von Jahren wie selbstverständlich genutzt haben, sollten wir wieder zulassen, denn sie stellen sich sehr oft als ziemlich nützlich heraus.

# KOMPLEXE POSTTRAUMATISCHE BELASTUNGSSTÖRUNG (CPTBS)

Schon vor der Psychiatrie hatte mir der Doc eine Diagnose gestellt. Bezug nehmend auf meine Vergangenheit, von der ich ihm zuvor in einem mehrseitigen Bericht erzählt hatte, glaubte er, nun endlich herausgefunden zu haben, was mit mir nicht stimmt. Daher sagte er mir, dass ich an einer komplexen (chronischen) posttraumatischen Belastungsstörung (cPTBS) bzw. einer andauernden Persönlichkeitsstörung nach Extrembelastung leiden würde. Ich hätte in meiner Kindheit derart Schlechtes erfahren und durchleiden müssen, dass mich diese sozusagen eingeholt hatte. Da ich das Geschehene nie richtig verarbeitet hatte, hätte mein Unterbewusstsein die Initiative ergriffen und würde mich mithilfe meiner Beschwerden auf früher aufmerksam machen. Erst wenn ich mich mit dem ganzen Thema bewusst auseinandergesetzt und alles verarbeitet hätte (was in meiner Kindheit unmöglich war), würden vielleicht auch meine Beschwerden verschwinden. So oder so sei es wichtig, dass ich das Kapitel endlich abschließen würde.

Ich war anfangs skeptisch, doch sehen wir uns das Krankheitsbild der cPTBS erst einmal etwas genauer an:

Die meisten Personen mit einer cPTBS waren in ihrer Kindheit schweren, lang anhaltenden Traumatisierungen ausgesetzt. Darunter versteht man neben sexuellem Missbrauch oder schweren körperlichen bzw. seelischen Misshandlungen auch körperliche und emotionale Vernachlässigung. Hierbei wird das Kind z. B. nicht emotional angesprochen und unterstützt, sondern angeschrien und beschimpft. Geschieht all das noch vor dem 10. Lebensjahr, sind besonders verletzbare Entwicklungsphasen betroffen, die damit im Erleben, Denken, Fühlen und in der Interaktion mit der Umwelt im Erwachsenenalter beeinträchtigt werden (Preschl).

## Typische Veränderungen durch cPTBS

Als eine der typischsten Veränderungen der Persönlichkeit gilt eine Störung der Selbstregulation bei der betreffenden Person. Hierbei hat diese große Schwierigkeit bei der Regulation der eigenen Emotionen und bei der Kontrolle der Impulse. Der Umgang mit belastenden und unangenehmen Gefühlen wie z. B. Wut, Trauer oder Ärger bereitet hierbei große Probleme, da die nötige Distanz zu den Vorgängen fehlt, die in einem selbst stattfinden. Ohne diese wird es schwer, sich selbst zu beruhigen und somit zu kontrollieren. Daher fallen emotionale Reaktionen oft übermäßig aus und können sich bis zum Kontrollverlust steigern. Die darauf folgenden Wutausbrüche reihen sich in eine Kette von möglichen Anzeichen der **fehlenden Regulationsfähigkeit** ein, unter anderem fremd- oder selbstverletzendes Verhalten – bis hin zum Suizid. Die eigene Sicherheit steht damit ebenfalls nicht an erster Stelle und wird ebenfalls vernachlässigt.

Doch auch eigene Versuche, sich selbst zu beruhigen, mittels Alkohol und Drogen, sind möglich. Zudem wird oft sehr viel Kraft aufgewendet, um die eigene Emotionalität vor anderen Mitmenschen zu verbergen, da diese als bedrohlich angesehen wird. Dabei kann es auch zu einem gesteigerten, sogar zwanghaften Ausleben der Sexualität kommen, außer das Gegenteil tritt ein und diese wird komplett gemieden.

Auf der Ebene des Bewusstseins können Phänomene auftreten, die sich in **dissoziativen Episoden** äußern. Hierbei wird das bewusste Erleben von der Außenwelt abgeschottet, indem es sich zurückzieht, was Erinnerungslücken zur Folge haben kann. Des Weiteren kann sich der Erlebende selbst derealisieren bzw. depersonalisieren, indem er auf einmal das Gefühl bekommt, wie neben sich zu stehen, und die Umwelt als unwirklich wahrnimmt. Zudem ist es möglich, dass die traumatischen Erfahrungen plötzlich als **„Flashback“** erneut durchlebt werden.

Als weitere Beeinträchtigung kann die eigene Selbstwahrnehmung aufgeführt werden, die sich vor allem in **Hilflosigkeit** und **Schuldgefühlen** äußert, selbst wenn überhaupt keine Verantwortung besteht. Zudem scheint kein Einfluss auf den Lauf des Lebens zu bestehen. Die starke Scham und das **geringe Selbstwertgefühl** verhindern das Zeigen des wahren Ichs vor anderen. Warum auch, wenn die Überzeugung besteht, dass einen sowieso niemand versteht?

Ein weiterer hinderlicher Faktor ist die Beziehung zu anderen, die vor allem durch **mangelndes Vertrauen** Schwierigkeiten bereitet. Das beinhaltet auch die Vorsicht, mit anderen in Kontakt zu treten, und **Probleme** im Austragen und Bewältigen von **Konflikten**. Nicht selten fehlt zudem das Gespür für die eigenen Grenzen, was dazu führen kann, dass man ausgenutzt oder sogar misshandelt wird. Es kann sogar vorkommen, dass die **Täterrolle** selbst übernommen wird und das damals Erlebte nachgemacht wird, was sich dann in seelischen oder körperlichen Verletzungen anderer äußert.

Was außerdem auftreten kann, sind zahlreiche **körperliche Beschwerden,** die ohne erkennbare organische Ursache sind. Unter den, meist zahlreich, auftretenden Symptomen finden sich chronische Schmerzzustände, Beschwerden des Verdauungssystems, Erschöpfung, Schwindel, Beschwerden im Bereich des Herzens, der Atmung und des Harn- und Genitaltraktes.

Durch eine Veränderung der **Lebenseinstellung** besteht neben großer Verzweiflung und der bereits erwähnten Hilflosigkeit eine Kapitulation, die durch die tief greifende Enttäuschung durch das Trauma hervorgerufen wurde. So haben Werte, Lebenseinstellungen und religiöse Überzeugungen, die vorher evtl. noch von Bedeutung waren, genau diese verloren.

Als weitere Anzeichen gelten eine **eingeschränkte Vorstellungskraft** und kaum kreative Fantasie, was z. B. die Suche nach Lösungswegen im Alltag erschwert. Zudem fehlt es an Motivation, das Leben aktiv zu gestalten, und angenehme Aktivitäten werden bzw. können nicht beibehalten werden. Besteht zudem eine Krise, ist die Neigung zur **Selbstaufgabe** sehr hoch (Preschl).

## Hinweise auf eine cPTBS

Dass ich definitiv traumatisiert worden bin, dürfte inzwischen keine Überraschung mehr sein. Bewiesen durch die Erinnerungsfragmente (s. „Erinnerungen – wahr oder ausgedacht?"), die ich meiner Therapeutin gegeben habe, kann ich mich an ein paar Details meiner Kindheit erinnern. Ich bin mir aber ziemlich sicher, dass es sich dabei nicht um die großen Traumata handelt. Die in meinem Fall abgespeicherte Körpererinnerung dürfte wohl dem Freeze-Modus in Richtung Unterspannung entsprechen. Zwar stelle ich mir immer heldenhaft vor, wie ich drohende Angreifer attackiere und sie fertigmache (fight), doch ich weiß, dass ich wahrscheinlich flüchten (flight) oder unbeweglich verharren (freeze) würde. Ich hatte bisher noch keine gravierende Situation, in der ich meine Vermutung bestätigt gesehen habe. Daher kann ich erneut nur mutmaßen.

Durch meine fehlenden Erinnerungen kann ich nicht sagen, wer mich stärker traumatisiert hat – mein Stiefvater oder meine Mutter. Ich tendiere allerdings zu meinem Stiefvater, da ich von ihm überhaupt keine direkte Erinnerung habe. Meine Mutter hingegen spielt in vielen Erinnerungen eine Rolle und ich sehe sie in jeder klar und deutlich als Täterin vor mir. Damals war ich noch sehr klein und natürlich waren mir beide stark überlegen. Geleitet von Angst unterließ ich daher jede Art von Verteidigung oder widerstrebendem Verhalten. Ich wehrte mich erst viele Jahre später als erwachsene junge Frau, was meine Mutter erkennen ließ, dass sie nun keine Macht mehr über mich hatte.

Ein paar der Charakterzüge, die man als Folge einer solchen Kindheit behalten kann, kenne ich ebenfalls von mir. Über die Jahre meiner Entwicklung (Heim, Pflegeeltern) gelang es mir, mich zu stabilisieren, schlechte Seiten zu erkennen und diese in positive umzuwandeln. So hatte ich z. B. tatsächlich die Angewohnheit, sofort zuzuschlagen, sobald mir jemand zu nahe kam. Das rührt mit hoher Wahrscheinlichkeit daher, dass ich bevorstehende Berührungen immer mit Gefahr und Schmerz verbunden habe. Diese schlechte Eigenschaft hielt allerdings nicht sehr lange an, da ich von meinen Mitmenschen darauf hingewiesen wurde. Die Distanz brauche ich allerdings bis heute und muss daher innerlich meine Erlaubnis für eine Berührung geben. Bei überraschendem körperlichem Kontakt ist es zudem davon abhängig, wer mich soeben angefasst hat und warum.

Auch das Thema Lärm spielt in meinem Leben eine große Rolle. Ich sage oft, dass ich Partys und dergleichen nicht mag, weil mir die Musik zu laut ist. Tatsächlich bekomme ich sogar Ohrenschmerzen, wenn meine Ohren zu lang einer lautstarken Beschallung ausgesetzt sind. Durch meine hohe Geräuschempfindlichkeit stört mich allerdings so gut wie jedes von Menschenhand erzeugte Geräusch. Da ich mein Repertoire an Geräuschen aber kontinuierlich erweitere, kann ich viele Geräusche problemlos zuordnen und einschätzen, ob diese wirklich gefährlich oder schlichtweg nur nervig sind. Lärm, für den ich selbst verantwortlich bin, oder Rufe von Tieren machen mir hingegen nichts aus.

Um eine erneute Traumatisierung verhindern zu können, habe ich unbewusst Methoden entwickelt, die dabei helfen sollen. Dass ich nicht gerade extrovertiert bin, dürfte außer Frage stehen. Ich habe wenige Freunde und ich habe mich auch nicht besonders angestrengt, meinen Freundeskreis auszuweiten. Ich bin sehr gern allein. Zwar genoss ich das Zusammensein mit Freunden oder der Familie, doch lange hielt ich das oft nicht aus. Wobei hier die Umgebung eine sehr große Rolle spielt. Dazu kommt, dass ich nicht mit Vertrauensbrüchen umgehen kann. Dies bezieht sich sowohl auf Freunde als auch auf Familie und Bekannte. Ich habe über viele Jahre lernen müssen, Vertrauen zu anderen zu fassen und dieses auch aufrechtzuerhalten. Auch ich wurde allerdings mehrfach enttäuscht, doch ich habe daraus gelernt und beobachte meine Mitmenschen noch länger und behalte die anfängliche Skepsis länger bei. Dies führt dazu, dass ich an jeder gut gemeinten Tat meiner Mitmenschen zweifle und einen Hintergedanken vermute, der nichts Gutes erahnen lässt. Die Anzahl der Menschen, denen ich blind vertraue, ist demzufolge überschaubar. Allerdings vertraue ich mir selbst – vor allem meinem Instinkt.

Vermeiden lässt sich eine Konfrontation mit ähnlichen Situationen wie zu Zeiten des Traumas allerdings nicht. Ein großer Trigger ist in meinem Fall Alkohol. Genauer gesagt, sogar schon der Geruch dieser abscheulichen Substanz. Nehme ich diesen wahr, sei es aus einem Gefäß oder dem Atem eines Konsumenten, werde ich sofort sauer, verhalte mich aber ruhig. Alle Sinne arbeiten hierbei an ihrer Grenze, während ich versuche, die Situation einzuschätzen. Fragen mich meine Mitmenschen, warum ich keinen Alkohol trinke, dann erwähne ich selten meine Vergangenheit. Ich begnüge mich mit der einfachen Feststellung, dass ich den Geruch schon furchtbar finden würde. Trotzdem konnte ich meine Reaktionen auf diese Flüssigkeit nicht immer zurückhalten. Während meiner Schulzeit kam es hin und wieder vor, dass ich bei Partys (Abschluss etc.) enge Freunde wütend angeschrien oder sogar weggestoßen habe, sobald mir diese angetrunken zu nahe kamen.

Es gibt viele Wege, Situationen, die man nicht mag, aus dem Weg zu gehen. Durch meine vielen Hobbys hielt ich mich durchgehend beschäftigt und wollte dies auch lange nicht missen. Dass ich diese wunderbar allein hegen konnte, kam mir nur gelegen. Der einzige Nachteil daran war, dass diese so außergewöhnlich waren, dass ich die meisten Hobbys nicht mit Familie und Freunden teilen konnte. Daher muss ich viele Erkenntnisse für mich behalten. Über die Jahre habe ich aber gelernt, damit umzugehen und die kleinen Momente, in denen mein Wissen und meine Fähigkeiten gefragt sind, schätzen zu lernen.

Oft erwähne ich, dass ich mich seit meiner Kindheit selbst therapiere. Ich erkenne Fehler und versuche sie auszumerzen. Ist dies nicht komplett möglich, passe ich sie an oder unterdrücke sie. Allerdings kann ich nicht immer zuordnen, warum ich so handle, wie ich handle. Das kann ziemlich zermürbend sein, doch über die Jahre habe ich meine eigenen Gründe gesucht und so einen Zusammenhang herstellen können. Mit der Beschäftigung des Themas der Dissoziation ist mir allerdings aufgefallen, dass ich genau nach dem Muster gehandelt habe, das so typisch dafür ist. Allerdings – und das finde ich wieder gut – ist mir vorher bewusst gewesen, dass viele meiner Einstellungen falsch sind und ich nicht so denken muss. Doch lassen Sie mich erklären:

Mit den Jahren fiel mir auf, dass ich zwar Optimismus vorspiele, im Inneren aber ein Pessimist bin. Erst nach dem Eintritt in meinen gesundheitlich schlechten Lebensabschnitt ließ ich diese Seite heraus. Überall war für mich anfangs nur noch das Negative zu erkennen. Ich sah tatsächlich nur das, was ich sehen wollte. Meine Werte, Ansichten und Lebenseinstellung veränderten sich in den letzten Jahren ins Pessimistische. Ich versuchte mich mit dieser auseinanderzusetzen und analysierte die größten „Irrtümer" meinerseits. Den absoluten Spitzenreiter stellt hierbei die Wertvorstellung dar, dass ich nichts wert sei. Schon früh war mir klar, dass das nur von meiner Kindheit kommen konnte. Ich gehe nicht davon aus, dass mir damals auch nur ein Mal das Gegenteil gesagt wurde. Und auch die Bestätigung meiner Mutter Jahre später („Wir sind eh nie gut miteinander ausgekommen") kräftigte meine Vermutung. Als sich mein Pech offenbar potenziell zu steigern schien, fing ich an zu glauben, dass mir schon immer so ein Leben vorherbestimmt war. Ich sah auf die Jahre ab meiner Geburt zurück und konnte kaum etwas Positives erkennen. Lediglich die Unterbringung bei meinen Pflegeeltern stach aus dem Rückblick heraus.[33] Doch während ich so darüber nachdachte, fiel mir auf, dass mein Verstand mal wieder nur das sah, was er sehen wollte. Hier waren es die negativen Aspekte meines Lebens. Doch was war mit den positiven? Als ich mich auf diese konzentrierte, sah das Gesamtbild schon wieder anders aus. Ich sah damals all die Menschen vor mir, die mir etwas bedeuteten und denen ich etwas bedeutete. Sie hatten so viel Gutes für mich getan und ich versuchte es ihnen so gut wie möglich zurückzugeben. All diese Menschen waren immer für mich da und auch wenn es Tiefen in meinem Leben gegeben hat, so haben sie mir doch immer wieder auf die Beine geholfen, mich

33 Schon bald sollte sich jedoch auch das ändern.

unterstützt. Mit der Zeit brachte ich mir wieder bei, mich genau auf diese Vertrauten zu verlassen und mir immer ins Gedächtnis zu rufen, dass mir jemand den Rücken gestärkt hatte und ich nicht allein war – vorerst zumindest.

# PSYCHOTHERAPIE 2.0

Während ich also dem Start meines Aufenthaltes in einer Psychiatrie entgegenblickte und ihn bedrohlich näher kommen sah, vollführten meine Gedanken eine wahre Achterbahnfahrt. Ich wusste nämlich inzwischen, dass ich nicht auf eine Trauma-, sondern auf eine Depressionsstation sollte. Und hier sah ich mich nun wirklich fehl am Platz. Doch wieder legte ich mein vollstes Vertrauen auf den Doc – etwas anderes blieb mir sowieso nicht übrig.

Dadurch dass endlich alles raus war, konnten der Doc und ich offen sprechen, und so fragte ich ihn nach der einen oder anderen Einschätzung. Seine ehrlichen Antworten überraschten mich wenig und ich war erstaunt, wie präzise er mich beschrieb. Ich hatte ihn kurz vor meiner stationären Aufnahme auch gefragt, was für Fragen ihm denn anfangs auf der Zunge gelegen hätten, die er bis dato aber niemals ausgesprochen hatte. Zu meiner Enttäuschung verweigerte er die Auskunft zu dieser Frage, da er befürchtete, dass ich durch die Beantwortung derer ihm gegenüber ggf. keine Notwendigkeit mehr darin sehen könnte, diese bzw. ähnliche in der Klinik zu beantworten. Doch auch als ich ihm versicherte, dass ich niemals so handeln würde, da ich mir dadurch selbst Steine in den Weg legen würde, blieb er verschwiegen. Das Vorhaben, ihn nach der Behandlung hinsichtlich dieser Fragen zu löchern, hatte sich aber in meine gedankliche To-do-Liste gebrannt.[34]

In seinen ausführlichen Beschreibungen meiner inneren Gedankenwelt gab der Doc diese so bildlich wieder, dass er sofort in die Reihe meiner Musen aufgenommen wurde. Da ich davon

34 Was für Fragen das waren, habe ich nie erfahren.

ausgehe, dass ich zwar traumatisiert, aber nicht sonderlich beeinträchtigt bin, sagte er auch hierzu seine ehrliche Meinung. Ich würde das Trauma bagatellisieren und meine „Seelenwelt“ wäre so stark verletzt worden, dass sie definitiv nicht darüber hinweg sei, sondern noch immer grün und blau geprügelt in einem Eck liegen würde. Diese Ansicht bewog mein Gehirn sofort, sich ein passendes Bild dazu auszudenken. Ein paar Tage später war das Werk vollendet und ich konnte es meiner neuen Muse präsentieren. Der Doc fand mein Bild sehr treffend, was mich natürlich stolz machte. Ich erklärte ihm, dass die blauen Flecken auf dem Mädchen auch eine Bedeutung hätten. Das blaue Auge dürfte dabei wohl selbsterklärend sein. Die Wahrscheinlichkeit, dass ich als Kind seitens meiner Mutter oder meines Stiefvaters kein blaues Auge verpasst bekommen habe, ist doch relativ gering. Der Handabdruck auf dem Arm bezieht sich auf meine Kindheitserinnerung mit dem Aufzug, in den mich meine Mutter so unsanft befördert hatte.

Damit hatte ich also mein letztes Projekt in „Freiheit" abgeschlossen und inzwischen hatte sich meine Meinung über den geplanten Aufenthalt grundlegend geändert. Durch die Worte des Docs war ich anfangs sehr offen gegenüber den Therapieansätzen. Doch zwischenzeitlich hatte ich schlichtweg keine Lust. Ich sah überall nur das Negative und nahm auch nur das Schlimmste an.

Als mich meine Pflegemutter an dem „Tag X" in die Klinik fuhr, war ich unglaublich nervös. Doch mir war klar, dass diese Nervosität, sobald ich die Räumlichkeiten betreten würde, der Vergangenheit angehören würde. Dem war auch so. Allerdings traten die meisten meiner Prophezeiungen tatsächlich ein. Wie erwartet hatte ich eine Zimmergenossin. Gegen meine Erwartungen sprach allerdings, dass sie bei Weitem älter war als ich. Dazu kam noch, dass die Toiletten sowie auch die Dusche auf dem Gang waren. Meine Bezugsperson hatte einen ordentlichen Hang zur Esoterik und nutzte jede Gelegenheit, um Werbung für ihre Anwendungen zu machen. Lächelnd hörte ich ihr zu, belächelte sie in Gedanken aber hämisch. In jeder Kleinigkeit sah sie den Grund für meine Beschwerden und ihrer Meinung nach legte sich immer alles direkt auf den Magen (obwohl mir mein Magen nie mehr Probleme gemacht hatte seit der Gastritis). Dafür könne sie mir allerdings eine Aromatherapie empfehlen, die sie natürlich selbst durchführte. Den restlichen Ausführungen hörte ich kaum zu, da ich mir in Gedanken schon einen Strick drehte (nicht falsch verstehen).

An dem Tag hatte ich viele Erstgespräche. Ich musste mehrmals erzählen, warum ich da war und was genau meine Beschwerden waren. Meine Kindheit wurde beim ersten Gespräch thematisiert und die Psychotherapeutin war erstaunt, wie frei und locker ich darüber sprechen konnte. Ich nutzte weder die bereitgestellten Taschentücher noch die angebotene Pause. Warum auch? Doch so jemand wie ich wurde dort offenbar selten gesehen. Im Laufe des Tages hatte ich auch das Vergnügen, mit der Leiterin zu sprechen, mit der auch der Doc telefoniert hatte. Auch ich fand sie sehr sympathisch und mit ihr sprach ich am ausführlichsten über mein Gewicht. Ich schilderte ihr meine Bedenken und meine Sorge, da ich nicht wusste, was bei einem andauernden Gewichtsverlust zu tun sei. Auch sie stellte sich diese Frage und gab mir daher die Hausaufgabe, ein Schreiben aufzusetzen, in dem deutlich vernehmbar war, was in diesem Fall von mir zu tun gewünscht wäre. Da ab einem gewissen Gewicht eine „Manie“ eintreten kann, in der die Realität nur bedingt oder sogar gar nicht wahrgenommen wird, musste ich jetzt entscheiden, was das Beste war. Sie können sich vorstellen, dass ich mit dieser Hausaufgabe anfangs überfordert war. Meiner Meinung nach war ich in einer Psychiatrie sowieso fehl am Platz und gehörte eigentlich in eine auf Ernährung spezialisierte Klinik.

Hilfe suchend rief ich meine Pflegeeltern an und schrieb auch dem Doc eine E-Mail. Ich wollte definitiv festhalten, dass ich mit ihm bei einem möglichen Abbruch Rücksprache halten wollte. Doch mir war einfach nicht klar, was ich noch in den Therapievertrag hineinschreiben sollte. Nach den Tipps meiner Pflegeeltern und des Docs raufte ich mich zusammen und schrieb über zwei Seiten:

## Der Therapievertrag

Ich, [Name] (geb. ******) erkläre mich dazu bereit, alles mir Mögliche zu versuchen, um wieder eine angemessene Lebensqualität herstellen zu können.

Mir ist bewusst, dass mein momentaner Zustand dringende Handlung erfordert – auch von meiner Seite.

Dies beinhaltet die aktive Teilnahme an mir angebotenen Maßnahmen, sofern ich mit diesen einverstanden bin. Sollte ich daher kein Interesse bzw. keinen Sinn hinter einer Therapie sehen, werde ich dies offen ansprechen und begründen. Gerne stehe ich hierzu zu Gesprächen zur Verfügung, um bestehende Problematiken sachlich und diszipliniert lösen zu können und es somit beiden Seiten so angenehm wie möglich zu gestalten.

Sollte es zudem zu einer Situation kommen, die Gespräche bzw. Diskussionen erforderlich macht, würde ich gerne auch mit meinen Pflegeeltern [Namen] sowie mit meinem Hausarzt [Name] und ggf. mit meiner Therapeutin [Name] Rücksprache halten.

Unter solchen möglichen Situationen verstehe ich hierbei z. B. einen gewünschten Abbruch des stationären Aufenthaltes meinerseits oder eine massive Verschlechterung meiner gesundheitlichen Verfassung (wie etwa andauernder ungewollter Gewichtsverlust). Beim Thema Gewicht heißt das konkret:

Sollte ich einen BMI von 16 erreichen, was bei mir einem Gewicht von 42 kg entspricht (1,62 m), bin ich bereit, mich in eine darauf spezialisierte Klinik einweisen zu lassen.

Der Gewichtsverlust wird und wurde nie bewusst und absichtlich von mir herbeigeführt bzw. unterstützt. Ich nehme weder entsprechende Mittel, die dies unterstützen würden, noch verweigere ich konsequent die Nahrungsaufnahme. Lediglich die nötigen Einschränkungen, die bei Nichteinhaltung meinen Zustand unnötig verschlechtern, werden von mir befolgt (Laktose-, Fruktose-, Histaminintoleranz; fettarme Nahrung, da sonst Wirkungsverlust vom [Medikament]).

Sollte ich mich doch irgendwann in der Situation vorfinden, in der ich den Gewichtsverlust bewusst beschleunige, bin ich zu allen nötigen Maßnahmen bereit, die dieses verantwortungslose Verhalten augenblicklich beenden. Um dies zu ermöglichen, werde ich umgehend von meinen Handlungen berichten. Das primäre Ziel ist, wie bereits erwähnt, eine Besserung meiner Gesundheit, sei es psychisch oder körperlich. Allerdings wünsche ich keine medikamentösen „Experimente", die eine eventuelle Besserung erbringen könnten, da ich diese in der Vergangenheit zur Genüge hatte. Die Medikamente, die ich momentan nehme [Auflistung der Medikamente], helfen mir und ich würde diese auch ungern absetzen.

Als Beispiel der „Experimente" möchte ich Antidepressiva nennen, die ich bis vor Kurzem regelmäßig eingenommen habe, deren erwünschte Wirkung jedoch sehr kurz anhielt oder sich gar nicht erst einstellte (Zunahme von Appetit und demzufolge von Gewicht, Schmerzlinderung, Abnahme der Stuhlfrequenz …).

Meiner Meinung nach besteht momentan keine handfeste Diagnose, die weitere Medikamente rechtfertigen würde. Sollte dies jedoch irgendwann der Fall sein, würde ich dies gern in einem ausführlichen Gespräch erörtern und mit den oben genannten Personen Rücksprache halten.

[gez.]

Nachdem ich die Endfassung des Vertrages eingereicht hatte, sahen die Leiterin der Station und die Psychologin darüber und stellten vor allem eines fest: Ich wollte offenbar um jeden Preis die Kontrolle behalten und diese niemals abgeben. Damit hatten sie den Nagel auf den Kopf getroffen, doch genau das war auch meine Absicht gewesen. Im Nachhinein kann ich sagen, dass „das zwingende Kontrolle-Behalten" einer der absoluten Lieblingskommentare von Psychotherapeuten und Co. ist. Ich wette, dass sich jeder, der sich in eine Therapie begeben hat, diesem Fakt von überragender Menschenkenntnis irgendwann stellen muss.

Inzwischen waren einige Tage vergangen und ich war leicht unterbeschäftigt. Neben meinen mitgebrachten Hobbys spielte ich hin und wieder mit den anderen oder ging in die Stadt. Doch im therapeutischen Sinne gab es anfangs kaum Angebote für mich.

## Gestaltungstherapie

Von Anfang hatte ich an der Gestaltungstherapie teilgenommen. Mir war klar, dass ich hier nicht viel zu erwarten hatte, da die Therapeutin sicher Informationen aus Bildern lesen würde, wo gar keine waren. In diesem Punkt wurde ich auch nicht enttäuscht. Die Kunsttherapeutin machte mir mimisch und gestisch sofort klar, dass sie meine Kunstrichtung nicht mochte bzw. sie nicht sonderlich originell fand. Schon als sie die erste Seite meiner Mappe aufschlug (die alle meine anatomischen Skizzen beherbergt), stellte sie abwertend fest, dass ich mit Bleistift zeichnen würde. Da dies jedoch nicht in die Sparte „abstrakte Kunst“ passte, war sie nicht sehr erfreut darüber und presste daher lediglich ein erzwungenes Lob heraus. Aus Organen kann man schließlich keine seelischen Informationen sammeln. Lediglich das durch den Doc inspirierte Bild zog ein wenig ihre Aufmerksamkeit auf sich. Sofort ernannte sie sich spontan zu einer meiner Musen und trug mir auf, von diesem Bild das Gegenteil anzufertigen. Widerwillig machte ich mich also an die Aufgabe, damit ich mich endlich wichtigeren Dingen zuwenden konnte (ich hatte von anderen Patienten schon Aufträge erhalten). Nach langem Überlegen brauchte ich einige Tage, um die Hausaufgabe endlich erfüllen zu können. Sie war alles andere als meine Muse und daher strengte ich mich kaum an.

Sie sehen selbst an den etwas schräg geratenen Büchern auf der Zeichnung (siehe Bild unten), dass ich mehr als halbherzig an die Sache herangegangen bin.

Mit ein bisschen analytischem Talent kann wohl jeder die Unterschiede erkennen: Das Bild links ist fast komplett schwarz-weiß. Nur die Verletzungen sind bunt. Das Mädchen ist verängstigt, zusammengekauert und sitzt barfuß auf dem Boden in einem Eck. Offenbar versucht es sich vor einer nahenden Bedrohung zu verstecken.

Das rechte Bild hingegen ist bunt. Das Mädchen ist nicht verletzt, sondern sitzt in aufrechter Position erhöht auf einem Podest und hat es sich auf einem Polster gemütlich gemacht. Stolz liest es ein Buch, das es aus den vielen um sich herum ausgewählt hat. Doch möchte ich damit etwas ausdrücken? Nein, schließlich habe ich nur die Aufgabe erfüllt, das genaue Gegenteil des ersten Exemplars zu zeichnen.

Die Interpretation war damit in meinen Augen hinfällig, zumindest was die seelische Seite angeht. Meine Kunsttherapeutin hielt sich auch zurück, da wir beide relativ schnell erkannt und akzeptiert hatten, dass wir nicht auf einer Wellenlänge waren. Die nachfolgenden Stunden verliefen dementsprechend, doch ich benahm mich und zeigte Anstand. Auch sie ließ mich in Ruhe an meinen Skizzen arbeiten und startete nur hin und wieder einen vergeblichen Versuch, meine Arbeiten zu interpretieren.

Manchmal hatte sie auch Aufgaben für die Gruppe. Die erste war das Malen mit Acrylfarben auf feuchtem Papier. Ich hatte auf diese Art bis dato noch nie gemalt und willigte in das Experiment ein. Experiment deshalb, weil sie von uns wollte, dass wir die Utensilien arbeiten ließen und sehen sollten, was passiert. Doch während sie beschrieb, wie sich die Farben auf dem Papier verhalten würden, schoss mir schon ein Motiv in den Kopf. Die voraussichtlich verschwimmenden Effekte wollte ich für ein kleines Projekt nutzen, das noch auf meiner To-do-Liste stand: eine Seifenblase. Nach der Stunde hatte ich also eine bunte Seifenblase zu Papier gebracht. Allerdings sagte ich das nicht, sondern ließ die Therapeutin munter drauflosinterpretieren. Der Kreis symbolisiere etwas Geschlossenes und gleichzeitig eine Art Sicherheit. Erst in der nächsten Stunde enttäuschte ich sie mit meiner Aussage, dass ich geplant hatte, eine Seifenblase zu malen, und nicht im Geringsten dem Zufall das Zepter überlassen hatte.

Seit diesem Tag fing sie an mich zu ignorieren. Ich zeichnete sowieso an meinen eigenen Projekten und nahm nur noch an einem einzigen von ihren teil. Diesmal gab sie lediglich ein Thema vor. Wir sollten den Fluss unseres Lebens darstellen. Anhand der Metapher eines echten Flusses mit Steinen, Gefällen usw. Auch hier hatte ich sofort wieder ein Bild im Kopf und konnte es daher kaum abwarten anzufangen. Während der Therapiestunde ignorierte sie mich erneut. Zu jedem anderen Patienten ging sie interessiert hin, sagte etwas zu den Bildern und interpretierte ein wenig daran herum. Lediglich meine Kunst wurde bewusst übersehen. Doch mir sollte das nur recht sein. Ich hatte mir Buntstifte ausgesucht, da mir diese vertraut waren und ich mit ihnen auch relativ grob zeichnen konnte. Schließlich wollte ich das Werk rasch vollenden und bereitete nebenher im Kopf die Worte vor, die ich zu der Therapeutin dazu sagen wollte. Denn gemäß meinem Lebenslauf zeichnete ich Steine, Äste und Gefälle in den Fluss. Ich war stolz auf mich, dass ich dieses Projekt diesmal ernsthaft durchzog. Irgendwann kam der Sozialarbeiter herein, um mich zu bitten, ihn in den nächsten Minuten aufzusuchen. Das Timing konnte nicht perfekter sein, da ich mit dem Bild fast fertig war. Obwohl die Therapeutin ihn gehört haben musste, sagte ich laut zu ihr, dass ich nun gehen müsse. Sie überwand sich aufzustehen und sich mein Bild anzuschauen. Sie hatte kaum etwas zu sagen, daher versuchte ich die Stimmung zu lockern, indem ich zu ihr sagte: „Ja, ist eine grobe Skizze …“ Daraufhin grinste sie mich von oben herab an und bemerkte gönnerhaft: „Tja, jeder wie er's kann!“ Damit hatte sie sich bei mir völlig ins Aus geschossen. Ich hatte mich bemüht, ihr entgegenzukommen, indem ich bei ihren sinnlosen Therapieansätzen mitmachte. Nun hatte ich mich endlich dazu durchgerungen, eine ihrer Ideen ernst zu nehmen, doch sie dachte nicht einmal daran, dies zu würdigen, geschweige denn wahrzunehmen. Das sprach für mich erneut für fehlende Menschenkenntnis, Beobachtungsgabe und die falsche Berufswahl. Wobei ich natürlich auch beobachtet hatte, wie sehr sie die anderen mit ihrem Gewäsch um den Finger wickelte. Diesbezüglich war sie eine Klientel gewohnt, die schwach und ohne Selbstvertrauen war – unfähig, selbst zu denken und eigene Entscheidungen zu treffen. Kurz: Menschen, die davon abhängig sind, dass ihnen gesagt wird, was sie tun sollen.

Ich verabschiedete mich also anstandsgemäß, packte ein und verschwand zu meinem Termin. An diesem Tag hatte ich meine letzte Kunsttherapie besucht. Die verbleibenden Stunden verweigerte ich vehement, da ich nicht dazu bereit war, mich weiter von einer eifersüchtigen „Künstlerin“, die offenbar unfähig war, darüberzustehen, beleidigen zu lassen. Daher kann ich hier auch nicht die Bilder zeigen, die ich damals gemalt habe, da ich sie nicht abgeholt habe. Erwähnenswert ist allerdings die Tatsache, dass in dem abschließenden Befund festgehalten wurde, dass ich die Aufgaben in der Gestaltungstherapie zwar motivationslos, aber nahezu perfekt ausgeführt hätte. Gemerkt hatte ich von dieser Anerkennung allerdings nichts.

## Gruppentherapie

Wie ich es mir schon ausgemalt hatte, gab es zweimal die Woche die Gruppentherapie, in der über verschiedene Themen gesprochen wurde und zu denen jeder etwas sagen konnte. Rein theoretisch zumindest. Denn anfangs hielten sich die Patienten in meiner Gruppe sehr zurück und starrten minutenlang Löcher in den Boden. Erst war ich leicht mit der Situation überfordert, weil ich nicht richtig einschätzen konnte, inwiefern ich etwas sagen konnte bzw. durfte, ohne die anderen einzuschüchtern oder ihnen ein schlechtes Gewissen zu machen. Es war nun mal eine Tatsache, dass ich nicht wegen einer Depression auf Station war und daher nicht nachvollziehen konnte, was in den anderen vorging. Daher sprach ich immer Gegensätze aus und tendierte eher zu positiven Rückmeldungen und Vorgehensweisen. Alle negativen Gefühle, die in den Sitzungen thematisiert wurden, waren für mich nicht von Belang, was mich erneut dazu bewog, mit Tipps und Tricks über meine eigene Verarbeitungsweise herauszurücken. Relativ schnell beschrieb ich den Gruppenmitgliedern, dass ich meine Umwelt gerne beobachte, um mir ein bestmögliches Bild machen zu können. Dies stieß allerdings nicht auf Verständnis. Nach der ersten Sitzung bekam ich bereits von einer Patientin zu hören, dass ich mich mit solchen Kommentaren zurückhalten müsse. Viele würden es nicht gerne hören, wenn man sie beobachte, da sie das nur noch unsicherer machen könnte. Diese Information gab ich an meine Therapeutin weiter, die diesen Umstand zwar irgendwie nachvollziehen konnte, mich deshalb aber nicht benachteiligt sehen wollte. Sie bestärkte mich in meinem Vorhaben, trotzdem so viel wie möglich sagen zu wollen, um dieser deprimierenden Ruhe wenigstens etwas entgegenwirken zu können. Natürlich würde es Themen geben, bei denen ich nicht würde mitreden können. Und solche gab es mit der Zeit leider zunehmend: Versagensängste, Panikattacken, Depression, Antriebslosigkeit und Zukunftsängste. Ich konnte lediglich bei Themen wie Freunde und Familie sowie Bewältigung der Vergangenheit mitreden.

## Therapie

Schnell musste ich eine Sache lernen: Während des Aufenthaltes war ich komplett auf mich allein gestellt. Ich hatte schon vor der Einweisung in diese Klinik erwähnt, dass ich bis dato kaum gute Erfahrungen mit Krankenhäusern gemacht hatte. So gut es die „Hintermänner" auch gemeint hatten – schlussendlich wurde ich behandelt wie der letzte Dreck. Und hier sollte es nicht anders laufen. Hatte ich zu Anfang die Leiterin der Station für nett gehalten (streng, aber nett), so zeigte sie auf einmal ihr wahres Gesicht. Noch nie hatte ich so viel Angst auf kleinem Raum gesehen. Mir selbst machte das sehr wütend, da ich schnell einen guten Draht zu den anderen gefunden hatte und mir diese Ungerechtigkeiten somit missfielen.

Zu Anfang hatte ich kaum Therapien neben den oben genannten. Die Gespräche, die eigentlich mindestens einmal die Woche stattfinden sollten, waren rar gesät und gerade in meinem Fall schien das Personal kein Interesse daran zu haben, auch mir eine Chance zum Austausch zu geben. Lediglich das Pflegepersonal, darunter auch meine Bezugsperson, nahm sich ab und an die Zeit. Doch die eigentlichen Psychologen schienen mich regelrecht vergessen zu haben. Und sollten sie doch einmal auf mich zukommen, waren andere Dinge auf einmal wichtiger. So wurden Gespräche zugunsten von Aktivitäten mit Freunden auf der Station (z. B. Backen) oder zugunsten der eigenen Familie (Zitat: „Was ist Ihnen wichtiger? Ein Gespräch oder Ihre Familie?!") grundsätzlich zurückgestellt. Und kurzweilige Therapien wie etwa die Achtsamkeitsübung hatten Vorrang vor einem Gespräch mit dem Therapeuten. Wo sich hier die Logik versteckt, versuche ich immer noch zu ergründen.

Nachdem ich also vergeblich auf einen Vorwärtsgang meiner Therapie wartete, ging es mir immer schlechter. Meine Gesundheit nahm weiter ab und die Beschwerden nahmen zu. Hinzu kam die Tatsache, dass eine Verkettung unglücklicher und gemeiner Umstände dafür sorgte, dass ich weder krankenversichert war noch finanzielle Unterstützung hatte. Ich war also pleite und nicht versichert. Bei wem das die Laune nicht sinken lässt, ist wirklich ein harter Kerl. Meine Probleme nahmen rapide zu und ich fing an, Prioritäten zu setzen. Anfangs standen eine Gewichtszunahme und die Bereitschaft zu reden ganz oben auf der Liste. Doch nach und nach rutschten diese Punkte an das Ende dieser Liste. Nun hatte ich es mir zur Aufgabe gemacht, die Klinik so schnell wie möglich zu verlassen, um mich um meine Angelegenheiten kümmern zu können. Zudem pfiff ich auf irgendwelche Gespräche über meine Kindheit und zog mich immer mehr zurück. Ich verkroch mich ganz hinter meinem Laptop und kam nur für Termine, Trinken oder die Toilette heraus. Zwar bestand beim Essen Anwesenheitspflicht, doch hier saß ich irgendwann nur da und betrachtete angewidert das Essen, das wieder einmal das Falsche war und das ich somit nicht zu mir nehmen konnte und wollte.

Natürlich sah ich bei meiner Veränderung nicht tatenlos zu. Ich hielt meinen Doc und meine Therapeutin auf dem Laufenden und beklagte mich bei den beiden über die Umstände, denen ich ausgeliefert worden war. Sie betonten mehrmals, dass ich freiwillig in der Klinik war und daher jederzeit abbrechen könne – genauso wie das auch meine Mitinsassen fleißig taten. Doch ich hatte mir die Sache ja selbst durch den Therapievertrag erschwert. Erstaunlicherweise hatte ich kurz nach meinen verzweifelten Hilferufen mehrere Gespräche und auch die Sache mit den Ämtern kam ins Rollen. Zumindest hatte ich Hausaufgaben aufbekommen, die ich so bald wie möglich erfüllen konnte.

Die Therapiegespräche an sich waren allerdings mehr als enttäuschend und kamen nicht einmal ansatzweise an die Gespräche heran, die ich sonst nur mit meiner Therapeutin gehabt hatte. Doch ich nutzte die Zeit allein mit einer verantwortlichen Person, um mich über die Zustände in der Klinik zu beschweren. Ich berichtete ihr von meinen Beobachtungen, die Angst, Sorge, Hilflosigkeit und pure Verzweiflung beinhalteten. Dazu kam die Tatsache, dass ich der Meinung war, dass der Patient mit seinen Sorgen nicht an erster Stelle stand, sondern die Kontrolle desselben. Die Methoden, die dabei angewandt wurden, waren ebenfalls, meines Erachtens, menschenverachtend und alles andere als fördernd für die Genesung aller Patienten.[35] Zudem hatte ich den Eindruck gewonnen, dass sich das Personal nicht richtig absprach oder einfach unfähig war, Tatsachen bzw. Hinweise richtig zu deuten. So bekam ich in meiner ersten richtigen Therapiestunde zu hören, dass ich offenbar meinen Beruf in jungen Jahren an den Nagel hätte hängen wollen, um mich komplett auf die Kunst konzentrieren zu können. Ich war anfangs sprachlos, korrigierte diese Ansicht allerdings rasch, ohne ahnen zu können, dass es nicht bei dieser einzelnen bleiben sollte. Tatsächlich war ich in den nächsten Einzelgesprächen damit beschäftigt, die Irrtümer und falschen Einschätzungen meiner Person zu korrigieren. Ich hatte zuvor noch nie jemanden mit einer so schlechten Menschenkenntnis kennengelernt. Und bei einer Psychologin sollte dies eigentlich außer Frage stehen.

Nichts destotrotz stand meine Entlassung nach vier Wochen bevor. Erstaunlicherweise war dieser Zeitraum von Anfang an geplant gewesen. Inzwischen hatte aber jeder gemerkt, dass mir der Aufenthalt in der Klinik nichts brachte und ich daher raussollte, um anderorts Hilfe bekommen zu können.

Inzwischen hatte ich meinem Hausarzt und meiner Therapeutin zeitgleich angeboten, doch einmal Rücksprache miteinander zu halten, um klären zu können, was das Beste für mich aus den jeweiligen Fachgebieten wäre. Außerdem bat mich der Doc um die Erlaubnis, mit meinen Pflegeeltern sprechen zu dürfen. Da nun auch ein stationärer psychotherapeutischer Versuch ordentlich in die Hose gegangen war, gingen ihm die Möglichkeiten aus. Dass er daher jede Meinung einholte, begrüßte ich sehr und gewährte ihm diese Bitte natürlich. Meine Pflegeeltern sagten ebenfalls zu und prophezeiten mir nackte Ehrlichkeit dem Doc gegenüber. Mir war das aber klar, da sie auch mir

35 Genauer kann ich hier nicht ins Detail gehen, da zu viele Parteien involviert sind, die evtl. Schaden nehmen könnten.

gegenüber kein Blatt vor den Mund nahmen. Der Hauptgrund für meine Zusammenführung aller Beteiligten war aber, dass ich ihre Sorge einfach nicht mehr mit ansehen wollte. Meine eigene um mich selbst war schon genug, aber dass es so viele Personen gab, die sich so viele Gedanken machten, war auf die Dauer sehr unangenehm.

Bevor ich entlassen wurde, musste ich noch einmal der Leiterin für ein Abschlussgespräch gegenübersitzen. Erstaunlicherweise gab sie sich sehr freundlich und aufgeschlossen. Wir besprachen den Entlassungsbericht und das damit verbundene weitere Vorgehen. Wenige Tage zuvor hatte ich in einer nahe liegenden Klinik für Essstörungen und Psychosomatik angerufen, die nach ein paar Monaten eine Gruppe für Essgestörte bilden würden und für die ich mich anmelden sollte. Ich rief lediglich dort an und brachte in Erfahrung, wie die Anmeldung zu erfolgen hatte. Die Leiterin begrüßte meine Bereitschaft zu diesem Schritt und sagte mir zu, sich mit dem zuständigen Chef der Klinik in Verbindung zu setzen. Ich wollte nämlich nicht in eine reine Gruppe von Magersucht- und Bulimiepatienten. Hier war ich schlichtweg falsch und daher war es mir wichtig, dass die zuständigen Ärzte dort über mein Beschwerdebild Bescheid wussten.

Schließlich wurde ich endlich entlassen und erledigte zuerst alle amtlichen Angelegenheiten, bevor ich mich für ein paar Tage nach Hause begab. Noch in der gleichen Woche hatten meine Pflegeeltern ein Gespräch mit dem Doc. Das Ergebnis fiel wie erwartet aus. Sie waren alle der Meinung, dass es so nicht mit mir weitergehen konnte und dringend gehandelt werden musste. An dem gleichen Tag hatte ich ebenfalls ein Gespräch mit dem Doc. Als Erstes bat er mich um eine realistische Einschätzung, ab welchem Gewicht er mich in eine Klinik würde einweisen müssen. Zum Glück nannte ich denselben Wert, den auch er im Hinterkopf gehabt hatte – nämlich 40 kg. Hier war er auch gesetzlich dazu verpflichtet zu handeln, auch wenn das für mich kein Spaziergang werden sollte. Doch ich musste es erst gar nicht dazu kommen lassen.

Obwohl ich eigentlich andere Themen erwartet hatte, kam er auf einmal mit einem Vorschlag, der ihm wohl erst im Laufe des Tages in den Sinn gekommen sein musste. Er wollte mich in die nächste Stadt zu einem Psychiater schicken, mit dem er auch über die Einweisung in die Psychiatrie gesprochen und ihn um Einschätzung gebeten hatte. Ich war bei ihm also schon bekannt und konnte mich daher geehrt fühlen, da er einen Termin bei ihm arrangiert hatte, was wohl nicht so einfach war. Schon wenige Tage später hätte ich dann auch meinen ersten Termin. Der Doc betonte, dass er zwar wisse, dass ich meiner Therapeutin vertraue und ich sie sehr mochte; trotzdem wäre es ihm sehr recht, wenn ich den Psychiater, den er persönlich kenne, regelmäßig ambulant aufsuchen würde. Mir passte das natürlich gar nicht in den Kram. Vor allem, weil er viel mit dem Komplex um die von mir besuchte Psychiatrie zu tun hatte und ich genügend schlechte Erfahrungen damit gemacht hatte. Trotzdem wollte ich ihm nach langem Hin und Her den Gefallen tun und beschloss, wenigstens den einen Termin wahrzunehmen. Der Doc stellte erleichtert fest, dass ich danach immer noch sagen könne, dass er Arzt ein Idiot sei. Zuvor hatte er mir allerdings erklärt, wie er meinen Fall sehen würde.

Seiner Meinung nach würde mein Unterbewusstsein die erlebten Ereignisse meiner Kindheit endlich verarbeiten wollen und daher durch meine Beschwerden auf sich aufmerksam machen. Ich hatte mich mit diesem Thema ebenfalls auseinandergesetzt und wusste daher, worauf er hinauswollte. Und trotzdem stimmte ich seiner Theorie nicht zu. Daher wartete ich den Termin bei dem Psychiater ab und nahm mir vor, ihn direkt zu fragen, ob mein Hausarzt recht habe.

Wie vom Doc prophezeit, war der Arzt sehr freundlich und sympathisch. Da ich nicht wusste, wie viel er bereits wusste, musste er mir jede Information aus der Nase ziehen. Doch er stellte seine Fragen stets direkt und ehrlich, was mir gefiel. So bekam er die Kurzversion meiner Kindheit, Krankheit und zukünftiger Pläne. Zu meiner großen Freude machte er mir gleich am Anfang klar, dass ich bei meiner Therapeutin bleiben sollte, da ich bei ihr nun schon so lange sei und es sowieso verboten wäre, zwei Therapien gleichzeitig zu machen. Er würde keinen Sinn darin sehen, dass ich zu ihm wechsle, da er nicht im Geringsten an den Fähigkeiten meiner Therapeutin zweifeln würde und auch nicht glaube, dass er besser sei als sie. Im Laufe des Gesprächs stellte er zudem fest, dass ich sehr fröhlich und offen wäre, was ihm sehr gelegen kam, da er nicht immer solche Patienten hatte. Ich bestätigte ihm die Nachfrage, ob ich immer so heiter sei, und beantwortete geduldig alle weiteren Fragen zu meinem Alltag. Mir fiel allerdings auf, dass ihm nicht ganz klar zu sein schien, warum ich eigentlich bei ihm war. Ich versuchte ihm zu sagen, dass ich im Auftrag vom Doc gekommen war, hoffte insgeheim aber, dass er selbst mit ihm Rücksprache halten und das alles selbst mit ihm besprechen würde. Ich wollte keinem von beiden falsche Worte in den Mund legen. Irgendwann fing er an, mir gezielte Fragen zu stellen, die er kurz nach meiner Beantwortung auch sofort begründete. So stellte er fest, dass ich keine Magersucht und auch keine Bulimie hatte. Zu meiner großen Überraschung bemerkte er schlussendlich, dass seiner Meinung nach (und streng gesehen) keine komplexe posttraumatische Belastungsstörung (cPTBS) vorliegen würde. Ich hätte keine Flashbacks[36] und wäre außerdem durch meine Pflegeeltern sehr gut stabilisiert worden. Ich jubelte innerlich über diese Nachricht, bedauerte aber gleichzeitig den Doc, da er seine Hoffnung in diese Diagnose gesetzt hatte. Trotzdem ließ mich das Gefühl nicht los, dass der Psychiater etwas im Hinterkopf hatte und nicht ganz bei der Wahrheit geblieben war. Vielleicht war er sich einfach zu unsicher, da wir auch nur eine Stunde miteinander gesprochen hatten. Daher nahm ich diese für mich wichtige Information dankbar entgegen, behielt aber im Hinterkopf, dass er seine Meinung jederzeit ändern konnte.

36 Laut eigener Recherchen gehören Flashbacks zur akuten PTBS (?!).

Zudem schlug er mir vor, sich in der Klinik für Essstörungen und Psychosomatik, die ich in naher Zukunft aufsuchen sollte, für mich stark zu machen. Er war ebenfalls der Meinung, dass ich in einer Gruppe für Magersucht- und Bulimiepatienten schlecht aufgehoben wäre und ich daher in eine allgemeine Ernährungsgruppe sollte. Den Rest würde er dem Doc schreiben, was mich automatisch daran hinderte, selbst eine Mail an ihn zu schreiben. Ich wollte, dass er von dem Psychiater hörte, dass er sich mit seiner Diagnose der cPTBS offenbar geirrt hatte. Trotzdem fragte mich der Doc in einer anderen Mail nach der Meinung des Psychiaters und ich antwortete ihm wahrheitsgemäß. Wie ich erwartet hatte, reagierte er nicht gerade erfreut auf meinen Bericht. Doch wir einigten uns darauf, den nächsten Termin abzuwarten, da der Psychiater dann meinen Bericht würde gelesen und seine Meinung infolgedessen evtl. geändert haben. Dem war tatsächlich so. Anfangs mussten wir allerdings feststellen, dass sich die Leiterin der Psychiatrie nicht um meine Unterbringung in der Klinik gekümmert hatte und ich überhaupt nicht auf der Liste stand. Als Chef des ganzen Komplexes machte das den Psychiater natürlich sauer, woraufhin er mir versprach, sich darum zu kümmern und den Verantwortlichen zudem seine Unzufriedenheit mitzuteilen. Danach stellte er mir ein paar Fragen zu meiner Kindheit, aus denen ich klar heraushören konnte, dass er seine Meinung geändert hatte. Er fragte mich gezielt, ob ich einen Zusammenhang zwischen meinen Beschwerden und meiner Psyche sehen würde, was ich verneinte. Wie auch der Doc mehrfach argumentiert hatte, stellte der Psychiater fest, dass ich mehr als eingehend untersucht worden war und daher keine organische Ursache vorliegen konnte. Natürlich gebe es immer noch seltene Sachen, die man gezielt suchen müsste, doch im Großen und Ganzen sei das Thema abgehakt. Ich bestätigte seine Aussage, blieb aber trotzdem bei meiner Meinung. Schmunzelnd stellte ich fest, dass auch er vorsichtig versuchte, mich zu überzeugen, doch wenn es weder der Doc noch meine Therapeutin hinbekamen, würde auch er nicht dazu imstande sein – so meine Gedanken.

Am nächsten Tag ging ich mit gemischten Gefühlen zu dem Termin beim Doc. Ich saß noch nicht einmal neben ihm, als er mich schon über den vergangenen Termin ausfragte. Er hatte zuvor mit dem Psychiater gesprochen und wusste daher schon Bescheid, was ich aber an seinem zufriedenen Gesichtsausdruck bereits gesehen hatte. Ich berichtete oberflächlich, da mir das natürlich überhaupt nicht passte. Wir kamen rasch ins Gespräch über die Klinik und die Vorgänge dort. Dem Doc war nicht entgangen, dass ich offenbar kaum Motivation für den Aufenthalt hatte, was ich auch nicht abstritt. Ich sagte ihm, dass meine Meinung schwanken würde und sich meine Beweggründe immer ändern würden. Hier erwiderte der Doc knapp, dass auch der Psychiater erwähnt hatte, dass ich ein schwieriger Fall sei, was ich grinsend bestätigte. Denn der nachfolgende Versuch des Docs, mich zu überzeugen, dass eben doch die Psyche die Wurzel allen Übels sei, schlug erneut fehl. Diesmal schlug er mir vor, mich in ihn hineinzuversetzen und mich zu fragen, was ich denn tun würde. Doch wieder war das Ergebnis nicht zufriedenstellend für ihn. Ich kann mich zwar in andere hineinversetzen, doch sicher nicht so sehr, dass ich alle Gedankengänge nachvollziehen kann. Wer kennt jemanden schon bis in die letzte Gehirnzelle? Ich druckste also erneut herum und versuchte ihm weiterhin klarzumachen, dass ich noch einen Klinikaufenthalt für pure Zeitverschwendung und in meinen Augen sinnlos fand. Allerdings versprach ich ihm, mir nochmals Gedanken zu machen, während ich auf den Aufnahmetermin wartete.

Zuvor bestand ich allerdings auf ein Erstgespräch in der Klinik, das ich sogar sehr schnell bekam. Der Chefarzt dort machte, genau wie das restliche Personal, einen sehr missmutigen Eindruck auf mich. Auch die Patienten dort erweckten in mir nicht gerade Vorfreude auf den bevorstehenden Aufenthalt. Ich machte es mir also zur Aufgabe, jedem Mitarbeiter wenigstens ein Lächeln zu entlocken, was eher schlecht als recht gelang. Das Gespräch selbst war ebenfalls nicht sonderlich hilfreich. Wenigstens war auch der vor mir sitzende Mediziner der Meinung, dass ich in der Gruppe für Essstörungen falsch aufgehoben wäre und ich besser zu den Somatisierungsstörungen[37] passen würde. Zu dem Programm dieser Gruppe gehörten vor allem Gruppentherapien und allerlei Entspannungstherapien. Also alle Therapien, mit denen ich überhaupt nichts anfangen konnte, was ich dem Mann auch zu verstehen gab. Trotzdem erkundigte ich mich, ob denn auch ein Blick auf meine Kindheit geworfen werden würde, da diese eigentlich der Hauptgrund für meinen Aufenthalt sein sollte. Zu meiner Überraschung war dieses Thema eher zweitrangig. Es würde sicher ein kleiner Blick auf früher geworfen werden, doch vordergründig stünden die Gruppentherapien und der damit verbundene Austausch mit anderen Patienten. Nach dem Gespräch verließ ich die Klinik mit dem Entschluss, nicht dort aufgenommen werden zu wollen. Ich war nie der Typ, der sich von Äußerlichkeiten locken lässt. Zwar gab es Einzelzimmer mit eigenem Bad, doch das war mir persönlich egal. Ich hatte weder Lust auf die Mitpatienten noch die Behandlung und schon gar nicht auf die Ärzte und Therapeuten. Und doch blieb mir wohl nichts anderes übrig. Ich war allerdings erleichtert, dass ich dem Arzt gesagt hatte, dass ich nicht vorhatte, länger als vier Wochen zu bleiben, auch wenn er mir klarmachte, dass allein die Eingewöhnungszeit zwei Wochen betragen würde (also wieder nichts zu tun).

Ich ging also entschlossen wieder zum Doc und versuchte, ihm zu verdeutlichen, dass ich nicht von dem Nutzen des bevorstehenden Aufenthaltes überzeugt war. Er fand die Vorgehensweise jedoch nicht so abwegig. Ich sollte lernen, mich anderen gegenüber zu öffnen, und hätte dort die Chance dazu. Doch als er mir daraufhin den endgültigen Bericht der ersten Psychiatrie übergab, fasste ich einen noch viel schwerwiegenderen Entschluss: Ich würde mich niemals wieder jemand Fremden öffnen. Der Grund dafür war relativ simpel. In dem Bericht wurden mir meine Worte im Mund verdreht und Schlussfolgerungen gezo-

37 Körperliche Symptome äußern sich hierbei ohne erkennbare organische Ursache, d.h., dass sie auf die Psyche zurückgeführt werden.

gen, die so einfach nicht wahr waren. Zusammenfassend konnte ich feststellen, dass egal, was ich sagen würde, niemand würde mir Glauben schenken. Stattdessen würde wieder alles verdreht und nach Lehrbuch dargestellt werden, nur damit der einweisende Arzt zufrieden ist. Und das konnte und wollte ich nicht mehr zulassen.

Mit meinem Vorhaben hielt ich gegenüber dem Doc allerdings hinter dem Berg. Nur kurze Zeit später nach meinem Erstgespräch kam der erwartete Brief mit dem Aufnahmetermin. Der klinikinterne Chefarzt hatte mir einen Zeitpunkt prophezeit, der etwas weiter in der Zukunft lag, als ich eigentlich wollte. Zwar könnte spontan ein früherer Termin frei werden, doch sicher war das natürlich nicht. Umso überraschter war ich, als ich in dem Brief lesen musste, dass ich voraussichtlich mehrere Monate auf die Aufnahme warten müsse. Ich war innerlich mehr als erleichtert, machte äußerlich meinem Ärger allerdings ordentlich Luft. Ich fand es trotzdem ungerecht, dass andere nach ein paar Wochen einen genauen Termin bekamen und daher nicht lange warten mussten, während ich auf mehrere Monate vertröstet wurde.

Natürlich schoss mir sofort ein Gedanke durch den Kopf: Bei mir scheint es überhaupt nicht dringend zu sein … Ich war also blockiert und wieder mal zeigte sich die Tatsache, dass es völlig egal war, was die Menschen, die sich wirklich kümmerten (der Doc und der Psychiater), getan hatten. Die richtig Zuständigen (also die Klinik) scherte es kein bisschen. So schrieb ich dem Doc also eine Mail und sagte ihm, dass ich nicht vorhatte, so lange zu warten, und meine Prioritäten definitiv andere waren. Mir war klar, dass er und auch der Psychiater nicht gerade erfreut sein würden, doch wenn sie nun mal nichts machen konnten, hatten alle Pech gehabt.

Zu meinem Erstaunen akzeptierten beide meine Entscheidung, da ihnen bewusst war, wie wichtig mir mein Kiefer war, den ich als wichtigste „Baustelle" angab. Tatsächlich teilte mir mein Kieferorthopäde wenige Wochen später mit, dass ich mich nun an die Mund-Kiefer-Gesichtschirurgie wenden dürfe, um das weitere Vorgehen zu besprechen. Aktuelle Röntgenaufnahmen und Abdrücke waren vor Ort und nun würde es an dem Chirurgen liegen, ob man operieren könne oder nicht. Natürlich machte ich sofort einen Termin, musste allerdings einige Wochen warten. Ich begründete dies mit der Vermutung, dass mein Chirurg überwiegend im OP stehen würde, und hoffte daher, dass ich nicht so lange auf einen OP-Termin warten müsste.

Wie es manchmal so spielt, bekam ich urplötzlich zwei Wochen vor dem Besprechungstermin einen Anruf von der psychosomatischen Klinik. Sie hatten in der darauffolgenden Woche in Bett frei und würden mir dieses anbieten. Ich willigte zwar ein, sah meine Pläne aber ordentlich über den Haufen geworfen. Trotzdem hielt ich mit jedem noch einmal Rücksprache und sammelte verschiedene Meinungen.

Zwischenzeitlich hatte ich auch meinem Physiotherapeuten von meiner Vergangenheit erzählt. Er reagierte voller Betroffenheit und sah sich in seiner Vermutung noch deutlicher bestätigt, dass ich immens unter meiner Kindheit leiden würde und ich daher nur gesund werden könne, wenn ich mich intensiv mit dieser auseinandersetzen würde. Dass ich dies schon seit meiner Jugend machte, entsprach nicht ganz seiner Ansicht. Denn für ihn war es wichtig, dass ich alle damals durchlebten Gefühle in gleichem Maße, aber unter Aufsicht durchmachen würde. Sozusagen eine überwachte Wiederholung von früher. Dabei waren eine Menge Tränen durchaus gern gesehen und zu erwarten. Wie immer dementierte ich auch seine Meinung und versuchte ihm schonend klarzumachen, dass ich dies niemals tun würde. Allein schon deshalb nicht, weil ich niemandem mehr mein Vertrauen schenken konnte und ich zudem nicht an die Erinnerungen von früher herankommen würde. Trotzdem beharrte er auf seiner Meinung und trug mir mehrmals auf, mich auf die angebotenen Therapien einzulassen. Da er trotzdem relativ gut auf meine Pläne reagiert hatte, trat ich zwei Tage später etwas entspannter meinen letzten Termin beim Doc vor der Klinik an. Auch ihm wollte ich meinen Plan mitteilen und hoffte, dass er ihn akzeptieren würde.

Ich hielt weiterhin daran fest, dass mir der Klinikaufenthalt absolut nichts bringen würde. Und da mein Kiefer mir immer größere Schwierigkeiten bereitete, hatte dieser absolute Priorität. Also wiederholte ich folgenden Plan vor ihm: Ich würde nicht länger als vier Wochen in der Klinik verbringen. Meinen Termin mit dem Chirurgen plante ich einzuhalten. Sollte ich Glück haben, hatte er vielleicht einen OP-Termin in den darauffolgenden drei bis vier Wochen frei. Mir war wichtig, dass ich noch Vorbereitungen treffen konnte, daher wollte ich sofort einwilligen. Damit hätte ich die vier Wochen abgedeckt und könnte mich danach gleich operieren lassen. Das Einzige, was meinen Plan evtl. ins Schwanken bringen könnte, wäre ein überraschender Erfolg während des Klinikaufenthaltes. Ich sagte dem Doc, dass ich dann natürlich nicht nach vier Wochen gehen würde, dass ich allerdings bezweifeln würde, dass es jemals dazu käme. Der Doc war mit meinem Plan einverstanden, was mich natürlich ungemein freute. Trotzdem konnte ich mir die Frage nicht verkneifen, was passieren würde, wenn ich komplett unverändert zurückkommen sollte. Er versicherte mir, dass er nicht davon ausgehen würde, dass ich die Klinik 20 kg schwerer und symptomfrei verlassen würde. Doch verändert würde ich bestimmt nach Hause kommen. Diese Vermutung hatte ich auch, nur war ich mir sicher, dass wir unter dieser Veränderung Unterschiedliches verstanden. Wir einigten uns schließlich darauf, dass wir abwarten würden. Etwas anderes blieb uns sowieso nicht übrig.

Zu meinem Bedauern waren inzwischen alle Bekannten in der Psychiatrie eingetroffen, die ich in der ersten Psychiatrie kennengelernt hatte. Ich bedauerte dies deshalb, weil ich keine Lust hatte, mich erneut um die meisten von ihnen zu kümmern. Ich wollte wirklich versuchen, nach mir zu schauen und – laut Doc – mit einer gesunden Portion Egoismus vorzugehen. Genau das hatte ich auch vor, auch wenn evtl. Tränen fließen würden. Denn ich würde sicher kein Mitleid mit den anderen Patienten haben und daher so ehrlich sein, wie es mir nur möglich wäre.

# ALLER GUTEN DINGE SIND DREI

## Ein Tagebuch der Langeweile

Mit rasend schneller Geschwindigkeit näherte sich der Tag der Anreise in der nächsten Klinik. Diesmal war es zwar keine Psychiatrie (sondern eine internistische und psychosomatische Klinik), aber trotzdem verspürte ich nicht die geringste Lust und Motivation. Ich versuchte mich so gut wie möglich abzulenken und sagte mir immer wieder, dass ich nur auf die Vorteile, nicht aber auf die Nachteile blicken sollte. Denn wie pflegte der Doc immer zu sagen? „Was haben Sie denn zu verlieren?" Und er hatte recht. Ich hatte tatsächlich nichts zu verlieren. Trotzdem schlief ich zwei Nächte vor meiner Ankunft etwas unruhiger, da ich mein Gehirn natürlich nicht davon abhalten konnte, sich ordentlich Gedanken zu machen.

Schließlich erwachte ich am entsprechenden Tag und machte mich widerwillig auf den Weg zur Klinik. Gefühlt mit meiner kompletten Wohnung im Gepäck saß ich mit einem Kaffee im Zug und versuchte, nichts zu denken. Ich hatte am Morgen beschlossen, komplett ohne Erwartungen und mit neutraler Einstellung dort anzukommen. Zudem würde es wahrscheinlich auf ein und dasselbe hinauslaufen. Ich komme an und alles, was davor war, ist vergessen. Und so war es auch. Als ich durch die Türen trat, fand ich mich in meinem freundlichen und unerschütterlichen Modus wieder, den ich so sehr mag. Meine Anmeldung wurde jäh von einer Bekannten aus der vorigen Psychiatrie unterbrochen, die mich stürmisch umarmte und mich voller Freude begrüßte. Damit war ich offiziell angekommen.

Ein weiterer Bekannter ließ sich nur wenige Minuten danach blicken. Es ist schon etwas anderes, wenn man erwartet wird und bereits ein paar Mitpatienten kennt. Doch ich musste sehr schnell feststellen, dass es auch ohne Bekannte kein Problem darstellte, Anschluss zu finden. Denn egal wo ich hinkam, ich wurde von jedem begrüßt und kam automatisch ins Gespräch. Das gefiel mir, denn in der Psychiatrie hatten die meisten stumm und niedergeschlagen die Anwesenheit der anderen ertragen, was mir überhaupt nicht gefallen hatte.

Nachdem die Formalitäten abgeschlossen waren, bezog ich mein Zimmer, das fast schon einem Hotelzimmer glich. Ich hatte, wie jeder Patient, ein Einzelzimmer mit eigenem Bad plus Dusche. Schnell war mein Gepäck verstaut und so konnte ich mit dem ersten Gespräch von vielen beginnen. Einer der Pfleger nahm mich sofort mit und nahm neben dem Blutdruck auch weiter anamnestische Punkte auf. Ich wurde über einiges aufgeklärt und vorbereitet. Nach dem sehr freundlichen und sympathischen ersten Kontakt folgte auch schon die Vorstellung bei der Internistin. Sie nahm ebenfalls meinen Hintergrund auf, untersuchte mich und leitete alles Nötige weiter. Zwischendurch war ich beim Mittagessen und entgegen meiner Befürchtung war die Entsprechung meiner Bedürfnisse überhaupt kein Problem. Ich lief sogar der Diätassistentin über den Weg, die sofort einen Termin mit mir vereinbarte.

Doch zuerst stand einer der wichtigsten Erstkontakte an: der mit meiner Therapeutin. Ein Patient hatte mir zuvor erzählt, dass sie zwar streng, aber fair wäre. Ich war natürlich überaus neugierig, da ich eben so einen Wunschtherapeuten im Kopf gehabt hatte. Wir unterhielten uns eine Stunde lang, in der sie mir allerlei Fragen stellte. Schon nach ein paar Sekunden mochte ich meine Therapeutin. Sie war ehrlich, streng, hatte aber doch einen gewissen Humor, den ich schätzte. Mit Erleichterung stellte ich fest, dass wir uns gut verstehen würden, solange wir uns beiden benahmen. Die Zeit würde zeigen, ob mein erster Eindruck bestehen bleiben würde. Während unserer Unterhaltung erkundigte sie sich nach meinen Beschwerden und dem Grund für meinen Aufenthalt. Ich sagte ihr ehrlich, dass ich kein genaues Ziel vor Augen hätte und mich daher gern überraschen lassen würde. Wie auch schon mehrmals davor sagte ich auch ihr, dass ich sehr skeptisch gegenüber der Vorgehensweise sei und überhaupt nicht an einen Zusammenhang zwischen meiner Kindheit und meinen gegenwärtigen Beschwerden glauben würde. Nach meiner Beschreibung meiner eigenen Person stellte sie erstaunt fest, dass ich äußerst tough und unglaublich streng mit mir wäre. Darauf konnte ich nur grinsend erwidern, dass das auch nötig sei und ich an meinen Macken absolut nichts würde ändern wollen. Sie sagte zwar, dass das auch nicht nötig sei, doch dieser Aussage gegenüber war ich ebenfalls skeptisch. Denn ich konnte mir gut vorstellen, dass sie das anfangs vielleicht sagte, um mich in Sicherheit zu wiegen bzw. um mich zu beruhigen, doch später genau diese Eigenschaften in Angriff nehmen könnte. Das blieb jedoch abzuwarten. Zu meiner großen Erleichterung erlaubte sie mir aber, den Termin in der MKG-Chirurgie die Woche darauf wahrzunehmen. Das war eine meiner größten Sorgen; sie stellte sich jedoch als unbegründet heraus. Die andere betraf die Dauer des Aufenthaltes. Ganz meinem Vorhaben entsprechend machte ich jedem klar, dass ich nicht vorhatte, länger als vier Wochen auf Station zu bleiben. Dies wurde zur Kenntnis genommen und akzeptiert, auch wenn mir schnell klar wurde, dass viele erwarteten, dass ich mindestens sechs Wochen bleiben würde.

Nachdem dieses, ebenfalls zufriedenstellende, Gespräch zu Ende war, stand noch der Termin bei der Diätassistentin bevor. Hier hatte ich mir Tage vorher ebenfalls Gedanken gemacht, ob sie es wohl akzeptieren würden, dass ich mich massiv einseitig ernähren würde. Ich erklärte ihr die genauen Umstände, die Beschwerden und die Folgen, wenn ich mich nicht an meine „Diät" halten würde. Zudem brachte ich das wahre Argument hervor, dass ich einen klaren Kopf behalten müsse, da ich schließlich genau deshalb in der Klinik wäre, und eben nicht, um zuzunehmen. Ihr war verständlicherweise nicht wohl bei der Sache, mir meine gewünschten Nahrungsmittel zu überlassen und sozusagen dabei zusehen zu müssen, wie ich mich weiterhin mangelernährte. Sie gestand mir dies eine Woche zu, teilte mir aber ihr Vorhaben mit, mir danach versuchsweise etwas anderes zu geben. Ich bestätigte ihren Vorschlag zwar, hatte im Geist aber beschlossen, dass ich diesen Versuchen nicht entsprechen würde. Die Folgen waren einfach zu groß, doch ich beschloss, ihr das nach einer Woche erneut zu verdeutlichen.

Gegen Abend traf ich auch meine Bekannte wieder und ihre hier geschlossenen Bekanntschaften. Wie gewohnt kamen wir schnell ins Gespräch und wie viele andere wurde ich zum Spieleabend eingeladen, an dem ich auch teilnahm. Während dieser eingebürgerten „Tradition" fiel mir auf, dass ich manche Mitpatienten mochte, während mir andere gehörig auf die Nerven gingen. Ich schätze nun mal ein gewisses Maß an Niveau und Anstand, doch ein paar der anderen benahmen sich derart vulgär und niveaulos, dass ich beschloss, nicht mehr an diesen Abenden teilzunehmen, oder zumindest nur kurz. Meine Bekannte beobachtete mich nach jedem anstandslosen Witz genau und ich schenkte ihr ein gespieltes Lächeln, was ihr sicher als solches auch auffiel. Ich nahm mir vor, mit ihr zu sprechen und ihr zu sagen, dass ich für solche „Gespräche" nicht hier war. Meine Ablenkungsversuche funktionierten ganz gut, da ich einem der sympathischeren Patienten geduldig das Mischen von Spielkarten beibrachte und dieser dann sogar einen Erfolg zu verzeichnen hatte. Trotzdem verließ ich die Gruppe nach einer Weile und zog mich in mein Zimmer zurück, um noch etwas vor dem Laptop entspannen zu können.

## TAG 2

Am nächsten Tag musste ich mich relativ früh zum Blutabnehmen melden, was für mich aber kein Problem war. Beim Frühstück leistete ich einer Dame aus meiner Gruppe, die ich am Tag zuvor kennengelernt hatte, Gesellschaft und sie erzählte mir von früher und ihren Erfahrungen.

Am frühen Nachmittag hatte ich dann zum ersten Mal Kunsttherapie. Dieser sah ich besonders gespannt entgegen. Denn in der

Psychiatrie davor hatte ich nur schlechte Erfahrungen gemacht. Hier hoffte ich auf weit bessere. Zudem war dies das erste Kennenlernen meiner Gruppe. Leider musste ich feststellen, dass viele der Gruppenmitglieder überhaupt nicht meinem Niveau entsprachen und ich dementsprechend nichts mit ihnen anfangen konnte. Glücklicherweise sollten die unsympathischsten von ihnen die Klinik bald verlassen. Die Therapeutin selbst hatte in der ersten Stunde noch keine Gelegenheit, meine Bilder genau anzusehen, wobei ich nicht wusste, ob sie es überhaupt wollte. Ich mahnte mich selbst zur Geduld und widmete mich meinen Arbeiten.

Die letzte Beschäftigung des Tages bestand in einem fast zweistündigen Vortrag über chronische Schmerzen. Einer der besten Schmerztherapeuten der Gegend sollte diesen halten. Insgesamt bestand das Thema aus vier Vorträgen, die über vier Wochen gehalten wurden und deren Termine eingehalten werden mussten (sonst musste man wieder bei Woche 1 anfangen). Ich freute mich nicht wirklich auf den Vortrag, da ich mich privat schon mit dem Thema Schmerz und Folgen von psychischen „Notlösungen" auseinandergesetzt hatte. Doch da es nun mal Pflicht war, hoffte ich, dass ich ihm wenigstens gut zuhören könnte und so die Zeit schnell vergehen würde. Als ich ihn jedoch zu Gesicht bekam, klappte mir fast die Kinnlade herunter. Ich kannte ihn! Einer der besten Schmerztherapeuten der Gegend stellte sich als jener Schmerztherapeut heraus, der mich nach nur einer Stunde Gespräch in eine Psychiatrie hatte stecken wollen! Doch ich versuchte meinen Ärger und meine Vorurteile zu verdrängen, da ich ihm eine Chance geben wollte. Nur weil mir nicht gefallen hatte, was er gesagt hatte, hieß das noch lange nicht, dass mir auch sein Vortrag nicht gefallen würde. Zudem lernte ich gern dazu, auch wenn ich mich noch lange nicht überzeugen ließ. Tatsächlich hörte ich ihm mit großem Interesse zu, auch wenn ich auf nur eine seiner vielen an das Publikum gerichteten Fragen antwortete. Schuld daran war unter anderem eine ältere Patientin, die einfach ihre dummen Zwischenkommentare nicht lassen konnte und ihn so immer wieder unterbrach. Zu meiner Belustigung verstand er sie nicht genau und interpretierte in ihrem Kauderwelsch gerade das, was in seinen Kontext passte. Irgendwann ging sie mir aber gehörig auf die Nerven, da sie sogar lachte, als er etwas Privates und sehr Ernstes über sich erzählte. Ich respektierte seine Offenheit sehr und fand die Reaktion dieser Frau unverschämt.

Wie ich es noch im Gedächtnis hatte, war der Schmerztherapeut überwiegend auf die Psyche getrimmt und zeigte Tendenzen zu Ursachen von chronischen Schmerzen in der Familie bzw. der Vergangenheit. Ich war mir sicher, dass die darauffolgenden Vorträge noch weiter in diese Richtung zielen würden. Ich nutzte seine Worte aber zum Abgleich meiner Verhaltensweisen und stellte erneut erfreut fest, dass ich mich hervorragend im Griff und vieles allein gelöst hatte, wofür andere viel Hilfe brauchen würden. Zudem wurde ich in meinem Wissen bestätigt, dass ich bei niemandem besser in psychotherapeutischen Händen war als bei meiner Therapeutin.

## TAG 3

Nun stand mein erster Tag voller Termine bevor. Den meisten von ihnen sah ich nicht wirklich motiviert entgegen, versuchte aber trotzdem, unvoreingenommen in die jeweilige Therapie zu gehen. Das erste Zusammentreffen mit meiner Gruppe war in der „Selbstregulation", die sich genau so langweilig herausstellte, wie ich es mir vorgestellt hatte. Hier ging es hauptsächlich um die Körperwahrnehmung. Jeder konnte es sich ordentlich gemütlich machen – sitzend oder liegend. Ich schnappte mir eine Matte, ein Kissen und eine Decke, legte mich darauf und starrte Löcher in die Luft. Die Therapeutin setzte sich in die Mitte, ließ schnöde Harfenmusik laufen und sprach mit geschlossenen Augen zu uns. Der Sinn dahinter war, dass sich so niemand beobachtet und demzufolge unwohl fühlen konnte. Mit ruhigen Worten trug sie allen auf, in Gedanken den eigenen Körper zu durchwandern und vom Kopf bis zu den Füßen jeden Muskel bzw. Knochen entsprechend wahrzunehmen. Dies bekam ich allerdings nur am Rande mit, da ich mir allerlei andere Gedanken machte. Das Einzige, was ich wahrnahm, war die Langeweile und die für mich absolute Sinnlosigkeit hinter diesem Konzept. Meine Gedanken kreisten weiter um die nächste Therapiestunde und auch um meinen Aufenthalt allgemein. Mir wurde bewusst, dass ich bis jetzt falsch hier war, da offenbar nur Schmerzen im Vordergrund standen und wie man diesen einigermaßen Herr werden konnte. Doch ich war hierhergekommen, um mich mit meiner Vergangenheit auseinandersetzen zu können. Im Moment hatte ich dazu noch keine wirkliche Chance erhalten. Sollte ich zum Großteil nur vom Gejammer der anderen umgeben sein sowie von Entspannungsübungen jeglicher Art gegen chronische Schmerzen, würde ich mir überlegen müssen, ob ich nicht besser abbrechen sollte. Doch ich gab mir selbst ein Zeitfenster von zwei Wochen für meine Entscheidung. Schließlich war ich gerade erst angekommen und sollte mich daher in Geduld üben.

Nachdem ich also hin und her überlegt hatte, war die Zeit endlich herum und ich machte mich zusammen mit den anderen auf den Weg zur Ausdauergymnastik. Natürlich war ich nicht davon ausgegangen, dass hier Basketball oder Ähnliches gespielt wurde. Trotzdem fühlte ich mich während der Therapie wie eine 80-Jährige. Nach dem Aufwärmen führten wir ein paar Übungen mit einem Theraband[38] durch. Danach warfen wir ein paar Bälle hin und her und waren damit entlassen. Verständlicherweise war manchen Patienten nicht mehr als dies möglich, doch ich fühlte mich trotzdem ordentlich unterfordert. Daher sah ich der Physiotherapie, die danach auf einem Plan stand, etwas zuversichtlicher entgegen. Mir war zwar nicht ganz klar, was genau die Therapeutin mit mir machen würde, da mir bewusst war, dass es hier sicher keinen Physiotherapeuten mit Spezialisierung auf den Kiefer gab. Dem war dann auch so. Zu meiner Überraschung fragte mich meine Physiotherapeutin, was sie denn

38 Elastisches, breites Band, das sportlichen Zwecken dient.

während meines Aufenthaltes für mich tun könne. Ich nutzte die Chance und klärte sie über meinen Kiefer auf. Wie erwartet war sie zwar nicht auf diesen spezialisiert, bot mir jedoch an, nach ihren Möglichkeiten an meinem Nacken zu arbeiten und mir bei Haltungsübungen zu helfen. Damit war ich mehr als einverstanden, da ich hier vor allem Hilfe und Unterstützung zur Vor- und Nachbereitung für die Kiefer-OP sah. Ich klärte sie daher genau auf und sah motiviert den zukünftigen Stunden entgegen, da ich mir sicher war, dass wir gut zusammenarbeiten würden.

Nach dieser erfreulichen Einheit folgte eine kleine Einführung in den Kraftraum und danach die von mir gefürchtete Gruppentherapie. Ich versuchte so unvoreingenommen wie möglich in diese zu gehen. Ich hoffte, dass sich die Gruppenmitglieder anders verhalten würden als außerhalb während der anderen Therapien, war mir jedoch sicher, dass uns unsere Therapeutin alle ordentlich im Griff behalten würde.

Zu meinem Erstaunen verlief die Gruppensitzung anders als erwartet. Am Anfang stellten sich alle vor, beschrieben den Grund ihres Aufenthaltes und erläuterten kurz ihre Ziele. Während ich auf meinen Auftritt wartete, erinnerte ich mich an mein Vorhaben, ehrlich zu sein. Meine Therapeutin hatte im Einzelgespräch offenbar nichts dagegen einzuwenden gehabt, dass ich im Grunde kein genaues Ziel hatte und mich daher allem ohne Erwartungen stellen würde. Doch als ich genau das leicht abgewandelt sagte (Zitat: „Ich lasse mich überraschen und warte, was auch mich zukommt"), unterbrach sie mich barsch und machte mir klar, dass ich mit dieser Einstellung und ohne Ziel hier absolut nichts verloren hätte und ich daher gehen könne. Nur mit einem Ziel würde der komplette Aufenthalt Sinn ergeben. Sonst würde ich nur jemandem den Platz wegnehmen, der ihn viel dringender brauchen würde. Daher würde sie ein konkretes Ziel hören wollen und gab das Wort somit wieder an mich. Da saß ich nun, völlig perplex und unglaublich wütend über diese scheinbare radikale Änderung und Bloßstellung. Ich konnte nicht fassen, dass sie mir das nicht schon im persönlichen Gespräch gesagt hatte und mich nun hatte auflaufen lassen. Ich spürte, wie alle Augen auf mir ruhten, während ich vor mich hin starrte und abwog, was ich nun am besten tun sollte. Eigentlich hatte ich mir vorgenommen, ehrlich zu sein. Diese Methode erwies sich schneller als falsch als mir lieb war. In meinem Kopf kreisten allerlei Gedanken und immer wieder sagte mir mein Instinkt, dass ich einfach irgendetwas sagen sollte, was mit meiner Vergangenheit zu tun hatte. Doch ich wollte einfach bei der Wahrheit bleiben und blieb anfangs stumm. Die Sekunden zogen sich und mir wurde bewusst, dass ich nun etwas sagen musste. Mir war klar, dass ich beobachtet wurde, und daher zog ich ein paar grübelnde Grimassen während ich damit beschäftigt war, meinen Ärger zurückzuhalten und gleichzeitig den Konflikt zu losen. Irgendwann hörte ich dann doch auf meinen Instinkt und spielte die Unsichere vor. Zuerst stotterte ich vor mich hin, dass ich nicht wisse, wie ich mein Ziel in Worte fassen solle. Dann stammelte ich in die Gruppe, dass ich mir zum Ziel gesetzt hätte, mich mehr mit meiner Vergangenheit auseinanderzusetzen und die Ansätze meiner gegenwärtigen Probleme dort suchen zu wollen, um das Übel so an seiner Wurzel packen zu können. Natürlich war das komplett gelogen und genau mit dieser Aussage brach ich mein Versprechen mir selbst und meinen Vertrauten gegenüber. Und genau das trieb mir nach meiner Ansprache fast die Tränen in die Augen. Nicht aus Trauer, aber vor Wut und Enttäuschung. Ich tröstete mich jedoch mit dem Gedanken, dass ich es versucht, jedoch genau das prophezeit hatte. Niemand würde mir glauben und ich würde mehr Probleme heraufbeschwören, statt sie zu vermeiden. Kurz danach kam mir ein Gedanke, der mir ohne die klare Ansage der Therapeutin vielleicht zu spät gekommen wäre, weshalb ich ihr im Nachhinein sogar dankbar war: Ich erinnerte mich an einen Tipp meiner richtigen Therapeutin. Sie riet mir, dass ich mir einfach etwas einfallen lassen sollte, auf das sich hier alle stürzen würden, während ich die tieferen Themen weiterhin uns beiden überlassen könne. Und genau das nahm ich mir für die nächste Gruppensitzung vor. Ich würde mir etwas herauspicken, das mir schon längst aufgefallen war und an dem ich bereits angefangen hatte zu arbeiten: nämlich mein „Hobby“, mich um das Wohlergehen anderer zu kümmern. Mit meiner Ankunft hier hatte ich das abgestellt und bisher erfolgreich beibehalten. Ich sah tatsächlich mehr nach mir selbst, wenn auch aus anderen Gründen und auf andere Weise. Doch ich kannte bereits die Wurzel des Übels, nahm mir aber vor abzuwarten, ob die Gruppe diese ebenfalls finden würde. Denn sie hörten respektvoll und aufmerksam zu, was mir sehr gut gefiel. War die mir bekannte Wurzel dann gefunden, sollten sich doch alle darauf stürzen. Mit der Zeit würde ich dann den „Aha-Moment“ haben und danach die „von der Therapie“ erhaltenen Erkenntnisse anwenden können. Tatsächlich konnte ich mich so dann auf die Vorbereitung meines Kiefers konzentrieren und hatte somit erneut den Beweis erhalten, dass ich meiner richtigen Therapeutin vertrauen konnte und dies auch tat.

## TAG 4

In dieser Nacht schlief ich sehr schlecht. Plötzlich weckten mich starke Übelkeit und unangenehme Bauchschmerzen auf, die ich so schnell auch nicht loswurde. Mir war klar, dass das nur mit den mangelnden Möglichkeiten des Vortages, die Toilette aufzusuchen, zu tun haben konnte. Ich versuchte meinen Darm mit viel Wasser in Schwung zu bringen, doch das klappte nicht wirklich. Insgesamt bekam ich etwa vier Stunden Schlaf und war am Morgen entsprechend müde. Beim Blutdruckmessen zeigte sich mein Zustand dann ebenfalls. Vorher war mein Blutdruck immer sehr niedrig gewesen, nun war er ziemlich hoch. Ich beschloss, der Internistin Bescheid zu geben, bei der ich eine Stunde später noch einen Termin hatte. Zuvor fand noch eine Gruppentherapie statt. Ich hatte mich etwas darauf eingestellt, zu Wort zu kommen, doch erst kam die Therapeutin zu spät und nach den organisatorischen Angelegenheiten übergab sie an einen anderen Patienten das Wort, der seine unglaubliche Geschichte mit uns teilte.

Aus den Augenwinkeln meinte ich während seiner Erzählung gesehen zu haben, dass mich meine Therapeutin immer wieder beobachtete. Zwar konnte das auch Einbildung gewesen sein, doch da ich relativ emotionslos zuhörte, konnte ich mir vorstellen, dass ihr das nicht entgangen war. Daher nahm ich mir vor, sie genau zu beobachten, wenn ich meine Geschichte erzählen würde.

Ich hörte bis zum Ende gespannt zu, wurde dann aber ungeduldig, als wir überzogen und ich zu spät zu meinem Arzttermin zu kommen drohte. Ich hatte den Termin einen Tag vorher bekommen, was nur bedeuten konnte, dass meine Laborwerte auffällig waren. Ich vermutete einen Vitaminmangel, der sich auch tatsächlich als Vitamin-D-Mangel herausstellte. Ich hatte wohl auch einen neuen Rekord aufgestellt, da mir die Ärztin versicherte, dass sie noch nie so niedrige Werte vorliegen gehabt hatte. Offenbar bestand bei mir ein derart großer Mangel, dass der genaue Wert überhaupt nicht mehr richtig messbar gewesen war. Natürlich hatte ich davon nichts gemerkt, doch sie machte mir mit ihrer Aussage Sorgen, dass man aufgrund dieses Mangels eine Osteoporose entwickeln könnte. Dabei brechen die Knochen viel leichter, was mir natürlich überhaupt nicht gefiel. Dazu kam noch ein Folsäuremangel, der allerdings nicht so ausgeprägt war. Ich sollte also für beide Fälle Präparate nehmen und ein paar Tage später würde kontrolliert werden, ob die Substitution anschlug.

Nachdem das auch geklärt war, standen nur noch zwei Dinge auf dem Plan. Das erste war die Gehirn- und Gedächtnisstrategie. Ich hatte mir hierbei etwas anderes vorgestellt und ging mit entsprechender Vorfreude in den Vortrag. Leider wurde ich mächtig enttäuscht, da ich das alles schon kannte und hier wieder lahme Witze im Vordergrund standen.

Den letzten Termin brachte ich dann mit Mühe und Not hinter mich. Er bestand aus einer Einführung in Entspannung, die nach einer kurzen Zusammenfassung mit der Durchführung progressiver Muskelentspannung endete. Wie erwartet wurden wir danach gefragt, ob wir uns besser als vorher fühlen würden. Meinem Vorhaben entsprechend verneinte ich diese Frage und sagte der Therapeutin, dass ich mich genauso fühlen würde wie vorher, aber eigentlich immer entspannt sei. Sie schob dies jedoch auf „das erste Mal" und somit auf fehlende Übung. Sie war sich sicher, dass ich einen deutlichen Unterschied wahrnehmen würde, wenn ich die Übungen oft wiederholen würde. Dass ich überhaupt nicht richtig bei diesem Quatsch mitgemacht hatte, schien sie nicht bemerkt zu haben.

## WOCHENENDE

Am Wochenende durften Neuankömmlinge erst nach der dritten Woche nach Hause. Mir persönlich machte das allerdings nichts aus. Ich zeichnete viel, unternahm etwas mit den anderen und erkundete die Gegend. Zu Hause rief ich natürlich auch an und beide Seiten gaben ein kurzes Feedback. Ich verabredete mit meinen Pflegeeltern, dass sie mir das Wochenende darauf mit meiner Schwester und meiner kleinen Nichte einen Besuch abstatten würden.

## TAG 7

Auf diesen Tag hatte ich wochenlang gewartet. Endlich hatte ich den Termin in der Mund-, Kiefer-, Gesichtschirurgie. Mein Chirurg sollte entscheiden, ob man operieren könnte. Ich war zudem gespannt, wann ich einen Termin bekommen würde und ob ich wirklich das teure Röntgenbild brauchen würde. Ich verbrachte den ganzen Tag mit Hin- und Herfahren und am wenigsten Zeit in der Praxis selbst. Nachdem ich noch einmal vermessen wurde, gab der Chirurg sein O. K. und wir vereinbarten einen Termin für einen Monat später. Leider bestand er auch auf das teure Röntgenverfahren. Ich sagte ihm zwar, dass ich im Moment arbeitssuchend sei und die 1.000 € deshalb nicht hätte, doch er blieb bei seiner Meinung und bot mir eine Ratenzahlung an. Natürlich war das Verfahren für eine perfekte OP-Planung wichtig, doch viel Geld blieb es für mich trotzdem. Ich beschloss, nach meinem Ärger, mich bei jedem, den ich kannte, über andere Wege zu informieren.

Mein Ausflug hatte noch etwas Positives: Ich musste an dem Tag an keiner Therapie teilnehmen. Morgens schaffte ich es noch, der Gruppentherapie beizuwohnen, und hörte mir ein paar neue Geschichten der anderen an. Zuerst sollte jedoch jeder erzählen, was er am Wochenende gemacht hatte – speziell gute Taten für sich selbst. Bei meiner Erzählung erwähnte ich, dass ich erstaunt sei, wie schnell die Zeit während des Aufenthaltes vergangen sei und nun schon eine Woche verstrichen sei. Dies brachte mir ein Lob unserer Therapeutin ein, was mich überaus erleichterte. Die nachfolgenden Kindheitserzählungen der anderen waren jedoch lange nicht so erschreckend und spannend wie die davor. Zu meinem Erstaunen schienen diejenigen Patienten jedoch auf ihre individuelle Art darunter zu leiden, was mich ins Grübeln brachte. Gleichzeitig stieg meine Neugierde auf die Reaktion der anderen auf meine eigene Vergangenheit. Traten ihnen bei „Banalitäten" (wie ich es empfand) Tränen in die Augen, würden bei mir wahrscheinlich wahre Sturzbäche den Raum überfluten.

Bei meiner späten Rückkehr lief mir sogar meine Therapeutin über den Weg und erkundigte sich sofort nach meinen Erfolgen. Sie war überaus erleichtert, was mir ebenfalls gefiel. Ich wollte danach nur noch ins Bett vor einer DVD liegen, da mir bei der Rückkehr aufgefallen war, dass mein Puls viel zu hoch war und ich selbst im Ruhezustand Herzrasen hatte. Das schrie eindeutig nach einer Runde Faulenzen.

## TAG 8

Nach einer erholsamen Nacht nahm auch ich wieder an allen Therapien teil. Zuerst stand wieder Kunsttherapie auf dem Plan. Wieder erzählte jeder, wie es ihm am Wochenende ergangen war und was das heutige Projekt sein würde. Als der Letzte an der Reihe war, brach eine andere auf einmal in Tränen aus. Seine Worte, die leicht vorwurfsvoll klangen, hatten sie derart berührt, dass sie ein paar Minuten benötigte, um wieder auf den Boden zurückkommen zu können. Ich selbst empfand nicht einmal einen Hauch von Mitgefühl, geschweige denn Mitleid. Doch ich fand die professionelle Reaktion der Kunsttherapeutin auf die nachfolgenden Zusprüche der anderen auf die beiden sehr positiv. Schlussendlich war wieder kaum Zeit zum Arbeiten, doch für mich war das in Ordnung. Ich hoffte allerdings, dass ich beim nächsten Mal die Chance hätte, der Kunsttherapeutin meine Bilder zu zeigen.

In der nachfolgenden Therapie fanden wir uns alle im Fitnessraum ein, um dort etwas zu trainieren. Während ich eine halbe Stunde auf dem Fahrrad saß, fing ich an, das Joggen zu vermissen. Die verbleibenden Minuten verbrachte ich dann mit Reden, da ich die Physiotherapie abwarten wollte, um meine Muskeln danach gezielt trainieren zu können.

Am Nachmittag folgte dann die „integrative Bewegungstherapie", die mit Bewegen allerdings nicht wirklich etwas zu tun hatte. Wir saßen im Kreis und sprachen über allerlei Themen, die nicht wirklich einer klaren Struktur entsprachen. Leider konnte ich überhaupt nicht mitreden, da ich weder mit Beziehungen Erfahrung hatte noch mit der Alltagsbewältigung nach dem Klinikaufenthalt zu kämpfen hatte. Also hörte ich erneut nur zu und fragte mich, ob ich jemals einen Rat erhalten würde, der auch mir helfen könnte.

Der letzte Punkt des Tages bestand in einem Vortrag über Ausdauertraining, der durch die Fragerei etwas unstrukturiert, aber dennoch sehr interessant gestaltet wurde.

## TAG 9

Am Tag darauf hatte ich mein erstes langes Einzeltherapiegespräch. Ich war sehr gespannt, aber trotzdem etwas nervös. Schließlich war ich die Gespräche zwischen mir und meiner Therapeutin gewöhnt, nicht aber an diese Therapeutin in der Klinik. Wir unterhielten uns erst ausführlicher über die bevorstehende Operation und meine damit zusammenhängenden Pläne. Sie schlug mir vor, die Klinik für die Vorbereitung darauf etwas früher zu verlassen, dafür aber „repariert“ dann wieder zurückzukommen. Ich versprach ihr, mir dies genau zu überlegen, auch wenn ich sofort beschloss, dass das eine hervorragende Idee war. Zudem versprach sie mir, mich sofort beim Sozialdienst als dringend anzumelden, damit ich mit ihm noch einige bürokratische Dinge regeln konnte und er vielleicht eine Möglichkeit fände, mir bei dem finanziellen Problem zu helfen.

Die restliche Zeit sprachen wir über eine Patientin der Gruppe. Erstaunlicherweise konnte ich meiner Therapeutin Dinge über diese erzählen, die ihr bis dato fremd gewesen waren und uns beide köstlich amüsierten. Als ich den Raum grinsend verließ, schoss mir der Gedanke durch den Kopf, dass wahrscheinlich nicht viele Patienten erheitert aus dem Einzelgespräch kamen.

An diesem Tag hoffte ich auf die Chance, in der Kunsttherapie endlich meine Mappe vorzeigen zu können. Und tatsächlich bot sich mir diese Möglichkeit, da sich die Kunsttherapeutin die Zeit hierfür nehmen konnte und wollte. Sie war begeistert, sah sich jedoch in einer Zwickmühle. Sie fragte mich daher, was genau sie mir denn noch beibringen bzw. wie sie mich unterstützen könnte. Ich war anfangs ebenfalls einfallslos, hatte in den letzten Sekunden aber eine Idee, die ich ihr aber auf das nächste Mal versprach. So musste ich sie auf die Folter spannen und hoffte tatsächlich, dass sie vielleicht noch eine Idee hätte.

Den Abschluss des Tages bildete Teil 2 des Vortrages über chronische Schmerzen, der sich aber unglaublich in die Länge zog und alle Teilnehmer ermüdete. Irgendwie schien sich alles zu wiederholen und dementsprechend waren alle fertig vom Sitzen und Zuhören. Ich wollte am Abend auch nichts mehr wissen und zog mich nach einem kurzen Kartenspiel in mein Zimmer zurück.

## TAG 10

Als ich am Morgen erwachte, war ich immer noch komplett hinüber vom Vortag. Mir war auch nicht ganz wohl, weshalb ich das Frühstück übersprang und lieber ausgiebig duschte. Die nachfolgende Selbstregulation genoss ich diesmal in vollen Zügen, da mir der kleine „Powernap" richtig guttat. Einfach nur daliegen und die Seele baumeln lassen; das war genau das, was ich gebraucht hatte. Danach fanden wir uns in der Ausdauergymnastik wieder. Diese Übungen brachten meine Muskeln in Schwung und taten mir ebenfalls gut. So ging ich zwar leicht erschöpft, aber gespannt zur Einzeltherapie. Wie erwartet, fragte mich meine Therapeutin nach meiner Entscheidung und ich willigte in alle Pläne ein. Wie besiegelten mein Wiederkommen mit einem Handschlag und somit stand der Plan fest. Ich hatte genug Zeit, mich vorzubereiten, und mein Kiefer könnte danach in aller Ruhe heilen. Danach könnte ich wiederkommen und mich meinem Kopf widmen. Eine Wunschtherapeutin hatte ich dann auch schon und auch sie machte den Eindruck, als ob sie mich wieder in ihrer Gruppe haben wollte. Zu meinem Erstaunen erzählte sie mir dann, dass sie gehört habe, wie wunderschön ich zeichnen könne. Ich brachte ihr meine Mappe und bekam auch von ihr nur positive Rückmeldungen. Wir unterhielten uns auch über meine neue Reihe über griechische Mythen und ich durfte ihr sogar einen meiner Lieblingsmythen erzählen. Auch sie war begeistert von Sagen, Märchen und Legenden und daher unterhielten wir uns über den Nutzen von Märchen und wie rar diese doch in der heutigen Zeit geworden seien. Zudem riet sie mir, wie alle anderen auch, doch etwas aus meinem Hobby zu machen. Ich erzählte ihr daher von meiner Idee, die ich immer mal wieder hatte, Kinderbücher zu schreiben, was ihr auch schon durch den Kopf geschwebt war. Zudem schlug sie mir vor, Kunsttherapeutin zu werden. Man könne dies in meinem Wohnort lernen und gefragt wäre dieser Beruf auch. Ich fügte diese Idee meinem Repertoire hinzu und wir unterhielten uns noch etwas über die Verdummung von Jugendlichen und Kindern. So verließ ich ihr Büro erneut grinsend und hüpfte schon in den neuen Termin. Meine Bezugspflege wollte mit mir sprechen und fragte mich, wie es mir so ginge und was meine Pläne seien. Einen Tag vorher hatten alle eine Teamsitzung gehabt und so wusste auch sie schon über alles Bescheid. Hauptsächlich erkundigte sie sich nach meiner Einschätzung, ob ich das Gefühl hätte, in der Klinik richtig zu sein. Ich sagte ihr, dass ich das daran erkennen würde, dass ich mich wohlfühle und ich sofort zugestimmt hatte, nach der OP wieder zurückzukommen.

Im Laufe des Vormittags erhielt ich überraschend einen Termin beim Chefarzt der Klinik, bei dem ich auch das Vorgespräch gehabt hatte. Er wolle kurz etwas mit mir besprechen, auch wenn ich mir nicht erklären konnte, was genau das sein sollte. An den nächsten beiden Tagen fand für Ärzte und Therapeuten aus dem psychischen Bereich ein Seminar in der Klinik statt. Hier konnten sie sich anhand von Fallbeispielen weiterbilden. Der Chefarzt war nun auf der Suche nach Patienten, die sich zu einem kleinen Interview vor versammelter Mannschaft bereit erklärten. Ich war eine von diesen Patienten und sagte daher sehr gerne und motiviert zu.

Durch das spontane Gespräch kam ich etwas verspätet in die Gruppentherapie, was meiner Therapeutin aber nichts ausmachte. Am Ende der Stunde bat sie mich zu sich und fragte nach meiner Entscheidung in Bezug auf die Anfrage des Chefarztes. Ich berichtete von meiner Zusage und wurde von ihr sogar mit den Worten ermutigt, dass sie ebenfalls dabei sei und ich so eine Stärkung wissen könne. Tatsächlich beruhigte mich dieser Umstand etwas, da ich immer gern Rückendeckung habe und es mich zudem ehrte, dass sie auf mich aufpassen würde. Bei dem Gruppengespräch selbst erzählte wieder eines der Gruppenmitglieder von seiner aktuellen Situation. Mich störten die Kommentare der anderen etwas, da sie immer sehr plötzlich kamen und für meine Begriffe unangebracht waren, wenngleich sie nicht aus dem Zusammenhang gerissen wurden. Wenn jeder etwas von sich in den Raum warf und so seine zwei Sekunden Aufmerksamkeit bekam, ging für mich die Aufmerksamkeit des Erzählenden etwas verloren. Denn so wurde er immer aus seinem Redefluss gerissen und musste jedes Mal wieder den roten Faden finden. Inzwischen war mir jedoch klar geworden, dass dieses Verhalten hier offenbar Usus war und ich mich wohl auf solche „Zwischenrufe" würde einstellen müssen.

## TAG 11

Ich startete den neuen Tag mit einer Blutabnahme, die allerdings relativ schnell vonstattenging. Mit dieser „Spende" sollte geklärt werden, ob mein Körper die Präparate aufnahm und meine Speicher sich schon etwas gefüllt hatten.

Kurze Zeit später hatten wir erneut Gruppentherapie. Das am Tag zuvor geschilderte Erlebnis wurde von der gleichen Patientin weitergeführt, indem sie auf Anweisung von ihrer Kindheit erzählte, um so evtl. Zusammenhänge sichtbar machen zu können. Tatsächlich erzählte sie eine Geschichte, die den meisten die Augen öffnete und ein völlig anderes Bild auf ihre momentane Situation warf. Ich allerdings langweilte mich an diesem Tag ziemlich stark, obwohl wir eine ähnliche Kindheit hatten. Vielleicht war es auch genau deshalb, warum ich nur mit einem Ohr zuhörte. Allerdings stieg mit dieser Geschichte mein Bedürfnis, auch meine Vergangenheit erzählen zu dürfen. Ich hoffte immer stärker, dass ich beim nächsten Mal endlich an der Reihe war. Schließlich wollte und musste ich unbedingt eine andere Sichtweise zum Besten geben, um auch den anderen einen bis dato unbekannten Blickwinkel zu ermöglichen. Schließlich erhielt ich selbst genau das bei fast jeder Gruppentherapie.

Meine Gruppe und ich ließen den Tag erneut mit der Gedächtnisstraße ausklingen, die aber erneut kaum mein Interesse weckte. Denn wieder waren die Methoden bekannt und daher uninteressant für mich. Vielleicht lag es auch daran, dass mich meine Pflegeeltern und meine Schwester mit ihrer Tochter gleich nach der letzten Therapie besuchen kommen wollten. Wir verbrachten ein paar Stunden zusammen und vertrieben uns dabei die Zeit mit Eisessen und gingen auf dem Spielplatz. Nach ihrer Abfahrt stand mein großer Auftritt als Teil des angekündigten Seminars bevor.

Nachdem ich hereingerufen worden war, stellte mich der Chefarzt kurz vor, und meine Therapeutin, die ich sofort entdeckte, nickte mir aufmunternd zu. Breit grinsend sah ich in die Runde und platzte fast vor Neugierde auf das bevorstehende Interview. Ich musste allerdings sofort knallrot angelaufen sein, da der Raum sehr warm und ich natürlich etwas aufgeregt war. Vor den u-förmig aufgestellten Tischen standen zwei Stühle leicht einander zugewandt. Mir war sofort klar, dass einer von ihnen für mich gedacht war. Nach der kurzen Vorstellung kam ein Psychologe aus dem Haus auf mich zu und erklärte mir, dass er für das Stellen der Fragen ausgewählt wurde. Dann ging es auch schon los. Ich sollte ihm erklären, warum ich in der Klinik war, wie genau alles begonnen hatte und wie es die darauffolgenden Jahre gelaufen war. Im Grunde eine kurze Zusammenfassung meiner Geschichte. Ich blieb trotzdem sehr allgemein, da ich dachte, dass die Kollegen sicher Fragen stellen würden, wenn sie sich genauer für meine Vergangenheit oder Sonstiges interessierten. Glücklicherweise fand ich sogar für die Frage, wie ich mich mit allem zurechtfinde, ob es mir helfe und was mir am besten gefiele, die richtigen Antworten. Ich hatte dazu meine Therapeutin im Hinterkopf und versuchte meine Antworten so perfekt wie möglich zu geben, damit sie mir in der Gruppentherapie nicht wieder den Marsch blasen könnte. Schließlich hatte sie aufgrund meiner Skepsis schon in der Gruppe ordentlich Dampf abgelassen. Dem zustimmenden Nicken der Anwesenden konnte ich aber oft entnehmen, dass ich wohl die richtigen Worte gefunden hatte. Innerhalb von einer Dreiviertelstunde stellten die Mediziner Fragen an mich, die ich lächelnd beantwortete. Ich hätte stundenlang weitermachen können, auch wenn es mich wunderte, dass mich niemand über Details aus meiner Vergangenheit befragte. Ich sah das Ganze eher als Übung in Bezug auf die Beantwortung der oft gestellten Frage nach dem Grund und dem

Ziel meines Aufenthaltes. Mir fiel auf, dass mir diese Antwort immer leichter über die Lippen ging, auch wenn sie sich in ihrem sprachlichen Ausdruck etwas geändert hatte. Schlussendlich ging es immer um das Füllen meiner Erinnerungslücken. Allerdings konnte ich es mir nicht verkneifen, den Damen und Herren auch zu sagen, dass ich einem Zusammenhang zwischen meinen körperlichen Beschwerden und meiner Vergangenheit eher skeptisch gegenüberstand.

Schließlich wurde ich mit Applaus verabschiedet und verließ zufrieden den Raum, allerdings nicht ohne ein Grinsen in Richtung meiner Therapeutin, das sie auf ihre Art erwiderte.

## WOCHENENDE

Das zweite Wochenende brachte ich teilweise faul hinter mich. Morgens ging ich mit einem Gruppenmitglied etwas shoppen und fand sogar einen dünnen Pulli. Danach ging ich einkaufen und machte einen großen Umweg, um die Sonne noch etwas genießen zu können. Den Rest des Tages verbrachte ich dann aber vor dem Laptop.

Den Tag darauf stattete ich spontan meiner Wohnung einen Besuch ab. Ich musste nach der Post sehen und wurde auch nicht enttäuscht. Endlich war der Befreiungsschein der Krankenkasse geschickt worden, der bewies, dass ich die anfallenden Zuzahlungen für die Klinik nicht leisten musste. Zudem hatte das Finanzamt wohl wenig zu tun gehabt, denn meine Abrechnung fand ich ebenfalls vor. Zu meiner großen Freude bekam ich ein ordentliches Sümmchen zurück. Ich erwog, dieses in die Zahlung der Röntgenbilder für die OP zu stecken. Zuvor wollte ich aber noch abwarten, ob ich das Geld behalten und die Zahlung anderweitig leisten könnte. So hatte ich auch an diesem Tag genug Bewegung gehabt und widmete mich daher die restlichen Stunden einer neuen Tattoovorlage für einen Patienten.

## TAG 14

Ich startete mit gemischten Gefühlen in die neue Woche. Zum einen war ich froh, dass es endlich wieder eine Art geregelten Tagesablauf geben würde. Zum anderen war mir aber klar, dass ich so eine Woche vorerst zum letzten Mal haben würde. Das fand ich, trotz der gegebenen Umstände, irgendwie schade.

Der erste Termin der Woche bestand in Gruppentherapie. Obwohl ich am Wochenende immer wieder das Bedürfnis verspürt hatte, meine eigene Geschichte endlich zum Besten zu geben, war mir die Lust darauf an diesem Morgen vergangen. Mein Instinkt schien geahnt zu haben, dass ich es nicht mehr zu erzwingen brauchte, denn meine Therapeutin schlug mir am Anfang der Stunde vor, an diesem Tag zu „arbeiten", sofern ich dazu bereit sei. Zuerst betonte sie aber, wie stolz sie auf mich sei und dass ich mich bei dem Seminar hervorragend geschlagen hätte. Da sie dies nur zu mir und nicht dem anderen Gruppenmitglied sagte, das ebenfalls dort vorgesprochen hatte, war ich erst recht stolz auf dieses Lob. Obwohl ich meine Geschichte schon Hunderte Male erzählt hatte, fiel es mir dieses Mal etwas schwerer. Ich erzählte stockender und ließ auch viel weg. Wahrscheinlich weil ich nicht sehr viel Zeit hatte und zudem das Gefühl hatte, dass ich die Gruppe langweilte. Doch ich vermute, dass das meine eigene Langeweile war, die ich beim Erzählen spürte. Zu meinem Erstaunen fielen die Reaktionen ganz anders aus als erwartet. Auf einmal stürzten sich alle auf meinen Vater. Und ehe ich mich versah, versuchte mich plötzlich die ganze Gruppe dazu zu überreden, Kontakt mit ihm aufzunehmen, ihm sogar einen spontanen Überraschungsbesuch abzustatten. Alle meine Versuche zu erklären, dass ich nichts zerstören wolle und mich ein Kennenlernen nicht mehr interessiere, schlugen fehl. Dann folgte auch noch das für mich absurde Argument, dass ich doch erfahren müsse, von wem ich das Talent zum Zeichnen geerbt hätte. Auch dies war in meinen Augen kein Grund, das Zerstören einer Familie zu riskieren. Natürlich wurde mir Angst vorgeworfen. Und zu meinem Ärger auch der Umstand, dass ich immens unter der Unkenntnis meiner Wurzeln leiden würde. Allein die Tatsache, dass ich über ihn bzw. meine Vergangenheit nachdenken würde und Lücken füllen wolle, hätte mich verraten. Am meisten ärgerte mich allerdings die Aussage, dass ich nur so tun würde, als wäre ich fröhlich, ich in Wirklichkeit aber ein unsagbar trauriger Mensch wäre. Egal was ich sagte, es wurde als Schauspielerei abgetan. Irgendwann fing ich an, alle Kommentare zu ignorieren und mich mit dem Gedanken zu beruhigen, dass ich bald wieder bei meiner wahren Therapeutin sein und sie mir solche Sachen nicht vorwerfen würde. Trotzdem würde ich mir bei meiner Rückkehr in die Klinik einiges anhören müssen, das mir wahrscheinlich nicht gefiel. Doch ich beschloss, dies zu akzeptieren und mich gründlich darauf vorzubereiten. Natürlich mithilfe meiner Therapeutin des Verstrauens.

Nach der Gruppentherapie fiel eine Einheit aus und ich vertrieb mir die Zeit bis zum Mittagessen mit Zeichnen. Plötzlich wurde ich überraschend vom Jobcenter angerufen, die mir vorwarfen, Unterlagen, die mir das nächste Geld sichern würden, nicht erhalten zu haben. Da ich diese schon am ersten Tag meines stationären Aufenthaltes hatte faxen lassen, machte mich dieser Anruf etwas sauer. Ich versicherte der zuständigen Dame, dass ich sogar eine Bestätigung des Faxes hatte, und doch war angeblich irgendetwas schief gegangen. Mich verwunderte diese Schlamperei zwar nicht, doch erneut musste ich mich dieser Respektlosigkeit beugen. Sie gab mir ein Zeitfenster von einem Tag, danach könne sie für den nächsten Monat nichts mehr für mich tun und alle Zahlungen würden eingestellt werden. Zudem müsse sie wissen, wie lange ich noch außer Gefecht gesetzt sein würde und ob dieser Zeitrahmen sechs Monate übersteigen würde. Meine Aussage, dass ich dies nicht sagen könne, wurde natürlich ignoriert, und auch der Umstand, dass ich meinen Aufenthalt unterbrechen müsste. Also flitzte ich genervt aus dem Zimmer und erwischte meine Therapeutin gerade noch rechtzeitig. Ich stahl einer Patientin mit ihrem Einverständnis ein paar Minuten ihrer Einzeltherapie und besprach mit meiner Therapeutin das Schreiben für das Amt. Sie regte sich unglaublich über dieses

Verhalten auf und wusste nicht wirklich, was sie schreiben sollte. Doch schlussendlich schrieb sie per Hand genau das auf, was das Amt verlangt hatte. Dass ich meinen Aufenthalt unterbrechen, wiederkommen und die Behandlung länger als sechs Monate Zeit in Anspruch nehmen würde. Natürlich konnte niemand mit Sicherheit sagen, ob das genau so zutreffen würde, doch was sollte sie tun? Lieber zu viel als zu wenig. Ich ließ das Schreiben faxen, rief beim Amt an und ließ mir dessen Erhalt bestätigen. Während ich so hin und her rannte, dachte ich nur eins: Würde ich Alkohol trinken, bräuchte ich jetzt einen Schnaps … Schwer atmend kam ich nach getaner Arbeit wieder ins Zimmer und wartete auf meinen letzten Termin, der aus einem Powernapping bei der Selbstregulation bestand. Tatsächlich bekam ich wieder keines der Worte der Therapeutin mit, sondern döste ruhig vor mich hin. Genau das hatte ich nach den letzten stressigen Minuten gebraucht.

## TAG 15

Den nächsten Tag startete ich mit Kunsttherapie. Wie die letzten Male arbeitete ich an meinem Bild weiter. Unsere Therapeutin kündigte eine Werkbesprechung für den darauffolgenden Tag an, da eine Patientin meiner Gruppe sie danach gebeten hatte.

Nach dem entspannenden Zeichnen ging es für uns im Fitnessraum weiter. Dieses Mal konnte ich mich gezielt an die Geräte wagen und dementsprechend die Aufwärmphase verkürzen. Die Übungen, die mir meine Physiotherapeutin gezeigt hatte, gelangen mir sehr gut und ich spürte schon nach kurzer Zeit den einen oder anderen Muskel.

Nach dem kurzen Training folgte ein weniger spannender Termin. Mit über einer Woche Verspätung sprach ich erneut bei der Ernährungsberaterin vor. Da mein Abschied bevorstand, sah ich in dem Termin nicht wirklich einen Sinn. Auch sie bemerkte diesen Umstand, hatte sich aber vorgenommen, mir trotzdem ein paar Vorschläge zu machen. Sie schob mir daher das Menü entgegen und trug mir auf, mir etwas auszusuchen. Leicht genervt studierte ich halbherzig die Karte und wiederholte erneut, dass ich davon nichts essen könne, selbst wenn es mein Kiefer zuließe. Offenbar schien sie sich einzubilden, dass ich mit „repariertem" Kiefer automatisch meine Unverträglichkeiten loswerden würde. Nach meinem erneuten Hinweis auf diesen Irrtum schlug sie mir Reis und Fisch vor. Ich merkte an, dass beides sehr trocken und langweilige schmecke, da ich keine zusätzlichen Soßen etc. dazu essen könne. Daher würde ich den Joghurt weiterhin vorziehen, anstatt gar nichts zu schmecken. Sie akzeptierte meine Anmerkung, auch wenn sie immer genervter zu wirken schien. Offenbar bekam sie immer mehr den Eindruck, dass ich nur Ausreden suchen würde, um nichts anderes essen zu müssen. Dabei wunderte ich mich jeden Tag, dass man mir keine speziellen Drinks als Nahrungsergänzungsmittel anbot. Ich beschloss, ihr etwas entgegenzukommen, und versprach ihr, nach der OP sofort anzufangen, diverse Nahrungsmittel auszuprobieren und ihr dann bei meiner Rückkehr eine Liste zu bringen, obwohl mir klar war, dass diese sehr kurz ausfallen bzw. niemals existieren würde. Doch ich hatte keine Lust mehr auf ihre Vorurteile und sagte einfach das, wovon ich glaubte, dass sie es hören wollte.

Nach diesem ernüchternden Gespräch trat ich meine letzte integrative Bewegungstherapie an. Ich hatte mir vorgestellt, dass wenigstens dieses Mal der Wunsch unserer Therapeutin erfüllt werden würde und wir Rollenspiele zu verschiedenen Themen machen würden. Doch wieder wurden wir durch ein banales Thema abgelenkt und so langweilte ich mich erneut zu Tode. Dieses Mal ging es um negative Gedanken, die den Alltag dominieren und einem so die Freude an Kleinigkeiten nehmen können. Da ich dieses Problem zwar kenne, aber erfolgreich zu kontrollieren gelernt habe, konnte ich erneut nicht mitreden. Ich hielt die Kommentare des Wortführers kaum aus konzentrierte mich auf den Gymnastikball, auf dem ich Platz genommen hatte, um meinen Gleichgewichtssinn zu trainieren. Die Therapeutin erklärte verschiedene Methoden, mit solchen Abschweifungen umzugehen, doch es schien kaum Wirkung zu zeigen. Ihr Ansatz schien angekommen zu sein und doch hatte ich das Gefühl, dass der Fragesteller nicht ganz kapiert hatte, worauf sie eigentlich hinauswollte. Während wir schließlich die Säulen der Identität besprachen und jeder eine seiner Wertvorstellungen vorbringen durfte, stellte ich fest, dass ich erneut instinktiv vieles richtig gemacht hatte. Darauf war ich stolz, konnte aber wieder meine Methoden nicht weiterreichen. Denn wie auch unsere Therapeutin während der Stunde mehrmals betont hatte, bedarf diese Kontrolle viel Übung und ich traute dem langsamen Fragensteller nicht ein Quäntchen Disziplin und Selbstkontrolle zu.

Nach der Stunde verabschiedete ich mich von der Dame und versprach ihr, dass wir uns bald wiedersehen würden.

## TAG 16

In die Mitte der Woche startete ich früher als sonst. Ich begann den Tag mit Einzeltherapie, auch wenn ich nicht genau wusste, was ich sagen sollte. Doch ich hatte eine Frage im Hinterkopf, die ich auch sofort stellte. Ich wollte von meiner Therapeutin wissen, warum gerade ich als Vorzeigepatient für das Seminar auserwählt worden war. Sie erklärte mir, dass die Therapeuten und Ärzte mit bestimmten Fallbeispielen sensibilisiert werden sollten. Speziell auf die Tatsache, dass es oft nicht so ist, wie es scheint. In meinem Fall wäre der erste Eindruck, dass ich an Magersucht leiden würde. Erst mit Blick hinter die Kulissen würde aber deutlich werden, dass dem nicht so ist. Und genau darauf wollte der Chefarzt der Klinik mit dem Seminar hinaus. Die Ärzte sollen lernen, zuzuhören und nicht sofort zu urteilen. Nachdem wir das geklärt hatten, sprach mich meine Therapeutin auf meinen Schmuck an. Sie wollte die Bedeutung jedes einzelnen Anhängers erfahren. Trotzdem schweiften wir ordentlich ab und landeten bei Geschichten über ihren verstorbenen Hund, die mir die Tränen vor Lachen in die Augen trieben.

Nach dem vielen Spaß flitzte ich weiter zur Physiotherapie. Während der Behandlung musste ich meiner Physiotherapeutin die schlechte Nachricht überbringen, dass diese Stunde meine letzte bei ihr war. Sie war überaus schockiert, da sie schon die nächste Behandlung geplant hatte. Leider würde sie bei meiner Rückkehr nicht mehr im Hause sein, da sie aufgrund ihrer Ausbildung regelmäßig zwischen hiesiger und einer anderen Klinik wechselte. Auch ich bedauerte diesen Umstand zutiefst, versprach ihr aber, alle ihre Übungen regelmäßig auszuführen.

In der nachfolgenden Teamvisite musste jedes Gruppenmitglied vor dem Chefarzt ein Statement über den vergangenen Klinikaufenthalt abgeben und auch seine Ziele benennen. Mein Vorsprechen war sehr kurz, da ich ihm lediglich bestätigte, dass ich zurückkommen würde und zu einer vollständigen Mitarbeit bereit war. Allein das war ein Fortschritt für mich, dem jeder im Raum zustimmen konnte. Nachdem ich vor der kleinen Mannschaft, bestehend aus Chefarzt, Therapeutin, zwei Ärzten und Pflegekraft, vorgesprochen hatte, unterhielten wir uns noch eine Weile vor dem Raum. Nach der Teamvisite nahm mich meine Therapeutin beiseite und bat mich um meine Zeichenmappe. Sie wollte sie dem Schmerztherapeuten zeigen, der an dem heutigen Tag wieder erscheinen würde. Ich nahm ihr das Versprechen ab, dass sie auf die Mappe gut aufpassen würde, und übergab sie ihr vertrauensvoll und auch mit Stolz.

Kurz darauf folgte schon das nächste Gespräch. Erneut suchte mich meine Bezugspflege in meinem Zimmer auf. Wir sprachen über meine Rückkehr und auch über meine Nahrungsaufnahme. Ich kam einfach nicht über den Eindruck hinweg, dass sie glaubte, ich würde mich vor dem Essen ekeln. Scheinbar hielt sie mich für massiv essgestört und bildete sich ein, dass ich nach der OP wieder normal essen könnte und wollte. Natürlich wollte ich das, aber es war nun mal unmöglich. Zudem vermittelte sie mir, dass ich in der ersten Woche nahezu unsichtbar gewesen sei, nun aber ganz anders wirken würde.[39] Ich war erstaunt, wie

39 Dieser „Eindruck“ wird sehr gern in solchen Einrichtungen gewonnen.

sehr mein Plan, mich um mich allein zu kümmern, so viele verschiedene Eindrücke hinterlassen hatte.

Nach diesem letzten Gespräch ging es ebenfalls zum letzten Mal in die Kunsttherapie. Wieder malte ich an meinem Projekt weiter, bevor wir zur Werkbesprechung übergingen. Wir besprachen ein paar Kunstwerke der anderen und auch ich konnte endlich richtig loslegen. Zu ein paar Bildern machte ich Erweiterungsvorschläge, die vielleicht sogar umgesetzt werden würden.

Der Therapieplan endete an diesem Tag mit Teil 3 der Vortragsreihe des Schmerztherapeuten. Vorher holte ich mir wie gewohnt Wasser aus dem Automaten und sah schon von Weitem, wer sich ebenfalls etwas zu trinken holen wollte. Vor mir bediente sich der Schmerztherapeut an dem Automaten. Ich trat langsam zu ihm und begrüßte ihn höflich. Während der Sprudel meine Flasche füllte, fragte mich der Therapeut, wie es mir gehe. Ich antwortete knapp „Gut“ und erwiderte seine Frage, die er schmunzelnd beantwortete. Dann fragte er mich geradeheraus, ob ich ihn noch kennen würde. Überrascht bestätigte ich seine Nachfrage und fragte trotzdem nach, ob er sich noch an mich erinnern würde. Offenbar hatte er von jedem Patienten eine Kurzfassung erhalten und hatte mich sofort erkannt. Er machte deutlich, dass er froh über meine Entscheidung sei, diese Klinik aufzusuchen. Grinsend gab ich zu, dass mir sein damaliger Vorschlag zu krass gewesen sei und ich daher abgeblockt hätte. Doch er schien nicht sauer darüber zu sein und bekundete noch einmal seine Erleichterung.

Während seines nachfolgenden Vortrages war sogar meine Therapeutin anwesend. Sie hatte meine Mappe dabei, die sie in einer weiteren Mappe verstaut hatte, worüber ich ihr sehr dankbar war. Nach dem Vortrag, der diesmal schneller vorüberging und auch interessanter war, versprach sie mir ein späteres Wiedersehen und wartete, bis alle Patienten gegangen waren. Vermutlich legte sie ihm danach meine Mappe vor. Nach dem Abendessen fand sie mich nach langem Suchen und bat mich in ihr Büro, um mir dort meine Mappe in Ruhe zurückgeben zu können. Sie erzählte mir, dass der Schmerztherapeut ein großer Kunstliebhaber sei und ihm meine Bilder sehr gut gefallen hätten. Zudem seien sie sehr ausdrucksstark und würden eine Menge über mich aussagen. Erneut musste ich feststellen, dass wieder jemand viel zu viel in meine Bilder hineininterpretiert hatte und deshalb wohl noch viel Arbeit auf mich zukommen würde. Sie prophezeite mir, dass wir bei meiner Rückkehr viel zu tun hätten und meine Bilder dabei eine große Rolle spielen würden. Innerlich stellte ich mich darauf ein, viel korrigieren zu müssen, auch wenn mir klar war, dass sie mir das meiste nicht glauben würde. Doch ich nahm mir vor, mich bei meiner richtigen Therapeutin darauf vorzubereiten. Trotzdem fühlte ich mich geehrt über das Lob und die Begeisterung.

## TAG 17

Nun stand der letzte Therapietag an. Ich hatte zwar viel auf dem Plan, erwartete aber trotzdem nicht allzu viel. Das morgendliche Ausdauertraining tat mir ganz gut, ging aber relativ schnell vorbei. Mein nachfolgender Termin bei der Internistin war ebenfalls kaum der Rede wert. Ich hatte eigentlich erwartet, dass sie die Vitamine erneut überprüft hatte, dem war aber nicht so. Dies sollte der Doc nach ein paar Wochen übernehmen. Danach ging ich nochmals im Fitnessraum trainieren, was mir ebenfalls nur recht war.

Voller Erwartungen trat ich dann meine letzte Gruppentherapie an. Ich bereitete mich darauf vor, die Eindrücke der anderen über meine Geschichte zu erfahren und evtl. Diskussionen über meinen Vater über mich ergehen zu lassen. Doch zu meiner Überraschung sprachen wir ewig über den Schmerzvortrag und über Mobbing. Danach klärten wir den Unterschied zwischen Neid und Missgunst, bis die Zeit vorüber war. Ich war etwas enttäuscht, vor allem da ich nicht einmal richtig verabschiedet wurde. Beim nachfolgenden Einzelgespräch sprach ich dies jedoch nicht an. Ich erzählte lediglich von meinem derzeitigen

Kunstprojekt. Doch meine Therapeutin fragte mich dauernd, was ich während des Zeichnens spüren würde, akzeptierte aber nur wenige meiner Bemerkungen dazu. Daher lenkte ich das Thema in eine etwas andere Richtung und sprach über die Unterschiede zwischen dem Zeichnen als Job und dem Zeichnen für mich selbst. Danach erzählte ich ihr von meinem aufmüpfigen Verhalten in der Schulzeit und sogar von meiner mangelnden Unterwerfung in der letzten Psychiatrie. Auch sie war empört über die Umstände meines damaligen Aufenthaltes und bat mich um den Entlassungsbericht der Klinik.

Fast wäre ich wegen unseres Gesprächs zu spät zur Sozialberatung gekommen. Ich glaubte nicht, dass der Sozialarbeiter mir bezüglich meines finanziellen Problems helfen konnte, und dem war dann auch so. Also wechselte ich komplett zu Plan B (das Finanzamt „zahlt“) und klärte dies dann auch mit meinen Pflegeeltern ab.

An diesem Abend nahm ich das Angebot einer Freundin an und leistete ihr und ihren Bekannten Gesellschaft beim Basteln. Ich selbst zeichnete an meinem Projekt weiter, während die anderen Collagen herstellten. Ich fühlte mich sehr wohl zwischen den Mädels und bedauerte die Tatsache, dass wir das nicht wiederholen konnten.

Die letzten Tage bestanden aus Feiertagen und dem Wochenende, was bedeutete, dass Teil 1 meiner Behandlung beendet war. Die letzten Tage musste ich ohne Therapieplan gestalten.

## ABREISE

Am Abend zuvor hatte ich mein Hab und Gut zusammengepackt und konnte so entspannt aufstehen und meine letzten Sachen ebenfalls verstauen. Ab acht Uhr musste das Zimmer geräumt werden, was für mich aber kein Problem darstellte. Ich holte meinen Kurzbrief ab, verstaute mein Gepäck bei der Rezeption und tingelte die verbleibende Zeit im Haus herum, auf der Suche nach Gruppenmitgliedern und Bekannten, von denen ich mich verabschieden wollte. Zudem musste ich die Zeit bis zum Abschlussgespräch mit meiner Therapeutin „totschlagen". Das folgende Gespräch nutzte ich vor allem dazu, ihr von der Konfrontation meinerseits mit der motzenden Dame zu erzählen. Nachdem ich mein „Geständnis" vollendet hatte, bekam ich zuerst eine kleine Standpauke, dass ich mich nicht einzumischen bräuchte und mir das abgewöhnen müsse, mich für andere starkzumachen. Im Grunde hatte sie damit recht, vor allem da ich bereits dabei war, mir dieses Verhalten abzugewöhnen bzw. es zu mindern. Ganz verlieren wollte ich meinen Gerechtigkeitssinn nicht, aber auf jeden Fall besser die Kontrolle darüber gewinnen. Während der mahnenden Worte meiner Therapeutin fiel mir noch ein rettender Kommentar ein, der tatsächlich ihre Zustimmung erbrachte und ihre aufbrausenden Worte minderte. Ich gestand mir ein, dass ich ihr wohl zum Teil auch meine eigene Meinung gesagt hatte und es daher nicht nur ein Beschützen des Klavierspielers war, sondern auch ein erleichterndes Äußern meiner Meinung. Damit war sie zufrieden und ich auch, da ich so gerade noch die Kurve gekriegt hatte. Zu meinem Bedauern stand sie aber trotzdem weiterhin hinter der Dame, was mich dazu bewog, irgendwann aufzugeben.

Nachdem das geklärt war, sprachen wir noch etwas über meine bevorstehende OP. Sie erzählte mir grinsend, dass sie auch mit dem Chefarzt und dem Schmerztherapeuten darüber gesprochen hatte und beide überaus besorgt wären über mein Vorhaben. Beide hätten mir davon abgeraten und mehrmals nachgehakt, ob die OP denn wirklich notwendig sei und wozu ich mich diesem Prozedere überhaupt hingeben würde. Dass es sich dabei nicht um eine ästhetische Angelegenheit handelte, sondern um eine reine Notwendigkeit, wurde den beiden relativ schnell von ihr verdeutlicht. Sie ermahnte die beiden, nicht so pessimistisch zu sein, da sie die möglichen Folgen fürchteten, anstatt die Vorteile zu sehen. Ich selbst musste während ihrer Schilderungen wieder sehr lachen. Mir war zwar klar, dass ich beim nächsten Mal vielleicht weniger zu lachen hatte, doch ich ließ es darauf ankommen. Wir verstanden uns gut, hatten beide einen Dickkopf und würden wahrscheinlich beharrlich jeder bei seiner Meinung bleiben. Trotzdem wollte ich unbedingt wieder in ihre Gruppe.

Als unser Gespräch beendet war, stand sie auf und bestand zu meiner Überraschung darauf, mich umarmen zu dürfen. Ich hatte natürlich nichts dagegen, fragte sie aber neugierig, ob diese Ehre jedem zuteilwerden würde. Als sie es verneinte, war ich erst recht stolz und wusste, dass ich wieder jemanden gefunden hatte, der auf mich aufpassen würde. Meine Bilder hatten mir zwar dabei geholfen, doch ich wusste, dass auch mein Charakter eine entscheidende Rolle gespielt hatte und ich an diesem sicher nichts ändern würde.

Nach dem Gespräch suchte ich meine Gruppe auf und verabschiedete mich von allen. Die motzende Dame war glücklicherweise nicht dabei.

Und so verließ ich zufrieden die Klinik und führte mir selbst noch einmal vor Augen, wie ich diese betreten hatte. Ich freute mich auf die Rückkehr, auch wenn mein Aufenthalt evtl. etwas anders verlaufen würde.

Wie anders er aber dann verlaufen würde, konnte ich damals nicht ahnen …

**Ich nehme mit …**

…, dass ich nichts mitnehme.

Ich bin bei meinem ersten Aufenthalt in der Klinik nicht richtig behandelt worden bzw. konnte keine richtige Behandlung durchführen, da ich wegen der Operation andere Sachen im Kopf hatte. Dass hierfür alle Verständnis aufbrachten, kam mir sehr entgegen. Dass mir meine hiesige Therapeutin dann noch mit ihrem Vorschlag entgegenkam, die Behandlung nach der OP fortzusetzen, war eine der besten Ideen überhaupt. Zudem bewies mir unser Plan, dass ich sogar schon einen kleinen Erfolg zu verzeichnen hatte. Denn sosehr ich mich gegen den Aufenthalt gesträubt hatte, sosehr war ich doch über meine Bereitschaft verwundert, wieder in die Klinik zurückzukehren. Allein das war ein Fortschritt, auf den ich wirklich stolz war – wenn auch nur kurz, doch dazu später mehr.

Ich war mit verschiedenen Vorsätzen in die Klinik gegangen. Zum einen wollte ich nur nach mir selbst schauen und mich nicht mehr ausschließlich um das Wohlergehen anderer kümmern. Zum anderen hatte ich mir strikt vorgenommen, immer bei der Wahrheit zu bleiben, so schmerzhaft diese auch manchmal sein sollte. Ein weiteres Vorhaben war ein Versprechen an mich selbst, mich mit niemandem mehr anzulegen, das ich aber am ersten Feiertag brach. Streng genommen war die Behandlung beendet und so schummelte ich etwas und behauptete, dass ich mich doch irgendwie an das Versprechen gehalten hätte. Doch die Situation erforderte ein Eingreifen meinerseits. Diese war folgende (noch strenger genommen brach ich jeden meiner Vorsätze ein bisschen – doch urteilen Sie selbst):

Einer der Patienten, mit denen ich mich gut verstand, war ein junger Mann, dessen Hobby das Klavierspielen war. Gleichzeitig beruhigte es ihn auch und somit bestand eine Win-win-Situation zwischen ihm und den anderen Patienten. Denn sein Spiel war sehr beruhigend und so störte es fast niemanden, wenn er bis in die Nacht sanfte Töne durch die Klinik schickte. Lediglich eine ältere Patientin, die auch in meiner Gruppe war, hatte es sich zur Aufgabe gemacht, ihn zu terrorisieren. Ich lernte relativ schnell über diese Dame, dass sie während ihrer unzähligen Aufenthalte immer wieder Mitpatienten gegen sich aufgehetzt hatte. Ihr Charakter bot weder Sympathie noch sonstige positive Eigenschaften. Sie lief mit einem bösartigen Gesichtsausdruck durch die Klinik und beschwerte sich über wirklich alles. Dabei verbog sie die Wahrheit zu ihren Gunsten und verschwieg alles, was sie in ein unrechtes Licht rücken könnte. Schon bald war die ganze Gruppe genervt von ihr, auch wenn sich viele trotzdem noch mit ihr unterhielten. Manche hatten aufgrund ihrer Geschichte Mitleid, andere interessierten sich nicht für ihre unsinnigen Geschichten. Meine Therapeutin selbst hatte viel Mitgefühl und Verständnis für ihr Verhalten, auch wenn sie meiner Meinung nach nicht über alles Bescheid wusste. Wie auch, wenn die Patientin ihr wahrscheinlich nur ein Drittel der Geschehnisse erzählt hatte?

Im Laufe meines Aufenthaltes verbrachte ich vor allem bei den Mahlzeiten die Zeit mit dem Klavierspieler. Ich zeichnete eine Tattoovorlage für ihn und wir unterhielten uns über alles Mögliche. Doch immer öfter berichtete er mir über Beschwerden der älteren Dame, die sich trotz ihrer Schwerhörigkeit angeblich von seinem Spiel gestört fühlte. Sie behauptete, nur seine Fehler zu hören, und befahl ihm regelrecht, Noten zu lernen, da es ihr zuwider war, dass jemand auch ohne Noten spielen konnte (er übte mit einer visuellen App). Sie selbst hatte früher Klavier gespielt, beherrschte dies aber nicht mehr. Mit der Zeit nahmen ihre Beschwerden zu und der Klavierspieler litt immens darunter. Fast jeden Tag wurde er von ihr angesprochen und bekam die Schuld an ihren Kopfschmerzen und sonstigen Beschwerden. An meinem letzten Therapietag saßen wir zusammen im Speisesaal und er erzählte mir erneut, dass sie wieder an den Tisch gekommen war und sich bei ihm beschwert hatte. Erneut hatte sie angeblich Kopfschmerzen von ihm bekommen und seine „Fehler" ließen sie noch mehr an ihrer noch nicht ganz ausgeheilten Erkältung leiden. Dies sei nämlich der Grund, warum sie absolute Stille benötigte. Natürlich ließ er sich nichts von ihr befehlen, litt aber trotzdem unter den ständigen Standpauken. Nachdem ich zu seinem Tisch gekommen war, erzählte er mir von der erneuten Konfrontation und dass er ein paar Stunden vorher sogar von ihr geträumt hatte. Mit leidvollem Gesicht stocherte er in seinem Essen herum, sah zu ihr hinüber, legte die Gabel hin und machte mir deutlich, dass ihm der Appetit vergangen war. Da wir dies auch schon kurz vorher in der Gruppentherapie besprochen hatten, war für mich erst recht klar, dass es sich hierbei um Mobbing und Missgunst handelte.

Ich spürte, wie in mir die Wut aufstieg. Ich gebot mir selbst innezuhalten und sagte zu dem jungen Mann, dass er sich nicht von ihr beeinflussen lassen dürfe und ich zudem beschlossen hätte, mit meiner Therapeutin beim Abschlussgespräch darüber zu sprechen. Zwar würde ich damit mein Versprechen brechen, doch ich konnte es einfach nicht mehr mit ansehen. Als ich fertig gegessen hatte, trat ich an den Tisch der Dame. Ich setzte mich und beugte mich ihr wütend entgegen. Sie wusste sofort, warum ich gekommen war, und machte mir schnippisch deutlich, dass sie nicht mit mir sprechen wolle. Ich fragte sie lauernd, warum sie das tun würde, und teilte ihr mit, dass es ihn richtig fertigmache. Er würde nichts essen wollen und ich könne das nicht mehr mit ansehen. Sie versuchte eine Autoritätsperson zu mimen und fragte mich, ob er einen Vormund brauchen würde. Ich schluckte einen Ausdruck hinunter und brachte hervor, dass dem offenbar so wäre, da er sich nicht wehren könne und sie ja nicht aufhören würde. Sofort fing sie wieder mit ihrer nicht auskurierten Erkältung an und dass sie durch sein Spiel Kopfschmerzen kriegen würde. Daraufhin konfrontierte ich sie mit meiner Vermutung, dass sie ihre Kopfschmerzen auf das Klavier konditioniert hatte. Sie stritt meinen Vorwurf vehement ab und murmelte mit abgewandtem Gesicht, dass ich an Geister und Gespenster glauben würde. Dabei war sie es, die an alles Übernatürliche glaubte, weshalb ich diesen dämlichen und verzweifelten Kommentar ignorieren konnte. Sie schlug mir vor, die Diskussion in der Gruppentherapie fortzusetzen, woraufhin ich nur grinsend erwiderte, dass ich bei der nächsten nicht mehr dabei sein würde. Daraufhin glaubte sie mir eins auswischen zu können, indem sie mir prophezeite, dass sie bei meiner Rückkehr evtl. auch noch anwesend sein würde und wir das dann fortsetzen könnten. Angewidert brachte ich ein „Hoffentlich nicht!“ hervor und verzog das Gesicht. Erneut versuchte sie mich loszuwerden, indem sie mir klarmachte, dass ich gehen solle. Danach versuchte sie es mit dem Argument, dass sich viele beschwert hätten, sich aber nicht trauen würden, etwas zu sagen. Da ich aber wusste, dass sehr viele seine Lieder genossen und sich sehr darüber freuten, wurde ich jetzt noch wütender und zischte ihr entgegen, dass sie mir diese Patienten zeigen solle. Natürlich blockte sie wieder ab und wandte sich ertappt weg. Ich würde sie ja nicht einmal mehr begrüßen, argumentierte sie, also bräuchte ich auch nicht mit ihr zu diskutieren. Inzwischen war ich richtig sauer und erhob mich von meinem Stuhl. Ich brachte zwischen zusammengebissenen Zähnen hervor, dass sie nicht glauben sollte, ich hätte Respekt vor ihr. Bevor ich den Tisch wieder verließ, drohte ich ihr, sich ja nicht mit mir anzulegen. Daraufhin wandte sie sich ein drittes Mal ab und murmelte, dass sie froh wäre, schwerhörig zu sein. Hier riss mein Geduldsfaden komplett und ich beugte mich erneut vor und zischte: „Ach?! Jetzt auf einmal?“ Mit einem leichten Lächeln verließ ich daraufhin die Szenerie und setzte mich zu den anderen zurück, die mir bestätigten, dass allein meine Körpersprache pure Wut ausgedrückt hatte. Ich war erleichtert, dass mir genau das gelungen war, was ich erreichen wollte. Wir besprachen erneut das Vorgehen und ich machte allen klar, dass es wichtig war, nichts auf sich sitzen zu lassen, sondern die Sache ruhig und angemessen zu klären. Mein kleiner Wutausbruch war nötig gewesen, um ihr zu verdeutlichen, dass sie nicht der Boss der Klinik war, für den sie sich offenbar hielt. Außerdem muss man solchen Menschen manchmal einen Spiegel vorhalten. Das ist zumindest meine Meinung. Trotzdem hatte ich damit mehrere Versprechen gebrochen. Ich hatte mich um das Wohlergehen eines Patienten gekümmert und mich mit jemandem angelegt. Meine Entscheidung zu diesem Verhalten bedauerte ich aber nicht, denn ich konnte einfach nicht mehr zuschauen. Wahrscheinlich hatte ich einfach nur nach einer Möglichkeit gesucht, dieser mir überaus unsympathischen Person endlich einmal die Meinung sagen zu können.

Zwei Tage später erzählte mir ein Gruppenmitglied, dass meine Tat nicht unbeobachtet geblieben war. Das war klar, da ich die Frau im Speisesaal zur Rede gestellt hatte. Doch wie unsere Auseinandersetzung auf manch andere gewirkt hatte, überraschte mich dann doch. Während einer Unterhaltung mit mehreren Patienten sprach eine ältere Dame von „dem Mädchen, das aussieht wie ein Junge“. Sie hätte beobachtet, wie ich von der alten Frau, „die immer schimpft“, fertiggemacht worden war. Sie hätte aufgrund deren Mimik und Gestik deren Angriff auf mich erkannt. Während sie das beobachtet hatte, war ihr nur durch den Kopf gegangen, dass mich die böse Frau in Ruhe lassen solle.

Dass ich es aber gewesen war, die sie fertiggemacht hatte, schien ihr nicht in den Sinn gekommen zu sein. Mich amüsierte diese Geschichte zwar, doch gleichzeitig zweifelte ich ein wenig an meinem gewollten Auftreten während der Konfrontation. Eigentlich wollte ich so einschüchternd und wütend wie möglich wirken. Offenbar war mir das nicht so gut gelungen, wie ich geplant hatte. Dass ich allerdings mehr Patienten auf meiner Seite wissen konnte, als ich bis dato angenommen hatte, war dann aber doch eine Erleichterung. Dies bestärkte mich noch mehr in meinem Vorhaben, bei meiner Therapeutin klar zu sagen, was ihr scheinbar die ganzen Wochen entgangen war. Obwohl sie sie seit 30 Jahren kannte, stand ihr Mitgefühl wohl über dem Offensichtlichen. Vermutlich hatte meine Therapeutin auch Seiten an ihr kennengelernt, die uns bisher verborgen geblieben waren.

Dass die beiden sich schon ewig kannten, bewies auch folgendes Geschehen: An einem der Feiertage lag ich abends gemütlich vor meinem Laptop auf dem Bett, als es plötzlich an der Tür klopfte. Ich vermutete eine meiner Gruppenkollegen und rief, ohne mich zu rühren: „Ja!" Erst die Wiederholung dieses Wortes ließ meinen Besuch die Tür öffnen. An dem gerufenen „Hallo" meinte ich die erwartete Mitpatientin zu erkennen und bewegte mich daher immer noch nicht vom Bett. Ich wartete, bis die Person um die Ecke kam, und bekam einen großen Schreck. Denn plötzlich tauchte meine Therapeutin an meinem Fußende auf, was mich schlagartig dazu bewog, mich zu erheben. Ich begrüßte sie überrascht, aber erfreut. Sie hielt mir eine bunte Tüte entgegen und erklärte mir, dass sie in der Schweiz gewesen sei und mir eine Kleinigkeit mitgebracht habe. Ich erkannte in der Tüte Schokolade und zwei Granatäpfel. Dies brachte mich sehr zum Lachen, da wir diese thematisiert hatten und sie mir versprochen hatte, welche mitzubringen. Ich hatte diese Frucht bis dato nie gegessen und in ihren Augen war das eine Schande. Ich nahm das Geschenk dankbar entgegen und sah ihr nach, als sie rasch wieder aus meinem Zimmer verschwand. Am nächsten Tag fragte ich die anderen Gruppenmitglieder, ob sie ebenfalls etwas geschenkt bekommen hätten. Zu meiner Überraschung war dies aber nicht der Fall, was mir sofort ein schlechtes Gewissen bereitete. Ich hatte mich am Abend zuvor auf die Schokolade und einen der Äpfel gestürzt und konnte deshalb nicht mehr teilen. Zu meinem Bedauern hatte lediglich die motzende Dame dieselbe Tüte erhalten, was mich in gewisser Weise mit ihr auf eine Stufe setzte. Ich war mir jedoch sicher, dass die Gründe andere waren. Ein paar Tage später sollte ich dann tatsächlich erfahren, dass die Dame Geburtstag gehabt hatte. Meine Therapeutin mochte mich, was auch niemandem entgangen war. Zudem war sie ein großer Fan meiner Bilder und wollte mir damit vermutlich ihren Respekt zollen. Mein schlechtes Gewissen den anderen gegenüber konnte das aber nicht mindern. Daher beschloss ich für die Kleinigkeiten zu „bezahlen" und fing an, in meinem Kopf ein Bild zu entwerfen, das ich meiner Therapeutin schenken würde.

Als ich zu Hause ankam, fing ich sofort an, alle verwaltungstechnischen Angelegenheiten zu klären und mich zu beschäftigen. Der Alltag hatte mich wieder, was mich zu der Frage bewog, wie das wohl alle anderen Patienten machen würden. Im Grunde kommt man von einer Art „Urlaub" nach Hause. Natürlich hat man den ganzen Tag Therapien, aber die alltäglichen Dinge rücken in weite Ferne. Aber bei seiner Rückkehr wird man wieder zu diesen zurückgeschleudert. Was genau soll sich dann also geändert haben oder leichter geworden sein, außer vielleicht die eigene Einstellung dazu? Ich beschloss, meine richtige Therapeutin danach zu fragen.

Nun musste ich die Zeit totschlagen, bis der Doc wieder aus dem Urlaub zurück sein würde und er mich wieder auf die Warteliste der Klinik setzen konnte. In der Zwischenzeit war auch meine Therapeutin wieder aus dem Urlaub zurückgekehrt und so blickte ich voller Freude dem Wiedersehen entgegen. An diesem Tag hatte sie sogar etwas mehr Zeit für mich und wir unterhielten uns sehr lange und ich konnte ihr alles in gekürzter Fassung erzählen. Natürlich nutzte ich die Chance und erfragte ihre Meinung zu den seltsamen Aussagen der Therapeutin der

Klinik sowie der Gruppenmitglieder. Zu meiner Freude war sie ganz meiner Meinung. Ich erzählte ihr, dass sich plötzlich alle auf meinen Vater gestürzt hatten und ich nicht nachvollziehen konnte, was der Aufstand auf einmal sollte. Als ich hinzufügte, dass die anderen mich dazu gedrängt hatten, meinem Talent auf die Spur zu gehen, reagierte sie genau auf dieselbe Art wie ich: mit Unverständnis. Sie meinte, dass das auch nichts ändern und diese Information mich absolut nicht weiterbringen würde. Ich fühlte mich bestätigt und fügte hinzu, dass die Person, die mir diese Fähigkeit vererbt hätte, diese evtl. überhaupt nicht an sich entdeckt habe. Wozu also die Mühe, sich auf Spurensuche zu begeben, wenn es mir schlussendlich nichts bringen würde?

Natürlich ließ ich auch nicht aus, dass mir mit einem Rauswurf gedroht worden war, da ich kein genaues Ziel angegeben hatte. Dass ich dadurch mit meinem Vorsatz, immer absolut ehrlich zu sein, hatte brechen müssen, fand meine Therapeutin allerdings gar nicht schlimm. Für sie war es wichtig, dass ich Sorge für mich selbst getragen hatte; dies ging eindeutig vor, auch wenn es bedeutete, dass ich mich doch der einen oder anderen Lüge bedienen musste. Schließlich berichtete ich ihr noch von dem Schmerztherapeuten, der meine dortige Therapeutin beeinflusst hatte, wie ich vermutete. Ich hatte den Eindruck, dass mein zweiter Aufenthalt deutlich länger ausfallen würde, da mich meine Therapeutin offenbar „brechen" wollte. Ihrer Meinung nach würde ich mauern, und erst wenn sie es schaffen würde, diese Mauern zum Einsturz zu bringen, könnte ich, nach einem ordentlichen Tief, einer möglichen Genesung entgegenblicken. Mir war klar, dass dies ein unmögliches Unterfangen war, was mir meine richtige Therapeutin mit den Worten „Sie werden sich an Ihnen die Zähne ausbeißen" bestätigte. Sie trug mir erneut auf, mich auf meine Bedürfnisse und Fähigkeiten zu konzentrieren und die anderen machen zu lassen, was sie für richtig hielten.

Genau das hatte ich auch vor, denn für mich war weiterhin klar, dass ich nur mit meiner richtigen Therapeutin arbeiten wollte. Zudem kannten die Mitarbeiter der Klinik nicht einmal die halbe Wahrheit über mich, und dies würde auch so bleiben. Die

Problematik war für ein paar Wochen einfach viel zu komplex und ließ sich unmöglich in ein paar Gruppen- und Einzeltherapien lösen. Trotzdem hatte ich auch den Doc und meinen Physiotherapeuten im Hinterkopf, die mit der bisherigen Entwicklung wahrscheinlich nicht zufrieden sein würden. Doch ich konnte mir vorstellen, dass ich ihnen trotzdem verändert vorkommen würde. Denn eines würde bei dem nächsten Zusammentreffen fehlen: Durch die wochenlange Warterei auf den Aufnahmetermin war ich angespannt und gereizt gewesen. Ich hatte mich mit Händen und Füßen gegen den Aufenthalt gewehrt, da mir immer noch jene Wochen in der Psychiatrie in den Knochen steckten. Mir war zwar klar, dass es niemals wieder so schlimm werden konnte, trotzdem blieb diese Erfahrung an mir haften. Erst als ich an besagtem Tag durch die Tür der Klinik getreten war, löste sich die ganze Anspannung. Auch meine Therapeutin bestätigte mir meine Vermutung, dass ich nun viel gelöster auf sie wirken würde. Ich konnte wieder mehr lachen und war zufriedener. Das bemerkten auch meine Mitmenschen und so hatte ich mich im Grunde doch verändert, auch wenn dies nur indirekt mit der Klinik zu tun hatte.

Doch zuerst musste ich mich meinem größten Projekt überhaupt widmen, und das war die große Umstellung meines Kiefers, die mehr Probleme mit sich bringen sollte, als ich mir je hätte vorstellen können.

# DIE GROẞE REPARATUR

Nun war es also bald so weit. Mein Kiefer sollte in eine richtige Position gebracht werden. Während ich gebannt dem bevorstehenden OP-Termin entgegensah, schwirrten mir die vergangenen Jahre noch einmal durch den Kopf.

Erst hatte niemand gewusst, woher meine Beschwerden kamen. Dann riet man mir von einer Zahnspange ab, weil dies sinnlos sei. Erst ein Zahnarzt stellte fest, dass man direkt an den Kiefer musste, um eine Besserung zu erzielen. Weit über meiner Volljährigkeit war es dann endlich so weit. Nachdem mein heutiger Kieferorthopäde (KFO) mit nur einem kurzen Blick sofort wusste, was Sache war, sollte es auch schon losgehen. Vorstellung in der Mund-Kiefer-Gesichts-Chirurgie (MKG-Chirurgie), Beantragen der Kostenübernahme und Sparen für die privaten Zuzahlungen. Und plötzlich hatte ich die Zahnspange und nach nur einem Jahr gab mein KFO das O. K. für die OP.

Mir war zwar bewusst gewesen, dass ich die Spange keine drei Jahre tragen müsste, bevor es losging, doch dass meine Zähne bereits nach einem Jahr gut standen, überraschte mich dann doch. So konnte das teure Röntgenverfahren in die Wege geleitet werden, das ich mithilfe einer Steuerrückzahlung auch gut bezahlen konnte. Natürlich wäre es mir lieber gewesen, ich hätte das Geld behalten können, doch wenn dadurch das Risiko minimiert wurde, dass keine Nerven verletzt wurden, war das für mich in Ordnung. Zudem hätte ich ein Leben lang etwas von der Operation. Ich willigte auch ein, Bilder von mir zu veröffentlichen, die mich vor und nach der Operation zeigen würden. Ich sah darin auch die Chance, evtl. professionelle Bilder für mich selbst zu erhalten, was mir auch versprochen wurde.

Ich wurde also fotografiert, vermessen, geröntgt und aufgeklärt. Da ich aber dem Chirurgen mein vollstes Vertrauen schenkte, sah ich allem relativ gelassen entgegen. Mir waren mögliche Folgen zwar bewusst, doch hatte ich keine Angst davor. Er zeigte mir auf den Röntgenbildern, dass meine Nerven nicht ungünstig lagen, was mich umso mehr entspannte.

So musste ich nur noch zur OP-Vorbereitung und mir dann bei meinem KFO spezielle Knöpfe auf die Zähne kleben lassen, an denen dann ein Draht zur Stabilisierung des Kiefers befestigt werden würde. Eine Woche wäre ich dann nicht imstande, meinen Mund zu öffnen.

Die Vorbereitung zur OP verlief wie erwartet. Ich musste kreuz und quer durch die Klinik rennen, Dokumente ausfüllen, Fragen beantworten und mir Blut abnehmen lassen. Bei dem Anästhesiegespräch bekam ich zum ersten Mal einen guten Eindruck von der Klinik. Zuvor hatte ich mich dort ziemlich unwohl gefühlt, da die Klinik sehr alt, eng und unsympathisch auf mich gewirkt hatte. Doch ich beruhigte mich mit dem Gedanken, dass der erste Eindruck täuschen kann und ich sowieso nur ein paar Tage stationär dort sein würde. Daher fuhr ich relativ entspannt zurück.

Am nächsten Tag trat ich meinen letzten Termin vor dem großen Tag an. Mein KFO klebte mir Brackets auf fast alle Zähne, was zwar komisch aussah, aber nötig war. Zu meiner Verwunderung sprach er dauernd über Gummis und nicht über Drähte, die meinen Kiefer in Position halten sollten. Ich beschloss, mich überraschen zu lassen.

Im Laufe des Tages musste ich mich telefonisch in der Klinik informieren, wann ich am nächsten Tag würde antreten müssen. Zu meinem Glück sollte ich erst um neun Uhr erscheinen, da ich erst um elf Uhr unter das Messer kam. Zwar musste ich trotzdem früh aufstehen, aber schließlich hätte ich danach genug Zeit, den verpassten Schlaf nachzuholen. Da ich nichts mehr essen durfte, vertrieb ich mir den Abend mit Kofferpacken.

Schließlich war der Tag gekommen. Nach über 20 Jahren mit einem schiefen Kiefer und fast zehn Jahren stetig ansteigender

Beschwerden damit war es nun so weit. Der große Versuch, mir eines meiner großen Probleme zu nehmen. Ich war etwas nervös, hatte aber vollstes Vertrauen in meinen Chirurgen. Als ich ankam, wurde ich gleich in ein Zimmer gebracht, in dem ich die OP-Klamotten anlegen sollte. Ich nutzte die Chance und sprach erneut das Thema Essen und meine Unverträglichkeiten an. Die Schwester organisierte die Ernährungsberaterin des Hauses, die tatsächlich etwas Zeit für mich erübrigen konnte. Wir besprachen, dass ich nach der OP Kräutersuppe, Brühe und hochkalorische Drinks erhalten sollte – dazu Milch und Tee. Nach dem Gespräch konnte ich mich erleichtert zurücklehnen und geduldig darauf warten, dass es losging. Ich wollte allerdings weder lesen noch mich mit dem Handy beschäftigen. Stattdessen machte ich es mir auf dem Bett bequem und starrte gedankenverloren in die Wolken. Zu dem versprochenen Zeitpunkt wurde ich dann auch abgeholt und zur Vorbereitung gebracht. Nach einer weiteren halben Stunde Warten schob man mich schließlich einen Raum weiter, in dem ich dann auch anästhesiert wurde.

Als ich wieder zu mir kam, forderte mich eine harsche Stimme mehrmals auf, tief Luft zu holen. Der Schleier lichtete sich langsam und mir wurde bewusst, dass ich alles überstanden hatte. Mit halb offenen Augen sah ich mich um und schlussfolgerte, dass ich im Aufwachraum liegen musste. Überall piepte und summte es, während mehrere Pfleger dem einen oder anderen Patienten zuriefen, dass sie gefälligst tiefer atmen sollten. Auch neben mir stand eine Schwester und blaffte mir diese Worte entgegen. Langsam entsprach ich ihrem Wunsch. Die Maschine über mir gab schnell Ruhe und damit auch diese unverschämte Frau. Da ich schon immer flach geatmet habe, verwunderte mich die Reaktion der Maschine keineswegs. Sagen konnte ich das aber niemandem, denn ich merkte sofort, dass ich meinen Mund nicht öffnen konnte. Mir hingen zudem zwei Drainagebehälter aus dem Mund, die Flüssigkeit sammeln sollten. Ich war zwar müde, wollte aber den ganzen Raum im Blick behalten. Doch im Moment konnte ich nur ein bisschen erkennen, dafür aber alles hören. Sofort dröhnte mir das nervige Schnarchen eines Patienten ins Ohr. Hin und wieder piepte mein Monitor und ich versuchte, besser zu atmen. Doch irgendwie war mein Hals zugeschnürt und voller Schleim. Zumindest fühlte es sich für mich so an. Es fiel mir unglaublich schwer zu atmen und ich versuchte, durch Röcheln Aufmerksamkeit auf mich zu lenken. Die Schwester kam dann auch verstand aber nicht, worauf ich hinauswollte. Sie war weiterhin unfreundlich und bellte mir entgegen, dass ich genug Luft bekommen würde. Sie fragte mich, ob ich mein Spray brauche oder Sauerstoff wolle, doch ich konnte nur mit Weinen antworten. Ich war nicht panisch oder traurig, sondern unglaublich wütend und enttäuscht. Wie konnte man nur so mit einem frisch operierten und noch benebelten Patienten sprechen? Hatte sie denn kein Mitgefühl? Und sprach sie mit jedem so? Erst nach ein paar Sekunden konnte ich die Tränen stoppen und beschloss auf keinen der Pfleger mehr zu hören. Dann würde meine Maschine eben piepsen. Ich würde genauso atmen wie immer und wie ich es für mich brauchen würde.

Kurz nach diesem Ereignis kam mein Chirurg zu mir und sah sofort, dass es mir nicht richtig gut ging. Ich sagte ihm zwischen den Zähnen hindurch nur ein Wort: „übel". Ab diesem Moment bekam ich Sorge, dass ich mich übergeben könnte. Doch er versicherte mir, dass das Gefühl schnell verschwinden würde und dies mit der OP zu tun hätte. Er sagte mir zudem, dass alles gut gegangen sei und keine Nerven verletzt worden seien.

Kurz danach kam noch ein Arzt, der offenbar für die Weiterverlegung zuständig war. Anfangs wollte er mich wohl auf die Intensivstation verlegen, überlegte es sich aber anders, als ich ihm auf einen Zettel schrieb, dass mein Hals zugeschnürt war. Auch dies war eine Nachwirkung der OP, die sich wieder geben sollte. Verwundert veranlasste er meine Verlegung auf die Normalstation, auf die ich dann auch gebracht wurde. Und hier sollte die Hölle weitergehen. Nach ein paar Stunden konnte ich bereits aufstehen und mich umziehen. Wieder erntete ich den Respekt der Schwestern, dass ich so fit war. Nach dem Umziehen wagte ich einen Blick in den Spiegel und sah einem Marshmallow entgegen. Meine Backen waren um das Dreifache angeschwollen und die Behälter machten den Anblick nicht besser. Daher ging ich schnell zurück ins Bett und bat um etwas zu essen. Meine Verständigung hatte sich auf Papier und Stift reduziert, was auch ganz gut funktionierte. Doch das Essen stellte sich als grauenvoll heraus. Es roch furchtbar und ich rührte es daher nie an. Ich wollte einfach nur nach Hause, da ich spürte, dass die Tage hier furchtbar werden würden. Doch zuerst schrieb ich meiner Familie und meinen Freunden und Bekannten, dass alles gut gegangen war.

Insgesamt verbrachte ich vier Tage in der Klinik. In diesen Tagen aß ich überhaupt nichts. Ich beschränkte meine Nahrungsaufnahme auf etwas Milch, Wasser und ein paar Schlucke dieser widerwärtigen hochkalorischen Nahrung. Nicht eine Sekunde lang kam jemandem der Gedanke, mir eine Magensonde zu legen. Erstaunlicherweise wurde nicht einmal kontrolliert, ob ich überhaupt etwas esse. Offenbar war ich von einem Haufen gewissenloser Menschen umgeben. Anders kann ich es wirklich nicht ausdrücken. Doch ich hatte erwartet, dass der Patient hier nicht an erster Stelle stehen würde. Ich hatte also kaum gegessen, schlecht geschlafen, Schmerzen, war von Pfeifen umgeben und konnte nicht sprechen. Natürlich resultierte dies in Gereiztheit. Ich schrieb meiner Familie, dass ich rauswolle und nicht mehr könne. Zudem kam der Chirurg einfach nicht, der die Drainagen entfernen sollte. Als dann auch noch ein Kommentar eines lustlosen Pflegers hinzukam, dass der Arzt evtl. erst zwei Tage später kommen würde, war es mit meiner Geduld vorbei. Doch er tauchte noch am Abend auf und versprach mir, dass ich am nächsten Tag gehen dürfe. Ich müsste allerdings jemanden organisieren, der mich abhole. Würde ich nämlich kollabieren, müsste jemand da sein, der Bescheid wisse. Nicht jeder wisse, was los sei, nur weil ich eine Schere um den Hals tragen würde. Diese musste ich nämlich immer bei mir tragen, damit ein evtl. notwendiger Notarzt genau wisse, was er zu tun hatte.

Die Nachricht meiner Entlassung erleichterte mich so sehr, dass ich nun endlich Lust hatte, mich mithilfe meines Laptops mit meiner Zimmergenossin zu unterhalten. Auch sie fühlte sich hier sehr unwohl. Man musste mindestens eine halbe Stunde auf eine Schwester warten, wenn man etwas brauchte. Hatte man den Knopf betätigt, kam erst mal eine Stimme aus dem Gerät, die sich erkundigte, was man brauchte. Nun konnte ich ja nicht antworten. Also hörte ich jedes Mal: „Hallo? Was brauchen Sie? Hallo?!“ Dass ich mir ordentlich verarscht vorkam, ist wohl nachvollziehbar. Die Pfleger sahen doch, aus welchem Raum der Notruf kam. Was sollte dann diese Aktion? Dazu dauerte es dann noch einmal ewig, bis der eigene Wunsch erfüllt wurde. Erst am vorletzten Tag sagte mir eine Schwester, dass ich selbst Kühlpads holen könnte bzw. vor zur Zentrale laufen könnte. Dort würde es dann schneller gehen. Hätte man mir das von Anfang an gesagt, hätte ich mir viel ungeduldiges Warten ersparen können. So bekam ich überdies Bewegung und konnte deutlich öfter kühlen. Ich sah trotzdem noch aus wie ein fetter Hamster. Zudem machte sich meine fehlende Nahrungsaufnahme bemerkbar. Mir war schwindelig und unwohl. Doch ich schaffte es bis zur meiner Entlassung durchzuhalten. Kurz bevor meine Pflegeeltern eintrafen, wurden wir zu dem Kollegen meines Chirurgen gerufen, der mir endlich die Behälter entfernte. Mit dem Verlauf meiner Heilung war er ebenfalls zufrieden und so konnte ich endlich gehen.

Das Erste, was ich zu Hause machte, war Kochen. Da ich nur Flüssiges zu mir nehmen konnte, verdünnte ich Vanillepudding und konnte es danach Vanillesoße nennen.

Am nächsten Morgen überraschte ich meine Pflegeeltern dann mit einem „Morgen …“. Mir war nach dem Aufstehen aufgefallen, dass ich etwas sprechen konnte. Das erleichterte natürlich alles ungemein. Und so schlürfte ich tagelang Pudding, kühlte fleißig und schonte mein Kiefer.

Endlich war der siebte Tag nach meiner OP erreicht. Meine Pflegeeltern fuhren mich in die Praxis meines Chirurgen, wo mir hoffentlich endlich die Drähte entfernt würden. Erst auf der Fahrt fiel mir ein, dass ich wahrscheinlich Gummis bekommen würde, die den Biss noch etwas schließen sollten. Doch mir war wichtig, dass ich einfach endlich die Drähte losbekam. Inzwischen war die Schwellung deutlich zurückgegangen. Man sah zwar noch, dass irgendetwas mit meinem Kiefer war, doch es war kein Vergleich zur einer Woche zuvor. Die grünen Flecken sprachen ebenfalls für eine Heilung und auch die Tatsache, dass ich die Platten und Fäden nun deutlich spüren konnte. Doch ich konnte meinen Kopf heben sowie drehen und verzeichnete mit jedem Tag mehr Möglichkeiten und Besserungen. Ich durfte nun mal nicht vergessen, dass mein Kiefer gebrochen war.

Ich kam pünktlich zu meinem Termin und sogar sehr schnell dran. Erst wurde ich aber geröntgt. Die Bilder faszinierten mich schon beim Warten auf meinen Chirurgen. Ich hoffte inständig, dass er sie mir noch genauer zeigen würde. Doch zuerst verpasste er mir nach seiner Ankunft im Zimmer einen ordentlichen Dämpfer. Denn er sagte zu mir: „Ich habe dir ja gesagt, dass der Draht länger drinbleiben muss als normal." Diesen Schlag musste ich erst mal verdauen. Er spiegelte meinen traurigen Blick sofort und sagte mir, dass er mir das nach der OP aber gesagt habe. Ich konnte mich beim besten Willen nicht mehr daran erinnern. Erst später fiel mir ein, warum ich von einer Woche ausgegangen war. Seine Kollegen hatten mir bei den stationären Kontrollen gesagt, dass der Draht nach einer Woche entfernt werden würde.

Der Chirurg und seine Assistentinnen waren aber so einfühlsam und freundlich, dass ich meinen Ärger schnell vergaß. Die Tatsache, dass mich alle duzten und mich ordentlich ablenkten, half dabei. Die nachfolgende Erklärung, warum der Draht so lange drinbleiben musste, leuchtete mir natürlich ein. Es gab mehrere Gründe. Würde man den Draht entfernen, würden die Muskeln unterhalb des Mundes den Kiefer nach unten ziehen. Das würde zu einer Zerstörung der Arbeit des Chirurgen führen. Zudem hätte ich am Ende einen leichten Überbiss. Meine Fehlstellung ließ nur das zu. Da ich meine Spange innen trug, waren zudem andere Umstände für die Verdrahtung gegeben, die ebenfalls zwei Wochen in Anspruch nahmen. Und dann noch mein Problemkind, das kleine Kiefergelenk: Es war zu beweglich und daher während der OP ein paar Mal herausgesprungen, genau wie bei der Weisheitszahn-OP, was ich aber nicht anders erwartet hatte. Somit bestanden mehrere Faktoren, die das angekündigte Vorgehen nötig machten. Da niemand von uns eine weitere OP durchstehen wollte, akzeptierte ich natürlich sofort die Anmerkungen des Chirurgen. Glücklicherweise zeigte er mir dann die Röntgenbilder und versprach mir sogar Kopien für mich. Die Faszination der Bilder vertrieb nach einer Weile meinen leichten Ärger. Ich konnte sowieso nichts dagegen machen. Mein Chirurg inspirierte mich mit seinem Kommentar, das Röntgenbild als WhatsApp-Profilbild einzustellen, zu einer weiteren Zeichnung, mit der ich die OP verewigen wollte.

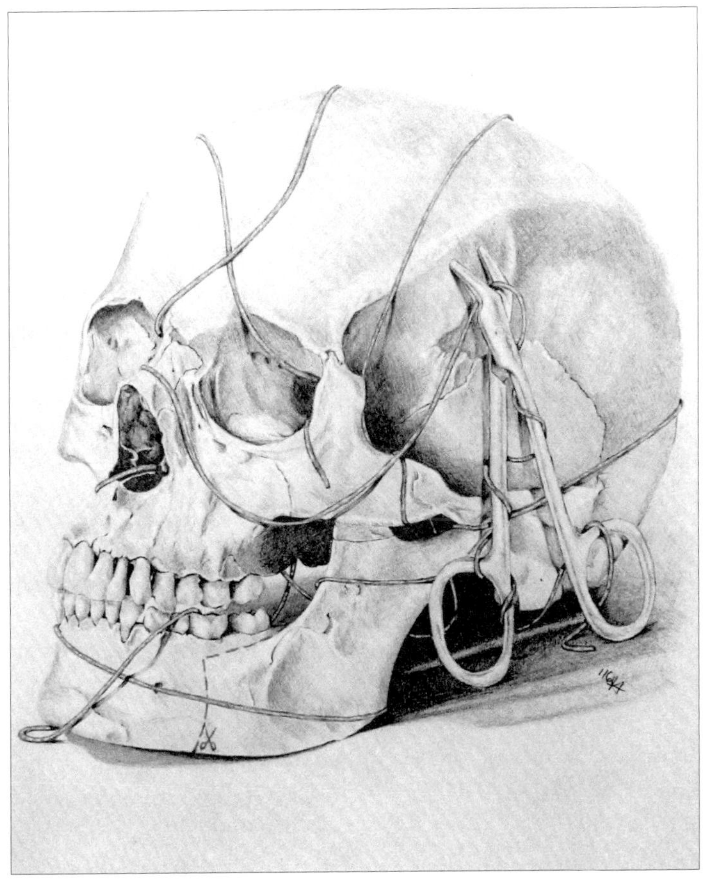

Und so ging ich, immer noch verschnürt, zu meinen Pflegeeltern zurück. Dann eben doch ein Milchshake anstatt einer Eiskugel. Ich konnte zwischenzeitlich verständlich sprechen, doch ich machte mir wegen des Essens Sorgen. Zwei Wochen nur Flüssignahrung könnten sich auf mein Gewicht auswirken. Dazu musste ich so viel Abwechslung wie möglich in meinen Speiseplan bringen, da ich sonst irgendwann aus Ekel Mahlzeiten auslassen würde.

Doch auch die zweite Woche brachte ich erfolgreich hinter mich und konnte so sogar dem Doc meine Verdrahtung und die damit verbundenen Sprachkünste zeigen. Schließlich folgte der zweite Kontrolltermin, bei dem der Draht durch Gummis ersetzt wurde. Der Splint war fest an meine obere Zahnreihe gedrahtet worden und konnte sich so nicht lösen. Der größte Triumph war allerdings, dass ich endlich deutlicher sprechen konnte, da ich meinen Mund etwas öffnen konnte. Laut Chirurg durfte ich die Gummis zum Essen herausnehmen und auch tagsüber ein paar Stunden ohne diese herumlaufen. Lediglich nachts war es wichtig, dass die Gummis den Biss in dem Splint hielten. Doch schon im Zug war mir klar, dass ich die Gummis nicht so schnell herausnehmen würde. Als ich dort einen kleinen breiigen Snack zu mir nahm, wurde ich durch höllische Schmerzen im linken Kiefergelenk ausgebremst. Trotzdem hielt ich tapfer durch, schwor mir aber, fürs Erste nur manchmal richtig zu essen.

Auch das Sprechen verschlimmerte die Schmerzen deutlich. Dazu kam dann noch, dass ich abends doch noch mal richtig gegessen hatte und daher alles richtig gereizt war. Die Gummis hatte ich zuvor herausgenommen und wollte sie nachts wieder einsetzen. Die Betonung liegt hierbei auf „wollen“. Denn sosehr ich mich auch bemühte, die Gummis wollten einfach nicht in der Position bleiben, in der sie auch der Chirurg angebracht hatte. Immer wieder sprangen sie von den Brackets. Mich wunderte dieser Umstand nicht wirklich, denn durch den Splint war eine Kante entstanden, über welche die Gummis nur schwer hinüberkamen. Doch der Ehrgeiz ließ mich nicht aufgeben, was schlussendlich in höllischen Schmerzen und Tränen endete. Denn durch das Ziehen und Zerren sowie das viele Bewegen des Kiefers hatte ich starke Schmerzen im Kiefer, in den Muskeln und an allen Zähnen. Die Schmerzen ließen mich erbittert weinen, was meine Verzweiflung und die Angst um meine Zähne nährte. Irgendwann gab ich auf und rief meine Pflegemutter an. Sie fand immer die richtigen Worte, mich zu beruhigen, und ich sah in dem Anruf die einzige Möglichkeit, nicht alles noch schlimmer zu machen. Sie beruhigte mich tatsächlich und riet mir am nächsten Tag sofort zu meinem KFO zu gehen, der mir sicher helfen könne. Nach dem Anruf schrieb ich noch mit einer Freundin und konnte dann vollkommen beruhigt ins Bett gehen. Zuvor hatte ich die Gummis doch noch irgendwie befestigt bekommen und konnte entsprechend entspannter schlafen. Hin und wieder wachte ich auf, doch die Gummis hielten bis zum nächsten Tag ihre Stellung.

Trotzdem rief ich morgens bei meinem KFO an und erklärte die Situation. Mittags durfte ich vorbeikommen und hatte damit sogar die richtige Zeit gewählt. Denn kurz danach rief mein Physiotherapeut an und bot mir einen spontanen Termin an, den ich nur zu gern annahm.

Nach dem Termin machte ich mich direkt auf zu meinem KFO. Auf seine Meinung war ich am meisten gespannt, da er immer begeistert von der Praxis meines Chirurgen geschwärmt hatte. Er begutachtete meine neue Zahnstellung genau, aus seiner Miene war aber nicht zu erkennen, was er dachte. Schließlich entfernte er die Gummis und positionierte sie um. Danach stellte er fest, dass es kein Wunder sei, dass ich Schmerzen hätte. Die Gummis wären nämlich viel zu klein. Nachdem er sie durch größere ersetzt hatte, verschwanden sofort die Schmerzen an den Zähnen. Alles andere musste sich noch beruhigen, doch ich war ihm allein für die neuen Gummis unglaublich dankbar. Dann sagte er mir endlich, was er dachte: Er sei positiv überrascht und daher sehr zufrieden. Dass ich einen leichten Überbiss behalten würde, fand er ebenfalls nicht schlimm. Und den leichten offenen Biss auf der rechten Seite, der noch zurückgeblieben war, würde er wegbekommen. Diese Aussage verwunderte mich etwas, doch ich vertraute ihm und mir war klar: Wenn es einer schaffen würde, dann er.

So verließ ich grinsend und erleichtert die Praxis. Nach einem beruhigenden Anruf zu Hause ging es auf zu meinem nächsten Termin.

Im Laufe der nächsten Woche klappte die Mundöffnung immer schmerzfreier. Daher fing ich sofort an, die Gummis während des Essens herauszunehmen. Danach hängte ich diese aber nach dem Zähneputzen wieder an die Brackets, da ich das Gefühl hatte, den neuen Biss ohne die elastische Unterstützung nicht richtig aufrechterhalten zu können. Da ich meine Zähne zwei Wochen lang nicht putzen konnte, hatten meine Zähne ihre weiße Farbe etwas eingebüßt. Doch mit fleißigem Zähneputzen bekam ich diese wieder zurück. Leider kam ich aber noch nicht an die Kauflächen heran. Hier sträubten sich meine Muskeln gegen die beabsichtigte Mundöffnung. Doch außen und innen war es möglich, was mich sehr freute. Hin und wieder beschwerte sich allerdings noch mein Kiefergelenk, doch ich hoffte, dass es sich zusammen mit den Muskeln an die neue Position gewöhnen würde.

Nach einer weiteren Woche hatte mein Kiefer große Fortschritte gemacht. Ich konnte endlich auch die Kauflächen putzen, selbst wenn ich mich dabei etwas beeilen musste. Denn die unbeabsichtigten Bewegungen des Unterkiefers während des Putzens waren noch unangenehm. Doch mein Kiefergelenk schien sich langsam an seine neue Lage gewöhnt zu haben und reagierte entsprechend. Überraschenderweise hatte man mir beim nächsten Kontrolltermin den Splint entfernt. Das erleichterte auch das Einhängen der Gummis ungemein. Diese wiederum bescherten mit allerdings mehr Probleme als mir lieb war. Durch den ständigen Zug an den haltenden Zähnen waren diese sehr schmerzempfindlich. Dies führte dazu, dass ich ausgerechnet nachts immer die stärksten Schmerzen bekam und daher oft aufwachte. Im Schlaf war es mir nicht möglich, meinen Biss zu kontrollieren, daher bewegte ich meinen Kiefer unbewusst und biss die Zähne wahrscheinlich zusammen. Irgendwann waren mir die unruhigen Nächte zu viel und ich trug die Gummis immer seltener. Dahinter beabsichtigte ich eine Schonung der tragenden Zähne, damit diese die Belastung in der Nacht besser aushalten konnten.

Eines Morgens fuhr ich dann reflexartig über meine Zähne und musste überrascht feststellen, dass sich ein Zahn ungewohnt glatt und scharfkantig anfühlte. Sofort wurde mir klar, was diesen Eindruck erweckt hatte, und ein Foto bestätigte meine Vermutung: Das Bracket an einem meiner Eckzähne war über der Halterung des Drahtes abgebrochen. Zudem war ich der Meinung, dass mitsamt des Goldplättchens auch ein Teil des Zahns abgesplittert war. Die Ursache dahinter sah ich in der OP. Wahrscheinlich war während dieser eine Art Riss entstanden und durch die Belastung durch die Bewegung und das Putzen war es wohl irgendwann zu viel gewesen. Erstaunlicherweise blieb ich entspannt, da ich wusste, dass ich in guten Händen war. Ich telefonierte also mit meinem KFO und Zahnarzt, wurde aber von beiden beruhigt. Beide Zahnarzthelferinnen vermuteten lediglich das Fehlen des Kunststoffs, der das Bracket gehalten hatte. Natürlich musste das Bracket ersetzt werden, aber zu meiner Beruhigung machte ich trotzdem einen Termin beim Zahnarzt aus, um eine Verletzung des Zahns auszuschließen.

Noch am gleichen Tag ging ich also zu meinem Lieblingszahnarzt, der als Erster erkannt hatte, dass mein Problem allein mit einer Zahnspange nicht zu lösen war. Ich war gespannt, ob er sich noch an mich erinnern würde. Schließlich war mein letzter Termin bei ihm über fünf Jahre her.

In der Sprechstunde überprüfte er meinen Zahn drei Mal und konnte damit ausschließen, dass dem Zahn ein Teilchen fehlte. Leider war ich selbst daran schuld, dass er keine perfekte Sicht darauf hatte, denn durch eine oft genutzte Mundspülung waren meine Zähne verfärbt.

Nachdem er mich also beruhigt hatte, kamen wir noch etwas ins Gespräch. Er erinnerte sich sehr gut an mich und konnte detailliert die letzten Termine bei ihm wiedergeben. Mein Kieferorthopäde war ihm ebenfalls nicht unbekannt. Hier erfuhr ich auch, dass er gedacht hatte, mich vergrault zu haben, da ihm in meinem Heimatort einfach nicht die Möglichkeiten für eine erfolgreiche Behandlung zur Verfügung standen. Doch er hatte damals den Ball ins Rollen gebracht, und das sagte ich ihm auch. Wir besprachen das nötige Prozedere und betonten die nötige Disziplin und Motivation. Ich war sehr froh, dass er offenbar so zufrieden mit mir war, und dachte bei mir, dass er ebenso zufrieden mit sich sein konnte. Daher versprach ich ihm auch, dass ich nach Beendigung der Behandlung wieder vorbeikommen würde, um ihm das Ergebnis präsentieren zu können. Er wiederum bestand darauf, auch weitere Zwischenschritte sehen zu dürfen, was ich ebenfalls grinsend versprach. Und so verließ ich glücklich die Praxis. Hier hatte alles begonnen und hier würde es auch enden. Denn mit der letzten Präsentation meiner langen Reise würde ich meine große Reparatur abschließen – so viel war ich ihm schuldig.

Am nächsten Tag bestätigte mein KFO die Aussage seines Kollegen. Warum allerdings ein Teil des Brackets abgebrochen war, konnte er sich ebenfalls nicht erklären. Leider war er diesmal nicht ganz so zufrieden wie beim letzten Termin. Dieses Mal bot ihm der fehlende Splint eine bessere Sicht auf meine Zähne. Er scheute sich nicht, mir zu verdeutlichen, dass wir noch viel Arbeit vor uns hätten und ich die Gummis nicht so schnell loswerden würde. Das war natürlich ein ordentlicher Schlag, da mir diese so starke Schmerzen bereiteten. Dies sollte ich allerdings bei der nächsten Kontrolle bei meinem Chirurgen ansprechen. Offenbar war mein Biss noch lange nicht so weit. Mein KFO sah sich prüfend und grübelnd alles an, wobei ich ihm gern zusah. Leider las ich in seinem Blick auch den erwähnten langen Weg, den wir beide noch vor uns hatten. Doch mir war klar, dass sich die Mühe lohnen würde, zumal ich es niemals wagen würde, nicht auf ihn zu hören.

Doch an diesem Abend hatte ich wieder höllische Schmerzen und nahm entsprechend Medikamente, die jedoch nur mäßig halfen. Daher versuchte ich Positionen im Sitzen und später im Liegen zu finden, die mir etwas Abhilfe schaffen könnten.

Irgendwie musste es doch möglich sein, den Zug auf die Zähne zu mindern. Ich erwachte in dieser Nacht mehrmals, fand aber in den letzten Morgenstunden eine Schlafposition, die sich hoffentlich zukünftig als die richtige herausstellen würde.

Die darauffolgenden Nächte wachte ich leider regelmäßig auf. Irgendwann wurde es mir dann zu bunt und ich nahm die Gummis in den frühen Morgenstunden kurzerhand heraus. Dann würde ich sie tagsüber eben länger tragen, aber das ging so einfach nicht weiter.

Bei meinem letzten Kontrolltermin bei meinem Chirurgen hoffte ich inständig auf gute Nachrichten. Denn mein Kieferorthopäde hatte mir einen Tag zuvor gesagt, dass er nicht sonderlich zufrieden sei und ich die Gummis noch lange tragen müsste. Auch wenn die Lage des Kiefers stimmte, war doch der Biss selbst noch lange nicht akzeptabel. Dementsprechend missmutig nahm ich dann also meinen Termin in der Chirurgie wahr. Auch mein Chirurg prophezeite mir das zukünftige Prozedere, verschrieb mir aber etwas gegen die starken Schmerzen. Zur Aufmunterung bummelte ich noch ein wenig in der Stadt umher und verschob meine Rückfahrt immer wieder um eine Stunde – dass diese instinktive Vorgehensweise mir den Tag retten sollte, erfuhr ich nur kurze Zeit später. Denn plötzlich klingelte mein Handy und nur wenige Sekunden später hatte ich auf einmal meinen Chirurgen am Hörer. Erst dachte ich, dass er etwas vergessen hatte, doch er hatte einen ganz neuen Plan für mich. Offenbar hatte er in den letzten Minuten mit meinem KFO telefoniert und sie waren beide der Meinung, dass sie anders vorgehen mussten. So würde mir einiges erspart bleiben und das Ergebnis wäre wesentlich zufriedenstellender. Also schlug er mir mit hoffendem Unterton vor, dass er in der kommenden Woche die Platten vorzeitig entfernen würde. Die Gummis würden umgesetzt werden, wofür mir mein KFO neue Brackets einsetzen musste. Denn der jetzige Zustand meines Kiefers würde eine zukünftige OP am Oberkiefer sonst unvermeidbar machen. Als ich das hörte, willigte ich sofort in seinen Plan ein, was ihn sehr erleichterte. Natürlich musste ich nun einiges regeln, doch eine seiner Empfangsdamen gab mir per Mail einige Infos durch, die ich dann sofort umsetzen konnte. Wegen der nahenden ambulanten OP musste natürlich wieder ein Narkosegespräch geführt werden. Dieses sollte in einer anderen Praxis stattfinden. Da ich befürchtete, dass diese bereits zuhatte, probierte ich wenig hoffnungsvoll, doch noch jemanden zu erreichen. Zu meinem Glück war noch jemand da, und da es gerade so gut lief, konnte ich auch noch in den nächsten Minuten vorbeikommen. So hatte ich mir eine erneute Anfahrt gespart und war danach sogar in der Nähe vom Bahnhof. Auf dem Weg dorthin vereinbarte ich zufrieden einen Termin bei meinem KFO, damit er mich vorbereiten konnte, was ebenfalls überhaupt kein Problem war. Nun musste ich nur noch meinen Pflegeeltern Bescheid geben, da mich natürlich jemand abholen, nach Hause bringen und überwachen musste. Auch diese Hürde konnte ich meistern und trat entsprechend erleichtert, aber doch nachdenklich den Heimweg an.

Am nächsten Morgen fand ich mich in der Praxis meines KFO ein, der mich sofort mitnahm. Entgegen meiner Erwartungen arbeiteten er und eine seiner Assistentinnen eineinhalb Stunden an mir. Die alten Brackets mussten raus, die Zähne vom Kleber gesäubert, eine kreative Lösung für die neuen Gummis wieder befestigt werden. In all der Zeit lag ich wie eine Statue da und zuckte nur, wenn sie an empfindliche Zahnhälse gerieten. Doch mein Kiefer benahm sich vorbildlich, was bestimmt nicht an meinen inneren Verhandlungen mit diesem lag.

Und wieder verließ ich die Praxis mit einem neuen Äußeren. Meine Kiefer wurden nun nicht mehr mit zwei, sondern mit sechs Gummis gehalten. Das Öffnen des Mundes war dementsprechend schwieriger, aber Sprechen ging immer noch sehr gut und auch ein Strohhalm passte durch.

Allerdings barg das ganze Vorgehen ein anderes Problem: Ich stand kurz vor der Weiterführung der stationären Psychotherapie und befürchtete, dass die Einschränkungen zu groß sein würden. Wegen der frühzeitig entfernten Platten würde ich komplett auf Sport verzichten müssen, doch das war nicht weiter schlimm. Allerdings stellte die Ernährung ein großes Problem dar, da ich wieder mit hohen Ansprüchen dort ankommen müsste. Ich nahm mir aber vor, das genauer mit meiner Therapeutin und meinem Doc zu besprechen. Solange ich nicht erneut unter das Messer musste, war mir jedes Mittel und jede Hürde recht.

Leider mussten meine Pflegeeltern ihren Terminplan komplett über den Haufen werfen, da mich natürlich jemand begleiten musste. Das war glücklicherweise kein Problem, auch wenn ich erneut ein schlechtes Gewissen bekommen hatte. Sie taten es aber gern und so brachen wir ein paar Tage später auf. Ich nahm meine Pflegemutter gleich mit in die Praxis, damit die Mitarbeiter ein Gesicht zu meiner Begleitperson hatten. Insgesamt würde mein Aufenthalt ab der Ankunft dreieinhalb Stunden betragen, was meinen Pflegeeltern genügend Zeit gab, sich in der Stadt die Zeit zu vertreiben.

Nach einer kurzen Wartezeit wurden erst aktuelle Fotos von meinen Zähnen gemacht und dann wurde ich auch schon vorbereitet. Mein Chirurg wie auch der Anästhesist sahen ein paar Mal nach mir, während die restliche Zeit eine Anästhesieschwester bei mir war und wir uns unterhielten. Die Vor- und Nachbereitungen waren in demselben Raum und so konnte ich das Treiben beobachten. Von der OP selbst bekam ich selbstverständlich nichts mit. Ich wurde gut versorgt und mit Eis gegen die Schwellungen ausgerüstet. Erneut sahen die Ärzte wieder nach mir, und während ich immer fitter wurde, wurde mir auch bewusst, wie nervig die anderen Patienten neben mir waren. Einer jungen Dame hatte man ebenfalls die Platten entfernt. Allerdings im Oberkiefer und nicht vorzeitig. Dies hinderte sie jedoch nicht daran, über alles zu jammern. Erst ihre Schmerzen, dann war das Eis zu kalt und schließlich übernahm das Warten auf ihren Mann die Oberhand. Irgendwann fing sie an, sich mit der dritten Patientin, der man die Weisheitszähne entfernt hatte, zu unterhalten. Zu meiner leichten Empörung stellte der Jammerlappen dann fest, dass ihre OP schlimmer gewesen sei und die Weisheitszahnentfernung daher als Lappalie zu werten sei. Die entsprechende Patientin gab allerdings keinen klagenden Laut von sich, sondern war überaus freundlich zu allen. Daher fand ich es unverschämt von der „Plattenkollegin“, nach ihrem nervigen Geheule solche Äußerungen zu machen. Ich blieb jedoch regungslos liegen, hielt die Augen geschlossen und hoffte so, nicht auch noch angesprochen zu werden. Tatsächlich durfte ich zur vorausgesagten Zeit den Aufwachraum verlassen und wurde von meinem Chirurgen mit vielen Gummis versorgt. Für einen kurzen Moment dachte er über Drähte nach, sah aber sofort ein, dass er mir damit keinen Gefallen tun würde. Während meine Pflegemutter über die Nachsorge informiert wurde, mühte sich mein Chirurg also fluchend mit den Gummis ab. Hier stellte ich mir die Frage, wie ich diese ohne Geräte befestigen sollte, wenn er schon solche Schwierigkeiten hatte. Doch nur zwei Tage später war ich weitaus schneller mit bloßen Händen und sozusagen ein Profi auf dem Gebiet. Dies konnte ich dann auch gleich unter Beweis stellen, da ich einen Kontrolltermin wahrnehmen musste. Anfangs war ich überaus genervt davon, da mich die Fahrt in die Praxis jedes Mal viel Geld gekostet hatte. Doch nun stellte sich der Termin als praktisch heraus, da sich schon ein neues Hindernis angebahnt hatte. Aufgrund der spontanen Vorgehensweise meines Chirurgen und KFO war es mir unmöglich vorherzusagen, wie lange ich noch mit eingeschränktem Kiefer herumlaufen musste. Da ich aber geplant hatte, einen Monat später meinen Klinikaufenthalt fortzusetzen, stellte mich das vor ein Problem. Denn auch mein Hausarzt war wie meine Therapeutin der Meinung, dass ich den nächsten Termin nehmen sollte. Natürlich würde ich nicht alles mitmachen können und die Termine bei meinem KFO und Physiotherapeuten würden ebenfalls Zeit beanspruchen. Dadurch würde ich wiederum in der Klinik fehlen. Der Doc fand das jedoch nicht weiter schlimm, da ich ja dann einfach zwei Wochen länger bleiben könnte, um so die verlorene Zeit aufholen zu können. Ich fand die Idee nicht schlecht, ließ mich aber trotzdem von meiner dortigen Therapeutin anrufen, um alles mit ihr zu besprechen. Und erneut kam alles anders, als ich es mir vorgestellt hatte.

Sie war mit unserem Plan überhaupt nicht einverstanden. Nachdem ich ihr alles in Kurzform erläutert hatte, machte sie mir einen niederschmetternden Vorschlag. Ich sollte die Behandlung beenden und mir die entsprechende Zeit geben. Da wir inzwischen fast die Mitte des Jahres erreicht hatten, würde sie bald in den Urlaub gehen. Ich sollte daher nicht wie geplant im Juni, sondern erst Mitte September (nach ihrer Rückkehr) meinen Aufenthalt fortsetzen. Meine Reaktion darauf war nicht gerade erfreut und ich fragte sie daher mit jammerndem Unterton, was ich denn bis dahin machen sollte, da mir langsam die Decke auf den Kopf fiel. Die Fortsetzung der ambulanten Therapie war für mich kein besonders aufbauender Vorschlag. Ich war zwar froh, nun doch öfter zu meiner Therapeutin gehen zu können (und auch zur Physio), doch beides würde nur wenig Zeit in der Woche beanspruchen und die Decke nicht daran hindern, mir irgendwann den Schädel einzuschlagen. Leider akzeptierte sie meine Argumente nicht, sondern betonte erneut, dass die Heilung wichtig war. Zudem würden während der Therapie evtl. Emotionen und Erinnerungen aufkommen, die sich negativ auf meinen Kiefer auswirken könnten. Dass dies niemals geschehen würde, konnte ich ihr natürlich nicht sagen, und so gab ich vor, den Grund nachvollziehen zu können. Außerdem wäre die Kasse nicht damit einverstanden, wenn ich jede Woche außerhalb der Klinik medizinisch notwendige Termine in Anspruch nehmen würde. Für den reibungslosen Verlauf dürfe ich nicht oft fehlen, was ich aber auch schon bedacht hatte. Denn es würde sich nicht vermeiden lassen, dass ich einer Einzel- bzw. Gruppentherapie nicht beiwohnen konnte. Ich versprach ihr jedoch, mich genauer über die Dauer der Behandlung zu informieren und es ihr bei einem erneuten Telefonat mitzuteilen. Alles Weitere würde sie in die Wege leiten.

Als ich aufgelegt hatte, hörten meine Pflegeeltern nur klagende Laute von mir. Ich berichtete ihnen, was wir besprochen hatten, was ihre Laune schlagartig ins Negative abdriften ließ. Nicht nur, dass ich weitere vier Monate eingeschränkt war, ich konnte auch nicht arbeiten oder mich anderweitig nützlich machen. Wir waren alle der Meinung, dass es schlechter nicht laufen konnte. Daher beschloss ich sofort dem Doc zu schreiben und ihm ebenfalls den Tag zu verderben. Ich hoffte, dass er noch irgendeine Idee hätte, auch wenn mir klar war, dass wir dagegen absolut nichts ausrichten konnten.

Wie besprochen, fragte ich bei meinem nächsten KFO-Termin vorsichtig nach, ob man das Ende der Behandlung abschätzen könnte. Mir war dabei am wichtigsten zu erfahren, wann ich ohne Gummis auskommen würde. Wie erwartet verwies mich mein KFO für diese Antwort auf meinen Chirurgen, war aber mit der niedergeschriebenen Dauer von drei bis vier Wochen einverstanden. Solange müsste ich die Gummis meine Zähne komplett verschließen lassen. Danach wäre zu entscheiden, ob und wie viele Gummis ich noch tragen müsste. Doch bei einem guten Verlauf könne er mir die äußere Spange nach ca. eineinhalb Monaten und die Incognito nach weiteren vier Monaten entfernen. Ohne Hindernisse konnte ich also in einem guten halben Jahr mit einem Abschluss rechnen. Mir ging es zwar hauptsächlich um den Klinikaufenthalt, doch das wollte ich meinem KFO nicht sagen. Bei dem nachfolgenden Termin bei meinem Physiotherapeuten war dieser genau der gleichen Meinung wie meine stationäre Therapeutin. Zwar hatten wir nun genug Zeit, meine Mundöffnung zu trainieren, doch schon der nächste Termin musste ein paar Wochen auf sich warten lassen, da mein Physiotherapeut mit den Gummis nicht richtig arbeiten konnte und wollte.

Ich spielte also ein bisschen mit den Terminen und kam zu dem zermürbenden Ergebnis, dass ich tatsächlich keine Wahl hatte, als mir weitere vier Monate die Zeit zu vertreiben. Also beschloss ich, das Positive zu sehen: Ich konnte regelmäßig zur Therapie und zur Physio. Mein Doc sah mich auch noch oft genug, sodass ich mich mit meinen Vertrauten auf den nächsten Klinikaufenthalt vorbereiten konnte. Alle Projekte, die ich für diesen erdacht hatte, würden nun eben doch früher gestartet werden. Dann hatte ich wenigstens etwas zu tun und entsprechend etwas nachzuweisen.

Mit diesem Plan im Hinterkopf wartete ich also auf den Anruf meiner stationären Therapeutin. Einen ganzen Tag lang stand ich wie unter Strom und ließ mein Handy nicht aus den Augen (und vor allem Ohren). Doch die Stunden vergingen und abends war mir dann klar, dass sie mich wohl vergessen hatte. Ich hoffte, dass sie mich noch weitere paar Tage nicht anrufen würde, damit ich auch den Termin bei meinem Chirurgen dazu nutzen konnte, mehr Infos einzuholen. Doch beim Fädenziehen war er wieder nicht da. Ich würde ihn erst drei Wochen später wiedersehen – an dem Tag, an dem er auch entscheiden würde, ob die Gummis rauskonnten oder nicht.

Wieder ein paar Tage später kam die Rückmeldung vom Doc. Wie erwartet war er ebenfalls enttäuscht von dem Vorschlag, den Klinikaufenthalt erst Monate später fortzusetzen. Das passte ihm überhaupt nicht in den Kram und so beschloss er, sich mit dem Psychiater in Verbindung zu setzen, den ich vor dem Klinikaufenthalt ein paar Mal aufgesucht hatte. Ich war ihm zwar dankbar dafür, glaubte aber nicht, dass einer von ihnen den Plan der Therapeutin vereiteln konnten, da sie einen noch größeren Dickkopf hat als ich. Doch da sie mich vergessen hatte, fragte ich den Doc auch, ob ich sie nicht erneut kontaktieren sollte.

Während ich also auf das Ergebnis der Rücksprache wartete, gewöhnte ich mir an die Gummis, die fast durchgehend meinen Kiefer zusammenhielten. Inzwischen wollte ich sie gar nicht mehr rausmachen, da die Ruhigstellung die Schmerzen minderte. Zudem sah ich alle paar Tage das erfolgreiche Wirken der Gummis, welche die Lücke allmählich schlossen und so die Vorfreude auf einen schönen Anblick meines Gebisses steigerten. Trotzdem hoffte ich natürlich, dass die Schmerzen nach Abschluss der Behandlung ebenfalls der Vergangenheit angehören würden. Doch in Bezug auf meine Muskeln und Nerven war es das gleiche Lied wie schon vor der OP. Auch mein Kiefergelenk ließ es sich nicht nehmen, hin und wieder anzuzeigen, dass es ebenfalls noch vorhanden war. Doch da mein Physiotherapeut noch nicht richtig daran arbeiten konnte und seine Zeit zudem knapp bemessen war, musste ich warten und meinen Kauapparat schonen. Zumindest war das meine Ansicht, da ich inzwischen auch wieder angefangen hatte, auf der Seite zu schlafen, was nicht wirklich förderlich war. Doch nur so konnte ich endlich eine Nacht durchschlafen. Meinen Nacken schonte ich mit striktem Zeichenverbot am Tisch und verlagerte das Arbeiten daher auf das Sofa, auf dem ich meinen Kopf anlehnen konnte. Mit Blick auf diese Einschränkungen dachte ich nicht im Entferntesten daran, wieder mit dem Joggen anzufangen, nahm mir aber vor, nach der kompletten Entfernung der äußeren Zahnspange (und damit der Gummis) vorsichtig wieder damit zu beginnen.

Schließlich fanden sich innerhalb einer Woche Lösungen und auch ein kleines Problem: Mein Doc erreichte den Psychiater, der geschockt reagierte, mich dann aber – wie erwartet – zu sich bestellte. Für den Termin musste ich einen Therapietermin absagen, was mich ziemlich ärgerte. Ich überlegte hin und her, wie ich meine Termine am besten regeln könnte. Meine Therapeutin bestätigte mir, dass der Psychiater den Aufnahmetermin kaum würde beeinflussen können. Doch wir versuchten die Sache positiv zu sehen und ich nahm mir daher vor, die Zeit für die Physiotherapie und die Therapie selbst zu nutzen (als Vorbereitung für die Klinik).

Eines Tages rief mich die Therapeutin der Klinik überraschend an. Ich war umso mehr überrascht, als sie mir gestand, dass sie mich absichtlich nicht zurückgerufen hatte. Sie würde eine Woche später operiert werden und ein paar Wochen ausfallen. Doch sobald sie wieder arbeiten dürfe, würde sie in der Verwaltung Bescheid geben, dass ich bevorzugt behandelt werden sollte, und daher sozusagen einer ihrer ersten Patienten nach ihrer OP sein würde. Ihr Urlaub falle dann natürlich weg, was aber heißen würde, dass ich den Aufenthalt ein paar Wochen eher antreten könne. Der Doc nahm diese Nachricht freudig auf, wie auch alle anderen. So nutzte ich die Zeit weiterhin, um mich um meinen Kiefer und die Alltagsgestaltung zu kümmern.

Zwei Tage vor einem Kontrolltermin beim Chirurgen bemerkte ich auf einmal ein seltsam dumpfes Gefühl im rechten Ohr (der Problemseite). Ich konnte es durch eine Kopfbewegung nach rechts provozieren und demzufolge auch vermeiden, wenn ich dies unterließ. Zufällig hatte ich noch einen Termin beim Zahnarzt, der aber ebenfalls machtlos war, mir aber unzählige Gründe für diese Symptomatik aufzählte. Ohne gründliche Untersuchung würde aber keine Diagnose möglich sein. Da er auch eine Mangelernährung als Ursache aufzählte, beschloss ich, den Doc einen Tag später zu fragen (die Termine hätten nicht besser getimt sein können). Ich hatte zwar Angst um mein Gehör, versuchte aber ruhig zu bleiben, da man solche Dinge durch Stress verschlimmern kann.

Einen Tag später erwähnte ich also beiläufig, dass mein Kiefer im Moment vorrangig sei und ich meinem „Ernährungsproblem" daher weniger Aufmerksamkeit schenken würde. Der Doc erkundigte sich genauer und so erfuhr er auch von meinem dumpfen Ohr. Sofort sah er sich dieses an und überbrachte mir die erleichternde Nachricht, dass er dort etwas sehen würde. Mit einer ordentlichen Spülung entfernte er einen Fremdkörper und sicherte mir zu, dass das dumpfe Gefühl nun nicht mehr auftauchen dürfte, was dann auch tatsächlich so war.

Auch die Therapie lief wie gewohnt weiter. Doch beim nächsten Aufeinandertreffen konnte ich Besorgnis und Bedauern im Blick meiner Therapeutin lesen. Sofort machte ich mir Sorgen, da ich befürchtete, dass irgendetwas passiert war. Ich hatte relativ schnell das Thema auf meinen Entlassungsbericht des letzten Klinikaufenthaltes gelenkt und beschrieben, wie sauer ich gewesen war. Denn was die Therapeutin dort über mich geschrieben hatte, war nicht nur absurd, sondern wurde von mir als Beleidigung meiner Persönlichkeit angesehen. Der daraus resultierende Vertrauensbruch war offensichtlich und ich machte jedem klar, der es hören wollte, dass ich dieser Frau nichts mehr erzählen und erst recht nicht vertrauen würde. Meine Therapeutin atmete daraufhin erleichtert auf, denn sie hatte offenbar damit gehadert, wie sie mir den Inhalt des Berichts beibringen sollte. Sie bestätigte mir, dass sie mich in dem Bericht nicht wiedergefunden habe und dass die Therapeutin eindeutig zu weit gehe. Mein Ärger darüber sei daher absolut nachzuvollziehen. Zudem bestehe ein völlig falscher Ansatz seitens der Therapeutin in der Klinik. Sie hatte es sich nämlich zum Ziel gesetzt, meine „Mauern“ zum Einsturz zu bringen. Doch gerade in meinem Fall (d.h. bei traumatisierten Patienten) sei das der falsche Weg. Zudem war das dank der aktuellen Gegebenheiten und ihrer Aktion unmöglich geworden. Denn ich hatte nicht im Geringsten vor, während des stationären Aufenthaltes in irgendeiner Weise mit dieser Frau zusammenzuarbeiten. Zudem nahm ich mir vor, ihr deutlich meine Meinung zu sagen und ihr klarzumachen, wie enttäuscht ich von ihr war. Ein paar Tage nach dem Termin bei meiner Therapeutin beschloss ich, mir die Sache erneut etwas zu erleichtern und mich wieder zu versteinern. Ohne meine ausdrückliche Erlaubnis würde es niemand schaffen, in irgendeiner Weise an mich heranzukommen oder auch nur die kleinste Information aus mir herauszubekommen.

Mir war zwar klar, dass ich dann früher oder später gereizter und auf bestimmte Situationen empfindlicher reagieren würde, doch die Vorteile überwogen. Und so testete ich mein neues Vorhaben kurze Zeit später bei dem Psychiater. Als Erstes stellte ich die neugierige Frage, was er von dem Entlassungsbericht hielt. Wie der Doc schien auch er nichts Neues aus diesem gelesen zu haben. Auf meine Nachfrage nach der Beschreibung meiner Persönlichkeit erwiderte er, dass dies eine Art Standard für psychosomatische Einrichtungen war. Ich hatte zwar mit einer solchen Einschätzung gerechnet, sah aber trotzdem keinen Grund, mich ihm anzuvertrauen, genauso wie ich es mir ein paar Tage zuvor vorgenommen hatte. Zum einen, weil ich ihm nicht vertraute, zum anderen, weil ich die belastenden Geschehnisse weitestgehend verarbeitet hatte und sie daher nicht mehr wichtig waren. Dementsprechend kurz fielen meine Antworten auf seine belanglosen Fragen aus. Und auch mein Verhalten ihm gegenüber unterschied sich deutlich von dem, welches ich meinen Vertrauten entgegenbrachte. Dass ich daher distanziert und kühl war, interessierte mich jedoch wenig. Ich versuchte ihm so klarzumachen, dass ich in diesen Terminen keinen Sinn sah, ich diese aber aus Respekt gegenüber dem Doc weiterhin wahrnahm. Was er aus meinem Auftreten las, war mir völlig egal. Ich selbst lerne daraus aber, dass ich etwas Neues über mich entdeckt hatte. Hat diese „Kälte“ die Oberhand, reagiere ich auf alle Mitmenschen so, wie ich ihnen gegenüber innerlich stehe. Meinen Vertrauten bzw. Wohlgesinnten gegenüber bin ich aufgeschlossen, entspannt, höflich und diszipliniert. Vertraue ich meinem Gegenüber jedoch nicht oder bin ihnen schlicht nicht wohlgesonnen, dann ändert sich mein Verhalten schlagartig. Ich gehe auf Distanz, was mich aggressiver und gereizter wirken lässt. Dieser „Sympathie-Radar“ hilft mir zu erkennen, wen ich wirklich mag und wen nicht. Das beschrieb ich auch meiner Therapeutin, die ebenfalls fasziniert davon war.

Im Laufe der Tage sprachen mich meine Pflegeeltern immer wieder auf meine momentane Situation an und diskutierten mit mir über meine berufliche Zukunft. In ihren Augen war ich nicht in der Lage, acht Stunden pro Tag zu arbeiten, wenn überhaupt. Denn allein wegen meiner körperlichen Verfassung minimierten sich meine Möglichkeiten. In der Zwischenzeit fühlte ich mich wie eine abgenutzte Schallplatte, die immer und immer wieder dasselbe Lied spielen musste. Mir war zwar bewusst, dass ich keine Bäume ausreißen konnte, aber trotzdem traute ich mir einiges zu. Wobei ich in dem Punkt in der Familie wohl allein dastand. Aber da meine Vertrauten anders dachten, war ich inzwischen auch an diese Erkenntnis gewöhnt.

Und so verbrachte ich die Wartezeit mit Lernen und regelmäßigen Besuchen bei meiner Therapeutin und dem Doc. Meinen Physiotherapeuten konnte ich leider nicht auf dem Laufenden halten. Die Urlaubszeit kam in greifbare Nähe und ohne Erklärung für meine Beschwerden wollte er nicht an meinen Kiefer heran, was ich absolut verstand. Ich schonte mich daher weiterhin. Doch mit jedem neuen Termin bei meinem Chirurgen schwand die Hoffnung auf Besserung, da ihm die Sache wohl nicht ernst genug war. Inzwischen hatte ich die Aussage „… dann nehmen Sie halt Schmerzmittel …“ unzählige Male gehört. Mein Physiotherapeut war über diese Aussage ebenso verärgert wie auch der Doc. Inzwischen hatte ich es aber aufgegeben, Hilfe zu erwarten, und auch der Doc prophezeite mir, dass sich wahrscheinlich nichts ändern ließe. Dass ich dadurch aber nicht nur beim Essen, sondern auch bei der Arbeit immense Probleme haben könnte, musste ich meinem Chirurgen trotzdem klarmachen. Er war sehr bemüht und die mir verhassten Aussagen kamen nicht von ihm, sondern wurden mir stets von seinem Personal ausgerichtet. Da ich aber wusste, wie er reagiert hatte, als ich ihm sagte, dass ich immun gegen Schmerzmittel war, traute ich den Aussagen nicht wirklich, musste mich aber den Anweisungen fügen.

Zwischenzeitlich hatte ich mich von meiner neuen Ernährungsquelle, dem Milchbrei, etwas distanziert. Zum Bedauern meiner Familie, aber zur Freude meiner Geschmacksnerven machte ich mir täglich warmen Gelee aus Tee, Traubenzucker, Stärke und Zitronensäure. Diese Mahlzeit war allerdings überhaupt nicht gehaltvoll, was sich auch an meinem Gewicht bemerkbar machte. Bei jedem Kontrolltermin beim Doc hatte die Anzeige auf der Waage einen Satz nach unten gemacht.

Allerdings gab es zwischen diesem ganzen Trubel auch etwas Positives. Ich hatte den Entschluss gefasst, mir in dieser Zeit einen großen Traum zu erfüllen, auch wenn mir die Mittel eigentlich gar nicht zur Verfügung standen: Ich ließ mir mein zweites Tattoo stechen. Dafür verkaufte ich ein paar meiner DVDs, Bücher, Spiele und Konsolen, die sowieso nur ungenützt in meinen Schränken verharrten. Dank des Erlöses prangt nun ein Zitat von Leonardo da Vinci auf meinem linken Unterarm.

Somit hatte ich nicht nur mein Vorbild sinnbildlich immer bei mir, sondern auch ein weiteres meiner Werke. Meine Familie war davon nicht wirklich begeistert. Manche ignorierten es, andere sahen es sich pflichtbewusst an und wieder andere stellten neugierige Fragen. Das war aber völlig in Ordnung für mich, da ich mich so zum absoluten Familienrebell krönen konnte und ich die Verärgerung mancher Familienmitglieder durchaus amüsant fand. Wichtiger waren mir allerdings die Meinungen meiner Vertrauten, die positiv ausfielen. Meine Therapeutin war genauso interessiert wie auch der Doc, der es sich genau ansah.

Die Urlaubszeit, aber auch die Fortsetzung des Klinikaufenthaltes rückte mit jedem Tag näher. Inzwischen hatte ich nicht nur

Antibiotika, sondern auch Voltaren gegen meine Kieferschmerzen ausprobiert. Beides hatte nicht geholfen, was ich meinem Chirurgen aber prophezeit hatte. Mein KFO entfernte mir zwischenzeitlich die Schiene, sodass ich endlich wieder freie Sicht auf meine Zähne hatte. Trotzdem herrschte weiterhin Ratlosigkeit bezüglich meiner Beschwerden. Immer wieder versuchte ich zu kauen, scheiterte aber jedes Mal. Die Beschwerden breiteten sich weiter auf das Ohr aus, was sich durch ein Wummern hin und wieder bemerkbar machte. Beim ersten Mal war etwas im Ohr gewesen, doch nun waren meine Ohren frei von Fremdkörpern.

Zwischenzeitlich hatte ich meinen Chirurgen erreicht, der sich weiterhin nicht erklären konnte, woher meine Beschwerden kamen. Er nahm an, dass ein muskuläres Problem vorlag, auch wenn die zuletzt genommenen Medikamente nicht geholfen hatten (was seine Theorie bestätigt hätte). Er versprach mir, sich Gedanken zu machen und mir spätestens einen Tag später Bescheid zu geben. Doch ich wartete vergebens auf einen Rückruf, was mich dazu bewog, meinen nächsten Termin abzusagen und zu akzeptieren, dass ich ein neues unlösbares Problem hatte. Denn das Wummern in meinem Ohr wurde schlimmer und wurde immer öfter zu einem dauerhaften dumpfen Dröhnen. Ich befürchtete daher, dass ich irgendwann gar nichts mehr auf dem Ohr hören würde bzw. nur noch gedämpft. Doch manchmal muss man einfach etwas ungeduldig und auch sauer werden, damit etwas funktioniert. So war es auch hier: Erst fragte ich meinen Physiotherapeuten um Rat, der mir sogleich zwei gute Ratschläge erteilte. Ich sollte zum HNO-Arzt und Neurologen gehen, die sicherheitshalber abklären sollten, ob meine Gehörprobleme nicht etwa von den Nerven kamen oder anderweitig ausgelöst wurden.

Derart motiviert, schrieb ich später eine E-Mail an meinen Chirurgen und bat um Rückruf. Dieser erfolgte noch am selben Tag. Offenbar war die Hölle los gewesen und das Nachdenken über mein Problem hatte wohl mehr Zeit in Anspruch genommen als gedacht. Trotzdem hatte mein Chirurg keine neue Idee mehr. Er riet mir, eine Schiene bei meinem KFO anfertigen zu lassen und zudem Physiotherapie auszuprobieren. Im Grunde war ich also genauso schlau wie vorher. Die Schiene schrieb ich allerdings erst gar nicht auf meine To-do-Liste. Denn mit dieser hatten wir ja schon vor der OP probiert, meine Beschwerden zu lindern, was komplett fehlgeschlagen war.

Da dies der Tag der Rückrufe und Fortschritte war, bekam ich sogar noch den Aufnahmetermin für den Klinikaufenthalt zugesandt. Schon zwei Wochen später sollte es losgehen, obwohl ich noch nicht mit der Therapeutin gesprochen hatte. Also rief ich dort an und erfuhr, dass sie noch gar nicht wieder zurück war. Daher ließ ich mich von ihrer Vertretung zurückrufen und erklärte dem Herrn, dass ein Problem auf die Klinik zukommen würde. Denn sie mussten sich meinen aktuellen Essgewohnheiten anpassen, da ich sonst kläglich verhungern müsste. Der Abbruch hätte seinen Zweck verfehlt und daher wäre ich wieder ordentlich eingeschränkt. Er hörte sich alles an und hatte offenbar auch meine Mappe vorliegen. Daher stellte er gezielt Fragen und überlegte hin und her. Denn er war sich nicht sicher, ob ich so den Aufenthalt überhaupt antreten konnte. Selbst kochen dürfte ich nicht, und wenn ich abnehmen oder zusammenbrechen würde, wäre das ebenfalls nicht zu verantworten. Trotzdem versprach er sich zu erkundigen und rief einen Tag später zurück. Er hatte mit der Internistin gesprochen und zusammen mit ihr beschlossen, dass ein Versuch gestartet werden sollte. Da alle im Urlaub waren, konnte er auch nicht mit dem Chefarzt sprechen, doch wir einigten uns auf den Versuch. Ich musste also davon ausgehen, dass ich nach Hause geschickt würde, sobald ich zusammenbrach, zu viel abnahm oder mein Essen schlicht nicht zubereitet werden konnte.

Die verbleibenden Tage vor dem Antritt des Klinikaufenthaltes nutzte ich, um mich perfekt vorzubereiten. Ich erstellte eine Liste mit Dingen, die ich mitnehmen wollte, klärte verwaltungstechnische Angelegenheiten und erarbeitete mir drei Tage lang Informationsmaterial zum Thema Kunstgeschichte, die ich nebenher studieren wollte. Ich fühlte mich perfekt vorbereitet und freute mich fast schon auf den Aufenthalt. Ich konnte schließlich nicht ahnen, dass alles anders kommen sollte …

# DER BEGINN DER APOKALYPSE

Schließlich war es so weit und ich kam mit Sack und Pack in der Klinik an. Wie beim letzten Mal wurde ich erst aufgenommen und hatte auch bald einen Termin bei der Diätassistentin. Zu meiner Erleichterung war es aber eine andere, die mit mir geduldig alle Einzelheiten durchging. Sie versprach mir mit der Küche zu sprechen und schlug sogar noch ein paar Abwandlungen meiner Nahrung vor, die mir gefielen. Erleichtert machte ich mich danach auf zur Internistin, die mich untersuchte und meine aktuelle Verfassung notierte. Hier nutzte ich meine Chance und bat sie, mich für die sportlichen Aktivitäten freizustellen, da ich meinen Kiefer bzw. die Nerven nicht noch weiter belasten und damit die Hörstörungen provozieren wollte. Sie sicherte mir zu, mit der Therapeutin zu sprechen, die ebenfalls in der Woche meiner Ankunft wieder angefangen hatte zu arbeiten. Somit war ich mir sicher, dass wir gleich richtig würden durchstarten können und ich somit nicht erneut meine Geschichte vor einem weiteren Therapeuten ausrollen musste.

Als ich vor dem Raum meiner Therapeutin wartete, gingen mir mögliche Begrüßungsszenen durch den Kopf. Würde sie mich umarmen, wie sie es zum Abschied beim letzten Mal gemacht hatte? Würde sie mich bitten, meine Mappe zu holen? Würde sie sich erst einmal meinen neuen Biss anschauen? Oder würde sie sofort einen Plan für die Behandlung parat haben, wie sie ihn das letzte Mal angedeutet hatte? Ich war gespannt und freute mich auf das Wiedersehen. Schließlich kam die Internistin aus ihrem Büro und ich durfte wenige Minuten später eintreten, nicht wissend, dass es das letzte Mal sein sollte.

Wie erwartet fragte sie mich zuerst nach meinem Befinden, das ich knapp beschrieb, und erkundigte mich dann nach ihrem.

Danach folgten die obligatorischen Aufnahmefragen und ein paar Verwaltungspapiere. Schließlich notierte sie sich meinen momentanen Stand, legte den Stift danach weg und ließ ein Inferno losbrechen. Sie machte mir augenblicklich und in harschem Ton deutlich, dass sie unter den von mir beschriebenen Umständen keine Möglichkeit für eine Behandlung sah. Dass ich mir einbilden würde, ich könne die Regeln bestimmen und meinen Aufenthalt selbst gestalten, wäre absurd. Meine verwirrte Frage, was sie damit meine und ob ich dann wieder gehen könne, löste eine wahres Feuerwerk an Unterstellungen aus:

In ihren Augen sei es offensichtlich, dass ich eine anorektische Essstörung hätte, die ohne Zweifel in einer Magersucht und Depression enden würde. Die von mir angegebenen Intoleranzen und Allergien wären lediglich eine Ausrede und müssten daher erst einmal bewiesen werden. Es käme ihr auch komisch vor, dass meine richtige Therapeutin diese Beobachtung nicht ebenfalls gemacht habe. Und auch mein Gynäkologe würde mir helfen, meine deutliche Magersucht zu vertuschen, da ich die Pille nehmen würde und es ihm offenbar nicht seltsam vorkam, dass die Abbruchblutungen nicht immer kamen. Ich war so leichtsinnig gewesen und hatte ihr gesagt, dass ich diese inzwischen durchgehend nehmen würde, da die Blutung manchmal sowieso nicht kam. Ihre Vorwürfe resultierten in einem überraschten Gesichtsausdruck meinerseits und meinen verzweifelten Versuchen, mich zu wehren und zu rechtfertigen. Doch sie drehte mir jedes Wort im Mund um und stritt meine Wiederholungen ihrer Worte vehement ab. Die Nachfrage nach meinen Blutwerten brachte sie erneut in Rage, als ich ihr antwortete, dass diese annehmbar seien. Damit wäre für sie klar, dass ich heimlich normal essen würde, da es unmöglich sei, unter meinen angegebenen Umständen keine katastrophalen Blutwerte zu haben. Daher würde sie mich vor die Wahl stellen. Entweder ich würde unter der Aufsicht der Internistin normal anfangen zu essen bzw. Nahrungsaufbau betreiben oder ich könne gehen. Langsam sauer werdend, erklärte ich ihr, welche Beschwerden durch „normale“ Nahrung auf mich zukommen würden und dass sie dann nichts mehr mit mir anfangen könne. Doch sie behauptete, dass diese Beschwerden nicht zwangsläufig auftreten müssten, da ich diese allein und in meinem Umfeld erleben würde, aber evtl. nicht in der Klinik. Inzwischen wurde ich so wütend, dass mir die Tränen in die Augen stiegen. Trotzdem versuchte ich ruhig zu bleiben und sagte ihr mit leicht zitternder Stimme, dass ich mir sicher nicht absichtlich wehtun würde. Das sah sie allerdings als Eingeständnis ihrer Feststellungen und beharrte weiterhin auf ihrem Weg. Nachdem ich ihr viermal gesagt hatte, dass ich die Nahrung nicht vertragen würde und mich nicht selbst schädigen würde, lehnte ich mich irgendwann zurück und sagte nur noch, dass ich mich nicht erneut wiederholen würde. Sie stellte sogar meine Medikamente infrage, vor allem das Pulver, das mir meine Schmerzen nahm. Auch hier erklärte ich ihr knapp, dass ich ohne dieses nicht schmerzfrei essen könne. Doch sie erwiderte murmelnd, dass das Einnehmen selbst ebenfalls schmerzhaft sei, was in meinen Augen absolut keinen Sinn ergab, was ich ihr auch mit einem „Hä?!" zu verstehen hab. Später wurde mir klar, dass sie es wahrscheinlich kaum erwarten konnte, mir sogar meine Medikamente zu nehmen, da diese mir in ihren Augen offenbar bei meiner „Vertuschung" helfen würden.

Irgendwann stellte sie mir die Frage, was ich überhaupt hier machen würde. Erstaunt über diese absurde Frage sagte ich ihr, dass ich aus dem gleichen Grund da war wie das letzte Mal: Dass ich vermutete, irgendetwas aus meiner Kindheit verdrängt zu haben, das evtl. für meine momentanen Beschwerden verantwortlich war. Doch ich kam kaum dazu, meine Ausführungen zu beenden, da holte sie zu einem erneuten Schlag aus. Was ich denn glauben würde, was sie in ein paar Wochen lösen könnte, was zwei Jahre Therapie nicht geschafft hatten? Zudem sei die Vergangenheit vergangen und ich hätte es überstanden. Es gäbe daher keinen Grund, sich damit zu befassen. Augenblicklich schossen mir all die angekündigten Pläne und Andeutungen in den Kopf, die sie beim letzten Mal gemacht hatte. Sie wollte sich mit meiner Mutter beschäftigen und hier als Erstes ansetzen. Dazu schienen ihr meine Zeichnungen als hilfreiche Indizien zu nutzen, was mir seltsam vorkam, was ich aber gespannt erwartet hatte. Und nun war ihr das alles völlig egal? Dabei war ich aufgrund einer chronischen posttraumatischen Belastungsstörung eingewiesen worden und nicht aufgrund einer ihrer absurden Theorien.

Schlussendlich trieb sie es auf die Spitze und warf mir vor, dass ich mich verwirrt ausdrücken würde und ich offenbar nicht mehr in der Lage sei, einen klaren Gedanken zu fassen. Nun war es mir egal, was sie mir an den Kopf warf, und ich blaffte sie an, dass es doch völlig egal sei, was ich sagen würde, da sie mir sowieso nichts glauben würde. Natürlich stritt sie diesen Vorwurf ab und entgegnete, dass sie nur ehrlich sei und sich Sorgen machen würde. Schließlich beendete sie ihre Farce mit der Feststellung, dass ohne Vertrauen eine Zusammenarbeit allerdings schwierig sei. Diese Aussage bestätigte ich innerlich, wodurch mein Vorhaben, die Klinik wieder zu verlassen, bestärkt wurde. Doch ich sagte ihr das noch nicht, sondern erkundigte mich in genervtem Ton, bis wann ich mich zu entscheiden hätte. Erst wollte sie sofort eine Antwort, schlug mir aber dann den nächsten Morgen vor. Das ließ mir die nötige Zeit, um mich an meine richtige Therapeutin und meine Pflegeeltern zu wenden, da ich keine überstürzte Entscheidung treffen wollte.

Als ich das Büro der Therapeutin verließ und in mein Zimmer trat, rannen mir sofort Tränen das Gesicht herunter. All die Wut und Enttäuschung lagen darin, die ich während der letzten halben Stunde gefühlt hatte. Und so schrieb ich meiner Therapeutin und hoffte, dass sie mir einen Rat wusste. Danach telefonierte ich mit einer Bekannten, welche die hiesige Therapeutin auch kannte. Allein dieses Telefonat tat mir schon sehr gut und bestärkte mich in meinem Vorhaben, doch zu Hause anzurufen. Meine Pflegemutter war erstaunt, unterstützte meine Entscheidung aber. Ich versprach ihr, mich bei der Therapeutin zu erkundigen, wohin ich sonst gehen sollte. Denn sie hatte zwischen ihren Vorwürfen eine andere Klinik angedeutet, über die ich mich genauer erkundigen wollte.

Schließlich schrieb ich noch mit meiner richtigen Therapeutin hin und her, die überaus schockiert über diese unerwarteten

Geschehnisse war. Sie unterstützte meine Entscheidung ebenfalls, da auf dieser Basis sowieso keine Behandlung möglich war.

Nun stand ich zwar wieder vor einem Problem, war aber erleichtert, dass ich Unterstützer für meine Entscheidung hatte und ich das tat, was ich wollte, und es nicht anderen recht machen würde.

So ließ ich mir am nächsten Morgen noch Blut abnehmen und log allen Mitarbeitern und Patienten etwas vor, da ich niemanden schlechtmachen wollte.

Kurz vor der vereinbarten Zeit stand die Therapeutin zusammen mit dem Arzt, mit dem ich telefoniert hatte, vor meiner Tür. An meinem gepackten Koffer und einem knappen „Nein" konnten die beiden rasch feststellen, dass ich nicht bleiben würde. Doch ich verkniff mir ein ablehnendes oder niveauloses Verhalten und blieb höflich. Auf meine Nachfrage nach der angedeuteten Klinik würgte mir die Therapeutin erneut eins rein und behauptete, eine solche Klinik nie erwähnt zu haben. Und so schlugen sie ein paar Kliniken vor, die ich recherchieren konnte und die sich mit Essstörungen befassen würden. Dort würde man allerdings regelmäßig die Zimmer durchsuchen, zusammen kochen, unter Aufsicht essen und strengen Regeln gehorchen müssen. Ihre Worte begleitete sie mit einem Rundblick in mein Zimmer, was ihren Vorwurf des heimlichen Essens mir gegenüber untermauerte.

Während ich auf meinen Entlassungsbrief wartete, schrieb ich mit mulmigem Gefühl dem Doc. Inzwischen hatte ich auch bei ihm Angst, dass er mir nicht glauben würde. Meine richtige Therapeutin hatte bereits angedeutet, dass in dem Bericht wahrscheinlich nichts Gutes stehen würde, und so war es dann auch. Nicht nur, dass die Therapeutin geschrieben hatte, dass ich magersüchtig sei. Sie hatte auch die Notwendigkeit vom Nachweis meiner angegebenen Intoleranzen niedergeschrieben. Inzwischen war ich wieder unglaublich wütend und machte mich so schnell wie möglich auf zum Bahnhof und weg von diesem verfluchten Ort.

Ich dachte auf der Fahrt natürlich nur über dieses unerwartete Erlebnis nach. Die Wendung war nicht nur überraschend gewesen, sondern absolut ohne Sinn und Verstand und damit überhaupt nicht durchdacht. Bei meinem ersten Aufenthalt hatte ich an einem Seminar als Präzedenzfall teilgenommen, da meine Erscheinung an Magersucht denken ließ, ein zweiter Blick dies aber widerlegte. Dem Chefarzt war es wichtig gewesen zu zeigen, dass Vorurteile mehr Schaden verursachen können als angenommen. Was war nun damit? War das alles eine gigantische Lüge gewesen? Warum dieser plötzliche Angriff? Den Schaden, den dieser verursacht hatte, war nie wieder zu reparieren. Und wie sollte ich magersüchtig sein, trotzdem heimlich essen und weiterhin stark untergewichtig sein? Müsste ich nicht in jedem Fall schlechte Blutwerte haben? Ich kann mir bis heute nicht erklären, warum diese immer perfekt sind. All das und noch viel mehr verkürzten mir die Fahrt nach Hause.

Gegen Abend antwortete der Doc auf meinen knappen Bericht, den er treffenderweise als zweitägige Apokalypse bezeichnete. Meine Erleichterung hätte nicht größer sein können, denn dieses Erlebnis hatte seine Spuren hinterlassen.

Ich hatte dem Doc auch geschrieben, dass ich nicht wusste, wie ich jemals wieder jemandem mein Vertrauen schenken sollte. Jahrelang hatte ich trainiert, aufgeschlossener gegenüber anderen zu sein, mich nicht von Vorurteilen leiten zu lassen und dabei trotzdem meinem Instinkt zu vertrauen. So hatte ich meine Vertrauten kennen- und respektieren gelernt. Doch jede neue schlechte Erfahrung und schließlich diese dramatische Wende ließen mich in meiner Entwicklung stark zurückfallen. Meine Vernunft sagte mir zwar, dass ich weiter Hilfe suchen sollte, doch inzwischen konnte und wollte ich niemandem mehr mein Vertrauen schenken. Warum sollte ich mich jemandem anvertrauen, wenn er mir sowieso nicht glauben würde? Was, wenn mir wieder jemand etwas vorspielte, mir die eine Hand reichte, nur um mir dann mit der anderen einen Dolch in den Rücken zu rammen? Zu meinem Leidwesen konnte ich auch die Befürchtung, dass mir selbst meine Vertrauten nicht mehr glauben würden, nicht abstellen. Bei jeder Kontaktaufnahme befürchtete ich, dass sie sich ebenfalls so plötzlich gedreht haben könnten und in mir nur noch den aufmerksamkeitssuchenden Lügner sahen. Obwohl ich wusste, dass sie mich schon lange kennen, konnte ich dieses Gefühl nicht abstellen.

Vor meinem ersten Termin beim Doc nach dem Klinikabbruch hatte meine Pflegemutter einen Termin bei ihm. Natürlich ließ sie es sich nicht nehmen, mein vergangenes Erlebnis anzusprechen. Er machte ihr knapp klar, dass er mit dem Umgang der Therapeutin absolut nicht einverstanden war, und er sicher sei, dass sie von dem Psychiater, der mich eingewiesen hatte, ordentlich Ärger bekommen würde.

Als mir meine Pflegemutter von dem Gespräch erzählte, war ich überaus erleichtert, aber trotzdem blieb ein wenig Skepsis. Diese wurde bei meinem Termin dann aber ausgelöscht. Der Doc überraschte mich mit seiner Aussage, dass er an meiner Stelle ebenfalls abgebrochen hätte, da auch er nicht so mit sich hätte reden lassen. Für ihn war klar, dass ich mich vielleicht sogar auf die Essversuche eingelassen hätte, wenn die Therapeutin ruhig darum gebeten hätte, um sich ein Bild von meinen Beschwerden machen zu können. Doch dieser Weg sei eindeutig falsch und daher hätte ich richtig gehandelt. Allein schon wegen der Tatsache, dass das Vertrauen in die komplette Klinik verloren war. Nichtsdestotrotz wollte er einen erneuten Versuch starten und mit dem Psychiater besprechen, welche Möglichkeiten offenstanden. Er schlug mir ein paar Kliniken vor, doch ich lehnte die meisten ab, da ich nur Schlechtes von ihnen gehört hatte. Zudem enthielt ich ihm nicht vor, dass ich inzwischen niemand Neuem mehr vertrauen wollte und ich davon ausging, dass mich jeder so abstempeln würde. Da ich nun noch länger brauchen würde, um Vertrauen zu fassen, lief mein Motivationspegel gegen null. Er verstand mich zwar, war aber davon überzeugt, dass ich mich in einem stationären Umfeld mit meiner Kindheit befassen müsse. Er teilte auch die Meinung der Therapeutin, dass mir die ambulante Therapie offenbar nicht helfe. Ich verkniff mir einen Kommentar darauf. Denn er wusste schlicht nichts über mein „psychisches Bild“ und dass dieses entsprechend viel Zeit in Anspruch nahm. Doch da ich nicht davon überzeugt war, dass meine Beschwerden auch nur das Geringste mit meiner Vergangenheit zu tun hatten, ging ich auf diesen Kommentar ebenfalls nicht ein. Doch mir war weiterhin klar, dass ich ihm das nur beweisen konnte, wenn ich einen kompletten stationären Aufenthalt mitmachte, kooperierte und dann nach einer Weile zurückkam. Das hieß allerdings auch, dass ich mich trotz mangelnden Vertrauens öffnen musste und so riskierte, erneut ins offene Messer zu laufen.

Zu meiner Überraschung sollte der erste kleine Testlauf sofort folgen. Nur wenige Tage zuvor hatte mir eine Nachbarin meiner Pflegeeltern eine Klinik empfohlen, in der ehrgeizige junge Ärzte arbeiten sollten. Diese hätten einer jungen Frau in meinem Alter geholfen, die ähnliche Beschwerden wie ich hatte und ebenfalls jahrelang damit leben musste. Ich beschloss daher, mein Glück zu versuchen, und schrieb dem dortigen Chefarzt der gastroenterologischen Abteilunge eine E-Mail. Ich erklärte ihm knapp meinen Fall und machte ihm auch klar, dass ich keinerlei Hoffnung hatte und ihm auch deshalb schreiben würde.

Nach dem Termin beim Doc kam eine Antwort von dem Chefarzt, mit der ich überhaupt nicht gerechnet hatte. Ich hatte zwar eine weitere Diagnostik beim Doc angesprochen, doch er riet mir von größeren Projekten ab. Verständlicherweise wollte er nicht, dass ich erneut all den körperlichen Stress durchmachen müsste, nur um dann schlussendlich enttäuscht zu werden. Doch der Chefarzt erklärte sich bereit, meine Unterlagen genau zu analysieren, und bot mir daher einen Termin bei ihm in der Sprechstunde an. Da dieser nur zwei Tage später stattfinden sollte, schrieb ich auch dem Doc davon, da ich eine Überweisung von ihm benötigte. Während ich wartete, zerriss es mich fast, denn ich befürchtete, dass er mir den Termin ausreden könnte oder ich ihm auf eine gemeine Art in den Rücken gefallen war. Dazu wurde mir bewusst, wie verdreht meine Gedanken inzwischen waren, und ich versuchte, mich selbst zu beruhigen. Denn wie immer waren meine Sorgen umsonst, doch die vergangene Erfahrung hatte eben doch ihre Spuren hinterlassen. Der Doc stellte mir selbstverständlich eine Überweisung aus und so konnte ich entspannt den Termin antreten. Ich machte mir tatsächlich keine

Hoffnungen, sondern sah den Termin als Test für mich selbst an. Denn ich musste schließlich erneut einem Fremden mein Vertrauen schenken, mich entsprechend öffnen und sollte mir nicht anmerken lassen, dass ich skeptisch war.

Ich holte mir also die Überweisung und trat zu dem Termin an. Ich kam erstaunlicherweise sehr schnell dran (obwohl ich zu früh da war) und wurde auch sehr freundlich von dem Team aufgenommen. Ich hatte erwartet, dass ich erneut verurteilenden Blicken und absolut demotivierten Menschen gegenübersitzen würde. Doch nichts davon war der Fall. Der Chefarzt blätterte meine Unterlagen durch und stellte mir die eine oder andere Frage. Nach einer halben Stunde sagte er mir exakt das Gleiche, was auch der Doc zu mir gesagt hatte (und was auch ich selbst über mich gesagt hatte): dass ich sehr gut untersucht worden war und es für mich nur unangenehm werden würde, wenn man erneut nach der Ursache meiner Beschwerden suchen würde. Zudem wäre ich ein sehr komplizierter Patient. In meinem Fall könne es durchaus sein, dass die Medizin noch nicht so weit sei, (was ich eher als beruhigend ansah) und ich daher lernen müsse, mit meinen Beschwerden umzugehen. Trotzdem machte er noch einen Ultraschall, doch das Ergebnis blieb das gleiche. Wie ich erwartet hatte, wollte er aber noch eine Stuhlprobe von mir, die ich am nächsten Tag ins Labor schicken sollte. Im Großen und Ganzen war ich mit dem Verlauf dieses Termins trotzdem zufrieden. Ich hatte nichts verloren und doch erlebt, dass nicht jeder durch und durch schlecht ist.

Während ich also auf die Ergebnisse wartete, schienen dem Doc die Optionen auszugehen. Er hatte zwischenzeitlich mit dem Psychiater, der mich in die letzte Klinik eingewiesen hatte, gesprochen und ihm die Neuigkeiten überbracht. Dieser war zwar etwas schockiert, versprach aber, sich etwas einfallen zu lassen. Trotzdem hatte ich den Eindruck, dass der Doc auf seinen Kollegen hoffte und selbst nun komplett ratlos war. Das konnte ich durchaus verstehen, war aber überrascht, da ich ihn bisher stets mit einem Plan B erlebt hatte. Ihn jetzt so nachdenklich und sorgenvoll sehen zu müssen, gefiel mir gar nicht. Auch meine Therapeutin machte sich Gedanken, wie ich durch eine abendliche Nachricht erkennen konnte. Sie hatte von einer Kollegin einen Tipp für eine mögliche Klinik erhalten, die einen psychotraumatologischen Bereich hatte. Leider nahmen sie nur Patienten auf, die in einem Umkreis von 150 Kilometern lebten, da die Warteliste sehr lang war und sie jedem die bestmögliche Behandlung zukommen lassen wollten. Zudem sei der Kontakt zu den Ärzten und Therapeuten sehr wichtig, was die große Entfernung meines Wohnortes ebenfalls erschweren würde. Die Beschreibung hatte sich aber sehr gut angehört und daher zeigte ich meiner Therapeutin nur ungern die Bedingungen, die ich nicht erfüllte.

Bei meinem Termin bei ihr sprachen wir über die Klinik und wie geeignet sie für mich war. Meine Therapeutin versprach mir, die Klinik zu kontaktieren und zu fragen, ob sie wegen der Entfernung eine Ausnahme machen würden. Schließlich wäre das die einzige Möglichkeit, endlich auch stationär professionell behandelt zu werden. Ich erzählte ihr auch, dass mir der Psychiater wenige Tage zuvor eine andere Klinik empfohlen hatte, die ich aber sofort ablehnte, nachdem ich mich über sie informiert hatte. Denn sie hatte exakt den gleichen Therapieaufbau (und auch gleiche Bereiche) wie die vorige Klinik. Ich war mir sicher, dass ich dort erneut schlecht behandelt werden würde, und strich sie daher als Option aus meinem Kopf.

Genau das sagte ich auch dem Doc, der davor Rückmeldung von dem Psychiater bekommen hatte. Doch ich wusste schon, dass sie sich gegenseitig über mich informierten, und war daher nicht überrascht über sein Vorwissen. Zeitgleich fing ich an, weitere Nahrungsmittel auszuprobieren. Doch egal was ich versuchte, nichts klappte. Ausgerechnet Lebensmittel, die ich vor Monaten noch vertragen hatte, bereiteten mir nun enorme Beschwerden, sodass ich nach zwei Wochen dem Doc Bescheid gab und ihm sagte, dass ich mit den Experimenten aufhören würde. Zudem ich nicht verstand, warum ich plötzlich auf „Altbekanntes“ so schlecht reagierte. Mir war klar, dass ich niemals auf „schwierige“ Nahrungsmittel umsteigen konnte, wenn ich nicht einmal die erste Stufe des Aufbaus zu überwinden vermochte.

Kurze Zeit später meldete sich meine Therapeutin bei mir und überbrachte mir eine gute und eine grauenvolle Nachricht. Die gute Nachricht, dass die Klinik in Ausnahmefällen auch Patienten von weiter weg aufnahm, wurde durch die grauenvolle zerstört, dass die Wartezeit 22 Monate betrug. Damit war nicht nur mein Tag, sondern auch meine Motivation vorerst gestorben. Sofort sagte ich ihr und auch dem Doc, dass ich keine Lust mehr hätte und endlich wieder arbeiten gehen wolle. Der Doc riet mir natürlich davon ab und bat mich, mir die Kliniken des Psychiaters erneut durch den Kopf gehen zu lassen.

Meine Therapeutin war ebenfalls nicht mit meiner Entscheidung einverstanden. In der Therapiestunde war ich entsprechend schlecht gelaunt und machte alles Gesagte von ihr zunichte. Doch nachdem sie mir streng verdeutlichte, dass ich keinen zufriedenstellenden Weg vor mir hatte, überlegte ich neu: Entweder ich machte so weiter und verhungerte irgendwann bzw. wurde zwangseingewiesen oder ich aß normal und litt immens unter den Folgen.

Mit diesen Worten im Kopf sagte ich ihr, was der Doc wahrscheinlich zu mir sagen würde, und kam schließlich zu dem Schluss, dass ich keine Wahl und sowieso nichts zu verlieren hatte. Also meldete ich mich doch in der Klinik mit der ewigen Wartezeit an und sagte vorläufig der nächsten Klinik zu. Doch ich sagte dem Doc, dass ich sichergehen und mich umsehen wolle, ob es nicht doch eine bessere Alternative für mich gab. Denn meine Motivation war unwiederbringlich dahin und bei der ersten Erwähnung einer Essstörung würde ich die Klinik sofort verlassen.

Trotzdem war mein Ärger schnell verflogen, denn es gab andere Dinge, die mich beschäftigten. Ich hatte mir nämlich ein Herz gefasst und meine Pflegemutter darum gebeten, ihren Töchtern nichts mehr von mir zu erzählen. Seit ich die letzte Klinik verlassen hatte, sprachen sie keinen Ton mehr mit mir. Da sie aber mein Befinden nicht zu interessieren schien und eine von ihnen mich sogar ordentlich fertiggemacht hatte, beschloss ich ihnen aus dem Weg zu gehen, um mich selbst zu schützen. Der körperliche Schaden ging ganz allein vonstatten, doch der seelische kam von Menschen, die normalerweise hinter mir stehen sollten. Wie ich jedoch erwartet hatte, gab mir meine Pflegemutter die Schuld an dem Verhalten ihrer Kinder. Noch bevor ich mich richtig erklären konnte, sagte sie: „... ja, weil du nicht mehr mit ihnen redest ..." Ich schluckte meine Überraschung hinunter und sagte schlicht: „Natürlich ... irgendjemand muss ja schuld sein ..." Damit war für mich klar, dass ich den Kürzeren gezogen hatte und hier niemand hinter mir stehen würde. Als ich dann auch noch ein paar Tage später erneut angeschrien wurde (wegen einer Kleinigkeit und weil ich nicht ausreden durfte), beschloss ich, mich komplett abzuschirmen. Mir war klar, dass ich diese Qual nicht mehr länger aushalten würde, doch ich wusste, dass eine Lösung gefunden werden musste. Denn auch in der nächsten Klinik würde ich schlecht behandelt werden. Hätte ich aber schon einen angenehmen Umgang parat, wäre es leichter. Ich musste mich also schützen und beschloss, mich emotional abzuschotten. Nun war ich zwar wie versteinert, doch all die schweren, unerträglichen und überschäumenden Gefühle kamen nicht mehr durch. Trotzdem drangen viele Erkenntnisse weiterhin durch, da ich natürlich nicht aufgehört hatte, über alles nachzudenken. Irgendwann fiel es mir wie Schuppen von den Augen, was ich innerlich wahrscheinlich schon lange gewusst hatte. Warum ich mir alles gefallen ließ und nicht einfach sagte: „O. k., dann lasst mich doch in Ruhe – ich komme auch ohne euch klar!" Es lag schlicht an meiner Einsamkeit. Denn die Gespräche mit meiner Pflegemutter gefielen mir, auch wenn es weder um meine Interessen oder Sonstiges ging. Ich kochte sehr gerne mit ihr und genoss die Gesellschaft. Erst in diesem Moment wurde mir komplett bewusst, wie einsam ich eigentlich war. Dazu kam noch das innerliche Eingeständnis, dass ich mir wünschte, meine Vertrauten wären meine Familie. Unzählige Szenen schossen mir mit den dreien durch den Kopf: die Ratschläge, Ermahnungen, Erzählungen über ihr eigenes Leben, ihr Interesse für mich, ihre Sorgen und der Respekt. Sie sahen nicht auf mich herab und erkannten, was ich kann und zu was ich fähig bin. Doch die schmerzhafte Erinnerung an die Tatsache, dass diese professionellen Beziehungen genau das bleiben würden, trieben mir die Tränen in die Augen und verstärkten den Wunsch nach genau solchen Menschen als meine wahre Familie.

Daher setzte ich alles daran, die drei stolz auf mich zu machen, und beschloss, nun selbst die Sache in die Hand zu nehmen. Ich recherchierte ein paar Kliniken, in die ich gehen konnte, und schrieb jede an. Mit einem großzügigen Schuss Verzweiflung erläuterte ich ihnen meinen Leidensweg und erfragte die Wartezeiten für die Aufnahme.

Von den drei kontaktierten Kliniken antworteten alle innerhalb von drei Tagen. Und so beschloss ich zusammen mit meiner Therapeutin, dass ich mich – inkl. der Zweijahresklinik – bei allen anmelden und in die gehen würde, bei der es am schnellsten klappen würde.

Zwischenzeitlich sollte der Doc einen kurzen Check-up machen, damit die Unterlagen aktuell waren und meine Therapeutin einen vollständigen Bericht schreiben konnte. Sie wollte mir noch einen Rat mitgeben, auf den ich ordentlich gespannt war. Denn kurz vorher war ich wegen meiner Hörstörungen beim Neurologen gewesen, der mir leider nicht helfen konnte. Sie vermutete die Ursache für meine Beschwerden in der Ohrspeicheldrüse (von der ich bis dato noch nie gehört hatte) und trug mir auf, den Doc zu fragen oder ggf. erneut zum HNO-Arzt zu gehen.

Der Doc hielt ihren Vorschlag allerdings für nicht ratsam und diese Aussage trat eine Welle unmöglichen Verhaltens los:

Meine Therapeutin reagierte auf diese Ablehnung ihres Vorschlags überaus empfindlich. Schon vorher war mir aufgefallen, dass sie einen ungeduldigen Eindruck gemacht hatte. Doch ich hielt diese Beobachtung für temporär und machte mir daher keine Gedanken; schließlich hat jeder einmal einen schlechten Tag. Aber ihre Meinung über den Doc schien sich komplett gedreht zu haben. Zuvor hatte sie ihn noch als clever und fit bezeichnet, nur um ihn danach als überfürsorglich darzustellen. Natürlich konnte ich diese abwertende Haltung nicht gutheißen und zog mich daher innerlich etwas zurück, um auch meinen Ärger besser verbergen zu können. Doch sie schien kein Interesse daran zu haben, ihren Ärger zu unterdrücken, und fragte mich weiter aus über das Verhalten des Docs mir gegenüber. Schließlich stellte sie fest, dass sie meine „Sonderstellung" bei ihm schwer gutheißen könne, was mich erst recht ärgerte. Was diese Aussage ausgelöst hatte, war mein Wunsch, ihm mehr von der Therapie und damit meinem Innersten erzählen zu können. Ich wollte unbedingt wissen, wie er darauf reagierte, wollte ihm aber nicht direkt davon erzählen, sondern seine Nachfrage abwarten. Doch meine Therapeutin riet mir leicht schnippisch davon ab und fragte mich zudem, was mir das denn bringen würde. Meine Neugierde und mein Wunsch der vollständigen Aufklärung vom Doc waren ihr wohl nicht genug Grund. Als ich ihr dann auch noch erzählte, dass er mir angeboten hatte, bei den Kliniken anzurufen, um evtl. die Wartezeit etwas verkürzen zu können, kamen die schon erwähnten Zweifel ihrerseits auf. Nun verstand ich gar nichts mehr und war inzwischen ziemlich sauer über diese seltsame Reaktion. Doch ich verkniff mir weitere Kommentare und behielt auch für mich, dass auch mein Physiotherapeut vieles über mich wusste. Offenbar war meine Therapeutin etwas eifersüchtig, doch ich wollte ihr eine zweite Chance geben und schwieg daher.

Die Woche verging, doch mein Ärger blieb. Entsprechend widerwillig nahm ich meinen Termin wahr. Meine mangelnde Vorfreude sollte sich als richtig herausstellen. Sie schlug mir zuerst erneut eine andere Klinik vor, die ich zuvor, aufgrund schlechter Bewertungen, abgelehnt hatte. Ich lehnte sie erneut ab, woraufhin meine Therapeutin mich fragte, was denn der Doc zu diesem Klinikvorschlag sagen würde. Als ich ihr sagte, dass er nichts davon wisse, kam die für mich bis dato ärgerlichste Aussage: „Er würde ihn sowieso abschlagen, schließlich kommt er von mir. Und er ist ja gegen alles, was von mir kommt." Nun stellte ich meine Mimik komplett ab und sagte ihr ruhig, dass das nicht wahr sei. Er hätte lediglich die Sache mit der Ohrspeicheldrüse abgelehnt, sei ansonsten aber offen. Zudem war er ehrlich, was mir persönlich besser gefiel. Doch sie gab nicht auf und beharrte darauf, dass ich ihr das selbst gesagt hatte. Erneut musste ich sie korrigieren und ihr sagen, dass ich bei vielem vermutete, dass er anderer Meinung war. Zudem wäre wichtig zu erwähnen, dass ich mir alle Meinungen gerne anhöre, aber noch lange nicht auf alles höre. Denn ich hatte den Eindruck, dass meine Therapeutin glaubte, ich würde nur auf den Doc hören und alles andere als Blödsinn abtun. Während ich ihr all das so ruhig wie möglich sagte, ballte sich hin und wieder meine Faust und ich konnte auch meinen Kiefer nicht davon abhalten, sich hin und wieder zusammenzupressen. Doch mein Ärger wuchs stetig, wobei ich mir diesen Wandel einfach nicht erklären konnte. Schließlich lehnte meine Therapeutin während ihrer Ausführungen einen Wechsel des Hausarztes selbst ab, auch wenn ich aus ihren Worten hören konnte, dass sie das zutiefst bedauerte. Für mich war inzwischen allerdings klar geworden, dass der Doc für mich über meiner Therapeutin stand und ich eher von ihr Abschied nehmen würde, als auf die Hilfe des Docs zu verzichten. Offenbar war meine Bindung zu ihr nicht so stark, wie ich gedacht hatte. Trotzdem nahm ich mir vor, bei meinem Physiotherapeuten – „verbotenerweise" – Rat zu suchen, da ich immer gern einen Blick von außen habe. Meine Wut auf meine Therapeutin würde wahrscheinlich nicht so schnell verfliegen und doch versuchte ich mir Gedanken über die Ursache dieses Wandels zu machen. Wahrscheinlich waren viele Dinge zusammengekommen. Sie hatte erfahren, dass ich den Doc immer auf dem Laufenden gehalten und Rat bei ihm gesucht hatte. Sie wusste, dass ich ihm am meisten vertraute und ich mehr auf ihn als auf meine Pflegeeltern hörte. Sie wusste auch, dass wir uns hervorragend verstanden und sah mir bei Erzählungen sicher an, dass ich ihn mochte und respektierte. Allerdings konnte ich das Gleiche von meinem Physiotherapeuten sagen: Auch ihm vertraute ich im hohen Maße. Auch er wusste fast alles über mich und ich hörte ebenfalls auf ihn. Der Respekt ihm gegenüber stand dem gegenüber dem Doc in nichts nach und bei ihm suchte ich ebenfalls gerne Rat. Das wusste meine Therapeutin allerdings nicht, doch ich nahm mir vor, ihr genau das unter die Nase zu reiben, sollte sich ihr jüngstes Verhalten fortsetzen. Denn ein Argument würde sie sicher dazu bringen, mir auch von ihm abzuraten: Im Gegensatz zum Doc fragte mein Physiotherapeut mich regelmäßig nach der Meinung meiner Therapeutin. Der Doc selbst erkundigte sich nie danach, respektierte sie aber und hatte ihr gegenüber nie eine negative Haltung. Als ich anfangs den Psychiater verweigerte, machte er mir sofort klar, dass er mich niemals von meiner Therapeutin wegreißen würde und es stets meine Entscheidung war. Ich war schon lange bei ihr und daher wäre es absolut verständlich, dass ich nicht einfach den Therapeuten wechseln wollte. Nun kann man bei seiner mangelnden Nachfrage natürlich erfragen, ob er aufgrund einer negativen Einstellung gegenüber meiner Therapeutin schlicht kein Interesse an ihrer Meinung hatte. Doch ich behaupte, dass dem nicht so war. Erstens ist er viel zu anständig und respektvoll für eine solche Einstellung. Zudem hätte er mir das offen und ehrlich gesagt oder ich hätte es ihm vielleicht sogar angesehen. Außerdem hatte ich kaum Zeit, mit ihm über solche Sachen zu sprechen, da ich stets nur ein paar Minuten in seiner Sprechstunde war und sein Gebiet immer vorrangig war. Hätten wir ebenfalls eine Stunde Zeit gehabt, hätte er sicher die eine oder andere Frage geäußert. Doch ich nahm mir vor, ihn direkt zu fragen. Würde sie die Meinung meiner Therapeutin bestätigen, wäre mir das egal, denn ein solch kindisches Verhalten konnte ich trotzdem nicht gutheißen. Zudem ich einen Teil meines Respekts ihr gegenüber verloren hatte, was mein nicht verflogener Ärger bewies.

Im Inneren machte ich mir aber weitere Gedanken. Ich hatte schon oft Meinungen vom Doc oder meinem Physiotherapeuten gehört, die mir anfangs überhaupt nicht gefallen hatten. Doch schon nach kurzem Überlegen wurde mir die Wahrheit hinter den Worten klar und ich akzeptierte diese, auch wenn ich dies etwas widerspenstig tat. Manchmal ist es einfach unangenehm, auf die Wahrheit gestoßen zu werden. Mir war jedoch immer klar, dass die beiden mich gut einschätzen konnten und wussten, wie ich ticke.

Beim darauffolgenden Termin beim Doc hielt ich nicht lange hinter dem Berg und erzählte ihm von der neuesten Aktion meiner Therapeutin. Auch wenn er ruhig blieb, sah ich ihm an, dass ihn ihre Äußerungen verärgerten und überraschten. Er erzählte mir, dass er bis vor Kurzem nie Berichte von ihr bekommen hatte. Zudem würde er sie überhaupt nicht kennen und zu ihren Aussagen nichts sagen können. Doch er nahm den heimlichen Wunsch von ihr, ihn nicht mehr aufzusuchen, mit Humor, auch wenn er es ebenfalls lächerlich fand. Wir witzelten also etwas herum, er druckte mir ihren ersten Bericht an ihn aus und schlug mir erneut vor, für mich bei den Kliniken anzurufen. Er erklärte sich auch sofort dazu bereit, mit ihr zu sprechen und die „Differenzen" mit ihr zu klären, damit sie ihre Probleme mit ihm nicht mehr an mir auslassen würde. Schließlich hielt sie ihn überhaupt nicht auf dem Laufenden und so hatte er alle Informationen lediglich aus zweiter Hand. Mir war klar, dass die Vorwürfe dann erst recht nicht berechtigt waren.

Zu Hause las ich mir den Bericht in Ruhe durch und fiel erneut fast aus den Wolken: Denn meine Therapeutin hatte schwarz auf weiß geschrieben, dass sie eine Magersucht definitiv ausschließen konnte (was ich natürlich gut fand). Doch beim letzten Termin hatte sie mich mit der Aussage verärgert, dass sie mir auch eine Magersucht diagnostizieren könne, da ich schließlich alle Kriterien erfüllen würde. Die Kälte, die dabei in ihrer Stimme lag, und ihre reglose Mimik schlossen einen Witz aus, was mich kurz sprachlos machte. Doch der Widerspruch in ihrem Befund ließ mich erneut nachdenklich werden. Lag es vielleicht gar nicht an mir oder dem Doc? Daher beschloss ich eine weitere Partei in meine Überlegungen miteinzubeziehen: meinen Physiotherapeuten. Da mir unterschwellig von meiner Therapeutin ein Verbot ausgesprochen worden war, mich mit meinen Vertrauten auszutauschen, wollte ich dieses erst recht ignorieren. Zudem war er derjenige, der sich immer über meine Therapeutin informierte und ihre Meinung hören wollte. Inzwischen machte ich mir auch einen Spaß daraus, die Meinung meiner Therapeutin ins Lächerliche zu ziehen, was ich noch vor wenigen Wochen niemals gedacht hätte. Doch offenbar war das Vertrauensverhältnis zu ihr nicht so stark wie zu meinen anderen beiden Vertrauten. Auch das ließ mich erneut nachdenklich werden: Ich wusste schon immer, dass ich zu Frauen schlechter ein gutes Verhältnis aufbauen konnte. Alles verläuft langsamer und doch bleibt eine gewisse Grundskepsis. Ein Beweis hierfür war meine Tendenz, meine Therapeutin in der Not gar nicht mehr aufzusuchen. Ich war bereit, die Therapie sofort abzubrechen, da ich es nicht einsah, so behandelt zu werden. Zudem teilte ich eine Meinung mit dem Doc, auch wenn ich sie noch nie ausgesprochen hatte: Nach bald drei Jahren ambulanter Therapie hatte sich kaum etwas getan, und das sahen auch Außenstehende.

Trotzdem holte ich mir noch Rat bei meinem Physiotherapeuten, der aus meinem Bericht sofort heraushörte, dass ich mich offenbar gegen meine Therapeutin gestellt hatte (kein Wunder, ich war zu diesem Zeitpunkt noch sauer auf sie). Daher riet er mir, eben keine Partei zu ergreifen, sondern ganz ruhig und gelassen meiner Therapeutin gegenüber darzulegen, wie ich die Situation aus meinen Augen sah und dass ich diese gern klären würde. Genau das war wieder ein Beispiel für ein Argument, das ich eigentlich zu diesem Zeitpunkt nicht hören wollte, das aber der absoluten Wahrheit entsprach. Und so nahm ich mir vor, seinen Rat zu befolgen und ihr zur Not zu raten, sich mit meinem Doc auszusprechen (auch wenn hierfür eigentlich kein Grund bestand).

Doch beim nächsten Termin hielt ich mich weitestgehend zurück, denn ich hatte sofort die Kühle zwischen uns bemerkt. Schon bei der Begrüßung war mir klar, dass sich dieses „Problem" nicht so einfach lösen würde. Als ich meiner Therapeutin gegenübersaß, fühlte ich mich, als ob wir uns gerade zum zweiten Mal sehen würden. Sie stellte mir distanziert ihre Fragen und ich antwortete ebenfalls knapp und emotionslos. Währenddessen spielte ich mit einem ihrer Hunde, der ausnahmsweise die komplette Zeit über bei mir blieb. Auf einmal fragte mich meine Therapeutin, wie lange ich bereit wäre, auf den nächsten Klinikaufenthalt zu warten. Da wir diese Frage eigentlich schon geklärt hatten, verwunderte mich diese ein wenig. Ich sog mir eine Zahl aus den Fingern, obwohl ich insgeheim bereit war, eine Weile zu warten, außer es ergab sich etwas. Danach wollte sie von mir wissen, was meine Ziele für die zukünftige Therapie bei ihr wären. Auch hier brachte mich die aufkommende Verwunderung dazu, etwas Belangloses zu sagen. Ich hätte ihr wahrscheinlich erklären sollen, dass ich mit ihr meine verdrängten Erinnerungen aufarbeiten wolle und ich damit rechnen würde, dass dies noch einige Jahre in Anspruch nahm. Da wir dies aber schon mehrmals durchgesprochen hatten, kam mir nur eine gestotterte Erklärung über die Lippen, dass ich Hilfe für die Vorbereitung zu den Vorgesprächen in den Kliniken brauchen könnte. Dabei hatte ich aber das Gefühl, in ihrem Blick zu lesen, dass sie davon ausging, ich würde mir die nötigen Ratschläge vom Doc holen. Natürlich hatte sie recht damit, aber das hieß noch lange nicht, dass mir ihre Meinung nicht auch wichtig war. Und doch wollte mich das Gefühl nicht loslassen, dass sie aufgegeben hatte. Denn meine Erläuterung meiner Zukunftspläne schien sie nicht zu begeistern. Daher schlug sie mir vor, die wöchentlichen Termine zu streichen und sie in einen 2-Wochen-Rhythmus zu wandeln. Erneut kam mir diese Aussage seltsam vor und so sagte ich ihr, dass ich diese Entscheidung ganz ihrem Urteil überlassen würde. Mir persönlich wäre es egal und daher würde ich mich auf ihre Einschätzung verlassen. Inzwischen war mir tatsächlich egal, was sie dachte oder welcher Meinung sie war. Denn sie schien sich gedreht zu haben und ich sah mich daher gezwungen, mich ihrem kalten Verhalten anzupassen.

Bei dem nächsten Termin erzählte ich meinem Physiotherapeuten, dass ich immer noch nicht mit meiner Therapeutin gesprochen hatte. Mir war es schwergefallen, die richtigen Worte zu finden, und ich gab ihm gegenüber zu, dass ich mich irgendwie davor gedrückt hatte. Er hielt mir daraufhin eine kleine Standpauke, die mir meinen Stolz vor Augen führte. Ich wusste natürlich, dass ich falsch gehandelt hatte, und daher leuchteten mir seine Worte durchaus ein. Nachdem ich meinem Physiotherapeuten von meinen Zweifeln erzählt hatte, schlug er mir etwas unglaublich Offensichtliches vor, auf das ich ärgerlicherweise nicht selbst gekommen war:[40] Wenn ich ihr persönlich gegenüber

40 Es stimmt wirklich, dass der IQ sinkt, wenn man sich ärgert oder wütend ist. Sonst wäre ich beim ruhigen und sachlichen Überlegen sicher selbst darauf gekommen.

Vorbehalte hätte, sollte ich ihr einfach einen Brief schreiben. Ich hätte mir am liebsten gegen die Stirn geschlagen, da auch schon der Doc (und ich natürlich auch) festgestellt hatte, dass ich mich schriftlich viel besser ausdrücken kann – vor allem wenn es um meine Gefühle geht.

Ich befolgte seinen Rat und schrieb einen mehrseitigen Brief, in dem ich verdeutlichte, dass ich mich in der momentanen Situation nicht wohlfühlte und ich mir wünschen würde, dass wir das Problem klären. Als Stütze ließ ich den Brief von einer Bekannten beurteilen, die ich in einer Klinik kennengelernt hatte. Sie nahm sich die Zeit und sagte mir danach ihre Meinung, für die ich sehr dankbar war. Und so konnte ich beruhigt den Brief abschicken und ab diesem Zeitpunkt bangte mir vor der Reaktion meiner Therapeutin.

Doch das war nicht mein einziges Problem. Im Laufe der Wochen hatten sich wieder ein paar kleine Schwierigkeiten angesammelt. So wurde ich erneut dazu gezwungen, extrem sparsam zu sein, da meinem KFO ein Fehler unterlaufen war und ich zu Unrecht angenommen hatte, dass die Raten für die Behandlung abgezahlt wären. Beim Nachprüfen sah auch ich, dass ich noch längst nicht alles gezahlt hatte, doch was monatlich vom Konto abgebucht wurde, ließ mir keinerlei Freiheiten mehr. Und so hörte ich auf, den Bus zu nehmen, lief so viel wie möglich zu Fuß, sparte bei Lebensmitteln noch mehr und verkaufte alles, was möglich war. Erstaunlicherweise funktionierte das ganz gut, was mir diese Last relativ schnell nahm. Ich ging sehr gerne zu Fuß und fand sogar eine Abkürzung in die Stadt. Zudem war mir ein Spaziergang lieber, als sinnlos in der Wohnung herumsitzen zu müssen und mich zu Tode zu langweilen.

Leider forderte diese Sparmaßnahme kurze Zeit später ihren ersten Tribut. Denn ein weiteres kleines Problem war ein Reizhusten, der einfach nicht verschwinden wollte. Mit dem Asthma hatte dies nichts zu tun und der Doc konnte nichts feststellen. Also musste ich erneut die obligatorischen sechs Wochen abwarten, bis man weiter nachsehen musste. In meinem Fall würde der Doc ein Röntgenbild anfordern, um meinen Beschwerden auf den Grund zu gehen. Und so wurden meine Spaziergänge und sonstige Anstrengungen von Husten begleitet, an den ich mich nach ein paar Wochen aber gewöhnt hatte.

Als ich wieder bei meinen Pflegeeltern zu Hause war (die beiden waren im Urlaub) und mir etwas zu essen kochte, passierte es schließlich: Plötzlich wurde mir sehr übel und schwindlig. Ich ahnte schon, was passieren würde, und versuchte daher, mit tiefem Atmen das Unheil abzuwenden. Doch plötzlich verschwand auch mein Gehör und alles drehte sich noch schneller. Da ich mich in einem kleinen Raum befand, ging ich leicht in die Hocke, um nicht gegen einen Schrank zu fallen oder auf dem Steinboden aufzuschlagen. Ich glaube, dass ich noch mit der Hand den Boden berührt hatte. Denn plötzlich lag ich auf dem Rücken und erblickte keine zwei Zentimeter neben mir den Schrank, auf den ich mit etwas Pech geprallt wäre. Erst als mein Gehör wieder zurückkam, stand ich auf und schrieb sofort dem Doc. Danach lief ich ins Obergeschoss zu meiner Schwester und blieb den ganzen Abend bei ihr, ohne ihr allerdings zu sagen, was passiert war. Der Doc antwortete umgehend auf meine Mail und begründete den Kollaps mit einem niedrigen Blutdruck, der durch die Anstrengungen wahrscheinlich noch weiter abgesackt war (was auch die Hörstörungen erklären würde). Daher wäre es wichtig für ihn, dass ich bei ihm ein Langzeit-EKG und auch eine Langzeit-Blutdruckmessung durchführen lassen würde. Auch wenn mir klar war, dass diese Untersuchungen zu nichts führen würden, vereinbarte ich einen Tag später brav einen Termin. Meiner Meinung nach kam einfach alles zusammen: meine üblichen Beschwerden, die Anstrengung, der Husten und meine mangelnde Fähigkeit zu spüren, wann ich mich ausruhen sollte.

Als das Ende der sechs Wochen endlich näher rückte, erreichte mich eine Woche zuvor ein unerwarteter Anruf. Eine der Kliniken bot mir ohne Vorgespräch einen Aufnahmetermin für die darauffolgende Woche an. Ich war mehr als überrascht und stammelte nur noch vor mich hin. Ich bat um eine Bedenkzeit, die allerdings nur bis zum Abend bewilligt wurde. Nach Rücksprache mit meinen Pflegeeltern und einer Sozialarbeiterin der

Krankenkasse rief ich erneut in der Klinik an und bat um ein telefonisches Vorgespräch, da ich viele Bedenken hatte. Denn ich musste vor einer Aufnahme abklären, ob mein Problem mit der Nahrung berücksichtigt werden konnte. Zudem wollte ich mich erst um meine aktuellen gesundheitlichen Probleme kümmern. Mir war klar, dass ich nicht einfach so absagen durfte, denn dann würden mir die Ämter die Hölle heiß machen. Das Vorgespräch sollte am nächsten Morgen stattfinden (und somit fiel die Frist weg). Ich schlief in der Nacht entsprechend unruhig, da ich mir nicht vorstellen konnte, wie ich aus dieser Sache herauskommen sollte. Doch schlussendlich sollte sich herausstellen, dass ich mir mal wieder umsonst Sorgen gemacht hatte. Denn der ärztliche Direktor ließ mich in meinem Zustand überhaupt nicht zur Aufnahme antreten. Er hörte während des Telefonats meinen Husten und ich erzählte ihm auch von dem Kollaps. Natürlich waren meine Ernährungsvorstellungen ebenfalls nicht realisierbar, doch das war zweitrangig. Er machte mir deutlich, dass ich nur in einem stabilen Zustand stationär kommen dürfe und er keine Lust dazu habe, mich in ein Krankenhaus einweisen zu müssen. Genau das war mir ebenfalls wichtig und so ärgerte ich mich etwas darüber, dass ich ihm nicht von Anfang an gesagt hatte, dass ich im Moment für einen stationären Aufenthalt in einer psychosomatischen Klinik nicht in der Lage war. Und so verschoben wir den Aufnahmetermin auf unbestimmte Zeit. Doch ich pfiff darauf, denn sofort danach setzte ich meinen Plan B in die Tat um. Auf meinen Wunsch rief mich kurze Zeit später der Psychiater zurück, zu dem ich einmal im Monat ging. Ich überraschte ihn mit meinem Vorhaben, doch in seine Tagesklinik gehen zu wollen, da ich so weder das Problem mit Mehrbettzimmern noch mit der Ernährung haben würde. Sofort bot er mir einen Aufnahmetermin an, den ich dankbar annahm. Nun hatte ich noch etwas Zeit, mich um die aktuellen gesundheitlichen Probleme zu kümmern. Und auch während der Zeit in der Tagesklinik war der Doc in der Nähe, und dass er zudem den Psychiater und viele in der Klinik nebenan kannte, war für mich überaus beruhigend.

Inzwischen hatte meine Therapeutin meinen Brief gelesen, was sie mir per Mail mitteilte. Trotzdem sah ich dem darauffolgenden Termin relativ entspannt entgegen. Normalerweise würde ich nervös und gespannt der Reaktion auf solch einen Brief entgegenblicken, doch dieses Mal überraschte ich mich selbst mit totaler Gelassenheit. Wie sich herausstellte, hatte diese auch ihre Berechtigung. Denn meine Therapeutin bestätigte meine Vermutungen und war zu meiner großen Überraschung sogar mit der Tagesklinik einverstanden. Doch zu neuem Ärger trugen Bemerkungen ihrerseits bei. Denn wie ich es mir schon gedacht hatte, war sie mit dem Fortschritt und meiner Zusammenarbeit bzgl. der angenommenen Ego-States nicht zufrieden. Zudem befürchtete sie, dass sich meine sozialen Kontakte lediglich auf meine Vertrauten beschränkten, nicht aber Bekannte bzw. Freunde mit einschlossen. Daher würde ich eine Heilung (ob Richtung Verdauung oder Kiefer) hinauszögern, um so den Kontakt zu meinem Physiotherapeuten und dem Doc aufrechterhalten zu können. Ich solle auch nicht mit den beiden und auch nicht mit anderen besprechen, was in den jeweiligen Therapien und Sprechstunden passiert war, sondern mich lediglich auf die Heilung konzentrieren. Denn ansonsten würde ich diese verhindern, auf der Stelle treten, aber meine „Sonderstellung" behalten. Zumindest hatte ich das so verstanden. Ich wehrte mich dieses Mal nicht. Grund dafür war meine innere Freude darüber, dass ich mit meinen Vermutungen richtig gelegen hatte. Zudem wurde mir klar, dass wir unsere zurückliegende Beziehung wohl nicht mehr würden wiederherstellen können. Mein Vertrauen in sie war immens erschüttert worden, was mich allerdings nicht weiter störte. Ich wusste schon lange, dass ich dieser Therapie am wenigsten zu verdanken hatte. Alle anderen Fortschritte und Erfolge hatte ich dem Doc und meinem Physiotherapeut zu verdanken. Ich konnte ihr aber sehr viel erzählen, bekam offene Fragen beantwortet und eine gute Zeit gehabt.

Ich möchte keinesfalls undankbar sein und werde die vergangenen Gespräche vermissen. Doch diese Erschütterung ließ sich nicht mehr rückgängig machen. Ich war sogar froh darüber, dass sie zugegeben hatte, dass durch die Therapie keine Besserung erzielt worden war. Und ich vermutete auch, dass ihr früh bewusst geworden war, dass ich selten auf einen ihrer Ratschläge gehört hatte, vom Doc oder meinem Physiotherapeuten aber regelrecht „aufgezogen“ wurde. Auch hier wusste ich, woran das lag. So traurig es auch ist, aber ich habe nie auf der Vertrauensbasis eine Bindung zu ihr aufgebaut, auf der ich mich mit den anderen beiden befand. Wahrscheinlich lag das schlicht an ihrem Geschlecht. Denn ich hatte schon immer mehr und stärkeres Vertrauen zu Männern, während ich Frauen immer skeptisch gegenübertrat. Dieses „Manko“ sollte sich auch so schnell nicht ändern. Entsprechend war es auch bei meiner Therapeutin, denn ich musste mich regelrecht dazu zwingen, sie auf ein annähernd gleiches Niveau zu heben wie meine anderen Vertrauten. Doch immer war etwas im Weg und auch wenn ich es eigentlich wusste, wollte ich es nicht wahrhaben. Denn ich konnte mich immer an sie wenden und um Rat bitten. Und doch hatte etwas gefehlt.

Natürlich war mir bewusst, dass ich mich nicht für immer an den Doc oder meinen Physiotherapeuten wenden konnte. Daher versuchte ich so viel wie möglich selbst zu regeln und nur im Notfall den dringend benötigten Rat einzuholen. Betraf es ihr Gebiet, war es natürlich nötig, dass ich mich an sie wendete. Doch immer, wenn ich zu einem von ihnen Kontakt aufnahm und um Rückmeldung bat, hatte ich ein schlechtes Gewissen. Denn mir ist durchaus bewusst, dass ich nicht der Nabel der Welt bin und es eine unglaubliche Eigenschaft von beiden war, einem genau dieses Gefühl geben zu können. Dauerte die Rückmeldung eine Weile, fing ich an, mir Sorgen zu machen. Denn wie oft passiert gerade gutherzigen Menschen etwas? Menschen, die es überhaupt nicht verdient haben und von denen es so wenige auf der Welt gibt? Sie haben natürlich ihre eigenen Sorgen und enorm viel um die Ohren. Und doch ehrte es mich jedes Mal, wenn sie sich die Zeit nahmen und mir zuhörten, mir halfen und mich respektvoll behandelten, wie auch ich es tat.

Doch ich würde niemals auf die Idee kommen, absichtlich dafür zu sorgen, noch lange auf den Kontakt angewiesen zu sein.

Ich finde es traurig, dass mir genau das vorgeworfen wird, und mit jedem neuen Vorwurf fällt es mir schwerer, mein Vertrauen in jemand Neues zu setzen. Leider glaubt mir das ebenfalls kaum einer, und die, die es tun, können nichts machen.

Ein paar Tage später hatte ich meinen letzten Termin beim Doc, bevor ich den Aufenthalt in der Tagesklinik antreten sollte. Zuerst besprachen wir die Untersuchungsergebnisse, die wie erwartet zufriedenstellend waren. Doch dann lehnte sich der Doc plötzlich etwas verwundert nach hinten und fragte mich, was denn zwischen mir und meiner Therapeutin vorgefallen sei. Nun war ich verwirrt, da er offenbar mehr zu wissen schien, als ich gedacht hatte. Auf meine Verwunderung hin klärte er mich auf: Meine Therapeutin hatte ihm einen Brief geschrieben. Dies hatte sie mir aber nicht gesagt und so wusste ich nicht so recht, ob ich überrascht oder verärgert sein sollte. Der Doc war allerdings überrascht und teilte mir mit, dass sie mich sozusagen aus der Therapie geworfen hätte. Während er mir den Brief ausdruckte, fasste er diesen kurz zusammen. Sie hatte wohl alles geschrieben, was sie mir gesagt hatte – und noch mehr. Zusätzlich beschrieb sie mangelnde Mitarbeit meinerseits, zweifelte an meinen Intoleranzen und stellte mich nun ebenfalls als Lügnerin dar. Mein Ärger darüber hielt sich allerdings im Rahmen, da der Doc sich die Zeit nahm, mit mir darüber zu sprechen. Er hörte sich meine Seite an und wir fanden rasch heraus, was der wahre Hintergrund für den Brief war. Was ich gesehen hatte, hatte der Doc aus dem Brief gelesen: Meine Therapeutin hatte aufgegeben und schien dies nicht richtig akzeptieren zu wollen. Er riet mir, mich nicht davon verärgern zu lassen, sondern darüberzustehen. Ich konnte mir den ein oder anderen bissigen Kommentar zwar nicht verkneifen, wurde vom Doc allerdings schnell, aber ruhig in die Schranken gewiesen. Als ich den Brief später selbst las, wurde mir klar, warum es ihm wichtig gewesen war, mir persönlich davon zu erzählen. Hätte er mir den Brief geschickt und mich so nicht sofort ausgebremst, wäre mein Ärger um ein Vielfaches stärker gewesen und hätte auch länger angehalten. So war dieser aber sehr schnell verflogen und ich blieb ruhig und sachlich.

Auch wenn die ambulante Therapie für mich damit abgeschlossen war, nahm ich mir vor, nach der Tagesklinik noch einmal das Gespräch mit meiner Therapeutin zu suchen. Ich fand es schade, dass sie offenbar nicht mehr offen mit mir sprechen wollte. Und doch wollte ich es nicht so enden lassen. Selbst wenn sich keine Lösung fand, so wollte ich auf keinen Fall, dass wir im Streit bzw. mit einer negativen Einstellung dem anderen gegenüber unserer Wege gingen.

# VERSUCH NR. 4

Obwohl ich nicht gerade gute Erfahrungen in Kliniken gemacht hatte, war ich vor dem Antritt in der Tagesklinik nicht im Geringsten nervös. Dieser Umstand verwunderte mich allerdings nur ein wenig, denn schließlich hatte ich inzwischen Übung. Man muss wohl nur alles oft genug machen, um dem nichts Besonderes mehr abgewinnen zu können.

Es gab jedoch einen positiven Aspekt an meinem Vorhaben. Ich hatte etwas zu tun und war so nicht dauernd etwas ausgesetzt, das mich enorm belastete und das wohl eines der größten Gemeinmisse war, das ich jemals hüten musste:

Die ganzen Therapien hatten bisher einen Vorteil gehabt. Ich konnte den Therapeuten etwas erzählen, das ich stets für mich behalten hatte. Ich bin hervorragend darin, Geheimnisse für mich zu bewahren, egal wie grausam, egal wie belastend diese sind. Ich kann etwas wissen, es jedoch nie wieder erwähnen. Ich beschrieb es zuerst meiner Therapeutin, dann dem Doc, meinem Physiotherapeuten und sollte es auch zukünftigen Therapeuten nicht verschweigen:

Haben Sie ein Geheimnis, das Sie noch nie jemandem erzählt haben? Ein Geheimnis, das noch nicht einmal Ihr bester Freund/ Ihre beste Freundin kennt? Ein Geheimnis, das Sie nicht erzählen können, weil es zu viele Fragen aufwerfen würde oder sogar jemanden verletzen könnte? Ich schon. Heute ist es nicht mehr so geheim, doch damals zählte es zu den Dingen, die ich sehr selten aussprach – denn ich konnte schon immer etwas wissen, es aber nie wieder aussprechen.

Etwas Gutes hatte die Therapie: Ich konnte meiner Therapeutin genau dieses Geheimnis anvertrauen. Sie hatte schließlich einen unabhängigen Standpunkt und kannte die Personen nicht, die mit meinem Geheimnis in Verbindung standen. Sie glauben gar nicht, wie gut es mir tat, endlich darüber sprechen zu können. Tatsächlich bauten wir darauf Teile der Therapie auf und versuchten den negativen Aspekten meines Geheimnisses entgegenwirken zu können, um mir die Last etwas nehmen zu können.

Sie fragen sich vielleicht, was so schlimm sein kann, dass ich es nicht einmal meiner besten Freundin erzählen konnte. Das Geheimnis ist zwar jünger als die damalige Freundschaft, doch trotzdem sagte ich ihr niemals etwas darüber (s. Kapitel „Vertrauen“). Der Grund war, dass sie die betreffenden Personen kannte. Ich befürchtete, dass sie es sich anmerken lassen würde, sobald sie Bescheid wüsste. Daher schwieg ich und wartete geduldig, dass sich irgendwann eine Chance ergab, mein Geheimnis doch zu lüften. Viele Jahre später geschah dies auch.

Doch erst einmal möchte ich das Geheimnis lüften:

Wie bereits erwähnt, zog ich für meine Ausbildung aus einem Dorf in eine Stadt. Ich lebte zwar in einer WG, ließ es mir aber nicht nehmen, an den Wochenenden nach Hause zu fahren (wie es wahrscheinlich jeder machen würde). Mein Zimmer war natürlich leer und so hatte ich auch keinen Fernseher mehr darin. Also verbrachte ich meine Abende nicht mehr in diesem Zimmer, sondern im Esszimmer im ersten Stock, in dem noch ein zweiter Fernseher stand. Hier saß ich jeden Abend, bis es Zeit fürs Bett wurde. Unpraktisch war diese Position überhaupt nicht, da sich die Küche gleich neben mir befand und der Esstisch viel Platz für Proviant bot. Doch eines Abends sollte sich alles ändern.

Ich saß wie immer vor der Glotze, als ich meinen Pflegevater in meinem Rücken bemerkte. Ich dachte mir nichts dabei und sah weiter fern, behielt ihn aber weiterhin über die Reflexion im Fernseher im Auge. Er steuerte offenbar die Bar an, die sich zwei Meter hinter mir befand, denn diese war nach einigen Sekunden offen. Hören konnte ich dies an dem charakteristischen Rattern der Schiebetür, die sich geräuschvoll öffnete. Ich wartete noch etwas ab und drehte mich dann langsam um. Das Bild, das sich mir bot, sollte meine Einstellung meinem Pflegevater gegenüber für immer verändern: Mit entsetztem Blick sah ich ihm zu, wie er gierig direkt aus einer Schnapsflasche trank. Wie gelähmt drehte ich mich in Zeitlupe wieder um und starrte vor mich hin. Ich bekam am Rande mit, wie er alles wieder an seinen Platz zurückstellte und zurück zu seiner Frau ging. In Gedanken schossen mir alle möglichen Szenarien durch den Kopf, die auf einmal so viel mehr Sinn ergaben: die Vorwürfe auf seiner ehemaligen Arbeitsstelle, dass er betrunken gewesen sei. Der plötzliche Kontaktabbruch zu sehr guten Freunden, deren Vorwürfe sich nun als wahr herausstellten. Die Mengen an Weinflaschen, die sich abends immer sammelten. Der rasche körperliche Abbau von ihm. All das eröffnete mir plötzlich ein logisches Bild, das ich nur schwer akzeptieren konnte. Als ich an diesem Abend ins Bett ging, verarbeitete ich diese Wendung, in dem ich mich in den Schlaf weinte. Ich konnte es einfach nicht glauben. Mein Pflegevater, zu dem ich ein relativ gutes Verhältnis hatte, stellte sich als genau das heraus, was ich so sehr verachtete: ein Alkoholiker. Zwar war er nicht gewalttätig, doch ich gebot mir selbst Vorsicht. Und überhaupt? Wie hoch war die Wahrscheinlichkeit, erneut in eine Familie mit einem Alkoholiker zu geraten? Das konnte doch alles nicht wahr sein!

Über die Wochen und Monate beobachtete ich das Verhalten meines Pflegevaters ganz genau. Schnell fand ich seine Gewohnheiten heraus, konzentrierte mich auf jeden einzelnen Aspekt, verinnerlichte diesen und wertete ihn aus. Immer mit dem inneren Ziel, drohende Gefahr abwenden zu können. So wartete er immer ab, bis eine gewisse Uhrzeit erreicht war. Dann ging er in die Küche, um Wein zu holen. Diesen öffnete er allerdings schon dort und trank ein bis zwei Gläser in einer unglaublichen Geschwindigkeit (wenn es noch schneller gehen musste sogar direkt aus der Flasche). Dann erst nahm er die halb leere Flasche mit zu seiner Frau. An der Bar bediente er sich lediglich, wenn er der Meinung war, das Haus für sich zu haben (wenn meine Pflegemutter und ich z. B. zum Einkaufen gingen).

Schließlich folgte ein Moment, der mich endgültig emotional von ihm trennen sollte. Über Silvester war ich ebenfalls zu Hause und freute mich schon auf das Feuerwerk. Wir aßen gemeinsam und warteten schließlich auf die Jahreswende um Mitternacht. Als es schließlich so weit war, standen wir zu dritt auf dem Balkon und sahen uns das Feuerwerk an. Meine Pflegemutter und ich hatten meinen Pflegevater in unserer Mitte, der plötzlich seine Arme um uns legte und anfing zu schluchzen. Mir fiel sofort auf, dass er ordentlich getrunken hatte und sich kaum noch auf den Beinen halten konnte. Meine ganze Aufmerksamkeit wanderte nun weg von den Raketen und hin zu seiner Hand, die sich auf meiner rechten Schulter befand. Angewidert sah ich diese an, verkrampfte mich und wünschte mir in Dauerschleife, dass er mich nicht anfassen würde. Die Sekunden schienen sich endlos in die Länge zu ziehen, als meine Pflegemutter endlich entschied, dass wir wieder hineingehen konnten. Ich stellte mich an den Esstisch und atmete erst mal tief durch, während ich hörte, wie meine Pflegemutter ihren Mann wütend ins Bett brachte und ihm im Schlafzimmer eine ordentliche Standpauke verpasste. Ohne etwas dagegen tun zu können, fing ich an zu weinen. Meine Pflegemutter kam wieder zu mir und fand mich ihr den Rücken zuwendend vor. Ich wollte nicht, dass sie mich so sah, doch sie drehte mich um und fragte mich, was los sei. Sie nahm an, dass ich Angst vor dem neuen Jahr hätte, und war überrascht, als ich ihr sagte, dass ich das Gebrüll, das ich soeben gehört hatte, nicht hören wollte. Daraufhin nahm sie mich tröstend in den Arm und sagte mir, dass es nicht meine Schuld sei. Am nächsten Morgen musste sie meinem Pflegevater von meiner Reaktion erzählt haben, denn er entschuldigte sich bei mir.

Doch über die Zeit wiederholten sich die Eskapaden. Er stürzte hin und wieder, warf Gläser hinunter (oder gleich Flaschen) und wurde immer verwirrter. Schon bald hatte er ein Stadium erreicht, in dem er anfing, heimlich zu saufen und die leeren Flaschen zu verstecken. Ich erwischte ihn ein paar Mal, sagte aber nie etwas. Denn wie ich über die Jahre herausfinden sollte, wusste die ganze Familie über seinen Alkoholismus Bescheid. Dass ich besonders darunter litt, schien aber niemanden zu kümmern.

In der Therapie sprach ich oft darüber. Wir vermuteten beide, dass die resultierende Belastung durch ein sich wiederholendes Ereignis in meiner Kindheit entstanden war. Na ja, wenn man es genau betrachtet, würde die Sache wohl jeden belasten – Kindheit hin oder her. Lösen konnten wir das Problem allerdings nicht. Ich habe bereits erwähnt, dass ich niemanden an mich heranlasse. Daher waren die Übungen, die mir die Belastung nehmen sollten, entsprechend wirkungslos. Natürlich versuchte ich auf eigene Faust Wiederholungen zu ignorieren, doch es fiel mir sehr schwer. Immer wenn ich ihn saufen hörte, versuchte ich es auszublenden. Doch meine Sinne wurden schlagartig um das Doppelte verstärkt und ich konnte nicht anders, als jedes Geräusch und jeden Geruch zuzuordnen und einzustufen.

Das Schlimmste war jedoch, dass ich absolut nichts dagegen tun konnte. Am liebsten hätte ich mit meiner Pflegemutter gesprochen und ihr von meinem Leid erzählt. Doch das konnte und wollte ich nicht. Ich wollte sie nicht verletzen noch weitere Probleme heraufbeschwören. Geglaubt hätte mir sowieso niemand, und hätte ich mich vielleicht sogar meinen Schwestern anvertraut, hätte dies wahrscheinlich negative Auswirkungen gehabt. Was sollte ich also tun? Es weiter totschweigen, ignorieren und hoffen, dass sich das Problem von selbst löst? Tja, das war aber leichter gesagt als getan.

Es gab wirklich Momente, in denen ich darum kämpfte, mich nicht zu verplappern oder es einfach herauszulassen. Nach dem Motto: Was habe ich jetzt noch zu verlieren? Doch ich konnte es einfach nicht. Irgendetwas hielt mich immer davon ab. Oft war es mein Instinkt, der mir Zurückhaltung empfahl, da die möglichen Folgen einfach zu unvorhersehbar waren. Trotzdem weiß ich nicht, was schlimmer ist: die Tatsache, dass man etwas tun kann, sich aber nicht traut, oder dass man weiß, dass das eigene Handeln absolut nichts bewirken wird. Meine Beobachtungen ergaben, wie gesagt, dass die komplette Familie bereits Bescheid wusste und mich bewusst raushalten wollte. Sie dachten lange, dass ich nichts mitbekommen würde, doch das Gegenteil war der Fall: Ich wusste alles. Schließlich bekam ich ein Gespräch zwischen meinen Pflegeeltern mit, in dem es unter anderem um mich ging. Meine Pflegemutter machte ihrem Mann zum wiederholten Male klar, dass es so nicht weitergehen konnte. Dass sie ihn wegschicken würde, wenn er sich nicht endlich zusammenreißen würde. Ob er sich nicht erklären könne, warum ich nicht mehr mit ihm sprach, war ebenfalls Thema. Denn über die Zeit konnte ich meine Abscheu nicht mehr zurückhalten und hatte daher angefangen, ihn zu ignorieren.

Als ich anfing zu bemerken, dass es immer schlimmer wurde, nahm der Wille, etwas dagegen tun zu wollen, immer mehr zu. Um dem entgegenwirken zu können, beschloss ich, den Doc einzuweihen. Mir war klar, dass er irgendwann auch der Arzt meiner Pflegeeltern sein würde (sobald sein Vorgänger in Rente ging), und ich wollte ihn vorwarnen. Zudem gehört er zu meinen engsten Vertrauten und ich erhoffte mir einen Blick von der medizinischen Seite. Bevor ich ihm alles erzählte, fragte ich ihn, ob ich ihm ein Geheimnis anvertrauen dürfe. Nachdem seine Neugier geweckt war, schrieb ich ihm auf sechs Seiten die ganze Geschichte, meine Sorgen und die damit einhergehenden Belastungen. In der darauffolgenden Sprechstunde bestätigte er meine Befürchtungen, dass er leider ohne freiwilliges Zutun meines Pflegevaters nichts tun könne. Wir mussten relativ schnell feststellen, dass sich daher nichts an der Situation ändern würde und ich daher leider damit leben müsste.

Nachdem ich auch von ihm gehört hatte, dass ich im Grunde machtlos war, erzählte ich auch kurz danach meinem Physiotherapeuten die ganze Geschichte. Seitdem war „die Sache“ größtenteils das Thema bei Gesprächen, was mir allerdings nur recht war. So konnte ich darüber sprechen, lernen, besser damit umzugehen, und Ratschläge für meine zukünftigen Pläne einholen. Mir war klar, dass irgendwann etwas passieren würde und ich dann wissen musste, was zu tun war. Um mich, aber auch um andere zu schützen.

Ich beobachtete also weiterhin die Situation und passte mich entsprechend an. Zuallererst musste ich dafür sorgen, dass mich die Situation nicht weiter belastete, damit ich nicht irgendwann daran zerbrechen würde. So tat ich genau das, was ich eigentlich nicht tun sollte: Ich schraubte alle emotionalen Verbindungen herunter. So weit, dass mir mein Pflegevater egal wurde, obwohl ich mich eigentlich um ihn sorgen sollte. Gleichzeitig entfremdete ich mich auch allen anderen Beteiligten, verlor jeglichen Respekt und auch das Vertrauen blieb auf ein Minimum beschränkt. Lediglich das Verhältnis zu meiner Pflegemutter blieb dasselbe.

Während ich an mir arbeitete, konnte ich automatisch einen klareren Kopf behalten. Ich widmete mich neben meinen Hobbys natürlich weiterhin mir selbst und stellte die ein oder andere Frage an mich in Bezug auf die Gegebenheiten und die vergangenen wie auch die weiteren Verläufe. Auf einmal fiel mir etwas auf. Irgendwie kam mir das alles sehr bekannt vor:

Ich fand mich in einer schier ausweglosen Situation wieder, da ich unfähig war, etwas zu ändern. Mir war es unmöglich einzuschreiten, mich zu wehren oder mir anderweitig Aufmerksamkeit zu verschaffen. Zudem war ich komplett auf mich allein gestellt, da die Personen, die eigentlich für mich da sein sollten, genau das nicht waren. Sosehr ich auch den Wunsch verspürte, den Mund aufzumachen und mir so Erleichterung zu verschaffen, sosehr war mir klar, dass mir genau das teuer zu stehen kommen würde. Daher hielt ich diesen Drang zurück und gab mich der Belastung hin. Und sollte es doch zu einer kleinen Eskalation kommen (in Form eines unerwünschten Kommentars meinerseits, der mit aggressiven Reaktionen niedergemacht wurde), dann musste ich jedes Mal hoffen, dass es nur bei einer verbalen Drohung blieb. Sobald ich auch nur den Anschein erweckte, die verzweifelt aufrechterhaltende Scheinwelt zerstören zu wollen, sah ich mich in die Ecke gedrängten Raubtieren gegenüber. Um mich selbst zu schützen, hielt ich mich daher zurück und spielte bei dem Schauspiel mit. Ich gab zwar nicht vor, dass alles in Ordnung wäre und es keine Fehler und Unstimmigkeiten in diesem „perfekten“ Bild gäbe. Trotzdem hielt ich mich weitestgehend zurück und sprach lediglich mit meinen Vertrauten darüber. Irgendwann machte ich mir allerdings einen Spaß daraus, Ärger für meinen Pflegevater heraufzubeschwören. Mit der Zeit kannte ich all seine Verstecke und Tricks und fing an, die angebrochenen und auch leeren Flaschen umzustellen, sodass meine Pflegemutter sie finden musste. Mein Pflegevater konnte sich die Platzwechsel nicht erklären, mich aber auch nicht darauf ansprechen. Und so hörte ich mir jeden Anschiss böse grinsend an und genoss meine Schadenfreude.

Genau dieses Muster (mit Ausnahme der Vertrauten) hatte sich bereits ähnlich in meiner Kindheit abgespielt. Dass sich dieses nun zum Großteil wiederholte (ohne körperliche Gewalt), ist in meinen Augen fast nicht zu glauben. Als mir diese Gedanken kamen, dachte ich zuerst, dass ich mir das vielleicht nur einrede. Dass ich die Sache evtl. zu negativ gesehen hatte und daher diese Verbindungen knüpfte. Doch erstaunlicherweise machte nur eine Woche später meine Therapeutin, basierend auf meinen Erzählungen, genau die gleiche Feststellung. So schrecklich es einem auch vorkommen mag, ich war erleichtert. Mir bewies diese Bestätigung, dass mein Gehirn noch einwandfrei funktionierte und ich immer noch realistische Einschätzungen machen konnte. Mir war leider schon von vielen vorgeworfen worden, dass ich immer nur das Böse sehen würde und mich dann daran festhalten würde. Darunter waren auch meine „Schwestern", die sowieso nicht viel von mir hielten und mir dies bei jeder Gelegenheit auch verdeutlichten. Sie reihen sich allerdings in die lange Schlange der Personen ein, die kaum Menschenkenntnis besitzen und vor denen ich keinen Respekt mehr habe. Daher pfiff ich auf ihre Meinung und lächelte von meinem Niveau hämisch auf sie herunter.

Trotzdem musste ich weiterhin dem Druck dieser enormen Last standhalten. Daher kam mir der Aufenthalt außerhalb dieses traumatischen Haushaltes sehr gelegen:

Ich trat den Klinikaufenthalt komplett ohne Erwartungen an. Ich wurde sehr freundlich aufgenommen und die anderen Patienten beantworteten geduldig meine Fragen. Rasch fühlte sich einer der Patienten für mich verantwortlich, machte dies dann auch einen Tag später offiziell und übernahm meine Patenschaft. Auch wenn ich mich schon sehr gut zurechtfand, freute mich seine Bereitschaft natürlich sehr.

Zu meiner Überraschung war die Tagesklinik kleiner, als ich angenommen hatte. Dementsprechend hielt sich auch das Angebot in Grenzen. Neben der obligatorischen Ergotherapie gab es natürlich das therapeutische Angebot in Form von Verhaltenstherapie. Darauf folgten verschiedene Entspannungsangebote, Spaziergänge, Stressbewältigungstherapie und soziales Kompetenztraining. Dazwischen gab es viele lange Pausen, in denen jeder zur Ruhe kommen konnte. Wie auch während meines ersten stationären Aufenthaltes gab es in der Tagesklinik Dienste, die wöchentlich zugeteilt wurden. Morgens wurde somit zusammen gefrühstückt, mittags zusammen gegessen und nachmittags ging es wieder ab nach Hause.

Ich verstand mich sowohl mit den Pflegern als auch mit den Patienten. Natürlich war ich mit dem ein oder anderen eher auf einer Wellenlänge. Schon bald war die erste Woche vorbei und mir war klar, dass diese Klinik mir wahrscheinlich kaum helfen konnte. Grund hierfür war schlicht, dass ich wieder mal komplett aus der Reihe schlug. Schon in den ersten Gruppentherapien wurden mir zwei Dinge klar: Erstens konnte ich kaum an den Übungen teilnehmen oder mitreden. Aber nicht weil ich keine Lust hatte und jegliche Mitarbeit verweigerte, sondern weil ich (zweitens) instinktiv genau das schon lange machte, was in den Gruppen geraten wurde. Sei es in stressigen Situationen oder in sonstigen negativen Momenten. Zudem kannte ich die meisten Leidensmomente, welche die anderen angegeben hatten, nur sporadisch.

Doch ich hatte mir fest vorgenommen, alles mitzumachen und stets meine Motivation zu zeigen. Gerade bei den Entspannungseinheiten rutschte mir zwar der ein oder andere demotivierte Kommentar heraus, aber ich verhielt mich ruhig und versuchte so die anderen nicht zu stören. Tatsächlich bekam ich kurz nach meiner ersten versuchten Verweigerung (weil mir die Übung nichts gebracht hatte) positive Rückmeldung der ausführenden Pflegerin. Ihr war zwar aufgefallen, dass ich nicht wirklich mitgemacht hatte, aber ihr gefiel meine Zurückhaltung sehr. Sie schätzte meine Teilnahme, trotz kleiner Proteste, und vor allem, dass ich respektvoll ohne einen Mucks dagelegen hatte. Da ich angenommen hatte, dass sie meine fehlende Mitarbeit negativ aufgefasst hatte, überraschte mich diese Rückmeldung doch sehr. Aufgefallen war der Pflegerin mein korrektes Verhalten vermutlich auch dadurch, dass eine andere Patientin ihre Demotivation gegenteilig kundgemacht hatte. Sie trank und zappelte während der ganzen Zeit und störte so die anderen Patienten, die sich voll und ganz auf die Übungen eingelassen hatten.

Trotzdem bemühte ich mich weiterhin, von den Entspannungseinheiten wegzukommen. In dieser Woche trat allerdings noch ein anderes Problem auf: Offenbar hatte meine stumme Anwesenheit einen gewaltigen Nachteil. Da ich nie jammerte und auch sonst versuchte, nicht negativ aufzufallen, wurde ich bezüglich der Therapiegespräche ignoriert. Der Psychiater, gleichzeitig ärztlicher Direktor, hatte mir zwar einen Termin zugesichert, doch dieser fand nicht statt. Immer ungeduldiger werdend beobachtete ich, wie ein Patient nach dem anderen zum Gespräch beim Psychiater, wie auch bei der Psychologin, verschwand. Nur ich musste mich anderweitig beschäftigen. Die Abstände zwischen meinen Nachfragen und Beschwerden wurden im Laufe des Tages immer kürzer und auch meine Mitpatienten wunderten sich langsam über die Situation. Verärgert schrieb ich daher der Sozialarbeiterin der Krankenkasse, verkniff mir aber eine Mail an den Doc. Ich wollte der Klinik noch eine Chance geben und wartete daher den letzten Tag der Woche ab. Man hatte mir einen Tag zuvor zugesichert, dass mein Anliegen bei der abendlichen Besprechung angesprochen werden würde. Tatsächlich hatte sich das Warten gelohnt, denn ich bekam sowohl einen Termin bei der Psychologin als auch beim Psychiater. Akzeptieren wollte ich das aber trotzdem nicht ohne Weiteres und beschwerte mich daher höflich, aber bestimmt. Beide sicherten mir zu, dass sie in Zukunft auch mir die nötige Aufmerksamkeit zukommen lassen würden.

Da ich die Termine bei den beiden am gleichen Tag hatte, konnte ich sehr gut vergleichen, wie unterschiedlich die beiden vorgingen. Das Vorgehen des Psychiaters kannte ich zwar, trotzdem fiel mir auf, dass seine Art viel angenehmer für mich war. Denn die Psychologin arbeitete enorm nach Lehrbuch und schien mich nicht richtig zu verstehen. Offenbar hatte ich auf Station den Ruf eines Wirbelwindes, was sie etwas unterbinden wollte. Ich sollte daher mehrmals am Tag für eine Viertelstunde absolut gar nichts tun. Diese Ruhe sollte ich nutzen, um aufkommende Gedanken aufzuschreiben sowie Körperreaktionen wahrzunehmen, und diese ebenfalls notieren. Diese Hausaufgabe ergab in meinen Augen keinen Sinn, doch ich führte sie gehorsam durch.

Im Kontrast hierzu verlief das Gespräch bei dem Psychiater komplett anders: Ich machte ihm klar, dass ich mich langweilen würde und ich unterfordert war. Ich würde so nie erfahren, ob ich einen normalen Arbeitstag aushalten könnte, und wünschte mir daher genau diesen Probelauf. Er versprach mir, sich etwas einfallen zu lassen. Außerdem zeigte er sofort Verständnis für meine Ablehnung gegenüber der Entspannung, da ich schlicht nichts damit anfangen konnte.

Im Laufe der nächsten Woche fand kaum etwas statt. Ich arbeitete lediglich in der Ergotherapie an Figuren für eine Weihnachtskrippe und konnte schon bald das Licht am Ende des Tunnels erkennen. Ich ließ meine Mitpatienten hin und wieder wissen, wie langweilig mir war, nahm aber brav an allen Aktivitäten und Gruppen teil. Schließlich hatte ich wieder einen Termin bei der Psychologin, auf den ich etwas gespannt gewartet hatte. Denn ich hatte meine Hausaufgabe erfüllt und war nun auf das Urteil gespannt. Zu meiner Überraschung war sie allerdings nicht richtig zufrieden. Ich sollte mich mehr auf meinen Körper konzentrieren und wahrnehmen, was ich mit geschlossenen Augen und in absoluter Ruhe an mir selbst beobachten würde. Dass ich dies allerdings komplett lächerlich fand, wollte sie nicht akzeptieren. Egal wie ich ihr versuchte zu erklären, dass ich mir vieles bereits antrainiert hatte und daher ihre Wege sinnlos fand – sie schien mich nicht zu verstehen. Schließlich fragte ich um die Erlaubnis, überall die harte Wahrheit sagen zu können, da ich vieles zurückgehalten hatte, um die anderen nicht zu verletzen. Auch das Personal hatte hier und da etwas kühl auf manche meiner Argumente reagiert, und das wollte ich schlicht vermeiden. Doch sie ermutigte mich zu einem authentischen Auftreten, da sie annahm, ich hätte mich bis dato verstellt (was sie wieder falsch verstanden hatte). Irgendwann gab ich ihr nur noch mimisch zu verstehen, dass ich ihre Ansicht nicht teilte. Gedanklich nahm ich mir allerdings vor, meine Zweifel mit dem Psychiater zu besprechen. Das einzig Positive aus dem Gespräch war ihr Vorhaben, mich morgens durchgehend in der Ergotherapie einzusetzen. Ich sollte mich somit täglich vier Stunden lang mit einem Projekt beschäftigen und nachmittags an den Gruppenaktivitäten teilnehmen. Dass mich diese Idee wirklich herausforderte, bezweifelte ich zwar, doch ich konnte so einigen Therapien entkommen, mit denen ich sowieso nichts anfangen konnte.

Trotzdem machte ich mir über den allgemeinen Sinn des Aufenthaltes Gedanken. Doch ich sollte bald feststellen, dass die Suche nach diesem zweitrangig war. In den nachfolgenden Wochen dümpelte ich mit den anderen vor mich hin. Ganz wie ich erwartet hatte, wurde mein Aufenthalt in der Ergotherapie nicht verlängert. Vor allem eine Mitarbeiterin hatte es von Anfang an auf mich abgesehen und schien es zu genießen, mich zu den für mich sinnlosen Therapien zu zwingen. Ich machte zwar alles mit, konnte aber kaum etwas Positives darüber sagen oder ihnen etwas abgewinnen. Dass ich es auch noch offen zugab, stimmte die Mitarbeiter nicht gerade fröhlich. Doch ich verstand mich immer besser mit meinen Mitpatienten und fand rasch heraus, dass meine Beobachtungen zutrafen und ich mit meinen Ansichten nicht allein dastand. Jede Woche fanden weiterhin die Termine bei den Ärzten statt. Lediglich die Termine bei der Psychologin ruhten eine Weile, da sie erst krank wurde und danach noch im Urlaub war. Mir persönlich war das allerdings völlig egal.

In der Zwischenzeit hatte ich dem Psychiater meine komplette Lebensgeschichte erzählt und ihm auch mein großes Geheimnis anvertraut, das bis dato nur der Doc und mein Physiotherapeut kannten. Wir sprachen eine Weile darüber, bis es mir zu viel wurde und ich die Aufmerksamkeit wieder auf mich lenkte, was ihm nur recht war. Über mehrere Sitzungen sah er sich meine Zeichenmappe an und interpretierte das ein oder andere hinein, wobei ich auch ihn oft korrigieren musste.

Zwischenzeitlich hatte ich in der Ergotherapie mit einem neuen Projekt angefangen. Die Krippe war pünktlich zu Weihnachten fertig geworden und nun forderte ich mich selbst im Schnitzen heraus. Erstaunlicherweise klappte es sehr gut und so formte ich aus einem rechteckigen Klotz eine zufriedenstellende Eule. Ich arbeitete auch in der enorm langen Mittagspause an meinem Projekt und hätte nicht stolzer auf mich sein können. Die positive Rückmeldung von allen und auch die überraschten Kommentare des Personals förderten mein Selbstbewusstsein hinsichtlich des Ergebnisses. Nichts schien mich davon abhalten zu können, auch dieses Projekt erfolgreich zu seinem Ende zu bringen. Dass ich stets beobachtete, wie ich mich in bestimmten Situationen fühlte, war immer ein automatischer Vorgang. Ich nahm schließlich nicht nur meine Umwelt, sondern auch meine inneren Vorgänge wahr. Praktisch waren diese Beobachtungen natürlich für die Sitzungen mit den Therapeuten. Und so konnte ich speziell einen Vorfall gut mit dem Psychiater analysieren und auch mit meiner Vergangenheit in Verbindung bringen: Einer meiner Mitpatienten bildete sich ein, dass er exakt das Gleiche erlebt hatte wie ich. Obwohl ich ihm nur oberflächlich gesagt hatte, warum ich da war, zog er daraus für sich logische Schlussfolgerungen. Und so machte er sich einen Spaß daraus, mich zu triezen und durch bestimmte Handlungen zu reizen. Als er endlich entlassen wurde, ließ er es sich nicht nehmen, hin und wieder vorbeizuschauen. Wir hatten gerade Ergotherapie und ich war vertieft in meine Schnitzerarbeiten. Ich hörte ihn zwar kommen, ließ mich aber nicht ablenken. Und so nutzte er die Chance, trat von hinten an mich heran und fuhr mir amüsiert eine gefühlte Ewigkeit durch die Haare. Ich wurde sofort aggressiv, griff mein Werkzeug noch fester, drehte mich hastig weg und zischte, dass er das lassen solle. Mein Ärger schien ihn allerdings zu belustigen und so starrte ich ihn lediglich böse an, bevor ich nach ein paar Sekunden wieder weiterarbeitete.

Beim nächsten Termin mit dem Psychiater erzählte ich von dem Vorfall, der ihn sehr ärgerte. Er betonte mehrmals, dass diese Aktion nicht in Ordnung gewesen sei und der Patient hätte wissen müssen, dass ich das nicht mag und er etwas auslösen könnte. Dass er lediglich witzig sein wollte, konnten wir beiden nicht nachvollziehen. Und so fuhren wir mit unserem Gespräch fort. Ich hatte es mir nicht nehmen lassen, ihm auch von struktureller Dissoziation zu erzählen. Er fragte fasziniert nach, konnte aber nicht wirklich etwas damit anfangen. Ich beließ es daher dabei und sprach das Thema nie wieder an.

Hin und wieder landeten wir zufällig bei meinem Geheimnis. Zu meinem Erstaunen bezeichnete er mein Stillschweigen darüber als eine Fähigkeit. Ich wäre dazu in der Lage, Dinge zu wissen, sie für mich zu behalten und nie wieder zu erwähnen. Ich selbst hatte dies eher als eine Notwendigkeit als eine Fähigkeit gesehen, fand diese Sichtweise aber angenehmer. Als ich ihm beschrieb, wie ich mich selbst beobachtete, anpasste und ggf. änderte, fand der Psychiater das sehr interessant. Obwohl ich mich nur dann änderte, wenn ich es selbst für nötig erachtete, begeisterte ihn vor allem die Tatsache, dass ich durch Eigen- und Fremdbeobachtung schnell in der Lage dazu war, das verantwortliche Verhalten zu löschen oder lediglich zu mindern. Seiner Meinung nach war ich vor allem durch meine hohe Intelligenz und Vergangenheit dazu in der Lage, da ich mich damals gezwungenermaßen anpassen musste. Meine über die Jahre antrainierte Beobachtungsgabe, die sich inzwischen automatisiert hatte, half mir dabei.

Ich fand diese Gespräche sehr spannend und blickte daher erwartungsvoll den nachfolgenden Stunden entgegen. Nach wochenlangen Mühen hatte ich es auch endlich geschafft, zwei Termine in der Woche zu bekommen. Leider klappte dies allerdings nur drei Wochen lang, da erneut die Urlaubszeit dazwischenkam und die Klinik plötzlich enorm viele Patienten aufnahm, was die Flexibilität der Ärzte auf nahezu null reduzierte.

Zwischenzeitlich hatte ich mich mit der Sozialarbeiterin zusammengetan und mit ihr meine Bewerbungsunterlagen überarbeitet. Nach langem Hin und Her, vielen Zweifeln und vielem Nachdenken hatte ich beschlossen, nur noch auf mich zu hören. Und so nahm ich das Bewerbungsverfahren in Angriff und schickte wöchentlich mehrere Bewerbungen los. So schuf ich mir selbst eine Perspektive, da ich natürlich nicht für immer in der Klinik bleiben konnte. Auch wenn ich inzwischen locker dort hätte arbeiten können, da die Vorgänge mehr als überschaubar waren und ich sowieso alles mitbekam. Zudem hatte ich das Gefühl, dass ich von den Patienten mehr mitbekam als das Personal. Dieses war der Meinung, jeden von uns zu kennen, und mischte sich entsprechend in die Befindlichkeiten des jeweiligen Patienten ein.

Doch mir machte eine ganz andere Beobachtung zu schaffen. Noch bevor ich meine Eule fertig geschnitzt hatte, stellte ich fest, dass ich die meisten meiner Gefühle verloren hatte. Von einem Tag auf den anderen konnte ich nur noch zwei große Pole wahrnehmen: Freude und Wut. Alles andere dazwischen war wie ausgelöscht. Ich merkte dies zuerst an dem Umgang mit meinem Projekt. Anfangs lief ich zwischen den Therapien immer wieder zum Ergo-Raum und betrachtete mein Kunstwerk. Ich nahm es in die Hand, drehte es, berührte es und stellte mir vor, wie es fertig aussehen würde. Mein Lächeln strahlte Zufriedenheit, Stolz und Vorfreude auf die Beendigung aus. Doch plötzlich war alles weg. Ich ging nicht mehr an ihm vorbei und arbeitete nur noch mechanisch an ihm weiter. Jedes Lob wurde zwar von mir registriert und ich bedankte mich auch, doch die emotionalen Reaktionen darauf spielte ich nur vor. Als die Eule dann schließlich fertig war, nahm ich sie mit nach Hause, stellte sie in das Regal und beachtete sie ab diesem Zeitpunkt nicht mehr. Normalerweise betrachte ich meine Werke nach der Fertigstellung entweder live oder auf dem Handy über mehrere Tage. Ob es der Stolz ist oder die enorme Zufriedenheit, kann ich nicht genau sagen. Wahrscheinlich beides. Doch ich sah das Tier an und verspürte absolut nichts.

Pflichtbewusst erzählte ich der Psychologin und auch dem Psychiater von meiner Beobachtung. Sie konnten sich beide das Phänomen nicht erklären und alle Versuche ergaben für mich keinen Sinn. So vermutete der Psychiater, dass ich aufgrund des momentanen Bewerbungsdrucks als Schutzmaßnahme alle störenden Emotionen zurückgefahren hätte. Für mich ergab das aber keinen Sinn, da Bewerbungen und Vorstellungsgespräche nichts Neues für mich waren und ich davor nie nervös gewesen war. Also befolgte ich die Hausaufgabe und beobachtete über mehrere Wochen, ob ich Gefühle wahrnahm, und, wenn ja, welche. Doch mein Zustand verschlechterte sich mit jeder verstrichenen Woche. Die Ablehnung gegenüber meiner Familie war hierbei nur der Anfang. Mich interessierte nicht im Geringsten, was innerhalb der Familie vor sich ging. Die Probleme, Sorgen und Nöte waren mir völlig egal, sodass ich nicht einmal nachfragte. Entsprechend bekam ich überhaupt nichts mit, da ich mich nach der Klinik rasch zurückzog, um aus allem rausgehalten werden zu können. Meine Familie registrierte relativ schnell mein mangelndes Interesse an ihr und so wurde ich aus allem ausgeschlossen. Im Grunde hatten meine Pflegeeltern nun wirklich nur noch drei Töchter und eine junge Frau, die zwar bei ihnen wohnte, aber nicht wirklich zur Familie gehörte. Doch wieder war mir dies völlig egal.

In der Klinik spielte ich die fröhliche Patientin, die entsprechend auf die Berichte der anderen reagierte. Lediglich mein Humor war echt, alles andere wie Sorge, Mitgefühl oder Angst wurden von mir gespielt. Hin und wieder wurde ich zwar gefragt, warum ich eigentlich da war, doch ich wich der Frage geschickt aus, da ich immer noch niemanden mit meiner Geschichte belasten wollte.

Nach ein paar Wochen hatte ich mich an meine emotionale Abgestumpftheit gewöhnt. Ich fand es unglaublich praktisch, keine Sorgen zu haben, nie nervös zu sein oder mich von Trauer übermannen zu lassen. Lediglich meine Wut verstärkte sich über die Zeit immer mehr. Schließlich war sie so stark, dass ich meinem Pflegevater gegenüber extrem böse Gedanken entwickelte.

Anfangs wünschte ich mir, dass das Geheimnis über kleine Unfälle ans Licht kommen würde. Doch nun bat ich mehrmals am Tag um seinen Tod. Doch nicht harmlos, sondern so qualvoll wie möglich. Den Ärzten gegenüber war ich weiterhin offen und erzählte ihnen von dieser Verschlechterung. Der Psychiater fand es gut, dass ich meine Wut kontrollieren konnte und sie nur dann auf dem Höhepunkt war, wenn mein Pflegevater in der Nähe war. Diese Kanalisation bezeichnete er ebenfalls als Fähigkeit, doch ich gab zu bedenken, dass dieser Kanal vielleicht irgendwann brechen könnte. Ohne Ventil konnte auch er sich vorstellen, dass es irgendwann zu viel sein könnte. Ich hatte also keine andere Wahl, als den Triggern weiterhin auszuweichen und mich weitestgehend abzulenken. Das Gute war, dass diese enorme Wut nicht immer präsent war, sondern nur dann, wenn ich bewusst meine Aufmerksamkeit darauf lenkte (oder eben durch Trigger).

Leider litt unter dieser Veränderung auch das Fortschreiten der Gespräche über meine Vergangenheit in den Therapien. Allerdings half mir hierbei wieder meine neu erworbene „Fähigkeit“: Es war mir wieder völlig egal.

Ein paar Wochen zuvor hatte ich allerdings angefangen, mich mit einem Mitarbeiter zu unterhalten. Er nahm sich einmal in der Woche eine Weile Zeit für ein privates Gespräch und so unterhielten wir uns über mich, über meine Gefühle und auch über meine Vergangenheit. Er war auch das beste Beispiel für eine Feststellung des Psychiaters. Unter den Mitarbeiten ging nämlich inzwischen das Gerücht um, dass ich arrogant und hyperaktiv wäre. Ich konnte gegen diese Lüge nicht wirklich viel unternehmen, doch es war mir auch nicht sonderlich wichtig. Schließlich sahen mich meine Mitpatienten nicht so und auch die Ärzte waren nicht so oberflächlich. Der Psychiater ergründete diesen Irrtum in der Tatsache, dass ich aufgrund meiner Vergangenheit so wirken könnte. Daher wäre es für jeden wichtig zu wissen, was mir widerfahren war, bevor er mich verurteile. Und genau das machte ich mit dem Mitarbeiter. Tatsächlich wurde ihm nach meinem Bericht einiges klarer, was ich auch sehr gut an seiner Mimik erkennen konnte.

Doch mit seinen Ansichten konnte ich absolut nichts anfangen. Immer wieder versuchte er mir zu verdeutlichen, dass ich meine aufkommende Wut bewusst wahrnehmen müsse. Es wäre wichtig zu erkennen, woher dieses Verhalten komme, und es somit zu akzeptieren. Danach sollte ich mir sagen, dass diese Reaktion auf bestimmte Trigger in Ordnung sei und ich anfangen müsse, ein Herz für mich selbst zu entwickeln.

Woran ich das allerdings erkennen würde und was mir das bringen würde, blieb im Dunklen. Nach diesem Gespräch folgten auch keine mehr.

Meine letzten Wochen flogen nur so dahin und ich ließ meiner Wut immer mehr freien Lauf. Helfen konnte mir ohnehin keiner und so war es mir egal, was das Personal von mir hielt. Als ich anfing, nervige Beschwerden zu entwickeln (Muskel- und Nervenbeschweren), hatte der Pfleger, der auf das Herz ausgerichtet war, eine grandiose Idee: Aufgrund des Fehlens meiner Emotionen würde sich der bevorstehende Abschiedsschmerz nun in körperlichen Symptomen bemerkbar machen. Da ich wusste, dass bei diesem Mann sogar eine Grippe psychisch bedingt war, verfinsterte sich meine Miene schlagartig. Ich machte ihm deutlich, dass ich nicht an solche Zusammenhänge glauben würde und mir der Abschied zudem völlig egal war. Als er wieder von seiner Theorie anfangen wollte, machte ich ihm aggressiv klar, dass ich seine Worte für den größten Schwachsinn überhaupt halten würde. Daraufhin zog er beleidigt ab und sprach seitdem kein Wort mehr mit mir. Mir sollte das allerdings nur recht sein, da ich ihn ebenfalls ignorierte. Auch die anderen Pfleger schienen immer weniger von mir zu halten. Natürlich unterhielten sie sich über mich und mein „ungebührliches" Verhalten. Lediglich mit der Ergotherapeutin verstand ich mich hervorragend. Und auch vor der Psychologin nahm ich inzwischen kein Blatt vor den Mund und nutzte sie ebenfalls als Sprachrohr.

Schließlich kam der große Tag: Wie erwartet empfand ich absolut nichts und so ging der Tag sehr schnell herum. Ich nahm meine Abschiedskarte in Empfang und bereitete mich auf die schlimmste Frage aller Fragen vor: „Was nehmen Sie von Ihrem Aufenthalt hier mit?" Ich ließ meinen Blick über die Anwesenden wandern. Alle Mitpatienten sahen mich wissend an, da ich ihnen gesagt hatte, dass ich nicht wusste, was ich sagen solle, ohne zu lügen oder zu sehr die Wahrheit aussprechen zu müssen. Die Pflegerinnen sahen mich erwartungsvoll an, während der Pfleger in seine Teetasse starrte. Schließlich räusperte ich mich und erwiderte: „Ich nehme viele tolle Bekanntschaften mit. Doch es gibt nichts, was sonderlich heraussticht und erwähnenswert wäre ..." Die Redeführerin senkte den Kopf, was mir verdeutlichte, dass sie genau das nicht hören wollte. Doch ich hätte noch viel ehrlicher antworten können. Glücklicherweise gab sie das Wort an meine Mitpatienten weiter und so sagten ein paar noch nette Dinge zum Abschied.

Einen Tag später hatte ich mein Abschlussgespräch bei dem Psychiater, der erfreut war, dass ich mich zurückgehalten hatte. Nach der Tagesklinik hatten wir eine ambulante Ergotherapie geplant, bei der auch die Ergotherapeutin der Klinik meistens anwesend war. So hatte ich noch etwas zu tun, bevor ich meine Arbeit antrat.

Ganz untätig war ich während des Aufenthaltes nämlich nicht gewesen. Zusammen mit der dortigen Sozialarbeiterin hatte ich meine Bewerbungsunterlagen überarbeitet und jedes Wochenende zwei bis drei abgeschickt. Nach der dritten Woche verschob sich mein „Bewerbungstag" von Samstag auf Sonntag. Ich versendete also meine Bewerbungen und bekam erstaunlicherweise noch am selben Tag eine Antwort. Diese kam von einem Augenarzt, der mich sogleich für den Folgetag zum Vorstellungsgespräch einlud. Diesen nahm ich gespannt wahr und fand mich in einer riesigen Praxis wieder. Das Gespräch begann hinter der Anmeldung, damit ich den Trubel richtig wahrnehmen konnte. Mir wurden die Abläufe erklärt, ich wurde herumgeführt und durfte danach sogar bei einer Operation[41] zuschauen, bei der ich

41 Operation des grauen Stars, bei dem die biologische Linse durch eine künstliche ersetzt wird.

dann auch gleich den Chef kennenlernte (da er operierte). Während der 20-minütigen OP brachte ich vor Staunen kaum einen Ton heraus. Der Professor erklärte mir alles, doch nur hin und wieder brachte ich ein „Mmh …“ oder „Ja …“ hervor. Nach der OP hatte ich die Chance, den Professor, der mich auch eingeladen hatte, kennenzulernen. Er fand meinen Lebenslauf erstaunlicherweise sehr interessant. Ich befürchtete durchgehend, dass er mich nach dem letzten Jahr fragen würde, in dem ich in Kliniken gewesen war und dazwischen nichts getan hatte. Doch er wollte lediglich wissen, wie es dazu kam, dass sich meine Mathenote gegen Ende noch verbessert hatte, und was meine Hobbys waren. Danach machte er mir mehrmals deutlich, dass dieser Job meinem ersten kaum ähneln würde. Doch nachdem ich ihm gesagt hatte, dass es mir um die Patienten ging und ich gerne etwas anderes machen würde, sah er uns auf einer Wellenlänge. Denn er verwies darauf, dass den Patienten völlig egal wäre, was man kann oder weiß. Hauptsache man ist freundlich zu ihnen. Da dies genau meine Einstellung war, atmete ich innerlich erleichtert durch. Der Professor versprach sich in einer Woche zu melden, da es noch andere Interessenten gab. Tatsächlich rief er mich in dem versprochenen Zeitraum an und bezeugte großes Interesse an mir. Er lud mich zum Probearbeiten ein, damit ich mir alles noch einmal anschauen könnte. Und so verbrachte ich zwei Stunden in der Praxis, untersuchte Patienten, sah bei der Anmeldung zu, unterhielt mich mit den Angestellten und saß schlussendlich wieder vor dem Professor. Auf seine Nachfrage hin sagte ich ihm, dass es natürlich viel Neues sei, aber doch sehr interessant. Genau das schien er hören zu wollen, denn daraufhin bot er mir den Arbeitsplatz an. Wir besprachen die Konditionen und nur kurze Zeit später konnte ich ihm den Vertrag unterschrieben zurückschicken.

Nicht nur ich, auch die Sozialarbeiterin war über diesen raschen Erfolg erstaunt. Ich hatte unglaubliches Glück gehabt, dass mein zukünftiger Chef nicht an meinen Noten, sondern an meiner Person interessiert war. So hatte ich mit Sympathie und Neugierde punkten können.

Nun musste ich mir lediglich noch einen Monat die Zeit vertreiben, bevor ich wieder in den Arbeitsalltag starten konnte.

Die Unterstützung beim Bewerbungsvorgang war so ziemlich das Einzige, was ich von dem Klinikaufenthalt mitnehmen konnte. Alles andere hatte mir überhaupt nichts gebracht. Über die Monate hatte sich die Einstellung der Mitarbeiter mir gegenüber ins Negative geändert, wofür ich aber mitverantwortlich gewesen war. Denn ich hatte nicht im Geringesten auf sie gehört. Lediglich die Ergotherapeutin, Sozialarbeiterin, Psychologin und der Psychiater schienen mein wahres Ich erkennen zu wollen. So fragte mich die Sozialarbeiterin bei meinem ersten Termin sofort, ob ich evtl. hochbegabt sei. Und auch die Ergotherapeutin erkannte meine Fähigkeiten sofort, hatte allerdings kaum Gelegenheit, in Ruhe mit mir darüber zu sprechen. Doch die anderen fantasierten die tollsten Geschichten über mich zusammen, sodass ich nur damit beschäftigt zu sein schien, diese Gerüchte zu stoppen. Besonders die bereits erwähnte Mitarbeiterin schien es von Anfang an auf mich abgesehen zu haben. Als ich ihr an meinem ersten Tag gegenüberstand, warnte mich mein Instinkt vor ihr. Natürlich sollte er recht behalten. Denn obwohl der Chef dem Personal nur Kleinigkeiten zum Hintergrund der Patienten erzählte, glaubte sie trotzdem, den kompletten Menschen zu kennen und, vor allem, zu verstehen. Noch nie hatte ich einen Menschen mit so wenig Menschenkenntnis getroffen wie die soeben Erwähnte. Und ja, sie hat sogar die Ärztin der Psychiatrie geschlagen. Und so hatte sich eben rasch das Gerücht ausgebreitet, dass ich hyperaktiv und extrem arrogant wäre. Hyperaktiv deshalb, da ich anfangs einen großen Fehler machte. Da ich der Psychologin in den ersten Gesprächen kaum etwas erzählen wollte, erfand ich Ziele, um sie zufriedenstellen zu können. So behauptete ich unter anderem die Warnsignale meines Körpers bei Überlastung nicht erkennen zu können. Die Anweisungen des Chefs, mich regelmäßig nach meinem Befinden zu fragen, wurden von dem Personal ignoriert. Doch der Mythos meiner Hummeln im Hintern hielt sich bis zum Schluss. Der wahre Grund meiner ständigen Bewegung war jedoch die zermürbende Langeweile. Um diese minimal zu halten, half ich bei allen Diensten mit, sorgte dafür, dass stets Kaffee da war, und legte „Überstunden" in der Ergotherapie ein. Doch all das half nichts, da meine Kondition trotzdem immens unter dem Nichtstun litt.

Meine scheinbare Arroganz kann ich nur damit erklären, dass ich stets die Wahrheit gesagt habe und mir anmerken ließ, dass ich viel Selbstvertrauen habe. Und obwohl den Patienten dort genau das beigebracht werden soll, kam mein schon vorhandenes Selbstvertrauen offenbar sehr schlecht an. Ich wollte mich allerdings nicht dumm stellen und ließ das Personal daher absichtlich spüren, dass ich mich über ihnen sah. Um auf Nummer sicher zu gehen, fragte ich allerdings den Doc, ob er mich jemals als arrogant wahrgenommen hatte. Er versicherte mir umgehend, dass dies absoluter Blödsinn sei und ich unnahbar, jedoch keinesfalls arrogant wirken würde. Genau das bestätigten meine Beobachtungen meiner selbst und ich fuhr mit meinem Schauspiel fort. Schließlich trieb es die besagte Mitarbeiterin auf die Spitze und beleidigte mich in einem Gespräch. Natürlich ging sie davon aus, mich zu kennen, was sie auch mehrmals betonte. Meine Versuche, ihr diesen Gedanken auszutreiben, blieben allerdings erfolglos. Sie hielt mir vor, dass ich hyperaktiv wäre und meine Neugierde fast schon zwanghaft wäre. So würde ich z. B. sofort alles niederlegen und lauschen, sobald das Telefon klingeln würde. Ich versuchte, ihr zu erklären, dass das gar nicht nötig sei, da ich gute Ohren hätte, multitaskingfähig sei und sie sowieso extrem laut sprechen würde. Das Argument kam nicht an und so fuhr sie fort mit ihren seltsamen Beobachtungen, die alle in die falsche Richtung liefen. Schließlich fragte ich sie, ob es sein könne, dass sie nicht viel von mir halte. Daraufhin erwiderte sie, dass sie sicher sei, dass ich auch positive Eigenschaften hätte. Inzwischen wurde ich immer wütender und fragte daher mit beschämtem Unterton, ob ihr also nur schlechte Eigenschaften aufgefallen wären. Erneut versicherte sie mir, dass ich sicher auch positive Eigenschaften haben würde. Nun war bei mir das Maß voll und ich ging mit den Worten „Ich könnte es Ihnen erklären, aber ich habe nun wirklich keine Lust dazu" aus dem Raum. Ab diesem Zeitpunkt ließ sie mich weitestgehend in Ruhe.

Nach einigen Wochen stellte sich schließlich eine komplette Gefühlsarmut ein, was mehr Schauspiel von mir verlangte, jedoch auch seine Vorteile mit sich brachte. So legte ich nicht den geringsten Wert darauf, irgendjemandem (vor allem dem Personal) zu gefallen. Und so erlebte mich der ein oder andere (auch der Psychiater) aggressiv und extrem aufgebracht.

Nachdem ich also nach dem teilstationären Aufenthalt den Doc aufsuchte, erkundigte sich dieser nach den Abläufen in der Klinik. Natürlich war er mit dem Psychiater in Kontakt geblieben, doch ich hielt mit keiner Information hinter dem Berg. Ich gab zu, dass ich mich etwas unbeliebt gemacht hatte, mir das allerdings völlig egal sei. Dass ich dort hätte eingestellt werden können und den Laden geschmissen hätte, verheimlichte ich ebenfalls nicht.

Mit einem Nicken sagte mir der Doc daraufhin, dass ihm genau das auch der Psychiater erzählt hatte, was mich wiederum zum Lachen brachte. Zu meinem Erstaunen hatte er ihm außerdem gesagt, dass er meine Offenheit gegenüber dem Personal sehr begrüßt hätte. Ich hatte mir schon gedacht, dass der Chef bei den Besprechungen die Beschwerden und Kommentare der Patienten an sein Personal weitergeben würde. Doch dass er alles „gepetzt" hatte, war dann doch erstaunlich. Als der Doc mir dann erzählte, dass der Psychiater es sehr gut fand, dass seinen Mitarbeitern auch mal der Spiegel vorgehalten wurde, brach ich in schallendes Gelächter aus (mit bösem Unterton). Genau das hatte ich erreichen wollen und es tat mir nicht im Geringsten leid, dass ich den Herrschaften das Leben offenbar etwas erschwert hatte.

Doch das Fazit des Aufenthaltes glich den vorigen: Mir hatte es erneut nichts gebracht. Zwar hatte ich zugenommen, doch das hatte ich der mangelnden Bewegung und der übermäßigen Aufnahme von Hirse und Maisstärke zu verdanken (ich hatte in dem Zeug regelrecht gebadet). Trotzdem war ich natürlich gespannt auf den Entlassungsbericht. Denn bisher hatte ich in ihnen alles Mögliche vorgefunden – außer der Wahrheit. Zwar hatte mir der Psychiater versichert, dass er ehrlich sein würde, doch ich zweifelte an dieser Aussage. Schließlich konnte es kein gutes Bild auf ihn bzw. die Klinik werfen, wenn sich kein Erfolg eingestellt hatte. Ich vermutete, dass er Kleinigkeiten hervorheben würde, die absolut nichts mit dem Aufenthalt zu tun hatten. Trotzdem fragte ich mich, ob er meine verschwundenen Emotionen erwähnen würde, für die er eher sporadische Erklärungen parat gehabt hatte.

Insgesamt hatte mein teilstätionärer Aufenthalt drei Monate in Anspruch genommen. In dieser Zeit traf ich eine Entscheidung, die sowohl der Psychiater als auch der Doc unterstützten: Ich würde mein Vorhaben, mich mit meiner ehemaligen Therapeutin auszusprechen, begraben. Da sie offenbar nicht mehr im Geringsten an meiner Gesundheit interessiert war (Nachfragen per Mail oder WhatsApp blieben aus), sah ich keinen Grund, ihr gegenüber Interesse zu zeigen. Für mich war das Kapitel abgeschlossen und ich konnte einen erneuten Vertrauensbruch auf meine Liste setzen.

Kurz darauf konnte ich allerdings einen weiteren dazuschreiben, der endgültig dafür sorgen sollte, dass ich nur noch meinen Vertrauten gegenüber offen war. Da ich nun Vollzeit arbeiten würde, war es schwierig, weiterhin Termine bei dem Psychiater wahrzunehmen. Ich nahm mir vor, ihm dies bei meinem nächsten Termin zu sagen. Doch zu meiner Überraschung wurde dieser abgesagt, da ein naher Verwandter von ihm gestorben war (was mich nicht im Geringsten interessierte). Auf meine Nachfrage nach einem abendlichen Termin bekam ich als Antwort, dass nur noch morgens Termine frei wären. Diese Aussage machte mich extrem wütend, da mir der Psychiater zugesichert hatte, dass er bis spätabends in der Praxis sei und wir daher sicher einen Termin finden würden. Ich schrieb ihm also in meinem aufgebrachten Zustand einen mehrseitigen Brief, in dem ich ihm verdeutlichte, dass ich diese Aktion als immensen Vertrauensbruch wahrnahm. Zudem schrieb ich erneut nieder, dass meine fehlenden Emotionen wahrscheinlich niemals wiederkommen würden, ich für immer allein und unverstanden bleiben würde und mir wohl auch das Recht auf Antworten und Glück verwehrt bliebe.

Kurz darauf fing ich an zu arbeiten und fühlte mich weiterhin wohl. Meine Kolleginnen und mein Chef waren unglaublich nett und geduldig mit mir. An meinen freien Tagen erledigte ich Termine, wie z. B. die Physiotherapie. Schon nach einer Woche hatte ich gemerkt, dass die Beschwerden wieder stärker wurden. Mein Physiotherapeut erkundigte sich natürlich nach meinem Aufenthalt in der Klinik. Wahrheitsgemäß berichtete ich darüber und hielt auch nicht mit meinen fehlenden Emotionen bzw. der vorherrschenden Wut hinter dem Berg. Zu meiner Überraschung freute er sich darüber. Für ihn war dies ein Fortschritt, da ich die Wut wohl lange unterdrückt hätte, ihr nun aber Freiraum gebe. Diese Feststellung ließ ich so im Raum stehen und dachte noch Tage später darüber nach. Im Grunde stellte das eine interessante Theorie dar. Genau wie der Doc hatte er mir allerdings prophezeit, dass ich kurz nach meinem Arbeitsantritt wieder vollen Zugriff auf meine Gefühle haben würde. Auch der Psychiater hatte mir das geweissagt. Im Laufe der zweiten Woche stellte ich allerdings das genaue Gegenteil fest. Plötzlich war da gar nichts mehr. Sogar die Wut war verflogen und ich stellte nicht nur eine enorme innerliche Leere, sondern auch Langeweile fest. Ich wusste einfach nicht mehr, worüber ich nachdenken sollte. Es gab nichts, was mir Sorgen machte, mich traurig machte oder worauf ich mich freute. Wie eine Maschine stand ich morgens früh auf, fuhr mit dem Fahrrad zur Arbeit, spielte in der Praxis allen etwas vor, fuhr zurück, duschte, aß eine Kleinigkeit und ging früh zu Bett. Am Wochenende zog ich mich weiter zurück, sprach aber mit meiner Pflegemutter und versuchte ihr so viel zu helfen, wie es nur ging. Danach ging das ganze Spiel von vorn los. Ich stellte mit jedem neuen Tag fest, dass mir niemand am Herzen lag. Lediglich meinen Vertrauten wünschte ich nur das Beste, doch ich machte mir um niemanden Sorgen, bei dem es evtl. angebracht war. Und so schwirrten mir irgendwelche belanglosen Sachen über die Arbeit und meine Hobbys durch den Kopf. Hin und wieder dachte ich an den Psychiater, der mir weiterhin Antworten schuldig blieb.

Doch auch nach Wochen blieb eine Antwort aus, wodurch meine Wut auf ihn noch weiter genährt wurde. Hiermit hatte er sich komplett ins Aus geschossen und ich hielt mit meiner neuen Meinung über ihn nicht hinter dem Berg. Meine Reaktion darauf war entsprechend: Ich verwandelte mich in eine Maschine. Eine Maschine ohne Gefühle, ohne Familie, ohne Freunde. Hier kam mir meine Arbeit nur recht. Ich musste früh aus dem Haus und kam erst spät wieder zurück. Fuhr ich am Wochenende nach Hause, traf ich mich zwar mit einem Kumpel, doch auf emotionaler Ebene bedeuteten mir diese Treffen gar nichts. Ich freute mich weder darauf noch hatte ich Lust. Die Treffen waren für mich lediglich eine Beschäftigung und Abwechslung im Alltag.

Trotzdem ging mir die fehlende Rückmeldung nicht aus dem Kopf. Und so fasste ich an einem meiner freien Tage den Entschluss, es noch einmal per Mail zu probieren. Vorher rief ich allerdings die Sekretärin des Psychiaters an und erkundigte mich, ob der ausführliche Bericht über meinen Aufenthalt schon fertig war. Meinen Erwartungen entsprechend war er dies nicht und so nahm ich das als Grund für die E-Mail.

Ich bat darin um die baldmöglichste Übersendung des Berichts an den Doc. Zudem machte ich mit höflichen, aber bestimmten Worten deutlich, dass ich über seine ausbleibende Antwort verärgert war. Seine Antwort kam innerhalb kürzester Zeit, in der er mir den Grund für den ausfallenden Termin mitteilte und mir versicherte, dass der Bericht bald kommen würde. Doch eine Erklärung für seine plötzliche mangelnde Zeit blieb aus. Daher schrieb ich erneut zurück, dass er mein Vertrauen verloren habe und ich hoffen würde, dass er wenigstens in seinem Bericht die Wahrheit sprechen würde. In seiner Antwort bot er mir abendliche Termine an, die ich aber, bedingt durch meine Arbeitszeiten, schwer hätte wahrnehmen können. Dass ich nicht im Geringsten Interesse an einer weiteren Zusammenarbeit hatte, machte ich ihm in meiner letzten Antwort klar: Ich würde mich niemandem mehr öffnen und sah zudem keinen Sinn in einer Weiterführung der Therapie. Denn meiner Meinung nach würden wieder nur zwei Themen im Mittelpunkt stehen: mein

Pflegevater und mein Alltag. Doch ich, als Person, meine inneren Vorgänge, mein Werdegang und meine Veränderungen würden weiterhin auf der Strecke bleiben.

Ich verdeutlichte ihm, dass ich Rück- und keine Fortschritte gemacht und ich unnütze Information bekommen hatte. Meine Reue über die letzten Monate (inkl. des ausbleibenden Abbruchs der Therapie bei meiner Ex-Therapeutin) beschrieb ich ebenfalls. Und auch die Tatsache, dass ich weder den Doc noch meinen Physiotherapeuten weiter mit meinen Problemen belasten wollte. Zur Sicherheit erwähnte ich schlussendlich ein letztes Mal, dass ich mich nie wieder jemand Neuem öffnen würde und ein neuer Therapeut für mich daher nicht infrage kam.

Seine Antwort auf dieses Statement fiel mehr als sporadisch aus: „… o.k., dann darf ich Ihnen alles Gute wünschen." In meinen Augen ein Beweis dafür, dass er kein Interesse daran hatte, sich zu entschuldigen, und nicht in der Lage dazu war, Kritik einzustecken.

Es tat mir gut, ihm endlich mal richtig die Meinung gesagt zu haben bzw. überhaupt einem Therapeuten endlich mal sagen zu können, was ich von ihm halte. Noch wenige Wochen zuvor wären meine Aussagen anders ausgefallen, doch wieder bestätigte sich eine meiner eigenen Lektionen: Vertraue niemandem!

Natürlich hatte ich immer noch Vertrauen, doch dieses bezog sich ausschließlich auf zwei Personen: auf meinen Doc und auf meinen Physiotherapeuten. Daher beschloss ich auch dem Doc, der viel von dem Psychiater hält, ehrlich zu sagen, was ich getan hatte. Und so beschrieb ich ihm kurz, wie sich der Schriftverkehr abgespielt hatte, dass ich nicht sonderlich nett gewesen war und dass ich mich nie wieder an jemanden wenden würde.

Ich erwartete daraufhin eine kleine Standpauke, doch stattdessen äußerte der Doc Neugierde auf den bevorstehenden Bericht. Denn es konnte durchaus sein, dass auch meine Mails in diesem erwähnt würden, was mich keinesfalls überraschen würde. Zudem fand er meinen Plan, nie wieder therapeutische Hilfe zu suchen, nicht optimal. Er bat mich, es mir noch einmal zu überlegen und zu versuchen, vielleicht doch einen Termin bei dem Psychiater zu bekommen. Da ich schon früher Vertrauen zu ihm gefasst hätte, würde es vielleicht erneut klappen.

Ich nahm mir vor, dem Doc zu erklären, dass es irreversibel war, wenn mein Vertrauen einmal zerstört worden war. Zudem war mir klar, dass ich die Hilfe, die ich benötigen würde, ganz sicher nicht von dem Psychiater bekommen würde, da er schlicht nicht auf Fälle wie mich spezialisiert war.

Doch bevor ich mir die Zeit nahm, ihm das alles zu erklären, wartete ich den Bericht ab. Denn ich konnte mit ziemlicher Sicherheit sagen, dass dieser, wie auch die davor, nur so vor Lügen strotzen würde.

Er war auch voller Unwahrheiten, allerdings hielten sich diese, im Gegensatz zu den vorigen klinischen Berichten, in Grenzen. Der Psychiater stellte vor allem meine „Hyperaktivität" in den Vordergrund und betitelte dies als Möglichkeit, die Kontrolle behalten zu können. Dass pure Langeweile der Auslöser für meine „Unruhe" war, schien offenbar total absurd.

# EIN MOMENT DER VERWIRRUNG

Nach diesem ganzen Hin und Her war ich mehr als verwirrt. Noch immer konnte mir niemand eine genaue Diagnose für meinen psychischen Zustand liefern, da in allen Berichten lediglich ein „Verdacht auf" herrschte und mir dafür Erkrankungen diagnostiziert wurden, die an Absurdität kaum zu überbieten waren. Daher tat ich das, was ich schon immer gemacht hatte: Ich suchte die Lösung auf eigene Faust.

Ich habe bereits zwei verschiedene psychische Erkrankungen vorgestellt, die nach einer starken Traumatisierung auftreten können. Zum einen die strukturelle Dissoziation und zum anderen die komplexe posttraumatische Belastungsstörung (auch: Persönlichkeitsänderung nach Extrembelastung). Beide hängen eng miteinander zusammen, da sie ähnliche Symptome aufweisen. Auch wenn ich anfangs dachte, dass eine dieser Diagnosen auf mich zutreffen könnte, so habe ich während meiner Recherchen entdeckt, dass es kein Wunder war, dass niemand dem Kind einen Namen geben konnte. Frei nach dem Motto: Der Verstand sieht, was er sehen will. Lässt man ihn allerdings einen zweiten Blick auf die Szenerie werfen, ergibt sich ein völlig anderes und klares Bild.

Jeder kennt das: Man hat irgendwo Schmerzen oder es fällt ein Symptom auf, das bis dato unbekannt war. Der erste Weg führt zum Arzt oder – was wahrscheinlicher ist – zu Dr. Google. Nachdem brav die Symptome in die Suchleiste eingetippt wurden, tauchen allerlei Krankheiten auf, bei denen das gesuchtes Symptom auftreten kann. Anfangs wird vielleicht das Schlimmste angenommen, doch wenn ein genauerer und ruhiger Blick auf die Auflistung der weiteren Symptome geworfen wird, dann fällt auf, dass die gefundene Krankheit nicht zutreffen kann. Zur

Sicherheit, sollte sich die Besserung nicht von allein einstellen, wird dann doch der Arzt zu Rate gezogen.

So ähnlich erging es mir jahrelang. Ich habe oft recherchiert, dies jedoch irgendwann eingestellt und nur auf den Doc gehört (bzw. auf seine Kollegen). Wie auch bei den körperlichen Erkrankungen habe ich schlussendlich doch angefangen, über die psychischen zu recherchieren. Ich fing an, mich eingehend über strukturelle Dissoziation und cPTBS zu informieren, was an den vorangegangenen Kapiteln gut zu erkennen ist. Hier konnte ich allerdings nicht auf den Doc hören, da die Traumatologie nun mal nicht sein Fachgebiet ist. Ich hatte mir also zum Ziel gesetzt, ihn mit meinen Rechercheergebnissen davon zu überzeugen, dass er sich diesmal zumindest zum Teil geirrt hatte.

# EINE SELBSTDIAGNOSTIK

Meine Ergebnisse habe ich bereits vorgestellt, doch nun möchte ich genau erklären, welche Symptome auf mich zutreffen und welche nicht (und warum). Sie sehen in der unteren Tabelle, dass ich die Symptome der strukturellen Dissoziation sowie auch der cPTBS zusammengeführt habe. Dahinter habe ich markiert, welcher Punkt der Liste auf mich zutrifft und welcher nicht. Von 29 grob aufgeführten Symptomen finden sich also wenige bei mir wieder. Ich muss zugeben, dass ich beim Erstellen dieser Liste nur zwei Übereinstimmungen gefunden habe. Erst im Rückblick nach einigen Jahren war ich ehrlich genug mir selbst gegenüber, um diese erhöhen zu können. Sicherheitshalber habe ich einen Spezialisten per Mail kontaktiert und nachgefragt, wie viele Symptome denn für eine sichere Diagnose erfüllt sein sollten. Wie ich erwartet hatte, antwortete er mir, dass es auf die Person ankomme und auf das allgemeine Bild. Zudem müssten nicht alle Symptome auftreten, was man allerdings bei jeder Krankheit sagen kann. Auch wenn es in meinem Fall zu einer groben Einigung kam, kann schlussendlich nur ein Profi die richtige Diagnose stellen.

| **cPTBS/strukturelle Dissoziation** | **Überein-stimmung** |
|---|---|
| Schwierigkeiten, mit unangenehmen Gefühlen umzugehen (z.B. Ärger, Wut, Trauer) | nein |
| Unfähigkeit, sich selbst zu beruhigen | nein |
| Überreaktion bis hin zu Kontrollverlust | nein |
| fremd-/selbstverletzendes Verhalten | nein |
| Selbstberuhigung mit Alkohol/Drogen | nein |
| autodestruktives Verhalten | nein |
| Nachlässigkeit im Punkt Sicherheit | nein |
| Vermeidung/zwanghaftes Ausleben der Sexualität | ja |
| dissoziative Episoden | ja |
| Erinnerungslücken | ja |
| Flashbacks | ja/nein |
| Hilflosigkeit/Verzweiflung | ja |
| Gefühl, keinen Einfluss auf das Leben zu haben | ja |
| Scham-/Schuldgefühle | nein |
| geringes Selbstwertgefühl | nein |
| Mangel an Vertrauen | ja |
| Schwierigkeiten im Austragen/Bewältigen von Konflikten | nein |
| kaum Gespür für eigene Grenzen | nein |
| Übernahme der Täterrolle | ja/nein |
| Somatisierungen | ja |
| Gefühl von Resignation/Desillusion | ja |
| negative Werte/Lebenseinstellung | ja |

| | |
|---|---|
| Einschränkung der Vorstellungskraft | nein |
| mangelnde kreative Fantasie (Alltagsprobleme lösen) | nein |
| keine Lust auf aktive Lebensgestaltung | ja |
| kein Beibehalten angenehmer Aktivitäten | ja |
| Selbstaufgabe in Krisen | ja/nein |

Ich gehe nun genauer auf die einzelnen Punkte ein und erkläre kurz, ob man das jeweilige Symptom bei mir vorfindet oder nicht:

## Schwierigkeiten, mit unangenehmen Gefühlen umzugehen

Aus meiner detaillierten Beschreibung über meine eigenen Gefühle im späteren Verlauf dieses Buches wird deutlich, dass ich zwar mit meinen Gefühlen umgehen kann, diese aber nur selten zeige. Sie sind mir unangenehm, das stimmt. Aber wer mag es schon, wenn er wütend, traurig oder einfach nur verärgert ist? Daher lasse ich es gar nicht erst so weit kommen. Vor allem, da ich gelernt habe, dass Wut kurzzeitig den IQ senkt. Daher kommt man auch erst auf eine nötige Lösung, wenn sich die Gemüter wieder beruhigt haben.

Ich habe allerdings ein großes Problem damit, Gefühle von anderen nachzuvollziehen. Ich erkenne sie und kann sie einigermaßen in Verbindung bringen, doch ich verstehe nur selten, warum meine Mitmenschen fühlen, was sie fühlen. Erst mit den Jahren habe ich angefangen, immer öfter danach zu fragen, auch wenn die Antworten eher wenig zufriedenstellend waren. Heute frage ich stets eine Freundin von mir, die mir die Hintergründe sehr gut erklären kann. Ich verstehe es zwar dann etwas besser, doch Sinn ergibt es für mich nicht.

## Unfähigkeit, sich selbst zu beruhigen

Da ich es nicht mag, wenn sich mein IQ verringert (und sei es auch nur kurz), habe ich mir beigebracht, mich schnell wieder zu beruhigen, sollte ich doch einmal wütend werden. Manchmal lasse ich die Wut auch zu. Ein paar Mal tief durchatmen hilft oft schon, um sich wieder abzukühlen. Ich denke, dass jeder seine Tricks hat, um solche unangenehmen Ausbrüche zu vermeiden oder ganz schnell wieder unter Kontrolle zu kriegen. Ich, für meinen Teil, beruhige mich auch oft, indem ich mit mir selbst spreche und mir sage, dass ich mich nicht so anstellen soll. Manchmal muss ich mich selbst daran erinnern, dass ich in so einem Zustand nicht zu klaren Gedanken fähig bin, was ich eigentlich überhaupt nicht leiden kann. Die beste „Medizin" für solche Ausbrüche ist jedoch, sich selbst zu sagen, dass ein solcher unkontrollierbarer Zustand an der Situation selbst nichts ändern kann.

## Überreaktion bis hin zu Kontrollverlust

Zu diesem Punkt kann ich kaum etwas sagen, da ich mich bisher immer beruhigen konnte, bevor es je zu einer Explosion gekommen ist. Selbst bei, durch Trigger ausgelöste Reaktionen bin ich nie bis zum Äußersten gegangen. Ich denke stets voraus und überlege, was ein unkontrollierbares Verhalten anrichten kann und ob ich die dadurch entstehenden Folgen bereuen könnte.

## Fremd-/selbstverletzendes Verhalten

Als ich auf der Depressionsstation der Psychiatrie war, habe ich viele Patienten gesehen, die sich geritzt und daher leichte bis grauenvolle Narben zurückbehalten haben. Ich sehe auch in der Öffentlichkeit oft Menschen, die deutliche Spuren an den Armen tragen, die ganz sicher nicht unabsichtlich herbeigeführt wurden. Und jedes Mal denke ich mir das Gleiche: Wie kann man sich das nur selbst antun? Ich habe gelernt, dass es diesen Menschen Erleichterung verschafft, doch das ist wahrlich der falsche Weg. Daher wäre ich auch nie selbst dazu in der Lage. Ich bin auch gegen Gewalt gegenüber anderen, auch wenn ich zugeben muss, dass ich, wenn ich möchte, ordentlich mit Worten verletzen kann. Doch inzwischen bin ich dazu übergegangen, das Verhalten meines Gegenübers langsam zu manipulieren. Es mag seine Zeit in Anspruch nehmen, doch schlussendlich bekomme ich, was ich will, und mir selbst ist so keinerlei Schuld nachzuweisen.

## Selbstberuhigung mit Alkohol/Drogen

Ich habe schon mehrmals erwähnt, dass ich keinen Alkohol trinke und dies auch zukünftig niemals machen werde. Dementsprechend würde ich auch keine Drogen zu mir nehmen. Warum auch? In meinen Augen ist das nichts anderes als Weglaufen vor den eigenen Problemen. Zudem zerstört es nicht nur den Körper, sondern auch den Geist. Wie man das freiwillig in Kauf nehmen kann, nur damit man sich kurzzeitig besser fühlt, ist für mich nicht nachvollziehbar.

## Autodestruktives Verhalten

Eigentlich entspricht dieses Verhalten den oben genannten Punkten. Ich laufe nicht weg, indem ich meinen Körper bzw. Geist absichtlich zerstöre bzw. schwäche. Wobei ich glaube, dass Psychologen meine „eingebildeten“ Intoleranzen als Autodestruktion sehen. Meine Mangelernährung führt zu bestimmten Beschwerden, wofür ich nichts kann. Leider glaubt mir das keiner und es wird als „Ausrede“ betitelt.

## Nachlässigkeit im Punkt Sicherheit

Ich habe mich noch nie damit gebrüstet, besonders risikofreudig zu sein. Ich übe keine Extremsportart aus und stürze mich auch sonst nicht in irgendwelche Abenteuer, die besonders gefährlich erscheinen. Was die Sicherheit angeht, höre ich immer auf meine Vernunft. Das gilt für die alltägliche Sicherheit (z. B. Straßenverkehr) wie auch für die persönliche. Ich mache keine Experimente und bringe mich auch nicht anderweitig unnötig in Gefahr. Als Kind habe ich wahrscheinlich am gefährlichsten gelebt. Ich bin z. B. auf jeden Baum geklettert, den ich finden konnte. Fiel ich einmal hinunter, war das nun mal so. Aufstehen, abklopfen, wieder hinauf auf den Baum!

Streng genommen habe ich überhaupt keine Angst vor möglichen Gefahren. Ich gehe mit der Einstellung „Wenn etwas passiert, dann ist es eben so" durchs Leben. Ich passe selbstverständlich auf, aber ich habe keine Angst vor dem Tod. Mir wurde schon gesagt, dass auch das eine ungesunde Einstellung sei, doch hier geht es um Sicherheit, und die ist mir sehr wichtig.

## Vermeidung/zwanghaftes Ausleben der Sexualität

Ich habe diesen Punkt als vorhanden markiert, da ich mir nicht ganz sicher bin, ob ich meine Sexualität vermeide, nur weil ich keine Orientierung als solche habe. Ich bin asexuell und habe daher kein Interesse an Sex. Dies kann zwar angeboren sein, doch in meinem Fall ist es wahrscheinlicher, dass ich es erworben habe.

Manch einer mag nun das Argument aufführen, dass ich Angst hätte, verletzt zu werden. Doch müsste ich mich dann nicht trotzdem zu Männern bzw. Frauen hingezogen fühlen? Ich habe darauf geachtet, doch ich merke absolut nichts. Ich war auch noch nie verknallt oder habe für jemanden geschwärmt. Selbst in meiner Schulzeit nicht, als das gewisse Alter Anlass dazu gab.

## Dissoziative Episoden

Ich habe in meinen Beschreibungen über die strukturelle Dissoziation bereits alle Symptome beschrieben, die zu dissoziativen Episoden zählen. Und ich bin etwas unsicher, ob ich so etwas schon mal erlebt habe (daher das Häkchen). Ich stand noch nie „wie neben mir", bin nie plötzlich aus einer belastenden Situation weggerannt oder hatte auf einmal Erinnerungslücken. Aber es gab durch Trigger ausgelöste Situationen, in denen ich „mich selbst etwas sagen hörte". Diese Erlebnisse waren oft sehr belastend für mich und das innere Zurücktreten könnte zur Dissoziation zählen, auch wenn es nur wenige Sekunden in Anspruch genommen hat und ich mich sehr gut daran erinnern kann.

## Erinnerungslücken

Ich habe eben schon erwähnt, dass ich noch nie plötzliche Erinnerungslücken hatte. Doch möchte ich diesen Punkt nutzen, um noch einmal zu betonen, dass mir lediglich von meiner Kindheit Erinnerungen fehlen, deren Lücken ich gerne auffüllen würde. Ich kann mich sehr weit zurückerinnern, doch vieles fehlt dazwischen. Diese Amnesien gehören zu meinem Schutzmechanismus und sind nicht ohne Grund eingetreten.

## Flashbacks

Während des stationären Aufenthaltes haben ein paar Patienten Flashbacks beschrieben. Ich kann mir nur ansatzweise vorstellen, wie es sein muss, wenn man von diesem Phänomen überrascht wird. Trotzdem zähle ich nicht zu den Personen, die darunter leiden. Ich kann mir willentlich alle Erinnerungen ins Gedächtnis rufen und diese so oft anschauen, wie ich möchte. Natürlich kommen sie mir auch manchmal so in den Sinn. Allerdings ohne Überraschung, Belastung oder sonstigen Nebeneffekten. Ich verspüre keine Panik, Angst, Hilflosigkeit, Verzweiflung oder Ähnliches, sondern absolut nichts außer Neugierde.

Ich habe diesen Punkt trotzdem bejaht und verneint, weil ich glaube, dass auch Trigger auf eine entfernte Art dazugehören. So macht mich der Geruch von Alkohol sofort hochgradig aggressiv, aber auch Geräusche, die mich an bestimmte belastende Situationen erinnern. Auch wenn ich nicht immer an den ursprünglichen Moment denke, sobald ich „getriggert" werde, glaube ich, dass das wohl zu einer Art Flashback zählt.

## Hilflosigkeit/Verzweiflung

Und wieder wären wir bei Gefühlen, die ich zwar kenne, aber nicht durchgehend empfinde. Jeder hat bestimmte Lebensphasen, in denen Hilflosigkeit oder Verzweiflung die Oberhand hat. Man steht vor einem schier unlösbaren Problem und droht in Selbstmitleid zu versinken. Man möchte aufgeben und einfach den Dingen ihren Lauf lassen, obwohl man ganz genau weiß, dass sich ohne das eigene Zutun absolut gar nichts ändert. Früher habe ich mich nicht von diesen Emotionen beherrschen lassen, da sie unangenehm waren und ich niemals so weit gekommen wäre, wie ich heute bin, hätte ich sie nicht jedes Mal zurückgedrängt. Doch mit der dünner werdenden Unterstützung und meiner schlussendlichen Einsamkeit wurde es immer schwieriger, aus diesem Sumpf zu entkommen. Irgendwann hatte ich nichts anderes mehr als meine Verzweiflung. Heute ist sie mein stetiger Begleiter und mal mehr, mal weniger präsent.

## Gefühl, keinen Einfluss auf das Leben zu haben

Wer von sich selbst sagt, dass er erst gar nicht probiert, sein Leben zu ändern, weil es sowieso keinen Sinn hat, ist in meinen Augen schwach. Ändert sich etwas, wenn man jammert und eine trostlose und hoffnungslos erscheinende Welt an sich vorüberziehen lässt? Ich denke nein. Es ist o. k., seinem Frust freien Lauf zu lassen und etwas zu zweifeln, solange man sich danach aufrappelt und die Dinge selbst in die Hand nimmt. Ich hatte solche Momente zuhauf, habe mich aber jedes Mal erneut zusammengerissen und mithilfe meiner Familie und meinen Freunden alles geregelt. Der Stolz, der mich danach überkam, war die Mühe wert. Danach habe ich mir auch immer wieder gesagt, dass das Selbstmitleid und der Frust davor mehr als unnötig waren. Doch irgendwie wird dadurch der Glauben gestärkt, dass danach alles besser wird. Schließlich kann man fast nicht mehr tiefer sinken, als man in dem Moment der Verzweiflung ist, nicht wahr?

Der obige Text entstand vor vielen Jahren. Heute glaube ich diesen Worten kaum noch. Doch erneut liegt es daran, dass ich allein bin und mich frage, wozu ich weiter versuchen soll, mich vor meinem Fluch zu verstecken. Er wird mich doch immer wieder heimsuchen.

## Scham-/Schuldgefühle

Ich habe nun schon oft gelesen, dass gerade traumatisierte Patienten oft Schuldgefühle wegen ihrer Erfahrungen haben. Immer wenn ich das lese, frage ich mich, warum. Wieso sollte ich mir die Schuld an etwas geben, was ein anderer verbrochen hat? Ich habe am Anfang meiner Geschichte gesagt, dass ich weiß, dass ich kein einfaches Kind war. Gleichzeitig erwähne ich aber auch den Punkt, dass jedes Kind in solch einer Umgebung unglücklich wäre. Ich habe keinesfalls verdient, was damals passiert ist –

völlig egal wie viel ich geweint habe. Und daher trage ich auch keine Schuld an dem Geschehenen. Die Schuld tragen andere und ich muss lediglich mit den Konsequenzen leben.

## Geringes Selbstwertgefühl

Früher habe ich immer gedacht, dass ich ein sehr geringes Selbstvertrauen habe. Doch je mehr ich mich beobachtet habe, desto besser konnte ich sehen, dass ich mich geirrt hatte. Ich erkannte, dass ich in vielen Punkten besser war als andere und das auch getrost zeigen konnte. Nicht nur meine Talente machen mich stolz. Ich fand heraus, dass es mir ein Leichtes war, auf andere zuzugehen und ihnen bei ihren Problemen zu helfen. Gerade in der Psychiatrie wurde ich zum Beschützer der anderen, der für sie einstand und sich für sie einsetzte. Ich stellte mich der Autorität und machte meinem Ärger offen Luft. Wenn ich etwas möchte, dann bekomme ich das auch, egal wie lange es dauert. Denn ich weiß, dass ich das möglich machen kann und ich die Stärke, Ausdauer und Disziplin besitze, mein nächstes Ziel zu erreichen, das mich dann automatisch stärker werden lässt. Also ja, mein Selbstwertgefühl ist dementsprechend hoch.

## Mangel an Vertrauen

Das ist wohl der Punkt, der am meisten auf mich zutrifft. Ja, ich brauche sehr lange, um Menschen zu vertrauen. Ich nehme mir viel Zeit, sie zu beobachten und einzuschätzen. Der erste Eindruck ist entscheidend, das stimmt. Doch bewahrheitet sich dieser auch oder stellt sich später heraus, dass die betreffende Person das genaue Gegenteil von dem ist, was sie am Anfang vorgab zu sein? Ich habe Personen ein paar Mal falsch eingeschätzt und habe dann die Quittung bekommen. Es war nicht sonderlich dramatisch, hat mich aber gelehrt, dass ich vorsichtiger sein sollte. So beschäftigte ich mich zudem mit Körpersprache, um meine Mitmenschen noch besser lesen zu können. Inzwischen haben sich meine Fähigkeiten in der Menschenkenntnis deutlich gebessert, da ich auch auf Kleinigkeiten achte. Trotzdem vertraue ich niemandem mehr.

## Schwierigkeiten im Austragen/Bewältigen von Konflikten

Wie ich bereits erwähnt habe, kann ich verbal austeilen und habe das besonders in der Schule gern gemacht. Das Einsetzen für andere ist mir wichtig, und wenn nur eine Lösung mit Konflikt gefunden werden kann, dann ist es so. Auch in der Psychiatrie ging es nicht ohne. Eigentlich möchte ich Konflikten aus dem Weg gehen, doch manchmal lässt es sich nicht vermeiden, da hier oft mein hoher Gerechtigkeitssinn angesprochen wird. Da wären wir wieder bei dem Punkt, dass ich meistens das bekomme, was ich möchte. Und wenn das ein einvernehmliches Lösen des Konfliktes beinhaltet, bin ich zufrieden. Lediglich niveaulosen und anstandsfreien Auseinandersetzungen gehe ich aus dem Weg.

## Kaum Gespür für eigene Grenzen

Da ich viel Disziplin und Anstand habe, kenne ich auch meine eigenen Grenzen. Ich weiß, wozu ich fähig bin und wozu nicht. Ich habe mich zudem hervorragend unter Kontrolle und habe mir meine Grenzen daher selbst gesteckt. Sollte ich diese allerdings kurz aus den Augen verloren haben, dann meldet sich mein Verstand oder mein Instinkt und erinnert mich wieder daran.

## Übernahme der Täterrolle

Dieser Punkt passt am wenigsten zu mir. Ich würde weder das Denken noch die Taten nachahmen und übernehmen, die früher mir gegenüber angewendet wurden. Zum einen würde ich mich niemals auf dieses Niveau herunterlassen und zum anderen sprechen solche Handlungen gegen meine Wertvorstellungen. Gewisse Gedanken könnten an die Täterrolle erinnern, doch „es denken" und „es ausleben" sind zwei Paar Schuhe.

Hin und wieder überlege ich mir aber, ob meine mangelnden Fähigkeiten auch eine Art Übernahme der Täterrolle sind. Ich habe kein Mitleid und bin enorm zynisch. Für mich haben viele Menschen keinen Wert und daher verstehe ich nicht, warum sich andere um genau diese kümmern. Um es deutlich zu sagen: Ich hasse Menschen. In meinen Augen sind z.B. alte Menschen nutzlos und gehen absolut jedem auf die Nerven. Ich habe aber keinen Hass gegen generelle Hilflosigkeit, da Babys meine absolute Schwäche sind. Lediglich ab dem Kleinkindalter möchte ich nichts mehr mit ihnen zu tun haben. Ist dieser Gedanke der Wertlosigkeit anderer also eine Übernahme der Täterrolle oder einfach nur Mangel an Erziehung? Schließlich habe ich nie bestimmte Werte wie Mitleid, Liebe oder Nächstenliebe gelernt.

## Somatisierungen

Hierzu passt das Kapitel „Mein Leidensweg". Ich weise viele körperliche Symptome auf, auch aus mehreren Organsystemen. Doch dass das etwas mit früher zu tun haben soll und sich mein Unterbewusstsein auf diesem Weg Gehör verschaffen will, halte ich für höchst unwahrscheinlich. Doch da ich nun mal körperliche Beschwerden habe, bekommt dieses Symptom ein Häkchen.

## Gefühl von Resignation/Desillusion

Bezüglich meiner Beschwerden habe ich tatsächlich aufgegeben. Nach über zwei Jahren verzweifelter Suche und Hoffnung habe ich einen Schlussstrich gezogen. Man könnte sagen, dass die vielen Enttäuschungen (Desillusion) dazu geführt haben, dass ich tatsächlich irgendwann resigniert habe. Irgendwann ist es einfach genug. Allerdings habe ich doch noch genug Energie, um mich gegen die psychischen Verdachtsdiagnosen zu wehren und mich nicht unterkriegen zu lassen.

Mit den Jahren wuchs die Resignation allerdings immer weiter. Ich wurde betrogen, verlassen und weggeworfen. Wer hier noch einen Lebenswillen aufbringen kann, ist wahrlich ein Held.

## Negative Werte/Lebenseinstellung

Ich muss zugeben, dass ich mich nicht zu den überglücklichen Menschen zählen würde. Ich kann allerdings auch nicht behaupten, dass ich die Kaiserin der Pessimisten bin und ich am liebsten alles hinschmeißen würde. Ich würde sagen, dass ich in die goldene Mitte gehöre. Zufrieden mit Höhen und Tiefen. Natürlich hätte einiges besser laufen können, doch es kommt doch eher darauf an, was man aus seiner Vergangenheit und der Gegenwart macht und sich so seine Zukunft gestaltet. Ich verschwende daher nicht meine Zeit damit, nach dem Sinn des Lebens zu suchen oder mir darüber den Kopf zu zerbrechen, was genau das Schicksal für mich vorgesehen hat. Vielmehr lasse ich einfach alles auf mich zukommen, mische mich hier und da zu meinen Gunsten in den Verlauf ein und lasse mich vom Rest überraschen.

Auch das hat sich geändert, was im Verlauf dieses Buches noch sehr deutlich werden wird.

Meine eigenen Wertvorstellungen sind keinesfalls negativ, auch wenn ich mir sicher in meiner Kindheit einiges anhören musste, das sich bis heute gehalten haben könnte. Ich könnte natürlich von mir selbst denken, dass ich ein wertloses Stück Dreck bin, das man nur mit Schlägen und Gebrüll im Zaum halten kann. Dass ich es nicht wert bin, geliebt zu werden, und überhaupt jegliche Form von Zuneigung und Anerkennung nicht verdient habe. Doch das ist nicht wahr. Ein schwacher Mensch könnte auf diese Lügen hereinfallen und diese für den Rest seines zukünftigen Lebens über sich herrschen lassen. Doch ich bin weder schwach noch dumm genug, diesem Blödsinn Glauben zu schenken – im Gegensatz zu meinen Eltern (bzw. meinem Stiefvater), die offenbar genau nach diesen Grundsätzen erzogen worden sind und diese natürlich brav weitergeben wollten. Meine Intelligenz verbietet mir derart niveaulose Denkweisen, da ich in der Lage bin, selbst zu bewerten, wozu ich fähig bin, was ich wert bin, was ich verdiene und wozu ich ein Recht besitze. Ich kann mit Stolz behaupten, dass die brutale Vorgehensweise der Personen, die meine Erziehung begonnen haben, gescheitert ist. Sollen sie ruhig nach ihren Werten und mit ihrer absurden Lebenseinstellung leben – ich lebe mit meiner. Ganz folgenlos ist das natürlich trotzdem nicht für mich geblieben. Ob mein Menschenhass nun von meiner Vergangenheit oder der mangelnden Erziehung kommt, ist jedem selbst zur Beurteilung überlassen.

Leider hat es mein Lebensfluch auch geschafft, dass alle Menschen um mich herum die Wertvorstellungen meiner Peiniger übernommen haben. An mir mag es überwiegend abgeprallt sein, doch leider fiel es auf meine Mitmenschen zurück.

## Einschränkung der Vorstellungskraft

Wenn ich meine Fantasie nicht hätte, wäre ich ziemlich aufgeschmissen, da viele meiner Hobbys darauf aufgebaut sind. Denn ohne Vorstellungskraft wäre ich im Zeichnen oder Schreiben deutlich eingeschränkt gewesen. Nehmen wir z. B. einen bevorstehenden Auftrag für ein Bild. Während mir ein Kunde beschrieben hat, was er sich genau vorstellt, formte sich in meinem

Kopf bereits eine grobe Skizze, anhand derer ich Fragen stellen und so immer mehr Details hinzufügen bzw. gewisse Änderungen vornehmen konnte. Genauso ist es beim Schreiben. Ich musste vor dem eigentlichen Niederschreiben bereits eine grobe Vorstellung der Struktur des Textes sowie der Grundgeschichte im Kopf haben, an der ich mich dann entlanghangeln konnte.

Doch nicht nur hier, auch bei der Interaktion mit meinen Mitmenschen kommt dies zum Tragen. Mein hoher Gerechtigkeitssinn und mein Beschützerinstinkt wären kaum so stark ausgeprägt, wenn ich nicht in der Lage wäre, mich in andere hineinzuversetzen. Wobei diese Seite von mir das obige Thema wohl nur streift.

## Mangelnde kreative Fantasie (Alltagsprobleme lösen)

Dieser Punkt gehört zu dem eben behandelten und beinhaltet daher die gleichen Aussagen, die ich auch zur Vorstellungskraft aufgeführt habe. Hier wird genauer auf die Probleme des Alltags eingegangen. Das kann also alles sein. Eine Kleinigkeit, die Improvisation erfordert, oder etwas Großes, das evtl. die Hilfe von anderen nötig macht. So oder so, ich habe bisher immer Lösungen gefunden – ob mit oder ohne Hilfe. Ich liebe es, Rätsel zu lösen und zu improvisieren. Würden Sie einen Blick in meine Wohnung werfen, wäre Ihnen sofort klar, dass ich nicht übertreibe. Ich nenne meine Wohnung gern „zusammenimprovisiert". Nimmt man sich die nötige Zeit, kann sowohl für Kleinigkeiten als auch für komplexe Probleme eine Lösung gefunden werden. Und allein das Gefühl, sich dem Problem gestellt zu haben und dann die Lösung vor sich zu haben, ist alles Kopfzerbrechen wert.

## Keine Lust auf aktive Lebensgestaltung

Ich bin wahrlich kein besonders ehrgeiziger Mensch, aber ich weiß, was ich will, und bin jederzeit bereit, die nötigen Schritte zu gehen, um das zu erreichen. Daher mag ich es nicht, wenn jemand nur jammernd in einem Eck sitzt und sich über sein furchtbares Leben beschwert, sich selbst aber nicht dazu aufrafft, etwas daran zu ändern. Glauben diese Menschen denn, dass sich alles zum Guten wendet, nur weil man die Gegenwart (und wahrscheinlich noch die Vergangenheit) beweint und sie so dazu zwingt, sich zu seinen Gunsten zu verändern? Nein, man muss schon selbst etwas dafür tun. Ich bin schon oft am Boden gelegen und war kurz davor aufzugeben und mir eine allgegenwärtige Sinnlosigkeit zuzugestehen. Doch genau das ist der falsche Weg. Denn hat man sich erneut aufgerappelt, dem ungewollten Problem gestellt und es dann in etwas Gutes verwandelt, kann man stolz darauf zurückblicken und sagen: „Das hast du geschafft!“ Natürlich kann man feige vor sich hin vegetieren, sich Drogen hingeben und dabei zusehen, wie das Leben an einem vorüberzieht. Oder man nimmt sein Schicksal selbst in die Hand, holt sich evtl. Unterstützung und baut sich sein Leben langsam genau so auf, bis es zufriedenstellend und nicht beweinenswert ist.

Hier habe ich die Tatsache unerwähnt gelassen, dass ich schon immer introvertiert war. Ich bin nicht gern unter Menschen und verstehe auch die Interessen und Leidenschaften von Mitmenschen in meinem Alter nicht. Obwohl ich heute allein bin, möchte ich das auch bleiben.

In vielen Bereichen meines Lebens habe ich aufgegeben und sehe keinen Grund, mich zu bemühen. Warum? Weil sich leider nichts ändern wird. Ich werde mich in jedem Beruf früher oder später extrem langweilen. Private Projekte können mich nicht lange in ihrem Bann halten, da ich schnell das Interesse verliere. Und neue Bekanntschaften möchte ich nicht mehr schließen, da ich nicht mehr glauben kann, dass sie sich halten. Und durch den Verlust meiner Freunde und Familie habe ich jeglichen Glauben an das Gute im Menschen verloren und bin davon überzeugt, dass ich allein besser dran bin.

## Kein Beibehalten angenehmer Aktivitäten

Ich habe im Laufe meines Lebens sehr viele Hobbys in mein Repertoire aufgenommen, die ich auch heute noch gerne ausübe. Die einen verschaffen mir Entspannung, die anderen fördern meine Denkleistung und Kondition und wieder andere dienen der Unterhaltung. Und damit es nicht langweilig wird, habe ich für jedes Ziel mehrere Beschäftigungen. Natürlich gibt es immer das ein oder andere Gebiet, das mehr Aufmerksamkeit bekommt oder aber eingestellt wird. Das Zeichnen war das erste große Hobby, das ich nach über 15 Jahren urplötzlich eingestellt habe. Aber gewöhnlich handelt es sich bei einem Fallenlassen eines Hobbys um ein Teilgebiet und würde keinesfalls eine Einschränkung oder drohende Langeweile bedeuten.

Ich möchte hier aber einen Unterpunkt anfügen. Mir fällt es sehr schwer, lange bei einem Hobby oder einem Projekt zu bleiben. Es kann durchaus sein, dass ich mehrere Wochen für die Vorbereitung investiere und mit voller Konzentration bei der Sache bin. Doch nach dessen Abschluss verliere ich innerhalb von wenigen Tagen oder Wochen das Interesse. Dann ist mir auch völlig egal, wie viel Arbeit ich in das Projekt gesteckt habe. Manchmal habe ich auch viel Geld investiert, aber im Moment des Aufgebens ist mir das völlig egal. Wenn das Interesse einmal weg ist, kann es nichts und niemand zurückholen – außer mir selbst.

## Selbstaufgabe in Krisen

Ich habe bereits mehrmals erwähnt, dass ich schon oft in einem ordentlichen Tief war, in das mich eine Krise getrieben hat. Doch ich habe mich jedes Mal wieder aufgerafft und mich dem ungewollten Problem gestellt, damit ich es so schnell wie möglich loswerden konnte. Ich habe dabei immer sehr viel Hilfe gehabt und dafür bin ich auch sehr dankbar. Man könnte nun auch das Argument anbringen, dass ich aufgrund meiner Erfahrungen gar nicht erst zulassen müsste, dass ich erneut in ein tiefes Loch falle. Doch jeder kennt diese Phase und ich bin der Meinung, dass das dazugehört. Irgendwie sammelt man in diesem Tief die Kraft, die man benötigt, um die Krise überwinden zu können. Wobei mir bewusst ist, dass das nicht jedem gelingt. Auch bei mir waren viele Krisen nötig, bis ich immer schneller wieder auf die Beine gekommen bin und mir schon davor sagen konnte: „Du darfst jetzt in Selbstmitleid versinken, solange du dich danach der Sache stellst! Letztes Mal ging alles gut und auch dieses Mal wird es klappen!" Irgendwie habe ich das Gefühl, dass ich mit scheinbarem Aufgeben sicherstellen kann, dass wirklich alles gut wird. Man könnte das fast schon ein Ritual nennen, doch so lasse ich die negativen Gefühle schon einmal im Voraus heraus, damit sie mich im weiteren Verlauf nicht am Bewältigen hindern können. Auch wenn ich heute einen resignierten Eindruck ohne Lebensqualität und -willen vermittle, trifft die Selbstaufgabe in Krisen eher auf kleinere Probleme zu; mein Leben an sich sehe ich hingegen nicht als „Krise".

Mit Blick auf die oben beschriebenen Symptome wage ich die Behauptung, dass ich eher unter cPTBS leide. Es gibt noch eine Untergruppe, die als „andauernde Persönlichkeitsänderung nach Extrembelastung" bezeichnet wird, die zu den Traumafolgestörungen gezählt wird. Diese „Krankheitsform" trifft am ehesten auf mich zu, wobei hier die Symptome vielseitig sind und unterschiedlich stark auftreten können. Ein paar der oben genannten gehören sicher dazu.

Allerdings ist es schon erstaunlich, wie bei solchen Diagnosen auf einmal nur wenige zutreffende Symptome ausreichen, dass jeder von dessen Richtigkeit überzeugt ist. Sehe ich allerdings mit der gleichen Einstellung auf andere Krankheiten, übertrifft deren Symptomatik in ihrer Anzahl die der psychischen Krankheiten.

Fest steht, dass mich meine Vergangenheit daran gehindert hat, zu der Person zu werden, die ich hätte werden sollen.

Doch nicht nur meine Vergangenheit hielt mich mehr oder weniger in ihren Klauen. Auch in der Folgezeit gab es Hindernisse, die ich einfach nicht überwinden konnte.

# ENDLICH DER RICHTIGE WEG?

Da stand ich nun. Ich hatte zwar endlich einen Job gefunden, doch trotzdem ließen mich die vergangenen Erfahrungen und aktuellen Ereignisse nicht los. Ich fiel in ein Loch, von dem ich wusste, dass ich es allein nicht aus diesem herausschaffen sollte.

Nachdem ich ein paar Wochen in Selbstmitleid und Verzweiflung gebadet hatte, wurde ich es irgendwann leid. Nicht nur die Reaktionen meines Umfeldes auf mein Verhalten, sondern auch mein eigenes Verhalten gefiel mir überhaupt nicht. Daher beschloss ich mich wieder selbst an den Haaren auf die Füße zu ziehen, alles zu begraben und nicht mehr nach außen zu zeigen, wie es mir innerlich ging. Ich wechselte also wieder in den Schauspielmodus und schaffte es dann sogar, mich wieder an Kleinigkeiten zu erfreuen. Zeitgleich hatte ich beschlossen, einen letzten Versuch zu wagen und noch ein paar Therapeuten zu kontaktieren. Der Doc hatte mir eine Liste mit verschiedenen Psychotherapeuten und Psychologen geschickt, in der auch die Sprechzeiten aufgeführt wurden. Seinem Tipp entsprechend suchte ich mir ein paar heraus, die auch späte Sprechstunde hatten oder sogar flexible Zeiten anboten.

Ich fing mit zwei E-Mails an, die inhaltlich komplett identisch waren (mit Ausnahme des Ansprechpartners natürlich). Als ich diese verfasst hatte, befand ich mich noch in meinem „Sumpf“, was dem Inhalt meines Textes sehr verzweifelt klingen ließ.

Den Inhalt dieser Mail möchte ich dabei nicht verbergen, wobei auch die Anrede identisch blieb. Denn eine weibliche Therapeutin kam für mich nicht mehr infrage:

Sehr geehrter Herr …,
ich habe Ihre Adresse online gefunden und hoffe inständig, dass Sie mir helfen können.

Ich versuche, mich sehr kurz zu fassen:

Seit ein paar Wochen distanziere ich mich immer mehr und habe Gedanken, die mich befürchten lassen, dass ich depressiv werde. Ich weine sehr viel und denke auch oft an Suizid.

Mir wurde vor ein paar Jahren eine komplexe PTBS diagnostiziert, doch nach zweieinhalb Jahren hat mich meine Therapeutin plötzlich aus der Therapie geworfen (ich war auch in drei Kliniken – ohne Erfolg).

Ich wurde als Kleinkind massiv misshandelt und bin dann bei Pflegeeltern aufgewachsen. Doch auch hier gibt es große Schwierigkeiten. Zudem kann ich nichts ohne enorme Beschwerden essen, wofür die Ärzte keine Erklärung haben. Das Fehlen von Freunden, einer fürsorglichen Familie und die schlichte Fähigkeit, problemlos zu essen, lassen mich verzweifeln. Zudem hat der letzte Vertrauensbruch meiner Therapeutin dafür gesorgt, dass ich nun noch schlechter Kontakte knüpfe.

Ich vertraue nur zwei Menschen zu 100% (Hausarzt und Physiotherapeut). Ohne die beiden hätte ich meinem Leben sicher schon längst ein Ende bereitet.

Lediglich mein Job als Arzthelferin lenkt mich genug ab. Doch genau das hindert mich auch daran, einen Therapeuten zu finden. Ich arbeite im Schichtdienst (10 h/Tag) und habe einen wechselnden Tag in der Woche frei. Ich habe also bis 17:30 bzw. 18:30 Uhr Dienst.

Ich kann meine Arbeitszeit nicht verkürzen, da ich auf das Geld angewiesen bin (und auch auf die Beschäftigung).

Nun also zu meiner Frage: Haben Sie noch einen Platz frei? Und, wenn ja, könnte ich bei Ihnen ein Vorgespräch vereinbaren?

Bitte sagen Sie nicht, dass meine Arbeit einer Besserung erneut im Wege steht. Es kann nicht sein, dass ich keine Chance auf Besserung habe, nur weil ich Geld verdienen muss … das ist nicht fair. Ich kann nicht mehr. Ich bin nun 27, aber ich habe auch schon meinem Hausarzt gesagt, dass ich in meinem momentanen Zustand niemals 30 werden möchte.

Sollte es Ihnen […] nicht möglich sein, mir zu helfen, bitte ich Sie trotzdem um einen Tipp. Vielleicht kennen Sie einen Kollegen, der auch einmal flexibel sein kann.

Ich bin extrem kompliziert und leicht wird es nicht werden. Glauben Sie mir, ich habe so viele Menschen gesehen, die sich von mir abgewendet haben. Es ist kaum zu glauben, dass es doch noch welche gibt, die mich mögen und etwas mit mir zu tun haben möchten. Ich bin zwar intelligent und habe kreative Hobbys (Zeichnen, Schreiben), aber ich bin anders. Und anders sein schreckt viele ab. Vier Ihrer Kollegen haben mich bereits im Stich gelassen. Dass ich es erneut versuche, liegt nur daran, dass ich mir eigentlich nichts antun möchte. Aber jeder hat eine Grenze, an der es heißt: „Bis hierhin und nicht weiter …"

Vielen Dank, dass Sie meine Mail gelesen haben.

Ich hoffe auf eine Antwort und verbleibe mit freundlichen Grüßen
gez.

Beide antworteten fast zeitgleich auf meinen Hilfeschrei, wobei mir einer von beiden aus verständlichen Gründen absagte. Der Zweite bot mir jedoch einen Termin für ein Gespräch an, den ich nur wenige Wochen später wahrnahm.

Inzwischen hatte ich mich wieder ordentlich im Griff, aber allen meinen Vertrauten und Bekannten von meinem neuen Termin erzählt. Entsprechend bereitete ich mich kaum auf das bevorstehende Gespräch vor, da ich erneut eine Enttäuschung erwartete.

Zwar waren die Räumlichkeiten (der Wartebereich vor allem) nicht gerade vielversprechend, doch ich versuchte dies erneut als Training meiner selbst zu werten. Schließlich musste auch ich lernen, ein Buch nicht gleich nach seinem Einband zu beurteilen. Schließlich bat mich der Therapeut in sein Zimmer, das mit dem Vorzimmer absolut nichts zu tun hatte. Hier war es schon viel einladender und gemütlicher als auf der anderen Seite der Tür. Dort hatten verwelkte Blumen, verstaubte Teppiche und antike, deplatzierte Gegenstände eine sowohl unbehagliche als auch frostige Stimmung verbreitet. Doch dem farblosen Ambiente wich ein bunter Raum mit warmen Farben, gemütlichen Möbeln und moderner Ausstattung. Der Mann, der mich zu sich gebeten hatte, war sogar noch jünger, als er auf einem Onlinefoto aussah. Ich begrüßte diesen Umstand allerdings sehr, da er trotzdem einen sehr seriösen Eindruck machte. Der erste Gedanke, der mir durch den Kopf schoss, als wir uns beide gesetzt hatten, war sein Alter. Ich vermutete, dass er etwa im gleichen Alter wie der Doc sein musste, was mich zuversichtlich stimmte. Schließlich sind jüngere Menschen eher offen für Neues und Ungewöhnliches – wie mich eben.

Er fackelte nicht lange und sprach sofort meine E-Mail an, aus der er viel Verzweiflung gelesen hatte, was auch meine Intention gewesen war. Er blieb bei wenigen Worten und gab mir sogleich die Chance, in knappen Worten zu berichten, was mich zu den geschriebenen Worten getrieben hatte und was ich gern bei ihm erreichen würde. Zwischendurch stellte er mir einige Fragen, die ich auch erwartet hatte. Ich verheimlichte ihm nichts und blieb von Anfang an bei der Wahrheit. Der einzige Punkt, der ihn ein wenig stutzig machte, war die Tatsache, dass ich mich noch nie selbst verletzt hatte und auch nie mit dem Gedanken gespielt hatte, dies zu tun. Ansonsten schien ich genau die Antworten gegeben zu haben, die er erwartet hatte und die zu seiner vermuteten Diagnose zu passen schienen.

Während des ganzen Gesprächs ließ ich ihn nicht aus den Augen, beobachtete aber auch mein eigenes Verhalten. Schnell fiel mir auf, dass ich mich in seiner Gegenwart nicht unwohl fühlte und ich daher ein gutes Gefühl ihm gegenüber hatte. Ich konnte mir also rasch eine Zusammenarbeit vorstellen. Auch seine Körpersprache verdeutlichte mir, dass ich ihm nicht ganz unsympathisch zu sein schien. Schlussendlich saßen wir uns beide entspannt und aufgelockert gegenüber, was für ein erstes Treffen nicht schlecht war.

Anfangs schien er etwas verwundert über meine vergangenen Therapieversuche, wofür sich jedoch schnell eine Lösung fand. Denn offenbar hatte ich nicht, wie angenommen, in den vergangenen zweieinhalb Jahren eine analytische bzw. tiefenpsychologische Therapie genossen. Offenbar hatte es sich dabei um eine reine Verhaltenstherapie gehandelt, was auch während der ganzen Klinikaufenthalte der Fall gewesen war. Dass mir allerdings mit solchen Vorgehensweisen nicht geholfen war, bestätigte er mir innerhalb einer halben Stunde. Jetzt war ich mir noch sicherer, dass er in der Lage sein könnte, mir zu helfen. Zusätzlich sandte ich einen telepathischen Fluch zu meiner ehemaligen Therapeutin, die mich über so viele Jahre an der Nase herumgeführt hatte. Nun wurde mir auch klar, warum sie schlussendlich kapitulieren musste.

Schließlich offenbarte er mir seinen Plan, der zu einem Erfolg führen könnte:

Nach ein paar weiteren Vorgesprächen müsste ich zweimal in der Woche zu festen Terminen zu ihm kommen; und das für mindestens zweieinhalb Jahre. Während dieser Zeit würden wir auf eine sehr tiefe psychische Ebene gelangen. So tief, dass irgendwann der Punkt kommen würde, an dem ich aufgeben wollen würde. Doch genau hier wäre es wichtig, die Zähne zusammenzubeißen und weiterzumachen.

Innerlich nahm ich mir vor, dem Doc und meinem Physiotherapeuten zu versprechen, dass ich niemals aufgeben würde. Schließlich hielt ich meine Versprechen immer!

Die Tatsache, dass er mich jedoch zu festen Terminen sehen wollte, stellte mich vor ein kleines Problem, dem ich schon vorher gegenübergestanden war. Denn aufgrund meiner Arbeitszeiten war dieses Vorhaben eigentlich unmöglich. Doch entgegen meiner eigenen Erwartungen beratschlagte ich mit dem Therapeuten, wie ich dies am besten regeln könnte. Ich berichtete ihm von meinem großherzigen Chef, der mich sicher unterstützen würde und den ich gleich am nächsten Tag fragen könnte.

Wir vereinbarten also einen neuen Termin und ich verließ die Praxis zuversichtlich, auch wenn ich die Befürchtung, dass doch nicht alles klappen könnte, in meinem Hinterkopf spüren konnte.

Am nächsten Tag erklärte ich meinem Chef knapp mein Vorhaben, auch wenn ich die Gründe dafür vor ihm verschwieg. Dass er mich für absolut normal hielt, überraschte mich kein bisschen. Doch die Tatsache, dass er die Wirkung von Psychotherapie generell abstritt, ließ mich dann doch verwundert die

Augenbrauen heben. Trotzdem sicherte er mir Unterstützung zu und versprach, mit der Kollegin zu sprechen, die die Dienstpläne machte. Schon kurze Zeit später hatte ich bereits die Kollegin am Telefon und erklärte ihr, welche Uhrzeiten bei dem Therapeuten möglich seien und was wir dabei alles beachten mussten.

Kurz vor dem nächsten Termin bei dem Therapeuten schrieb ich mit ihm hin und her, um ihm die gute Nachricht bereits mitteilen zu können. Denn ich musste in Erfahrung bringen, wann er Zeit für mich hatte. Denn meinem Chef war es wichtig, dass ich nicht gerade zu den Stoßzeiten weg war. Und zu meinem Glück bot mir der Therapeut Uhrzeiten außerhalb der Stoßzeiten an.

Vor dem nächsten Gespräch war ich zwar nicht nervös, aber doch gespannt. Und so wartete ich geduldig, bis er mich in sein Sprechzimmer bat.

Wie schon beim ersten Mal saßen wir uns erst einmal schweigend gegenüber. Ich wartete darauf, dass er das Gespräch mit einem einleitenden Satz ins Rollen brachte. Doch ein „Wie geht es Ihnen?“ blieb aus. Er wiederum wartete darauf, dass ich einfach anfing zu erzählen. Nach einer Weile des Herumdrucksens und gegenseitigen Angrinsens erklärte er mir schließlich noch einmal, dass er nicht da wäre, um mir zu sagen, wo es langginge. Es wäre meine Aufgabe, alles zu erzählen, was mir so durch den Kopf ging. Mit der Zeit würden wir dann irgendwann an den Punkt kommen, der für einen Durchbruch wesentlich wäre. Daher würde so eine Therapie auch mehrere Jahre in Anspruch nehmen. Dass dies für mich allerdings ungewohnt war, blieb ihm nicht lange verborgen. Ich erzählte ihm daher, dass ich nur selten von mir aus etwas erzählen würde, sondern auf Nachfragen bzw. Einleitungen meines Gegenübers warten würde. Denn ich stand nun mal nicht gerne im Mittelpunkt. Ich machte mir innerlich eine Notiz, dass ich das eigenständige Erzählen (von sehr Persönlichem) gerade für diese Sitzungen lernen musste.

Doch gleichzeitig befanden wir uns nun doch im Gespräch.

Im Laufe des Gesprächs kamen wir thematisch auf meine familiäre Situation in meiner Kindheit. Ich erzählte ihm von meinem Stiefvater und anderen Personen, die damals anwesend waren. Während ich ihm grob von damals erzählte, fiel mir auf, dass ich meine Arme vor meinem Körper verschränkte. Zuvor waren sie locker auf den Sessellehnen gelegen. Mir war klar, dass ich mich offenbar unbewusst verschloss und dass dem Therapeuten dies sicher auch nicht entgangen war. Ich erwartete, dass er mich darauf ansprach, und erzählte weiter, ohne meine Haltung willentlich zu ändern. Tatsächlich sprach der Therapeut meine geänderte Körperhaltung nach meinen Ausführungen an. Ich erklärte ihm lachend, dass ich genau das erwartet hatte. Innerlich war ich beeindruckt, da ich genau das von einem Therapeuten erwartete: dass er nicht nur den verbalen, sondern auch den nonverbalen Signalen Aufmerksamkeit schenkte.

Auf seine Nachfrage, was ich hinter meinen verschränkten Armen vermutete, suchte ich die Erklärung in meinem Unterbewusstsein. Meiner Meinung nach wäre meine Kindheit ein Thema, von dem mich mein Unterbewusstsein würde fernhalten wollen. Da ich davon erzählt hatte, näherte ich mich einer Grenze, die ich nicht überschreiten durfte. Meine Arme verdeutlichten damit: „Stopp! Bis hierhin und nicht weiter!" Doch genau das freute mich, da ich das Gefühl hatte, in die richtige Richtung zu gehen.

Natürlich kamen wir auch auf meine Verhaltensweisen zu sprechen, die ihren Ursprung wahrscheinlich in meiner Kindheit hatten.

Doch dann überraschte mich der Therapeut mit einer Frage zu einer Aussage, die ich bei unserem ersten Zusammentreffen gemacht hatte. Er wollte wissen, warum ich ihm schon nach ein paar Minuten gesagt hatte, dass ich asexuell sei. Dieses Thema sei doch sehr persönlich und trotzdem schien es mir wichtig zu sein, ihm meine Orientierung näherzubringen. Als er mich nach dem Grund dafür fragte, wusste ich darauf erst einmal keine Antwort. Also sagte ich ihm, dass ich wahrscheinlich vermeiden wollte, dass er mit mir über das Thema Beziehungen und Liebe sprach. Ich wollte ihm wohl mit dem Offenlegen meiner Orientierung klarmachen, dass er bei mir nicht über Partner etc. sprechen musste. Dass wir trotzdem darüber sprechen würden, machte er mir grinsend klar und stellte mir sofort weitere Fragen.

Erst später fiel mir die passende Antwort auf seine Frage ein: Ich hatte ihm sofort von meiner Orientierung erzählt, da ich wollte, dass er während des Vorgesprächs so viele Informationen wie möglich über mich sammeln konnte. Mir war wichtig, dass er jeden Aspekt meiner Persönlichkeit, der mit den Erlebnissen in meiner Kindheit zu tun haben könnte, wahrnahm und evtl. Schlüsse daraus ziehen konnte. Zudem wollte ich ausprobieren, wie leicht es mir fiel, mich gegenüber einem völlig Fremden zu „outen".

Ich nahm mir vor, dem Therapeuten das in der nächsten Sitzung zu sagen, und schlug zugleich zwei Fliegen mit einer Klappe. Nicht nur konnte ich meine Aussage berichtigen – nein, ich hatte einen guten Start für die Sitzung gefunden und musste daher nicht wieder stumm grinsend vor ihm sitzen, bevor ein Gespräch endlich ins Rollen kam.

Allerdings kam ich nicht dazu, meinen Plan in die Tat umzusetzen. Denn nur kurze Zeit später bekam ich eine E-Mail von dem Therapeuten mit der Bitte, den beigefügten Fragebogen auszufüllen, da er vergessen hatte, mir diesen mitzugeben. Ganz erfüllt von meiner berufsbedingten Liebe zu Fragebögen füllte ich diesen aus und sendete ihn umgehend zurück. Hinzu kam das erste Kapitel dieses Buches, damit er sich ein Bild von meiner Vergangenheit machen konnte und ich nicht Zeit damit verschwenden musste, alles zu erzählen.

Und so hatte ich einen neuen Anfang für das nächste Gespräch gefunden. Als ich es mir also ein paar Wochen später meinem Therapeuten gegenüber gemütlich gemacht hatte, erkundigte ich mich grinsend, ob er alle Unterlagen durchgegangen war. Zu meiner Überraschung hatte er sich sogar den vielen Seiten über meine Kindheit gewidmet und diese auch ausgedruckt. Und so überflog er diese und auch den Fragebogen und stellte mich gleichzeitig Fragen dazu. Seine Feststellung, dass meine Erfahrungen mehr als grauenvoll waren, war allerdings nichts Neues für mich. Und so war meine Reaktion darauf trocken und emotionslos. Wir sprachen etwas über meine Eltern und dass ich offenbar nicht von ihnen gewünscht gewesen war. Untermauert wurde dies natürlich durch die Tatsache, dass sie mich beide zur Adoption freigegeben hatten, was ich bereits mehrfach erwähnt hatte. Er befragte mich zu meiner Einstellung hierzu, was ich ihm auch ehrlich beantwortete:

„Mir ist ‚Eltern haben' unbekannt und doch vermisse ich es. Ich bin zwar bei Pflegeeltern aufgewachsen, aber für eine richtige Mutter-Tochter- bzw. Vater-Tochter Beziehung war ich einfach schon zu alt damals. Und so ist es noch offensichtlicher, dass ich heute kaum so etwas wie eine Beziehung zu Elternfiguren oder sogar meinen richtigen Eltern aufbauen kann. Doch es gibt Momente, in denen ich andere Töchter beneide – vor allem, wenn ich sie mit ihren Eltern sehe. Diese Vertrautheit, Liebe und Geborgenheit sind mir selbst fremd und doch wünsche ich mir das ebenfalls. Denn ich möchte es kennenlernen und diese Momente auch für mich haben."

Während ich ihm das erzählte, wurde mir innerlich klar, dass wir wohl nicht zum letzten Mal darüber gesprochen hatten. Doch dieses Mal lenkte ich das Thema selbst auf meine Mutter, was ich eigentlich nicht beabsichtigt hatte. Mir war klar, dass die Ansichten in dem ersten Kapitel nicht mehr meinen aktuellen entsprachen, was ich ihm auch verdeutlichte. Auf seine Nachfrage hin beschrieb ich den Hass auf meine Mutter, der sich wohl in meinen Worten widerspiegeln würde. Mir selbst war das damals nicht klar gewesen, doch mir war wichtig, ihn wissen zu lassen, dass sich dieser inzwischen in pure Gleichgültigkeit gewandelt hatte. Mir war allerdings wichtig, dass das Kapitel unverändert bliebe, damit meine Veränderungen besser sichtbar bleiben würden. Und so erzählte ich ihm von dem kurzen Kontakt, den ich mit meiner Mutter gehabt hatte, und auch dem Abbruch, der allerdings beiderseits bedingt war. Schließlich wollte ich eine Mutter und keine Freundin, was meinem Therapeuten sehr schnell klar wurde.

Während wir so darüber sprachen, überflog er weiterhin meine Unterlagen und runzelte immer wieder die Stirn. Ich beobachtete ihn dabei und fragte mich ständig, warum er den Anschein erweckte, dass er mit sich hadern würde. Irgendetwas beschäftigte ihn und genau das machte mich etwas nervös. Denn ich hoffte inständig, dass er sich endlich dafür entscheiden würde, mich als Patientin anzunehmen und so den Start eines langen Weges zu meinen ersehnten Antworten einläuten würde.

Doch zuerst jagte er mir einen ordentlichen Schreck ein, indem er mich fragte, warum ich ausgerechnet zu ihm wolle. Weiterhin durch die Unterlagen blätternd, verdeutlichte er mir, dass „man" mir eine weibliche Therapeutin wünschen würde. In diesem Moment schlug mir das Herz für ein paar Sekunden bis zum Hals, während ich versuchte, ein selbstsicheres „Aber?" herauszubringen. Bevor er mir diese Frage beantwortete, begründete er seine Feststellung damit, dass ich eine mütterliche Beziehung brauchen würde. Eine Person (hier natürlich weiblich), der ich Vertrauen schenken und die, mit der Zeit, eine mütterliche Bindung zu mir aufbauen und mir damit helfen konnte.

Gleich darauf kommentierte er seine Bemerkung, deren Bedeutung meinen momentanen Gedanken entsprach: Dies sei jedoch leider nicht mehr möglich, da meine schlechten Erfahrungen mit der vorherigen Therapeutin es unmöglich gemacht hatten, dass ich jemals ein inniges Vertrauen zu einer weiblichen Person fassen konnte.

Nun fiel mir ein enormer Stein vom Herzen und ich atmete erleichtert auf. Gleich darauf hörte ich von ihm erneut die Frage, warum ich zu ihm wolle. Er hatte den Eindruck, dass ich ihn um jeden Preis von mir überzeugen wolle. Diese Antwort hatte ich glücklicherweise sofort parat. Ich sagte ihm, dass ich auf meinen Instinkt gehört hatte. Dieser hatte mir verdeutlicht, dass ich ihm vertrauen konnte und ich nichts zu befürchten hatte. Das Vertrauen musste natürlich erst einmal aufgebaut werden, doch die Tatsache, dass ich von der ersten Sekunde an ehrlich und offen ihm gegenüber gewesen war, war für mich ein deutliches Zeichen. Zudem hatte mich die enorme Enttäuschung, dass ein Kollege von ihm mich Wochen davor doch nicht aufnehmen wollte, mehr getroffen, als ich erwartet hatte. Dies und meine sofortige Bereitschaft, alles auf der Arbeit umzustellen, sprachen für und nicht gegen ihn. Diese Worte hatten ihn offenbar überzeugt, denn er legte meine Unterlagen zur Seite und erklärte mir, was alles auf mich zukommen würde.

Wie er schon mehrmals betont hatte, sahen wir uns dann öfter in der Woche. Doch zuerst müsse er die Therapie beantragen, wofür er meine Mithilfe brauchen würde. Und so gab er mir neue Unterlagen und ein paar „Hausaufgaben", damit der Antrag und somit der Therapieanfang nahtlos vonstattengehen konnten. Ich willigte erleichtert in alles ein und versprach vollste Mitarbeit, da ich nicht fassen konnte, dass es nun bald endlich richtig losgehen würde (was für mich erneut ein Zeichen dafür war, dass ich es absolut ernst meinte).

In den letzten verbleibenden Minuten wusste ich nicht, was ich sagen sollte. Schließlich war es nicht mehr nötig, ein Gespräch in Gang zu bringen, und Smalltalk war eher unpassend. Also gab ich erneut meiner Erleichterung Ausdruck, was dem Therapeuten ein Grinsen entlockte. Er warnte mich erneut davor, das Zukünftige nicht auf die leichte Schulter zu nehmen. Ich konnte mir zwar wirklich nicht genau vorstellen, was auf mich zukam, doch ich war auf alles gefasst, was ich ihm auch sagte. Schließlich nutzte er die restliche Zeit, um mir noch einen Vorschlag zu machen. Es war mehr ein kleiner Blick in die Zukunft, doch ich sah diesen eher vage:

Schon beim ersten Treffen mit meinem Therapeuten hatte ich mir sein Behandlungszimmer genau angesehen. Neben den Sesseln, seinem Schreibtisch und dem Schrank mit Unterlagen befand sich auch eine bunte Couch in dem Raum, an deren Kopf ein weiterer Stuhl war. Ich hatte bereits auf seiner Homepage gelesen, dass die Patienten wählen konnten, ob sie ihm gegenübersitzen wollten oder die Couch bevorzugten. Dass dies ein Klischee allererster Güte war, war auch ihm durchaus bewusst. Daher verwunderte ihn auch nicht meine belustigte Reaktion auf seine Bemerkung, dass ich nach dem Aufbau einer gewissen Vertrauensbasis auch auf der Couch liegen könne. Ihm wäre es sogar lieber, da ich meine Aufmerksamkeit dann nicht mehr auf ihn, sondern nur noch auf mich selbst richten könnte. Doch erst wenn ich genug Vertrauen zu ihm aufgebaut hätte, würde er mir diesen Schritt zutrauen. Dass ich nur langsam Vertrauen fassen konnte und meine Umgebung immer im Blick hatte (vor allem in einem neuen Umfeld), war ihm nicht entgangen. Tatsächlich kannte ich dieses Verhalten von mir nur zu gut und gab ihm daher auch gleich ein Beispiel: Als ich mit der Physiotherapie angefangen hatte, vertraute ich meinem Physiotherapeuten logischerweise noch nicht genug. Er war mir zwar sofort sympathisch und ich hatte auch sofort gespürt, was für ein guter Mensch er war, doch trotzdem ließ ich anfangs Vorsicht walten. Sehr gut war dies daran zu beobachten, dass er mir anfangs immer sagen musste, dass ich mich entspannen und locker lassen sollte. Sobald er aus meinem Blickfeld verschwand, suchte ich mit rasend schnellen Bewegungen nach ihm, was er mit beruhigenden Worten kommentieren musste. Inzwischen gehört er, wie mehrfach erwähnt, zu meinen engsten Vertrauten.

Das erzählte ich auch meinem Therapeuten, der seine Vermutung dadurch bestätigt sah. Doch da ich bereits solche Erfahrungen gemacht hatte, sagte ich ihm, dass ich mir sicher sei, dass das Vertrauen zwischen uns rasch wachsen würde und ich nach der vorhergesagten Zeitspanne von ihm sicher kein Problem damit haben würde, mich auf die Couch zu legen. Doch wir hatten noch viel Zeit und Arbeit vor uns, bevor ich mich mit diesem Thema weiter beschäftigen müsste.

Beim nächsten Termin gab ich ihm zuerst all meine Hausaufgaben ab. Danach fragte ich ihn, ob er sich die von mir zugesandten Berichte der vergangenen Klinikaufenthalte durchgelesen hatte. Als er dies bejahte, fragte ich ihn nach seinem Urteil, was er wiederum mit einer Gegenfrage beantwortete. Wie schon viele Male davor wollte er wissen, was ich nun von ihm erwartete. Ich hätte diese Frage eigentlich bereits vorhersehen müssen, antwortete jedoch darauf. Ich überraschte ihn mit der Tatsache, dass die Inhalte der Berichte mehr der Fantasie als der Wahrheit entsprungen seien. Wir sprachen etwas darüber, doch ich hatte den Eindruck, dass er dies erst einmal so stehen lassen wollte. Dies kam mir jedoch recht, da ich ihm unbedingt eine Frage stellen wollte, die mich seit der letzten Stunde beschäftigt hatte. Denn mir war nicht ganz klar, warum er sich für mich eine weibliche Therapeutin und somit mögliche Mutterfigur wünschte, wenn ich doch ohne Vater aufgewachsen war und es daher noch ein „Loch" zu stopfen galt. Er gab mir recht, doch ich führte weitere Vermutungen aus und ließ ihn somit kaum zu Wort kommen. Denn ich vermutete hinter seinem Wunsch, dass ich natürlich väterlicherseits keine Enttäuschung und Ablehnung erleben musste, was ich hingegen von weiblicher Seite oft genug erlebt hatte. Denn schließlich war es mit meiner ehemaligen Therapeutin nicht anders gelaufen. Denn ich fragte meinen Therapeuten auch nach seiner Meinung über ihren Bericht. Erneut wollte er zuerst meine Einschätzung. Ich sagte ihm klar, dass ich der Meinung war, dass sie aufgegeben hatte. Und schon hatte er wieder eine Verbindung geknüpft, deren Wurzeln sich, wie bei meiner Mutter, in Enttäuschung, Missachtung und fehlender Anerkennung fanden.

Nichtsdestotrotz sprachen wir auch über die männlichen Bezugspersonen in meinem Leben. Erneut erzählte ich ihm von dem Doc, meinem Physiotherapeuten und einer neu hinzugetretenen Person: meinem Chef. Als ich meinem Therapeuten erzählte, dass ich mich sehr gut mit meinem Chef verstand, wurde seine Miene nachdenklich und er stellte fest: „Sie haben eine ordentliche Männerschar um sich gebildet." Dass er auch sich hinzuzählte, erkannte ich an seinem Grinsen, das ich nur erwidern konnte. Denn er hatte ja recht. Denn alle waren intelligent, gutmütig und auf ihre Art Vaterfiguren für mich. Ich konnte zu diesem Zeitpunkt nicht abstreiten, dass auch mein neuer Therapeut eines Tages diesen Stand haben könnte. Wie sollte ich auch ahnen, dass es ganz anders kommen würde?

Irgendwann landeten wir mit dem Gesprächsthema bei meinen Schwestern, zu denen ich kaum noch Kontakt hatte. Ich erzählte ihm, dass mein Stand in der Familie kaum von dem einer Tochter bzw. Schwester charakterisiert war. Ich fühlte mich selbst „untergebracht", weniger zugehörig. Lediglich meine Pflegemutter vermittelte mir das Gefühl, dass ich weiterhin zur Familie gehörte.

Als ich ihm davon erzählte und er immer wieder feststellte, dass ich Anerkennung wollte, mich dafür aber nicht verstellen wollte, wurde ich etwas unruhiger. Ich wurde sauer, da mir all die Szenarien durch den Kopf schossen, in denen ich zu spüren bekommen hatte, dass ich ein Außenseiter war und eigentlich nirgends dazugehörte. Hin und wieder beantwortete ich seine Fragen auf meine momentanen Gefühle – entweder mit einem Lachen oder aber mit einem Schulterzucken. Dass ihm beides nicht besonders gefiel, machte er mir wenige Minuten später in ernstem Tonfall deutlich. Ruhig, aber bestimmt beschrieb er mir seine Beobachtung, dass ich zwar lachen würde, trotzdem aber viel ernster sei als am Anfang. Und dass ich ihm keine aktuellen Gefühle beschreiben könne, bezweifle er, da ich glasige Augen hätte. Ich konnte das nicht ganz glauben, da ich ihm wahrheitsgemäß beschrieben hatte, dass ich nichts fühlen würde. Ich war vielleicht etwas sauer, aber mehr konnte ich wirklich nicht empfinden. Zwar versuchte ich ihm das klarzumachen, doch ich sah ihm an, dass er mir das nicht glauben wollte.

Doch unsere Zeit war sowieso um und so zog er einen Schlussstrich und verabschiedete sich von mir. Trotzdem gingen mir die letzten Minuten der Sitzung nicht aus dem Kopf. Denn ich wollte nicht den Eindruck vermitteln, dass mir meine Gefühle peinlich waren und ich sie ihm daher verschweigen würde. Doch gleichzeitig wollte ich nicht einsehen, dass er davon ausging, ich hätte ihn belogen. Ich hatte nun oft genug zu ihm gesagt, dass ich stets die Wahrheit ihm gegenüber sagen würde und dies auch weiterhin vorhatte, da ich schließlich für das Fortschreiten und den Erfolg der Therapie war.

Während die Tage vor dem offiziellen Start der Therapie verstrichen, beobachtete ich mich selbst und machte mir Gedanken über die zukünftigen Sitzungen. Aus irgendeinem Grund hatte ich das Gefühl, dass ich vorsichtiger und sensibler geworden war. Sensibel in der Hinsicht, dass sich meine Schutzmechanismen offenbar verstärkt hatten. Bei der Arbeit vermied ich den Kontakt zu Kolleginnen, die mir auf die Nerven gingen. Gleichzeitig reagierten diese auf meine Ablehnung und ließen mich daher ebenfalls in Ruhe. Auch wurde ich müder und energieloser. Meine Beschwerden wurden etwas schlimmer, doch ich schob beides auf beginnende Mangelerscheinungen. Wahrscheinlich beruhte auch mein Rückzug darauf, da ich meine Energie für Wichtigeres aufsparen wollte und nicht für die sinnlose Auseinandersetzung mit den Problemen von Menschen, die mir völlig egal waren.

Je näher der erste Termin nach dem Urlaub meines Therapeuten rückte, desto größer wurde meine Befürchtung, dass ich die Termine vielleicht verpassen könnte. Schließlich fanden diese mitten an meinem Arbeitstag statt. Die Zeit verstrich kurz vor der Mittagspause plötzlich rasend schnell, sodass ich vielleicht zu spät oder gar nicht mehr zur Sitzung kommen konnte. Gleichzeitig beruhigte ich mich aber mit dem Gedanken, dass ich nach ein paar Wochen die Uhrzeit, in der ich mich umziehen musste, sicherlich verinnerlicht hatte und mir daher keine Gedanken machen musste. Es ist wie bei jeder Neuheit bzw. Veränderung: Anfangs fällt es mir schwer, mich daran zu gewöhnen, und ich verschwende oft zu viele Gedanken daran. Doch ehe ich mich versehe, habe ich mich bereits daran gewöhnt und kann mich kaum daran erinnern, wie es davor gewesen ist.

Denn ich würde nicht nur zweimal in der Woche die Praxis für eine Stunde verlassen. Eine zweite Veränderung bestand darin, dass ich einmal in der Woche morgens in der Partnerpraxis arbeiten würde, die knapp besetzt war. Somit verkürzte sich meine Zeit in der „Stammpraxis“ enorm. Viel machte mir dies allerdings nicht aus. Ich war zwar nie gestresst, doch manchmal gingen mir meine Kolleginnen doch so enorm auf die Nerven, dass ich mich noch mehr auf die Veränderungen freute. Lediglich um meine Patienten tat es mir irgendwie leid. Denn diese mochten mich offenbar, da sie immer wieder nach mir fragten und sich sehr freuten, wenn ich wieder auftauchte. Zwar konnte ich mir nicht ganz erklären, warum ich so beliebt bei ihnen war, doch ich war froh darüber, dass ich trotzdem ich selbst bleiben konnte.

Schon bald war der Tag der erwarteten Therapiesitzung da. Da ich sehr gespannt auf diese war, vergaß ich während der Arbeit nicht eine Sekunde, dass ich mich zeitig umziehen gehen musste.

Schließlich saßen wir uns endlich wieder gegenüber und ich fing an, meinem Therapeuten zu erzählen, was ich die letzten Wochen an mir beobachtet hatte:

Ob es wirklich mit der letzten Sitzung zu tun hatte, war mir nicht ganz klar, aber ich hatte doch bemerkt, dass ich mich etwas zurückgezogen hatte. Mein Rückzug bezog sich vor allem auf die Interaktion mit meinen Kolleginnen – genauer mit den Kolleginnen, die mir schon von Anfang an extrem auf die Nerven gegangen waren. Ich hatte aufgehört, mit ihnen zu sprechen, und beschränkte mich somit nur auf die nötigste Kommunikation. Da jeder wusste, dass ich meine Ruhe möchte, wenn ich nichts sage, wurde mir diese entsprechend gewährt. Somit konnte ich mich ganz meiner Arbeit mit den Patienten und Ärzten widmen und musste weniger nervlichen Stress aushalten. Mein Therapeut fand das interessant, auch wenn wir beide keinen wirklichen Auslöser dafür finden konnten. Ich erzählte ihm daher etwas über meinen Arbeitsalltag und was mich daran störte.

Nach kurzer Zeit wusste ich nicht mehr, was ich sagen sollte. Bevor ich also minutenlang stumm dasitzen würde, fing ich an, meinem Therapeuten zu erzählen, was ich in der letzten Nacht geträumt hatte. Erstaunlicherweise zeigte er großes Interesse an dem Schwachsinn, der sich mir jede Nacht präsentierte. Ganz nach den Theorien von Freud deutete er alle möglichen Dinge in die Träume hinein, auf die ich wahrscheinlich nicht gekommen wäre. Ganz konnte ich mich mit dem Gedanken der Traumdeutung zwar nicht anfreunden, doch mir war durchaus bewusst, dass manche Ängste sich vor allem in Träumen auszudrücken vermochten. Wie etwa der stetig wiederkehrende Albtraum, dass mir die Zähne ausfielen, den ich nur durch das Aufschreiben endlich loswurde.

Schließlich fanden wir uns über viele Ecken und Wendungen beim Thema meine Persönlichkeit wieder. Erneut erzählte ich von meinem Arbeitsalltag, an dem mich besonders das Gejammer mancher meiner Kolleginnen unglaublich störte. Ich erklärte, dass ich keinerlei Mitleid empfinden würde. Ich wäre lediglich zu Mitgefühl imstande, aber auch nur, wenn ich es zuließe.

Als ich ihm sagte, dass ich nur mit Tieren Mitleid hätte, erwischte er mich eiskalt mit einem einfachen Beispiel: Ich sollte mir ein kleines Kaninchen vorstellen, das sich an einem Zaun an der Pfote verletzt hatte. Daraufhin sollte ich ihm sagen, was ich bei dessen Anblick empfinden würde. Dass ich ihm nur zögernd sagen konnte, dass ich wahrscheinlich traurig werden würde, warf mich ordentlich aus der Bahn. In meinem Kopf kreisten verschiedene Gedanken und Interpretationen der beschriebenen Szene, doch ich fand einfach nicht die richtige Antwort auf seine einfache Frage. Nun hatte ich das Interesse meines Therapeuten auf meine momentane Befindlichkeit gelenkt, die weder konzentriert noch ruhig war. Erst nach ein paar Minuten hatte ich mich wieder gefangen und musste zugeben, dass er mich hier kalt erwischt und mich durcheinandergebracht hatte. Denn nun sei ich mir unsicher, ob ich überhaupt Mitleid empfinden könne, sowie darüber, was kontrolliert und was automatisch ablaufen würde.

Nur wenige Tage später hatte ich die Gelegenheit, das obige Rätsel zu lösen. Während ich zeichnete, sah ich mir eine Dokumentation über Tiere an. Schon bald kam eine Szene, in der Tiere brutal getötet wurden – sei es durch Menschenhand oder die Naturgewalten. Ich sah mir alles an und beobachtete mich dabei ganz genau. Meine Beobachtungen konnte ich dann bei der nächsten Sitzung vorlegen: Ich hatte nur Mitleid mit Tieren, wenn ich es zuließ. Also war ich überhaupt nicht imstande, Mitleid zu empfinden, wenn ich es nicht bewusst steuern würde. Während wir darüber sprachen, überlegte ich mir, woher das wohl kam. Sicher hatte mein Verhalten seinen Ursprung in meiner Vergangenheit. Schließlich wollte ich auch kein Mitleid von anderen, was meiner Meinung nach nur fair war. Diese Feststellung brachte mich zu einem Kommentar meines Chefs, der mich fast dazu gebracht hätte, die Fassung zu verlieren. In meinem Beisein unterhielt er sich mit einem Arzt über eine Kollegin von mir. Er schrieb die momentane Ruhe mir zu, während es bei der Kollegin im Vergleich eher hektisch und laut zuging. Mein Chef versuchte sie zu verteidigen, indem er ihm sagte, dass dies mit der Anamnese, d.h. mit der Vorgeschichte, zusammenhinge. Denn sie hatte Jahre zuvor eine Scheidung durchgemacht und ließ dieses Erlebnis noch lange Zeit später jeden wissen und unangenehm spüren.

Als ich diesen Kommentar meines Chefs gehört hatte, biss ich mir auf die Zunge, während ich ihn gedanklich in bissigem Ton darauf hinwies, dass die Vergangenheit niemals rechtfertigen würde, wie jemand seine Mitmenschen behandeln dürfe.

Während ich meinem Therapeuten von dieser Szene erzählte, wuchs die Wut in mir, was ihm nicht verborgen blieb. Mit seinem Kommentar: „Das scheint Sie ziemlich wütend zu machen!“ hatte er genau ins Schwarze getroffen. Tatsächlich ist das Entschuldigen von Taten mit der eigenen Vergangenheit ein rotes Tuch für mich. In meinen Augen suchen Menschen, die dies tun, lediglich Aufmerksamkeit und versuchen, diese so zu erhalten. Denn sie lassen es sich nicht nehmen, bei jeder Gelegenheit ungefragt das Gesprächsthema auf sich zu lenken und sich somit in den Mittelpunkt der Szenerie zu stellen. Auch das ist mir selbst unangenehm. Werde ich gefragt, antworte ich gern, doch ich würde niemals von selbst anfangen, von mir zu erzählen, wenn das Thema gerade ein ganz anderes ist (und ich somit nicht mitreden kann oder möchte).

Nach meinen Ausführungen stellte mein Therapeut richtig fest, dass ich wohl keinerlei Bedürfnis nach Aufmerksamkeit hatte. Ich bejahte diese Vermutung sofort und fügte noch hinzu, dass ich nur über Banales sprechen und ich mich mit persönlichen Informationen eher zurückhalten würde. Denn ich befürchtete, dass ich aufgrund des Mitleids dauernd bevorzugt und anders behandelt werden könnte, als ich es eigentlich mochte. Auch ich würde Fehler machen und auch zu ihnen stehen. Es wäre daher unfair, nur aufgrund meiner Vergangenheit Nachsichtigkeit zu erfahren. Schließlich sei ich trotzdem erwachsen und daher verantwortlich für meine Taten. Ich erklärte meinem Therapeuten weiter, dass es mir zudem sehr unangenehm sei, wenn mir jemand einen Gefallen tue, obwohl ich doch gar nichts dafür getan hätte. Als Beispiel gab ich das scheinbar selbstlose Einsetzen meines Chefs an, der seine Kontakte für mich spielen ließ, um mir einen früheren Arzttermin zu organisieren. Ich war unglaublich dankbar dafür, doch trotzdem war mir das unangenehm. Daher kam es mir gerade recht, dass ich nur kurze Zeit später die Möglichkeit bekam, mich für seine Tat zu revanchieren, indem ich seine Familie porträtieren durfte – natürlich umsonst.

Doch auch sonst hinterfrage ich Gefallen immer. Meiner Meinung nach verdiene ich sie nicht einfach so. Warum sollte mir jemand etwas Gutes tun, obwohl ich gar nichts dafür getan habe? Ich fühle mich dann schuldig und versuche diesen Gefallen auf jegliche Art zurückzugeben, sei es durch gutes Benehmen, Mithilfe oder irgendeinen Gefallen, der dies erwidert.

Auf die Nachfrage meines Therapeuten, warum ich so denken würde, sagte ich ihm, dass ich mich selbst für keinen guten Menschen halten würde. Daher hätte ich solche Gefälligkeiten auch nicht verdient.

Er bat mich, meine Ansicht zu erläutern:

Ich halte nicht damit hinter dem Berg, dass ich nicht besonders sozial bin. Das heißt, ich mag Menschen nicht. Manch einer könnte jetzt vielleicht das Argument aufführen, dass ich dann aber den falschen Beruf gewählt habe. Nun ja, als Arzthelferin habe ich zwar mit Menschen zu tun, doch es gelingt mir erstaunlicherweise ganz gut, sympathisch und hilfsbereit zu agieren. Die Tatsache, dass ich sogar mit den „bösen“ Patienten hervorragend auskomme, beweist das Funktionieren meiner Methode. Denn ich verstelle mich nicht und lasse meinem Humor und dem Sarkasmus freien Lauf. Ich glaube, dass mir durch mein jung erscheinendes Äußeres und mein Lachen vieles nicht übel genommen wird. Fragten mich meine Kolleginnen jedoch, wie ich es schaffen würde, selbst die gemeinsten Patienten zum Lächeln zu bringen, sagte ich nur: „Sie spüren, dass ich ebenfalls böse bin.“

Was meine Kolleginnen zum Schmunzeln brachte, meinte ich absolut ernst. Schließlich halte ich mich, wie schon mehrfach erwähnt, für keinen guten Menschen. Diese „dunkle“ Seite zeigt sich vor allem nach der Arbeit. Sobald ich die Praxis verlasse, kann ich endlich wieder zum menschenfeindlichen Benehmen übergehen. Bin ich gut gelaunt und noch voll Energie, kann ich meine „Praxisfassade“ aufrechterhalten. Doch meistens möchte ich dann einfach nur nach Hause, was dazu führt, dass ich von allem genervt bin. Dazu gehören natürlich auch Menschen, die mich schon mit ihrer puren Anwesenheit gewaltig zur Weißglut treiben können.

Während ich von meiner dunklen Seite erzählte, wurde mein Therapeut immer nachdenklicher. Schließlich schlug er mir völlig unerwartet vor, dass ich mir doch Gedanken über die Couch machen sollte. Er hätte mir zwar gesagt, dass diese womöglich erst in einem Jahr auf mich zukommen würde, doch er könnte sich vorstellen, dass es mir schon in wenigen Wochen etwas bringen könnte. Ich verglich die vorgeschlagene Situation mit der bei der Physiotherapie und sagte ihm, dass ich es eigentlich gewöhnt sei, mit jemandem zu sprechen, der sich an meinem Kopfende befinden würde und den ich nicht sehen konnte. Ich müsste zwar noch überlegen, ob ich ihm schon so weit vertrauen könnte, doch grundsätzlich hätte ich nichts gegen einen Positionswechsel. Mit diesen Gedanken beendeten wir die Sitzung.

Schon nach ein paar Tagen war ich mir sicher, dass ich nichts gegen Sitzungen im Liegen einzuwenden hatte. Daher plante ich, dies als Nächstes vorzubringen, und wartete auf den nächsten Sitzungstag. Doch ein Traum warf mir meine Pläne etwas durcheinander und wurde Priorität. Und so saß ich meinem Therapeuten gegenüber und erzählte ihm, was mich beschäftigt hatte:

In dem Traum stand meine kleine Schwester neben meiner Pflegemutter und händigte ihr eine Krankmeldung aus. Diese war für meine Pflegemutter Grund genug, sie wieder bei sich aufzunehmen. Ich sah mir das empört an und stellte sie sogleich vor die Wahl. Entweder würde sie meine Schwester in die Wüste schicken oder ich würde nie wieder zu ihnen kommen. Plötzlich tauchte die jüngste Tochter meiner Pflegemutter auf und baute sich vor den beiden auf. In bestimmtem Ton machte sie mir klar, dass ich das dann tun solle, und wenn ich meinte, dass ich nie wieder zu ihnen kommen würde, dann sei das so. Geschockt von dieser Reaktion – plus aufgrund fehlenden Einspruchs meiner Pflegemutter – brach ich in Tränen aus und wartete fassungslos auf irgendwelche Reaktionen. Doch schlussendlich wachte ich auf und musste feststellen, dass ich wohl nie von solchen Träumen verschont bleiben würde.

Mein Therapeut hörte interessiert zu und fragte nach der Beziehung zwischen mir und meiner kleinen Schwester:

Meine kleine Schwester hatte ihre „Karriere" inzwischen so weit vorangebracht, dass sie auf der Straße lebend schwanger geworden war. Sie bekam erneut Unterstützung, eine Wohnung und viel Hilfe, auch seitens meiner Pflegemutter. Nur ich glaubte diesem Schauspiel nicht. Tatsächlich kam meine kleine Nichte auf die Welt und musste ein paar Wochen mit zwei großen Hunden und einem Kind als Mutter in einem winzigen, dreckigen Zimmer leben. Endlich konnte sich die Hebamme, die regelmäßig vorbeikam, das Ganze nicht mehr mit ansehen und alarmierte die Behörden. Die Kleine wurde sofort zu Pflegeeltern gebracht und meine kleine Schwester ließ ihre Wut an allen aus, stellte sich selbst jedoch, wie immer, als unschuldig dar. Nach langem Hin und Her, mit Planungen einer Familientherapie, landeten sie schließlich an folgendem Punkt: Der Vater wurde verhaftet und kam ins Gefängnis. Meine Schwester ging mit ihren Hunden zurück auf die Straße und scherte sich kein bisschen um ihre Tochter. Meine Pflegemutter hingegen verging fast vor Mitleid und versucht bis heute, sie dazu zu bringen, um ihre Tochter zu kämpfen. Dass dies jedoch ein vergebenes Unterfangen ist, wird sie wohl nie begreifen.

Und doch erntet meine kleine Schwester stets Mitleid und kann sich stets auf die Hilfe meiner Pflegemutter verlassen. Dauernd gibt sie ihr Geld, übergab ihr auch alte Sachen und musste dann mit ansehen, wie beides zerstört, verschenkt oder aus dem Fenster geworfen wurde. Und trotzdem trieb das Mitleid meine Pflegemutter immer weiter zur Mithilfe, auch wenn sie gewisse Schritte glücklicherweise irgendwann verweigerte. So hatte sie sofort abgelehnt, als meine Schwester angefragt hatte, ob sie mit ihrer Tochter bei ihr einziehen könne. In diesem Fall bin ich froh darüber, dass die drei Töchter meiner Pflegemutter ein Auge auf sie haben und sie vor solchen Dummheiten bewahren.

Trotzdem hatte mich der vergangene Traum beschäftigt. Aus meinen Erzählungen las mein Therapeut, dass mir wohl viel an meiner Pflegemutter liegen würde. Denn ich schien sie – neben meiner Aufregung darüber – vor dieser Last beschützen zu wollen.

Mit seiner Beobachtung lag er völlig richtig. Ich sah in meiner Pflegemutter zwar keine Mutter, aber sie lag mir trotzdem irgendwie am Herzen. Ich hatte sie als meine Erzieherin kennengelernt und das ist sie bis heute für mich. Sie hat mir beigebracht, mit Geld umzugehen, mich selbst zu versorgen, und gab mir Tipps und Tricks für das alltägliche Leben. Daher könnte ich es auch nicht über mich bringen, sie zu verletzen. Als Beispiel nannte ich hier meine Orientierung. Dass ich in meinem Alter noch keinen Partner gefunden habe, machte ihr schwer zu schaffen. Zwar versuchte sie, dies etwas zu verbergen, doch ich sah es ihr jedes Mal an, wenn ein derartiges Thema aufkam. Doch ich brachte es einfach nicht übers Herz, ihr zu sagen, dass ich niemals einen Partner haben würde, da ich es schlichtweg nicht möchte. Doch wie sollte ich ihr meine Asexualität und Aromantik erklären? Verstehen würde sie es wahrscheinlich nicht und daher ließ ich es einfach sein. Zudem wollte ich ihr nicht verdeutlichen, dass ich zu einem einsamen Leben verdammt war, da ich auch nie viele Freunde haben würde – wenn überhaupt.

Zurückkommend auf meinen Traum, führte ich weiter aus, dass ich die Aussicht auf komplette Einsamkeit beängstigend fand. Zudem beschäftigte mich auch die Befürchtung, dass meine Familie mich leichtfertig loslassen und mich so zur totalen Einsamkeit verdammen könnte. Ich schloss aus dem Traum, dass ich meiner Pflegemutter und ihren Kindern wohl völlig egal war, ich aber eigentlich nicht ohne sie sein wollte. Wenn ich nicht sie hatte, wen dann?

Mein Therapeut schloss aus meinen Ausführungen, dass ich zwar Angst vor Einsamkeit hatte, aber trotzdem Nähe und eine Partnerschaft strikt ablehnen würde. Dies war zwar ein Widerspruch in sich, doch das ging nun mal in mir vor. Schließlich fühlte ich mich in der Familie nicht wirklich angenommen. Daher erzählte ich ihm von dem mangelnden Vertrauen mir gegenüber. Gerade meine Pflegeeltern und ihre Töchter zeigten nie Respekt mir und meinen Taten gegenüber. Anerkennung und Stolz sind mir vollkommen fremd. Ich gab als Beispiel meine schon thematisierte Intelligenz an. Auf die Nachfrage, ob die Mitglieder meiner Pflegefamilie mir eine hohe Intelligenz, ja sogar Hochbegabung zutrauen würden, erntete ich nur Belustigung und hämisches Gelächter.

Während ich weitere Beispiele vorbrachte, sah ich in dem Gesicht meines Therapeuten immer mehr Verwunderung, Erstaunen und Nachdenklichkeit.

Als ich weiter ausführte, dass ich nie gut genug für meine Pflegefamilie war und daher aus allem ausgeschlossen wurde, stellte er mir eine weitere Frage, die ich nur schwer beantworten konnte. Mein Therapeut wollte von mir wissen, ob ich ihm sagen konnte, wie ich mich in seiner Situation fühlen würde. Etwas verwundert fragte ich nach und er vertiefte seine Frage: „Stellen Sie sich vor, Sie sind an meiner Stelle und hören sich Ihre Erzählungen an. Wie Sie erzählen, dass Sie nichts wert seien, dass Sie keinerlei Anerkennung bekommen und im Grunde allein sind, ohne Rückhalt und Unterstützung."

Mir fiel es etwas schwer, auf diese Frage zu antworten, da ich schon verschiedene Reaktionen auf diese Frage gehört hatte. Ich brachte zögernd verschiedene Gefühle hervor, wie Ärger, Verwunderung und Trauer. Er half mir darauf mit einem weiteren Beispiel auf die Sprünge: Ich sollte mir einen Welpen vorstellen. Ich würde sehen, wie dieser von seinem Herrchen getreten und missachtet würde. Er sei doch nur ein kleiner Welpe, völlig unschuldig, und wolle nichts anderes als Aufmerksamkeit und Zugehörigkeit. Und doch würde ihn sein Herrchen behandeln wie ein Stück Dreck.

Dieses Beispiel half mir dabei, auf ein zentrales Gefühl aufmerksam zu werden: Wut.

Ich wusste zwar, dass dieses Gefühl immer zugegen war, doch oft versuchte ich es in Schach zu halten.

Nachdem ich meine Gedankengänge zu Ende geführt hatte, sprach mein Therapeut erneut die Couch an. Da ich, auch instinktiv, keine Bedenken äußerte, schlug er mir ein Probeliegen vor. Die Gemütlichkeit und bereits bekannte Position aus der Physiotherapie überzeugten mich und so einigten wir uns darauf, dass ich ab der nächsten Sitzung klassisch auf der Couch liegend sprechen würde.

Und das tat ich beim nächsten Termin dann auch. Ich erzählte sogleich, anhand einer mitgebrachten Zeichnung, von dem vergangenen Wochenende und wie mich meine Pflegeeltern, speziell mein Pflegevater, zur Weißglut gebracht hatten. Je mehr ich mich in Rage sprach, desto mehr ignorierte ich das Bild. Irgendwann lag es nur auf meinen Beinen, während ich mich ordentlich „auskotzte“ und dabei Dinge sagte, die ich nicht eine Sekunde bereute. Mein Therapeut stellte etwas verwundert fest, dass ich sehr viel Wut in mir hatte (wahrscheinlich mehr als er erwartet hatte). Ich bejahte dies schulterzuckend und beendete meinen Monolog damit. Die letzten zehn Minuten lag ich einfach nur da und träumte vor mich hin. Schließlich wurde ich mit den leisen, obligatorischen Worten „O. k., mal bis hier?“ entlassen.

In der nächsten Sitzung äußerte ich meinen Ärger darüber, dass ich schon wieder über dasselbe Thema gesprochen hatte (die Geschehnisse am vergangenen Wochenende). Ich sagte ihm, dass ich das schon in der letzten Therapie dauernd gemacht hatte und das mich kein bisschen weitergebracht hatte. Als er mir sagte, dass wir nun mal immer über das sprechen würden, was uns am meisten belastet, sagte ich ihm, dass ich aber an der eigentlichen Situation trotzdem nichts ändern würde. Daher wäre die Aussprache darüber komplett sinnlos. Während ich sprach, hob sich meine Stimme, was meinem Therapeuten nicht verborgen blieb. Erneut sprach er meine Wut an und erneut bestätigte ich diese. Während ich gedanklich auf die Wiederholung dieser Äußerung genervt reagierte, sprach er eine mögliche Enttäuschung an, die er bei mir gegenüber meinem Pflegevater erkennen würde.

Ich verneinte diese Feststellung sofort und formte sie etwas um. Denn ich war nicht direkt von ihm enttäuscht, sondern vielmehr von meinem Leben, von meinem Schicksal – oder wie auch immer man es nennen mochte –, das für den bisherigen Verlauf verantwortlich war und ist. Denn ich finde es einfach nicht fair, dass meine eigene Geschichte so verkorkst ist, dass sie sich ständig wiederholt und ich immer noch darunter leide.

Nach dieser Aussage verstummte ich erneut. Nach 15 Minuten sprach mich mein Therapeut auf meine Schweigsamkeit an. Ich sagte ihm, dass mir nun nichts mehr einfallen würde. Erneut musste ich mich verteidigen, als er seine Vermutung äußerte, dass mich seine Bemerkung zu der gefühlten Enttäuschung gegenüber meinem Pflegevater entrüstet hatte.

Die restliche halbe Stunde lag ich gelangweilt auf der Couch. Mein Kopf schien komplett leer zu sein. Ich hatte das Gefühl, dass ich auf nichts Zugriff hatte, was ich meinem Therapeut auch sagte. Dieser gab hierzu einen knappen, interessierten Kommentar ab, bei dem es aber auch blieb. Bis er endlich das ersehnte „O. k., mal bis hier?“ aussprach, hatte ich träumend auf die Uhr gestarrt und dem Ticken des Zeigers zugehört. Gedanklich war ich bei der Arbeit und bereute zutiefst, dass ich bei der Therapie sinnlos herumgelegen hatte.

Als ich mich wieder auf den Rückweg machte, kochte ich vor Wut. Ich hatte meine Pause erneut weit überschritten und sie mit nichts Sinnvollem verbracht. Mich ärgerte zutiefst, dass mir mein Therapeut nicht geglaubt hatte, dass ich nichts zu sagen hatte, weil ich schlicht nichts fand.

Die nächsten Sitzungen verliefen ähnlich. Entweder ich hatte eine Kleinigkeit zu erzählen oder ich lag einfach nur stumm auf dem Sofa und suchte Muster in dem Baum, der genau vor dem Fenster in meinem Blickfeld wuchs. In den Stunden, in denen ich einfach vor mich hin plauderte, erzählte ich entweder ein wenig von früher, von der Arbeit oder wiederholte Themen der vergangenen Sitzungen. Irgendwann entschied, ich etwas auszuprobieren, und nutzte meine Freiheit, „einfach sagen zu können, was ich wollte“. Und so erzählte ich meinem Therapeuten von meinem Albtraum[42], der mir gleichermaßen real und doch so ir-

42 siehe Albtraum S. 91.

real vorkam. Zu meinem großen Erstaunen erging es ihm nicht so wie meiner alten Therapeutin, die sich damals keinen Reim daraus machen konnte. Er fand diesen Traum sehr spannend und war sich sicher, dass sich mehr als ein Körnchen Wahrheit darin fand. Schließlich passten all meine Verhaltensweisen dazu: Ich schlafe immer mit dem Gesicht zur Tür. Schon seit Kindertagen muss ich mein Bett für mich allein haben, weshalb ich auch nie ein Kuscheltier besessen habe. Ich hasse es, wenn mir jemand auf den Rücken schlägt oder ihn auch nur berührt.

Ich sagte meinem Therapeuten, dass ich mir einfach nicht sicher war, ob mein Stiefvater wirklich so weit gegangen war, sich an mir zu vergehen. Gleichzeitig war ich mir sehr wohl seiner Aggressivität und Willensstärke bewusst, was es wiederum wahrscheinlicher machen würde. Und doch bestand der Zweifel. Schließlich reicht eine solche Tat über das menschliche Vorstellungsvermögen hinaus – meiner Meinung nach. Ich sprach noch etwas über die damaligen Verhältnisse, was erneut in der Feststellung meines Therapeuten endete, dass ich enorm viel Wut in mir tragen würde. Doch woher diese kam, konnte ich ihm einfach nicht beantworten.

Gegen Ende meiner Ausführungen schlug er mir erneut vor, dass wir die Sitzungen von zwei auf drei Mal die Woche erhöhen sollten. Ich versprach ihm, die Umstellung auf der Arbeit zu besprechen, was ich auch tat.

Währenddessen war mein Pflegevater erneut ins Krankenhaus gekommen, was mich allerdings wenig interessierte. Nachteilig war natürlich der Umstand, dass meine Pflegemutter dauernd bei ihm war und ich daher am Wochenende immer allein war. Doch ich genoss die Ruhe trotzdem, da die störenden Faktoren dadurch nicht vorhanden waren. Die aktuellen Geschehnisse teilte ich auch eher halbherzig in der Therapie mit, sagte meinem Therapeuten aber wahrheitsgemäß, dass mein Pflegevater sich wahrscheinlich wieder erholen würde, was mir nicht so gelegen kam. Schließlich wünschte ich mir, dass er sterben würde. Doch da ich nicht mehr über ihn sprechen wollte, erwähnte ich ihn kaum noch.

Ich fuhr zwar über das Wochenende noch nach Hause, doch nicht ein einziges Mal ging ich mit ins Krankenhaus, um meinen Pflegevater zu besuchen. Warum auch? Schließlich genoss ich die Ruhe ohne ihn.

Doch plötzlich ging es Schlag auf Schlag: Bei einem routinemäßigen Anruf bekam ich die Nachricht von meiner Pflegemutter, dass ihr Mann im Sterben lag. Er hatte nachts einen schweren Schlaganfall erlitten und war nun nicht mehr ansprechbar. Sollte er also aufwachen, würde er ein Pflegefall sein. Doch er hatte eine Patientenverfügung und in dieser verfügt, dass in solchen Fällen lebenserhaltende Maßnahmen nicht erwünscht seien. Und so wurde dem entsprochen. Meine Pflegemutter blieb von morgens bis abends bei ihm, sodass mich ihre jüngste Tochter an meinem wöchentlichen Wochenendbesuch vom Bahnhof abholte. Als meine Pflegemutter spätabends nach Hause kam, hatte ich mir davor viele Gedanken gemacht, wie ich ihr am besten gegenübertreten sollte. Als ich schließlich vor ihr stand, folgte ich meinem Instinkt: Ich nahm sie in den Arm und drückte sie fest an mich. Nachdem sie ein paar Tränen vergossen hatte, fasste sie sich wieder und erzählte mir, wie es ihrem Mann ging.

Nachdem ich gesehen hatte, wie sie litt, wünschte ich mir noch mehr, dass mein Pflegevater endlich sterben würde. Denn er tat ihr so viel Leid an, obwohl er eigentlich überhaupt nichts tat. Mein Wunsch erfüllte sich bereits am nächsten Tag. Ich hatte meiner Pflegemutter geholfen, ihr Abendessen zuzubereiten, und es mir vor einer DVD gemütlich gemacht. Nur eine halbe Stunde nach ihrer Rückkehr vom Krankenhause meldete sich dieses telefonisch, um ihr den Tod ihres Mannes mitzuteilen. Also machte sie sich wieder auf den Weg in die Klinik. Ich hingegen saß einfach nur stumm da und hörte ihr zu. Ich wusste nicht, wie ich darauf reagieren sollte, und insgeheim wollte ich meine DVD weiterschauen, auch wenn ich wusste, dass das in diesem Moment unangebracht war.

Und so überließ ich die Trauer komplett meiner Pflegemutter, während ich mit meinem Alltag fortfuhr. Ich konnte einfach nicht verstehen, warum alle so traurig und überrascht waren.

Schließlich war durch den stetigen Verfall meines Pflegevaters absehbar gewesen, dass es nicht mehr lange dauern würde, bis es vorbei war. Ich hatte mich zwar mit dem Zeitraum verschätzt, doch ich war trotzdem froh, dass meine Pflegemutter nun endlich von dieser enormen Last befreit worden war, auch wenn das bedeutete, dass sie nun eine Trauerphase und (anderes) Leid ertragen musste.

Trotzdem war ich doch etwas überrascht, dass mich sein Tod komplett kalt ließ. Mir war zwar bewusst, dass ich nicht eine Träne für ihn verschwenden würde, doch ich hatte mir das ein bisschen wie im Film vorgestellt: dass ich – im entscheidenden Moment – Erleichterung, Überraschung oder vielleicht sogar Reue empfinden würde. Doch da war absolut nichts. Daher verstand ich auch nicht, warum die Emotionen um mich herum geradezu explodierten. Warum jemandem nachtrauern, der es überhaupt nicht verdient hatte?

Ich beschloss, die Reaktion meines Therapeuten abzuwarten. Zwischenzeitlich benachrichtigte ich den Doc, der ebenfalls der Meinung war, dass der Tod meines Pflegevaters nicht überraschend gekommen sei. Erstaunlicherweise hatten viele Faktoren eine Rolle gespielt, die den seltenen, aber doch möglichen Verlauf bis zum schnellen Tod möglich gemacht hatten. So hätte er „normalerweise" viel länger vor sich hin vegetieren müssen.

Als ich in der nächsten Therapiesitzung schließlich von dem neuesten Ereignis erzählte, wurde ich wieder überrascht. Denn mein Therapeut reagierte lediglich mit einem Räuspern, blieb ansonsten aber reserviert. Und so erzählte ich ihm wahrheitsgemäß, was mir die letzten Tage durch den Kopf gegangen war, und ließ auch meine „kalten" Gedanken nicht aus. Doch erneut kam keine Reaktion, was mich dazu veranlasste, ebenfalls zu verstummen. Ich lag also erneut über eine halbe Stunde ruhig da und suchte erneut Muster in der Natur vor dem Fenster. In den letzten Minuten erzählte ich ihm dann doch noch, dass ich wegen des dritten Wochentermins alles geklärt hätte. Doch ich würde zweifeln, ob dieser überhaupt Sinn machen würde. Auf seine Nachfrage antwortete ich ihm, dass ich schließlich nichts zu sagen hatte und daher eigentlich nur stumm daliegen würde. Schließlich wisse er nun alles über mich und mir würde in letzter Zeit einfach nichts mehr durch den Kopf gehen. Seiner Feststellung, dass genau dieser Umstand so spannend wäre, konnte ich nicht zustimmen.

Als ich die Sitzung verließ, übermannte mich erneut Ärger über die soeben verschwendete Zeit. Zeitgleich konnte ich nicht fassen, dass er nicht einmal auf die neue Nachricht reagiert hatte. Ich hatte erwartet, dass er meine Gleichgültigkeit ansprechen, aber nicht mit Distanz reagieren würde. Mein Ärger manifestierte sich zunehmend bei der Arbeit, verflog aber auch wieder. Denn auch dort hatte ich die Nachricht bekannt gegeben, auch wenn meine Arbeitsweise dadurch nicht beeinflusst wurde.

Doch schon nach kurzer Zeit sollte ich ein Gesprächsthema für die nächste Sitzung erhalten. Einen Tag in der Woche kam der Chef einer unserer Partnerpraxen zu uns, um den ganzen Tag zu operieren. An dem gleichen Tag fanden auch Meetings statt, um aktuelle zu Probleme besprechen und zu lösen. Eines der angesprochenen Themen war an diesem Tag die herrschende Unruhe im Team, genauer unter den Helferinnen. Mittels Mitarbeiterbefragungen hatten die Chefs ausgewertet, dass wir Mädels offenbar unzufrieden mit der momentanen „Chemie" zwischen uns waren. Überraschend war dieses Testergebnis sicherlich nicht für uns. Natürlich war mir anhand meiner stetigen Beobachtungen klar, wer für die Unruhen verantwortlich war. Doch ich hielt mich, wie alle anderen, zurück. Der Chef der Partnerpraxis sprach über die Akzeptanz von Persönlichkeiten und deren einzigartige Charaktere, was zwar lobenswert war, doch nicht wirklich half.

Als das Meeting vorbei war und ich anfing, Arbeiten im OP zu erledigen, nahm mich derselbe Arzt plötzlich beiseite und bat mich um ein Gespräch unter vier Augen. Ich willigte sofort ein, schließlich hatte ich nichts zu verbergen. Er fing sogleich an, mich zu loben und mir zu versichern, dass sowohl er als auch der Professor sehr zufrieden mit mir seien. Und auch die ärztlichen Kollegen hätten an meiner Arbeit nichts zu beanstanden. Doch dann sprach er die erwähnten Unruhen im Team an und offenbarte mir seine Vermutung, dass diese mit mir zu tun haben könnten. Ich musste auf diese Äußerung mit einem sehr dummen Blick reagiert haben, da er mich sofort erneut lobte und verdeutlichte, dass er dies nur vermuten würde. Auf meine Nachfrage, wodurch genau ich diese Unruhen denn verursachen könnte, fand er nur schwer Worte. Mir war klar, dass er seine Beobachtungen nicht richtig erklären konnte, doch ich erinnerte mich an eine Frage, die er mir viele Wochen vorher schon gestellt hatte: ob es sein könnte, dass ein paar Mädels eifersüchtig auf mich seien.

Verschiedene vergangene Situationen schossen mir durch den Kopf und bildeten ein passendes Bild, während der Arzt immer noch versuchte zu erklären, wie er zu seinem Schluss gekommen war. Mir war klar, dass er sich mit dem Professor unterhalten hatte, da er ein Verhalten meinerseits beschrieb, dass er unmöglich selbst beobachtet haben konnte. Und so erwähnte er, wie leicht mir das Lernen fiele, meine schnelle Auffassungsgabe und mein enormes Stresspotenzial. Offenbar versuchte er mir zu sagen, dass ein paar Mädels eifersüchtig waren und sich wohl daran stören würden, dass mir alles so leichtfiel und ich weder gestresst war noch mich inkorrekt verhielt.

Wir einigten uns darauf, dass ich die Situation beobachten würde. Nach einem erneuten Lob entließ er mich schließlich aus dem Gespräch und wir gingen wieder unserer Arbeit nach. Nur wenige Stunden später bot sich ihm ein Beispiel, das zeigte, dass ich unmöglich der Unruhestifter sein konnte. Denn eine Kollegin von mir ließ erneut ihre schlechte Laune an mir aus, indem sie mich anschrie – ohne Grund, wohlgemerkt. Zu meinem Glück stand derselbe Arzt neben mir, mit dem ich soeben darüber gesprochen hatte. Nachdem ich ruhig auf die verbale Attacke geantwortet hatte, lächelte ich ihn an. Er wiederum erwiderte dies mit einem wissenden Grinsen, legte seinen Arm um meine Schulter und lachte. Auch im musste lachen, auch wenn es mehr Schadenfreude war. Schließlich hatte sich die Kollegin soeben ins eigene Bein geschossen.

Trotzdem ging mir das Gespräch nicht aus dem Kopf. Ich sprach am darauffolgenden Wochenende mit meiner Pflegemutter darüber, die sich ebenfalls keinen Reim auf diese „Anschuldigungen“ machen konnte. Ich hatte zwischenzeitlich auch den Doc um Rat gefragt, der mich aber beruhigte und mir riet abzuwarten. Um diesem Problem entgegenzuwirken, beschloss ich, dem Professor zu schreiben und ihn um ein Gespräch zu bitten. Wie ich erwartet hatte, bekam ich sofort Rückmeldung von ihm, die die Bereitschaft für ein Gespräch beinhaltete. Zudem sicherte er mir sofort zu, dass die momentane Lage nichts mit mir zu tun hatte. Und so trat ich das bevorstehende Gespräch entspannt und optimistisch an. Wie sein Kollege zuvor lobte mich auch der Professor in der Einleitung seiner Ansprache. Danach erklärte er mir, dass sich die beiden überlegt hatten, meine Beobachtungen als „Neuling“ zu nutzen, da ich schließlich keine zu großen Bindungen im Team hatte und daher rationaler deuten könne, was das Problem sei.

Und so teilte ich dem Professor meine Beobachtungen anhand von Namen und Beispielen mit. Ändern ließ sich dadurch zwar kaum etwas, doch ich war froh, dass ich mehr Informant als Angeklagter war.

Nachdem ich dieses Problem aus der Welt geschafft hatte, stand die Beerdigung meines Pflegevaters an. Der Dienst war getauscht, die Therapie abgesagt und die Physiotherapie auf morgens verschoben. Nichts schien meinem Erscheinen zur Beerdigung im Wege zu stehen. Und so machte ich mich mittags auf den Weg nach Hause. Da ich doch relativ spät erscheinen würde, konnte mich niemand vom Bahnhof abholen. Ich beschloss zu laufen, was ich in der Stadt regelmäßig tat, weshalb ich keine Scheu vor mehreren Kilometern Fußmarsch hatte. Doch 15 Minuten vor meiner Ankunft sah ich plötzlich jemand allzu Bekanntes im Zug: meine kleine Schwester.

Sofort wurde ich rasend vor Wut und schrieb mit zitternden Händen einer meiner Pflegeschwestern. Ich wusste, dass sie auf der Beerdigung nicht erwünscht war, da diese doppelte Belastung zu viel für meine Pflegemutter wäre. Doch offenbar hatten alle Bitten nichts genutzt. Meine Schwester bildete sich wohl ein, dass sie meiner Pflegemutter einen Gefallen tat, wenn sie überraschend auftauchte. Ich vermutete, dass sie für sie da sein wollte, womit sie ihre Respektlosigkeit auch bestimmt rechtfertigen würde.

Kurz vor dem Ziel kam endlich eine Antwort von der ältesten Tochter meiner Pflegemutter. Wie ich es mir gedacht hatte, sollte meine Schwester nicht an der Beerdigung auftauchen. Sie hatte die Erlaubnis bekommen, in den nächsten Wochen auf Besuch zu kommen. Doch sie würden nichtsdestotrotz alle Vorkehrungen für den „Überraschungsbesuch" treffen.

Glücklicherweise schrieb ich zeitgleich mit einer Familienfreundin. Sie bat mich um einen Gefallen, woraufhin ich sogleich eine Erwiderung einforderte, wenn auch mit etwas schlechtem Gewissen. Meine Bekannte willigte sofort ein, mich am Bahnhof abzuholen, was mir Zeit gab, alle zu warnen, da ich wusste, dass meine Schwester den langen Weg laufen würde. Meine Wut hatte sich etwas beruhigt, war aber trotzdem noch präsent.

Doch ich versuchte einen Vorteil aus der Situation zu schöpfen. Denn da alle Aufmerksamkeit auf meine Schwester gerichtet sein würde, läge der Fokus weniger auf mir. Tatsächlich war dem dann auch so. Während des Trauergottesdienstes und des Begräbnisses bauten meine Pflegeschwestern und ich eine Mauer um meine Pflegemutter, sodass meine Schwester nicht an sie herankam. Später beim Leichenschmaus wurde ich mehrmals auf meine Schwester und ihren momentanen Zustand angesprochen. Ich konnte zwar nicht verhindern, dass sie sich im Gasthof an meine Pflegemutter schmiegte und das Elend vorspielte, doch immerhin hatte ich meine Ruhe. Und so konnte ich die wenigen Stunden damit verbringen, die trauernden Menschen um mich herum zu studieren. Vor allem die Tränen der Enkel meiner Pflegeeltern waren für mich unbegreiflich. Ich verstand einfach nicht, wie sie ihrem Opa nachtrauern konnten, wenn er ihnen doch nicht als besonderer Mensch im Gedächtnis geblieben sein konnte. Schließlich hatte er nur dagesessen, geschlafen oder vor sich hin gedämmert. Er hatte ihnen weder etwas Brauchbares beigebracht noch in anderer Hinsicht Hilfreiches hinterlassen. Warum ihm also nachweinen? Natürlich konnte mir das niemand erklären und fragen konnte ich das erst recht nicht.

Ich war froh, am Abend wieder zu Hause zu sein, auch wenn ich wusste, dass meine Pflegemutter noch lange traurig sein würde und ich schon bald genervt davon sein würde – vor allem da ich es jetzt schon war.

Allerdings beschloss ich relativ schnell, dass das Kapitel „Pflegevater“ für mich endlich abgeschlossen war und ich nun eine große Belastung weniger hatte. Nun war die Konzentration auf die Therapie sicher leichter, da dieses Thema der Vergangenheit angehörte. Es konnte also weitergehen:

Ich versuchte, am Anfang jeder neuen Therapiesitzung am Ende der vorangegangenen anzuknüpfen, doch mir gelang das nur selten. Meist hatte ich ein paar Fragen oder es war etwas passiert, das ich erst einmal loswerden wollte. Jedes Mal landeten wir dann über mehrere Ecken bei einem anderen Thema, bei dem ich mir dann wieder erneut vornahm, es beim nächsten Mal weiterzuführen.

Irgendwann akzeptierte ich den Umstand, dass wir mehr zufällig auf wichtige Themen kamen, und so fing ich oft mit etwas Banalem an.

So auch während einer Sitzung, in der ich meinem Therapeuten etwas erzählte, das ich noch nie jemandem erzählt hatte. Über seiner Praxis wohnte eine Familie mit zwei Kindern, die laut spielten und ordentlich trampelten. Ich sagte in den Raum hinein, dass sich der Lärm so anhören würde, als ob jemand umziehen würde. Doch er belehrte mich eines Besseren und beschrieb das tägliche Spiel der Kinder. Daraufhin erzählte ich ihm, dass ich auch einen lauten Nachbarn hatte, der streng genommen jedoch nichts dafür konnte, dass er mich so aufregte. Denn er lief auf den Fußhacken, was ein lautes Dröhnen auslöste und mir so das Gefühl gab, dass bei jedem seiner Schritte der Putz von der Decke bröckeln würde. Abgewöhnen konnte ich ihm das natürlich nicht, doch ich beschrieb diese „Geräuschempfindlichkeit“ als eine der Eigenschaften, die ich sehr an mir hasste.

Während ich ihm das beschrieb, dachte ich weiter laut darüber nach, und dann fiel mir etwas auf, das ich ebenfalls sofort preisgab: Offenbar machten mir besonders tiefe Töne, die ich auch spüren konnte (z. B. Bass mit Vibrieren in den Ohren), enorm zu schaffen. Hohe Töne machten mich längst nicht so aggressiv. Hinzu kam, dass vor allem die Geräusche, mit denen ich nicht gerechnet hatte, Wut in mir auslösen konnten. So waren mir z. B. vorbeifahrende Autos oder Musik in Geschäften nicht so unangenehm.

Mein Therapeut hörte mir aufmerksam zu und bezeichnete meine Beschreibungen als auffällig. Zudem kam ihm eine Idee, die mich nicht mehr loslassen sollte.

Würde man es genau nehmen, dann galt ein solches Geräusch, das ich körperlich spüren würde, als Berührung. Hinzu kam eben die Tatsache, dass „überraschende" Geräusche besonders belastend waren. Und schon waren wir wieder bei dem Thema, dass ich Berührungen, die ich nicht kommen sehe, verabscheue. Sollte ich tatsächlich so empfindlich sein, dass ich selbst auditive Berührungen schlecht vertrug? Und wie schlimm muss das Ereignis oder die Ereignisse gewesen sein, die das ausgelöst hatten? Eine Antwort konnte mir mein Therapeut nicht geben, lediglich die Annahme, dass das schon irgendwann aufkommen würde.

Und so ließ ich es dann auch darauf beruhen. Das vergangene Thema nutzte ich lediglich als Einstieg bei der nächsten Sitzung. Ich hatte zwar keine große Motivation, darüber zu sprechen, kam darüber aber doch – wie erhofft – auf ein anderes Thema zu sprechen. Erneut über mehrere Wendungen lag das Thema plötzlich bei Kindern. Ich erzählte meinem Therapeuten, dass mein kleiner Neffe (Enkel meiner Pflegemutter) in letzter Zeit sehr oft bei ihr war, da seine Mutter krank war. Der Kleine war nun ein Jahr alt und ich hatte Freude daran, ihn zu beschäftigen. Allerdings hielt ich nicht damit hinter dem Berg, dass ich keinerlei Interesse daran hatte, genauso viel Zeit mit seiner großen Schwester (inzwischen vier Jahre alt) zu verbringen. Ich führte auf die Nachfrage meines Therapeuten weiter aus, dass ich Kinder zwischen zwei und sechs Jahren nicht ausstehen konnte. Ich meide sie wie der Teufel das Weihwasser. Als Grund für dieses Verhalten kann ich lediglich anführen, dass ich sowohl das aufkommende Grenzen-Ausprobieren als auch das ständige Jammern, Heulen und dumme Gerede mehr als nervig finde. Ich finde kleine Kinder weder witzig noch habe ich Interesse daran, ihnen etwas vorzulügen und so z. B. Begeisterung vorzuspielen.

Als ich meinem Therapeuten erzählte, dass ich die Kleine regelrecht ignorierte und es mir völlig egal war, was sie dabei empfand, sah er dies wieder als sehr auffällig an. Zwar verlangte er von mir, mich in die Kleine hineinzuversetzen, doch schlussendlich war mir völlig egal, was mein Verhalten in ihr auslösen könnte. Ich möchte mich nun mal nicht mit Kindern in diesem Alter beschäftigen und habe daher keine Probleme mit, das offen zu zeigen. Ich betonte noch einmal, dass ich Babys sehr mag und mein regelrechter Hass gegen Kleinkinder erst etwas später einsetzt. Daraufhin fragte mich mein Therapeut, woran das liegen könnte, woraufhin ich allerdings eine klare Antwort parat hatte, da ich dies bereits mit meinem Physiotherapeuten erörtert hatte:

Meiner Meinung nach war es kein Zufall, dass die Altersspanne exakt die gleiche war wie meine eigene, als ich unter meinem Stiefvater gelitten hatte. Ich führte weiter aus, dass ich mir das wohl irgendwie abgeschaut und verinnerlicht hatte. Ferner, überlegte ich laut weiter, könnte es doch sein, dass es sich bei diesem Hass gar nicht um meinen eigenen handelte. Genau diesen Gedanken fand mein Therapeut sehr interessant. Leider war in diesem Moment die Zeit um, was mir natürlich überhaupt nicht gelegen kam. Doch ich war stolz darauf, dass ich offenbar einen Pfad entdeckt hatte, dessen Erkundung sich sicher lohnen würde.

Zu meinem Bedauern musste ich lange auf die Fortsetzung warten, da nun ein zweiwöchiger Urlaub meines Therapeuten anstand. Ich nutzte diese Zeit zum Nachdenken und für eine Antwort auf eine Frage, die mir schon sehr lange unter den Nägeln brannte.

Da ich vermutete, dass mein Stiefvater eine gewissen Grenze überschritten hatte (auch wenn ich es mir nicht richtig vorstellen konnte), sah ich eine Möglichkeit, der Wahrheit einen Schritt näher zu kommen. Denn meine alljährliche Kontrolle beim Gynäkologen stand bevor. Nach der Untersuchung holte ich tief Luft und spuckte nach einigem Hin und Her meine eingeübte Frage aus: „Sagen Sie … bin ich eigentlich noch Jungfrau?“ Mein Gynäkologe war anfangs verwirrt, was ich aber nachvollziehen konnte. Doch er fand schnell die Verbindung und fragte, nun etwas niedergeschlagen, ob meine Frage denn auf ein Ereignis in der Vergangenheit anspielen würde. Ich nickte nur und bekam ein schlechtes Gewissen. Seine anfängliche gute Laune hatte sich schlagartig in Luft aufgelöst. Ich hatte zwar damit gerechnet, konnte mir aber nicht vorstellen, dass ich die erste Patientin war, die mit einem solchen Hintergrund zu ihm kam. Er druckste etwas mit seiner Antwort herum, indem er mir die Individualität jeder Frau erläuterte. Es sei nicht immer eindeutig, da viel von der Anatomie abhänge. Schließlich überwand er sich zu einer Antwort und brachte ein geknicktes „… tendenziell … nein“ heraus. Ich hatte nun also meine Antwort und er keinen schönen Tag mehr. Schon allein die Tatsache, dass er mir nicht sofort mit einem klaren „Ja!“ geantwortet hatte, bestätigte meine Vermutung. Zudem ergab es nun auch Sinn, dass vorherige Kollegen von ihm mir alle gesagt hatten, dass sie erstaunlicherweise keine „Schwierigkeiten“ bei der Untersuchung gehabt hatten, da bei bestehender Jungfräulichkeit etwas mehr Vorsicht geboten sein sollte.

Für mich ergab somit alles Sinn. Meine Stimmung hatte sich jedoch, im Gegensatz zu der meines Gynäkologen, überhaupt nicht verändert. Ich verließ grinsend die Praxis und beschäftigte mich zufrieden in der Stadt. Hin und wieder meldete sich noch mein etwas schlechtes Gewissen. Schließlich hatte ich ihm eine Frage gestellt, die offenbar mit einem traumatischen Erlebnis meinerseits in Verbindung stand. Meinen Gynäkologen hatte dies mehr mitgenommen als ich erwartet hatte, doch ich dachte im Laufe des Tages nicht mehr darüber nach. Nun konnte ich es kaum erwarten, meinem Therapeuten die neue Information mitzuteilen, und war gespannt, was er dazu sagen würde.

Als es endlich so weit war, sprach ich anfangs über andere Dinge. Doch schon nach kurzer Zeit konnte ich die Neuigkeiten nicht mehr zurückhalten. Wie ich erwartet hatte, erkundigte sich mein Therapeut nach den genauen Worten meines Gynäkologen, da er sich über die Wortwahl wunderte. Doch ich beschrieb ihm die abrupt geänderte Körpersprache und Sprechweise, was ihn dann ebenfalls überzeugte. Natürlich folgte sehr schnell die Frage, die er mir schon sehr oft gestellt hatte: „Was, glauben Sie, ging in ihm vor?" Ich kann mich zwar in andere hineinversetzen und weiß daher, was in anderen vorgeht. Was mir jedoch Schwierigkeiten bereitet, sind die Entstehung und die Beweggründe der Emotionen. Auch hier tat ich mir erneut etwas schwer. Ich wusste, dass er bedrückt war, Mitgefühl gezeigt hatte und dass ihn meine Frage getroffen hatte. Doch die genauen Emotionen musste ich erraten. Schließlich erlöste mich mein Therapeut mit der interessanten Feststellung, dass hierbei ein psychologisches Phänomen aufgetreten war. Denn es sei auffällig, dass ich neutral geblieben war, während mein Gynäkologe von Emotionen überschwemmt worden war. Seine Empathie sei stark ausgeprägt, was ihn dazu bewog, die passenden Emotionen zu meiner Frage und deren Antwort zu empfinden. Im Grunde hatte er das empfunden, was ich hätte empfinden müssen. Natürlich überwog hier wieder die Faszination über die Vorgänge in der menschlichen Psyche in mir und das sagte ich meinem Therapeuten auch.

Er erkundigte sich, wie gewohnt, nach meinem eigenen Befinden, doch mich beschäftigte dieses Thema überhaupt nicht. Ich vermute, dass ich es schon gewusst und nur noch eine Bestätigung gebraucht hatte. Daher wandten wir uns anderen Themen zu.

Denn mich beschäftigten andere Dinge, die meine Verbitterung wachsen ließen. Ich hatte beschlossen, mir einen neuen Job zu suchen, da zu der Langeweile Aggression hinzugekommen war. Leider wusste ich immer noch nicht, was ich genau machen wollte. Ich hatte noch nie einen Traumberuf gehabt und auch momentan keine klare Vorstellung von einem Job, der mir so viel Spaß machen könnte, dass ich sozusagen nie wieder „arbeiten" musste. Ich überlegte mir mehrere Richtungen wie Restauration, Psychologie und Tätowierer. So ganz sprang der Funke nie über, aber ich hielt die Augen trotzdem offen. Daher überlegte ich mir eine andere Strategie, um mir das Leben etwas zu erleichtern. Ich ging meine Langeweile auf der Arbeit von einer anderen Richtung an und dachte darüber nach, was mich am meisten störte. Es waren nicht nur die Interaktionen mit den Patienten, sondern auch die schwierige Beziehung zu meinen Kolleginnen. Hier kam ich relativ schnell auf den größten Störfaktor: Mir war durchaus bewusst, dass es die meisten meiner Kolleginnen bis ins Mark ärgerte, dass ich mehrmals die Woche die Arbeit verließ, um die Therapie aufzusuchen. Mir war außerdem klar, dass nach meinem Verschwinden gelästert wurde ohne Ende. Dieser Punkt störte mich nicht weiter, aber die Missgunst und der Ärger, die ich an diesen Tagen zu sehen und zu spüren bekam, gingen mir gehörig auf die Nerven. Dass ich mir mit meiner gewünschten Konzentration auf meine Gesundheit nicht gerade Freunde machte, war mir klar, aber ich verstand diesen sinnfreien Ärger einfach nicht. Für mich stand die Arbeit nun mal nicht im Mittelpunkt. Durch meine Selbstständigkeit hatte ich erst recht schlechte Karten und dass ich jegliche soziale (private) Interaktionen vermied, schoss mich komplett ins Aus. Trotzdem wollte ich mir das Leben etwas erleichtern und beschloss, meinen Dienstplan an die Therapie anzupassen. Diese Umstellung würde hoffentlich dafür sorgen, dass mich die Mädels in Ruhe ließen und endlich nach sich schauen würden, anstatt sich weiter an mir und meinem Privatleben zu stören.[43]

Die Praxis war nicht mein liebster Aufenthaltsort, was ich jedem zu spüren gab, sei es durch schlechte Laune, höhere Gereiztheit oder durch komplettes Verstummen. Ich hoffte, dass mein Chef meine Veränderung sehen und mich eines Tages darauf ansprechen würde. Dass ich hierfür Geduld brauchen würde, war mir bewusst, aber diese hatte ich zuhauf.

---

43 Später fand ich heraus, dass die Vermutungen, wo ich dauernd hinging, in die richtige Richtung gingen: irgendwas mit „Psyche". Deshalb beschloss ich aber noch lange nicht, meine Gesundheit einem Haufen Egoisten darzulegen.

Zwischenzeitlich konzentrierte ich mich komplett auf die Therapie. Zu meiner großen Freude konnte ich meinem Therapeuten mitteilen, dass ich ihm nun fast zu 100% vertrauen würde und er damit nun offiziell zu meinen anderen beiden Vertrauten gehören würde. Er hatte auch sogleich einen Namen für die kleine Schar meiner Vertrauten: Elitenrat. Dieser gefiel mir sehr gut, denn mein Therapeut stellte etwas fest, was ich schon lange wusste. Alle meine Vertrauten waren intelligent, hatten anständige Berufe, die anderen halfen, und zeichneten sich durch ihre intellektuellen und charakteristischen Fähigkeiten aus.

Während wir ins Gespräch kamen, bot sich ein Thema an, das uns beide für eine Weile beschäftigen sollte. Denn immer wieder hatte ich erwähnt, dass es mir seltsam vorkam, dass ich offenbar nicht besonders gut bei Frauen ankam (im Sinne von Persönlichkeit und Charakter). Ich konnte mir nicht erklären, was dahintersteckte, doch so ganz ließ mich dieses Thema einfach nicht los. Daher erzählte ich von den auffälligsten Zusammentreffen mit dem weiblichen Geschlecht und den damit verbundenen raschen Differenzen, vordergründig von den Therapeutinnen der vergangenen Jahre, sei es die Vorgängerin meines Therapeuten oder seine Kolleginnen aus den Kliniken. Immer wieder zeigte sich dasselbe Muster: Relativ schnell wandte ich mich mit allen Sinnen gegen sie und bekam eine entsprechende Rückmeldung. Während ich mich vorrangig fragte, warum Frauen so extrem auf mich reagierten, fand mein Therapeut die Frage nach dem Wie viel spannender. Und so erläuterte ich so gut wie möglich meine Vorgehensweise bei neuen Bekanntschaften im weiblichen Sektor. Dass ich nichts mit Frauen anfangen konnte und ihnen einfach nicht vertraute, war keine Überraschung. Doch ich war immer davon ausgegangen, dass ich so unvoreingenommen wie möglich an neue Bekanntschaften heranging. Scheinbar machte mir mein Unterbewusstsein hier einen Strich durch die Rechnung. Mir fiel irgendwann auf (auf die Nachfrage meines Therapeuten), dass ich schon von Anfang an davon ausging, dass die Beziehung zwischen meinem weiblichen Gegenüber und mir von vornherein zum Scheitern verurteilt ist. Ich ging immer davon aus, dass sie mir sowieso nicht helfen könne, und suchte regelrecht nach einem kleinen Anzeichen, dass meine Vorahnung bestätigen würde. Habe ich dies gefunden (z. B. in Form mangelnden Verständnisses), wende ich mich komplett gegen sie. Schließlich habe ich recht behalten und muss mich daher weder bemühen mitzuarbeiten noch eine Fassade aufrechtzuerhalten, die dies vortäuscht. Ich dachte über diesen Punkt in verschiedenen Versionen nach, landete aber immer wieder beim gleichen Ergebnis. Inzwischen war ich geübt genug und suchte eigenständig nach einem gemeinsamen Schnittpunkt, den mein Therapeut dann kommentieren konnte: meine **Mutter**.

Dass ich kein besonders großer Fan von meiner Mutter bin, ist kein Geheimnis. Ich erzähle jedem, der es hören möchte, dass sie mir egal ist und ich mich dafür schäme, mit ihr verwandt zu sein. Es gab tatsächlich eine Zeit, in der ich eine Art Stolz auf sie empfunden habe. Doch hier wurde ich von der Tatsache geblendet, dass wir Interessen teilten und so eher als Freundinnen anstatt als Mutter und Tochter interagierten. Denn ich merkte rasch, dass ich ein Kind vor mir hatte, dem es sowohl an Verstand als auch an Intelligenz mangelte. Als sie dann schließlich gemerkt hatte, dass sie mich nicht mehr kontrollieren konnte, wandte sie sich gegen mich und verdeutlichte mir, dass wir zu verschieden seien und dies auch immer waren („Wir kamen sowieso nie gut miteinander aus").

Rückblickend muss ich sagen, dass ich damals mehr als dumm und naiv war. Ich könnte mich dafür ohrfeigen, dass ich auf dieses Spiel hereingefallen bin. Ich vermute, dass mir die Tatsache gefiel, eine echte Mutter zu haben, die einiges mit mir teilt, meine Hobbys mag und mich unterstützt. Doch ich war blind gegenüber der Tatsache, dass dies nur für ihre Interessen galt und dass meine eigentliche Person in ihren Augen nicht wichtig war. Sie wollte mich in etwas verwandeln, was ich nicht war. Eine Marionette, mit der sie machen konnte, was sie wollte. Eine Art Golem, dem sie nur einen Befehl in den Mund schieben musste – und schon tat er wie geheißen. Schon in jungen Jahren war ich ihr Verstand und diente als externes Gehirn, das auf Nachfragen eine Lösung ausspucken konnte. Andere würden es für unverantwortlich und falsch erachten, einem Kind eine solche Verantwortung aufzubürden. Doch denke ich noch weiter zurück, hat sie dies schon getan, als ich selbst noch ein Kleinkind war. Dass sie mir die Verantwortung für ihre beiden anderen Kinder überließ, ist wohl das beste Beispiel. Ich weiß nicht, wie lange ich mich um die beiden kümmern musste, doch kein Kind sollte dazu gezwungen sein, innerhalb kürzester Zeit erwachsen zu werden. Ich übernahm mit ca. fünf Jahren die Rolle der Mutter und großen Schwester. Mein junges Gehirn wurde also dazu genötigt, Programme abzurufen, die es nie oder erst in etwa 15 Jahren genutzt hätte. Alle Mechanismen, basierend auf Erfahrungen und Beobachtungen meiner bisherigen Lebensjahre, flossen in diesen Überlebenskampf mit ein. Wie genau ich das gemacht habe, bleibt ein Rätsel für mich. Denn all das Wissen, das für eine solche Leistung nötig gewesen wäre, sammelte ich erst im Laufe der nächsten Jahre bis heute. Ich musste also rein instinktiv gehandelt haben, um mein Überleben und meinen Selbstschutz zu sichern; und natürlich den Schutz meiner Geschwister. Hier steht für mich die Frage im Raum, ob ich auch versucht habe, meiner Mutter zu helfen. Ich glaube ja, denn nach unserer Trennung habe ich sie eine Weile sehr vermisst. Es hat viele Jahre gedauert, bis ich mich getraut habe, mein volles Potenzial zu entfalten, ohne negative Folgen befürchten zu müssen. Noch heute befinde ich mich auf diesem Weg. Es ist nicht mehr nötig, jemand zu sein, der ich nicht bin. Ich muss keine Mutter mehr sein, keine große Schwester und kein verängstigtes Wesen, das vorsichtshalber in geduckter Stellung bleibt, um ja keine Aufmerksamkeit zu erregen. Ich bin dazu in der Lage, meine erlernten Strategien zu nutzen und sie gegen Personen und Situationen anzuwenden, die mir sonst schaden könnten.

Ich entdecke immer wieder Neues, das ich zu meinem Vorteil nutzen kann, und dabei gefällt mir vor allem eine Tatsache besonders: Ich übertreffe meine Mutter nicht nur im Punkt Intellekt und Vernunft um Längen. Jede Fähigkeit und jede neue Eigenschaft zeigt mir, dass sie es nicht geschafft hat, mich komplett zu zerstören. Sie hat recht mit der Aussage, dass wir uns nie verstanden haben. Ich möchte diesen Punkt umwandeln in: Wir hatten noch nie etwas gemeinsam. Und daher bin ich arrogant genug, um mit Stolz sagen zu können, dass ich in jeder Hinsicht besser bin als sie. Ich habe sie schon als Kind übertroffen und kann dies heute genießen.

Trotzdem gibt es gewisse Kommentare zu der fehlenden Beziehung zwischen meiner Mutter und mir, die ich einfach nicht loswerden kann. Diese kommen vor allem von Personen, die auf dem Gebiet der Psychologie bzw. Psychoanalyse überhaupt keine Ahnung haben. So hält sich hartnäckig die Feststellung, dass ich, um eine signifikante Besserung erzielen zu können, meiner Mutter verzeihen müsse. Dass ich dies in keinerlei Hinsicht vorhabe, dürfte klar sein. Dann gibt es noch die absurde Theorie, dass ich meine Mutter insgeheim vermissen und mir nichts mehr wünschen würde, als sie wieder in meinem Leben zu haben. Nicht zu vergessen ist die fantasievolle Interpretation meiner Kunstwerke. Hier findet sich offenbar in jedem einzelnen Bild ein mehr oder weniger ausgeprägter Hinweis auf die „Beziehung“ zwischen meiner Mutter und mir. Solche und ähnliche Theorien lassen mich vermuten, dass der ein oder andere zu viel Fernsehen geschaut hat und sich nun als Hobbypsychologe in der Pflicht sieht, meine Probleme mit den altbewährten Tricks zu lösen.

Lediglich ein schwindend kleiner Anteil glaubt mir, wenn ich sage, dass mir meine Mutter völlig egal ist. Ich habe vor vielen Jahren Hass für sie empfunden, ja sogar Abscheu. Doch nun ist sie für mich schlichtweg NICHTS. Sie hat keinen Wert und daher werde ich nicht auch nur einen kleinen Gedanken an sie verschwenden. Das wäre eine Beleidigung für mein Gehirn und daher undenkbar. Natürlich bin ich nun gezwungen, an sie zu denken, wenn ich das hier schreibe. Doch ich empfinde dabei überhaupt nichts.

Mein Therapeut hat hierfür eine äußerst interessante und plausible Feststellung gemacht, die ich sehr mag: Ich habe meine Mutter innerlich „terminiert“. Die menschliche Psyche ist wohl dazu in der Lage, eine Person komplett aus sich selbst zu streichen. Das Objekt wurde zwar nicht wirklich getötet, hat aber in der Psyche den Status „nicht existent“. Für die jüngere Generation: „Search ‚Mutter‘ –> Error 404 not found“. Daher auch die fehlenden Emotionen und das ausbleibende Beschäftigen mit der betreffenden Person – in meinem Fall mit meiner Mutter.

Eine weitere Theorie betraf meine Konfrontationen mit den anderen Frauen in meinem bisherigen Therapielauf. Hätte sich meine Meinung über ein solches „Weib“ drastisch und schlussendlich gedreht, würde ich über diese triumphieren wollen. Also stellt sich alles in mir auf stur, ich arbeite nicht mehr mit und mache alles, um dem „Weib“ zeigen zu können: Du kommst nicht an mich heran, da kannst du versuchen, was du willst!

Ich bestätigte ihm diese Thesen mit Freuden, da sie nun mal wahr waren. Ich stand auch dazu und sagte meinem Therapeuten, dass ich nicht vorhatte, diese Taktiken abzulegen.

Und dennoch bleibt die Frage offen, wie es dazu kommt, dass ich gegenüber dem weiblichen Geschlecht so schnell auf Konfrontation gehe und daher nur „Auserwählten“ jegliche triumphalen Machenschaften verwehre. Diese Frage ist für mich sehr schwer zu beantworten. Ich weiß, dass ich in einer gewissen Erwartungshaltung in eine beginnende Bekanntschaft gehe. Bei Männern erwarte ich etwas ganz anderes als bei Frauen. Wenn ich ehrlich bin, haben Frauen von Anfang an überhaupt keine Chance, da ich bereits ein vorgefertigtes universelles Bild habe. Finde ich auch nur die kleinste Übereinstimmung, braucht es mein Gegenüber gar nicht erst weiter zu versuchen.

## Ein vorzeitiges Ende?

Auch wenn ich davon ausgegangen war, so blieben wir doch nicht so lange beim Thema Mutter. Wie ich es aus meinem Alltag gewohnt war, verlor ich rasch das Interesse und hatte schon bei der nächsten Sitzung keine Lust mehr, über das Vergangene zu sprechen. Die Wiederaufnahme des Fadens vom letzten Mal war somit ein seltenes Vorgehen, was meinem Therapeuten auch sicher nicht entgangen war. Viele Themen waren in seinen Augen spannend und hatten durchaus Potenzial für wochenlangen Gesprächsstoff. Ich jedoch war sehr schnell gelangweilt und mit dem verlorenen Interesse schwand auch meine Motivation, überhaupt den Mund aufzumachen. Aus dem Wortwechsel darüber versprach ich mir sowieso keine neuen Erkenntnisse, schon gar keine Besserung. Daher gehörten die meisten Themen für mich in die Sparte „irrelevant" und verdienten es somit nicht, mehrere Sitzungen hintereinander zu füllen. So erging es mir mit verschiedenen alltäglichen Situationen. Mit den Wochen sprach ich weder über die Arbeit noch über mein Privatleben, meine Hobbys oder meine Vergangenheit. Alles war in meinen Augen bereits besprochen worden und endete in Wiederholungen und letztlich in Zeitverschwendung. So kam es, dass es mir immer schwerer fiel, etwas zu sagen und so ein Gespräch ins Rollen zu bringen.

Natürlich war mir dieser Umstand aufgefallen und ich sprach dies auch beim Doc und meinem Physiotherapeuten an. Beide rieten mir, dranzubleiben und dies meinem Therapeuten auch zu sagen. Schließlich mussten wir miteinander kommunizieren. Doch ich sah weiterhin keinen Sinn dahinter und blieb daher wortkarg.

Es gab trotzdem Sitzungen, die besser verliefen als andere. Manchmal fand ich doch etwas zum Erzählen, was dann wiederum zu Gesprächen führte. Doch schon beim nächsten Termin hatte ich das letzte Thema zwar nicht vergessen, es aber bereits als abgehakt markiert.

Schließlich stellte ich eine weitere Veränderung fest, die mich anfangs etwas verwunderte, die ich aber zuließ: Ich fing an komplett zu verstummen. Mir war plötzlich alles egal und ich sah nicht den geringsten Sinn in der Therapie. Entsprechend fand ich keinen Grund, auch nur ein Wort zu sagen, außer zur Begrüßung und zum Abschied. Zuerst schaffte ich es noch in einer von drei Sitzungen, etwas zu sagen, doch schon bald sprach ich in keiner mehr. Mein Therapeut versuchte noch etwas aus mir herauszubekommen, doch die Motivation war in meinen Augen eher grenzwertig und daher blieb es ohne Erfolg. Nach ein paar Wochen musste ich bereits feststellen, warum ich verstummt und gleichzeitig komplett gleichgültig geworden war:

Zu den wöchentlichen Terminen in meinem strengen Zeitplan gehörte weiterhin die Physiotherapie. Auch hier waren mir schon lange Dinge aufgefallen, die mich schlicht nervten. Normalerweise lag ich 30 Minuten im Fango (warmes Moor) und hatte danach 30 Minuten manuelle Therapie. Doch aus der halben Stunde Fango wurden immer häufiger 40 bis 45 Minuten, was mich immens ärgerte, da sich die manuelle Therapie entsprechend verkürzte und somit die Chance verringerte, schmerzfrei zu werden. Mir fiel auf, dass mein Physiotherapeut in meiner Zeit mit anderen Patienten sprach, Termine vereinbarte, verwaltungstechnische Aufgaben oder Sonstiges erledigte. Nur mit viel Glück kam ich auf knapp über 20 Minuten Behandlung. Und wenn es ihm einmal aufgefallen war, dann versprach er mir zwar, die Zeit anzuhängen, tat dies dann aber nicht, sondern hörte pünktlich mit der Behandlung auf.

Irgendwann riss mir der Geduldsfaden und ich schrieb einen wütenden Brief an meine Krankenkasse, der sich über drei Seiten erstreckte. Mir war wichtig, dass ich niemanden persönlich angriff, aber ich wollte trotzdem, dass rüberkam, dass ich mehr als verärgert über die mangelnde Unterstützung war.

Nur vier Tage später hatte ich bereits eine Zuständige am Telefon, die sich ausführlich mit mir über meine Unzufriedenheit unterhielt. Sie erklärte mir zuerst die gesetzlichen Änderungen und warum diese eingeführt worden waren. Erst gegen Ende stellten wir fest, dass wir anfangs aneinander vorbeigeredet hatten und ich somit tatsächlich eine Verbesserung in der Behandlung erzielen konnte: Seit Beginn der Physiotherapie hatte ich eine Doppelbehandlung bekommen, damit mein Physiotherapeut in Ruhe an meinem Kiefer arbeiten konnte. Diese fing an mit 60 Minuten (ohne Fango). Nach der gesetzlichen Kürzung hatte sich die Doppelbehandlung auf 30 Minuten verkürzt (Einzelbehandlung also 15 Minuten). Dass in dieser Spanne so gut wie nichts erreicht werden konnte, war auch der Mitarbeiterin der Kasse bewusst.

Doch in Wirklichkeit war es so, dass die 15 Minuten lediglich die Mindestzeit waren. Ich hatte somit das Recht auf maximal 25 Minuten für eine einzelne Behandlung. Doppelt genommen wären das logischerweise 50 Minuten, was mir enorm helfen konnte. Zudem musste die Dame verärgert feststellen, dass die „Erledigungen" meines Physiotherapeuten *nicht* in meine Therapiezeit gelegt werden durften. Das, was er da machen würde, wäre verboten und müsste von ihm eingestellt werden. Sinn ergab das auf jeden Fall und mit dem Argument: „Dann muss er seine Terminierung eben entsprechend anpassen!" überzeugte sie mich vollends, da dies auch schon der Doc gesagt hatte. Am Ende des Gesprächs war ich nicht nur erleichtert, sondern auch froh, dass ich mir die Zeit für die wütende E-Mail genommen hatte.

Entsprechend motiviert schrieb ich sofort meinem Physiotherapeuten und teilte ihm die guten Neuigkeiten mit. Natürlich ließ ich ihm die zeitliche Erweiterung offen, aber optimistisch war ich doch. Schließlich wollte er sicher auch, dass ich endlich beschwerdefrei würde und somit endlich gute Nachrichten für ihn hätte. Nämlich, dass ich seit der letzten Therapiestunde keine Schmerzen mehr gehabt hatte. Selten sollte ich mich so in der Erwartung einer Reaktion getäuscht haben …

Entgegen meiner Erwartungen kam keine Antwort auf meine E-Mail. Bei meinem nächsten Termin sprach mich mein Physiotherapeut direkt auf diese an, doch ich merkte sofort, dass er weder erfreut noch erleichtert war. Er war das komplette Gegenteil: Es fiel ihm schwer, seinen Ärger unter Kontrolle zu halten.

Ich wusste von der ersten Sekunde an, dass ich mir umsonst Hoffnungen gemacht hatte, und hörte deshalb mit versteinertem Blick seinen wütenden Ausführungen zu. Seiner Meinung nach hätte mir die Kasse nur Blödsinn erzählt. Er hätte sehr wohl das Recht, seine Verwaltung in meiner Zeit zu erledigen, da er sonst nie die Möglichkeit dazu haben würde. Zudem wäre es eine Unverschämtheit, dass mich die Kasse mit diesen Erklärungen angelogen hätte. Sie hätten offenbar keine Ahnung, wie es wirklich laufen würde. Während seines kontrollierten Wutausbruchs bestand er vehement darauf, dass ich ihm eine Vergleichsfrage beantworten würde. Nämlich ob ich dazu bereit wäre, 25 Stunden mehr in der Woche umsonst für meinen Chef zu arbeiten. Genau das würde ich nämlich von ihm verlangen. Ich hingegen lehnte mich nur enttäuscht weg und brachte ein zerknirschtes „Ich wusste, dass Sie das sagen würden" heraus. Verdächtig machte er sich allerdings mit seinem sofortigen Angebot, mir einen neuen Physiotherapeuten zu suchen, der sich möglicherweise die nötige Zeit nehmen könnte, die ich mir erhofft hatte. Ihn persönlich würde ich damit nicht treffen, zudem mein Platz sofort wieder besetzt werden würde. Dass er damit acht Jahre einfach so wegwarf, in denen ich angenommen hatte, dass er sich für mein Wohlergehen interessieren würde, schien ihm gar nicht bewusst zu sein. Ich war anfangs entsetzt über diese leichtfertige Aussage, hatte es aber meinem aktuellen psychischen Zustand zu verdanken, dass ich ruhig blieb. Doch für mich war nun klar geworden: Ich war meinem Physiotherapeuten offenbar völlig egal. Es interessierte ihn überhaupt nicht, ob ich eines Tages beschwerdefrei werden könnte. All die Jahre, in denen ich ihm von meinen Problemen erzählt hatte, all die Jahre, in denen ich mich ihm geöffnet hatte, und all die Jahre, in denen ich ihn zu meinen engsten Vertrauten gezählt hatte, waren mit einem Mal unwichtig geworden. Hier stand ich also, gebrochen und in meinem Menschenbild erschüttert. Anfangs hatte seine leichtfertige Bereitschaft, mich gehen zu lassen, dafür gesorgt, dass ich an mir selbst zweifelte. Doch nur kurze Zeit später musste ich erfahren, dass das nicht alles gewesen sein sollte.

Natürlich sprach ich mit dem Doc über die jüngsten Ereignisse. Er war ebenfalls erschüttert darüber. Jedoch nicht wegen des fehlenden Interesses an meinem Wohlbefinden seitens meines Physiotherapeuten, sondern wegen seines Vorgehens generell. Denn wie sich herausstellte, hatte die Kasse recht behalten und mein Physiotherapeut hatte somit seit der gesetzlichen Anpassung der Heilmittelverordnungen offenen Abrechnungsbetrug begangen. Der Doc machte mir klar, dass die Aufdeckung der Machenschaften meines Physiotherapeuten dazu führen konnte, dass dieser seine Zulassung verlieren würde. „Es sind schon Leute wegen weniger ins Gefängnis gekommen", war sein klares Statement hierzu.

Nun hatte ich endlich den Grund für mein Verstummen und meine Anpassung zur Gleichgültigkeit gefunden. Offenbar hatte ich instinktiv gemerkt, dass ich bald einen großen Vertrauensbruch würde durchleben müssen, und hatte mich daher darauf vorbereitet. Entsprechend blieb ich ruhig, auch wenn ich anfangs sehr wütend war. So wütend, dass ich erst nach langem Zureden meines Therapeuten darüber sprach. Er hatte gemerkt, dass etwas nicht stimmte, tat sich aber schwer, überhaupt etwas aus mir herauszubekommen. Nach meinen Erläuterungen wurde ihm einiges klar und auch bewusst, was das mit mir gemacht hatte. Trotzdem hatte ich nur zwecks dieser Erklärung gesprochen und verstummte danach erneut.

Nun sah ich erst recht keinen Sinn mehr hinter der Therapie, da sich erneut gezeigt hatte, dass es falsch war, Menschen zu vertrauen. Das frisch gefasste Vertrauen zu meinem Therapeuten hatte ich zurückziehen müssen, was ich ihm auch sagte. Nur noch der Doc war übrig, dem ich allerdings nicht zumuten wollte, nun allein für mich da sein zu müssen. Doch für mich war klar: Alle Menschen waren falsch, egoistisch und interessierten sich nicht im Geringsten für das Wohl anderer. Genau wie ich das tat, sofern mir nicht wirklich jemand am Herzen lag. Warum sollte ich mich also bemühen, wenn es umgekehrt ebenfalls niemand tat?

Nur ein einziges Mal hatte es den Anschein, als ob doch ein Neustart des erkalteten Motors gelingen könnte. Dabei half mir wieder das Zeichnen, als Art der Verarbeitung. Kurz nach dem Bruch mit meinem Physiotherapeuten setzte ich mich, laut Musik hörend, an den Block und hörte erst auf, als das Bild (siehe Abbildung nächste Seite) fertig war. Mein Therapeut war sehr interessiert an dem vollendeten Werk, das ich ihm nicht vorenthielt. Ich hatte das jüngste Ereignis einigermaßen überwunden, behielt Erklärungen trotzdem erst einmal für mich. Ganz seiner Selbstüberschätzung entsprechend, vertiefte sich mein Therapeut in das Bild und sagte minutenlang kein Wort. Erst auf meine Nachfrage hin beschrieb er mir seine offensichtliche Sprachlosigkeit, die er mir auch danach erklärte: Angeblich hatte er ein solch ähnliches Bild immer wieder vor seinem inneren Auge gehabt, als wir uns unterhalten hatten bzw. als ich verstummt war. Dass er dieses nun live und in Schwarz-Weiß in Händen hielt, war für ihn eine große Überraschung.

Diese Offenbarung glaubte ich ihm nicht eine Sekunde, behielt meine Skepsis aber für mich. Inzwischen war ich an die Fantastereien gewöhnt und nahm sie einfach hin.

Daher beschrieb ich ihm in knappen Worten, dass jeder der einzelnen Schattenmänner einen meiner Vertrauten darstellte. Der sich in Flammen und Rauch auflösende war logischerweise mein Physiotherapeut. Der verschwindende mein Therapeut und der unberührte der Doc. Wie bereits erwähnt, hatte ich das Vertrauen, das ich zu meinem Therapeuten gefasst hatte, mit dem letzten Bruch zurückgezogen. Somit löste er sich aus dem „Elitenrat". Lediglich der Doc stand noch schützend vor mir, konnte jedoch auch nicht verhindern, dass mich die andauernden Vertrauensbrüche immer mehr zerstörten und dafür sorgten, dass ich mich auflöste – wenn auch nur innerlich.

Meine Beschreibungen gefielen meinem Therapeuten zwar, doch die Faszination für seine „Vorhersage" beherrschte diese Unterhaltung so sehr, dass ich relativ schnell wieder verstummte. Das Bild blieb in bei den nachfolgenden Terminen unerwähnt und die gewohnte unangenehme Ruhe kehrte wieder ein.

Mit jeder Sitzung, die verstrich und in der mein Therapeut nicht einmal Anzeichen von Bemühungen zeigte, mir zu helfen, wurde ich wütender. Denn auch hier sah ich mich bestätigt, dass sich niemand für mich interessierte. Schließlich kam der Punkt, an dem ich beschloss, die Therapie abzubrechen. Die drei Sitzungen waren pure Zeitverschwendung und ich hatte Besseres zu tun, als 50 Minuten gelangweilt auf der Couch zu liegen, Löcher in die Luft zu starren und demotivierte Nachfragen meines Therapeuten zu ignorieren („Wie isses grad so?").

Doch ich wollte mit einem Knall gehen und auch der Fairness halber eine Erklärung hinterlassen. Denn trotz meiner Wut war mir durchaus bewusst, dass mein Therapeut im Grunde keinerlei Schuld an meiner momentanen Situation hatte. Er musste mit den Folgen von Fehlern eines anderen klarkommen, was ziemlich unfair war. Trotzdem hatten Verzweiflung, Hoffnungslosigkeit und Missmut die Oberhand. Daher beschloss ich, ihm eine E-Mail zu schreiben, die all meinen Hass auf die Menschheit beinhaltete. Mir war klar, dass er mich sowieso bald rauswerfen würde, wenn ich nicht anfing mitzuarbeiten, daher konnte ich ihm die Sache ja etwas erleichtern. Zudem wurde es Zeit, ihm die Meinung zu sagen und genau das zu schreiben, was mir schon lange durch den Kopf ging – komplett ohne Hemmungen. Und so setzte ich mich an einem Wochenende an den Laptop und schrieb drauflos:

Hallo Herr XY,

ich schreibe Ihnen, um Ihnen mitzuteilen, dass ich dazu tendiere, die Therapie bei Ihnen abzubrechen. Warum ich Sie vorwarne, hat wahrscheinlich mit einem Versprechen zu tun, das ich mir selbst gegeben habe. Lesen Sie diese Mail nur, wenn Sie etwas Zeit erübrigen können und möchten. Ansonsten bitte missachten, da sie sehr lang ist.

Ich möchte die Angelegenheit nicht persönlich ansprechen, da ich sowieso keine großartige Konversation erwarte und es zudem nur darin enden würde, dass ich wieder selbst Antworten suchen muss, die ich nicht habe – weswegen ich eigentlich überhaupt zu Ihnen gekommen bin. Zudem weiß ich sicher, dass Sie immer noch nach einem Weg suchen, wie Sie richtig mit mir umgehen sollten, daher versuche ich eine Erklärung zu liefern. Das wird allerdings der letzte Versuch sein, einem Menschen zu verdeutlichen, wie ich funktioniere – und das nur oberflächlich.

Vielleicht interessiert es Sie, warum ich gehen möchte. Ihre ersten Gedanken sind evtl.: Sie gibt auf. An einem schwierigen Punkt macht sie kehrt. Sie flüchtet. Sie hat zu viel Angst und bevorzugt daher den vermeintlichen Schutz durch Flucht usw.

Genau diese Vermutungen sind u. a. ein Grund für meinen geplanten Abbruch. Sie scheinen sich nicht im Geringsten die Mühe gemacht zu haben, mich kennenzulernen. In Ihren Lehrbüchern wird ein genaues Muster prognostiziert, in das jeder Patient passen muss, der dann auch den exakt gleichen Weg beschreiten wird, bevor die Therapie zu Ende ist.

Das mag für das Gerüst gelten, nicht aber für die individuelle Ausstattung.

Nun mache ich also eine Annahme: Sie versuchen mich mit aller Gewalt in diese Form zu quetschen, damit Sie Ihren standardisierten Weg mit mir gehen können. Und wieder stoße ich mit meinem Anderssein auf Widerstand. Aber ich lasse mich nicht ändern; das habe ich Ihnen schon Dutzende Male gesagt und Sie haben vorgegeben, es zu akzeptieren und gutzuheißen. Doch offenbar ist dies in Wirklichkeit nicht der Fall.

Als ich mich dazu durchgerungen habe, Ihnen zu erklären, warum ich mich verändert habe und mein Vertrauen in Sie verschwinden musste, bin ich davon ausgegangen, dass Sie Ihr Verständnis für die Situation ernst gemeint haben. Doch in jeder nachfolgenden Sitzung haben Sie mir bestätigt, dass dem nicht so ist. Was lässt Sie annehmen, dass eine demotiviert gestellte Frage nach meinem Befinden oder eine willkürlich gewählte Annahme dazu führt, dass ich plötzlich wieder anfange, aus dem Nähkästchen zu plaudern? Von Ihrem angekündigten Vorhaben, mich nicht aufgeben zu wollen, sehe ich bisher nichts. Ich bin mir durchaus bewusst, dass das eine Ihrer Strategien ist, an mich heranzukommen. Das Vortäuschen von Sorge und wahrem Interesse an meinem Befinden soll wohl eine gewisse Vertrauensbasis schaffen. Das dadurch entstandene Gefühl der Geborgenheit und Sicherheit soll mich dann weiter zu Ihnen führen, mit der Zeit dann jegliche Blockaden lösen und mich so dazu ermutigen, all das Verdrängte zuzulassen – seien es Gedanken, Emotionen oder sonstige Gemütszustände.

Vielleicht erachten Sie die momentane Situation aber auch als Machtspiel. Ich verweigere jegliche Kommunikation mit Ihnen, was Sie durchaus als Herausforderung betrachten könnten. Ich könnte ja beschlossen haben, Ihre Geduld und Professionalität testen zu wollen. Schließlich hat mich eine vertraute Person in dem Maße erschüttert, dass ich zuerst herausfinden muss, inwiefern es andere „Bezugspersonen" ernst meinen. Daher schweige ich und fordere Sie so stumm heraus. Sie jedoch fallen auf dieses Spiel nicht herein und tun es mir gleich. Die dadurch entstandene „stumme Auseinandersetzung" soll schließlich durch mögliche Taten meinerseits enden: Entweder ich halte die Stille irgendwann nicht mehr aus und MUSS einfach rauslassen, was mich momentan belastet, damit ich es endlich aus dem System habe – egal, wem gegenüber ich das tun muss, oder der entstandene Frust und Ärger über die letzten Wochen wachsen bis ins Unermessliche an und eines Tages kann ich es einfach nicht mehr aushalten. Mit voller Wucht entlädt sich die angestaute Wut, was dazu führt, dass ich dem Strom nicht mehr entkommen kann und somit alles aus mir heraussprudelt. Das mag in Form von Schreien, Weinen oder Ähnlichem erfolgen. Schlussendlich ist der Druck weg, ich fühle mich besser und sehe Sie somit als [bitte Fachjargon einfügen][44] an.

44 Da er sich stets als den Besten beschrieb, sollte er selbst seinen erhofften Titel einfügen, wie etwas „Retter", „Held" oder „Allwissende"

Habe ich in etwa ins Schwarze getroffen?

Jeder, inklusive Ihnen, verlangt von mir, mich auf Sie bzw. die Therapie einzulassen. Doch warum sollte ich das tun, wenn Sie offenbar kein Interesse daran haben, mich richtig kennenzulernen? Sie scheinen nicht zu wissen, wie ich funktioniere. Sie sagen oft, dass Sie Verständnis haben, aber das glaube ich Ihnen nicht. Niemand kann vollstes Verständnis für eine andere Person empfinden, da es unmöglich ist, sich komplett in jemanden hineinzuversetzen. Sie haben mich ein paar Mal gefragt, warum ich immer sage „Diese Menschen und ihre Gefühle" und mich so von ihnen abgrenze. Sie haben es mit dem Kommentar ins Lächerliche gezogen, dass ich mich so zu einem Außerirdischen machen würde, obwohl ich doch auch ein Mensch sei.

Das ist ein gutes Beispiel dafür, dass Sie einiges an mir nicht begriffen haben und wohl auch nicht wollen. Übel nehmen kann ich es Ihnen nicht komplett, da ich es nachvollziehen kann. Schließlich verstehe ich vieles am menschlichen Verhalten ebenfalls nicht. In meinen Augen haben die meisten Emotionen lediglich die Aufgabe, die Menschen von komplexen Gedankenprozessen abzuhalten. Klares und rationales Denken wird dadurch ausgebremst, was wiederum die allgemeine Intelligenz verlangsamt bzw. mindert. Geblendet und aufgehalten von dem Übermaß an Gefühlen, stehen sich Menschen selbst im Weg. Ich selbst bin besser dazu in der Lage, Menschen zu lesen und ihr Verhalten vorherzusagen, indem ich emotionale Barrieren gar nicht erst zulasse. Die Menschen setzen sich selbst unter Druck, da sie nach einer bestimmten Mischung aus verschiedenen Emotionen trachten, die ihnen die Gesellschaft vorgibt. So gehört Mitgefühl wohl zu den „angebrachten" und „nötigen" Emotionen, um unter Mitmenschen als würdig erachtet zu werden, in die Sozialstruktur aufgenommen zu werden. Die Fähigkeit zu lieben und dazugehörende emotionale Zustände sind das A und O für die Erreichung des optimalen Lebenszieles. Im Grunde die Fortpflanzung und somit die Erhaltung der Art.

Dass diese Gefühle jedoch schädlich sind, da sie sämtliche Prozesse im Gehirn verlangsamen und das Potenzial enorm einschränken, scheint kaum einer zu sehen.

Dann wäre da noch die so gern genutzte Hoffnung – das schlimmste Übel von allen. Noch im schlimmsten Moment des Lebens lügen sich Menschen etwas vor, indem sie ein Fünkchen Hoffnung zustande bringen, nur um eine spätere Besserung auf diese „Fähigkeit" schieben zu können (oft genutzt unter dem Spitznamen „Gott"). Doch jeder scheint blind gegenüber dem Fakt zu sein, dass – erst einmal am Boden – es nur eine Richtung geben kann: nach oben. Dazu braucht es kein Konstrukt der Menschheit, das die Fähigkeit trainiert, sich selbst zu belügen. Alles wird schöngeredet und die verstaubte Fantasie wird dafür genutzt, sich schlimmere Situationen auszumalen, nur damit die eigene nicht mehr so trüb erscheint.

Kein Mensch möchte wahrhaben, dass sein Leben im Grunde keinen Sinn hat oder zumindest nicht den, den er so verzweifelt sucht. So werden Gründe und Entschuldigungen gesucht, mit denen die erkannte Leere gefüllt wird. Hauptsache die Erkenntnis, dass das Leben keinen größeren Sinn hat (außer die bereits erwähnte Fortpflanzung und Artenerhaltung), wird aus dem Sichtfeld verbannt und schließlich in Vergessenheit verdrängt.

Jeder, der den obigen Text liest, wird sofort eines denken: Wow, der Verfasser dieses Textes ist ein wahrer Pessimist.

Ich gehöre nun mal nicht zu den Menschen, die sich selbst etwas vorlügen, damit sie sich besser fühlen. Der natürliche Drang des Menschen, für alles eine Erklärung haben zu müssen, hat viele in genau diese emotionale Lage gebracht. Lieber lassen sie sich blenden, ausnutzen und für dumm verkaufen, bevor sie sich eingestehen, dass sie sich selbst am meisten betrügen.

Das also zu meinem Plädoyer über die Dummheit der Menschen, speziell die Falle der Emotionen.

Abschließend werde ich Ihnen noch einmal erläutern, weswegen Ihre Strategie nicht bei mir funktionieren wird. Dazu erfüllt auch das hier geschriebene Wort einen positiven Zweck. Sie müssen sich nicht merken, was ich sage, sondern können es so oft, wie Sie wollen, durchlesen:

Ich habe komplett aufgegeben und befinde mich nun in einem emotionslosen Stadium der Resignation. Und ja, das bezieht auch die Therapie bei Ihnen mit ein, was ich aber ebenfalls schon erwähnt hatte. Schon zu Anfang hatte ich Ihnen gesagt, dass ich nicht glaube, dass meine körperlichen Erkrankungen durch die Therapie verschwinden werden.

Mich überzeugen weder Traumdeutungen noch weit hergeholte Interpretationen von Ereignissen, die mich so langweilen, dass ich nicht einmal darüber nachdenken will. Doch natürlich ist das keine Langeweile, sondern Ablehnung bzw. Vermeidung – ganz nach Lehrbuch.

Ich habe weder Interesse, über meine Beschwerden zu sprechen, noch über die Arbeit, über meine Familie oder über sonstige Themen. Warum? Weil sich durch das Darüber-Sprechen NICHTS ändern wird! Ob ich mich nun daheim kurz über etwas aufrege oder bei Ihnen Selbstgespräche führe, macht im Grunde überhaupt keinen Unterschied. Warum sollte ich Belangloses erzählen, wenn ich doch selbst weiß, was ich warum getan oder nicht getan habe? Brauche ich vielleicht doch einen Rat, bekomme ich diesen aber nicht von Ihnen, weil von mir verlangt wird, dass ich auf alles selbst komme – warum bin ich dann noch mal bei Ihnen? Ach ja, weil ich heimlich Psychologie mit all seinen Facetten studiert habe und mich im Liegen viel besser an das Erlernte erinnern kann …

Wenn ich schon längst eine Antwort auf alles hätte, dann bräuchte ich keine Hilfe – ist das denn wirklich so schwer zu verstehen? In den letzten Monaten habe ich nichts anderes getan, als Ihnen zu sagen, was ich schon längst über mich weiß. Sie haben selbst geschrieben (im Bericht), dass ich mich gut beschreiben kann (bzw. meine inneren Vorgänge).

Ich wäre niemals in der Lage dazu, mich selbst zu trainieren (Emotionen verdrängen, Verhalten aneignen), wenn ich nicht selbst wüsste, wie ich das machen muss. Und dazu muss ich mich schließlich selbst analysiert haben, da es sonst eher „Trial and Error“ gleichen würde. Doch es funktioniert auf Anhieb, da ich weiß, welche Knöpfe ich wann drücken muss. Aber offenbar scheint das niemand zu begreifen, schließlich scheint das nicht so oft vorzukommen. Natürlich komme ich aber nicht an Verdrängtes heran, da ich es nicht bewusst verschoben habe. Dazu brauche ich Hilfe! Theoretisch zumindest …

Im Grunde habe ich Ihnen meine eigene Gebrauchsanweisung vorgelegt, aber Einblicke in die einzelnen Kapitel können und wollen Sie nicht erhalten. Meiner Meinung nach haben Sie von Anfang an eher selten Lesezeichen benutzt und blättern nun willkürlich herum, sagen innerlich irgendwann Stopp! und überfliegen halbherzig, was die Seite zufällig offenbart. Daraus erschließen Sie dann – komplett aus dem Kontext gerissen – Vermutungen, die am besten zu Ihrem aktuellen Wissensstand passen – basierend auf Erfahrung und aktuellem Forschungsstand.

Verstehen Sie mich nicht falsch. Ich möchte Sie nicht als unfähig darstellen. Ich beschreibe Ihnen lediglich meinen Eindruck von Ihnen. Diesen hatte ich bisher von allen Therapeuten, die mich in den letzten Jahren versucht haben zu behandeln. Ich glaube, dass es auch Ihnen schwerfällt, sich auf mich einzulassen und den eigenen Horizont zu erweitern. Ich bin nicht wie die anderen, was jedem schwerfällt zu akzeptieren. Daher bin ich auch allein. Ich weiß das schon sehr lange und erwarte auch in der nächsten Zeit keine Veränderung dieses Umstandes. Und bevor Sie denken: Das sagt sie jetzt nur, weil sie sauer auf mich ist. Vorher hat sie bestimmt nicht so gedacht, als das Vertrauen noch da war! –

falsch, ich habe so ein Verhalten erwartet und mich über die regulär laufenden Sitzungen in meiner Vermutung bestätigen lassen. Ich habe Ihnen lediglich der Fairness halber eine Chance lassen wollen, da ich weiß, dass mir meine Skepsis oft im Weg stehen kann, und ich gelernt habe, erst einmal abzuwarten. Und im Übrigen sehe ich dieses Verhalten nahezu überall: Sie benimmt sich anders mir gegenüber – dann kann sie eigentlich nur sauer auf mich sein! Es hat auf jeden Fall etwas mit mir zu tun, das ist sicher! Und genau das verärgert mich tatsächlich. Mein Befinden und die wirklichen Gründe sind egal – Hauptsache das eigene Ego wird befriedigt.

Zu guter Letzt werde ich Ihre professionell gestellte Frage noch beantworten (zur Erinnerung: „Wie isses grad so?"):

Ich habe jegliches Vertrauen zu meinen Mitmenschen abgelegt, werde ruhiger und immer ernster. Der Zynismus nimmt stark zu und die Resignation hat mich inzwischen komplett vereinnahmt. Selbst vom Doc habe ich mich innerlich so weit distanziert, dass ich aufpassen muss, dass daraus kein Hass entsteht (der zu Unrecht vorhanden sein würde).

Ich versuche mir zu überlegen, warum ich das ganze Spiel eigentlich noch mitmache und mich quäle. Einen Sinn hat das Ganze sowieso nicht. Ich habe nichts, was mich in irgendeiner Form halten bzw. davon überzeugen könnte, dass es das wert ist, sich diesen Qualen noch weiter auszusetzen. Mein Interesse an dem Verdrängten von früher ist komplett verschwunden, da nun jegliche Möglichkeit, an diese Informationen heranzukommen, gekappt worden ist. Meine fehlende Lebensqualität, mangelnde Hoffnung und die Akzeptanz der reinen Sinnlosigkeit meines aktuellen Zustandes, der sich „Leben" nennt, treiben mich erstaunlicherweise nicht zum Äußersten. Doch die Resignation und Emotionslosigkeit machen mich zeitgleich unberechenbar, weswegen ich einfach abwarten werde, was sich noch so ergibt. Entgegenhalten werde ich sicher nichts, da es schlichtweg nichts und niemanden gibt, der mich dabei unterstützen könnte und für den oder das es sich lohnen würde.

Ich könnte noch viele verschiedene Beispiele nennen und auf unterschiedliche Arten beschreiben, was ich erwarte und wie ich die letzten Monate empfunden habe. Bringen wird es keinem von uns etwas. Und ich weiß, dass Sie den obigen Text anders auffassen werden, als er eigentlich gedacht war. In der Hinsicht ist der Vergleich mit einem Kunstkritiker angebracht: Kritiker beurteilen Bilder und überlegen sich Gedanken und Emotionen, die der Künstler dabei sicher empfunden haben muss. Die Botschaft, die sich dann daraus ergibt, ist für diese eindeutig und macht das Bild daher wertvoll. Was der Künstler sich allerdings wirklich dabei gedacht hat, ist in vielen Fällen nicht mehr nachvollziehbar, jedoch seitens des Kritikers auch irrelevant, da ihm so viele Freiheiten bleiben und (durch die gezeigte mutmaßliche Professionalität und Erfahrung) sein eigenes Ansehen und der Status erhalten bleiben können. Er ist der Profi, er hat recht und seine Autorität wird so nicht untergraben. Der Künstler seinerseits bekommt mit Glück Anerkennung, kann aber auch zunichtegemacht werden. So oder so wird der Kritiker jedoch immer als erfahren genug dastehen, um zu wissen, wovon er redet. Schließlich wird nicht ihm unrecht getan, sondern dem Erschaffer des Objekts der Begierde.

Mit anderen Worten: Ich werde wieder als Lügner dargestellt oder zumindest wird mir das Abstreiten von gewissen Emotionen oder Ansichten vorgeworfen. Schließlich läuft das bei jedem so, daher muss das auch bei mir so sein.

Deshalb habe ich auch nie die Absicht gehabt, Ihnen das während einer Sitzung zu sagen. Sie haben schon wegen weniger angegriffen reagiert und daher musste ich ja nicht noch Öl ins Feuer gießen. Entweder das, was Sie sagen, wird als wahr und als Tatsache akzeptiert oder es bleibt nur noch die eine Möglichkeit: Lüge und Ablehnung. Oder ich habe schlichtweg Angst vor irgendwas.

Machen Sie sich keinen Kopf: Ihre Kollegen haben exakt die gleiche Vorgehensweise und daher ist es für mich nicht verwunderlich. Gelernt ist gelernt und es ist manchmal schwierig, sich außerhalb der Grenzen zu bewegen und Neues zuzulassen. Es kommen oft Situationen, in denen es notwendig ist, um die Ecke zu denken, aber genau diese Wendung fällt vielen schwer. Ich selbst muss das auch lernen und kenne es daher nur zu gut.

Ich habe nicht vor, dieses E-Mail in einer Sitzung zum Thema werden zu lassen. Zudem kann ich bei der Begrüßung (und auch bei der Verabschiedung) sehen, was für eine Einstellung Sie momentan mir gegenüber haben. Ich bin viel zu sensibel, als dass dies irgendjemand vor mir verbergen könnte. Auch das habe ich Ihnen mehrmals gesagt: Mein Instinkt wird es niemals zulassen, dass mir etwas passiert. Jegliches Verhalten erfolgt daher automatisch und ich habe gelernt, darauf zu hören und mich nicht dagegen zu wehren. Wie auch schon erwähnt: Ansonsten hätte ich auf den Vertrauensbruch meines Physiotherapeuten in weit verheerenderem Ausmaß reagiert, als es in Wirklichkeit der Fall war. Instinktiv weiß ich IMMER, was zu tun ist.

Ob Sie diese Mail genau durchlesen, sie nur überfliegen oder sich sogar Gedanken darüber machen, bleibt Ihnen überlassen. Ich selbst gehe davon aus, dass Sie sie nicht ernst nehmen und es wieder auf falsche Absichten schieben werden. Denn genau das tun Menschen: Sie versuchen sich beflissen in die Lage eines anderen zu versetzen und projizieren dabei automatisch ihre eigenen Emotionen, Gewohnheiten und Wertvorstellungen in die Situation – ungeachtet dessen, dass dies genau die falsche Herangehensweise ist. Daher gebe ich offen zu, dass ich Menschen nicht verstehe. Da sind Sie wohl keine Ausnahme. Sie erinnern mich an meine vergangenen Erfahrungen, in denen ich Ähnliches erlebt habe.

Noch mal zur Klarstellung: Das ist kein verzweifelter Hilfeschrei oder ein Versuch, wieder Kontakt aufzunehmen. Ich erwarte, dass Sie mich rausschmeißen, und warte nun geduldig auf diesen Moment. Nach dem Durchlesen dieser Mail sind Sie sicher ordentlich sauer und fühlen sich bestimmt gekränkt. Damit müssen Sie nun klarkommen, schließlich halte ich es ebenfalls nicht im Geringsten für komisch, wenn Sie mir zum x-ten Mal Angst vorwerfen.

Sie werden mir nicht helfen können und Sie wissen genauso gut wie ich, dass ich es nicht zulassen werde bzw. es nicht kann. Ohne Vertrauen und die damit geschaffene Basis ist es schier unmöglich, überhaupt an mich heranzukommen – das sollten Sie eigentlich wissen.

Ich schreibe Ihnen lediglich, weil es Ihnen gegenüber fair ist und ich es für unangebracht halte, eines Tages abzubrechen und Sie lediglich auf Vermutungen „sitzen zu lassen", warum ich das getan habe. Es wird Sie sowieso erleichtern und nach kurzer Zeit bin ich dann auch schon in Vergessenheit geraten. Lieber soll ein Liebeskummer-Fall, „Mama hatte mich nicht lieb" oder eine ähnliche Lappalie meinen Platz einnehmen. Hier kommen Sie leichter an die Tränen ran, was automatisch Ärger erspart und weniger Mühe bereitet. Und ja, ich habe Ihnen soeben vorgeworfen, dass Ihnen mein Fall und mein Charakter zu anstrengend sind – ebenfalls basierend auf Erfahrungen meinerseits. Wie wir es auch schon thematisiert hatten: Ich bin Patient Nr. 42168 und daher verdiene ich nur ein gewisses Maß an Aufmerksamkeit und Verständnis. Halte ich alles Weitere für echt (wie z. B. Sorge oder Mitgefühl), ist das mein Problem. Dieses naive Verhalten habe ich aber abgelegt und ich weiß nun, dass das dumm war. Dafür meine Entschuldigung. Ich kann und darf niemals erwarten, dass sich jemand ernsthaft für mich und mein Leben interessiert. Jeder hat seine eigenen Sorgen und Probleme und ich darf meine eigenen nicht zu denen eines anderen machen, selbst wenn das der Job einer Person sein sollte. Doch dieses Bedürfnis hatte mit meinen störenden Emotionen zu tun, die ich nun eliminiert habe – Problem gelöst.

Ich lasse das Obige nun so stehen und habe hiermit mein Vorhaben klargemacht, dabei aber trotzdem mein Versprechen gehalten. Vieles habe ich mehrmals in verschiedenen Worten thematisiert, weil ich mich offenbar extrem kompliziert auszudrücken scheine und deshalb sichergehen möchte, dass es zumindest zu 30% so rüberkommt, wie ich es meine.

Ich werde auch in keiner Weise auf eine Reaktion hierauf reagieren (sei es während der Sitzung oder per Mail), solange mir mein Instinkt nicht das Okay dafür gibt. Sie müssen sich daher nicht überlegen, wie Sie mich am besten zum Sprechen bringen können. Es wird Sie nur ärgern, wenn der Versuch erneut scheitern wird.

Lange Rede, kurzer Sinn: Ich gebe auf, damit Sie es nicht tun müssen.

Bis Dienstag
gez.

Nach dem Abschicken dieser Mail musste ich nur zwei Tage auf eine Reaktion warten – nämlich in der Therapie selbst. Ich hatte eine bestimmte Kette von Reaktionen erwartet und mein Therapeut erfüllte sie fast vollständig.

So empfing er mich wie gewohnt, doch ich sah bereits einen Stapel Papiere auf dem Tischchen liegen, das zwischen den zwei Sesseln stand. Dieser Platz war vor allem für Besprechungen gedacht, wir hatten hier die ersten Sitzungen verbracht und meine Mail passte eindeutig nicht zur Couch. Für eine kleine Sekunde sah ich in den Papieren eine Art Kündigungsschreiben, das ich nur noch mit meiner Unterschrift versehen musste. Doch da dieses Vorgehen in einer Psychotherapie nicht üblich ist, konnte dies nur eines bedeuten: Er hatte meine E-Mail ausgedruckt. Nachdem wir beide Platz genommen hatten, bemerkte ich sofort, dass er lange Passagen meiner Mail mit einem Marker hervorgehoben hatte. Ein weiteres Zeichen, dass er sich intensiv damit auseinandergesetzt hatte. Und wieder war ein Punkt meiner Erwartungen erfüllt worden. Mein Therapeut ergriff umgehend das Wort und erklärte mir, dass er sich die Mail sehr gut durchgelesen habe und von ihrem Inhalt sehr betroffen gewesen sei. Vieles hatte er sich bereits gedacht und auch hiermit Bestätigung gefunden. Auch war ihm einiges klarer geworden. Trotzdem erschütterte ihn der Umstand, dass ich ihn mit meinen Worten regelrecht „hingerichtet" hätte und meine Wut mehr als spürbar gewesen sei. Er entschuldigte sich auch für seine demotiviert erscheinende Art, die keine Absicht gewesen sei. Seine fehlenden Versuche, mich zum Sprechen zu bewegen, begründete er mit dem Umstand, dass er davon ausgegangen sei, dass ich die Stille gebraucht hätte, und er sich somit meinem Wunsch fügen wollte. Er wollte mir lediglich die nötige Zeit geben, damit ich selbst den Zeitpunkt bestimmen könnte, um selbst ein Gespräch in Gang zu bekommen. Dass er sich hierbei geirrt hatte, bedauerte er. Erneut betonte er auch den massiven Vertrauensbruch seitens meines Physiotherapeuten und den immensen Schaden, den dieser angerichtet hatte. Meine Reaktion sei daher völlig normal und ich hätte jederzeit das Recht, meinen Therapeuten anzugreifen und ihm ordentlich die Meinung zu sagen. Dies wäre auch für zukünftige ähnliche Situationen gewünscht. Besonders viel Wert legte mein Therapeut darauf, dass mir bewusst wurde, dass er mich nicht einfach rauswerfen würde. Er stellte fest, dass ich dies wahrscheinlich erwartet hatte, und hob besonders den letzten Satz meiner Mail („Ich gebe auf, damit Sie es nicht tun müssen") als besonders aussagekräftig hervor.

Auch wenn er mein Verstummen verstand, machte er mir klar, dass es für die Therapie wichtig sei, dass ich wieder anfing zu sprechen. Er wollte mich nicht aufgeben und hatte den Eindruck gewonnen, dass ich nicht davon ausging, dass er sich auch nur im Geringsten für mich interessiere – wie ich es in meiner Mail eben beschrieben hatte. Diese Feststellung meinerseits traf ihn ebenfalls, doch mir persönlich war das egal. Das war meine Einstellung und ich blieb dabei. Nachdem er mir mehrfach verdeutlicht hatte, dass ich mit meiner Annahme (und auch anderen) falschliegen würde, holte er noch ein Ass aus dem Ärmel, das ich bis heute als geplant und nicht als Zufall bezeichne. Doch die Zeit würde zeigen, dass ich auch in diesem Punkt recht behalten sollte:

Etwas zögernd und mit einem Grinsen erzählte er mir von einem Vorhaben, über das er eigentlich erst nach einiger Zeit mit mir habe sprechen wollen. Er hatte sich überlegt, meinen Fall vorzustellen. Als sogenannte Fall-Vignette hatte er sich ernsthaft überlegt, einen ca. 30-seitigen Bericht über mich zu schreiben und diesen auch Kollegen vorzutragen. Hierbei wären auch meine Bilder sehr nützlich, für deren Nutzung er mir sehr dankbar wäre. Mein Fall sei ungewöhnlich und da er noch nie so einen Bericht geschrieben habe, wäre dies ebenfalls ein Beweis für sein Interesse an mir. Doch davon habe er mir eigentlich erst sehr viel später erzählen wollen, und auch erst dann, wenn er mit dem Erstellen des Berichtes beginnen wollte (wofür er mein Einverständnis bräuchte).

Während er von sich und meiner Mail erzählte, starrte ich meinen Therapeuten nur an und sprach nicht ein Wort. Genau das hatte ich ihm in der Mail gesagt und zog es daher auch konsequent durch. Ich hörte jedoch aufmerksam zu, glaubte ihm aber nur teilweise. Vor allem das mit dem Bericht kam mir seltsam vor, da ich nicht an Zufälle glaube.

Mein Therapeut bemerkte durchaus, dass ich weiterhin nicht vorhatte zu sprechen, und ließ mich zehn Minuten vor Schluss gehen. Ich machte mich sofort auf zur Arbeit, überlegte nebenher aber, was ich jetzt tun sollte. Da ich nun fast niemanden mehr hatte, wäre ich dumm, meinen einzigen Gesprächspartner einfach fallen zu lassen, dachte ich mir. Zudem wollte ich ihn herausfordern und wissen, ob er das mit dem Bericht wirklich durchziehen wollte. Daher hörte ich auf meine Vernunft und schrieb ihm eine kurze E-Mail, in der ich meine Bereitschaft beschrieb, wieder sprechen zu wollen. Doch ich sagte ihm auch, dass ich ihm die „Ausrede“ mit dem Bericht nicht glauben würde und daher mehr darüber wissen wolle.

Und so kam es, dass ich schon zwei Tage später wieder vor meinem Therapeuten saß und ihm ehrlich all seine Fragen zu meiner Mail beantwortete, während ich meinerseits meiner Skepsis ihm gegenüber Ausdruck verlieh. Wir einigten uns darauf, dass ich zukünftig nicht mehr auf der Couch liegen würde, um ihn so beobachten zu können. Mein Therapeut erklärte mir auch noch ein wenig über den Bericht, doch ganz begriff ich seine Gründe dafür nicht, da sie viel mit seinem eigenen Erleben während meiner Ausführungen zu tun hatten. Da ich damit nichts anfangen konnte, versprach er mir zukünftige Abschnitte zum Lesen zu geben, um auch Verbesserungen erwirken zu können.

In den nächsten Sitzungen fragte mich mein Therapeut anfangs nach meinem Befinden bezüglich meiner E-Mail, doch da ich nie richtig darauf einging, blieb die Nachfrage irgendwann aus. Trotzdem hinderte ihn das nicht daran, sich selbst und unsere Beziehung in Dingen und Ereignissen zu sehen. So sah er in einem Traum von mir einen heimlichen Wunsch meinerseits, ihm wehzutun: Ich befand mich in meiner Wohnung und wurde durch ein Geräusch geweckt. Ein junger Mann war über den Balkon in meine Wohnung eingestiegen und suchte offenbar nach wertvollen Gegenständen. Plötzlich befand ich mich auf meinem Sessel in der Hocke, einen Kuli in der Hand haltend. Der Mann kniete vor mir und machte sich dazu bereit, mich anzugreifen. Ich hatte zwar Angst, war aber gleichzeitig gespannt auf die bevorstehende Attacke, weil sie mich zu meinem geplanten Schritt bevollmächtigen würde. Noch bevor er sich richtig in meine Richtung bewegen konnte, hatte ich ihm den Kuli mehrfach tief ins Gesicht gerammt. So tief, dass er an den Folgen meines Angriffs starb.

Hierzu muss erwähnt werden, dass ich meinem Therapeuten vorher von Gewaltfantasien meinerseits erzählt hatte und ich mir abends zeitgleich eine mehrstaffelige Serie mit blutrünstigen Killern angesehen hatte. Dies hatte überhaupt zu meinem Traum geführt – meiner Meinung nach zumindest. Denn mein Therapeut sah hier erneut die „kleine Auseinandersetzung" zwischen uns und betitelte sich kurzerhand als mein Opfer.

Dass er sich selbst ins Rampenlicht stellte, war ich inzwischen von ihm gewohnt. Ich versuchte ihm zwar zu erklären, wie ich genau funktionierte, doch es war nicht das erste Mal, und daher wusste ich, dass er mir auch dieses Mal nicht ein Wort glaubte.

In den nächsten Stunden sprachen wir über alles Mögliche, jedoch wurde es für mich immer belangloser. Ich bekam immer mehr das Gefühl, dass er mich für dumm verkaufte und mich einfach nicht ernst nahm. Besonders in den Momenten, in denen er betonte, dass er genau das nicht tun würde. Auch der angekündigte Bericht über mich schien wohl nie Wirklichkeit zu werden, da seine Aussage, dass er noch „die richtigen Worte“ finden müsse, mehr wie eine Ausrede klang. Doch ich sagte ihm bei jeder Thematisierung dieses Aspektes, dass ich sowieso nie geglaubt hatte, dass er mich tatsächlich für dieses Projekt auserkoren hatte.

Nur kurze Zeit später sollte mich mein Instinkt erneut retten und damit eine große Veränderung einläuten:

Wie jeden Donnerstag rief ich nach der Therapiesitzung bei meiner Pflegemutter an, um mich danach zu erkundigen, ob das nahende Wochenende wie immer ablaufen würde. Ich wollte direkt nach der Arbeit zum Bahnhof gehen, den nächsten Zug nehmen, mich von ihr am Ziel abholen lassen, gemeinsam einkaufen gehen und uns dann einen gemütlichen Abend machen. An dem kommenden Freitag musste ich allerdings eine Stunde später fahren, da ich noch einen Termin hatte. Das sagte ich meiner Pflegemutter am Telefon, wobei ich das nicht für ein Problem hielt. Schließlich war es nicht das erste Mal, dass ich meine Ankunftszeit etwas nach hinten verschieben musste. Doch was sie auf meine kleine Änderung erwiderte, machte mich nicht nur stutzig, sondern erschütterte mich geradezu: „… Weißt du, ich habe mir das überlegt. Willst du dir nicht überlegen, ob du überhaupt noch kommst? Das kostet dich jedes Mal 16,00 . Außerdem lohnt es sich fast nicht, da du erst abends kommst und am Sonntag schon mittags wieder zurückfährst …“

Ich konnte darauf erst mal nichts erwidern, weil mich diese Aussage mehr als überraschte. Also stotterte ich nur herum und brachte schließlich nur ein „Hä? Warum?“ heraus. Eine Antwort bekam ich nicht direkt darauf, nur ein „Überleg’ es dir und melde dich dann nochmal, o. k.?“

Wir verabschiedeten uns und ich starrte für ein paar Sekunden ratlos auf den Bildschirm meines Handys. Was war gerade passiert? Hatte meine Pflegemutter mir gerade tatsächlich gesagt, dass sie nicht mehr möchte, dass ich zu ihr komme? Wo ich doch immer angenommen hatte, dass sie meine Gesellschaft schätzte? Ich beschloss weiter darüber nachzudenken, auch um keine voreiligen Entscheidungen zu treffen. Doch dieser „Vorschlag" hatte mich so sehr verletzt, dass ich ihr nur wenige Stunden später per WhatsApp Bescheid gab, dass ich an dem besagten Wochenende nicht zu ihr fahren würde. Ich behielt allerdings für mich, dass ich überhaupt nicht mehr zu ihr fahren wollte. Schließlich wollte sie das nicht mehr, was ich zu respektieren wusste.

Manch einer würde nun vielleicht sagen, dass ich etwas überreagiert habe. Doch dazu sei gesagt, dass dieser Wunsch zu anderen Aussagen und Verhaltensweisen passte, die sich nun zu einem Bild zusammensetzen ließen. So hatte sie mir nur wenige Jahre zuvor gesagt, dass es sehr seltsam sei, dass ich in meinem Alter (ca. 27–28 Jahre) noch jedes Wochenende kommen würde. Ich hatte ihr mehrmals gesagt, dass ich mich zu Hause langweilen würde und ihr außerdem Gesellschaft leisten wolle. Ich war davon ausgegangen, dass ich etwas Gutes damit tat, wenn ich regelmäßig zu ihr fuhr. Sie war schließlich noch nie allein gewesen, bevor ihr Mann gestorben war. Mir war nicht entgangen, wie schwer ihr diese Umstellung fiel. Mit den Monaten entging mir aber auch nicht, dass sie sich immer mehr an ihre Töchter, Schwestern und ihre beste Freundin hielt. Ich blieb immer öfter außen vor, und wenn ich sie doch einmal von einem Ausflug überzeugen konnte, so hatte ich sie nie allein für mich, da sie jedes Mal ihre Nachbarin/Freundin dazu einlud. In all den Jahren, in denen ich bei ihr aufgewachsen bin, hatte ich sie nie richtig für mich allein. Wir verbrachten zwar eine Woche in Italien in einer Ferienwohnung, doch in dieser Woche trieb sie mich komplett in den Wahnsinn. Das fing mit ihrem Raucherhusten an und hörte mit wachsender Demotivation ihrerseits auf. Zu meinem Leidwesen war der Altersunterschied mit dessen begleitenden Interessenskonflikten zu groß. Mir waren daher Tagesausflüge viel lieber, die mir jedoch verwehrt blieben.

Natürlich hatte ich auch nicht die früheren „Signale“ vergessen.

Diese Erkenntnisse zogen mich enorm runter. Ich beschrieb sie nicht nur dem Doc, sondern auch meinem Therapeuten. Er beteuerte mir sehr oft, dass er große Empathie für mich empfinden würde und ihm sehr klar sei, was momentan in mir vorgehe. Das war keine große Kunst: Es war für jeden Vollidioten offensichtlich, was sich in mir abspielte. Ich saß schließlich komplett niedergeschlagen vor ihm, sah ihn nicht an und sprach nur sehr wenig.

Diese „Trennung“ hinterließ deutliche Spuren. Ich fing an, alles infrage zu stellen, und die Antwort auf die Frage „Wo gehöre ich hin?“ rückte in unerreichbare Ferne. Ich war vorher schon ein Nihilist gewesen, doch neben dem Glauben war nun auch der Sinn für alles verschwunden.

Und so fing ich an in meinem Leben „aufzuräumen“. Zuallererst gab ich das Zeichnen auf. Meine kreativlosen Phasen waren sonst immer nur von kurzer Dauer gewesen, doch dieses Mal hatte ich das verloren, das für meine Kunst von großer Wichtigkeit war: Leidenschaft.

Ich sagte sowohl dem Doc als auch meinem Therapeuten, dass ich mir ein wahrlich dummes Hobby ausgesucht hätte. Was sollte denn bitte sinnvoll dahinter sein, ein Blatt Papier anzumalen? Schließlich würden diese Blätter nur in Schubladen enden – ungesehen und schließlich vergessen. Davon hatte niemand etwas, am wenigsten ich. Ich hatte somit über 15 Jahre meines Lebens mit etwas verschwendet, das mir absolut nichts gebracht hatte.

Als ich dem Doc das Obige schrieb, sagte ich gleichzeitig die geplante dritte Ausstellung bei ihm ab. Er fand es schade, beschrieb aber seine Zuversicht, dass ich irgendwann wieder anfangen würde zu zeichnen. Wie falsch er damit liegen würde, sollte er noch früh genug erfahren.

Mein Therapeut schien hingegen nicht sonderlich erschüttert von meiner Entscheidung zu sein. Er ging kaum darauf ein und sah darin wohl eine Chance, sich mir auf emotionaler Ebene nähern zu können, und erhoffte sich wahrscheinlich, dass ich in Tränen ausbrach.

Ich gab auch das Schreiben auf, fuhr nicht mehr mit dem Fahrrad zur Arbeit und beschäftigte mich nur noch gelegentlich mit der griechischen Mythologie und Leonardo da Vinci. Anfangs hatte ich die Biografien zu seinem 500. Todestag verschlungen, doch je tiefer ich sank, desto länger brauchte ich, um ein Buch zu Ende zu lesen.

Schließlich reichte mein Frust so weit, dass ich bei den Therapiesitzungen kein Interesse mehr hatte, irgendetwas mit meinem Therapeuten zu teilen. Ich wurde immer pampiger, was auch daran lag, dass mir sein Schauspiel mit jeder Stunde mehr auf die Nerven ging.

Den Vogel schoss er allerdings mit einer Aussage ab, die mich dazu bewog, ihn zum Äußersten zu treiben:

Die Sitzung begann wie immer und irgendwann fing ich an, meinem Therapeuten davon zu erzählen, dass sich meine Verdauungsprobleme verschlechtert hatten. Ich musste nun noch vorsichtiger sein und noch mehr weglassen. Da ich nicht wusste, woran es lag, fügte ich mich dieser Änderung, ließ meinem Ärger darüber aber trotzdem Luft. Wahrscheinlich war es wieder einmal eine temporäre Verschlechterung, da diese immer phasenweise auftrat. Über etwas anderes wollte ich sowieso nicht sprechen, da ich inzwischen wusste, dass er mir mit meinen anderen Problemen erst recht nicht helfen konnte. Für mich war mein Therapeut zwischenzeitlich eine Art stummer Zuhörer geworden, der hin und wieder sinnfreie Ansichten zum Besten gab.

Im Verlauf unseres Gesprächs verwandelte sich dieses immer mehr in eine Diskussion. Denn wie erwartet versuchte er mich von einer rein psychischen Ursache hinter meinen Beschwerden zu überzeugen. Ich hatte sehr wohl noch im Hinterkopf, dass er noch vor Wochen genau das abgestritten hatte und mir weiszumachen versucht hatte, dass er daran nicht glauben würde. Dass er sich nun wieder gedreht hatte, verwunderte mich jedoch nicht, da sich dieses Spiel alle paar Wochen wiederholte.

Mich verärgerte diese Vorgehensweise jedoch mit jedem Mal mehr und ich verlieh meiner Wut darüber in dieser Sitzung ordentlich Ausdruck. So sagte ich ihm – nicht gerade höflich –, dass ich es für „reinen Bullshit" halten würde, wenn man die Psyche in absolut allem als Verursacher sehe. Das sei nur eine Ausrede, passe aber natürlich hervorragend überall hinein. Vor allem bei meiner Biografie wäre der Fall somit natürlich schnell gelöst. Selbstverständlich ist es eine Kleinigkeit, bei mir zu sagen, dass all meine Probleme der Vergangenheit entspringen. Ein Psychotherapeut muss also nur noch mit dem Finger auf mich zeigen und sagen, dass meine Traumafolgestörung sich ganz nach Lehrbuch manifestiert hat und somit die Lösung klar auf der Hand liegt. Entweder ich verarbeite alles oder mir wird es nie besser gehen.

In Psychologendeutsch hört sich das dann so an: „Ihre Mutter hat Ihnen nie die Beziehung zukommen lassen, die Sie als ihre Tochter gebraucht haben. Sie haben die Ablehnung durch Ihre Mutter so sehr verinnerlicht, dass auch Sie keine Beziehungsangebote annehmen können und alles von sich stoßen. Das geht so weit, dass Sie selbst Nahrung nicht bei sich behalten können und diese daher sehr schnell Ihren Körper verlässt."

Meine Antwort auf diese Erklärung? „Ich habe noch nie einen solchen Bullshit gehört!! Das ist der größte Schwachsinn, der mir jemals untergekommen ist. Noch weiter herholen können Sie es ja fast nicht mehr!"

Ich bilde mir meine Intoleranzen und Allergien also ein, die dafür sorgen, dass ich nichts vertrage. Da sich Nahrung bei mir tatsächlich nur maximal einen halben Tag hält, heißt das noch lange nicht, dass ich sie ablehne. Ich habe schon immer sehr gern gegessen und oft esse ich „Verbotenes" (nur Auserwähltes und in Maßen), weil ich es vermisse und mir die Konsequenzen dann egal sind. Natürlich angepasst an meinen Job bzw. zum Wochenende oder im Urlaub. Würde ich das tun, wenn ich es ablehnen würde? Wohl eher nicht. Und wäre es dann nicht plausibler, wenn sich die „Ablehnung" in Form von Erbrechen zeigen würde? Schließlich können sich Unwohlsein, Aufregung oder sogar Wut in Magengrummeln und Appetitlosigkeit äußern. Warum die Mühe machen, alles durch den Darm zu schicken, wenn es doch auf dem direkten Rückweg viel schneller gehen würde? Doch es ist wie das Diskutieren mit Zeugen Jehovas: ein unmögliches Unterfangen. Der Verstand sieht, was er sehen will, und ein Psychotherapeut interpretiert, was er interpretieren will.

Nach meinem Wutausbruch über diese schwachsinnige Aussage hatte ich ab Verlassen der Praxis nicht das geringste Interesse mehr daran, mich erneut mit diesem Mann zu unterhalten. Er hatte mich von Anfang an belogen, nur um eines Tages und unter Ärger seine tatsächliche Vermutung äußern zu können. Ich war davon überzeugt, dass ihm seine Theorie herausgerutscht war und er mir das so überhaupt nicht hatte sagen wollen. Er hatte es mir nämlich förmlich entgegengebrüllt, obwohl eine schonende Herangehensweise nach ein paar Jahren sinnvoller gewesen wäre. Mir war schon in den Monaten davor mehrmals aufgefallen, dass er sein Temperament oft nicht im Griff hatte, was in seiner Berufsbrancheeigentlich fehl am Platz ist. Ich hatte mir stets einen Spaß daraus gemacht, ihn auf seine Widersprüche aufmerksam zu machen. So stand er einem bestimmten Thema je nach Gemütszustand unterschiedlich gegenüber. Sagte ich ihm dann aber, dass er noch vor Wochen anderer Meinung war und ich nun verwirrt über diese Meinungsänderung war, stritt er vehement ab, jemals anderer Ansicht gewesen zu sein. Und das nicht ruhig und gelassen, sondern aufbrausend und bockig. Doch das Abstreiten von Gesagtem kannte ich bereits von seinen vorigen Kollegen. Sowohl meine erste Therapeutin als auch die Kolleginnen aus den Kliniken litten plötzlich unter Amnesie, wenn man sie darauf ansprach.

Dass mein aktueller Therapeut jedoch enorme Probleme damit hatte, seinen Ärger und sein Ego in den Griff zu bekommen, erfuhr ich, zu meinem großen Glück, beim nächsten Termin.

Eine Woche später stieg ich die Treppe zur Praxis so demotiviert nach oben, dass ich am liebsten umgedreht wäre. Ich war immer noch sauer auf ihn und überlegte mir bereits, wie ich das Ganze abbrechen könnte, ohne dass der Doc allzu enttäuscht von mir sein würde.

Ich betrat schließlich die Praxis, wartete ein paar Minuten und betrat dann das Sprechzimmer. Wir saßen uns einige Sekunden schweigend gegenüber. An seinem Gesichtsausdruck erkannte ich, dass es angeraten war, ihn einfach nur anzuschauen und abzuwarten. Nach ein paar Sekunden fuhr er mich auch schon schroff an: „Und? Haben Sie irgendwas zu letztem Mal zu sagen??“ Ich sah ihm emotionslos in die Augen und erwiderte mit einem Schulterzucken ein knappes „Nein“.

Offenbar aufgebracht über diese Aussage starrte er mich wütend an und presste hervor: „Gut, dann sehe ich keinen Grund mehr, hier weiterzumachen. Sie haben mich angelogen und damit Ihr Versprechen gebrochen. Damit können wir hier die Therapie beenden.“

Erneut wartete er vergeblich auf eine Reaktion von mir, da ich mir nicht anmerken ließ, dass ich innerlich jubelte. War es eine Drohung? Oder doch die Realität? Träumte ich?

Erneut wartete er meinen Kommentar ab, doch ich blieb bei einem kurzen „O. K.“, stand auf, gab ihm die Hand und verließ die Praxis mit einem breiten Grinsen.

Lassen wir das Ganze noch einmal Revue passieren:

Ich schreibe meinem Therapeuten einen wütenden Brief, in dem ich ihm vorwerfe, mich nicht ernst zu nehmen und nur belogen zu werden. Er spielt mir tiefe Betroffenheit vor, verspricht mir einen Bericht nur über mich vor vielen Kollegen und schwört, dass er es absolut ernst meint. Er spielt mir sein alleiniges Monopol im Bereich der Empathie vor und brüstet sich damit, dass ich machen und sagen könne, was ich wolle: Er würde mich niemals aufgeben.

Zudem versichert er mir, dass er keine Lehrbuchtricks bei mir anwendet, mich nicht belügt und ich ihn niemals verärgern könnte.

Nur wenige Wochen später bezeichne ich ihn als Lügner, Scharlatan und absoluten Mainstreamer im Bereich der Psychotherapie, der somit nur nach Lehrbuch vorgeht – und das mit nur wenigen Sätzen. Ich kratze also etwas an seinem Ego und stelle ihn als Fantast dar. Nach nur einer einzigen Therapiesitzung habe ich ihn damit so sehr verletzt, dass er mich kurzerhand rausgeworfen hat. Und das auch nur, weil er ganz genau wusste, dass ich recht hatte. Ihm wurde klar, dass ich all seine

Tricks durchschaut hatte und auch zukünftige durchschaut hätte. Schließlich hatte ich ihn mehrmals auf seine Fehler und Ausrutscher hingewiesen.

Er war also weder fähig, mich zu lesen, noch hatte er mir richtig zugehört.

Denn ihm war nie klar geworden, wie ernst die Sache eigentlich wirklich war: In einer Stunde hatte ihn meine Laune dazu bewogen zu fragen, ob ich manchmal daran denken würde, nicht mehr leben zu wollen. Ich sagte ihm, dass ich mir wünschen würde, dass mein Stiefvater nur ein einziges Mal übertrieben hätte. Dass er z.B. nur einmal zu fest zugeschlagen hätte. Dass er mich nur einmal aus Versehen hätte fallen lassen müssen, als er mich aus dem Fenster hielt. Dass ich falsch aufgekommen wäre, als er mich herumgeworfen hatte.

Nach dem Aufzählen dieser Wünsche gab mir mein Therapeut seine Handynummer „für den Notfall", doch dass er das nicht ernst meinte, hatte sich nur wenige Wochen später gezeigt.

Ich war in diesem Moment auf dem Weg nach unten, und zwar im Sturzflug – ohne Netz und doppelten Boden. Doch er hatte das nicht erkannt, sondern war viel zu sehr mit seinem eigenen Ego beschäftigt. Er hatte weder meine Verzweiflung gesehen noch das Anwachsen der Sinnlosigkeit, die ich überall sah. Seine narzisstische Einstellung und sein verletzter Stolz sollten sich schließlich in seinem Abschlussbericht an den Doc zeigen. Hier beschrieb er eine weitere Theorie, die ich nicht nur widerlich fand, sondern darüber hinaus absolut grotesk. So würde ich mich angeblich an meinen Verdauungsstörungen aufgeilen. So wie manche das Ritzen brauchen würden, würde ich meine Beschwerden benötigen. Vieles musste ich mir vom Doc erklären lassen, da ich fast nichts verstand, aber er beschrieb mir den Bericht als völlig veraltete psychotherapeutische Ansicht, die Freud vor Rührung die Tränen in die Augen getrieben hätte.

Als ich mit dem Doc über das alles sprach, fielen natürlich wieder die magischen Worte über das „Sich-Öffnen". Schon vorher hatte ich ihm und meinem Therapeuten gesagt, dass ich einfach nicht verstand, was darunter gemeint war.

In meinen Augen öffnete sich jemand, indem er über sich selbst, Vergangenes, Zukünftiges und all das sprach, was momentan wichtig oder auch unwichtig war und ist. Hierbei kommt es zur Selbstreflexion und auch Emotionen finden Erwähnung. In meinem Fall kam der emotionale Teil etwas zu kurz und wurde nur bei Nachfrage erwähnt. Trotzdem hielt ich weder mit meiner Meinung hinter dem Berg noch verschwieg ich jemals, was mich genau belastete. Und doch soll ich mich nicht genug geöffnet haben?!

Dies hatte ich auch meinem ehemaligen Therapeuten an den Kopf geworfen, der daraufhin seine geliebte „Ausschlagen vom Beziehungsangebot"-Karte spielte. Bis heute weiß ich nicht, was er damit gemeint hatte. Ich selbst habe hierbei nur zweideutige Gedanken, doch vermutlich meinte er eine schlichte Vertrauensbildung. Immer wieder hatte er betont, dass er mir seine Hand hinstrecken, ich sie aber dauernd wegschlagen würde. Warum ihn das so überrascht hatte, ist mir nicht ganz klar. Ich hatte ihm schließlich gesagt, dass ich ihm nicht vertrauen würde. Warum also sollte ich so tun, als ob, nur damit er zufrieden wäre? Ich hatte ihm auch mehrfach gesagt, dass ich extrem vorsichtig bin und alles und jeden hinterfrage. Besonders Psychotherapeuten begegne ich aus gutem Grund mit gewaltiger Vorsicht. Doch das bestätigte wieder einmal, dass er mir nicht im Geringsten zugehört hatte.

Und so stand ich wieder da und sah meine anfängliche Vermutung bestätigt. Auch hatte ich nun eine Erklärung für seine Wutausbrüche. Jedes Mal, wenn ich ihm vorgeworfen hatte, dass er nur nach Lehrbuch arbeiten würde und dafür bezahlt wurde, so zu tun, als ob er sich für mich interessieren würde, fühlte er sich insgeheim ertappt. Und irgendwann war das Maß eben voll.

Auch wenn ich erleichtert über den Rauswurf war, hatte es doch einen gewaltigen Nachteil. Nun hatte ich niemanden mehr, mit dem ich sprechen konnte. Meine Pflegemutter gab mir Rätsel auf, der Doc wurde von seinen Projekten und der Arbeit vereinnahmt, Freunde hatte ich keine und meine Kolleginnen waren die falschen Ansprechpartner.

Im Laufe weniger Wochen sank meine Laune immer tiefer. Nach den ersten zwei Wochen nach dem seltsamen Telefonat verlangte meine Pflegemutter per WhatsApp ein Lebenszeichen von mir. Doch dieses Vorgehen gab sie nach einer weiteren Bitte wieder auf. Da mir noch ein Termin beim Doc bevorstand, musste ich mir überlegen, wie ich dorthin kommen sollte. Ich wollte auch meine restlichen Sachen mitnehmen, um so mit meiner ehemaligen „Familie“ abschließen zu können, sollte ich tatsächlich urplötzlich unerwünscht sein. Also schrieb ich meiner Pflegemutter eine lange Nachricht, in der ich ihr mitteilte, dass es mir nicht gut ging, ich aus der Therapie geworfen worden war, meine Beschwerden schlimmer präsent waren, ich aber gleichzeitig nachvollziehen konnte, dass sie mich nicht brauchen und offenbar wollen würde.

Ihre Antwort darauf fiel nicht besonders vielversprechend aus. Sie versicherte mir, dass sie gedanklich bei mir sei, meine angesprochenen Themen aber lieber unter vier Augen besprochen wolle.

Und so stellte ich erleichtert fest, dass ich nun die Möglichkeit hatte, meinen Termin beim Doc wahrnehmen und auch meine Sachen holen zu können. Trotzdem war ich nervös, als ich an dem besagten Tag aus dem Zug stieg. Ich hatte einen Tagesausflug angekündigt und Termine absichtlich drum herum gelegt. Mir war klar, dass es zu keiner Aussprache kommen würde, und ich hatte vor, den Wunsch meiner Pflegemutter zu respektieren. In den zwei Stunden vor meinem Termin packte ich meine Sachen zusammen, während meine Pflegemutter beschloss, nicht das Wort zu ergreifen, sondern sich ebenfalls zu beschäftigen. Obwohl sie wissen musste, dass ich verstumme, wenn es mir schlecht geht, hatte sie wohl kein Interesse daran, meinen Sorgen auf den Grund zu gehen.

Der Doc hingegen nahm sich viel Zeit für mich und sprach mit mir über meine momentane Situation. Ich erklärte ihm noch mal persönlich, was ich ihm bereits schriftlich gesagt hatte: Er hatte von mir ein Ziel erwartet, das ich ihm aber nicht vorweisen konnte. Sowohl beruflich als auch privat gab es nichts, was ich zu erreichen versuchte. Mir war klar, dass ich immer unterfordert sein würde, was auch er mir oft genug prophezeit hatte. Da ich die Leidenschaft für absolut alles verloren hatte, konnte ich mir auch nicht vorstellen, mich aufzuraffen, um eine andere Richtung einzuschlagen.

Wie er schon oft hervorgebracht hatte, stellte der Doc fest, dass ich so nicht weitermachen konnte. Daher schlug er mir einen neuen Versuch in Richtung Therapie vor. Diesmal sollte ich mir überlegen, ob nicht eine Tiertherapie etwas für mich wäre. Ich sollte später erfahren, dass die Wartezeiten hierfür sehr lang waren, die Therapie dann jedoch mehrere Monate betragen konnte.

Doch von Anfang an lehnte ich diesen Vorschlag ab. Ich mag Tiere zwar sehr, verstehe den Sinn hinter dem Therapieansatz aber nicht. Auch das Argument des Docs, dass Tiere nicht lügen können, konnte mich nicht umstimmen. In meinen Augen werden Tiere in solchen Einrichtungen dazu genutzt, dass Patienten hinterrücks von Therapeuten angelogen und betrogen werden können. Hinter jedem unschuldigen Tier steht dort ein verlogener Betrüger, der über das Lebewesen das gleiche Schauspiel treibt wie alle anderen Therapeuten. Dem Patienten wird eine heile Welt, Verständnis und Hingabe vorgespielt. In Wirklichkeit aber soll die komplette Persönlichkeit umgestellt werden. Und zeigen sich keine raschen Fortschritte oder zeigen sich Anzeichen von Gegenwehr (in Form vom Durchschauen der Taktiken bzw. Skepsis), wird sofort der Rauswurf angedroht.

Im Grunde das gleiche Spiel wie mit meinen Therapeuten vorher – sei es stationär oder ambulant.

Der Doc akzeptierte meine Entscheidung nur widerwillig, aber zwingen konnte er mich natürlich zu nichts. Er versicherte mir nur immer wieder, dass er für mich da sei, auch wenn er momentan viel zu viel zu tun hatte.

Ganz hatte ich meine therapeutischen Projekte allerdings noch nicht abgeschlossen. Denn es gab immer noch meinen Physiotherapeuten, der mich wissentlich über den Tisch zog und sich dabei als Opfer darstellte.

Weiterhin behandelte er mich nicht nach der minimalen Behandlungszeit von 30 Minuten, sondern hielt sich strikt an maximal 25 Minuten. Inzwischen waren einige Monate vergangen, seit ich ihn auf die möglichen 50 Minuten Behandlung angesprochen hatte. Seine Wut hatte er wohl vergessen, doch meine war stets präsent, was ich ihn auch spüren ließ. Ich wechselte weiterhin kaum ein Wort mit ihm und steigerte mein Verstummen immer weiter. So hatte ich ihn anfangs nicht nur per Handschlag, sondern auch mit einem „Hallo“ begrüßt. Ich hatte auf Fragen geantwortet und auf Anmerkungen und Ratschläge reagiert. Das alles ließ ich irgendwann bleiben. Mein Handschlag blieb stumm; ich antwortete nur mit wenigen Worten und ignorierte ihn bei Ratschlägen komplett.

Irgendwann merkte ich, dass er aufgegeben hatte. Die Behandlungen wurden immer sporadischer, das heißt, er gab sich, meiner Meinung nach, kaum noch Mühe, meine Schmerzen zu lindern. Hatte ich anfangs den Eindruck, dass er mit voller Kraft an die Verspannungen heranging, bemühte er nun nicht einmal mehr die Muskeln der Finger. Natürlich wurden dadurch meine Beschwerden nicht einmal ansatzweise besser. Ich sah das als Zeichen, den letzten Schritt zu machen. Und so kontaktierte ich erneut die nette Dame der Krankenkasse und erzählte ihr von der Unterschreitung der Zeit, dem Wutausbruch meines Physiotherapeuten, der ausbleibenden Besserung und der immensen Ungerechtigkeit. Sie versprach mir, mit ihm zu telefonieren, was mich zu einer neuen Vorhersage bewegte, die sich als wahr herausstellen sollte:

Nur wenige Tage nach dem versprochenen Telefonat, in dem mein Physiotherapeut, wie erwartet, versicherte, dass er die Zeit nicht unterschritten hätte, bekam ich einen Brief. Einen Brief von meinem Physiotherapeuten, in dem er mich aus der Praxis warf. Genauer: Er erwähnte das Telefonat und verwies auf seine Worte (bzw. seinen Wutausbruch). Zudem „riet“ er mir, eine neue Praxis zu suchen, und schrieb schlussendlich, dass er meine zukünftigen Termine storniert hatte.

Somit hatte sich meine Vorhersage bestätigt. Das Telefonat mit der Krankenkasse würde dazu führen, dass mich mein Physiotherapeut herauswerfen würde. Dass ich daran nicht unschuldig war, ist anzunehmen. Schließlich hatte ich ihn meine Ablehnung deutlich spüren lassen. Zudem hatte er seit meinem Vorschlag der Therapieverlängerung sicher gemerkt, dass mir sein Abrechnungsbetrug nicht entgangen war. Außerdem musste er erkannt haben, dass auch der Doc Bescheid wusste, da auf dem nächsten Rezept plötzlich ein Therapiebericht verlangt wurde. Das hatte ihn sicher noch mehr ins Schwitzen gebracht und das Telefonat hatte schließlich das Fass zum Überlaufen gebracht.

Doch ich war nur mäßig enttäuscht. Denn leider kam mein Physiotherapeut mit seinem Betrug davon und hatte somit nichts zu befürchten. Dass die Kasse nun aufmerksam auf ihn geworden war, war ebenfalls unwahrscheinlich. Aber ich hoffte, dass ich ihm ein bisschen Unbehagen bereitet hatte, was mich schon etwas zufriedener stimmte.

Da alles nach Plan verlaufen war, vereinbarte ich noch am gleichen Tag, an dem der Brief bei mir eingetroffen war, Termine in einer anderen Praxis, die sofort bestätigte, die 50 Minuten Therapiezeit zu nutzen. Gewonnen hatte ich also so oder so, auch wenn ich eine Bestrafung meines Physiotherapeuten gern gesehen hätte.

# NICHT THERAPIERBAR?

Mit Blick auf meine vergangenen Therapieversuche bin ich inzwischen davon überzeugt, dass ich nicht therapierbar bin. Vorgeworfen wurde mir mangelnde Mitarbeit, Angst vor Kontrollverlust, vor den eigenen Emotionen und vor dem, was verborgen ist. Wahr sind mangelndes Vertrauen zu meinem Gegenüber, übermäßige Skepsis, Pessimismus und mangelhaftes Einlassen auf Neues.

Ich möchte Gegenvorwürfe machen: Bezweifeln meiner Worte, mangelnde Fähigkeit, sich auf meine Person einzulassen, Egoismus, Narzissmus, Selbstüberschätzung und Vorurteile.

Die unterschiedlichen Berichte der einzelnen Kliniken bestätigen meinen Vorwurf, dass nicht im geringsten Interesse daran bestand, mir zu helfen, sondern lediglich die eigenen Vorurteile bestätigt werden sollten.

In der Psychiatrie wurde mir ein fehlender Zugriff auf meine primären Gefühle diagnostiziert. Keine besonders hohe Kunst, wenn ich selbst sage, dass ich außer in Ausnahmefällen nichts fühle. Auch das allseits beliebte zwanghafte Kontrollbedürfnis wurde „diagnostiziert". Auf dieser Station war es allerdings ein Leichtes, die anderen Patienten zu kontrollieren, da sie alle zu mir aufsahen. Einer verliebte sich sogar in mich und unterwarf sich automatisch. Mit der deutlich herrschenden Ungerechtigkeit auf der Station konnte ich nicht anders, als den anderen zu zeigen, wie sie sich gegen die Chefin wehren konnten. Die einzige Gefahr, verletzt zu werden, bestand darin, sich dem bösen Aufbäumen der Chefärztin bei den Visiten zu beugen. Das spricht im Übrigen gegen den beschriebenen Vorwurf, dass mir die Fähigkeit fehlen würde, für meine eigenen Belange einzustehen. Ich bekomme immer, was ich möchte, und der Trick hierfür ist: Manipulation, gepaart mit Geduld. Ausschlaggebend für das Einsetzen dieser Fähigkeit war, wie bereits erwähnt, die Ungerechtigkeit. Mir wurde zwar eine gute Beobachtungsgabe zugeschrieben, doch anfangen konnte damit wohl keiner etwas. Und auch diesen Aspekt hatte ich bereits mehrfach vorgegeben und mache es heute noch. Es ist doch wohl mehr als logisch, dass ich alles mitbekommen MUSS! Das hat mich als Kind beschützt und das macht es noch heute. Ablegen kann ich dieses Verhalten nicht, da es zwischenzeitlich automatisiert ist und ich keinerlei Anstrengung dafür aufbringen muss. Doch in diesem Punkt hört mir nie jemand zu, obwohl ich es gleich nach meinem Namen und Alter vorbringe.

Natürlich durften in dem Bericht die Worte „Angst" und „Kontrollverlust" nicht fehlen. Die absoluten Lieblingswörter von Psychologen, Psychiatern und Ärzten mit Zusatzausbildung. So hätte ich aus reiner Angst vor Kontrollverlust meine psychischen Belastungen für mich behalten. Wäre es vielleicht auch möglich, dass ich das nicht getan habe, weil ich die Belegschaft für absolut unfähig gehalten habe und ihnen nicht im Geringsten vertraut habe? Nein, denn das wäre ja ein Eingeständnis eigenen Versagens. Daher ist es einfacher, dem Patienten die Schuld zu geben. Nur dumm, wenn dann im Bericht geschrieben wird, dass ich, bedingt durch meine Vergangenheit, starke Vertrauensprobleme habe. Widersprüche, wohin das Auge reicht.

Allerdings waren die Vorwürfe der Psychiatrie gar nichts gegen die Lügen der psychosomatischen Klinik, in der ich kurze Zeit später meine Zeit verschwendet hatte. In dem Bericht wurde mir zuerst vorgeworfen, dass ich auf meine Nahrungsmittelunverträglichkeiten „bestehen" würde. Dies impliziert bereits, dass die Belegschaft mir diese nicht glaubte.

Doch der Verlauf der Einzeltherapie war so bahnbrechend, dass mir meine Erinnerungen wohl einen Streich spielen. Denn laut Bericht hätte ich anfangs zwar Angst gehabt und wäre misstrauisch gegenüber dem Alltag auf Station gewesen, doch das Vertrauen hätte sich rasch aufgebaut. Und so hätte ich mich ansatzweise mit meinen biografischen Traumata auseinandersetzen können. Ich hätte Zugang zu meinem inneren Erleben bekommen, was auch heftige Emotionen zum Vorschein gebracht hätte, die bisher blockiert gewesen seien.

Dieser Abschnitt wurde von der Therapeutin dort erfunden und strotzt geradezu vor Wunschdenken und Boshaftigkeit. Zum einen brauche ich mehrere Monate, bis ich einer Person gegenüber ein wenig Vertrauen entwickelt habe. Zum anderen haben wir lediglich über früher gesprochen, allerdings genauso emotionslos und langweilig wie ich es schon immer erlebt habe. Die genannten „heftigen Emotionen" waren lediglich prophezeit worden, wurden aber nie Wirklichkeit.

Diese Lüge wurde schon durch den nächsten Abschnitt widerlegt, in dem behauptet wurde, dass ich eine gestörte selbstreflektierende Wahrnehmung hätte. Das ist in der Hinsicht seltsam, da mir in der letzten ambulanten Psychotherapie genau hierfür ein Talent ausgesprochen worden war. Und ich denke, dass dieses Buch auch dafür spricht, dass ich sehr wohl beschreiben kann, was in mir vorgeht.

Der Vorwurf der Wahrnehmungsstörung bezog sich insbesondere auf meine Traumatisierungen, was die Frage aufwirft, wie ich denn dann heftige Emotionen durchleben konnte. Doch die beschriebenen Folgen dieser Störung machten das Ganze noch besser. Denn dadurch würde ich dazu neigen, die aggressiven Impulse gegen mein eigenes Selbst zu wenden, was natürlich zu Schädigungen führe. Ich gehe davon aus, dass damit meine Verdauungsstörungen gemeint sind, auch wenn mir nicht ganz klar ist, warum ich meinen Ärger auf andere auf mich selbst richten sollte.

Ich wage hierzu ein kleines Gedankenexperiment. Jeder kennt Situationen, in denen er extrem wütend wird. Ich persönlich kann während des Spielens an der Konsole sehr wütend werden. Ein Spiel kann mich regelrecht ausrasten lassen, wenn es nicht so klappt, wie ich es möchte. Auch ich war schon oft in der emotionalen Versuchung, den Controller voller Wut gegen die Wand zu werfen. Getan habe ich es noch nie, da ich, auch in schwer kontrollierbaren Momenten, vorausschaue. Während ich also den

Arm ausholend anhebe, habe ich Bilder eines zerstörten Controllers vor Augen. Die damit verbundene Reue und wachsende Wut auf mich selbst lassen mich den Arm wieder senken. Würde ich den Controller also gegen die Wand werfen und ihn somit zerstören, würde sich meine Wut auf das Spiel gegen mich selbst richten. Schließlich hat mich niemand dazu gezwungen, das Gerät zu zerstören. Mein eigenes Verhalten hat dafür gesorgt und so bin ich auch für die Konsequenzen verantwortlich. Doch da ich weder mein Eigentum zerstören noch für einen Ersatz aufkommen möchte, erspare ich mir den Ärger, schalte die Konsole aus und wende mich anderen Dingen zu.

Das obige Beispiel zeigt also, wie ich meinen Ärger tatsächlich auf mich selbst projizieren kann. Doch wie genau ich aggressive Impulse auf mich selbst richten soll, verstehe ich immer noch nicht. Ich versuche mich trotzdem an der Verdauungstheorie:

Ich esse also etwas, vertrage es aber nicht und leide entsprechend unter Schmerzen, starker Übelkeit und Durchfall. Wie stark die jeweiligen Beschwerden ausgeprägt sind, hängt vom jeweiligen Nahrungsmittel und meinem momentanen Zustand ab.

Laut Psychologen habe ich meinen Körper also dazu konditioniert, dass er nur dann reagiert, wenn ich etwas esse. Das heißt, er darf nur dann besonders heftig reagieren. Zur Not kann dann aber auch mein Kiefer einspringen und mir ordentliche Kopfschmerzen verpassen, da es immer gut ist, einen Plan B zur Hand zu haben. Nachdem ich also gegessen habe und unter den Folgen leide, werde ich sauer auf mich selbst, da ich mir das hätte ersparen können. Doch der Appetit und das Vermissen bestimmter Lebensmittel waren es manchmal das Leid wert, oft aber auch nicht. Müsste es dann aber nicht so sein, dass ich erst nach dem Abklingen der ersten Beschwerden viel schlimmere durchmachen müsste? Schließlich bereue ich in gewisser Hinsicht meine Entscheidung, mir etwas gegönnt zu haben, und werde dadurch etwas sauer auf mich. Warum geht es mir aber besser, nachdem ich mich aller schädlichen Lebensmittel entledigt habe? Auch wenn das manchmal mehrere Tage dauern kann, mein Ärger über meine Entscheidung jedoch mehrere Wochen betragen kann?

Laut Bericht habe ich meine Gefühle ins Somatische verlagert, somit reagiere ich nicht emotional, sondern eben mit Schmerzen, Durchfall usw. Doch wieder meine Frage: Warum verschlimmern sich meine Beschwerden dann nicht, wenn ich wütend oder traurig bin? Warum werden sie nicht besser, wenn ich zufrieden und gut drauf bin? Auf diese Antworten warte ich seit Jahren. Ein beliebtes Argument, das ich jedoch nicht gelten lasse, ist, dass ich in Gesellschaft automatisch nicht daran denke, es vergesse und dadurch nichts davon merken kann.

Vergleiche ich meine Symptomatik von damals mit heute, verschlimmern sich die Symptome bei Gesellschaft sogar. Denn ich werde z. B. bei der Arbeit eher dazu verleitet, etwas Verbotenes zu essen. Dies mag zwar im Moment lecker sein und ein Gefühl der Zugehörigkeit schaffen, doch nach nur wenigen Minuten bereue ich die Entscheidung.

Schlussendlich habe ich immer Schmerzen, egal ob ich allein, bei der Arbeit oder mit jemandem unterwegs bin. Ich sage nur nichts, weil mir das nicht weiterhilft.

Konkret eines der jüngsten Beispiele: Bei einem gemeinsamen Essen mit der Belegschaft der Arztpraxis, in der ich arbeite, hatte ich sehr gute Laune. Ich genoss die Gespräche mit den anderen und freute mich ungemein auf das Essen, das ich als sehr lecker in Erinnerung habe. Ich vermutete, dass ich das Essen nicht vertragen würde, wusste aber, dass mich eine Kollegin nach Hause fahren würde, sodass mir genügend Zeit blieb und ich ordentlich reinhauen konnte. Nach dem ersten Bissen hatte ich bereits enorme Darmkrämpfe, die erst in den nächsten Stunden etwas besser wurden. Anmerken ließ ich mir jedoch nichts, sondern unterhielt mich weiterhin angeregt mit den Anwesenden und genoss mein freudig erwartetes Mahl.

Doch laut psychologischer Theorie hätte ich keinerlei Beschwerden haben dürfen. Warum kamen diese aber doch? Ganz einfach: Meine Intoleranzen scheren sich nicht im Geringsten um das emotionale Wohlbefinden. Wenn der Darm etwas bekommt, was er nicht möchte bzw. verarbeiten kann, dann reagiert er entsprechend. Das hat nichts mit Emotionen zu tun.

Die Theorien der Tagesklinik dürfen hier natürlich nicht fehlen. Hier wurde besonders auf meine „Hyperaktivität" Bezug genommen. Wegen des altbewährten Kontrollzwang hätte ich mich also in alle Bereiche eingebracht, um so die Übersicht und die Kontrolle behalten zu können. Meine eigentliche Langeweile wird nicht erwähnt.

Und so werde ich als laut, forsch und wirbelig beschrieben, was zum Zweck gehabt hätte, mich selbst und auch die anderen zu unterhalten. Schließlich sei eine depressive, ruhige Stimmung auf Dauer sehr zermürbend. Dass meine Art den anderen geholfen hat, blieb genauso unerwähnt wie die Tatsache, dass das Personal dort vergeblich versucht hat, die Patienten zu motivieren.

Genauso wie die Therapeuten haben sich auch die Mitarbeiter nicht individuell auf jeden Patienten eingelassen. Für sie stand das Lehrbuch im Mittelpunkt, dessen Vorgaben und Regeln sich jeder fügen musste. Ich stach natürlich enorm heraus, da ich nach meinem eigenen Lehrbuch arbeite und, durch meine Beobachtungsgabe, ganz genau wusste, was ich wie zu tun hatte. Deshalb kam ich auch gut mit den Patienten aus und wusste, wie ich ihnen ein Lächeln entlocken konnte.

Diese Achterbahn der Erfahrungen, Gefühle und Eindrücke ließen mich irgendwann an allem zweifeln, was ich gelernt, erkannt und beobachtet hatte. Mir fiel es zwischenzeitlich schwer zu unterscheiden, was wahr und was falsch war. Ich stellte jegliche Beziehungen infrage und ging alles gedanklich noch einmal durch, um analysieren zu können, was meine Fehler gewesen waren und was zu den Fehlern anderer zählte.

Doch zuerst bin ich dem Leser schuldig, zu erläutern, wie genau meine persönliche Gefühlswelt aussieht, was ich unter Vertrauen verstehe und welche Erfahrungen ich bezüglich beider Bereiche gemacht habe. Ich selbst bezeichne mich manchmal als Autist der Gefühlswelt, da ich fast überwiegend der Rationalität angehöre, während ich mir emotionale Reaktionen nicht erklären kann.

# GEFÜHLE

Über die eigenen Gefühle zu sprechen, war schon immer etwas, das ich nicht sonderlich mochte. Durch das Schreiben dieses Buches fiel es mir allerdings leichter. Da ich dieses Thema also schon angeschnitten habe, möchte ich Ihnen genauere Einblicke in meine Gefühlswelt geben. Dabei gehe ich auf die häufigsten Gefühle/Empfindungen ein, die ein Mensch haben kann: Ärger/Wut, Trauer, Hoffnung/Enttäuschung, Freude/Humor, Mitgefühl, Vertrauen und natürlich Liebe.

Wie Sie nun wissen, musste ich mir schon früh angewöhnen, dass es negative Folgen haben kann, die eigenen Gefühle zum Ausdruck zu bringen. Natürlich hat es ein paar Jahre gedauert, bis ich dieses „Unterdrücken" perfektioniert habe. Mir ist bewusst, dass diese antrainierte Eigenschaft als ungesund gilt. Doch es ist immer leichter, sich etwas an-, als abzugewöhnen. Wie bereits bekannt ist, habe ich als kleines Mädchen viel geweint. Dass mir das wahrscheinlich mehr als einmal Ärger und auch eine Tracht Prügel eingebracht hat, ist naheliegend. Auch im Heim ließ ich zunächst meinen Tränen freien Lauf. Was kann man auch anderes von einem kleinen Mädchen erwarten? Erst viel später fing ich an, die Reaktionen meiner Mitmenschen bewusst wahrzunehmen und vorsichtig abzuwägen, wie sie auf mich reagieren würden, vor allem bei bestimmten Gefühlsäußerungen meinerseits.

So fing ich also an, die Menschen um mich herum zu beobachten, zu analysieren und somit einzuschätzen, ob sich der erste Eindruck bestätigte oder nicht. Frei nach dem Motto: „Beurteile ein Buch nie nach seinem Einband!". Mir war allerdings klar, wie ich anfangs auf meine Mitmenschen wirken musste, doch für mich war es der sicherere Weg, und deshalb nahm ich die anfängliche Skepsis und die falschen Gerüchte in Kauf. Mit den Jahren wurde diese „Emotionslosigkeit" schließlich zu meinem Markenzeichen.

## Ärger/Wut

Mit den Jahren hatte ich meine Methoden weiterentwickelt. Ich versuchte, mir nicht anmerken zu lassen, dass ich niemandem in meinem Umfeld vertraute. Hierbei liegt die Betonung auf „versuchte". Erst viele Jahre später gelang es mir, mein Misstrauen, das sich in meiner Mimik äußerte, zu verheimlichen. So bekam ich zum Beispiel häufig zu hören, dass ich bei einem ersten Aufeinandertreffen „tödliche" Blicke ausgeteilt hätte und mich das daher unsympathisch und aggressiv wirken ließe. Da ich das aber nie war, habe ich versucht, mir genau diesen Blick abzugewöhnen. Weit über meiner Volljährigkeit ist mir dies auch gelungen. Später erweckte ich wohl zu Anfang einen arroganten Eindruck, was auch nicht gerade schmeichelnd war.

Es gibt natürlich immer Situationen, in denen man seinen Ärger sofort zum Ausdruck bringt. Wie etwa, wenn etwas nicht funktioniert und man langsam die Geduld verliert, bis der Geduldsfaden schließlich reißt. Im Laufe der Jahre konnte ich an mir selbst beobachten, dass ich viele ärgerliche Situationen einfach hinnahm und sie gelassen sah. Sie wissen, dass ich Lehrer geärgert habe oder auch meine Geschwister. Hier und da war es aus reiner Boshaftigkeit, aus Spaß oder einfach nur, weil mir langweilig war. Es war oft falsch und ich bereue viele meiner Taten. Natürlich waren diese nicht sonderlich schlimm, allerdings hätten die meisten meiner „Schandtaten" einfach nicht sein müssen, da sie an Sinnlosigkeit kaum zu übertreffen waren. Erst als ich meinen Pflegeeltern versprochen habe, dass ich nie wieder so handeln würde, hielt ich dies auch durch. Ich hatte anhand der Reaktionen der beiden erkannt, dass ich die falschen Entscheidungen getroffen hatte. Nun wollte ich ihnen beweisen, dass mein wahres Wesen ruhig und eben nicht aufbrausend war, so wie ich nun mal tatsächlich war. Innerlich verärgerte mich dieser „Schwur" trotzdem, da die meisten meiner Taten aus meinem starken Gerechtigkeitssinn entsprungen waren. Gewisse Ungerechtigkeiten haben mich daher nicht nur verärgert, sondern regelrecht wütend gemacht.

Doch echte Wut sieht bei mir trotzdem anders aus. Wer mich richtig wütend erleben will, muss dieses Verhalten lediglich triggern.[45] Jeder, der mich kennt, weiß, dass es gewisse Dinge gibt, die mich rasend vor Wut machen. Das liegt auch daran, weil ich meine Mitmenschen stets warne und sehr schnell darauf hinweise, welches Verhalten gemieden werden sollte. Mein bekanntester Trigger ist wohl, neben Alkohol, die Berührung. Ich mag es überhaupt nicht, ungefragt angefasst zu werden. Viele Berührungen sehe ich voraus und kann mich darauf einstellen, doch plötzliche sind mir ein Graus. Meine Muskeln spannen sich dann sofort an und ich spüre, wie die Wut in mir aufkocht. Innerhalb von Sekunden muss ich dagegen ankämpfen und mir bewusst machen, dass der Verursacher keine Gefahr darstellt und es somit nicht böse gemeint hat. Fast immer bekomme ich dieses innerliche Aufbäumen so in den Griff. Ich sage „fast", da es ein paar Ausnahmen gab. Nur wenige wissen, dass ich aggressiv werde, wenn mir auf den Rücken geschlagen wird. Ein leichtes Klopfen ist in Ordnung, aber sobald es stärker wird, reiße ich mich sofort los. Ich erzähle das nur selten, weil ich nicht weiß, warum ich das so hasse. Aus irgendeinem Grund ist mein Rücken sehr empfindlich und gewappnet gegen jegliche Art von Gewalt bzw. Berührung.

Wie schon häufig erwähnt, macht mich der Geruch von Alkohol hochaggressiv. In diesem Zustand bin ich in der Lage, eine Person, der ich ansonsten sehr wohlgesonnen bin, auf der Stelle zu hassen. Selbst ein Vertrauter, wie der Doc, wäre auf meiner

---

45 Durch einen bestimmten Umstand (Trigger), z.B. einen Geruch, ein Geräusch, eine Berührung etc., wird eine Reaktion ausgelöst (getriggert).

Abschussliste gelandet. Sobald sich der Schalter umgelegt hat, verspüre ich ein tiefes Verlangen, dass mein „stinkendes Gegenüber" stirbt. Gedanklich habe ich dann kein Problem damit, der Sache selbst ein Ende zu setzen. Meine geballte Wut gleicht dann einer emotionalen Atombombe im Vergleich zu dem leichten Ärger, den ich bei meinen Streichen als Schülerin gespürt habe.

Vielleicht hört sich jetzt das Folgende im Verhältnis dazu ein wenig fantastisch an, aber es gibt auch Momente, in denen mich Trauer oder Verzweiflung übermannt. Mir gefallen diese Gefühle nicht sonderlich, da sie mich einschränken und ich kaum eine Chance habe, diesen zu entkommen.

## Trauer

Ich habe gerade eben schon die Trauer angesprochen und wie ich mit ihr umgehe, sollte sie mich einnehmen wollen. Das funktioniert allerdings nur bei ansteigender (über Stunden andauernder) Trauer. Doch manchmal lasse ich der Trauer einfach freien Lauf. Auch so kann es mir irgendwann besser gehen und ich sehe die Dinge aus einem anderen Licht. Irgendwann kommt dann die Erkenntnis, die mich zwar anfangs quält, mit der ich dann aber einfach fertigwerden muss. Ob ich es will oder nicht, sie ist ein Teil von mir. Ist die Trauer allerdings akut, das heißt, ich habe innerhalb von ein paar Sekunden etwas gesehen oder gehört, das mich niederschlägt, dann wende ich die unter Ärger genannte Methode nicht an. Ich lasse der angestauten Trauer dann einfach freien Lauf. Allerdings nur, wenn ich allein bin.

Ich muss allerdings dazu sagen, dass mir das nicht immer so geht. Es gibt Momente, in denen mich jede Kleinigkeit zum Weinen bringt. Es kann nur ein kleiner Funke sein, der mich an etwas erinnert, und schon brechen sich die Sturzbäche Bahn. Vor allem in den Momenten, in denen ich mich am Abgrund befunden habe, öffneten sich die Schleusen schnell und einfach.

So nützlich die Trauer für die Bewältigung und Verarbeitung von Konflikten auch sein mag, sosehr hasse ich sie auch. Es ist unglaublich schwer, aus einem Loch, umgeben von Trauer, wieder herauszukommen. Vor allem, wenn keiner da ist, der einem dabei helfen kann. Es gab viele Situationen, in denen mir durchaus bewusst war, dass mir meine Trauer und mein Selbstmitleid nicht helfen würden, weiterzukommen. Doch irgendwann war ich an einem Punkt, an dem ich dachte: Wohin soll ich denn gehen? Was bringt es mir, gegen die Trauer anzukämpfen?

Die Trauer war und ist schon immer ein Teil meines Lebens gewesen. Sie ist nicht normal, sondern wurde aus meinen Qualen geboren, die ich als Kleinkind über mich ergehen lassen musste. Diese tiefe Trauer hat einen Wunsch in mir geweckt, dem ich zeit meines Lebens entgegengeblickt habe. Bewusst wurde mir dieser erst im Erwachsenenleben, aber innerlich kannte ich die Wahrheit schon lange. Ich war dieses Lebens einfach überdrüssig. Doch dazu später mehr.

## Hoffnung/Enttäuschung

Nun kommen wir zu einem Gefühl, das ich so sehr zu hassen gelernt habe, dass ich es mir schlichtweg abgewöhnt habe: die Hoffnung. Sie kennen sicher die Geschichte von der Büchse der Pandora:

Der griechische Göttervater Zeus erschafft die neugierige Pandora und schickt sie mit einer verschlossenen Büchse zu den Menschen, weil er ihnen eine Lektion erteilen will. Pandora erhält die Anweisung, die Büchse auf gar keinen Fall zu öffnen, da sonst etwas Schlimmes passieren würde. Doch da sie mit großer Neugierde ausgestattet worden ist, öffnet sie die Büchse und alle vorstellbaren Übel und Grausamkeiten werden auf die Menschen losgelassen. Lediglich die Hoffnung bleibt bestehen, als Pandora die Büchse schnell wieder schließt. Doch nur kurze Zeit später muss sie die Büchse schon wieder geöffnet haben, denn auch die Hoffnung, das schlimmste Übel von allen, gelangt zu den Menschen.

Das ist sicher eine sehr pessimistische Interpretation dieser Geschichte, doch Sie müssen zugeben, dass es stimmt. Ich habe oft genug Situationen erlebt, in denen ich mir große Hoffnungen gemacht habe, diese aber nach kurzer Zeit mit derart großer Brutalität zerstört wurden, dass nur noch die Enttäuschung blieb. Das reicht von einem nie eingehaltenen Versprechen, bei dem sich bei mir eine riesige Vorfreude entwickelt hatte, bis zu der letzten diagnostischen Maßnahme[46], in die ich so viele Hoffnungen gesetzt hatte, auf dass mein Leiden endlich beendet sein möge.

Ich habe mir lange angesehen, wie mir Versprechen gemacht, diese aber nie eingehalten wurden. Stets war ich voller Hoffnung und Vorfreude und konnte es kaum erwarten. Wenn dann die Enttäuschung kam, zog mich das dermaßen herunter, dass ich beschloss, etwas dagegen zu tun. Und so hörte ich auf, mir Hoffnungen zu machen und mich demzufolge auf ein Ereignis zu freuen. Ich sagte mir kurz nach dem Versprechen und vor dem Aufkeimen der Hoffnung: „Das klappt sowieso nicht, also vergiss es ganz schnell wieder!“ Von diesem Satz gibt es, je nach Situation, verschiedene Versionen, doch der pessimistische Kern bleibt bestehen. Und für mich funktioniert diese Methode einwandfrei. Ich freue mich auf nichts mehr und so halte ich die Enttäuschung von mir fern. Jedes Mal, wenn ich jemandem gegenüber behaupte, dass ich mich schon riesig freue und dass ich es kaum erwarten kann, lüge ich. Das mag falsch sein, doch mein eigener Schutz ist wichtiger als das Wohlergehen anderer.

---

46 Das war genau die Situation, nach der ich so sehr am Boden zerstört war, dass ich den Entschluss fasste, jene Therapie zu beginnen.

## Freude/Humor

Bis hierher entsteht wohl der Eindruck, dass ich ein pessimistisches Wrack bin, das unfähig ist, auch nur ein positives Gefühl zu empfinden. Doch das ist falsch. Ich bin ein sehr humorvoller Mensch. Ich wage sogar zu behaupten, dass ich einen dermaßen schrägen Humor habe, dass dies fast schon an Albernheit und Wahnsinn grenzt. Ich kann über viele Sachen lachen, in denen andere nur absolute Sinnlosigkeiten erkennen können. Manchmal wundere ich mich über mich selbst, wenn ich über irgendeine Kleinigkeit lachen muss. So kann mich eine Zeichentrickserie für Kinder genauso zum Lachen bringen wie ein Gesichtsausdruck oder ein Bild, das eigentlich gar nicht humorvoll gedacht ist. Schlimmer noch, ich beobachte mich oft in Situationen, in denen Humor nicht angebracht ist, ich aber am liebsten lauthals lachen würde.

Über die Jahre hat sich mein Humor immer weiter ins Sarkastische gewandelt, sodass ich selbst mit steinernem Blick noch witzig sein konnte. Die Intention, jeden in meinem Umfeld glücklich machen zu wollen, legte ich irgendwann ab, doch meine Kommentare blieben. Auch wandelte sich mein Humor vermehrt ins Dunkle und gewann immer mehr an Schadenfreude.

Das Einzige, was ich seit jeher gespielt habe, aber auch eines Tages ablegte, war die Lebensfreude. Tatsächlich kann ich mich nicht daran erinnern, wann ich zuletzt glücklich gewesen bin. Seit ich denken kann, hasse ich mein Leben mit jeder Faser meines Körpers. Ich hatte es mir in den ambulanten Therapien etwas anmerken lassen, bei meinem Physiotherapeuten schon mehr und dem Doc gab ich stets dezente Hinweise über mein unglückliches Dasein. Daher hatte er mir auch nur selten meine Witze abgekauft und betont, dass er hinter meine Fassade blicken könne, was mir nicht entgangen war.

## Mitleid/Mitgefühl

Auch wenn einer dieser Begriffe auf sprachlicher Ebene das Wort „Gefühl" impliziert, würde ich behaupten, dass es sich hierbei nicht direkt um ein Gefühl, sondern eher um eine Fähigkeit handelt: die Fähigkeit, sich in andere hineinzuversetzen, sich vorstellen zu können, was in dem Gegenüber vorgeht, und dementsprechend zu handeln. Dabei ist eine Differenzierung zwischen den beiden Begriffen wichtig: Habe ich Mitgefühl, bewahre ich eine gewisse Distanz zu dem Leidenden und mir selbst, kann aber trotzdem nachempfinden, was in meinem Gegenüber vorgeht. Ich lasse mich davon allerdings nicht vereinnahmen und kann so helfen, indem ich Lösungsansätze anbiete. Anders ist das beim Mitleid. Hier wird eben nicht die nötige Distanz bewahrt, man leidet mit und schwächt so die eigene Stärke und Motivation, die man eigentlich aufbringen wollte, um dem anderen zu helfen.

Ich persönlich besitze zu einem gewissen Grad Mitgefühl, weigere mich allerdings vehement, Mitleid zu empfinden. Dass ich es kann, merke ich an dem Umstand, dass es mir bei Tieren leichter fällt, „mit-zu-leiden". Dies läuft zwar auch kontrolliert, aber wenn ich will, kann ich „mit-leiden".

Bisher habe ich diesen Umstand immer damit begründet, dass ich selbst kein Mitleid möchte und daher auch keines für andere habe. Trotzdem bin ich in der Lage, mich in andere weitestgehend hineinzuversetzen, was wohl auch daran liegt, dass ich die Körpersprache meiner Mitmenschen relativ gut deuten kann. Lange Zeit habe ich daher so getan, als ob ich Mitleid hätte, und mich angepasst. Hierzu kopierte ich einfach die Mimik meines Gegenübers, um so Verständnis auszudrücken. Auf diese Weise habe ich gezeigt, dass ich jederzeit ein offenes Ohr für den anderen habe und ihm dieses gerne zur Verfügung stelle, damit schnell eine Besserung eintreten kann. In Wirklichkeit haben mich die Probleme anderer Leute allerdings nie interessiert. Wobei ich einschränkend hinzufügen muss, dass es immer darauf ankommt, wem ich gegenüberstehe. Bei Familienmitgliedern oder Freunden war das etwas anderes. Hier spielte auch das eigene Interesse eine Rolle. Das gezeigte Mitgefühl war realer und die Motivation, eine Lösung zu finden, entsprechend groß.

Mit den Jahren war ich es allerdings leid, immer die Verständnisvolle spielen zu müssen. Irgendwann hörte ich daher auf, die Mimik der Mitleid suchenden Person zu kopieren. Stattdessen sah ich sie ausdruckslos an und drückte verbal Interesse aus – oder eben nicht. Tatsächlich wurde ich dadurch seltener in gefühlvolle Gespräche verwickelt, was mir sehr zugutekam, da mir zwar oft Ratschläge einfielen, diese jedoch selten von Herzen kamen, sondern nur dem schnellen Ende des unangenehmen Gesprächs dienten.

Es erwies sich auch als überaus praktisch, bestimmte Floskeln, Beruhigungen und Ansprachen zu verwenden, die ich in Filmen gesehen oder im realen Leben beobachtet hatte. Dadurch fiel ich zwar oft wieder in jene Empathie-Falle, hatte dann aber meine Ruhe und stand sogar noch gut da.

## Angst

Ich bin mit Angst aufgewachsen und weiß daher genau, wie sie sich anfühlt. Dabei meine ich nicht die Angst vor Spinnen oder Ähnlichem, sondern Todesangst. Ich weiß, wie es ist, um sein Leben zu rennen und auch vor Angst komplett zu erstarren. Heute muss ich darum nicht mehr fürchten. Seltsamerweise habe ich trotz der Erlebnisse von früher keinerlei Phobien entwickelt. Es gibt nichts Greifbares, vor dem ich Angst hätte. Es besteht lediglich Respekt vor gewissen Situationen, doch das zähle ich zu einem gesunden Menschenverstand.

Das Einzige, was mich wohl für immer begleiten wird, ist eine versteckte Angst, die streng genommen irrational, aber nicht unmöglich ist.

Ich habe eine heimliche Angst davor, dass mich mein Stiefvater findet und sein Eigentum zurückfordert. Er hat mit mir gemacht, was er wollte, und mir so seinen Stempel aufgedrückt.

Dieser besteht bei mir in Form von großer Furcht vor einem Wiedersehen. Dabei weiß ich nicht einmal, ob er überhaupt noch lebt. Vielleicht sitzt er auch im Gefängnis, lebt am anderen Ende der Welt oder eben genau in meiner Nachbarschaft. Ich weiß es nicht und werde es wohl auch nie erfahren. Und genau das macht das Ganze so beängstigend.

## Liebe

Nun kommen wir zu einem der größten Gefühle überhaupt, mit dem ich allerdings absolut nichts anfangen kann, da ich es nicht kenne: die Liebe.

Ein Grund für den knuffigen Vortrag meines Gynäkologen war meine Antwort auf seine Nachfrage bezüglich einer Beziehung. Als ich ihm klarmachte, dass ich noch nie einen Freund hatte und demzufolge noch Jungfrau sei, wurde er sofort stutzig und erkundigte sich nach meiner Vergangenheit. Wie Sie vielleicht noch im Gedächtnis habe, sage ich Vertrauten immer die Wahrheit. So war es auch bei ihm.

Dass ich unfähig bin, Liebe zu empfinden, hat möglicherweise etwas mit meiner Vergangenheit zu tun – muss es aber nicht. Zu glauben, ob es nun die fehlende Liebe zu mir seitens meiner Mutter gewesen sein kann oder das Aufwachsen ohne Vater, bleibt Ihnen überlassen. Ich habe weder das Bedürfnis, jemanden an meiner Seite zu wissen, noch, mit einem Partner die nächsten Schritte zu machen.

Ich beobachte viele Paare um mich herum. Seien es Freunde, Familie oder völlig Fremde. Und meistens denke ich ein und dasselbe: Niemals möchte ich jemanden an meiner Backe kleben haben!

Dass ich ein Einzelgänger bin, dürfte inzwischen wohl jedem klar sein. Ich habe die Gesellschaft meiner Familie und meiner Freunde genossen, doch ich genieße auch die Zeit mit mir allein. Die Vorstellung, dass rund um die Uhr jemand an meiner Seite ist, der Nähe zu mir sucht und mir nicht meinen Freiraum lässt, jagt mir einen Schauer über den Rücken. So werde ich schon sauer, wenn man mich unerwartet anfasst. Automatisch ziehe ich die Schultern hoch und verziehe das Gesicht. Dagegen kann ich in der ersten Sekunde auch nichts machen. Natürlich würde es nicht bei Berührungen bleiben. Den weiteren Verlauf kennen Sie selbst, lieber Leser. Doch auch die Vorstellung, mir mit einem Partner lediglich das Bett teilen zu müssen (ohne dass es zum Geschlechtsakt kommt), ist für mich schon sehr unangenehm. Bereits als Kind habe ich meinen Freiraum gebraucht. Nicht einmal ein Kuscheltier wurde in meinem Bett akzeptiert. Glauben Sie mir, ich habe es mehrmals probiert. Ich wollte, wie die anderen Kinder auch, ein Kuscheltier haben, mit dem ich einschlafe und morgens wieder aufwache. Doch schon nach wenigen Minuten verbannte ich das arme Stofftier wieder aus meinem Bett, da es sehr unangenehm für mich wurde. Was glauben Sie, wie es mir mit einem Menschen gehen würde? Zudem erinnere ich noch einmal an meinen Albtraum, in dem sich ein Mann zu mir ins Bett gelegt hat und sich an mich angeschmiegt hat. Warum sollte ich mir das absichtlich antun, wenn ich schon im Traum fast vor Angst gestorben wäre?

Das nächste Problem wäre der Partner selbst. Ich bin sehr wählerisch. Jemanden zu finden, der intelligent, witzig, cool und genauso bekloppt ist wie ich, dürfte wohl ein unmögliches Unterfangen sein. Das Aussehen wäre mir dabei egal. Lediglich einen gewissen Wiedererkennungswert sollte er haben. Dass ich darauf Wert lege, liegt wohl an meinem Hobby, das Zeichnen. Wenn ich also versuche, jemandem schonend klarzumachen, dass ich keinen Partner möchte, sage ich nur: „Die Guten sind sowieso schon alle vergeben!"

Natürlich tat es mir leid, wenn ich den traurigen Blick meiner Pflegeeltern gesehen habe. Der letzte Funke Hoffnung, der noch in ihren Augen glitzerte, wurde mit jedem Jahr, das mich älter werden ließ, kleiner. Ich versuchte ihnen dann immer den Hoffnungsfunken zu schüren, indem ich ihnen sagte, dass ihre Enkel ganz sicher jemanden finden würden und es dann wieder viele Hochzeiten geben würde. Doch das beruhigte sie nicht wirklich.

Wie auch der Doc schon bemerkt hatte, habe ich mir früher oft Sprüche anhören müssen, dass ich noch zu jung für eine derartige Vorstellung meines zukünftigen Lebens sei. Ich sehe zwar noch relativ jung aus, habe aber schon seit meiner Kindheit genau diese Vorstellungen. Dass ich fast zwei Jahrzehnte später immer noch so denke und die Vorhersage: „Ich frage dich in zehn Jahren noch mal!" ebenfalls nie wahr geworden ist, zeigt, dass ich recht hatte.

Der Grund hierfür hat auch einen Namen bzw. sogar zwei: Ich bin aromantisch und asexuell. Ich fühle mich zu niemandem hingezogen und empfinde nicht mehr als freundschaftliche Gefühle jemandem gegenüber. Wenn ich also über jemanden sage, dass ich ihn liebe, dann meine ich das auf rein platonischer Ebene und keinesfalls romantisch. Natürlich könnte ich dabei trotzdem das Bedürfnis nach sexuellen Interaktionen haben, doch das trifft bei mir ebenfalls nicht zu.

Als ich herausgefunden habe, dass ich aromantisch und asexuell bin, habe ich mich schlaugemacht, meine Erfahrungen geteilt und sogar an einem Interview für einen amerikanischen Blog teilgenommen.

## Aromantik

Unter Aromantik versteht man das kaum vorhandene bzw. fehlende Gefühl von romantischer Hingezogenheit zu anderen. Dabei kann allerdings eine sexuelle Orientierung (Wunsch nach sexuellen Interaktionen) vorhanden sein. Einem Aromantiker reicht eine freundschaftliche Beziehung ohne jegliche Romantik völlig aus. Doch das heißt nicht, dass man unfähig wäre, emotionale Verbindungen einzugehen. Es besteht lediglich kein Grund für deren Ausleben auf der Romantikebene. Auch aromantische Menschen haben das Bedürfnis nach Mitgefühl und Unterstützung, doch reicht auch hier die platonische Ebene völlig aus. Dabei ist zu beachten, dass es sich bei Aromantik um keine Willensentscheidung handelt (wie z. B. die Entscheidung, keusch zu leben) oder es sich dabei um eine psychische Störung handelt. Auch wird oft eine Bindungsunfähigkeit, Einstellung („Ich boykottiere das Konzept der Romantik!“) oder sogar Antiromantik dahinter vermutet. Die daraus folgenden Vorurteile, dass damit eine mangelnde geistige bzw. emotionale Reife und somit eine Entwicklungsverzögerung zusammenhängt, sind ebenfalls falsch. Aromantiker erleben die Liebe schlicht als starkes freundschaftliches Gefühl (Novak).

## Asexualität

Bei der Asexualität fehlt das Verspüren einer sexuellen Anziehung gegenüber einer Person. Dabei können asexuell orientierte Menschen durchaus eine romantische Orientierung haben. Es besteht dann zwar der Wunsch nach einer romantischen Beziehung (sich verlieben, einen Partner haben), jedoch ohne das Bedürfnis nach sexuellen Interaktionen. Asexuelle Menschen können gegenüber Händchenhalten, Küssen, Umarmungen oder sonstigem Austausch von Zärtlichkeit offen sein, was aber individuell unterschiedlich ist (Novak).

## Meine Orientierung, bevor es „in“ war – Ein Bericht

Den nachfolgenden Text habe ich mit anderen Aromantikern geteilt, die online ihre Erfahrungen ausgetauscht haben:

*Wo die Liebe hinfällt … Hauptsache nicht auf mich*

Als ich mich dazu entschlossen hatte, meine Erfahrungen zu teilen, saß ich erst mal eine Weile vor dem leeren digitalen Stück

Papier. Nicht weil es mir schwerfällt, darüber zu schreiben, sondern weil ich einfach nicht wusste, wie ich anfangen sollte.

Ich weiß noch nicht lange, dass ich aromantisch und asexuell bin. Der Grund hierfür ist vor allem der, dass ich mir nie Gedanken über meine Sexualität oder eine Partnerschaft gemacht habe. Erst als mich meine Freunde und Familie immer öfter darauf angesprochen haben, setzte ich mich intensiver mit meiner Orientierung auseinander. Denn irgendwann stellte ich mir selbst die Frage, die ich schon so oft gehört hatte: „Zu welchem Ufer gehörst du denn? Bist du überhaupt an dem einen oder anderen richtig aufgehoben?"

Daher fing ich an, in den Erinnerungen meiner Kindheit und Jugend zu forschen. Hier stellte sich vor allem die Frage, ob ich jemals verknallt bzw. verliebt war. Ich hatte damals zwar vor allem mit den Jungs gespielt und mich auch wie einer verhalten, aber niemals waren Gefühle romantischer Art im Spiel. Lediglich Klassenkameraden starteten sofort Gerüchte über eine bestehende Liebe, wenn ich mit einem Jungen befreundet war und wir uns einfach nur gut verstanden. Dieses Muster zog sich über die ganze Schulzeit hin.

Ich beobachtete anfangende, laufende und zerbrochene Beziehungen anderer. Die anfängliche Euphorie, unglaublich nervige Schwärmereien und meiner Meinung nach übertriebenes Glück wurden nicht selten von tiefer Trauer, Dramatik und schließlich Hass und Neid abgelöst. Genauer kann ich mich nicht in diese Gefühlswelt versetzen, doch mir war schon bei der ersten unfreiwilligen Vorführung dieses Schauspiels klar: Das möchte ich auf keinen Fall haben!

Ich machte jedem deutlich, dass ich weder einen Freund noch eine Freundin haben möchte und ganz sicher niemals heiraten würde, da schlichtweg kein Interesse bestand. Daraufhin folgte der Satz, den wahrscheinlich jeder schon hören musste: „Du bist noch viel zu jung, um das zu wissen. Ich frage dich in fünf Jahren noch mal." Erstaunlicherweise muss ich mir mit Mitte 20 immer noch diese Leier anhören und blocke sie inzwischen jedes Mal geduldig ab.

Vor nicht allzu langer Zeit fand ich dann endlich die Ablöse für meine zufällig gewählten Worte, wie: „Ich möchte einfach keinen. Ich hasse Liebe. Ich will von diesem Geplänkel nichts wissen. Ich finde das alles superekIig." Es ist sicher nicht übertrieben, wenn ich behaupte, dass mich eine Welle der Erleichterung durchfuhr, als ich den Begriff „Aromantik" entdeckt habe. Zuvor hatte ich immer gesagt, dass ich asexuell bin (was mir Freunde gesagt haben), fand das Wort aber immer etwas unpassend. Denn irgendwie schien er nicht alles abzudecken. Dass ich nie das Bedürfnis nach Sex hatte und haben werde, ja. Aber was ist mit meiner Abscheu gegenüber Zärtlichkeit? Allein schon das Beobachten von diesen finde ich widerlich. Jedes Mal verdrehe ich die Augen oder wende mich ab, wenn ich ein schmusendes Pärchen beobachte, sei es in der Öffentlichkeit oder sogar in einem Film. Daher kann ich es auch z. B. überhaupt nicht leiden, wenn man mich auch nur auf die Backe küsst. Über das Thema Liebe spreche ich ebenfalls nicht gern, was auch an meiner fehlenden Erfahrung und meinem Desinteresse dem gegenüber liegt.

Nun kann ich mich also endlich unter einem Begriff beschreiben und weiß zudem, dass ich nicht allein damit bin.

Trotzdem weiß nicht jeder Bescheid. Nur Freunde wissen davon, doch meine Familie hofft weiterhin, dass ich irgendwann einen Lebensgefährten mit nach Hause bringe. Ich kann sehr gut verstehen, dass sie mich nicht für immer allein leben sehen wollen. Und ich kann ebenso nachempfinden, dass es als Romantiker schwer sein muss, meinen Standpunkt zu verstehen. Denn für viele ist die große Liebe zu finden und mit ihr den Rest des Lebens zu verbringen das größte Glück überhaupt. Für mich allerdings nicht. Daher muss ich mit dem Umstand leben, dass mich manche für psychisch gestört oder einfach nur anormal halten. Wie so oft lehnen sie genau das ab, was sie nicht verstehen können. Daraus folgen Erklärungen, die für sie Sinn ergeben, die auf mich aber überhaupt nicht zutreffen.

Andere wiederum finden es faszinierend und akzeptieren meine Einstellung voll und ganz. Leider gibt es in meinem Umkreis nicht so viele Menschen, die so denken. Hier fehlt schlicht die Aufklärung und Auseinandersetzung mit etwas bisher Unbekanntem. Und leider sind auch nicht viele bereit, diesem eine Chance zu geben. Doch solange ich mir treu bleibe, indem ich mich nicht verstelle, kann ich damit leben. Irgendwann wird die Akzeptanz die Ablehnung ablösen – da bin ich mir sicher. Und solange kann ich warten.

# VERTRAUEN

Wie ich bereits mehrmals erwähnt habe, fasse ich sehr langsam Vertrauen zu jemandem. Da dieses einfach schon zu oft gebrochen wurde oder sich als falsch herausgestellt hat, versuche ich mich vor weiteren Enttäuschungen zu schützen und schenke nur sehr selten jemandem mein Vertrauen. Ich möchte Ihnen hierzu eine Geschichte erzählen, die auf Vertrauen zwischen Freunden basiert. Genauer geht es um meine ehemals beste Freundin, die mein Vertrauen in sie dermaßen missbraucht hat, dass ich dadurch einen ordentlichen Dämpfer verpasst bekommen habe und ich in meinem Fortschritt, Vertrauen aufzubauen, zurückgeworfen wurde.

# FREUNDE

Jemand, der mich kennt, wird auffallen, dass ich so gut wie keine Freunde habe. Wenn man sich auf wenige Freunde blind verlassen kann, ist das allemal mehr wert als unzählige Freunde ohne bestehendes Vertrauen. Es gilt zwar als überaus schlecht und ungesund, überhaupt keine Freunde zu haben, doch ich bin darin einfach nicht sonderlich gut und scheine Katastrophen regelrecht anzuziehen:

Mein anfängliches mangelndes Vertrauen gilt für alle Menschen. Ich habe während meiner schulischen Laufbahn viele Klassenkameraden gehabt, darunter auch Freunde, zu denen ich heute allerdings keinen Kontakt mehr habe. Sie kennen das sicher auch: Man verbringt etliche Schuljahre miteinander, schwört sich anhaltenden Kontakt über die Schulzeit hinaus und dann … dann bleibt lediglich eine immer weiter verblassende Erinnerung. Mir erging es nicht anders. Es fällt mir heute immer noch schwer, neue Kontakte zu knüpfen. Doch im Gegensatz zu früher kann ich stolz behaupten, dass ich mich trotzdem in sozialer Hinsicht gebessert habe. Das heißt, dass es mir leichtfällt, auf Menschen zuzugehen, mich locker zu unterhalten und somit jegliche Schüchternheit der Vergangenheit angehört.

Als ich zu meinen Pflegeeltern gezogen bin, war ich immer noch sehr schüchtern, hatte im Heim aber einen gewissen Charakter entwickelt. Dass dieser mir jedoch auch unsympathische Züge verlieh, wurde mir erst viel später bewusst. Die ersten Schuljahre verliefen dabei relativ normal. Ich spielte grundsätzlich nur mit den Jungs, da ich mehr Interesse an deren Aktivitäten hatte. Schon im Heim hatte ich angefangen, mich wie ein Junge zu benehmen und auch zu kleiden. Dies behielt ich im Laufe der Jahre zu Hause wie auch in der Schule bei. In der Grundschule und auch in der Realschule wurde ich deshalb aber nie geärgert oder gar gemobbt. Obwohl meine Wahl der Realschule auf eine katholische Mädchenrealschule fiel, behielt ich mein jungenhaftes Image bei.[47] Schon bald war ich in der ganzen Schule als „Mädchen, das wie ein Junge aussieht", bekannt. Manche sprachen mir sogar ihren Respekt für meinen Mut aus. Da ich aber keinerlei Standpunkt hinter meinem Auftreten ausmachen konnte, sondern lediglich so herumlief, weil ich mich so wohlerfühlte, waren mir solche Bekundungen unerklärlich. Erst viel später begann ich mich zu fragen, warum ich deshalb nie gemobbt worden war. Ich hatte oft beobachten können, dass Klassenkameraden aus harmloseren Gründen massiv unter den Sticheleien der anderen leiden mussten. Und doch blieb mir dies, trotz meines Auftretens und der bekannten Hintergrundgeschichte, erspart. Vermutlich war mein Charakter daran nicht ganz unschuldig. Ich verstand mich mit den meisten meiner Klassenkameraden stets recht gut. Wie gewöhnlich fand auch ich im Laufe der Schuljahre Freundinnen, mit denen ich mehr Zeit verbrachte. Zwar entstanden und vergingen Freundschaften, doch das Schema blieb über die Jahre gleich. Am Anfang der Realschulzeit musste ich allerdings lernen, dass gewisse Züge, die ich mir im Heim angeeignet hatte, hier nicht angebracht waren. So behielt ich anfangs die Angewohnheit bei zuzuschlagen, wenn mir etwas nicht passte. Dies tat ich allerdings nur in der Schule. Ich war und bin nicht jähzornig, doch schon die kleinste unerwartete Berührung veranlasste mich dazu, meinem Gegenüber eine zu verpassen. Es waren zwar lediglich Schläge auf den Arm, dass diese trotzdem nicht toleriert wurden, ist wohl anzunehmen. Erst als ich von meinen „Opfern" darauf aufmerksam gemacht wurde, wurde mir erst richtig bewusst, was ich eigentlich getan hatte und dass das falsch war. Ich fing also an, mir diese schlechte Eigenschaft ab-

47 Ich war bei der Auswahl einer geeigneten Realschule so sehr von dem alten Kloster fasziniert, in dem sich die Schule befand, dass meine Wahl sofort darauf gefallen war.

zugewöhnen, und änderte gleichzeitig meine Taktik. In Zukunft teilte ich nur noch verbal aus. Dabei änderte sich zeitgleich auch meine Zielgruppe. Schon bald fing ich daher an, mich mit den Lehrern anzulegen. Manche hatten es in meinen Augen verdient, andere nicht. So gab es irgendwann Lehrer, die mich hassten. Da ich den meisten gegenüber nur meine beste Seite preisgab, gab es im Gegenzug auch Lehrer, die mich mochten. Die meisten Dinge, die ich damals getan und gesagt habe, bereue ich heute. Deshalb werde ich auch nicht weiter darauf eingehen. Meine Klassenkameraden merkten relativ schnell, dass man meine große Klappe und die fehlende Angst vor möglichen Konsequenzen gut für die eigenen Zwecke ausnutzen konnte. Dabei schlug ich allerdings nie über die Stränge. Ein weiterer Faktor, den ich dabei beachtete, um größerem Ärger aus dem Weg gehen zu können, waren meine Pflegeeltern. Sie waren die Einzigen, denen ich immer die volle Wahrheit über meine Taten sagte, seien sie gut oder schlecht. Stand dann nämlich doch mal ein Gespräch mit Lehrern wegen meines Verhaltens an, wussten sie Bescheid und waren auf meiner Seite. Hierbei zeigte sich, dass sich Ehrlichkeit immer auszahlt!

Irgendwann stand mein Realschulabschluss bevor. Ich hatte keine Ahnung, was ich einmal beruflich machen wollte, und beschloss daher, mir noch etwas Zeit zu verschaffen und das Abitur zu machen. Ich entschied mich für ein ernährungswissenschaftliches Gymnasium. Auch hier fand ich wieder neue Freunde, legte mich erneut mit den Lehrern an und brachte mit Biegen und Brechen die Schulzeit hinter mich. Und wieder brachten weder mein Hintergrund noch mein Auftreten irgendwelche Probleme mit sich. Meine Schlagfertigkeit und mein bis dato deutlich gestärkter Charakter ersparten mir Unannehmlichkeiten. Es gab lediglich ein paar Gespräche mit Lehrern, die sich leider nicht verhindern ließen, doch ich hatte auch während dieser Zeit nie aufgehört, meine Pflegeeltern auf dem Laufenden zu halten und hatte sie somit auf meiner Seite. Mir wurde jedoch klar, dass ich ihnen derartige Geschehnisse nicht weiter zumuten sollte, und so schwor ich ihnen, dass ich mich nie wieder mit einem Lehrer anlegen, sondern versuchen würde, alle Probleme sachlich und zivilisiert zu lösen. Dieses Versprechen kam kurz vor meinem Abitur und ich habe es bis heute gehalten. Durch diesen Schwur wurde mir allerdings bewusst, dass ich für viele meiner Klassenkameraden eine Art Prügelknabe geworden war. Ein Klassenclown mit großer Klappe auf Wunsch. Stand also ein Problem mit einem Lehrer im Raum, wurde ich damit beauftragt, ihn für sein „Fehlverhalten" zu bestrafen. Doch durch mein Versprechen sah ich die Verhältnisse nun in einem anderen Licht, analysierte die Situationen deutlicher und erkannte, dass ich auch in den früheren Jahren oft unrecht gehandelt hatte. Somit waren auch aktuelle „Ungerechtigkeiten" in meinen Augen nicht nachvollziehbar. Dass ich dabei wohl für manche nur einen einzigen Nutzen hatte, verletzte mich dann doch etwas. Warum sollte ich für andere den Kopf hinhalten? Da mein Abschluss bevorstand, zerbrach ich mir nicht weiter den Kopf darüber, welche Stellung ich in der Klasse hatte. Mit Ach und Krach brachten wir die Prüfungen hinter uns und die meisten (auch ich) hatten das Abitur in der Tasche. Wie zuvor in der Realschule wurden beim Abschied die gleichen Vorsätze geäußert. Ewiger Kontakt, auch wenn die Wege nicht unterschiedlicher hätten sein können. Ich kann heute sagen, dass ich nur noch mit einer Freundin regelmäßigen Kontakt habe und mit den anderen lediglich ein kurzes Lebenszeichen ausgetauscht wird, das dann auch für ein paar Wochen bzw. Monate ausreicht.

Während des Abiturs hatte ich in puncto Beruf immer noch ein großes Fragezeichen. Ich hatte damals zwar ein großes Hobby, das Zeichnen, konnte daraus aber keinen Beruf machen, da ich wusste, dass damit kein Geld zu verdienen war, und mir meine Pflegeeltern diese Tatsache ebenfalls oft genug bewusst gemacht hatten.

Ich schwebte in der Luft, hatte absolut keine Ahnung, was ich mit meinem Leben anstellen sollte. Die Erlösung brachte die Vorstellung einer Akademie für Gesundheitsberufe an unserem Gymnasium. Unter den vielen Berufen, für die diese Akademie ausbildete, befand sich lediglich ein für mich interessanter Ausbildungsgang. Und zwar der zur Medizinischen Dokumentarin. Durch mein schon vorhandenes Interesse an Medizin und Informatik sagte mir dieser besonders zu. Des Weiteren war die Aussicht auf einen Ausbildungsplatz hervorragend. Nach kurzer positiver Rücksprache mit meinen Pflegeeltern bewarb ich mich und wurde tatsächlich angenommen. Das hatte ich wohl nicht meinem Zeugnis zu danken, das damals nicht gerade zu den besten gehörte, sondern der Tatsache, dass ich bei der Bewerbung angegeben hatte, dass mich das Jugendamt bei fehlenden zukünftigen Plänen fertigmachen würde. Unterstützt wurde meine Vermutung durch die Fragen, die mir beim Vorstellungsgespräch gestellt wurden. Jedem anderen Bewerber wurden bei diesem verschiedene Fragen gestellt, größtenteils aus dem Bereich der Informatik. Ich wurde allerdings nur gefragt, was denn meine Eltern von meinem Vorhaben halten würden.[48] Auch wenn ich wahrscheinlich durch Mitleid angenommen wurde (mein Einstellungstest verlief allerdings ganz gut), war ich froh, eine Zukunftsperspektive zu haben.

Durch die Ausbildung stand mir ein weiterer großer Schritt bevor. Die Akademie befand sich nämlich in einer Stadt, die täglich eine einstündige Zugfahrt von mir verlangt hätte. Pendeln war keine Option und somit war es Zeit auszuziehen. Allerdings war ich nicht allein, sondern zog mit einer Bekannten in eine WG. Ich kannte meine zukünftige Mitbewohnerin also schon und war froh, nicht allein wohnen zu müssen. Mir fiel der Auszug aus meinem behüteten Zuhause sehr schwer und dementsprechend fühlte ich mich die erste Zeit. Alles war neu, nicht nur die Umgebung, sondern auch die Ausbildung. Als Gewohnheitstier hasse ich neue Situationen, und das war anfangs einfach sehr viel auf einmal. Ich vergoss damals viele Tränen und zählte die Sekunden bis zum nächsten Wochenende.[49] Doch meine

48 Ich hatte in meinem Lebenslauf die Unterbringung bei meinen Pflegeeltern angegeben.

49 Meine Mitbewohnerin zog etwas später in unsere gemeinsame Wohnung ein.

Pflegeeltern und auch meine Geschwister unterstützten mich, wo sie nur konnten, und nach einer Weile hatte ich mich an alles gewöhnt. Ich verstand mich bestens mit meiner Mitbewohnerin und wir fanden schnell viele Gemeinsamkeiten.

Trotzdem fiel es mir schwer, mich in meiner neuen Schule einzugewöhnen. Meine Mitschüler kamen anfangs überhaupt nicht mit mir zurecht. Doch das beruhte auf Gegenseitigkeit. Ich war noch unglücklich wegen des Umzugs, und das sah man mir auch an. Da ich immer erst mein Umfeld analysierte und beobachtete, kursierten schon bald allerhand Gerüchte über mein offensichtlich gestörtes Wesen. Dies reichte von Homosexualität bis hin zu gravierenden psychischen Störungen. Meine angeblich feindlichen Blicke verhinderten somit jegliche Kontaktversuche meinerseits. Lediglich ein paar gute Seelen versuchten ihr Glück und übten sich in einem vorsichtigen Annähern. Unter den Fragen, die sie mir stellten, waren auch welche zu meiner Vergangenheit. Da ich, wie Sie inzwischen wissen, keine Probleme habe, darüber zu sprechen, und daher gleich mit der kompletten Geschichte rausrücke, brachte ich ungewollt ein neues Gerücht ins Rollen. Ich würde durch meine Offenheit lediglich Mitleid erreichen wollen und mich von diesem nähren. Dass man sich daher auf viel Gejammer und Geheule einstellen müsse, wäre wohl anzunehmen. Kurze Zeit später erkannten meine zukünftigen Kollegen jedoch, dass genau das Gegenteil der Fall war. Irgendwann hatte ich mich nicht nur in meiner neuen Wohnung, sondern auch in meiner Ausbildungsstätte eingewöhnt und zeigte nun endlich mein wahres Gesicht. Ich öffnete mich also mehr und bekam auch wieder den Mund auf. Meine Kollegen bemerkten somit, dass ich sehr humorvoll bin, Mitleid verabscheue und es über alles liebte, wenn jemand einen kreativen Witz über meine Mutter machte. So schloss ich rasch Freundschaften, von denen ich auch wieder hoffte, dass sie über die Schulzeit hinaus halten würden. So vergingen die Jahre (ohne Streitigkeiten mit den Lehrern) und ich konnte die Ausbildung zur Medizinischen Dokumentarin erfolgreich abschließen.

Die Freundschaften, die ich über die Ausbildung geschlossen hatte, bestehen heute nicht mehr. Inzwischen wohne ich auch nicht mehr in einer WG.

Überhaupt deprimiert mich die geringe Anzahl meiner Freunde ein wenig, doch ohne mein Zutun wird sich daran auch nichts ändern. Natürlich wünsche ich mir ein paar mehr gute Freunde, bin jedoch gleichzeitig sehr nachlässig, was die Pflege dieser Freundschaften angeht. Ich bin und bleibe ein Einzelgänger und genieße meine Zeit für mich sehr. Ich möchte nicht sagen, dass ich die Zeit mit meinen Freunden nicht genossen hätte und dem Ende entgegenfieberte. Doch schon oft war mir und auch ihnen aufgefallen, dass ich bei einem längeren Zusammentreffen, wie etwa einer Übernachtung, gewisse Züge annahm, die sie stutzig machten. Einem Kaffee, Essen oder sonstigen kurzweiligen Zusammentreffen bin ich nie abgeneigt. Ich genieße diese Zeit sehr, sehne allerdings nach einer gewissen Zeit Ruhe und Einsamkeit herbei. In Gedanken bin ich daher schon zu Hause und mit mir allein. Ich kann nicht erklären, warum ich es nicht so lange in der Gesellschaft meiner Freunde, die mir wirklich viel bedeutet haben, ausgehalten habe. Leider blieb dies ja auch nicht unbemerkt. Nach jedem längeren Treffen wurde mir ein und dieselbe Frage gestellt: „Hat es dir nicht gefallen? Du warst auf einmal so ruhig …“ Ich konnte darauf immer nur antworten, dass dies keine Absicht war und dass es mir ebenfalls nicht verborgen blieb. Ich erwähnte auch jedes Mal, dass ich die gestellte Frage nicht zum ersten Mal hören würde, ich mir die Ursache aber nicht erklären könne. Natürlich könnte ich sagen, dass ich meine Ruhe haben möchte, doch das würde mich in den Augen meines Gegenüber sicher unsympathisch machen und in ihm evtl. Zweifel auslösen, die ich auf keinen Fall heraufbeschwören möchte. Mich hat mein Verhalten selbst lange gestört, doch oft war mir auch gar nicht bewusst, dass ich in jenen Momenten einen unbehaglichen Eindruck vermittelt habe.

Ich möchte auch nicht wie ein Freak wirken, denn wer ist schon gern allein? Alle meine Freunde waren familienorientiert und können sich ein Leben ohne Partner gar nicht vorstellen.

Und dann komme ich daher und gebe zu, dass ich nach längerer Zeit in Gesellschaft das Bedürfnis habe, mich innerlich zurückzuziehen? Das konnte ich lange nicht zugeben. Schon gar nicht vor meinen damaligen Freunden, da ich sie nicht verletzen wollte. Zwar suchten sie auch so die Schuld bei sich, doch ich wollte es nicht noch verschlimmern und sie dazu bewegen, mich gar nicht mehr einzuladen.

Ein weiterer Grund für meine fehlende Freundesliste ist neben meiner Zurückhaltung meine Vorsicht und das damit verbundene geringe Vertrauen. Um jemanden richtig einschätzen zu können, brauche ich viel Zeit. Ich beobachte die Zielperson, überprüfe, ob der erste Eindruck bestehen bleibt, und nähere mich dann erst an. Für Außenstehende mag das schüchtern erscheinen, für mich ist es reine Vorsicht.

In der Vergangenheit habe ich, bezüglich Freundschaften, erfahren müssen, dass mich meine gute Menschenkenntnis hin und wieder doch im Stich lässt. Vor allem da ich erst jetzt richtig bewusst lerne, meiner inneren Stimme, die mich meistens schon warnt, richtig zuzuhören. Die daraus resultierenden Enttäuschungen waren daher sehr schmerzhaft, doch inzwischen sind die Vorsicht und Skepsis gewachsen, was mich gleichzeitig vor weiteren Enttäuschungen schützt. Ich möchte Ihnen als Beispiel von meiner ehemaligen besten Freundin erzählen, die für eine meiner größten Enttäuschungen meines Lebens verantwortlich ist.

# UNZERTRENNLICH?!

BEFORE YOU DIAGNOSE YOURSELF WITH DEPRESSION OR LOW SELF-ESTEEM, FIRST MAKE SURE THAT YOU ARE NOT, IN FACT, SIMPLY SURROUNDED BY ASSHOLES.

(Bevor du dir selbst eine Depression oder mangelhafte Selbstachtung diagnostizierst, vergewissere dich zunächst, dass du nicht tatsächlich nur von Arschlöchern umgeben bist.)

*Steven Winterburn*

Als ich dieses Zitat zugeschickt bekommen habe, war ich zunächst verwirrt. Denn mit meiner momentanen Situation hatte dies nichts zu tun, und doch sollte ich es unterbewusst als Lebensweisheit und Ratschlag für meine zukünftigen Wege nutzen. Geschickt wurde es mir von meiner ehemaligen besten Freundin, mit der ich fast 18 Jahre befreundet war. Ich weiß, wenn man so lange miteinander befreundet war, muss ja etwas Schlimmes vorgefallen sein, dass die Freundschaft einfach so auseinanderbricht. Und ja, in meinen Augen ist etwas sehr Schlimmes passiert. Doch der Reihe nach:

Unsere Freundschaft begann im Heim. Meine damalige beste Freundin wohnte dort bereits seit ihrem dritten Lebensjahr und war irgendwie schon mit dem kompletten Heim verschmolzen. Jeder kannte sie, jeder liebte sie. Wir drei Kinder nahmen ihr nach unserer Ankunft die Aufmerksamkeit aller Erzieher, was sie (wie sie mir Jahre später erzählte) alles andere als angenehm fand. Schon damals hatte sie ein Problem damit, wenn man ihr nicht genug Aufmerksamkeit zuteilwerden ließ. Doch mit der Zeit lernten wir uns kennen und schließlich war ich das Anhängsel von ihr und lernte durch sie alle möglichen Dinge, die man als Kind nun mal gemacht haben muss, wie etwa auf Bäume klettern, die Gegend erkunden und allerlei Abenteuer erleben. Es gab eigentlich kaum etwas, was wir nicht zusammen gemacht haben. Ich habe von ihr gelernt, wie man einen Rückwärtssalto ins Schwimmbecken macht und dass man keine Angst haben muss, wenn man von außen einen wackligen, maroden Holzturm hinaufklettert. Eine unserer absoluten Lieblingsbeschäftigungen war das klassische „Der Boden ist Lava"-Spiel. Wir konnten stundenlang von einem Möbelstück zum nächsten hüpfen. Ein weiteres, früh entdecktes Hobby waren Serien. Jeden Sonntag durften wir uns „Herkules" anschauen, eine Serie aus den 1990ern über den griechischen Held Herkules und seine Abenteuer mit seinem Freund Iolaus und allerhand Göttern. Wir ließen es uns nicht nehmen, jegliche Szenen aus den zuvor gesehenen Folgen nachzuspielen. Dabei war sie Herkules und ich Iolaus, was mich anfangs nicht gerade glücklich stimmte. Inzwischen ist er mein Lieblingscharakter in der Serie. Und der Darsteller war mein allererster Lieblingsschauspieler in einer Reihe von vielen Schauspielern im Rahmen meines Hobbys. Dazu kam noch, dass ich auch die Liebe zur griechischen Mythologie entdeckte, da mich die Geschichten sehr faszinieren. Ja, ich denke, dass ich ohne ihr Zutun niemals auf so viele Hobbys gestoßen wäre.

Nachdem meine Geschwister und ich über zwei Jahre später in eine Pflegefamilie aufgenommen wurden, war der Abschied zwar sehr schwer, doch nicht für immer. Unsere Pflegemutter war unsere Erzieherin gewesen und so kannte meine Freundin sie bereits. Und auch mein Pflegevater war ihr nicht fremd, da er sie in ein paar Fächern unterrichtete. Mit der Zeit lernten wir beide meine Pflegeeltern kennen und lieben. Wir hielten den Kontakt stets aufrecht und teilten so immer noch Freud und Leid.

In der Zwischenzeit war sie ebenfalls aus dem Heim draußen, wohnte in einer Einzimmerwohnung und ging in die Schule. Genau wie ich. Wir teilten viele Vorlieben, unter anderem die Liebe zu indischen Filmen. Die Euphorie für diese Art der Filme war in unseren jungen Jahren kaum zu überbieten und wir sammelten wie die Verrückten die DVDs und unterhielten uns über alles, was mit Bollywood und Indien zu tun hatte. Das ging so weit, dass sie sich in den Kopf gesetzt hatte, später mit einem Inder zusammen zu sein und mit ihm ein indisches Kind haben zu wollen. Dass das nicht nur eine kurzweilige Spinnerei war, bewies sie mir nur kurze Zeit später. Irgendwann offenbarte sie mir, dass sie in einem Chatroom jemanden kennengelernt hatte. Einen Inder. Sie würden sich fantastisch verstehen und er würde sie sogar lieben. Er würde alles tun, damit sie sich endlich sehen könnten. Doch bis dahin würden sie mit Telefonieren auskommen müssen. Also klebte sie regelmäßig am Telefonhörer und turtelte mit ihrem „Freund“. Doch dazu später mehr.

Ein weiteres Erlebnis, das unsere Freundschaft vertiefte, waren die Aufenthalte in Zeltlagern. Wir waren zweimal in dem gleichen Zeltlager, doch die Aufenthalte unterschieden sich jeweils immens. Beim ersten Mal war es einfach nur großartig. Wir hatten eine fantastische Betreuerin, die Mädels im gemeinsamen Zelt waren die besten der Welt und die Aktivitäten waren spannend, witzig und lehrreich. Die drei Wochen vergingen wie im Flug und jeder, der schon mal so ein tolles Zeltlager mitgemacht hat, wird wissen, wovon ich spreche. Wenn man am Ende der Ferien in Tränen ausbricht, wenn man abgeholt wird und gehen muss, dann hat es sich gelohnt. So ging es uns. Wir lagen uns heulend in den Armen und wären am liebsten weitere drei Wochen dortgeblieben.

Ein Jahr später hatten wir erneut die Möglichkeit, diese herrlichen Wochen zu wiederholen. Wir wussten zwar, dass die vergangenen erlebten Wochen wohl nicht zu toppen wären, doch wir wollten optimistisch bleiben. Wie sehr wir doch recht behalten sollten! Innerhalb eines Jahres kann sich so viel ändern. Das fing schon damit an, dass wir nicht mehr die Jüngsten, sondern die Ältesten im Zelt waren. Dazu kam noch, dass wir die wohl unfähigste Betreuerin des ganzen Lagers zugewiesen bekommen hatten. Das versprach wirklich tolle drei Wochen zu werden! Wir passten uns der Stimmung entsprechend an und waren, glaube ich, die unbeliebtesten Mädels des gesamten Lagers. Zumindest in den Augen unserer Betreuerin. Im Nachhinein ist mir klar, dass wir uns oft nicht korrekt verhalten hatten. Doch manchmal muss man seine pubertären Allüren einfach rauslassen. Es gab in diesem Jahr nicht viel zu lachen, also suchten wir uns eben Gründe dazu. Wie zum Beispiel als wir mit dem Putzdienst der Toiletten dran waren. Wir waren uns bewusst, dass wir Dienst hatten, jedoch hatten wir absolut keine Lust darauf. Also heckten wir einen kleinen Plan aus, der eigentlich total bescheuert war. Doch er funktionierte. Wir kamen weit über der Dienstzeit an unserem Zelt an. Allerdings getrennt. Zuerst stürmte meine Freundin, wobei sie vorgab, in Tränen aufgelöst zu sein, ins Zelt und stürzte sich schluchzend auf ihren Schlafsack. Die anderen kamen natürlich sofort besorgt auf sie zu, da sie ja offensichtlich am Boden zerstört war. Ich hatte den schwierigen Part. Während meine Freundin schelmisch in ihr Kissen lachen konnte (ob sie jetzt vor Weinen zitterte oder vor Lachen, war von außen ja nicht ersichtlich), musste ich so tun, als ob ich stinksauer wäre. Ich kam ein paar Sekunden nach ihr an. Mit wutverzerrtem Gesicht fluchte ich wie noch nie zuvor und beschimpfte sie aufs Gröbste. Dabei musste ich mir das Lachen verkneifen und starrte (innerlich platzend vor Neid) auf ihren vor Lachen zuckenden Körper. Ich erzählte also, dass wir uns gestritten hätten und wie sehr es mir leidtun würde, dass wir deshalb zu spät gekommen seien. Tatsächlich nahmen uns die Mädels diese Story ab. Doch nur ein paar Minuten später kam meine Freundin prustend aus dem Zelt und schlang ihre Arme um mich. Nun konnte auch ich nicht mehr an mich halten und brach in schallendes und erleichtertes Gelächter aus. Die anderen hatten nun verstanden, dass alles nur ein Spaß gewesen war. Sie nahmen es uns nicht übel, dass wir den Dienst bewusst nicht angetreten hatten, da die Erleichterung überwog, dass der „Streit“ der sonst so engen Freundinnen nur ein Scherz gewesen war.

Es gab noch mehrere solcher kleiner Episoden, doch diese war eindeutig die beste. Und noch etwas war anders: Während wir im letzten Jahr nur unter größten Anstrengungen vom Lager wegzubekommen waren, empfangen wir diesmal unseren

„Abholservice" mit offenen Armen. Noch nie hatten wir uns so sehr auf zu Hause gefreut. Hätten wir nur auf unser Bauchgefühl gehört …

Ein paar Jahre später wurden wir dann dazu „gezwungen", mit ein paar Betreuern und einer Handvoll Heimbewohnern nach Spanien zum Pilgern zu gehen. Drei Wochen sollten diese Ferien dauern. Zuerst eine Woche arbeiten, dann eine anstrengende Woche laufen und als Belohnung sieben Tage Entspannung pur am Strand. Das Laufen schreckte uns am meisten ab, vor allem da wir mit Gott absolut nichts am Hut hatten, was aber beim Pilgern einen großen Bestandteil darstellt. Dass wir dadurch um eine Erfahrung reicher werden würden, interessierte uns damals nicht. Im Nachhinein muss ich sagen, dass ich froh um diese Erfahrung bin.

Nach zweitätiger Autofahrt waren wir endlich in einem kleinen Haus eines spanischen Paters angekommen, der uns dort wohnen ließ, wenn wir im Gegenzug seinen Garten von dem über einen Meter hohen Gras befreien würden. Also schufteten wir sieben Tage lang mit Sicheln bewaffnet und schafften es tatsächlich, einen riesigen Berg Heu aufzustapeln. Zur Belohnung lud uns der Pater zum Essen ein und – was soll ich sagen? Ich liebe spanisches Essen! Zu verdanken habe ich meine neu entdeckte Liebe auch einem der Betreuer, der, als Spanier, auch unser Dolmetscher war. Er brachte mir die spanische Küche näher und gab mir allerhand Köstlichkeiten zum Probieren. Doch die Sache hatte einen Haken: Er sagte mir vorher nicht, was ich mir da gerade zwischen die Zähne geschoben hatte. Lediglich ein trockenes „Probier' erst, dann sag ich dir, was es ist!" kam über seine Lippen. Gemein, aber wirkungsvoll. Seither liebe ich Meeresfrüchte über alles.

Bei diesem Essen fiel mir zum ersten Mal – dem viele weitere folgen sollten –, auf, wie unhöflich sich meine Freundin eigentlich benehmen konnte. Wie jeder gut erzogene Mensch weiß, bedankt man sich für Gastfreundschaft und weiß sich auch sonst zu benehmen. Vor allem, wenn man gerade irgendwo zu Gast ist. Anstatt höflich zu erklären, dass ihr das Essen nicht zusagte, gab sie mimisch und natürlich auch verbal zu verstehen, dass sie jegliches Angebot auf dem Tisch verabscheute, und verzog sich nach draußen. Denn wenn es nicht nach ihrem Willen ging, dann qualmte sie eine Zigarette nach der anderen. Ich hingegen stürzte mich auf das verschmähte Mahl. Das Beste war außerdem, dass wir Mädels zur Belohnung die Sicheln mit nach Hause nehmen durften. Meine hängt heute noch in meiner Wohnung und erinnert mich täglich an diese großartige Erfahrung.

Während dieser Woche ließ es sich auch ihr „Freund" aus Indien nicht nehmen, regelmäßig anzurufen, um sich nach ihrem Wohlbefinden zu erkundigen. So sah sie es zumindest. Folgendes sahen wir: Er kontrollierte sie bis aufs Äußerste. Da wir die einzigen Mädchen waren, war es ihm ein Dorn im Auge zu wissen, dass sie von einem Haufen Männer umgeben war. Also musste ich stets an ihrer Seite stehen und ggf. kurz auf mich aufmerksam machen, damit er sicher sein konnte, dass wirklich nur ich, ein Mädchen, bei ihr war. Es ging uns allen gehörig auf die Nerven, aber was sollten wir machen?

Nach dem Arbeiten ging es ans Laufen, und hier passierte nicht besonders viel. Wir lernten viele neue Leute kennen und konnten die atemberaubende Landschaft Spaniens in vollen Zügen genießen. Wir gewöhnten uns ans Laufen, wurden braun und lernten, mit wenig auszukommen.

Und doch freuten wir uns alle auf die Woche am Strand. Wir sollten auf einem Zeltplatz campen, der sich an einem wunderschönen Strand mit hohen Klippen befand. Perfekt zum Klettern, Baden und Muschelnsammeln. Doch der erste Tag sollte in einer Katastrophe zu enden. Wie bereits erwähnt, machte meine damalige Freundin stets ohne Umschweife ihrem Ärger über das einheimische Essen Luft, und das tat sie auch am ersten Tag auf dem Zeltplatz. Dazu kam auch noch das große Unglück, dass ihre Zigaretten aufgebraucht waren. Wir hatten zwar noch vor, am selben Tag einkaufen zu gehen, doch zuerst wollten wir uns stärken. Ich half also eifrig dabei, das Essen vorzubereiten, und ignorierte gekonnt das Jammern und die lautstarken Beschwerden meiner Zelt-Mitbewohnerin. Doch später waren dann sowohl der Nikotin- als auch der normale Hunger gestillt und wir konnten doch noch gut gelaunt in die Entspannungsphase eintauchen. Jeden Morgen machten wir uns auf, um am Strand Muscheln zu sammeln. Zwar hofften wir auf riesige, wunderschöne Muscheln, doch auch die kleinen waren hübsch anzusehen und wurden gern von uns eingesteckt. Wie bereits erwähnt, befanden sich um den Strand hohe Klippen, die nur darauf warteten, erkundet zu werden. Also nutzten wir unsere wohlverdiente Freizeit und erklommen frohen Mutes eine der Steilwände. Hier wurde unsere Freundschaft auf eine harte Probe gestellt. Genauer gesagt das Vertrauensverhältnis zwischen ihr und mir. Es passierte Folgendes: Wir hatten gut die Hälfte der Wand erklommen, als sie mit Schreck feststellen musste, dass es nicht mehr weiterging. Ihr war es, warum auch immer, nicht möglich, weiter nach oben, geschweige denn nach unten zu klettern. Was also tun? Ich war knapp hinter ihr, doch alles Zureden brachte nichts. Also fasste ich einen Entschluss, um meiner verzweifelten Freundin beistehen zu können. Ich kletterte so schnell wie möglich (ich war barfuß) die Felswand hoch und rannte wie der Blitz um die Klippe herum, über den Strand zurück zu meiner verzweifelten Freundin, die immer noch wie ein Häufchen Elend genau dort verharrte, wie ich sie verlassen hatte. Durch meinen neuen Standort hatte ich eine bessere Sicht auf mögliche Tritt- und Haltemöglichkeiten und dirigierte sie so sicher nach unten. Wir hatten es geschafft. Mit gegenseitigem Vertrauen und ordentlich Mumm hatten wir diese Hürde überwunden und so unsere Freundschaft gestärkt. Weitere solche Dramen blieben zum Glück für den Rest des Urlaubs aus und so traten wir nach einer Woche die Heimreise an.

Wie bereits erwähnt, hatte sie zu dieser Zeit einen Freund. Sie hielt mich über ihn natürlich auf dem Laufenden. So erfuhr ich auch relativ schnell von seinem Vorhaben, nach Deutschland kommen zu wollen, um seiner Freundin ganz nah sein zu können. Ich hielt absolut gar nichts von dieser Idee, doch es war meines Erachtens angebrachter, den Mund zu halten und nur hin und wieder zu sagen, was ich dachte. Sie akzeptierte zwar meine Meinung, ignorierte sie aber zeitgleich. Doch mir sollte das egal sein.

Schließlich traf er tatsächlich ein und ich lernte ihn nach einer Weile auch persönlich kennen. Er schien einen netten Eindruck zu machen, auch wenn er absolut nicht meinen Idealen entsprach. Doch die beiden schienen glücklich miteinander zu sein und so zog ich es wieder vor zu schweigen. Eins führte zum anderen und auf einmal stand das Thema Hochzeit im Raum. Das Ziel war klar: Er wollte in Deutschland bleiben und nur durch eine Hochzeit war dies möglich. Noch einmal versuchte ich ihr im Guten klarzumachen, was sie da eigentlich vorhatte und dass das keine gute Idee war. Doch wieder wurde ich ignoriert und auf einmal waren sie Mann und Frau. Inzwischen waren sie beide in meine Heimatstadt gezogen. Man sollte meinen, dass es vielleicht doch nicht so lief, wie alle befürchtet hatten, doch natürlich war dem nicht so. Eines Tages bat mich meine Freundin um ein Treffen und eröffnete mir, dass ihr Mann sie geschlagen hatte. Ich konnte es auch sehen, da sie deutliche Spuren im Gesicht hatte. Natürlich entwickelte ich sofort einen gewaltigen Hass auf diesen Kerl und sie entschloss sich zum Glück relativ schnell, zur Polizei zu gehen. Um es kurz zu machen: Sie trennten sich und die Scheidung wurde eingereicht. Es war zwar klar gewesen, dass das nicht lang halten würde, aber es hätte gar nicht erst so weit kommen müssen. Ich hatte sie auch hier unterstützt und sie nahm sich vor, mich in Zukunft in Sachen Partner miteinzubeziehen. Heißt: Alle Männer mussten erst mal an mir vorbei, bevor sie mit ihr eine engere Beziehung eingehen konnten.

Nur kurze Zeit später eröffnete sie mir, dass sie wieder jemanden kennengelernt hatte. Einen jungen, wohlerzogenen und gutmütigen Mann, den sie mir gern vorstellen wollte. Sie hatte unser „Abkommen“ nicht vergessen und erhoffte sich meinen Segen. Es kam also der Tag, an dem ich ihren zukünftigen Mann kennenlernen durfte. Wir waren beide nervös, doch wir mochten uns sofort. Er war mir sofort sympathisch und natürlich gab ich dem frischgebackenen Paar meinen Segen. Die beiden waren ein tolles Paar und zogen sehr schnell in eine gemeinsame Wohnung. Es dauerte nicht lang, da hatte mir meine Freundin wieder etwas zu berichten, dass ich ihr anfangs überhaupt nicht glauben wollte. Ich stand gerade im Zug, als mich eine SMS von ihr erreichte, in der sie mir verzweifelt gestand, dass sie schwanger war. Ich glaubte ihr kein Wort und antwortete, dass ich diesen Scherz nicht lustig fand. Doch sie beharrte auf ihr geschriebenes Wort und so war es klar: Sie war schwanger von ihrem Freund. Sie hatte natürlich Angst, was er dazu sagen würde. Er verdiente das Geld, während sie kein eigenes Einkommen hatte. Wie sollten sie also in ihren jungen Jahren ein Kind großziehen? Doch zu ihrem Glück freute er sich riesig über diese Nachricht und auch seine Familie, in die seine Freundin herzlichst aufgenommen worden war, war hin und weg. Ich gewöhnte mich ebenfalls relativ schnell an den Gedanken und schon bald waren für mich zwei Dinge selbstverständlich: Zum einen würde es ein Junge werden und zum anderen würde ich seine Babysitterin sein. Und, was soll ich sagen? Ich hatte recht. Neun Monate später kam ihr gemeinsamer Sohn auf die Welt. Ein süßes Knöpfchen, das sofort von jedem ins Herz geschlossen wurde. Meine Familie und ich hatten schon ein bisschen Bedenken, dass es für die frischgebackene Mama vielleicht zu viel werden könnte, auf einmal so viel Verantwortung zu tragen, doch das stellte sich schon bald als unnötige Sorge heraus. Sie kümmerte sich rührend um den Kleinen, genau wie sein Papa, und auch ich verbrachte viel Zeit bei ihnen. Nach kurzer Zeit entschieden die beiden auch den Bund der Ehe einzugehen und somit war das Glück perfekt.

Mit der Zeit fiel mir jedoch etwas auf, das ich jedoch für mich behielt. Meine Freundin hatte mir schon oft erzählt, dass sie Angst hatte, allein mit dem Kleinen in die Stadt zu gehen oder sich sonst wo mit ihm sehen zu lassen, da ihr durchaus bewusst war, dass sie sehr jung Mutter geworden war, was man ihr natürlich ansah. Sie würde lediglich mit dem Kleinen aus dem Haus gehen, wenn ihr Mann oder ich dabei war. Auch um z. B. den Kinderwagen aus dem Keller holen zu können, während der andere den Kleinen auf dem Arm hatte. Anfangs verstand ich ihre Bedenken noch, doch ich ging davon aus, dass sie diese bald würde ablegen können und sich öfter vor die Tür trauen würde, auch wenn weder ihr Ehemann noch ich zur Stelle waren. Diese mutigen Ausflüge fanden dann zwar tatsächlich statt, doch sie waren eine Seltenheit.

Mit den Jahren war ich es irgendwann leid, mehrmals in der Woche ihrer Aufforderung nachzukommen, zu den beiden zu gehen, um ihnen Gesellschaft zu leisten. Ich wollte auch mal für mich sein und erfand immer neue Ausreden, damit ich mich nicht wieder auf den Weg zum gegenüberliegenden Berg machen musste. Ich weiß, ich war keine besonders gute Freundin, doch warum konnten sie nicht einfach mal zu mir kommen? Oder warum konnten wir uns nicht mal in der Stadt treffen? Weil das eben bedeutet hätte, dass sie mit dem Kleinen völlig selbstständig hätte aufbrechen müssen. Und das war zu viel.

Da kam mir dann der Umstand, dass ihr Mann zurück in seine Heimatstadt ziehen wollte, da er dort seine Ausbildung gemacht hatte und den Arbeitsplatz vermisste, gerade recht. Zudem hatte er damals auch seine ganzen Freunde dort zurückgelassen. Seine Frau hingegen würde hier nichts halten und ich war deswegen ja nicht aus der Welt, ermutigter er sie. Somit unterstützte auch ich den Wunsch von ihm und die drei machten sich auf in die neue Stadt.

Sie fanden eine schöne Wohnung und richteten sie nach ihrem Geschmack ein. Durch die große Entfernung war es mir nicht möglich, die drei so oft zu besuchen wie früher, doch wir pflegten den Kontakt per Telefon. Sehr zum Leidwesen des Mannes meiner Freundin, der seine Frau stets am Telefon vorfand, wenn er nach Hause kam. Und wieder passierte das, was mir auch schon vor ihrem Umzug widerfahren war: Ich wurde es langsam leid. Nachdem ich meine Ausbildung erfolgreich abgeschlossen hatte, wurde ich ein halbes Jahr lang krankgeschrieben, da ich mich zu jenem Zeitpunkt zur Odyssee von Krankenhäusern und Kliniken aufmachte. Diesem Umstand verdankte es meine Freundin jedoch, dass sie mich täglich anrufen konnte. Und zwar immer morgens ab 10 Uhr oder abends ab 20 Uhr. Anfangs fand ich das noch toll, doch irgendwann passierte einfach nichts mehr innerhalb von 24 Stunden. Mir ging schlichtweg der Gesprächsstoff aus. Ihre Betteleien, doch endlich mal wieder zu Besuch zu kommen, ignorierte ich gekonnt oder tröstete sie mit irgendwelchen Ausreden. Mir ging es nicht besonders gut und ich fühlte mich einfach nicht in der Lage zu einem längeren Aufenthalt bei der kleinen Familie mit einem stressigen Alltag. Ihr Sohn war natürlich auch älter geworden und hatte so seine Phasen, die ich lieber von Weitem mit ansah. Ich weiß, dass ich auch hier wieder keine vorbildhafte Freundin war, doch manchmal muss man eben auch mal egoistisch sein. Mir fiel die Decke auf den Kopf, da ich nur zu Hause war und so genug Zeit hatte, meinen eigenen Sorgen nachzugehen.

Dann auf einmal geschahen viele Dinge auf einmal. Es fing alles damit an, dass ich meine Freundin erneut enttäuscht hatte, weil ich einen geplanten Besuch bei ihr kurz vor knapp abgesagt hatte. Ich war allein körperlich nicht in der Lage dazu und hatte einfach Angst vor möglichen Konsequenzen. Vonseiten meiner Familie gab es nur Zustimmung, doch sie war sauer. Sie redete eine Weile nicht mit mir, auch wenn sie mir schriftlich versichert hatte, dass sie meine Sorgen verstand. Das tat sie nicht und das wusste ich auch. Wenn ich auf etwas stolz bin, dann auf mein Talent, schon am Telefon erkennen zu können, was jemand fühlt und denkt. Und bei einer langjährigen und besten Freundin war das ein Kinderspiel. Ich kannte jegliche Macken, Tricks und Kniffe von ihr und wusste sofort Bescheid, wenn etwas nicht stimmte. Allerdings entschied ich immer, ob ich darauf eingehen wollte oder nicht. Jede von uns hatte so ihr Päckchen zu tragen und auf beiden Seiten gab es das ein oder andere Problem. Sei es mit der Familie, in meinem Fall mit der Arbeit oder in ihrem Fall mit ihrem Sohn.

Ihr Mann und auch ich versuchten zwischenzeitlich, sie dazu zu bewegen, sich Arbeit zu suchen, da der Kleine inzwischen im Kindergarten war und sie nun Zeit gehabt hätte, etwas zum Lebensunterhalt beizusteuern. Freunde wie auch Familie schütteten sie mit Vorschlägen zu, was sie machen könnte. Doch jedes Mal blockte sie ab und kam mit immer neuen Ausreden. Mir gegenüber bekundete sie ihre Angst vor diesem großen Schritt. Das war mir klar, doch man kann seine Angst nun mal nur überwinden, wenn man sich ihr stellt. Dazu kam noch, dass ich ebenfalls auf der Suche nach Arbeit war. Die Tatsache, dass ich mit meinem Abitur und der abgeschlossenen Ausbildung nur schwerlich Arbeit fand, machte ihr nicht gerade Mut, und so suchte sie kaum nach einem Job. Und die wenigen Versuche blieben ergebnislos. Das lag, meiner Meinung nach, an einem entscheidenden Punkt: Mir war schon vor Jahren aufgefallen, dass sie ein spezielles Auftreten hatte, das auf viele Menschen befremdlich und unsympathisch wirkte. Das war nicht ihre Absicht, doch der erste Eindruck ist nun mal entscheidend. Wenn sie mir von einem weiteren Vorstellungsgespräch erzählte, das erfolglos geblieben war, stellte ich mir jedes Mal die Gegenseite vor und wie sie wohl auf sie gewirkt haben mochte. In ihren Augen waren alle unfreundlich und gegen sie, seien es potenzielle Arbeitgeber, Amtspersonen oder Ärzte. Alle schienen sich gegen sie verschworen zu haben und ich begann mich zu fragen, warum das bei mir nicht so war. Die Antwort ist einfach: weil ich meinen Mitmenschen anders gegenübertrete als sie. Doch ich hatte ihr das nie gesagt. Ich wusste, dass sie nicht gerade erfreut darauf reagieren würde. Denn das war eine ihrer Schwächen. Sie konnte zwar austeilen, aber nicht einstecken. Deshalb ging sie stets davon aus, dass die meisten ihrer Mitmenschen nur Verachtung und Missgunst für sie übrig hätten. Dass es jedoch an ihr liegen könnte, auf diese Idee wäre sie nie gekommen und wird es auch nie. Wer schließlich einmal den Mut aufbringen wird, ihr das zu sagen, ist mir egal. Ich werde es nicht sein. Warum, erkläre ich im Folgenden:

Nach der Absage meines Aufenthaltes bei den dreien eröffnete mir meine Freundin ihre Vermutung, dass ich mich grundlegend verändert hätte. Ihrer Meinung nach stand ich kurz vor einer Depression und bräuchte Hilfe. Das war dann ein Grund, weshalb ich mich dann eine Weile nicht bei ihr meldete. Nach ein paar Wochen Funkstille rief sie wieder bei mir an und beichtete mir, dass sie mir etwas verschwiegen hatte. Nicht ich, sondern sie hätte sich verändert und demzufolge würde mit ihr etwas nicht stimmen. Sie erzählte mir, dass sie sich ihrem Mann entfremdet hatte und dass sie nicht mehr dieselben Gefühle für ihn hatte wie noch am Anfang ihrer Beziehung. Gleichzeitig gestand sie mir, dass sie jemand anderes kennengelernt hatte, und zwar in einem Chatroom, der sich in einem Spiel auf dem Smartphone befand. Hier konnten sich alle Spieler unterhalten und mit einem war sie immer mehr ins Gespräch gekommen. Sie hatten Gemeinsamkeiten entdeckt und er hatte vorgeschlagen, dass man sich doch auch mal treffen könne. Dies offenbarte sie mir und beschrieb mir auch ihre Angst, was ihr Mann wohl zu diesem Freund sagen würde. In meinen Augen war an diesem Kontakt nichts falsch. Ich sagte ihr, dass ich es toll finden würde, wenn sie eine weitere Freundschaft schließen könne, da sie wie ich nur wenige Freunde hatte. Warum also nicht noch einen Kumpel hinzufügen? Dass offensichtlich mehr hinter der Sache steckte, wollte ich einfach nicht sehen. Auch nicht, als sie sich vorstellte, wie es wohl wäre, mit ihrer neuen Bekanntschaft zusammen zu sein. Dass sie zu ihm ziehen würde und dass ich dann ihren Ex-Mann zu meinem Mann machen sollte und ihr Sohn somit eine neue Mutter hätte, die er bereits kennen und lieben würde. Wenn man das so liest, hört sich das nach dem größten Schwachsinn an. Und ja, in meinen Augen war es das auch. Ich machte den Spaß mit und witzelte ein bisschen herum. Ich sagte ihr, dass man schließlich für seine Gefühle nichts könne und dass es ihr gutes Recht sei, sich neu zu verlieben. Allerdings legte ich ihr auch nahe, dass, sollte sie es zu weit treiben, ich ihr gehörig den Hintern versohlen würde. Aus meiner Sicht machten wir lediglich Witze und ließen unserer Fantasie freien Lauf. Schließlich fragte sie mich, ob ich bei ihrem Plan mitmachen würde, damit sie ihren neuen Bekannten besuchen könnte, ohne dass ihr Mann etwas davon mitbekommen würde. Ich, ganz beste Freundin, willigte ein. Sie gab also vor, zu mir zu fahren. Nach dem Motto, wenn ich nicht zu ihr komme, dann kommt sie eben zu mir. Sollte sich ihr Mann nach ihr erkundigen, sollte ich so tun, als wäre sie bei mir bzw. bei ihren Geschwistern, da ich noch nach Hause gefahren war. Der Plan hörte sich ganz toll an und ich willigte ein, immer noch in dem Glauben, dass sie lediglich einen Freund besuchen würde. Was dann geschah, überraschte nicht nur mich, sondern alle um mich herum.

Bevor ich nach Hause fuhr, trafen wir uns noch in der Stadt, da sie hier von ihrer Chat-Bekanntschaft abgeholt wurde. Wir gingen essen und sie schwärmte in einer Tour von ihm. Auch hier hätte es mir auffallen müssen. Doch wieder verschloss ich die Augen.

Einen Tag später brüllte mich meine Pflegemutter morgens regelrecht an, warum ich ihr nicht gesagt hätte, dass meine Freundin bei mir gewesen sei. Völlig perplex, stotterte ich herum und brachte gerade mal ein „Warum?" heraus. Sie erzählte mir, dass der Mann meiner Freundin völlig aufgelöst angerufen hatte, da er davon ausgegangen war, dass seine Frau bei mir sei, dies jedoch nicht so war. Noch während ich versuchte zu erklären, wie der Stand der Dinge war, fand ich eine verzweifelte Nachricht von ihm in meinem Postfach. Damit hatte ich nicht gerechnet und in meiner Not tat ich das einzig Richtige: Ich sagte ihm, dass er mich anrufen solle, damit wir darüber sprechen könnten. Er hatte natürlich herausgefunden, wo sie war. Er war ja nicht auf den Kopf gefallen und reimte sich alles zusammen. Somit musste ich meinen Schwur, absolut nichts zu verraten, nicht brechen und bejahte seine Vermutungen nur. Wir unterhielten uns sehr lang und ich erfuhr einiges über seine Frau, was ich bis dato nicht gewusst hatte. Ich erfuhr die andere Seite, nämlich die von ihm, und mir wurde klar, dass sie mir sehr viel verschwiegen oder es einfach verdreht erzählt hatte. Nun, da mein Bild von ihr ein komplett anderes war, erkannte ich auf einmal, was ich die letzten Tage ignoriert hatte: Sie hatte ihren Mann und ihren Sohn im Stich gelassen, nur um mit einem anderen Mann zusammen sein zu können. Und das bewusst und absolut kaltblütig. Denn zwischenzeitlich waren ein paar Tage vergangen, ohne dass einer von uns eine aussagekräftige Rückmeldung bekommen hatte. Zwar stellte sich ihr Mann die schlimmsten Szenarien vor, die er sich überhaupt ausmalen konnte, doch ich versuchte ihn davon abzubringen. Vielleicht bräuchte sie einfach nur eine Auszeit (doch von was und warum dann nicht bei mir?). Sie würde schon wieder zurückkommen und gemeinsam würden sie bzw. wir eine Lösung finden. Nach langem Überlegen entschloss ich mich, ihr einen Brief zu schreiben, in dem ich die letzten Jahre Revue passieren ließ und sie ermutigte, zurückzukommen. Doch lesen Sie selbst:

Hallo [zensiert],

ich habe jetzt ein paar Tage überlegt, ob und was ich Dir schreiben soll. Zuerst einmal möchte ich, dass Du weißt, dass ich immer für Dich da sein werde. Du bist meine beste Freundin und wirst es auch immer bleiben. Wir sind bis heute immer durch dick und dünn gegangen. Wir haben uns gegenseitig in schwierigen Lebenssituationen begleitet, bestärkt und ermutigt. Zusammen konnte uns nichts erschüttern, denn schließlich hatten wir immer uns. Wir haben uns damals eine Zukunft miteinander vorgestellt. Vielleicht eine gemeinsame Wohnung, einen geregelten Alltag. Wir wollten unzertrennlich sein und unserer Freundschaft stets treu bleiben. Die Jahre vergingen und unserer Freundschaft wurde immer stärker. Dann hast Du Deinen ersten großen Fehler gemacht. Doch ich stand stets hinter Dir und habe mein Bestes gegeben, um Dich zu unterstützen, Dir Halt zu geben und Dich wissen zu lassen, dass Du trotz Fehler jemanden an Deiner Seite hast und immer haben wirst. Auch diese Hürde haben wir zusammen gemeistert und Du hast [Ehemann] kennengelernt. Natürlich änderten sich wieder die Zukunftsaussichten, doch diesmal schienen sie perfekt. Ich durfte Deinen zukünftigen Mann fürs Leben kennenlernen. Den wohl liebsten, warmherzigsten und anständigsten jungen Mann, den sich jemand wie Du nur an seiner Seite vorstellen und wünschen kann. Ich gab Euch meinen Segen und war überglücklich, dass Du jemanden gefunden hast, der bei Dir ist. Jemanden, der für Dich da ist, Dich liebt und stets um Dein Wohl besorgt ist. Jemanden, der alles tun würde, um Dir seine Liebe zu zeigen und diese aufrechtzuerhalten.

Noch bevor Ihr Euch gegenseitig das Jawort gegeben habt, hast Du [Ehemann] einen Sohn geschenkt. Als Zeichen Eurer ewigen Verbundenheit hat [Sohn] Eure Familie komplett gemacht und einer gemeinsamen, wunderschönen Zukunft schien nichts im Wege zu stehen. Die Entscheidung, nach [Heimatstadt] zu ziehen, fiel sicher keinem von Euch leicht. Abschied zu nehmen, fiel mir sehr schwer, doch ich wusste, dass Du in guten Händen bist. Ich konnte Dich mit gutem Gewissen gehen lassen, da ich mir immer bewusst war, dass da jemand ist, der auf Dich achtet, Dich genauso liebt wie ich, wenn nicht sogar noch mehr. Und ich war glücklich zu wissen, dass Du eine neue Familie gewonnen hast. Mit Eurer Hochzeit wurde das Band noch einmal verstärkt und somit schien das Glück perfekt. Ich weiß, wie es sich anfühlt, eine neue Familie bekommen zu haben, und war überglücklich, als ich wusste, dass Du dieses Gefühl nun auch kennenlernen durftest. Du hattest zwar [Ehemann] und [Sohn] an Deiner Seite, doch Du hast es auch Dir selbst zu verdanken, dass und wie Dich [Ehemann] Familie aufgenommen hat. Durch Deine Art und Dein Auftreten hast Du zuerst [Ehemann] von Dir überzeugt. Er hat sich in Dich verliebt und kann sich nun ein Leben ohne Dich und [Sohn] nicht mehr vorstellen.

Doch nicht nur Du, auch ich durfte viele neue Menschen kennen- und schätzen lernen. Ich freue mich, mit [Ehemann] einen weiteren großartigen Menschen zu meinen Freunden zählen zu dürfen.

Als Du mich gefragt hast, ob ich Deine Trauzeugin sein möchte, war ich zwar wenig überrascht (wehe, Du hättest mich nicht gefragt), aber doch war ich erleichtert und glücklich über diesen entscheidenden Schritt Eurerseits. Diesem großartigen Erlebnis beiwohnen zu dürfen, war fantastisch, und ich habe wirklich jede Minute dieses Tages genossen. Und ich hoffe Du ebenso. Ich hoffe und wünsche Euch, dass dieser Tag neben [Sohn] Geburt als einer der schönsten Eures gesamten Lebens in Erinnerung bleiben wird. Dafür steht auch der Ring, der Dich ewig an dieses Ereignis und die damit verbundenen Erlebnisse erinnern soll.

Bitte nimm ihn in die Hand, sieh ihn Dir an und erinnere Dich zurück. Erinnere Dich an den Moment, als Du [Ehemann] zum ersten Mal gesehen hast. An den Moment, als Du ihn zum ersten Mal geküsst hast. An den Moment, als Du seine Familie und Freunde kennengelernt hast. An den Moment, als Ihr zusammen die Geburt Eures Sohnes erlebt habt. Und an den Moment, als Ihr Euch gegenseitig ewige Liebe versprochen habt. Erinnere Dich an all die Momente in Eurem gemeinsamen Leben, die Euch einander noch näher gebracht haben und in denen Ihr Euch Eure gemeinsame Liebe bewiesen habt.

Nun seid Ihr an einem Punkt, an dem Eure Liebe auf eine harte Probe gestellt wird. Du hast Dich zu Schritten entschlossen, die sich nicht mehr rückgängig machen lassen. Es waren viele Schritte dabei, die Du frei beeinflussen konntest. Es gab Entscheidungen, die Du nicht hättest treffen müssen. Es gab Dinge, denen Du Dich hättest stellen sollen und gegen die Du hättest ankämpfen können. Ich kann Dir viele Vorschläge machen und Ratschläge geben, was Du hättest anders machen können und wie Du die eine oder andere Sache anders hättest angehen können. Schlussendlich bleibt es Dir überlassen, wie Du mit der jeweiligen Situation umgehst, was Du daraus machst und wie Du mit den Folgen leben möchtest.

Ich möchte Dich nicht belügen: Ich bin enttäuscht von Dir. Ich hätte anderes von Dir erwartet und, ja, ich kenne Dich so nicht. Ich kann nicht nachvollziehen, was in Dir vorgeht. Ich möchte nicht in Deiner Haut stecken, aber ich möchte, dass Du weißt, dass Du immer auf mich zählen kannst. Ich bin und bleibe auch ewig Deine beste Freundin und Deine Schwester im Geiste. Dass Du nicht zu mir gekommen bist, macht mich nachdenklich. Ich mache mir Gedanken darüber, warum nicht ich, sondern ein wildfremder Mann Deine Anlaufstelle war. Ich zerbreche mir den Kopf darüber, ob ich die Anzeichen hätte erkennen müssen. Ob ich vielleicht zu wenig auf Dich eingegangen bin. Doch Vorwürfe helfen keinem weiter. Ich denke, das wenigste, was Du jetzt brauchen kannst, ist noch ein Mensch, der Dir Vorwürfe macht oder schlecht über Dich redet. Ich möchte Dir helfen und für Dich da sein, so gut es mir in meiner jetzigen Situation möglich ist.

Würdest Du jetzt vor mir stehen, würde ich Dich nicht anschreien. Ich würde Dich nicht schlagen oder Dir mit Blicken deutlich machen, was ich von Deinen jüngsten Entscheidungen halte. Ich würde Dich in den Arm nehmen. Ich würde Dich so lange festhalten, wie es nötig wäre, um Dir zu zeigen, dass ich für Dich da bin und immer da sein werde. Du musst mir allerdings die Chance geben, Dir das zu zeigen. Wir alle möchten Dir nur helfen, Dich zu verstehen, damit Du wieder auf den rechten Weg kommst. Dafür sind Freunde und Familie da. Ist es daher so verwunderlich, dass sich [Ehemann] persönlich bei mir erkundigt hat, wo Du steckst und was los ist? Im Moment bin ich für ihn da und genauso bin ich für Dich da, wenn Du mich lässt. Ich kann mir vorstellen, dass Du Angst hat, weil sich jeder nun eine Meinung gebildet hat. Doch bitte kümmere Dich jetzt nicht darum. Sonst wirst Du daran zerbrechen. In erster Linie geht es um Deine eigene kleine Familie. Es geht um [Ehemann], [Sohn] und Dich. Alles andere ist im Moment zweit- und drittrangig. Wichtig ist, dass Ihr gemeinsam eine Lösung findet. Wenn nötig mithilfe von außen. Sei es von Freunden, Familie oder auch professionelle Hilfe. Hauptsache Ihr nehmt sie an und wisst damit umzugehen und sie für Euch zu nutzen. Es wird ein harter Weg werden. Doch gemeinsam könnt Ihr ihn meistern. Und Ihr werdet auf keinen Fall allein sein. Das kann ich Dir versprechen.

Ich möchte diesem „Roman" auch gar nicht mehr viel hinzufügen. Mir war wichtig, dass Du weißt, was ich denke, und dass Du weißt, dass es immer noch Menschen gibt, die Dich lieben und denen etwas an Dir liegt. Bitte nutze meine Worte als Denkanstoß und Unterstützung.

Ich liebe Dich über alles!!

Nach schier endlosem Warten und vielen Gesprächen mit ihrem Mann erzählte er mir schließlich, dass sie sich entschlossen hatte, nicht zurückzukommen. Schlimmer noch, sie hatte ihn bereits nach ein paar Tagen betrogen. Sie rief mich nach dieser Beichte auch an und verlangte, in Tränen aufgelöst, von mir, dass ich sie fertigmachen solle. Doch ich behielt die Ruhe, versuchte jedoch so viel Enttäuschung wie möglich in meine Stimme zu legen. Sie beendete das Gespräch auch sehr schnell wieder. Nun hatte sie die beiden Jungs also endgültig verlassen. Ihr Noch-Ehemann war total am Ende und ich konnte nichts tun, außer ihm zuzuhören und wenigstens ihm eine gute Freundin zu sein. Er verbrachte viel Zeit bei seiner Familie und versuchte, für seinen Sohn stark zu sein.

Auch seine Noch-Ehefrau nahm ein paar Mal Kontakt zu mir auf. Allerdings hatte ich mir meine Meinung bis dahin natürlich gebildet und so war ich ihr gegenüber sehr kühl und distanziert. Bis dato war sie auch nie auf meinen Brief eingegangen, was mich ein wenig enttäuschte. Das einzige Thema, das sie bei den Telefonaten aufbringen konnte, war ihr neuer Freund, sein Geld und der Fernseher. Alles Dinge, die mich überhaupt nicht interessierten, da ich nur den Vater ihres Sohnes und sein zerrissenes Herz im Kopf hatte. Wie konnte jemand, der gerade eine Familie zerstört hatte, der gerade das Leben zweier Menschen zerstört hatte, mir über banale Dinge vorschwärmen, als wäre nie etwas gewesen? Wie kann man sein Kind im Stich lassen und dabei noch so gut gelaunt sein? Ich konnte es nicht verstehen und so ging ich nicht auf ihre kläglichen Versuche ein, mir Fragen über ihr neues Leben zu entlocken. Mir war es völlig egal und das sollte sie auch spüren. Tatsächlich nahm die Frequenz der Anrufe deutlich ab, während der Kontakt zu ihrem Mann stetig größer wurde. Nachdem sie nie auf meine Probleme und meine Angelegenheiten eingegangen war, sagte ich ihr in unserem letzten Telefongespräch, dass ich endlich einen Job gefunden hatte. Somit wäre ich morgens nicht mehr erreichbar, was sie nur mit großer Enttäuschung hinnahm.

Mit der Zeit arrangierten sich alle mit der neuen Situation. Ihr Ex-Mann begann langsam über die Geschehnisse hinwegzukommen, auch wenn er hin und wieder mal ein Tief hatte. Doch seine Familie und Freunde waren für ihn da und sind es immer noch. Er meistert die neue Situation mit seinem Sohn hervorragend. Auch ich blieb bei meiner inzwischen schlechten Meinung über meine ehemals beste Freundin und ihr herzloses Verhalten. Ihr Vorhaben, die Scheidung sowie weitere rechtliche Dinge in Frieden zu lösen, scheiterte kläglich, was vor allem an ihr lag. Sie macht ihrem Ex unnötig das Leben schwer, doch da das nicht direkt etwas mit mir zu tun hat, lasse ich es darauf beruhen. Ich hatte jegliche Kontaktversuche von ihr abgeblockt und nur zurückhaltend und widerwillig geantwortet. Doch irgendwie schien sie nicht zu verstehen, warum ich so reagierte. Also startete sie einen weiteren Versuch, in dem sie darum bat, dass ich doch erklären solle, warum ich mich ihr gegenüber so verhielt. Ihr war es unbegreiflich, was sie denn mir angetan hätte. Schließlich hätte ich in meinem Brief ja geschrieben, dass ich immer für sie da sein und sie immer unterstützen würde (ja, endlich hatte sie meinen Brief erwähnt). Also versuchte ich ihr so klar und verständlich wie möglich zu erklären, dass ich ihr zwar meine Unterstützung zugesagt hatte, aber nicht wenn sie ihren Mann betrog. Ich hatte sie ermutigt, zu ihrem Mann zurückkehren, um die Problematik zu klären. Was sie aber nicht getan hatte. Stattdessen war sie wieder davongerannt und stellte sich erneut keinem ihrer Probleme. Ich sagte ihr, dass ich enttäuscht sei, dass sie mich von Anfang an so belogen hatte, und dass sie offensichtlich beabsichtigt hatte, ihn zu betrügen und ihn dann zu verlassen. Was dann zurückkam, war zu viel für mich und gab mir den entscheidenden Impuls, den Kontakt abzubrechen:

Nicht nur, dass sie nicht offen zugab, dass alle meine Anschuldigungen wahr waren, nein, sie bedauerte auch noch, dass ich sie so wenig kennen würde. Sie bekundete immer wieder, wie glücklich sie doch sei und dass sie in ihrem Handeln nichts Falsches sehen würde. Sie hätte ordentlichen Mist bauen wollen, habe es getan und sei glücklich damit. Da sie mich nicht direkt verletzt hatte, sei es für sie unbegreiflich, warum ich so auf sie reagieren würde. Doch sie würde mein Handeln akzeptieren und mir das erwähnte Zitat ans Herz legen, das ihr ebenfalls geholfen hätte. Da ich Probleme erwähnt hätte, die ihr aber im Moment nicht bewusst seien, solle ich dieses Zitat zu Rate ziehen. Nicht nur, dass sie mir offensichtlich all die Monate nicht zugehört hatte, nun beleidigte sie auch noch mein komplettes Umfeld. Wahrscheinlich war ihr das gar nicht bewusst, aber für mich war das Anlass genug. Ich löschte und blockierte jegliche Kontakte zu ihr, die ich finden konnte. Nachdem ihr Ex-Mann mir auch noch erzählte, dass sie ihn gefragt hatte, was ich denn für Probleme hätte, war für mich klar, dass meine Entscheidung die richtige gewesen war.

Mir ist klar, dass ich mit dieser Entscheidung eine 17 Jahre andauernde Freundschaft weggeworfen habe. Doch sie hat nichts anderes getan. Und offensichtlich schien es ihr nichts auszumachen, da sie nicht nur mich, sondern auch alle anderen hinter sich gelassen hat. Ich bereue meine Entscheidung nicht. Der Vater ihres Sohnes und auch ich, wir gehen nun unsere eigenen Wege und blicken nach vorn. Ob der Kontakt nun für immer abgebrochen ist, kann ich bis dato nicht sagen. Doch ich möchte nicht den ersten Schritt machen. Sie soll einsehen, was sie eigentlich gesagt und was sie falsch gemacht hat. In ihren Augen nichts, das ist mir klar. Vielleicht wird sie eines Tages in der Lage sein zu erkennen, was in ihren Mitmenschen vorgeht und wie sie sich in sie hineinversetzen kann. Dass sie dazu allerdings noch viel Zeit benötigen wird, ist mir ebenfalls bewusst. Wir hatten uns in den letzten Jahren unserer Freundschaft auseinandergelebt. Jede ist ihre eigenen Wege gegangen, mit unterschiedlichen Zielen. Das soll jetzt keine billige Ausrede sein, doch vielleicht war das ein Vorbote oder eine Vorbereitung auf die jüngsten Ereignisse. Dadurch, dass wir uns anscheinend nicht mehr so viel zu sagen hatten, war der Schmerz dieser Trennung nicht sonderlich groß. Ich weiß natürlich nicht, wie es in ihr aussah. Doch ich kann für mich sagen, dass ich mit meiner Entscheidung vollkommen zufrieden bin. Ich musste nach vorn schauen und durfte nicht immer schmerzvoll nach hinten blicken. Das hätte mich auf meinem Weg nur aufgehalten und ich musste mir ja nicht unnötig Hindernisse in den Weg legen. Auch sie ging ihren Weg. Doch auf sie warten noch viel größere Hürden, die ich bereits überwunden habe. Sie hat sich stets sehr erwachsen gefühlt und sich, ihrer Meinung nach, auch so benommen. Dass sie allerdings lediglich auf dem Papier erwachsen ist, hat sie noch nie gesehen und wird es wohl auch so schnell nicht. In ihrer letzten Mail hatte sie mir nämlich gesagt, dass sie es leid sei, ein erwartetes perfektes Benehmen vorzuzeigen. Sozusagen ein Benehmen, das ihrem Alter entspricht. So wie ich das sehe, ist man in ihren Augen ein Loser, wenn man einen Job und einen geregelten Alltag hat und in normalen Verhältnissen lebt. Dass wir alle inzwischen erwachsen und selbstständig geworden waren, passte wohl nicht in ihr Weltbild. Das merkt man auch daran, dass nun ihr neuer Freund dazu verdammt ist, die Rolle des Managers zu übernehmen. Wie einst ihr Ex-Mann muss er jetzt ihre Termine und sonstige Dinge regeln und ihr bei jeglichen Aktivitäten beiseite stehen. Denn selbstständig, das heißt allein, kann sie immer noch nichts erledigen. Seien es Arztbesuche, Termine oder lediglich der Name einer Kopfschmerztablette. Alles wird entweder bei ihrem Ex-Mann oder bei dem Neuen erfragt.

Ich will jetzt hier aber nicht anfangen zu lästern. Wir haben so viele schöne Momente miteinander erlebt. Angefangen bei unserer gemeinsamen Zeit in dem Heim über die gemeinsamen Urlaube, die Geburt ihres Sohnes bis hin zu ihrer zweiten Hochzeit. Aber ich kann und will nicht begreifen, wie ich mich so in einem Menschen täuschen konnte. Vor allem, da ich bis jetzt immer geglaubt habe, dass ich eine relativ gute Menschenkenntnis besitze. Doch anscheinend gibt es immer einen Moment, in dem das Gegenüber, von dem man bisher angenommen hat, es in- und auswendig zu kennen, sein wahres Gesicht offenbart. Dann bleibt es jedem selbst überlassen, wie man mit dieser Wahrheit umgeht. Ich, für meinen Teil, schütze mich vor negativen Erfahrungen, indem ich jeglichen Kontakt vermeide. Wenn ich möchte, kann ich also sehr nachtragend sein.

So blockte ich lange jegliche Kontaktversuche ihrerseits ab und hatte sie inzwischen weitestgehend vergessen. Meine Gedanken an unsere gemeinsamen Erlebnisse waren alles andere als schmerzhaft. Bis zu einem Abend, an dem ich aus Versehen doch Kontakt zu ihr aufnehmen sollte. Ich hatte einen anstrengenden Tag gehabt und lag dementsprechend erledigt und mit matschigem Gehirn auf dem Sofa vor dem Fernseher. Auf einmal sah ich aus den Augenwinkeln das Aufleuchten meines Handys, das mir einen eingehenden Anruf signalisierte. Ich sah verwirrt auf die Anzeige, konnte mit dem dargebotenen Ort allerdings nichts anfangen. Dementsprechend ahnungslos ging ich ran und meldete mich routiniert mit Namen. Die Stimme, die sich dann meldete, kam mir überhaupt nicht bekannt vor. Es war eine weibliche, die mich um ein Gespräch bat und mich anflehte, nicht aufzulegen. Zwischen den Betteleien fiel der Name meiner ehemaligen besten Freundin. Ich brachte daraufhin nur ein verwirrtes Stottern hervor, das auch bei ihr Sprachlosigkeit auslöste. Irgendwann hatten wir beide den Schock überwunden und unterhielten uns. Ich versuchte dabei so kühl wie möglich rüberzukommen, was mir nicht sonderlich schwerfiel. Ich hatte zu Beginn des Gesprächs entschlossen darauf zu achten, ob sie sich wirklich geändert hatte und ihre Ansichten nun andere waren. Doch ich bemerkte sehr schnell, dass dem nicht so war. Immer noch gab sie ihrem Ex-Mann die Schuld an allem und immer noch versuchte sie mich auf ihre Seite zu ziehen. Ich machte ihr sofort klar, dass ich nicht mehr Partei ergreifen würde, vor allem nicht, wenn ich nicht zuvor beide Seiten gehört hätte. Diese Tatsache akzeptierte sie nur widerwillig und versuchte es daher später erneut. Schon allein deshalb war mir augenblicklich klar, dass sie sich nicht geändert hatte. Zwar war sie inzwischen in therapeutischer Behandlung, doch die erhaltene Diagnose ergab für mich überhaupt keinen Sinn. Während des langen Gesprächs, bei dem sie überwiegend das Wort hatte, beschäftigte ich mich anderweitig. Monoton gab ich ihr hin und wieder zu verstehen, dass ich ihr noch einigermaßen zuhörte. Dass sie allerdings meine doch negativen Reaktionen nicht deuten konnte, wurde mir ebenfalls rasch klar. Jeder, der einigermaßen empathisch ist, kann sogar aus einer Stimme heraushören, wie das Gegenüber aufgelegt ist. Sie schien das offenbar nicht zu bemerken, da sie fälschlicherweise Anzeichen von Anteilnahme, Erschütterung und sonstigen Emotionen in meiner Stimme zu lesen glaubte. Schlussendlich fragte sie mich, ob wir uns nicht treffen könnten, um noch einmal über alles zu sprechen. Da ich nun schon so weit gegangen war, beschloss ich, ihr auch diesen Wunsch zu erfüllen, um ein für alle Mal Ruhe vor ihr zu haben. Daher hob ich die Blockade ihrer Nummer in WhatsApp auf, damit wir schneller einen Termin ausmachen konnten. Je mehr ich mir über unser Gespräch jedoch Gedanken machte, desto widerwilliger sah ich dem Treffen entgegen. Ich beschloss daher, meine kalte Seite zu zeigen und somit emotionslos zu werden. Lediglich ein hämisches Grinsen oder ein wütender Blick ist dann auf meinem Gesicht zu vernehmen. Auch meine Gedanken ändern sich komplett. Ich verliere ein wenig an Anstand und passe mich eben nicht den Ansichten anderer an. Das bekam z. B. auch meine Pflegemutter zu spüren, als ich ihr sagte, dass ich keine Lust auf das Treffen hätte. Sie hatte mich gefragt, ob ich denn an diesem Wochenende nach Hause kommen würde, wenn ich für das Treffen ja doch wieder zurückmusste. Doch ich wollte anschließend trotzdem wieder nach Hause fahren. Schließlich hatte ich nicht um das Treffen gebeten und würde mich daher nach niemandem richten. Lediglich zwei Stunden hatte ich dafür vorgesehen, diese jedoch sicher nicht schon um acht Uhr morgens. Als meine Pflegemutter das Argument hervorbrachte, dass sich meine Ex-Freundin nach dem Zug richten und daher Zeit für Hin- und Rückfahrt einplanen müsse, grinste ich erneut boshaft. Es war mir egal, wie sie das anstellte. Ich hatte sowieso keine Lust auf das Treffen und würde den Teufel tun, mich nach ihr zu richten. Nach weiteren ähnlichen Kommentaren stellte meine Pflegemutter schockiert fest, dass ich gerade sehr herzlos und kalt gesprochen hatte. Ich zeigte erneut meinen bösen Blick plus Grinsen und gab ein abfälliges Schnauben von mir. Genau dieses Verhalten hatte ich auch für das Treffen vorgesehen. Dass diese kleine Aufwärmübung also hingehauen hatte, stimmte mich sehr zufrieden. So konnte der Tag X also kommen.

## Tag X

Ich hatte dem Treffen zwar freiwillig zugestimmt, trotzdem gab ich meinen Pflegeeltern und Freunden an den darauffolgenden Tagen immer wieder zu verstehen, dass ich überhaupt keine Lust auf das Ereignis hatte. Ich malte mir verschiedene Szenarien aus, die alle in einer Katastrophe enden würden und vielleicht sogar noch alles schlimmer machen könnten. Natürlich zeigte mir meine Fantasie auch für mich günstige Verläufe, denen ich allerdings kaum Hoffnung zusprach.

An dem entscheidenden Wochenende sprach ich daher noch einmal alles mit meinen Pflegeeltern durch. Da sie sicherlich auch zur Sprache kommen würden, wollte ich ihre Meinung zitieren bzw. genau in Erfahrung bringen, ob und wie ich ihren Standpunkt verdeutlichen sollte. Meine Pflegeeltern waren sich bewusst, dass mich das bevorstehende Aufeinandertreffen beschäftigte, und so diskutierten sie gern mit mir. Ich erzählte ihnen von meinen Plan, wie ich mich verhalten wollte und welcher Ausgang mir am liebsten wäre. Meine Lieblingsversion beinhaltete die Tatsache, dass sich meine Gesprächspartnerin sehr schnell angegriffen fühlen, sofort weglaufen und mich somit endlich in Ruhe lassen würde.

Inzwischen hatten wir auch einen festen Zeitpunkt ausgemacht. Das Treffen sollte nachmittags stattfinden, was mich leider dazu zwang, schon mittags in den Zug zu steigen, um rechtzeitig am vereinbarten Ort einzutreffen. Dass mir dadurch ein möglicher Ausflug mit meinen Pflegeeltern durch die Lappen ging, stimmte mich nicht gerade zufrieden. Doch ich musste nun mal in den sauren Apfel beißen. Widerwillig stieg ich also in den Zug und läutete damit den Anfang vom Ende ein.

Kaum hatte ich es mir bequem gemacht, bekam ich eine Nachricht von meiner ehemaligen Freundin mit der Bitte, das Treffen um eine bzw. eine halbe Stunde vorzuverlegen. Dass sie offenbar zu bestimmen versuchte, was ich zu tun hatte, ging mir dermaßen gegen den Strich, dass ich beschloss, die Sache etwas hinauszuzögern, indem ich Ausreden für ein früheres Treffen suchte. Ich willigte zwar ein, sagte ihr aber, dass ich noch nach Hause gehen wolle, um eine andere Tasche packen zu können. Ich müsse mich außerdem nach den Bussen richten, die sonntags immer in größeren Abständen fahren. Doch das Schicksal hatte wohl einen anderen Plan für mich. Wie es manchmal so spielt, konnten wir kurz vor dem Ziel nicht mehr weiterfahren, weil ein früherer Zug auf der Strecke vor uns den Geist aufgegeben hatte. Solange er nicht wieder in Fahrt kommen würde, würden auch wir festsitzen. Der zeitliche Puffer, den ich mir vorsichtshalber eingebaut hatte, wurde mit der Wartezeit auf die Weiterfahrt aufgebraucht. Nach einem kurzen Hin und Her beschloss sie daher, beim ursprünglichen Zeitpunkt zu verbleiben, damit ich nicht unnötigem Stress ausgesetzt war.

Des Weiteren schien sie diese Chance nicht ernst genug zu nehmen, was meine Berechnungen ihrer zeitlichen Planung ergaben: Damit sie auch noch ihre Familie besuchen konnte, hatte sie gerade einmal drei Stunden für alle Besuche eingeplant. Sie musste abends wieder zu Hause sein, um ein Telefonat mit ihrem Sohn pünktlich wahrnehmen zu können. Ich hatte zwar ebenfalls wenig Zeit eingeplant, aber dass sie nicht einmal in der Lage gewesen war, einfach schon morgens in ihre frühere Heimatstadt zu fahren, um ihre Familie früher besuchen zu können, war typisch für sie. So traf ich also leicht verspätet am Treffpunkt ein, den sie vorher in einer Nachricht nostalgisch als den Ort, an dem wir uns zuletzt gesehen hatten, bezeichnet hatte. Auf diese Tatsache ging ich allerdings mit keiner Reaktion ein und so sahen wir uns nach über einem Jahr wieder.

Als der Bus in dem Zielort einbog, sah ich sie schon von Weitem wartend auf einem Stein sitzen. Kaum hatte ich nach dem Aussteigen den Bus umrundet, hatte sie mich auch schon entdeckt und kam zögernd auf mich zu. Blitzschnell schossen mir verschiedene Szenen durch den Kopf, wie sie mich wohl begrüßen würde und was ich darauf erwidern konnte. Doch zu meiner Überraschung und gleichzeitig Erleichterung stand sie schlussendlich nur schüchtern vor mir und traute sich nicht, mich zu berühren. Das kam mir nur recht und ich erkundigte mich nach einem knappen Hallo höflich, ob sie denn schon lange gewartet hätte. Wir setzten uns dann rasch in Bewegung und sie ergriff sofort das Wort und leitete somit die Aussprache ein.

Als Einleitung führte sie den Grund für das Treffen auf und rief mir ins Gedächtnis, dass sie lediglich über uns beide sprechen wolle, um ein für alle Mal zu klären, warum ich den Kontakt zu ihr abgebrochen hatte. So ließen wir das komplette Geschehen Revue passieren und jede von uns gab die dazu nötigen Kommentare und Sichtweisen ab, die dabei entstanden waren. Natürlich kam auch hin und wieder ihr Ex-Mann zur Sprache. Wir sprachen über die Zeit, als er herausgefunden hatte, was eigentlich genau passiert war, und warum ich bei dem perfiden Plan von ihr mitgespielt hatte. Hier offenbarte sie mir ihre bis dato falsche Annahme, dass ich vor ihrem Ex-Mann sofort eingeknickt wäre und ihm alles erzählt hätte. Erleichtert musste sie dann jedoch feststellen, dass er alles allein herausgefunden hatte und ich lediglich seine Ausführungen bestätigen musste, ohne dabei mein Versprechen ihr gegenüber zu brechen. Da wir nun erneut beim Thema waren, beschloss sie mir etwas zu erzählen, das sie bis dahin jedem verschwiegen hatte. In ihren Augen war das der ausschlaggebende Punkt für ihr nachfolgendes Handeln. Dass sie daraus ein großes Geheimnis gemacht hatte, ließ meine Neugierde zwar etwas steigen, doch insgeheim war mir klar, dass es sich nur um eine reine Lappalie handeln konnte. Dem war dann auch tatsächlich so. Die für sie mangelnde Unterstützung und steigende Ablehnung seitens seiner Familie und Freunde hatten irgendwann einen so großen Druck auf sie ausgeübt, dass sie schließlich flüchtete, anstatt sich diesem zu stellen. Des Weiteren hätte sich ihr Ex-Mann nie für sie eingesetzt, als es z. B. darum ging, dass sie doch endlich arbeiten gehen solle, um ihm unter die Arme zu greifen. Hier wurde mir klar, dass er wohl genau das erkannt hatte, was ich viele Jahre vor ihm ebenfalls gesehen hatte. Nämlich die Tatsache, dass sie zwar hervorragend austeilen, jedoch nicht einstecken konnte. Kritik vertrug sie überhaupt nicht und ließ sich daher in keiner Weise helfen, wenn es für sie sowieso keinen Sinn ergab. Immer fand sie eine andere Ausrede.

Dass natürlich nur die anderen schuld waren, erbrachte sie in ihren nächsten Ausführungen über ihr Flüchten. Sie hatte irgendwann festgestellt, dass sie nur auf ihre Vergangenheit reduziert worden war. So war ihr angeblich mehrmals vorgehalten worden, dass sie ja nur ein Heimkind sei und es deshalb logisch wäre, dass sie nichts auf die Reihe bringen würde und sich z. B. keinen Job gesucht hätte. Dass sie mit solchen Anschuldigungen ein Problem hatte, kannte ich jedoch von früher, und so überraschte mich ihre Überreaktion darauf nicht wirklich. Um die Sache aber noch abschließen zu können, brachte sie schlussendlich noch ihre eigene Familie ins Spiel. So fand sie es regelrecht widerwärtig, dass ihr Ex-Mann, Freunde oder sonstige Familienmitglieder ihre eigene Familie als asozial bezeichnet hatten. Sie hätte im Grunde jegliches Recht gehabt, sich darüber aufzuregen, wäre da nicht die Tatsache, dass sie selbst nur schlecht über ihre Familie gesprochen hatte. So hatte sie in Erzählungen ihre Mutter und ihre Geschwister als asoziales Pack dargestellt. Sie hätte alles besser gemacht und würde ihre Familie in jeglicher Hinsicht übertreffen. Stellte aber jemand anderes fest, dass sie mit ihren Ausführungen recht behalten hatte und die Familie auf Fremde wirklich einen eher ungewöhnlichen Eindruck machte, so reagierte sie empört. Schließlich hatte nur sie das Recht, diese Menschen zu beschimpfen. Tat das jedoch jemand anderes, dann wäre das eine Beleidigung für sie, da „die ja keine Ahnung haben!“. Ich versuchte ihr zu sagen, dass sie nun mal ernten müsse, was sie gesät hatte. Sie hatte gewisse Vorstellungen in den Raum gestellt und brauchte sich nun nicht über die Konsequenzen zu wundern. Ich versuchte, ihre Überreaktion abzuschwächen, indem ich ihr erzählte, dass ich immer sehr viel Spaß habe, wenn sich jemand über all die Familienmitglieder lustig macht, die ich selbst in meinen Erzählungen negativ darstelle. Doch wieder verstand sie nicht, was ich ihr damit sagen wollte.

Sie gab irgendwann zu, dass sie falsch gehandelt und Wege beschritten hatte, die sie lieber hätte meiden sollen, trotzdem beharrte sie darauf, dass sie ein Recht hatte, ihre eigenen Entscheidungen zu treffen. Sie ging sogar noch weiter. Ihrer Meinung nach hatte sie rückblickend sogar eine Erklärung für ihr Handeln erhalten, die alles entschuldigen sollte.

Auf das Drängen ihres Freundes hatte sie irgendwann einen Arzt aufgesucht, der ihr eine soziale Phobie diagnostizierte. In meinen Augen eine absolut sinnlose und unpassende Diagnose. Doch ich war froh, dass sie das Thema ansprach, da ich ihr nun meine Zweifel unterbreiten konnte. Für mich ergibt es nämlich keinen Sinn, zu einem anderen ins Bett zu steigen, wenn man eine soziale Phobie hat. Meiner Meinung nach würde man bei einer sozialen Phobie sein gewohntes Umfeld nicht verlassen und sich schon gar nicht spontan auf so viel Neues einlassen. Sie versuchte die Situation zu entschärfen, indem sie mir versicherte, dass sie anfangs überaus schüchtern und ängstlich gewesen sei und sie diese Phobie bereits als Kind gehabt hätte. Doch ich kannte sie und ihr Verhalten schon seit unserer Kindheit und mir war klar, dass das komplett gelogen, für ihre Zwecke allerdings sehr praktisch war. Mit einer Spur Stolz versuchte sie mein Mitleid zu erregen, indem sie mir erzählte, dass sie nun wöchentlich in Therapie gehe und zweimal täglich Antidepressiva nehmen müsse. Ich erwiderte daraufhin trocken, dass ich ebenfalls jede Woche meine Therapiesitzungen hatte und jeden Tag sogar mehrere Medikamente nehmen musste. Daher wäre das in meinen Augen nichts Besonderes. Es war für mich sowieso unerklärlich, wie man auf das Einnehmen von Medikamenten stolz sein konnte. Daher glaubte sie, in meinen Augen, auf dem Weg der Besserung zu sein. Ich versuchte ihr erneut klarzumachen, dass das Ganze einfach keinen Sinn für mich ergab, und drängte dann etwas zurück zum eigentlichen Kern der Geschichte.

Noch einmal versuchte ich zu verstehen, warum sie dann gleich so weit gegangen war und sich so schnell auf ihren neuen Freund eingelassen hatte. Dafür gab sie mir dann einen besonders absurden Grund:

Da sie kurz nach ihrer Ankunft bei ihm gemerkt hatte, dass ihr niemand mehr wohlgesonnen sei und jeder sie – in ihren Augen – nun verabscheuen würde, hatte sie den Beschluss gefasst, dass es nun auch egal wäre und sie daher noch einen Schritt weiter gehen könne. Diese unglaubliche Begründung nahm ich fassungslos entgegen, sagte jedoch nichts dazu.

Irgendwann kam dann auch zur Sprache, warum ich lediglich ihrem Ex-Mann zur Seite gestanden hatte und nicht ihr, was ja eigentlich die Aufgabe einer besten Freundin sei. In ihren Augen müsse einem diese nämlich alles verzeihen und unter allen Umständen für immer hinter ihr stehen. Ich versuchte ihr zu verdeutlichen, dass sie meine Hilfe mit keinem Wort verlangt hatte, sondern mir lediglich vorgeschwärmt hatte, wie toll ihr neues Leben war. Ihr Ex jedoch hatte mehrmals am Tag bei mir angerufen und mir sein gebrochenes Herz ausgeschüttet. Ich konnte ihm helfen, indem ich ihm zuhörte und ihn auf seinem schweren Weg begleitete. Ganz überzeugte sie meine Begründung nicht, da sie offenbar von mir erwartet hatte, dass ich damals ihre Gedanken lesen konnte und daher hätte wissen sollen, was wirklich in ihr vorgegangen war. Sie gab zu, dass sie mir über all die Zeit etwas vorgespielt hatte. Sie hätte zwar die Glückliche gemimt, sei in Wirklichkeit aber ebenfalls zerrissen und unglücklich gewesen. An diesem Punkt bestätigte sie meine Vermutung nur noch mehr, dass sie mich die ganze Zeit an der Nase herumführte und immer noch versuchte, mich auf ihre Seite zu ziehen. Um trotzdem verstehen zu können, warum ich und auch meine Familie keinen Kontakt mehr zu ihr wollten, versuchte sie es daher mit einer Metapher:

Ich sollte mir zwei Boote vorstellen. Auf dem einen wären meine Familie und ich, auf dem anderen ihr Ex-Mann und sie. Wir würden auf unserem Boot beobachten, dass sie ihres mit Absicht zum Kentern bringt und ihr Partner aufgrund dessen schwer verletzt wird. Sie würde zwar einsehen, dass er verletzt wäre und dass sie daran schuld war, doch warum sollten dann alle von dem anderen Boot sauer auf sie sein? Schließlich hatte sie nur ihn verletzt und nicht uns.

Während ich diese Szenerie im Kopf durchspielte, stellte ich mir immer wieder die Frage, wie man eigentlich so naiv und unfähig sein konnte. Ich sagte ihr, dass wir schließlich wussten, warum sie das Boot zum Kentern gebracht hatte. Wir hatten ja beobachtet, dass es absichtlich geschehen war. Dies würde gegen unsere Wertvorstellungen verstoßen, da dieser Schritt nicht hätte sein müssen. Sie hätte ihren Standpunkt ruhig und zivilisiert klarmachen können und auch ihr Ex hätte die Chance erhalten, seine Sichtweise zu erläutern. Es dann so zu übertreiben, nur um den eigenen Willen durchsetzen zu können, wäre falsch und daher in unseren Augen nicht annehmbar.

So wie ich es erwartet hatte, verstand sie meine Gründe wieder nicht. Doch inzwischen war mir das egal.

Nach etwa einer Stunde waren wir wieder auf dem Rückweg und sie überwand sich und stellte mir die Frage, wie ich den Verlust unserer lang angehaltenen Freundschaft eigentlich verkraftet hatte. Mit dieser Frage hatte ich zwar nicht gerechnet, hatte die Antwort dazu allerdings schon in der Therapie und auch vor Familie und Freunden vorgetragen. Daher antwortete ich ihr wahrheitsgemäß, dass es mich erstaunte, wie leicht es mir gefallen war, sie loszulassen und unsere Vergangenheit als vergangen zu betrachten und ihr nicht hinterherzutrauern. Rasch bemerkte ich allerdings, dass sie diese Antwort doch sehr erschüttert hatte. Daher versuchte ich das Übel etwas zu minimieren und fügte dem Gesagten hinzu, dass dies allerdings Teil meiner Persönlichkeit sei. Es wäre einfach eine einstudierte Methode von mir, alles, was negativ und schädlich für mich ist, zu verdrängen oder sogar komplett zu löschen. So könnte ich mich selbst schützen und mich vor möglichen Verletzungen bewahren. Ich versuchte ihr zu verdeutlichen, dass ich das mit jedem Menschen machen kann, da ich dank meiner Disziplin und Selbstkontrolle vieles im Griff habe. Sie versuchte noch, mir zu widersprechen, indem sie anführte, dass jeder andere abgebrochene Kontakt keine vergleichbare Vergangenheit hatte. Ich bestätigte dies zwar, beharrte aber weiterhin auf meiner Meinung. Diese akzeptierte sie dann auch und gab mir zu verstehen, dass es für sie leider nicht so leicht war.

Kurz vor dem Ziel stellte sie mir dann die alles entscheidende Frage: Ob ich uns eine zweite Chance geben würde oder ob das hiermit das Ende sei?!

Schon bei meiner Entscheidung, den Kontakt abzubrechen, hatte ich unsere Freundschaft sofort aufgegeben und vergessen. Doch alle Blockaden meinerseits schienen nicht den gewünschten Effekt erzielt zu haben. Doch ich wusste, dass sie unfähig ist, aus bestimmten Verhaltensweisen Schlüsse zu ziehen, und dass ihr Empathie absolut fremd ist. Daher versuchte ich ihr so schonend wie möglich zu verdeutlichen, dass ich dieses Treffen als symbolischen Abschluss betrachtete. Nun nutzte ich meine Chance und versuchte ihr das ebenfalls anhand einer kleinen Metapher zu verdeutlichen. Hierfür wählte ich mein gern genutztes Bild zweier Türen, vor die ich mich gedanklich während unseres letzten Telefonats gestellt hatte. Entschied ich mich für Tür A, würde es genauso weitergehen wie bisher. Ich würde in unregelmäßigen Abständen, aber für lange Zeit vergebliche Versuche ihrerseits, mich zu kontaktieren, ertragen müssen. Dass sie hierfür einen langen Atem hätte und auch die nötige Geduld aufbringen würde, bestätigte sie mir in einem knappen Satz. Dann, führte ich weiter aus, gäbe es noch die Tür B. Diese Tür führte mich zu einer endgültigen Aussprache, in der ich ehrlich und meinem Anstand gemäß sagen könne, was ich von der ganzen Geschichte halten würde. Nach dieser Aussprache wäre die Sache dann ein für alle Mal erledigt. Wie sie gemerkt habe, hätte ich mich für die zweite Tür entschieden. Ich hätte nun ihre Sichtweise gehört, meine jedoch bestätigt bekommen. Ich müsse nun endlich nach mir schauen und mich selbst schützen. Das Risiko, erneut verletzt zu werden, sei einfach zu groß. Des Weiteren hätte ich jegliches Vertrauen in sie verloren und würde es auch nie wieder erhalten. Und nach ihren ehrlichen Worten wüsste ich nun, dass sie mich mehrmals belogen hatte, und daher würde ich nun immer mit dem Gedanken konfrontiert werden, ob sie mich nicht schon wieder anlügt, nur um ihren Willen zu bekommen. Schlussendlich könne ich nach diesem Treffen endlich das Kapitel schließen und meiner Wege gehen. Ich fügte daher noch den Wunsch hinzu, meine Bitte zu respektieren und zukünftige Annährungsversuche zu unterlassen.

Während all meiner Ausführungen distanzierte sie sich von mir. Sie trat nicht nur einen Schritt von mir weg, sondern gab mir auch verbal zu verstehen, dass sie nun wisse, woran sie sei, und sie sich das schon gedacht hatte. Dass dem allerdings nicht so war, hörte ich an ihrer trotzig gewordenen Stimme, die eine Spur Trauer enthielt, die sie nur mühsam unterdrücken konnte. Um ihre Enttäuschung nicht die Oberhand gewinnen zu lassen, lenkte sie die Aufmerksamkeit noch einmal kurz auf meine Pflegeeltern. Sie erkundigte sich, weiterhin trotzig, dass sie nun ja davon ausgehen könne, dass die beiden ebenfalls nie wieder etwas von ihr hören oder sehen wollten. Ich sagte ihr jedoch, dass ich nicht für die beiden sprechen könne, wir aber im Großen und Ganzen unsere Ansichten teilten. Allerdings hatte ich darüber nicht mit ihnen gesprochen und wollte auch nicht darüber spekulieren.

Nun waren wir am Ziel angelangt und unsere Wege sollten sich trennen. Sie streckte mir zögernd ihre Hand entgegen und wünschte mir Glück für meinen weiteren Lebensweg. Der Händedruck war entsprechend locker und schwammig. Ich murmelte etwas Ähnliches, da mich ihre Mimik mehr beschäftigte als irgendwelche sinnlose Floskeln. Inzwischen hatte sie sich nämlich ihre Sonnenbrille wieder aufgesetzt, da ihr vermutlich die Tränen in die Augen gestiegen waren. Nur unter größten Anstrengungen hielt sie einen Gefühlsausbruch zurück. Sie wollte eigentlich noch etwas sagen, doch ihre Lippen bebten inzwischen unaufhaltsam, was sie dazu zwang, ihre letzten Worte herunterzuschlucken und sich wegzudrehen. Ich hatte ihr Gesicht weiterhin fest im Blick, während ich ihr ein knappes „Tschüss“ hinterherwarf, mich ebenfalls umwandte und noch aus den Augenwinkeln den kompletten Kontrollverlust beobachtete. Ich vermute, dass sie ab dem Zeitpunkt unaufhörlich geweint hat. Leider hatten wir in den letzten Sekunden noch ein kleines Publikum, da wir uns vor dem Tisch eines Restaurants verabschiedet hatten. Die unfreiwilligen Zuschauer der Szenerie sahen einerseits neugierig, andererseits schockiert über das eben Beobachtete drein. Doch mir was das egal, denn ich hatte dieses Kapitel endlich abgeschlossen.

Ich hatte mein Vorhaben genau so durchgeführt, wie ich es geplant hatte. Ich schloss nicht nur ein Kapitel ab, sondern ein dickes Buch, versiegelte es und stellte es in das Regal meiner Erinnerungen, wo es getrost verstauben konnte.

Diese Erfahrung hat mich eines gelehrt: Höre und vertraue auf deine innere Stimme, auf deinen Instinkt! Dieser hatte mir mehrmals versucht zu sagen, dass etwas nicht stimmt. Mir war schon länger aufgefallen, dass wir uns immer weiter auseinandergelebt hatten. Wir hatten beide unterschiedliche Lebenswege beschritten und demzufolge keine bedeutenden Gemeinsamkeiten mehr. Das unzertrennliche Duo von damals war nun erwachsen geworden. Dass sie diese Tatsache jedoch nicht akzeptieren wollte und sich deshalb so trotzig benahm, zeugt von großer Naivität, Dummheit und Gedankenlosigkeit. Sie erinnert mich in ihrem Verhalten an meine Mutter, und das war mir ebenfalls nicht erst nach den jüngsten Ereignissen aufgefallen. Ich bin nun mal gern in Gesellschaft von intelligenten, zivilisierten Personen, die respektvoll miteinander umgehen. Das fehlte mir bei ihr ebenfalls und ich erfand daher immer mehr Ausreden, um einem Treffen entgehen zu können. Dass sie sich dann selbst ins Aus schoss und mir somit ersparte, meine Fantasie weiter beanspruchen zu müssen, kam mir dabei nur recht.

Das Seltsamste an dieser Geschichte ist wohl die Tatsache, dass ich sie nicht im Geringsten vermisse. Ihre jüngste Tat überschattete alles, was vorher war, was wiederum beweist, dass ich wirklich sehr nachtragend bin.

Nach dieser Geschichte wurde ich auch vorsichtiger, was die Vergabe des Titels „beste Freundin" betrifft. Überhaupt bezeichnete ich seither nur noch wenige als „Freunde". Viele andere wurden seit diesem Zeitpunkt nur noch ehemalige Klassenkameraden und Bekannte. Meine vergangenen Erfahrungen hatten somit ihre Spuren hinterlassen, das ist mir klar. Doch so schütze ich mich vor weiteren Enttäuschungen und schreite zwar mit mehr Skepsis, aber dafür mit weniger Angst vor weiteren negativen Erfahrungen voran. Als ich alle Freunde verloren hatte, vergab ich den Titel erst einige Jahre später an eine meiner Kolleginnen – allerdings nicht ohne ein Quäntchen Vorsicht.

Unübersehbar zieht sich das Thema „mangelndes Vertrauen" wie ein roter Faden durch mein Leben. Manche Vertrauensbrüche betrafen mich zwar nicht persönlich, doch schon wenn eine mir wichtige Person betroffen war, fühlte auch ich mich betrogen und verraten. In der soeben beschriebenen Situation war das ebenfalls so und mindert meinen Glauben an das Gute im Menschen erheblich. Deshalb klammerte ich mich wie verrückt an die Menschen, die mir über lange Zeit bewiesen hatten, dass ich ihnen vertrauen konnte und sie mich niemals enttäuschen würden. Dass die Liste dieser Menschen dabei sehr kurz war und viele eigentlich eher in die Sparte Bekannte gehörten, war für mich nicht weiter von Belang.

Allerdings bestand hierbei sehr lange ein weiteres Problem, dem ich erst sehr spät auf die Schliche gekommen bin und für dessen Lösung ich lange trainieren musste. Meine erste Therapeutin hatte es in ihrem Gutachten ebenfalls erwähnt, wodurch es mir richtig bewusst wurde. Ich fasste zwar langsam Vertrauen, band mich danach aber so sehr an die Person, dass ich gewaltige Verlustängste bekam, die sich mit meinem mangelnden Selbstvertrauen zusammentaten. Mir war dieser Umstand zwar schon oft aufgefallen, doch erst als mir meine rasant wechselnden Reaktionen auf ein bestimmtes Verhalten (bzw. das Ausbleiben eines bestimmtes Verhaltens) meiner „Vertrauten" auffielen, wurde es mir erst richtig bewusst. Ich nenne hierzu ein fiktives Beispiel: Eine meiner Freundinnen schreibt mich an, um mich zu fragen, ob wir uns treffen wollen. Sie schlägt vor, zusammen essen zu gehen, und bittet mich die Plätze im Restaurant zu reservieren. Ich willige ein und komme ihrem Wunsch nach. Einen Tag vor dem Essen schreibe ich sie erneut an, um Einzelheiten zu klären (z. B. ob ich sie irgendwo abholen soll). Daraufhin bleibt eine

Antwort aus. Auch am Stichtag höre ich nichts von ihr. Ich fange daher an wütend zu werden, da sie schließlich das Treffen vorgeschlagen hat und nun offenbar Wichtigeres zu tun hat, als mir Rückmeldung zu geben. Anfangs versuche ich mich zu beruhigen und mir zu verdeutlichen, dass ich nicht der Nabel der Welt bin und es wirklich Wichtigeres gibt. Schließlich hat sie mehrere Freunde, eine Familie und sonstige Verpflichtungen, hinter die ich mich zu stellen habe. Somit verabschiede ich mich gedanklich von ihr, bedanke mich für alles und streiche sie von der Liste meiner Freunde.

Doch mit den Stunden wird die Wut trotzdem immer stärker und schließlich fange ich an, meine Freundin zu beschimpfen und mich hemmungslos über sie auszulassen. Natürlich nur, wenn ich allein bin und mich keiner hören kann. Noch während ich vor Wut koche, meldet sich mein Handy und ich erhalte die lang ersehnte Antwort mit den Antworten, auf die ich gewartet habe. Sofort verfliegt meine Wut und mit einem letzten Hauch von Ärger denke ich, dass man immer erst sauer werden muss.

Diese Reaktionen meinerseits müssten überhaupt nicht sein, da sie sehr überzogen sind. Doch erging es mir jedes Mal so, wenn ich auf Rückmeldung von jemandem wartete, dem ich sehr nahe stand bzw. dem ich sehr vertraute. Sofort machte ich mir bewusst, dass ich sowieso nur Dreck in den Augen meiner Mitmenschen sei und sie daher Besseres zu tun hätten, als sich ausgerechnet mit mir abzugeben. Das spricht für ein sehr vermindertes Selbstvertrauen, das ist mir völlig klar. Doch inzwischen habe ich das erkannt und versuche diese Reaktionen zu verhindern und die Wut erst gar nicht aufkeimen zu lassen. Ich musste mir beibringen, den Neid auf diese anderen Menschen zu ersticken und mich stattdessen für diese zu freuen. Irgendwann würde ich schon wieder an die Reihe kommen und das würde ich dann in vollen Zügen auskosten. Warum ich immer gleich davon ausgegangen bin, dass ich die betreffende Person nun nie wieder sehen bzw. sprechen würde, verstehe ich nicht ganz. Dass ich es aber erkannt habe, war wohl ein Schritt in die richtige Richtung. Schließlich versuchte ich mir jedes Mal die Frage zu stellen, was für einen Grund es denn geben sollte, dass er/sie sich nicht mehr meldet. Ich versuchte logisch zu argumentieren und mir so selbst ein Schnippchen zu schlagen, bis ich einsah, dass ich einfach Geduld aufbringen musste und so evtl. den Grund für einen ausbleibenden Kontakt erfahren würde. Wenn es nicht zu so einer Aufklärung kam, suchte ich abermals die möglichen Gründe und pickte mir den logischsten heraus. Das Einfachste für mich ist bis heute zu denken, dass es der betreffenden Person hoffentlich gut geht und ich mir so keine Sorgen zu machen brauche (was ich trotzdem oft mache). Nach langem Training habe ich es schließlich geschafft, mir keine großen Gedanken mehr zu machen und auch die Verlustängste auf ein Minimum zu reduzieren. Trotzdem kann ich die Wut bis heute nicht immer in Schach halten. Das rationale Denken hat jedoch trotzdem die Oberhand. Schließlich ist mein Lebensstil in meinem Umfeld einzigartig. Nur ich bin allein und nur ich habe keine Freunde. Somit verfüge auch nur ich über die damit verbundene Flexibilität und darf das daher nicht von anderen erwarten. So haben Bekannte und Kollegen Familie und Freunde, die alle in der Freizeit untergebracht werden wollen. Diesen Umstand musste ich lernen zu berücksichtigen, auch wenn er mir fremd war und weiterhin ist. Absagen waren allerdings weiterhin keine Seltenheit und ich wurde auch oft belogen und habe die betreffenden Personen dabei erwischt, wie sie ihre mir versprochene Zeit mit anderen verbracht haben. Was daran so schwer sein soll, mir einfach zu sagen, dass ich ein unerwünschter Zeitvertreib bin, verstehe ich jedoch nicht.

Im Laufe meines Leidensweges schrumpfte mein Freundeskreis also derart, dass die Personen, um die ich mich hätte sorgen können, überhaupt nicht zu meinen Freunden zählten. Einer nach den anderen brach den Kontakt ab, manchmal mit, manchmal ohne Vorwarnung. Um nicht zu sehr verletzt zu werden (irgendwie wurde ich schließlich im Stich gelassen), beruhigte ich mich mit dem Gedanken, dass es ihnen wohl ohne meinen Kontakt besser gehe und dass meine ehemaligen Freunde einen Weg gefunden hätten, eine mögliche Stressquelle oder anderen Unannehmlichkeiten durch mich zu eliminieren. Doch es gab auch Freundschaften, die in einer Art Streit auseinandergingen. Es fing mit Vorwürfen an, auf die ich aber nicht einging, sondern versuchte, der entsprechenden Person klarzumachen, dass ich nicht mit Gegenvorwürfen antworten würde, weil ich keinen Streit provozieren wolle. Doch genau dieses Abblocken führte letztendlich zum Ende der Freundschaft.

Da ich im Laufe der Zeit zwar viele Bekanntschaften gemacht hatte, diese aber nicht sofort als Freunde bezeichnen konnte, blieb meine Freundesliste mehr als überschaubar. Daher begann ich mich auf einen erneuten möglichen Kontaktabbruch vorzubereiten. Über die Jahre hatte ich gelernt, unbewusst zu spüren, wenn ein Kontakt sich langsam löste und eine bestehende Bindung bald keine mehr sein würde. Ich fing an, noch genauer auf meinen Instinkt zu hören, und setzte alles zusammen, was ich beobachtet hatte. Anfangs versuchte ich noch den Kontakt aufrechtzuerhalten, indem ich belanglose Fragen stellte. Doch wenn die Konversationen sich in einen kurzen Small Talk wandelten, und das mehrere Male, wusste ich Bescheid. Ich ließ die Kontaktaufnahme daraufhin bleiben und hörte nie wieder etwas von dem ehemaligen Freund.

Mit der Zeit hatte ich mich an meine eigene Vorhersage, bald ohne Freunde dastehen zu müssen, gewöhnt. Ich tröstete mich mit dem Gedanken, dass es ihnen auch ohne mich sehr gut ging und sie glücklich waren. Die Einsamkeit war irgendwann ein großer Teil von mir. Zudem war ich immer noch unglaublich wählerisch, was meine bevorzugten Kontakte anging. Lernte ich z. B. jemanden kennen, mit dem ich mich gut verstand, dann bestand die Möglichkeit, daraus eine Freundschaft werden zu lassen. Doch war die Kontaktaufnahme rar und musste daher immer von mir eingeleitet werden, war ich es irgendwann leid. So nahm ich es in Kauf, dass ich nach dem Aufgeben meiner Kontaktversuche nur noch selten etwas von der „angehenden Freundin" hörte. Doch dieses Risiko war ich bereit einzugehen. Ich musste mir zwar öfter den Vorwurf anhören, dass ich meine

Kontakte nicht genug pflegen würde, doch warum musste der erste Schritt immer von mir ausgehen? Dann lieber einsam bleiben und so innere Wut vermeiden.

Bei Bekannten war die Funkstille glücklicherweise nicht sonderlich dramatisch, trotzdem aber etwas enttäuschend. Doch jedes Mal, wenn ich z.B. per Mail erzählt hatte, wie es mir ging, blieben Antworten aus. Dass absolut alle mit dieser Situation nicht umgehen konnten, war nicht wirklich einleuchtend. Denn die fehlenden Antworten stammten zum Großteil von Menschen mit hohem Intellekt und sehr großem Einfühlungsvermögen. Menschen, auf die ein jeder zählen kann und die immer einen passenden Rat haben. Doch diese Male nicht für mich. Ich war anfangs sehr enttäuscht, akzeptierte ihre Entscheidung aber, sich von mir zu distanzieren. Was sollten sie auch tun? Sie hatten sicher ihre eigenen Sorgen und waren nicht verpflichtet, sich auch noch um meine zu kümmern.

Ich möchte aber auch nicht verheimlichen, dass ich manchmal den Kontakt einfach selbst abgebrochen habe, in dem ich die Person schlichtweg ignoriert habe. Das sogenannte „Ghosting" ist eine gern genutzte Methode von mir, da sie einfach ist und mir Stress erspart. Was dabei mit dem „Opfer" passiert, ist mir egal. Ich kann theoretisch nachvollziehen, was in der ignorierten Person vor sich geht, doch hier geht mein eigenes Wohlergehen vor.

Ein weiteres Vorgehen mit dem ich langfristigen seelischen Verletzungen durch Enttäuschungen und Verrat entgehen möchte, ist das Umschlagen meiner Einstellung zu einer betreffenden Person. Das kann ein Freund, ein Kollege oder auch nur ein Bekannter sein. Sollte mich jemand sehr in meinem Vertrauen erschüttert haben oder auf einmal Wertvorstellungen offenbaren, mit denen ich überhaupt nicht einverstanden bin, dann bin ich dazu in der Lage, die Sympathie für diesen Menschen auf einen Schlag in Ablehnung umzuwandeln (manchmal sogar in regelrechten Hass). Habe ich zuvor überwiegend positive und liebenswerte Eigenschaften beobachtet, fällt mir nach der „Wandlung der Sichtweise" nur das Negative und Verabscheuungswürdige auf. Augenblicklich lehne ich daher die Person ab und bestrafe sie mit Ignoranz. Schlagartig habe ich jegliches Interesse an ihr verloren und verschiebe alle Erinnerungen, die ich von ihr habe, aus dem Ordner „freudige Erinnerungen“ in den Eimer „Trash“. Da ich sehr nachtragend bin, verbleiben diese Fragmente auch dort. Das ist natürlich eine überaus drastische Methode. Ich weiß das auch und mache das daher nur sehr ungern und nur bei Menschen, die es in meinen Augen wirklich verdient haben.

Basierend auf den eben beschriebenen Erfahrungen habe ich natürlich kein Interesse daran, ähnliche Situationen erneut zu durchleben. Schlussendlich läuft alles auf den Punkt Vertrauen hinaus, das ich im Laufe der Jahre sehr vorsichtig zu vergeben gelernt habe.

Doch leider sollte ich nicht nur im Punkt „Freunde“ wiederholt schlechte Erfahrungen machen.

# FAMILIE

Wenn mich Menschen kennenlernen, würden sie wahrscheinlich nie vermuten, dass ich nicht aus einem geborgenen und wohlbehüteten Hause komme. Mir sieht man nicht an, dass ich erst relativ am Ende meiner Kindheit eine solche genießen durfte. In einer richtigen Familie, in einem richtigen Zuhause mit Eltern, die sich um mich kümmerten, mit Geschwistern und einer großen Verwandtschaft drum herum.

Dass mich diese Chance gerettet hat und mir das Leben ermöglicht hat, das ich heute leben darf, sehe ich auch immer wieder an den Reaktionen, die mein Gegenüber mir entgegenbringt, wenn ich ihm erzähle, wie ich aufgewachsen bin. Immer wieder ernte ich Erstaunen (meine Pflegeeltern hingegen den größten Respekt), da man es mir eben nicht an der Nasenspitze ansieht. Dass ich allerdings nur ein Heimkind und keine Tochter war, eröffne ich erst zu einem späteren Punkt einer Bekanntschaft.

Ich mache kaum einen Hehl aus meiner Vergangenheit. Ich nehme sie hin, allerdings nicht als Entschuldigung für irgendwelche Fehler. Wer das macht, ist in meinen Augen feige und verdient nicht die geringste Anerkennung. Ich habe gelernt, mich meinen Ängsten zu stellen, diese zu überwinden und dann erhobenen Hauptes voranzuschreiten.

Doch trotzdem war da immer etwas, was gefehlt hat. Eine Lücke, die auch die großzügigsten und gutmütigsten Menschen niemals ganz füllen könnten. Die Rede ist von meinem richtigen Vater, meiner richtigen Familie. Normalerweise mache ich keine große Sache daraus, doch während ich lerne, mein Verhalten und meine Reaktionen auf gewisse Situationen zu beobachten und einzuschätzen, merke ich, dass die Spuren, die auch an mir hinterlassen wurden, wohl nie ganz verschwinden werden. Doch ich möchte versuchen, diese wenigstens teilweise zu verwischen. Nicht verdrängen, aber sie zumindest so weit unter Kontrolle zu bekommen, dass ich ohne deren negativen Einfluss weiterleben kann. Deshalb habe ich eines Tages beschlossen, meine Gedanken aufzuschreiben, um mir wenigstens so etwas Luft zu verschaffen. Auch wenn ich in den Therapien dieses Thema schon mehrfach angesprochen habe, bin ich nie genauer darauf eingegangen. Auch meinen wenigen Freunden habe ich nie etwas gesagt und alles immer als Lappalie abgetan. Schließlich hat jeder seine eigenen Probleme, mit denen er sich herumschlagen muss. Helfen kann mir sowieso keiner – nur ich selbst. Und genau das versuche ich nun:

Dass ich keinen Kontakt zu meinem Vater habe, dürfte inzwischen klar sein. Nein, er ist nicht gestorben (zumindest glaube ich das). Ich habe ihn einfach nur nie kennengelernt. Alles, was ich von ihm weiß, basiert auf Erzählungen. Fetzen, aus denen ich mir im Laufe der Jahre eine Geschichte gesponnen habe, mit der ich versuche, Gründe für sein Desinteresse mir gegenüber zu finden. Diese Geschichte hat allerdings viele Lücken, die ich mit etlichen Fragezeichen füllen musste.

Meine Mutter war damals sehr jung, als sie ihn kennengelernt hat. Da er ungefähr im gleichen Alter ist, war auch er gerade erst erwachsen geworden. In unserer Familie wurde damals das Wort „Vorsicht“ nicht einmal richtig buchstabiert – so führte eins zum anderen und meine Mutter wurde mit mir schwanger. Anfangs musste er noch zu ihr gehalten haben. Allerdings gab es neben meiner Mutter noch eine andere Frau in seinem Leben: seine eigene Mutter. Diese Frau war die Eifersucht in Person. Sie war nicht nur auf meine Mutter, sondern auch auf mich neidisch. Aus ihrer Sicht konnte es nur eine Frau an der Seite ihres Sohnes geben. Und das war natürlich sie selbst. Also versuchte sie zwei Fliegen mit einer Klappe zu schlagen und sich unser beider zu entledigen (als ich allerdings noch gar nicht geboren war). Der Mordversuch, in Form eines Treppensturzes, schlug allerdings fehl. Ich vermute, dass mein Vater hier die Notbremse gezogen hat und sich von meiner Mutter distanzierte, um weiteren Ärger zu vermeiden. Ganz glaube ich dieser Vermutung allerdings auch nicht, denn mein Vater ist kognitiv eingeschränkt, kurz: dumm. Er hat einen Betreuer, der ihm in finanziellen und gesundheitlichen Angelegenheiten hilft. Deshalb wird er wohl gar nicht so weit gedacht haben, weil er es wahrscheinlich schlichtweg nicht konnte. Seine Mutter hatte sich jahrelang um ihn gekümmert. Nur ein einziges Mal hatte sie nicht aufgepasst und schon wurde ihr wohlbehüteter Sohn Vater. Das konnte und wollte sie wahrscheinlich nicht zulassen. Durch seinen geistigen Zustand wäre er sowieso nicht in der Lage gewesen, für ein Neugeborenes zu sorgen (zwischenzeitlich ist er wieder Vater geworden).

Man kann die damaligen Geschehnisse aus vielen Blickwinkeln betrachten. Da sie so lückenhaft sind, ist alles möglich. Ob er wenigstens meine Geburt miterlebt hat, ist fraglich. Meine Mutter hat ihn allerdings als Vater angegeben. Hat er mich gesehen? Auf dem Arm gehabt? Nach mir gefragt? Das ist nur ein kleiner Teil der Fragen, die ich mir so oft stelle.

Nach einigen Jahren kam ich mit einem Teil meiner Geschwister ins Heim. Meine Mutter hatte endlich eingesehen, dass das Sammeln von Kindern Unsinn gewesen war und sie damit einfach nicht mehr klarkam. Es kam natürlich die Frage auf, was mit den abgegebenen Kindern geschehen sollte. Da ich einen eigenen Vater hatte, mussten zwei Männer gefragt werden, ob sie ein neues Leben für ihre Sprösslinge wünschten oder eben nicht. Mein Vater kannte mich nicht, hatte mich nie gesehen und empfand wohl auch die Tatsache, dass ich mit der weiblichen Form seines Vornamens benannt worden war, nicht schmeichelhaft genug, um auch nur einen unnötigen Gedanken an mich zu verschwenden. Kurz: Er willigte sofort ein, mich zur Adoption freizugeben. Der Vater meiner Geschwister verweigerte sein Einverständnis. Dies erfuhr ich allerdings erst in einem späten „Jetzt bist du alt genug für die Wahrheit"-Moment.

Erst als ich erwachsen war, startete ich einen Versuch, meinen Vater kennenlernen zu dürfen. Er hatte jedes Recht, den Kontakt zu verweigern, doch ich hatte genauso ein Recht darauf zu erfahren, woher ich eigentlich kam. Doch er machte von seinem Recht Gebrauch und verweigerte jegliche Reaktion auf meine Anfragen und einen Brief, den ich ihm geschrieben hatte. Lediglich seine kranke Tochter brachte er als Entschuldigung hervor. Nach seiner Verweigerung gab ich es auf, da ich seinen Wunsch respektierte und auch nicht wollte, dass er meinetwegen Ärger mit seiner eigenen Familie bekommen würde. Zugegebenermaßen schreckte mich auch die Tatsache ab, dass er selbst auf eine Betreuung angewiesen war. Zu der Zeit hatte ich auch offiziell erfahren, dass er nicht gerade zu den Intelligentesten gehören sollte. Da ich mich schon genug mit dem Kind, das auch noch meine Mutter war, herumgeschlagen hatte, wollte ich mich insgeheim nicht absichtlich erneut in eine ähnliche Situation begeben. Dass ich selbst das Glück habe, mit einer gewissen Intelligenz und Cleverness gesegnet zu sein, ist tatsächlich unglaublich. Ich habe zwar nicht den Intellekt meines Vaters geerbt, dafür aber gewisse Züge von ihm. Optisch wie auch charakteristisch. Glaubt man den Ausführungen von Menschen, die ihn gekannt haben, besitze ich eine verblüffende Ähnlichkeit mit ihm. Angeblich bin ich ihm wie aus dem Gesicht geschnitten. Nimmt man es allerdings genau, habe ich lediglich seine Augen, die jedoch ausdrucksstark genug sind. Daher wahrscheinlich die Illusion, dass das komplette Gesicht eine Kopie von seinem Gesicht ist. Des Weiteren habe ich wohl seinen Humor geerbt. Ich habe wirklich einen schrägen Humor und mir dadurch auch das Kind in mir bewahrt. Doch im Gegensatz zu meinen Eltern kann ich dieses kontrollieren und lasse es nicht die Oberhand gewinnen.

Ich hatte also am Anfang meines erwachsenen Lebensabschnitts erfahren, dass ich meinem Vater schon immer egal gewesen war. Da ich kurz vorher dasselbe über meine Mutter erfahren hatte, war ich einigermaßen abgehärtet. Doch im Laufe der Jahre fiel mir ein Verhalten an mir selbst auf, das mich stutzig machte. Ich hatte unbewusst angefangen, mir „Ersatzväter" zu suchen. Nicht in dem Sinne, dass ich mich an junge Männer klammerte oder gar Beziehungen mit älteren Männern einging. Nein, irgendwann fiel mir auf, dass Vertrauenspersonen das für mich waren, was einem Vater am nächsten kam. Das merkte ich an meinem Respekt, Vertrauen, der steten Ehrlichkeit und dem Gehorsam ihnen gegenüber.

Für mich ist jedoch der Zug abgefahren und ich werde niemals eine Vater-Tochter-Beziehung zu irgendjemandem aufbauen können, sollte sich doch einmal Kontakt zu meinem richtigen Vater aufbauen. Denn auch bei meinem Pflegevater hat das nicht ganz geklappt. Es fehlt einfach etwas. Ich war damals einfach schon zu alt, als dass ich ihn „Papa" hätte nennen können. Zumal wären der Vertrauensbruch und der damit verbundene Schaden enorm gewesen, wenn ich bei einer solchen Verbindung seinen Alkoholismus entdeckt hätte.

Im Grunde ist es ist in meinen Augen nicht schlimm, ohne einen Elternteil bzw. ohne beide Elternteile aufzuwachsen, auch wenn dabei ein nicht zu stopfendes Loch entsteht. Schlimm ist es nur, wenn man aufgrund dieser Tatsache sein ganzes negatives Handeln darauf begründet. Wie schon gesagt, ich stehe zu meinen Fehlern, lerne aus ihnen und würde nicht mal im Traum darauf kommen zu behaupten, dass das Fehlen einer Vaterfigur der Grund für Fehlverhalten war. Und auch wenn eine Lücke zu erkennen ist, so kann ich lernen, damit umzugehen. Früher habe ich sie mit meiner Fantasie gefüllt und sie somit unsichtbar erscheinen lassen. Doch heute hat der Realismus übernommen. Zum einen werde ich niemals die Eltern haben, die ich mir so sehr wünsche. Dafür ist der Zug abgefahren und auch die zweite Chance war ein totaler Reinfall. Zum anderen würde ich es nicht aushalten, lange Zeit mit meinen echten Eltern zu verbringen. Beide unreif, beide dumm und beide somit Kinder im Geiste. Wer bis hierher gelesen hat, weiß, dass ich Kinder hasse und daher nicht im Geringsten gewillt bin, für solche zu sorgen. Schon gar nicht mit dem Wissen, dass diese meine Eltern sind.

Und doch blieb stets ein seltsames Gefühl erhalten. Das Gefühl, nicht dazuzugehören. Mit den Jahren wurde dieses immer stärker und ich entfernte mich dabei immer mehr von meiner „Familie". Ich nahm nicht mehr an Familienfesten teil und holte mir keinen Rat mehr bei meinen „Schwestern". Mit dem Anstieg der Abscheu gegenüber meinem Pflegevater sank das Interesse für die Belange und Sorgen meiner „Geschwister". Hierzu muss ich sagen, dass dies auch auf meine richtigen Geschwister zutraf. Doch meine Schwestern waren stets bemüht, mir zu verdeutlichen, dass ich in ihren Augen nichts wert sei und demzufolge nicht zur Familie gehören würde. Sie sagten es mir nie direkt ins Gesicht, aber ihr Handeln und ihre Vorwürfe sprachen Bände. So schwiegen sie meine Tattoos tot, gaben mir für meine fehlenden Freunde die Schuld und zeigten erst Anerkennung, wenn ich ihrer „Norm" entsprach (was sehr selten vorkam). Selbst als ich nach den Klinikaufenthalten (an deren Scheitern ich natürlich auch schuld war) endlich Arbeit gefunden hatte, blieben aufmunternde Worte aus. Doch zu jenem Zeitpunkt war mir das nur recht. Denn ich hatte mir ebenfalls eine Meinung über die Damen gebildet und nicht im Geringsten vor, die Beziehung wieder zu kitten. So machte ich mir einen Spaß daraus, ihnen mit einer enormen Kälte gegenüberzutreten. Ich sprach ohne jegliche Emotion zu ihnen (was durch das Fehlen ebendieser keine Kunst war) und spielte sie nicht vor. Fingen sie an, über ihre Probleme zu jammern, oder anzudeuten, dass es ihnen nicht gut ging, ignorierte ich die für mich überdeutlichen Zeichen. Ich sah von meinem Niveau auf die drei herab und ging meinen Gedanken nach, in denen ich jede Einzelne beschimpfte und ihnen jegliches Unglück wünschte.

Lediglich meine Pflegemutter erlebte mich nicht ganz so kalt. Ich sprach völlig normal mit ihr, scheute mich aber keinesfalls vor ehrlichen Aussagen, die sie insgeheim wahrscheinlich verärgerten. Ich half ihr, wo ich konnte, mit dem Ziel, einen bestimmten Eindruck zu hinterlassen. Denn so stand Aussage gegen Aussage. Meine Schwestern sowie mein Pflegevater erlebten mich kalt, abwertend und nach innen gekehrt. Meine Pflegemutter hingegen humorvoll (allerdings weniger als früher), ehrlich und interessiert (wenn auch nur oberflächlich) – bis schließlich auch hier der Bruch unvermeidbar geworden war.

# NIE MUTTER – STETS ERZIEHERIN

Als die Entscheidung im Raum stand, drei neue Kinder aufzunehmen, hat dieser Entscheidung eine Beobachtung zum Positiven verholfen:

Die mittlere Tochter meiner Pflegemutter hatte ihre Mutter mit mir gesehen, als ich noch im Heim war. Damals lief ich freudestrahlend auf sie zu und fiel ihr in die Arme. Der Anblick, den wir dabei geboten haben, verhalf den Töchtern angeblich zu der Entscheidung, der Aufnahme von uns Kindern zuzustimmen.

Ich habe am Anfang dieses Buches beschrieben, dass ich viel Respekt gegenüber meiner Pflegemutter empfunden habe, die nur durch Dankbarkeit übertroffen werden kann.

Gerade der erwähnte Dank für alles hat mich aber vieles übersehen und somit blind werden lassen gegenüber dem, was wirklich mit mir passiert ist.

Von Anfang an bestand sie darauf, dass ich selbstständig werde. Vor allem der Umgang mit Geld war ihr sehr wichtig. Dies machte sie z. B. mit den Worten deutlich: „Du wirst später nicht viel zur Verfügung haben, daher ist es wichtig, dass du das Beste aus dem machst, was du hast."

Damals habe ich das so hingenommen, aber heute weiß ich, dass sie mir offenbar nie eine erfolgreiche Karriere zugetraut hat. Ich gehe nicht davon aus, dass sie erwartet hat, dass ich arbeitslos werde und bleibe, aber als Motivation kann diese Prophezeiung nicht gewertet werden.

Aufbauend auf dieser Ansicht hat sie mich sehr oft spüren lassen, dass sie mich für nicht sonderlich intelligent hält. Angefangen hat es mit einem Lob eines ehemaligen Zivis aus dem Heim. Als ich gerade das Abitur gemacht hatte, waren wir zu dem alljährlichen Sommerfest auf dem Heimgelände und liefen ihm dort auch über den Weg. Mit Interesse fragte er mich nach meinem momentanen Befinden und ich erzählte ihm stolz von meinem bevorstehenden Abschluss. Seine Antwort darauf machte mich etwas verlegen, da ich eine solche Feststellung bis dato noch nie gehört hatte: „Es war von Anfang an klar, dass du es zu etwas bringst.“ Damals war es sehr ungewöhnlich, dass Heimkinder überhaupt einen Abschluss machten, geschweige denn das Abitur in Angriff nahmen. Sein Lob gab mir Zuversicht und auch Selbstbewusstsein bezüglich meiner Intelligenz. Doch meine Pflegemutter nahm mir dieses sehr schnell wieder. Zu Hause erzählte ich ihr noch am gleichen Tag von der Begegnung mit dem Zivi und seinem Kompliment. Sie jedoch machte sein Kompliment mit den Worten „Das hat er nur so gesagt, aber nicht so gemeint“ nieder. Dass sie mich damit extrem verletzt hatte, ließ ich mir in dem Moment nicht anmerken. Doch los ließ mich diese Abwertung seither nie wieder.

Schon als Teenager fing ich an, mir irgendetwas beizubringen, um mich zu beschäftigen und etwas lernen zu können. Ich puzzelte sehr viel und entdeckte so meine Leidenschaft für das Knobeln. Wenn ich etwas nicht verstand, informierte ich mich so lange darüber, bis es klar war. So bestand mein erstes großes Projekt im Erlernen der Schrift Devanagari. Diese wird in Indien verwendet und hat mich mit ihren Zeichen sehr fasziniert. Da ich damals indische Filme für mich entdeckt hatte, wollte ich auch etwas darüber lernen. Also studierte ich jedes einzelne Symbol, lernte es zu zeichnen und machte auch vor dem Erlernen der Syntax nicht halt. Nach kurzer Zeit beherrschte ich die Schrift mitsamt ihren Regeln – zumindest so weit, dass ich sie für die deutsche Sprache verwenden konnte.

Nach dieser Schrift folgten weitere. Erst Braille[50], das NATO-Alphabet, dann das Fingeralphabet der Gebärdensprache und den Morse-Code. Dazwischen gab es Versuche, Weiteres zu erlernen (Stenografie, Gebärdensprache usw.), wofür ich aber rasch das Interesse verlor.

---

50 Blindenschrift.

In dieser Zeit entdeckte ich auch mein Talent für das Schreiben, was jedoch nur meinen Deutschlehrern nicht verborgen blieb.

Neben diesen ganzen Interessen hatte ich keinerlei übrig für die Schule. Ich erledigte meine Hausaufgaben nur selten und vollendete Projekte meist kurz vor Abgabetermin in der Nacht davor. Entsprechend waren meine Noten ab der 5. Klasse nicht mehr das, was eine Erzieherin und ein Lehrer eigentlich erwarteten. Doch ich hasste die Schule. Mir war langweilig, mich interessierte das ganze Zeug nicht und mir war klar, dass ich 95 % des Erlernten nie wieder brauchen würde. Warum also meine Zeit damit verschwenden, hervorragend in etwas zu sein, das ich nie anwenden könnte?

Gemessen an meinen Noten unterstützte ich daher wohl die Meinung meiner Pflegemutter weiter, dass in mir nicht gerade ein Genie schlummern würde. Meine Interessen und Fähigkeiten waren dabei nicht von Belang, da sie in ihren Augen absoluter Schwachsinn waren und auch weiterhin sind.

Meine Vorbereitung auf das spätere Leben lief tagtäglich weiter. Neben Kleinigkeiten wie dem Putzen der Fingernägel und dem Händewaschen nach der Heimkehr lief der Unterricht im Selbstversorgen auf Hochtouren.

Wenn ich etwas haben wollte, musste ich selbst dafür aufkommen. Sowohl ein Gameboy als auch ein Fahrrad galten als Luxusgüter und daher musste ich so lange sparen, bis ich mir meinen Wunsch erfüllen konnte. Heute weiß ich zwar alles selbst Gekaufte sehr zu schätzen, doch glaube ich nicht, dass das nur die Erziehung meiner Pflegeeltern war. Ich musste schließlich schon vor dem Heim lernen, mich selbst zu versorgen.

Nicht einmal an Weihnachten wurden meine Wünsche berücksichtigt. Nur ein einziges Mal sollte einer von ihnen tatsächlich wahr werden:

Als ich auf das Erwachsenenalter zuging, äußerte ich vorsichtig den Wunsch nach einem Festplatten-Rekorder. Mit diesem war ich damals in der Lage, Sendungen vom TV aufzunehmen und mir diese dann zum gewünschten Zeitpunkt anzuschauen und (das war das Wichtigste) die Werbung zu überspringen.

Zu meiner großen Überraschung bekam ich in jenem Jahr sogar einen DVD-Rekorder. Also einen DVD-Player inklusive Rekorder.[51] Die Begründung hierfür wurde mir natürlich an Heiligabend ebenfalls präsentiert. Ich wäre die letzten Jahre so brav gewesen, hätte mich nie beklagt und keinerlei Probleme gemacht. Daher wäre es an der Zeit, mich dafür zu belohnen.

Meine Pflegeeltern schätzen eine Eigenschaft an mir besonders, die ich mir notgedrungen aneignen musste. Nämlich die Fähigkeit, unsichtbar zu sein. Mein Befolgen von Regeln, Raushalten aus Streitigkeiten, „Vergessen" von Beobachtetem und Vorausschauen bzw. Mitdenken wurden als sehr positiv wahrgenommen.

Auf eine Nachfrage meinerseits stellte meine Pflegemutter sogar fest, dass ich als Kind fast schon zu brav gewesen sei, was meine antrainierte Fähigkeit nur untermauert. Als Kleinkind musste ich spuren und durfte mir nichts anmerken lassen. Das nutze ich noch heute, auch wenn die Entstehung hierfür einen grausamen Grund hat. Doch heute kann ich das zu meinem Vorteil nutzen, auch wenn es sehr viel Geduld von mir verlangt.

Mir war relativ schnell bewusst, dass ich genauso werden sollte wie die anderen Töchter meiner Pflegeeltern. Ich nahm am Kinderturnen teil und fing mit dem Skifahren an. Anfangs hatte ich auch viel Spaß daran, doch leider habe ich Talent für diesen Sport. Ich sage leider, weil dies in der Ortschaft automatisch implizierte, dass ein neuer potenzieller Skilehrer entdeckt wurde.

Schon mit dem Aufstieg in die Fördergruppe hatte ich jegliches Interesse am Skifahren verloren. Ich konnte nicht so fahren, wie ich wollte, und hasste alle Mitglieder der Gruppe, ja sogar die komplette Skizunft. Diese ständige gute Laune und dieser Zwang, immer zu den Besten gehören zu müssen, waren mir zuwider. Ich hasste auch das ständige Messen in Form von Rennen. Irgendwann hielt ich es nicht mehr aus und ich verließ den Skiverein. Für meinen damaligen Lehrer war das keine Überraschung, was mir Erleichterung verschaffte. Wenigstens

51 Ich habe das Gerät heute noch und es läuft weiterhin einwandfrei.

einer hatte gesehen, dass ich unglücklich war. Meine Pflegefamilie war über diesen Traditionsbruch nicht gerade begeistert, doch das war erst der Anfang.

Denn schon bald sollten meine Pflegeeltern ihr Bild von mir ändern. Weit nach der Pubertät fing ich etwas an, das in der Familie überhaupt nicht gern gesehen war. Ich ließ mich tätowieren.

Ich war erwachsen, also konnten sie nichts machen. Außer natürlich ihrem Unmut darüber Luft lassen. Meine Pflegeeltern reagierten noch relativ entspannt, doch meine Pflegeschwestern erachteten dies als respektloses Verhalten. Zumindest vermute ich das, da sie anfingen, sich von mir zu distanzieren. So langsam kristallisierte sich heraus, dass ich eben kein Mädchen vom Land war, sondern eine Persönlichkeit besaß, die bis dato noch unbekannt für diese Familie war. Mit jedem neuen Tattoo wuchs allerdings auch die Ablehnung meiner Pflegeeltern gegenüber diesem „Hobby".

Doch nicht nur meine Tattoos, auch meine anderen Hobbys wurden als langweilig, unnütz und absolut dämlich betitelt. Weder meine Kunst noch mein Musikgeschmack, ja nicht mal mein Interesse an Dokumentationen und Wissen allgemein konnten sie in irgendeiner Hinsicht begeistern. Schaute ich mir etwas im Fernsehen an, hieß es nur: „Was schaust du jetzt wieder für einen Scheiß?" Zum Erklären kam ich gar nicht erst und mit der Zeit antwortete ich nur noch mit „Nichts" oder mit einem stummen Augenrollen.

Im Mittelpunkt standen immer die Aspekte meiner Persönlichkeit und meines Lebens, die das komplette Gegenteil ihrer Töchter waren. Ich habe ihnen bis heute absichtlich meine Asexualität und Aromantik verschwiegen. Schließlich ist es abnormal, keinen Partner zu haben, geschweige denn keinen zu wollen.

Doch ich hatte mich bereits mit etwas ins Aus geschossen, für das ich überhaupt nichts konnte. Als ich krank wurde, distanzierte sich die ganze Familie von mir. Über die Jahre stand ich irgendwann allein da und wurde ausgegrenzt. Während der Zeit in den Kliniken bekam ich nie Zuspruch und Unterstützung. Stattdessen wurde ich angeschrien und bekam für alles die

Schuld. Schlussendlich warfen mir meine Pflegeeltern vor, selbst dafür verantwortlich zu sein, dass ihre Töchter mich ablehnten. Die Ablehnung würde nämlich nicht von ihnen ausgehen, sondern von mir. Dass meine Pflegeeltern nie auf meiner Seite standen, kannte ich aber schon seit Kindertagen. In den seltenen Momenten, in denen das doch der Fall war, hatte ich mich mit Lehrern angelegt. Da ich immer ehrlich ihnen gegenüber war und auch zu dem stand, was ich getan hatte, unterstützten mich meine Pflegeeltern bei Konfrontationen. Doch auch nur kurz, da ich rasch versprechen musste, dass solche Gespräche nie wieder vorkommen würden. Das habe ich auch eingehalten, auch wenn ich lediglich gegen Ungerechtigkeit vorgegangen war und nicht aus reiner Bosheit gehandelt hatte. Doch sie sahen nur den jugendlichen Leichtsinn und den Hang zur Rebellion.

Ich bekam Ärger, wenn ich „zu ehrlich" gegenüber Familienfreunden war, und auch, wenn ich ihnen „zu viel" Arbeit machte, z.B. als ich den Bus verpasst hatte und um Abholung bat. Jedes Mal wurde ich so dermaßen angeschrien, dass ich in Tränen aufgelöst nur dasaß und nicht wusste, wie ich aus dieser Sache wieder rauskommen sollte. Ich konnte mich nur noch mehr beugen und nie wieder unangenehm auffallen. Geschafft habe ich das wohl nie richtig, da ich nun allein dastehe.

Als ich dann schließlich entdecken musste, was meine Pflegeeltern seit Jahren vor mir verbargen, war mir alles egal. Da stand ich nun: allein, ohne Arbeit und wusste etwas, das ich nie hätte erfahren sollen. Doch dabei sollte es nicht bleiben. Weiterhin machte mir meine Pflegefamilie deutlich, dass ich nicht dazugehörte, und schien dabei noch nie etwas von Diskretion gehört zu haben.

Diesmal ging es um die Finanzen. Ich wusste, dass ich jederzeit auf meine Pflegemutter zählen konnte, wenn ich knapp bei Kasse war. Ich bat sie sehr selten darum, da mir so etwas unangenehm ist und ich ungern jemandem etwas schulde. Sie half mir bei der Bezahlung meiner Zahnspange, hielt mir aber stets unter die Nase, dass sie in der Zeit, in der ich bei ihr gewohnt hatte, weit mehr für mich ausgegeben hatte. Dass sie sogar Auflistungen besitzt, finde ich zwar übertrieben, aber offenbar musste sie dafür sorgen, dass diese „Last“ nie in Vergessenheit geraten würde.

Dass Geld in dieser Familie eine sehr große Rolle spielt, erfuhr ich kurz danach: Es war die Zeit, in der ich zwischen verschiedenen Klinikaufenthalten stand und überwiegend bei meinen Pflegeeltern war. Die Belastung durch meinen Pflegevater war zwar kaum auszuhalten, aber so hatte ich wenigstens Gesellschaft. Eines Tages beobachtete ich, wie meine Pflegeeltern, bepackt mit einer Sektflasche, ins Obergeschoss schlichen (zu ihrer jüngsten Tochter). Offenbar gab es irgendetwas zu feiern, doch ich interessierte mich nicht weiter dafür, da wieder Alkohol im Spiel war und ich meinen Pflegevater nicht von Nahem saufen sehen wollte.

Nur ein paar Tage später kam die mittlere Tochter mit ihrer Familie zu Besuch. Ich war gerade in der Küche und machte mir einen Tee, als meine Pflegeeltern besagte Tochter und deren Mann schnappten und ins nächste Zimmer schoben. Nachdem die Tür geschlossen war, hielt ich inne und vertraute auf meinen feinen Gehörsinn. Offenbar übergaben die beiden ihrer Tochter Geld, da sie ihr vorschlugen, was sie damit machen könnte: entweder der Familie etwas gönnen oder es sparen und für die Kinder aufbewahren.

Nun fügte sich das Bild noch mehr zusammen. Die Feier mit dem Sekt, die Geldübergabe und zusätzliche Briefe von einem Forstamt, die ich gefunden hatte. Offenbar war die Familie durch den Verkauf eines Waldes[52] zu Geld gekommen und verteilte den Gewinn nun unter den Kindern – allerdings nur unter den eigenen. Die Erkenntnis trieb mir erneut die Tränen in dic Augen, doch ich wischte sie schnell weg und verkroch mich in mein Zimmer.

Schon bald wurde aus der Trauer Wut und ich nahm mir vor herauszufinden, ob meine Vermutung wirklich Grund zur Freude war.

52 Mein Pflegevater hatte Grundstücke und einen Wald von seinem Vater geerbt.

Als es endlich einen Nachmittag gab, an dem ich das Haus für mich hatte, tat ich etwas, das man eigentlich nie tun sollte: Ich sah mir die Kontoauszüge meiner Pflegemutter an. Schon nach wenigen Seiten bekam ich die Antwort auf meine Fragen und auch das letzte Puzzleteil fügte sich ein. Vor dem bekannten „+"-Zeichen prangte die Zahl 400.000,00!! Ich zählte die Nullen mehrmals, doch tatsächlich hatten sie für den codierten Verwendungszweck fast eine halbe Million bekommen. Eine kurze Recherche im Internet ergab, dass solche Codes für Grundstücke verwendet werden. Somit wusste ich Bescheid. Sie hatten ein Grundstück verkauft und den Gewinn großzügig in der Familie verteilt.

Und ich stand da, die Zahl vor Augen, arbeitslos, krank und allein. Ich musste mir „meinen Anteil" anderweitig verdienen, indem ich Sachen von meiner Pflegefamilie verkaufte und eine Provision von 20% bekam. Ausgaben hatte ich trotzdem, da ich für den nahenden Aufenthalt in der Tagesklinik Fahrkarten kaufen musste, die mein knappes Budget fast sprengten. Auf die Idee, mich evtl. finanziell zu unterstützen, kamen die beiden aber nicht. Ich war also weiterhin darauf angewiesen, so wenig Geld wie möglich auszugeben und mein Hab und Gut zu verkaufen. So viel zur Erziehung, die selbstständig machen sollte – doch die hervorragende Aneignung dieser Methode meinerseits brachte mir wohl trotzdem keine finanzielle Anerkennung. Um laut dieser Familie ein Geschenk zu "verdienen", muss man erfolgreich, gesund, anerkannt und finanziell unabhängig sein. Zudem waren viele Freunde, eine eigene Familie, ein Führerschein und natürlich „normale" Hobbys (am besten in mehreren Vereinen) von Vorteil und äußerst erwünscht. Das alles konnte ich nicht bieten.

Das Glück half mir etwas, da ich als Nächstes Gold- und Gedenkmünzen verkaufte. Zu meiner großen Überraschung kam ich mit einem Erlös von über 2.500 € zurück. Damit sprang für mich mit den 20% gerade genug Geld heraus, um mir die Fahrkarten kaufen zu können. Natürlich gönnten mir meine Pflegeeltern das Geld nicht, was meine Pflegemutter mit dem Kommentar deutlich machte: „Jetzt bereue ich, dass ich dir 20% versprochen habe. Aber ich stehe dazu." Der zerknirschte Gesichtsausdruck machte mich extrem wütend (da ich von der halben Million wusste), aber auch sehr schadenfroh. Es war keine große, aber doch eine Strafe.

Dass sie mir nie etwas zugetraut hatten, habe ich bereits thematisiert. Es war nicht nur die Tatsache, dass sie mich für dumm hielten. Meine Pflegeeltern sahen mich mit der Zeit als den größten Versager an, den es überhaupt in ihrem Umfeld gab. Ich stand sogar unter meiner drogensüchtigen Schwester, was das Ganze noch deprimierender machte.

Als ich endlich einen Schlussstrich unter die Kliniken zog und beschloss, wieder zu arbeiten, fand ich relativ schnell den Job, in dem ich heute noch tätig bin. Ich ging zum Bewerbungsgespräch und nahm auch den Vorschlag zum Probearbeiten an. Während ich auf diesen Tag wartete, schien es meine Pflegemutter für angebracht zu halten, mich auf die, für sie sichere, Enttäuschung vorzubereiten. In ihren Augen hatte ich nämlich nicht die geringste Chance auf den Job. Immer wieder sagte sie mir, dass es sicher viele Bewerber auf die Stelle gebe und ich mir daher keine allzu großen Hoffnungen machen solle. Zudem wären auch sicher welche dabei, die weitaus besser als ich seien, und daher würden meine Chancen nicht sonderlich hoch stehen. Das alles hielt sie unter dem Denkmantel des „Ich möchte nur nicht, dass du enttäuscht wirst“ verborgen – oder versuchte es zumindest. Entsprechend groß war ihre Überraschung, als ich sofort nach dem Probearbeiten die Zusage für den Job bekam.

Doch leider war die Anerkennung nicht sonderlich groß für diese Leistung. Weder von meinen Pflegeeltern noch von dem Rest der Familie konnte ich diesbezüglich etwas erwarten. Manch einer wird sagen, dass es eine gute Leistung war, nach über einem Jahr voller Klinikaufenthalte und Therapien sofort in einen Vollzeitjob zu springen und diesen Start mit Bravour zu meistern. Doch nicht meine Pflegefamilie. Ich blieb weiterhin der Außenseiter und bekam lediglich vom Doc und von meinem Physiotherapeuten Anerkennung und Glückwünsche.

Manch einer wird nun annehmen, dass ich vor diesen ganzen Erniedrigungen und Enttäuschungen vielleicht etwas Liebe und Geborgenheit erfahren habe. Denn vor meiner „rebellischen Phase“ musste mein braves Verhalten doch wohl belohnt worden sein, oder? Falsch. Umarmungen waren etwas, das man sich verdienen musste. Und das erste Kriterium hierfür konnte ich unmöglich erfüllen. Denn dafür hätte ich eine Blutsverwandte sein müssen (Tochter, Enkelin, Schwester …). Ging es mir nicht gut, sollte ich mich nicht so anstellen. Und hatte ich doch einmal Schwierigkeiten, hagelte es Ärger und Enttäuschung anstatt Verständnis und Mitgefühl.

Ich habe allerdings nie erwartet, den Rang einer Tochter zu erreichen. Ich war und bin stets das Heimkind, das aus Mitleid bei seiner Erzieherin untergekommen ist. Selbst auf dem Papier war ich nicht einmal ein Pflegekind. Um noch mehr Geld scheffeln zu können, wurden meine beiden Geschwister offiziell zu Pflegekindern. Ich jedoch wurde „im Rahmen einer Heilerziehungsstelle“ bei meinen Pflegeeltern[53] untergebracht. Meine Pflegemutter war somit in Form einer Teilzeitstelle weiterhin als Erzieherin in dem Heim beschäftigt, führte ihre Tätigkeit aber von zu Hause aus. Ich hatte immer angenommen, dass ich wegen der Kontakte des Heims offiziell diesem zugehörig blieb. Doch es ging mal wieder nur um das Finanzielle.

Meine Pflegemutter brachte mir bei, mit Geld umzugehen, zu kochen, zu waschen und meinen Alltag zu regeln. Doch zwischenmenschliche Beziehungen, Emotionen, Mitgefühl, ja sogar Liebe wurden mir nie zuteil. Das war schließlich nicht Teil ihrer Stellenbeschreibung. Sie erfüllte nur eine einzige Aufgabe: mich großkriegen und dafür sorgen, dass ich auf eigenen Beinen stehe. Doch das meiste hätte ich sicher auch allein geschafft, auch wenn es etwas mehr Zeit in Anspruch genommen hätte.

Inzwischen glaube ich, dass sie nie beabsichtigt hatte, mich weit über das 18. Lebensjahr zu beherbergen. Es gab einen Moment, in dem das Jugendamt all seine Unterstützung kappen

53 Streng genommen sollte ich sie so etwas wie „Heilerziehungsberechtigte“ nennen.

wollte. Ich sollte somit ausziehen und schauen, wo ich blieb. Doch meine Pflegeeltern ließen das nicht zu und drohten sogar mit einer Klage. Ihrer Meinung nach konnte eine junge Erwachsene ohne Ausbildung und Arbeit nicht für sich sorgen – was auch stimmt.

Doch nach meiner Berufsausbildung lösten sie sich langsam von mir und machten mir subtil klar, dass ihre Pflicht nun erfüllt war und ich meinen eigenen Weg beschreiten sollte.

Die Liebe und Anerkennung, die sie ihren eignen Kindern zuteilwerden ließen, suchte ich vergebens. Sogar mit über 30 Jahren können sich die Töchter meiner Pflegemutter auf diese verlassen. All das, was ich als Kind, Jugendliche und junge Erwachsene gebraucht habe, wurde mir weiterhin verwehrt und großzügig auf die eigenen Kinder und Enkel verteilt.

Bin ich darüber enttäuscht? Natürlich, und wie!

Im Nachhinein kann ich sagen, dass meine Pflegeeltern einen großen Fehler begangen haben, indem sie uns bei sich aufnahmen. Sie waren nicht qualifiziert für drei traumatisierte Kinder. Bei keinem wurde auf die individuellen Bedürfnisse eingegangen. Die Jüngste, meine Schwester, wurde aus Mitleid so sehr verhätschelt, dass sie heute drogensüchtig auf der Straße lebt. Die fehlenden Regeln und das übermäßige Bedauern, was sich in sturem Bedienen seitens meiner Pflegemutter geäußert hat, haben ihr jegliche Möglichkeit genommen, selbstständig zu werden. Wie sollte sie auch lernen, für sich selbst zu sorgen, wenn ihr dauernd alles in den Arsch geschoben und ihr dieser sogar bis zur 2. Klasse abgewischt wurde?

Indem meiner Schwester die ganze Aufmerksamkeit zukam, geriet mein Bruder außer Kontrolle und infolgedessen in den Sog unserer Mutter. Somit hatte diese freie Hand, ihn zu manipulieren, was wiederum meine Schwester dazu inspiriert hat, ebenfalls den Verstand zu verlieren.

Nur ich saß zwischen den Stühlen und hielt mich zurück – wie immer. Stumm sagte ich jedes Geschehnis, jeden Ausgang voraus. Alles verlief genau so, wie ich es gesagt hatte, doch natürlich hörte niemand dem dummen, ruhigen Mädchen zu.

Dass ich in Wirklichkeit den größten Schaden davongetragen habe und meine Pflegefamilie mitgeholfen hat, diesen zu verstärken, wird diesen Menschen wohl für immer verborgen bleiben. Und das, obwohl die Jüngste von ihnen als Sozialpädagogin auf diesem Gebiet bewandert sein müsste. Und auch eine Erzieherin und ein Lehrer sollten erkennen, was für Bedürfnisse ein Kind hat. Zumindest in Bezug auf meine kleinen Geschwister hätten sie vielleicht, mit etwas Mühe, die Kurve kriegen können.

In meinem Fall konnten sie nicht einmal ansatzweise die richtige Richtung finden. Schließlich schafften es auch ausgebildete Psychologen nicht, sich auf mich einzulassen, mich zu verstehen oder sich auch nur ein wenig in mich hineinzuversetzen.

## FOLGEN FÜR MICH

Zwischen dem Verfassen des ersten Kapitels und meiner Entscheidung, dieses Buch zu veröffentlichen, liegen ungefähr fünf Jahre.

Ich habe meine Familie, meine Freunde und meine Leidenschaften verloren. Jegliches Vertrauen wurde missbraucht, gebrochen und weggeworfen. Ich selbst wurde behandelt wie ein Stück Dreck und so oft retraumatisiert, dass ich selbst nicht weiß, wie ich es bis hierher geschafft habe.

Mein Glaube an die Menschheit ist zerstört und bis ins Unkenntliche zermalmt worden. Ich bin davon überzeugt, dass mir niemals etwas Gutes widerfahren wird, da das Schlechte in jedem Aspekt meines Lebens überwogen hat und dies auch weiterhin tun wird. Ich bin nicht abergläubisch, überzeugter Atheist und die Skepsis ist mein steter Begleiter. Doch in einem Punkt bin ich mir sicher: Meine Familie ist verflucht. Es mag sich mystisch anhören, aber ich kenne nicht ein Mitglied meiner echten Familie, das nicht davon verschont worden ist, zu einem unglücklichen Leben verdammt zu sein. Es mag sicher den ein oder anderen geben, der zumindest zufrieden ist, aber ideal ist es wohl nie. Natürlich ist das im Allgemeinen selten, doch gewisse Züge und Eigenschaften, die nicht normal und für unsere Hölle verantwortlich sind, hat jedes meiner Familienmitglieder.

Ich kenne kaum jemanden aus meiner Familie, doch das, was ich von ihnen weiß, reicht mir völlig aus. Mein Vater ist wahrscheinlich der Glücklichste. Er ist zwar kognitiv eingeschränkt, doch das bewahrt ihn gleichzeitig vor der Erkenntnis, was seine Mutter getan und er auch mir angetan hat. Schließlich hätte er mich retten können, wobei ich bezweifle, dass ich mit ihm und meiner Mutter glücklich geworden wäre.

Es mag sich gemein anhören, aber ich komme einfach nicht mit Dummheit klar. Es ist nicht nur anstrengend, sondern auch zermürbend, nicht auf einer Wellenlänge sein zu können. Ich hätte wohl nie zu ihm aufgesehen und irgendetwas von ihm gelernt, wie ich es mir mein Leben lang gewünscht hatte.

Meine Mutter war zwar das Nesthäkchen und hat alles bekommen, was sie wollte, doch genau das hat sie zu ihrem eigenen Schicksal verdammt. Selbst etwas tun zu müssen, war ihr stets zuwider und viel zu anstrengend. Stattdessen warf sie sich in die Arme unterschiedlicher Männer und wählte schließlich den schlimmsten aus. Was danach folgte, dürfte inzwischen bekannt sein. Ihre Eltern, meine Großeltern, haben sie wohl nie richtig erzogen, ihr nie Werte beigebracht und ihr so den Weg für eine faule, nichtssagende Zukunft geebnet. Bis heute hat sie nie lange gearbeitet und lebt vom Amt. Sie ist der Meinung, dass es sich nicht lohnt zu arbeiten, schließlich würde die Rente in greifbarer Nähe sein (zum Zeitpunkt dieser Aussage war sie ca. 43 Jahre alt). Diese Einstellung, zu erwarten, dass einem alles hingeworfen wird und man nichts dafür tun muss, hat sie ihrer jüngsten Tochter vererbt.

Meine kleine Schwester ist die exakte Kopie ihrer Mutter. Auch sie wurde von unserer Pflegemutter, aus Mitleid, verhätschelt und hat so nie selbst etwas auf die Reihe bekommen. Mein kleiner Bruder und ich mussten sehr schnell selbstständig werden. Wir haben nichts geschenkt bekommen, sondern mussten uns alles erarbeiten. Es hatte seine Vorteile (wir können heute mit Geld umgehen), doch leicht war es nicht. Schließlich mussten wir mit ansehen, wie unserer Schwester bis zur 2. Klasse der Hintern abgewischt wurde. Und nein, nicht im metaphorischen Sinne! Sie musste nur rufen „Fertig!“ und unsere Pflegemutter kam gesprungen, um sie sauber zu machen. Egal was sie tat, es hagelte Verständnis und Mitleid. Wir hingegen bekamen Ärger und mussten lernen, dass Verständnis etwas war, das uns nie vergönnt werden sollte. Wir hassten unsere Schwester dafür und schlossen sie entsprechend aus. Heute lebt sie auf der Straße, drogensüchtig, alkoholabhängig und völlig bar jeglichen

Verstandes – ganz wie ihre Mutter (die allerdings nicht drogenabhängig ist). Sie hat nie gelernt, selbstständig zu sein. Sie ist in dem Glauben aufgewachsen, das ihr alles vor die Füße getragen wird und sie nur sagen muss „Keiner hat mich lieb", um noch mehr zu bekommen, als sie sowieso schon hat. Sie hat all die Liebe und Zuwendung bekommen, die mir verwehrt wurde. Also ja, meine Pflegeeltern haben Schuld, dass ihr Leben komplett aus dem Ruder gelaufen ist. Unsere Mutter trägt nur eine Teilschuld, doch verdorben wurde sie im Laufe ihrer – nicht stattgefundenen – Erziehung.

Mein Bruder hat jedoch Liebe und Zuwendung erhalten, allerdings von anderer Seite. Wie schon zu Heimzeiten, blieb er der kleine Prinz unserer Mutter. Neben der Jüngsten ließ sie ihm alles durchgehen, manipulierte ihn und gab ihm das Gefühl, etwas Besonderes zu sein. Nachdem er uns die Hölle auf Erden bereitet hatte und endlich zu ihr gezogen war, brauchte es sieben Jahre, bis er endlich bemerkte, dass ich die ganze Zeit recht gehabt hatte. Sie hatte nur jemanden gesucht, der sich um sie kümmerte, was ihm aber nicht behagte. Er zog aus und gründete seine eigene Familie.

Das mag sich zunächst positiv anhören, doch auch er ist eine Kopie, wohl die schlimmste Duplikation von allen. Denn er wird mit hoher Wahrscheinlichkeit wie sein Vater, mein Stiefvater. Die Anzeichen dafür habe ich schon als Kind erkannt. Er entdeckte in jungen Jahren seine Vorliebe für Gewalt und Waffen. Bei Wutausbrüchen war es für ihn kein Problem, mich mit einer Waffe anzugreifen. Mehrmals bedrohte er mich mit einer Axt oder schoss mit einem selbst gebastelten Pfeil und Bogen auf mich (er hat auch getroffen, doch der Pfeil war zu stumpf, um mein Bein ernsthaft verletzen zu können).

Wir lebten uns immer weiter auseinander und hatten erst nach dem Start in sein eigenen Leben wieder Kontakt. Er hatte eine Freundin, eine Wohnung, einen gut bezahlten Job. Doch die aggressive Seite war nicht zu übersehen. Gespräche entbrannten schnell in Diskussionen, bei denen er immer lauter wurde. Nur seine Freundin konnte ihn einigermaßen beruhigen, was in mir den Verdacht hegte, dass er ohne sie schon längst straffällig geworden wäre. Neben seinen schwer kontrollierbaren Wutausbrüchen zeigten sich schnell Rassismus, Homophobie und übertriebener Hass auf allerlei Menschen mit dem Wunsch, diese zu töten. Aufgefallen war mir besonders, dass er die Vorstellung daran genoss. Ich war mir nicht sicher, ob er jemals selbst dazu fähig wäre, jemanden zu verletzen oder gar zu töten, doch seine mangelnde Selbstkontrolle schloss dies nicht aus. Er konnte nicht beurteilen, wann er jemanden verletzte, auch wenn es nur verbal war. Diese mangelnde Fähigkeit, zu urteilen, wann was angebracht war, wird ihn sicher noch in ernsthafte Schwierigkeiten bringen. So beschimpfte er seine damalige schwangere Freundin (heute Frau) wegen ihrer Morgenübelkeit auf das Gröbste. Er finde sie in diesem Zustand absolut widerlich und abstoßend. Sie sollte ihn bloß nicht anfassen und ihm während dieser „ekligen" Zeit fernbleiben. Dass sie das sehr verletzte, war ihm nicht klar.

Ich hielt diese Bosheit und fehlende Kontrolle nicht lange aus und brach den Kontakt daher sehr schnell wieder ab. Trotzdem fragte ich meinen damaligen Therapeuten, ob meine Beobachtungen Grund zur Sorge sein könnten. Mein Bruder hatte Angst geäußert, wie sein Vater zu werden, wollte sich aber nicht helfen lassen, um genau das zu vermeiden. Er wusste also sehr genau, dass etwas nicht stimmte, doch sein Temperament verbot ihm ein Einschreiten.

Mein Therapeut bestätigte meine Beobachtungen und sah im Verhalten meines Bruders eine Störung, die behandelt werden müsste. Auch er prophezeite ein Ausbrechen der gefürchteten Wut ins Unaufhaltbare.

Mir kam ein Gedanke, den er mir dann ebenfalls bestätigte: Mein Bruder und ich hätten uns nicht weiter auseinanderentwickeln können. Ich hatte enorm unter seinem Vater gelitten und muss heute mit den Folgen leben. Dass ich davon überzeugt bin, dass er seine eigenen Kinder in Ruhe gelassen hatte, unterstreicht meine Vermutung in Bezug auf das heutige Verhalten meines Bruders. Was, wenn er vieles beobachtet hatte, was sein Vater mit mir gemacht hatte? Die seelische und körperliche Gewalt hatten ihm damals zunächst sicher Angst gemacht. Doch was, wenn es ihm irgendwann gefallen hat? Ich glaube, dass das damalige Erleben von Gewalt mir gegenüber eine Faszination und eine Leidenschaft bei meinem Bruder ausgelöst hat. Auch er hatte das Pech, das nie jemand darauf aufmerksam geworden ist (was für das Versagen von Therapeuten spricht). Und so konnte sein heimliches Verlangen weiter wachsen. Die Faszination wuchs langsam, aber stetig. Seine Liebe für Waffen, sein Hobby für das Schießen, seine Wut, seine mangelnde Selbstbeherrschung. Hier und da widerspricht er zwar seinem innerlichen Verlangen (er findet es z. B. eklig, Horrorspiele zu spielen) und wird oft zum Mädchen, doch auch das wird sich sicher legen. Ich bin davon überzeugt, dass er sich eines Tage nicht mehr zurückhalten kann. Und sollte dabei auch die Alkoholsucht eine Rolle spielen und damit alles ins Rollen bringen (wovor er große Angst hat), dann haben wir eine weitere Kopie unserer bzw. seiner Eltern.

Ich warte heute tagtäglich auf einen Anruf der Polizei, die mich als Zeugin befragen möchte. Sei es in Bezug auf meine Schwester, meine Mutter oder meinen Bruder.

Solange bleibe ich diesen Menschen fern, ohne Kontakt und ohne den Wunsch, auch nur den Namen dieser Personen jemals wieder hören oder aussprechen zu müssen.

Meine Einsamkeit und meine verlorene Leidenschaft erschweren mir allerdings die Bewältigung des Alltags. Ich hasse meinen Job, muss ihn aber weiter ausführen, um die Miete bezahlen zu können. Doch die tägliche Arbeit mit unzähligen Menschen lässt meinen Frust steigen, da mir diese Arbeit keinen Spaß macht. Ich komme mir vor wie in einem Strudel, der mich jeden Tag an der gleichen Stelle ausspuckt und an einer anderen Stelle wieder reinwirft. Inzwischen habe ich das Gefühl, jeden Tag das Gleiche zu machen. Die damit entstandene Langeweile frustriert mich jeden Tag mehr. Ich habe auch nicht das geringste Interesse daran, gute Laune vorzuspielen, und komme entsprechend genervt zur Arbeit. Dass die Nachfrage nach der Ursache meiner schlechten Laune ebenfalls zur Routine geworden ist, stört mich auch kaum mehr. Doch ich denke mir: Warum soll ich noch so tun, als wäre alles in Ordnung, wenn dem nicht so ist? Ich habe nur noch meine Arbeit, weiß nicht, was ich sonst machen soll, und hasse somit jede einzelne Sekunde meines Alltags.

Sicherlich gibt es Menschen, denen noch Schlimmeres widerfahren ist. Das streite ich überhaupt nicht ab. Schließlich habe ich selbst oft genug gesagt, dass es weit Schlimmeres gibt, und ich habe das auch ernst gemeint. Doch bei jedem kommt einmal ein Punkt, an dem die einzige Option im Aufgeben liegt. Und an diesem Punkt bin ich schon längst.

Meine wachsende Einsamkeit zog mich immer tiefer runter, grub aber zeitgleich etwas aus, das zwar immer präsent, mir allerdings lange Zeit nicht bewusst gewesen war.

Von diesem Etwas hatte ich noch nie jemandem erzählt. Zwar hatte ich es dem Doc gegenüber angedeutet, doch ich bezweifle, dass er es verstanden hatte. Die Tatsache, dass er nicht in der Weise reagiert hatte, wie es zu erwarten wäre, bestätigte meine Vermutung, dass er im Dunkeln getappt war.

Meinem ehemaligen Therapeuten hatte ich ebenfalls davon erzählt, doch ihn interessierte das Thema überhaupt nicht (der Grund dafür offenbarte sich ein paar Monate später – es war ihm schlicht egal).

Nun werde ich also niederschreiben, was offenbar bei niemandem Besorgnis ausgelöst bzw. für ein Aufhorchen gesorgt hat.

Als ich bei der Recherche von Symptomen bei Dissoziation bzw. cPTBS auf das Symptom „hohe Risikobereitschaft“ gestoßen bin, konnte ich dem bei mir nur bedingt zustimmen. Mit „bedingt“ meine ich, dass es mir oft gleichgültig ist, was mir passieren könnte. Ich bin zwar noch nie bewusst oder gewollt Risiken eingegangen, hatte aber in risikoreichen Situationen nie Angst vor möglichen Gefahren. Wenn etwas passiert, dann passiert es eben – man hat schließlich nicht alles in der Hand.

Ich ließ nach und nach alle Erlebnisse, Situationen und Szenen Revue passieren, die in einer gewissen Weise risikobehaftet gewesen waren. Relativ schnell fand ich heraus, dass sie alle eines gemeinsam hatten: Jedes Szenario endete mit dem möglichen Ausgang des Todes. So wagte ich mich z. B. als Kind, trotz

Warnungen vor giftigen Schlangen, in ein schwer zu durchdringendes, kleines Feld. Der Gedanke, von einer Schlange gebissen zu werden, machte mir keine Angst, sondern Hoffnung. Damals war ich zwischen sechs und sieben Jahre alt und bereit zu sterben.

Das nächste große Alarmzeichen kam viele Jahre später. Mit dem Auftreten meiner Intoleranzen und Beschwerden hoffte ich inständig auf die erlösende Diagnose: Mit jeder Faser meines Körpers sehnte ich mich nach einer tödlichen. Dass dieser Wunsch nie erfüllt wurde, riss mich nur noch tiefer in meine Verzweiflung.

Laut Therapeut zeugt dieser Wunsch allerdings nicht von einem Suizid-, sondern einem sogenannten passiven Todeswunsch. Somit hatte ich nicht vor, mir selbst das Leben zu nehmen, hatte jedoch auch nichts gegen einen baldigen Tod. Wie auch immer, der Wunsch nach Erlösung schlummerte schon immer in mir und lässt sich bis heute nicht verleugnen. Anfangs war mir der Gedanke, mir meinen Ruhewunsch selbst zu erfüllen, zuwider. Doch irgendwann hörte sich dieses Vorhaben immer attraktiver an.

Ich habe keine Familie, keine Freunde und keine Leidenschaft. Meine Vertrauten haben mich betrogen und ich wollte den Doc endlich von mir selbst erlösen. Zu verlieren habe ich ebenfalls nichts und ich lasse auch nichts zurück. Vermissen würde mich keiner und selbst das Organisatorische nach meinem Tod ist geplant und wartet auf seine Ausführung.

Auch hat sich in Bezug auf meine „Macken" vieles geändert.

Noch vor ein paar Jahren fasste ich in Relation zu Frauen gegenüber Männern rasch Vertrauen. Die anfängliche Skepsis konnte ich schneller abbauen und verstand mich auch besser mit dem männlichen Geschlecht. Heute ist das anders: Aufgrund meiner Erfahrungen und den damit verbundenen Vertrauensbrüchen mache ich nur noch kleine Unterschiede zwischen „Männlein und Weiblein". Frauen stehen bei mir immer noch schlechter im Kurs, doch auch Männer haben nun schlechte Karten – aus bekannten Gründen.

Als ich nach dem Rauswurf aus der Therapie und der Physiotherapie merkte, dass ich immer tiefer sank, habe ich das dem

Doc nicht vorenthalten. Dabei sagte ich ihm aber auch, dass ich das nicht als Grund sehe, mich erneut einem „Schauspieler“ gegenüberzusetzen. Ich brauche niemanden, der dafür bezahlt wird, mir Empathie und Verständnis vorzuspielen. Ich würde immer ein seltsames Gefühl haben, würde alles infrage stellen und mich wahrscheinlich enorm verschließen. Helfen konnte mir ein weiterer Therapeut sowieso nicht, da eine Erfolgsquote von 0 % mehr als aussagekräftig ist. Einen großen Nachteil hat das allerdings. Ich werde niemals dahinterkommen, was meine Amnesie vor mir verbirgt. Das instinktive Vergessen meiner durchlebten Traumata wird wahrscheinlich für immer im Nirwana des Unterbewusstseins gefangen sein.

Meine Resignation breitete sich immer weiter aus. Wie bereits erwähnt, hielt ich mit meiner Langeweile bei der Arbeit nicht hinter dem Berg. Mit jedem Tag stieg nicht nur der Frust über das ständige Wiederholen des Alltags, sondern auch mein Hass auf die Menschen. Ich hatte das Gefühl, dass die Patienten mit jedem Tag dümmer und unverschämter wurden. Es dürfte verständlich sein, dass ich mir das nicht gefallen lassen wollte. Zwar kam ich bei den Patienten sehr gut an und bekam selten Ärger, aber ich hielt es irgendwann einfach nicht mehr aus. Ich habe schon oft erwähnt, dass ich mit Dummheit nicht klarkomme. Wie Menschen so durchs Leben kommen, ist mir unerklärlich. Mit jeder dummen Frage und jedem noch dümmeren Verlangen nach dem Wiederholen meiner Anweisungen stieg meine Wut auf diese IQ-Bremsen. Selbst einfachste Dinge schienen nicht an dem Vakuum zwischen deren Ohren vorbei ins Gedächtnis zu kommen. Egal was ich sagte und wie ich es sagte: Es blieb schlussendlich verschwendeter Sauerstoff. Dazu benahmen die Patienten sich derart respektlos und böse, dass ich mit jedem neuen Tag mehr darin bestätigt wurde, dass es das Gute im Menschen einfach nicht gibt.

Mit meiner Resignation sanken auch meine Laune und meine Motivation weiterzumachen. So beschloss ich auch nach außen zu zeigen, wie es mir innerlich ging. Die Tränen über meine alltägliche Leere hob ich mir für meine eigenen vier Wände auf. Doch dass ich nicht im Geringsten zufrieden war, wollte ich nicht mehr verbergen.

Ich habe früher immer gesagt, dass ich meine Laune und meinen Humor dazu nutzen kann, mich selbst an den eigenen Haaren aus dem Sumpf zu ziehen. Doch nicht ich allein habe das geschafft. Es war immer die Gewissheit dabei, meine Familie, meine Freunde und meine Vertrauten als Rückhalt zu wissen. Nun gab es überhaupt keine Unterstützung mehr und daher war es die Mühe einfach nicht mehr wert.

Ich stand also eines Tages wie immer demotiviert auf und verließ wenig später, mit dem Vorhaben, nicht mehr zu schauspielern, das Haus. Und genau das hielt ich auch durch. Meine Kolleginnen konnten sich meinen plötzlichen Gemütszustand nicht erklären, doch mir war das egal. Ich war weiterhin freundlich, lächelte aber nur noch selten und machte keinerlei Witze mehr. Ging es um nichts Berufliches, blieb ich daher stumm. Ich erzählte auch nichts mehr, gab nur noch Kommentare ab, wenn ich gefragt wurde, und beschäftigte mich mit allerlei Arbeiten.

Zu Anfang wurde ich beleidigt und aggressiv auf meine Laune angesprochen: „Warum hast du jetzt schon wieder so eine Scheißlaune??“ Doch irgendwann verstummten die schnippischen Kommentare und wurden von besorgt gespielten Nachfragen abgelöst: „Möchtest du über etwas reden? Alles in Ordnung mit dir?“

Ich ging auf nichts davon ein, da ich die Schnauze voll von den ganzen Jammerlappen hatte und mich nicht dazugesellen wollte. Ständig heulten sich meine Kolleginnen gegenseitig etwas vor, was allerdings an Belanglosigkeit fast nicht zu überbieten war. Selten habe ich so viel Gier nach Aufmerksamkeit auf einem Haufen gesehen.

Es verging kein Arbeitstag, an dem ich nicht erwartete, dass mich jemand beiseite nahm und darauf bestand zu erfahren, warum ich aufgehört hatte zu lachen. Daher spielte ich gedanklich Szenarien durch, wie so ein Gespräch verlaufen könnte.

Ich hatte mir fest vorgenommen, alle im Dunkeln zu lassen, da sowieso niemand nachvollziehen konnte, wie es mir ging. Zudem hatte ich nicht das geringste Interesse daran, mit die üblichen Floskeln anzuhören. Ich zog in meine Überlegungen auch mögliche Gespräche mit den Ärzten oder sogar mit dem Chef mit ein. Es gab jedoch nur eine Ärztin, die mich evtl. auf meinen Gemütszustand ansprechen würde. Sie hatte mich vor Monaten auf die bestehenden Gerüchte und offensichtlichen Unstimmigkeiten angesprochen und mir verdeutlicht, dass sie Angst habe, ich würde kündigen.

Ich hätte sicher kein Problem damit, ihr zu sagen, dass mich die Arbeit enorm langweilte und sie mir schon seit Ewigkeiten keinen Spaß mehr machte. Sie würde – eher als unser Chef – darüber nachdenken und es ernst nehmen. Diesem hatte ich meine Langweile schon nach meinem ersten Jahr offenbart, doch er glaubte mir nicht. Zudem konnte er nichts daran ändern, was auch für die Ärztin gelten würde.

Daher schob ich diesen Gedanken relativ schnell beiseite und nahm mir vor, auch vor Autoritätspersonen zu schweigen und meine persönlichen Sorgen als genau solche für mich zu behalten.

## Bin ich depressiv?

Während ich immer tiefer in ein Loch fiel, stellte ich mir die Frage, ob das die Zeichen einer Depression waren. Ich war von vielen depressiven Patienten umgeben gewesen, als ich all die Kliniken über mich hatte ergehen lassen, doch ein einheitliches Bild ließ sich nicht wirklich ausmachen.

Ich musste mir von einer ehemaligen Freundin mehrmals anhören, dass ich bereits depressiv war, bevor ich mich für die Therapien entschieden hatte. Da sie jedoch immer mehr glaubt zu wissen, als sie es wirklich tut, nahm ich ihre Worte nie für voll.

In den Therapien wurde bei mir nie eine klassische Depression diagnostiziert, sondern eher depressive Züge. Das könnte tatsächlich stimmen, da meine Tiefphasen bisher eher in Schüben verlaufen sind. Ich glaube nicht, dass ich unter einer klassischen

Depression leide, sondern dass gewisse Symptome zwar darauf hindeuten, diese jedoch nicht federführend sind. Vermutlich gehört das mehr zu der komplexen Traumafolgestörung. Hier wäre es wohl sehr ungewöhnlich, wenn ich keine depressiven Symptome aufweisen würde. Und da mir schon als Kind eine Art Depression diagnostiziert wurde, macht es die Zugehörigkeit zum Durchlebten wahrscheinlicher.

Früher habe ich depressive Menschen nie verstanden – heute schon. Ich kann die Gründe nur schwer nachvollziehen und bezeichne daher viele, auch heute noch, als schwach. Ich bin davon überzeugt, dass die meisten Depressiven nicht das schätzen können, was sie haben, sondern sich auf etwas fokussieren, das sie eben nicht haben können. Dieser Wille zieht sie immer weiter runter, wobei die Erfüllung des Wunsches in weite Ferne rückt. Zudem bin ich davon überzeugt, dass eine Depression zum sozialen Image gehören muss. Wenn man also nicht depressiv ist, gehört man nicht dazu und ist somit anders. Ich lese online viel über angebliche Depressionen und wie viele darunter leiden. Doch die echte Depression äußert sich nicht darin, dass unbedingt jeder davon wissen muss. „Falsche“ depressive Menschen lassen, wie Veganer, jeden wissen, dass sie betroffen sind. Doch die „Echten“ verstecken sich hinter einer Maske und sorgen dafür, dass sich ihr Umfeld wohlfühlt. Dabei wächst die eigene Trauer mit jedem Tag mehr, bis sie schließlich die Oberhand gewinnt und den Betroffenen darin ertrinken lässt. Das beste Beispiel hierfür ist der Komiker und Schauspieler Robin Williams. Ich habe immer seine wachen, vor kindlicher Neugierde strahlenden Augen bewundert. Doch mit den Jahren verloren diese ihren Glanz und wurden von seinem innerlichen Kampf überschattet.

Auch mir war es sehr lange wichtig, dass meine Mitmenschen glücklich und zufrieden sind. Doch ich wollte damit nicht immer von mir selbst ablenken. Ein zufriedenes Umfeld garantiert mir, dass ich meine Ruhe habe und somit kein Ärger in der Luft liegt. Außerdem hat mein Handeln dafür gesorgt, dass ich bekommen habe, was ich wollte. Oft waren meine Gefälligkeiten Mittel zum Zweck und dienten lediglich der Erreichung eines bestimmten Zieles. Also ja, ich habe viele um mich herum manipuliert.

Heute sehe ich es, wie gesagt, nicht mehr ein zu schauspielern. Es ist mir egal, ob ich Ärger verursache. Es ist mir egal, wen ich damit verletzen könnte. Und ich brauche momentan auch nichts mehr, was eine Manipulation unnötig macht. Ich habe keine Ziele mehr und somit ist mein Umfeld für mich nutzlos geworden. Ich habe zwar meinen Humor mit der Zeit wiedergefunden, doch auch den Mut, brutal ehrlich zu sein und so meinen Unmut und meine Demotivation stets zu zeigen.

Das Einzige, was ich nicht richtig in den Griff bekam, war meine Einstellung gegenüber dem Doc. Lange schwankte ich zwischen der Kappung meiner Bindung zu ihm und dem verzweifelten Versuch, diese aufrechterhalten zu wollen.

Als ich von jedem im Stich gelassen wurde, hatte mir der Doc mehrfach gesagt, dass er „mein Licht im Dunkeln“ und somit immer für mich da sein würde. Auch wenn ich ihm das sehr gern glauben wollte, so wusste ich, dass es unmöglich war. Wie bei jedem anderen Statement, bei jeder anderen Beziehung und bei jedem anderen Versprechen kam ich auch hier nicht umhin abzuwägen, inwiefern das realisierbar war. Leider kam ich sehr schnell zum dem Schluss, dass er sein Versprechen unmöglich halten konnte.

Im Gegensatz zu mir hat der Doc mehrere Projekte auf einmal. Nicht nur seine Familie und seine Praxis sind hierbei gemeint. Durch Ehrgeiz und von dem Wunsch zu helfen getrieben, öffnete er schon bald eine zweite Praxis. Dieses Projekt nahm enorm viel Zeit, Arbeit und Nerven in Anspruch. Nebenher war er viel unterwegs, um für den entsprechenden Ausgleich sorgen zu können. Die Familie steht trotzdem immer an erster Stelle, was Nachteile für seine Patienten hat. Denn er reduzierte die Anzahl seiner Sprechstunden, was es für mich unmöglich machte, seine Unterstützung auch mal kurzfristig in Anspruch zu nehmen. Auch hatte ich früher häufiger die Möglichkeit, mit ihm zu schreiben, mich auszutauschen, Fragen zu stellen und mich auch von Belastendem zu befreien. Doch leider wurden diese Austauschmöglichkeiten immer rarer, da auch hier die nötige Zeit fehlte. Ich hatte sie zur Genüge und konnte daher nichts anderes tun, als diese mit Warten zu füllen. Obwohl ich Verständnis dafür hatte und mich ständig in den Doc hineinversetzte, schaffte ich es einfach nicht mehr, meine wachsende Verzweiflung zu kontrollieren. So kämpften meine rationale und meine emotionale Seite ständig um das Zentrum der Aufmerksamkeit. Hierzu ein Beispiel:

Ich hatte es mir stets verboten, dem Doc während seiner Urlaubszeit per Mail zu kontaktieren. Nur ein einziges Mal trieb mich die pure Verzweiflung dazu, mein mir selbst auferlegtes Verbot zu ignorieren. Es war, zum Glück, nur ein kurzer Urlaub, aber geärgert habe ich mich im Nachhinein trotzdem. Nur wenige Wochen später stand dann ein dreiwöchiger Sommerurlaub bevor. In dieser Zeit konnte ich die Rückkehr des Docs kaum erwarten, da ich kurz davor ein paar Mails mit ihm ausgetauscht hatte, um ihm zu verdeutlichen, dass ich am Abgrund stand und kein Problem darin sah, zu springen, wobei ich den nahenden Sprung verschwieg. Er machte zwar deutlich, dass ihm meine Isolation etwas Angst machte, doch den Grund dafür konnte ich nur erahnen. Jene Angst hatte der Doc in seiner letzten Mail vor seinem Sommerurlaub erwähnt. Gespannt auf die Erläuterung wartete ich also drei Wochen und sehnte den Tag herbei, an dem alle Ärzte endlich wieder zurück wären. Auch bei der Arbeit spürten wir die Urlaubszeit deutlich, fanden dies aber nicht sonderlich unangenehm.

Die Zeit verstrich und ich hatte das Gefühl, dass ich mich etwas vom Doc gelöst hatte. Ich vermisste unseren Austausch, doch gleichzeitig war mir bewusst, dass ich mir nicht von ihm helfen lassen konnte und es auch nicht wollte. Die Tatsache, dass er all meine Beschwerden ursächlich in der Psyche sah, hatte mich doch zu sehr gekränkt und enttäuscht.

Leider trat genau das ein, was ich befürchtet hatte. Das letzte Urlaubswochenende war für mich der Anfang des Wartens. Jeden Tag, vor allem jeden Abend, wartete ich auf die Antwort auf meine letzte Mail und seine Begründung für die beschriebene Angst. Die Tage vergingen und mein Postfach blieb leer. Mit jeder Stunde, die verstrich, wuchs meine Verzweiflung noch mehr. All die Arbeit der letzten Wochen war vergebens gewesen. Und nur ein Gedanke schoss mir immer und immer wieder durch den Kopf: Er hat dich angelogen. Du bist ihm egal – genau wie den anderen. Du bist nichts Besonderes, also finde dich damit ab!

Auf rationaler Ebene war mir klar, dass sich die Arbeit des Docs nach seiner Rückkehr gestapelt haben musste. Ich kannte es von meinem Chef und wusste daher, wie viel ein Praxisleiter zu tun hatte. Am schlimmsten war aber die Einsicht, dass er es schlicht vergessen hatte. Gedanklich sah ich mir das Postfach von ihm an. Nach drei Wochen war meine E-Mail, die er vielleicht nicht einmal gelesen hatte, sicherlich sehr weit nach hinten gerutscht. Wichtigeres hatte den Posteingang innerhalb von drei Wochen gefüllt und mich somit verbannt.

Mir war durchaus bewusst, dass er außerhalb der Praxis nicht einen Gedanken an mich verschwendet hatte, aber das brachte automatisch andere Gedanken hervor. Was, wenn das alles nur Floskeln gewesen waren? Wenn seine beschriebene Angst einfach nur Mittel zum Zweck gewesen war? Sein Dasein als mein „Licht im Dunkeln" ein kläglicher Versuch, mich aufzubauen? Ich war zwar nicht darauf hereingefallen, aber doch stellte ich mir die Frage, was ich mit so einem Bild anfangen sollte. Letztendlich war er eben nicht für mich da. Das konnte er auch überhaupt nicht und daher blieb mir der Sinn dieser Metapher fremd. Der Doc konnte nur für mich da sein, wenn ich ihn in seiner Sprechstunde aufsuchen würde. Das hatte er mir auch mehrfach verdeutlicht.

Doch was am schwersten wog, war die fehlende Antwort auf meine letzte E-Mail. Schließlich hatte ich ihm gesagt, dass es mir nicht gut ging. Den drohenden Abgrund versteckte ich hinter der Aussage, dass ich mich komplett isolieren und viel mehr weinen würde als früher. Gleichzeitig sagte ich ihm aber auch, dass ich jeglichen Glauben an die Menschheit verloren hätte und ich nicht bereit sei, mich jemals wieder dem gespielten Verständnis von jemandem zu stellen.

Zwischenzeitlich hatte ich aufgehört, zu lachen, und wollte das dem Doc auch sagen. Was ich mir davon versprach? Tief im Inneren brauchte ich einen Beweis. Einen Beweis, dass er mich tatsächlich ernst nahm und nicht davon ausging, dass nette Worte allein etwas bewirken konnten. Und genau diese fehlenden Beweise zogen mich mit jedem Tag ohne Rückmeldung tiefer herunter. Ich versuchte mich zwar damit zu beruhigen, dass er all die Jahre der Einzige war, der zu mir gestanden hatte, doch sofort kamen mir dann seine Argumente auf Fragen meinerseits hierzu hoch. Er hatte immer betont, dass er Menschen sehr mag und ihnen helfen möchte. Die Antworten auf mein „Warum ich? Warum lassen Sie mich nicht wie alle anderen auch im Stich?" blieben immer bei seiner allgemeinen Menschenliebe. Vermutlich wusste ich instinktiv schon immer, dass er es schlicht als seine Pflicht ansah. Er wollte helfen, so wie er all seinen anderen Patienten helfen möchte. Sicher, ich hatte ausnahmsweise E-Mail-Kontakt. Aber auch nur, weil ich keine Möglichkeit hatte, zu ihm zu fahren. Ich war immer Patient Nr. XY und bezweifelte auch, wenn er genau das abstritt. Dies sollte mich wohl aufbauen, doch die fehlenden Reaktionen auf mich individuell oder den drohenden Sieg meiner Resignation bewiesen mir tagtäglich, dass ich nie Priorität hatte. Allein die Tatsache, dass ich jemals angenommen hatte, dass dies der Fall sein könnte, zeigt mir auf, wie unglaublich dumm und naiv ich gewesen bin.

Ich bin es gewohnt, weggeworfen zu werden, und konnte daher nie nachvollziehen, warum der Doc es seinen Vorgängern nicht gleichtat. Eine Begründung habe ich bis heute nicht erhalten, lediglich Komplimente, Vergleiche, die keine waren, und Versuche, mich mit allgemein gehaltenen Erklärungen zu beruhigen und aufzubauen. Oft habe ich mir gedacht: „Wenn ich nur einen stichhaltigen Beweis hätte, dass er eben nicht so ist wie die anderen …"

Doch jede Antwort auf eine E-Mail, jedes Mal, wenn er sich in der Sprechstunde Zeit für mich nahm, und jeder Gefallen – all diese Dinge haben mich nicht überzeugt. Warum? Weil eben die besagte Menschenliebe der Grund dafür war. Ich wollte nie, dass er mir sagt, dass ich wichtig für ihn war. Das wäre eine Lüge gewesen und auch absolut unpassend und unprofessionell. Aber ich kam mir unglaublich dämlich darin vor, ein reines Projekt zu sein. Der Doc hat einmal zu mir gesagt: „Ich habe vor Kurzem meinen letzten schwierigen Fall gelöst. Jetzt sind nur noch Sie übrig." Und genau das unterstützte meine Projekt-Theorie. Auch die Tatsache, dass er mir immer wieder Beispiele von anderen Patienten nannte, denen es nicht gut ging. Doch ich wollte nicht mit anderen verglichen werden. Ich wollte keine Parallelen zu unseren Leben gezogen bekommen. Ich wurde einfach nicht das Gefühl los, dass hier lediglich das selbst diagnostizierte Helfersyndrom vom Doc im Spiel war und sonst nichts. Bestätigt wurde dies durch die seltener werdenden Kontakte. Diese wurden durch Wichtigeres immer rarer. Und genau das hatte ich ihm mehrmals gesagt. In vielen Mails hatte ich ihm mein Verständnis für seinen Rückzug ausgesprochen. Mir sei durchaus bewusst, dass ich unwichtig war und seine Prioritäten bei seiner Familie und Arbeit lagen und immer liegen werden. Doch jedes Mal antwortete er mit Ausreden und versicherte mir, dass er für mich da sei. Doch das stimmte nicht, da er es einfach nicht realisieren konnte. Und genau das verletzt mich bis heute am meisten. Ich möchte nicht vertröstet werden. Es ist viel grausamer, mich hinzuhalten, mich hoffen zu lassen und mich in Illusionen stehen zu lassen. Ich wollte nicht mehr auf Antwort warten, weil ich mir eingebildet hatte, etwas Besonderes zu sein. Tagtäglich hatte ich mir selbst gesagt, dass das nicht stimmt. Die fehlenden Reaktionen seitens des Docs bewiesen mir das. Er macht sich stets nur so viele Sorgen, wie es ihm sein Beruf erlaubt. Und dabei war diese mir gegenüber nicht mehr als die seiner anderen Patienten.

Also ja, ich warf ihm innerlich vor, dass er mich belogen und versucht hatte, mich zu manipulieren, so wie es die ganzen Therapeuten vor ihm gemacht hatten. Sicher, manch einer kann nun sagen, dass mich die vergangenen Erfahrungen zu genau dieser Einstellung getrieben haben. Aber genau deshalb wartete ich auf Beweise, die gegen diese Einstellung sprechen würden. Leider umsonst.

Mit den vergehenden Tagen überlegte ich mir, was ich zukünftig machen sollte. Schließlich war ich streng genommen weiterhin auf den Doc angewiesen. Die lange Pause bis zum Start der neuen Physiotherapie verstrich und mir war klar, dass ich wieder alle fünf Wochen Rezepte benötigen würde. Doch wie sollte ich an diese herankommen? Wie jeder weiß, muss die Versicherungskarte alle drei Monate in der Praxis eingelesen werden. Doch wie sollte ich das machen, wenn ich keine Möglichkeit mehr hatte, dies zu tun? Extra dorthin fahren, die sieben Kilometer vom Bahnhof in den Ort laufen, die Karte einlesen lassen und den ganzen Weg wieder zurück. Das wäre ein möglicher Tagesausflug, doch ich wollte das Risiko nicht eingehen, meiner ehemaligen Pflegefamilie über den Weg zu laufen. Die Karte einfach per Post zu schicken, war mir zu riskant, doch mit der Zeit wurde diese Möglichkeit gegenüber der persönlichen Lieferung immer attraktiver. Der Doc hatte mir zwar versichert, dass es auch ohne Karte gehen würde, doch ich wollte keine Ausnahme sein und die Verwaltung durcheinanderbringen. Die Abrechnung war wichtig und sollte nicht meinetwegen durcheinandergebracht werden.

Allerdings stand noch die Frage im Raum, wie ich zukünftig an meine Rezepte kommen sollte, auch wenn die Versicherungskarte zweitrangig war. Per Telefon war das schwierig, da die Arzthelferinnen nicht wussten, wie ich die Rezepte brauchte. Nur der Doc wusste genau, was auf dem Rezept stehen musste. Doch ich hatte kein Interesse mehr daran, ihn per Mail darum zu bitten. Schließlich war ich in Vergessenheit geraten, er nahm mich sowieso nicht ernst und ließ mich daher allein. Warum also weiterhin sein Postfach mit meinen unwichtigen Bitten füllen? Der Zeitraum, in dem ich das Rezept unbedingt bestellen musste, rückte näher und mir fiel keine andere Möglichkeit außer der elektronischen ein. Während ich mich innerlich gegen das Schreiben einer kurzen E-Mail sträubte, fiel mir die rettende Lösung ein: Warum nicht der klassische Weg? Und so schrieb ich einen handschriftlichen Brief, legte eine Briefmarke für die Rücksendung bei, warf den Brief ein und ließ die Post den Rest erledigen. So war ich um die Mail herumgekommen und hatte dem Doc zugleich ein Zeichen gegeben. Ob dieses überhaupt bei ihm ankommen würde, war eine andere Frage. Auch wenn ich angegeben hatte, dass nur er ihn aufmachen sollte, war fraglich, ob seine Arzthelferinnen dies respektieren würden. Daher bestand das Risiko, dass das Rezept falsch zurückkommen und ich dann doch nicht um eine Mail drum herumkommen würde.

Doch ich hatte bei diesem Vorgehen noch andere Intentionen. Ich sah es als Test, den es zu bestehen galt – aber nicht von mir. Der Doc hatte die Vermutung geäußert, dass ich mich sehr zurückgezogen hätte und mich enorm isolieren würde. Da ich arbeiten musste, ging das jedoch nur bedingt, was der Doc aber noch gar nicht wusste. Privat zog ich mich enorm zurück und auf der Arbeit tat ich dies mit Stille und Ernsthaftigkeit.

Mir war klar, dass er mir das trotzdem nicht richtig abkaufte und wahrscheinlich davon ausging, dass das nur eine „Phase" war, ich mich nach ein paar Tagen wieder fangen würde und ich somit seine Aufmerksamkeit wieder umsonst verlangt hatte.

Dass es mir aber enorm ernst war, hoffte ich mit diesem Brief zeigen zu können. Denn ich hatte in vielen E-Mails erwähnt, dass ich ihn in Ruhe lassen wolle, da mir meine Unwichtigkeit bewusst sei und er auch keine Zeit mehr habe zu antworten (was er wohl nicht einsehen wollte). Der Brief würde meinen Standpunkt hoffentlich unterstreichen und ihm zeigen, dass mir keine andere Wahl blieb, als mich auf diese Art zu distanzieren. Würde er persönlich das Rezept vorbereiten, aber sonst nicht mehr reagieren, hätte ich meinen Beweis: Ich war ihm egal und er war froh, mich endlich los zu sein.

Mir ist durchaus bewusst, dass vielen meine Ansicht falsch, unfair und undankbar vorkommen mag. Wäre ich ein Außenstehender, würde es mir nicht anders gehen. Auch wenn es sich gerade nicht danach anhört, aber ich bin dem Doc unendlich dankbar. Vielmehr sind es meine Enttäuschung und meine Trauer, die hier in meine Worte hineinfließen.

Eine Sache unterscheidet den Doc von meinen ehemaligen Therapeuten (Psycho und Physio). Es ist nicht nur die Tatsache, dass wir nur sechs Jahre auseinanderliegen (wobei diese eigentlich gegen den Hauptgrund spricht). Denn wenige Monate zuvor hatte ich dem Doc „gestanden", dass er für mich einem Vater am nächsten kommen würde. Obwohl wir Geschwister sein könnten, habe ich stets zu ihm aufgeschaut. Ich habe immer auf ihn gehört, seinen Rat gesucht und diesen auch respektiert. Er war der Einzige, der mir etwas sagen konnte und dessen Worte ich mir stets durch den Kopf habe gehen lassen – egal, ob ich mit ihm einer Meinung war oder nicht. Irgendwann stellte ich dann fest, dass in mir der Wunsch stieg, einen Vater wie ihn zu haben. Natürlich wusste ich, wie absurd dieser Wunsch war, doch Träumen war schließlich nicht verboten.

Es gab noch einen Grund, weshalb es mir schwerfiel, meine aufkommende Trauer und Enttäuschung in den Griff zu bekommen. Wenn ich etwas nicht ertrage, dann ist es, angelogen zu werden. Als sich nach und nach alle Bekannten und Vertrauten von mir abgewendet hatten, hatte ich dem Doc das Versprechen abgenommen, dass er mir niemals dasselbe antun würde. Ich hatte versucht, ihm zu verdeutlichen, dass es mich zerstören und bis zum Äußersten treiben würde, sollte er mich ebenfalls hintergehen und im Stich lassen – vor allem ohne Vorwarnung. Daher musste er mir versprechen, dass er so ehrlich ist und mir ganz klar sagt, wenn es ihm zu viel würde. Leider ist das nie geschehen, denn er tat es seinen Vorgängern gleich. Zwar waren hier weder Aggressionen noch Vorwürfe im Spiel, doch das machte es nicht besser – im Gegenteil. Dadurch, dass er – trotz Versprechens – genau dieses brach, hat er auch mich gebrochen.

Ich war es allerdings leid, ihn darauf aufmerksam zu machen. Natürlich hätte ich ihm wieder eine Mail schreiben können, in die ich all meinen Schmerz, meine Verzweiflung und meine fehlende Perspektive hätte legen können. Doch wohin hätte das geführt? Erneut hätte ich eine wenig zufriedenstellende Antwort bekommen. Vollgepackt mit Aufmunterungen, Zitaten und Versprechen wäre die Rückmeldung zwar lang, aber trotzdem ohne Inhalt gewesen.

Es fällt mir schwer zu beschreiben, wie es sich anfühlt, andauernd weggeworfen zu werden. Ich habe auch schon Menschen im Stich gelassen (zumindest glaube ich, dass manche dieses Gefühl nach einem Kontaktabbruch bekommen haben), doch ich war nie eine Vertraute dieser Menschen. Wir waren lediglich Bekannte, hatten keinerlei Bindung und ich hatte diese Menschen auch nur ausgenutzt. Daher kann ich mir zwar vorstellen, was in ihnen vorging, aber es war sicher nicht vergleichbar mit meiner Situation.

Ich kann nicht erwarten, dass ein Hausarzt immer für mich da ist, das weiß ich. Ich konnte auch nicht erwarten, dass er parat stand, sobald ich ihn gebraucht hätte. Aber ich konnte erwarten, dass er seine Versprechen hält und mich nicht für dumm verkauft. Und doch wurde ich für dumm verkauft. Schließlich hatte er geglaubt, dass es mich beruhigt und zufriedenstellt, wenn er mir sagt, dass er „im Hintergrund immer da sein wird – das Licht im Dunkel". Das mag sich nett anhören, brachte mir allerdings überhaupt nichts. Was genau sollte ich damit anfangen? Schließlich konnte ich keine Hilfe mehr erwarten, weil er schlicht weder die Zeit noch das nötige Interesse hatte. Sonst hätte er sich ein paar Minuten Zeit genommen und auf meine Mails reagiert. So aber waren die Prioritäten klar gesetzt und ich befand mich am unteren Ende seiner Liste.

Es ist schon erstaunlich, dass wirklich niemandem aufgefallen war, wie schlecht es mir wirklich ging. Niemand hat meine Todessehnsüchte bemerkt und meine stummen Hilfeschreie mussten ungehört verklingen. Ich wurde nicht ernst genommen und alles, was ich gesagt und angedeutet habe, wurde als reines Aufmerksamkeitssuchen bagatellisiert. Ich hatte meinem ehemaligen Therapeuten gesagt, dass ich sterben möchte, und trotzdem hat er mich kurzerhand rausgeworfen. Mein Physiotherapeut hat ebenfalls gemerkt, dass ich in ein tiefes Loch gefallen war, doch auch ihm war sein Ego wichtiger gewesen.

Dem Doc habe ich mehrfach und in unterschiedlicher Ausführung von meinem Ruhewunsch berichtet und ihm gesagt, dass mich der Verlust von ihm derart zerstören würde, dass ich keinerlei Sinn in irgendetwas mehr sehen würde. Seine ausbleibenden Reaktionen hierauf bzw. die vergeblichen optimistischen

Aufmunterungsversuche haben mir gezeigt, dass er dies nur als „Phase" angesehen hat.

Eine meiner Stärken ist es, mich monatelang auf ein bestimmtes Ziel vorzubereiten. Die nötige Disziplin und Geduld aufzubringen, ist für mich eine Kleinigkeit und geschieht inzwischen ganz automatisch. Gewisse Dinge, die ich sagen oder tun muss, laufen instinktiv, sodass ich mich innerlich nur zurücklehnen und auf den richtigen Zeitpunkt warten muss.

Ich kann mich noch gut an den inneren Kampf erinnern. Als ich bemerkt habe, dass sich bald meine ganzen Beziehungen auflösen würden und ich viele Verluste würde in Kauf nehmen müssen, wurde mir erst später bewusst, was das für mich hieß.

Der Gedanke, mir meinen Ruhewunsch selbst zu erfüllen, war mir lange Zeit zuwider. Ich empfand dieses Vorgehen als großes Zeichen von Schwäche und feige Flucht. Mir war nicht klar, wie Menschen ihren Mitmenschen so etwas antun konnten. Erst mit der Zeit lernte ich, dass in diesen schweren Momenten jegliches Denken in diese Richtung ausgeschaltet wird. Auf einmal ist es völlig egal, da der Schmerz so groß geworden ist, dass ein Abwägen überflüssig wird. Richtig bewusst wurde mir das beim Lesen eines Artikels. In diesem ging es um ein junges Mädchen, das von einem Verwandten missbraucht worden war. Dieses Erlebnis hatte sie so sehr zerstört, dass sie ebenfalls einen Ruhewunsch entwickelte. Sie hörte auf zu essen und flehte ihre Eltern an, sie gehen zu lassen. In ihrem Heimatland war es erlaubt, aktive Sterbehilfe zu leisten, und so wurde ihr Wunsch erfüllt. Als ich das gelesen hatte, spürte ich vor allem zwei Dinge: Verständnis und Neid. Ich war neidisch darauf, dass sie das bekommen hatte, was ich mir schon seit meiner Kindheit wünschte. Ich freute mich für sie, dass sie das bekommen hatte, was sie sich so sehr erhofft hatte. Sicherlich waren die Umstände katastrophal und ihre Familie leidet bestimmt noch heute enorm darunter. Aber wenn ein Mensch richtig gebrochen wurde, gibt es absolut nichts, was ihn wieder zusammensetzen kann. Ich wusste ganz genau, wie es diesem Mädchen ging, und hoffte, dass auch ich eines Tages kurz vor der Erfüllung meines Traumes stehen würde.

Ich wusste, dass es hier leider nicht erlaubt war, aktiv beim Sterben zu helfen. Daher müsste ich das wohl selbst tun. Zwischenzeitlich kam mir der Gedanke, mir ein eigenes Geschenk zu machen, nicht mehr abstoßend vor. Ich hatte fast alle Menschen in meinem Umfeld verloren und wusste, dass ich bald allein sein würde. Somit lösten sich die Komponenten, die mich noch davon hätten abhalten können, langsam, aber sicher in Luft auf. Die Menschen, denen ich vertraut hatte, wandten sich von mir ab. Sie ließen mich im Stich, ermöglichten mir aber zeitgleich die Erfüllung meines Traumes.

Mit jedem Verlust wurde die Sicherheit größer. Ich fing an zu planen, wie ich es anstellen wollte, wo und vor allem wann. Denn ich hatte vor, noch ein Versprechen einzulösen, das mir der Doc nicht geglaubt hatte: Niemals würde ich meinen 30. Geburtstag feiern. Nicht nur, weil ich nicht wollte. Ich würde es dann auch nicht mehr können.

Dass ich diese Aussage damals so ernst gemeint habe, wurde mir erst später bewusst. Doch das unterstrich meine Zielstrebigkeit.

Anfangs versuchte ich noch Pro und Kontra abzuwägen. Gegen mein Vorhaben standen meine Vertrauten und meine Familie, wobei sich diese Liste schlagartig ins Nichts verkürzte. Auch meine Leidenschaften verschwanden nach und nach, sodass schlussendlich gar nichts mehr für das Leben sprach.

Für mein Vorhaben sprach dafür alles. Meine Resignation, meine fehlende Leidenschaft, fehlende Bekannte, Freunde, Familie, Vertraute. Ich hasste sowohl meine Wohnung und meinen Job als auch mein Leben an sich. Ändern konnte ich nichts, da mir jegliche Perspektive fehlte. Ich wusste nicht, was ich tun sollte, wo meine Interessen lagen und wie ich die nächsten Jahre gestalten könnte. Mein Fluch, keine Beschäftigung lange ausüben zu können (sei es beruflich oder als Hobby), erschwerte es mir zusätzlich, da ich somit mit ewiger Langeweile gestraft war. Aus anfänglichem Interesse wurde viel zu schnell Routine und somit Langeweile. Oder ich verlor die Euphorie schneller, als sie sich richtig entwickeln konnte.

Ich hatte lange versucht, einen Grund dafür zu finden, diesen finalen Schritt nicht zu gehen. Doch mir fiel keiner ein. Ich denke, dass ich es mir mit dem richtigen, stärkenden Umfeld schnell anders überlegt hätte. Doch da ich nun allein war und nicht auf Unterstützung hoffen konnte, fand ich keinen Grund weiterzumachen. Wäre doch nur diese Angst nicht gewesen. Die Angst davor, zu versagen und mein eigenes Ende nicht erfolgreich herbeiführen zu können. Was, wenn etwas schiefging? Was, wenn es nicht richtig funktionierte und ich als lebendes Gemüse endete, dazu verdammt, langsam und qualvoll vor sich hin zu vegetieren? Wer gab mir die Garantie, dass ich in meinem Vorhaben zu 100% erfolgreich sein würde? Und das beim ersten und gleichzeitig hoffentlich letzten Versuch?

Schlussendlich strich ich mein Vorhaben komplett und beschloss, darauf zu vertrauen, dass mein Unglück in so einem großen Maß zunehmen würde, dass ich es irgendwann schlichtweg nicht mehr überleben konnte. Und das ganz ohne mein eigenes Zutun.

Während diese und ähnliche Gedanken meine Gehirnwindungen durchquerten, erfüllte sich eine neue Erwartung von mir. Der Doc hatte meinen Brief rasch erhalten und entsprechend reagiert. Am Abend des nächsten Werktages (zwei Tage später) befand sich eine neue E-Mail in meinem Postfach. In dieser bat mich der Doc, ihm zukünftig Mails zu schreiben, da Briefe zu teuer und unnötig seien. Zudem fragte er mich nach meinem momentanen Zustand, meinem Physiotherapeuten, der neuen Physiotherapie und meiner Pflegefamilie. Diese kurzen Fragen beantwortete ich entsprechend knapp. Ich berichtete von dem Verlust meines Lachens, dem Rauswurf aus der Physiotherapie, der Ignoranz meiner Pflegefamilie, meiner fortschreitenden Isolation und den aktuellen Entwicklungen. Ich hoffte, dass er aus meiner untypisch kurzen Antwort herauslesen konnte, dass sich mein Zustand enorm verschlechtert hatte. Doch da ich auf meine letzte Mail keine Antwort bekommen hatte, wurde mir eine weitere Vermutung bestätigt: Mit meinem Brief hatte ich den Doc an mich erinnert. Hätte ich den Brief nicht geschrieben, hätte ich wahrscheinlich nie wieder etwas von ihm gehört. Ein weiterer Beweis, dass ich auf seiner Prioritätenliste ganz unten stand und er sich nicht wirklich Gedanken um mein Wohlbefinden machte. Wie auch, wenn er mich nicht zu Gesicht bekam? Wie er selbst gesagt hatte: Wichtige Fälle gehörten in die Sprechstunde – alles andere zwar zweitrangig. Zudem war er sicher davon ausgegangen, dass ich in den vier Wochen „Sendepause" meine Phase wieder überwunden, nach vorn geschaut und alles überwunden hatte. Auch das sprach für das fehlende Ernstnehmen meiner Person.

Natürlich malte ich mir die Antwort auf meine Reaktion aus. Es würden wieder blumig formulierte, mit Zitaten gespickte Aufmunterungen folgen, vermischt mit optimistischen Zukunftsaussichten, Schmeicheleien und klassischen Floskeln, die er schon Dutzende Male hervorgebracht hatte. Vielleicht würde er auch das Wort „Sorge" oder sogar „Angst" fallen lassen, um mir ein schlechtes Gewissen zu bescheren und mich so zu einer Gemütsänderung zu bewegen. Auch Ziele durften nicht fehlen, angeführt von Hausaufgaben, die mein Desinteresse und meine mangelnde Motivation ins Unermessliche steigern würden.

Meine Erwartungen konnte ich nun ein paar Tage ausschmücken, da auch die Antwort einiges an Zeit in Anspruch nehmen würde. Man muss schließlich Prioritäten setzen.

Doch es kam ein wenig anders, was ich den Arzthelferinnen vom Doc zu verdanken hatte. Den Brief hatte ich absichtlich zu seinen Händen geschickt, da nur er wusste, wie das Rezept auszusehen hatte. Er hatte es jedoch in Auftrag gegeben und daher kam ein unvollständiges Dokument bei mir an. Genervt schrieb ich ihm daher eine Mail und bat um Korrektur. Die Antwort kam nur eine Stunde später. Der Doc entschuldigte sich und versicherte mir, sich am Tag darauf persönlich um die korrigierte Version des Physiotherapie-Rezeptes zu kümmern.

Auf meine vorige Mail hatte er jedoch nicht viel zu erwidern. In Bezug auf meinen Physiotherapeuten meinte er, dass dieser seine gerechte Strafe bekommen würde, da ihm seiner Meinung nach eine Rechnungsprüfung der Krankenkasse bevorstand (was ich in meiner Antwort stark bezweifelte). Über die fehlende Reaktion meiner Pflegefamilie äußerte er erneut Enttäuschung, ließ aber Optimismus nicht aus (den ich revidierte).

Jedoch wuchs meine eigene Enttäuschung, als er mich auf mein berichtetes fehlendes Lachen ansprach. Er äußerte schlimme Befürchtungen und fragte mich höflich nach meinem Gewicht. Offenbarte vermutete er, dass ich aufgehört hatte zu essen, bedingt durch Appetitverlust aufgrund meiner Stimmung.

Es folgten tatsächlich Floskeln darüber, dass ich etwas unternehmen sollte, da ich schließlich nicht 70 Jahre nur herumsitzen könne. Mit dieser Aussage spielte er, wie so oft, darauf an, dass ich 100 Jahre alt werden konnte. Ich hasste es, wenn er das tat, da ich innerlich weiterhin davon ausging, dass ich nicht einmal das 30. Lebensjahr erreichen würde – beabsichtigt oder nicht.

Ich beschloss, ihm einen weiteren Hinweis zu geben, und antwortete erneut ziemlich knapp.

Meine erwähnten Ablehnungen gegenüber seinen Aussagen kombinierte ich mit einer kurzen Auflistung meines momentanen Speiseplans. Zusätzlich erklärte ich ihm, dass ein Appetitverlust kein Grund für das Aufhören der Nahrungsaufnahme war. Schließlich musste ich essen, um meinen langweiligen Tagesablauf meistern zu können.

Erneut lehnte ich auch seine Vorschläge ab, etwas zu unternehmen. Offenbar verstand er einfach nicht, dass ich keine Lust darauf hatte, mich noch mehr mit Menschen zu umgeben, als ich es bereits musste. Er schien nicht zu begreifen, dass ich jegliche Lust am Alltag verloren hatte und mich daher weder das Kino noch Museen reizten, meine freie Zeit in diese Richtung zu gestalten.

Als ich meine Ablehnungen aufschrieb, wuchsen die Wut und die Enttäuschung in mir. Nicht nur, weil der Doc offenbar nur an meinem Gewicht interessiert war (das noch nie Einfluss auf meine Stimmung gehabt hatte). Alles andere schien ihm völlig egal zu sein. Auch sein Optimismus nervte mich mit jeder Zeile mehr, da ihm das offenbar wie ein Spiel vorkam. Er nahm die Ernsthaftigkeit der Lage nicht im Geringsten wahr, was mich emotional immer weiter von ihm entfernte. So stellte ich fest, dass ich mich ihm entfremdet hatte, da die Enttäuschung stieg, während das Vertrauen und der Respekt sanken. Ich konnte gegen diesen Wandel nichts machen, außer erneut in Tränen auszubrechen. In mir wuchs der Drang, dem Doc von meinem Ruhewunsch zu erzählen. Das Vertrauen in mir stellte sich vor, dass er es verstehen und mir helfen würde, den Wunsch zu erfüllen. Doch diese Vorstellung wurde sofort von der Vernunft vernichtet, die mir klar aufzeigte, dass er mich nach meiner Beichte sofort in eine Klinik einweisen und ich dort niemals wieder herauskommen würde.

Als letztes Zeichen kommentierte ich sein „Viele Grüße und bis bald" mit einem „Viele Grüße (bis bald wohl eher nicht)".

Wie er das verstand, war mir in dem Moment egal. Ich hatte nicht vor, jemals wieder in seine Sprechstunde zu gehen und ihm persönlich gegenüberzusitzen. Die Enttäuschung war zu groß, was veranlasste, dass ich eventuelle Pläne diesbezüglich komplett löschte. Meine Feststellung, dass ich mit jeder E-Mail aggressiver geworden war, half mir bei meiner Planung für die Erfüllung meines Traumes. Ich musste ihm einfach zeigen, dass es wichtig war, seine Patienten ernst zu nehmen und auch einmal an das Schlimmste zu denken. Ich musste ihm auch zeigen, dass mit reinem Optimismus niemandem geholfen ist und die rosarote Brille nicht jedem passt. Offenbar hatte er nicht vor, sich so sehr in mich hineinzuversetzen, dass er genügend Verständnis aufbringen konnte. Ihm war einfach nicht klar, worauf ich zusteuerte. Natürlich überlegte ich mir auch, was wäre, wenn er es doch eines Tages kapieren würde. Schließlich verweigerte ich jede Art von Hilfe. Machen konnte er also nichts mehr, da ich auch nicht mehr auf ihn hörte und seine Meinung kaum noch respektierte. Damit hatte ich offiziell meinen letzten Vertrauten verloren, musste ihn aber noch etwas halten, da ich ihn noch brauchte.

Natürlich hatte ich auch bemerkt, dass der Doc ebenfalls aufgegeben hatte. Nicht so schnell wie ich, doch er distanzierte sich immer mehr. Die Mails wurden immer knapper, beinhalteten immer weniger altkluge Kommentare und Aufmunterungen gehörten schon längst der Vergangenheit an. Sein obligatorisches „Kopf hoch" hatte er schon lang nicht mehr benutzt und bestätigte so meine Vermutung, dass er es leid war. So wie ich es ebenfalls leid war. Die Enttäuschung war inzwischen zu groß und die Unterstützung, die ich mir in dieser Zeit erhofft hatte, sollte wohl ausbleiben – das musste ich schließlich schmerzlich erkennen und einsehen.

Während wir also knappe Mails wegen der Rezepte für die Physiotherapie austauschten, wagte ich einen Versuch, um meine Vermutung bestätigen zu können. Ich wollte endlich Gewissheit, da ich zwischen Wut und Verzweiflung wechselte. Also schrieb ich dem Doc eine Mail, in der ich ihn um die Wahrheit bat. Ich äußerte meine Vermutung, dass er aufgegeben hatte, und warf ihm vor, dass sein beschriebenes „Licht im Dunkel" wohl lediglich als Metapher gedacht war, dieses aber nicht existent und schon gar nicht wirksam war. Und selbst wenn, wäre es inzwischen erloschen. Ich erklärte ihm, dass ich ihn verstand, da er nicht der Erste war, der sich zu einem Rückzug entschlossen hatte. Zudem war es auch offensichtlich, dass sein straffer Zeitplan keine Beschäftigung mit einem Wrack, das sich nicht helfen lassen wollte, zuließ. Daher schrieb ich ihm auch, dass mir nicht entgangen war, dass ihn nur mein Gewicht, jedoch nicht mein psychischer Zustand zu interessieren schien. Egal welche Hinweise ich gab, er ging nicht auf einen davon ein. Ich verschwieg auch nicht meinen Eindruck, dass er nicht für mich da sein konnte, selbst wenn es ein kleiner Teil von ihm wollte. Trotzdem versuchte ich ihm erneut zu verdeutlichen, dass ich einen letzten und den größten Bruch nicht verkraften würde. Daher hätte ich mich absichtlich von ihm gelöst, um einen abrupten Absturz vermeiden zu können.

Somit versprach ich ihm, mich nie wieder wegen persönlicher Belange bei ihm zu melden, außer es würde Bitten um Rezepte betreffen. Ich schwor ihm, ihn zukünftig in Ruhe zu lassen und auch Mails auf nur wenige Sätze zu beschränken.

Wie ich erwartet hatte, kam seine Antwort innerhalb von einer Stunde. Zu meiner Überraschung eröffnete er seine Mail mit dem Statement, dass er meine Nachfrage erwartet hatte. Zwar nicht so schnell, aber doch in naher Zukunft. Er gab zu, zwar nicht die Hoffnung, aber jegliche Möglichkeiten verloren zu haben, mir zu helfen. Wie ich ihm auch schon gesagt hatte, räumte er ein, dass ich mir nicht helfen lassen wollte.

Der einzige Punkt, der mich dabei störte, war, dass er meinen Rückzug überwiegend auf die Entfernung bezog, was absoluter Blödsinn war. Er gab mir zu verstehen, dass er weiterhin da sei, wenn ich ihn brauchte, doch er würde mich zu nichts zwingen. Zwischen unzähligen Erwähnungen der bestehenden Umgebungsparameter (im Mittelpunkt die Entfernung) versuchte er mich zu ermutigen, ihm weiterhin zu schreiben. Dass er jedoch nichts tun konnte, gab er zu, auch wenn ihm wichtig war, mir zu verdeutlichen, dass ich selbst zum Großteil dafür verantwortlich war. Daran war jedoch nichts verwerflich, da ich ihm genau das unzählige Male gesagt hatte. In meiner Antwort sagte ich ihm das auch. Doch zuerst bedankte ich mich für seine Ehrlichkeit, die mich gleichzeitig erleichterte. Denn endlich sprach er aus, was ich schon die ganze Zeit gewusst hatte. Er hatte endlich zugegeben, dass auch er nicht zu allem fähig war.

Trotzdem musste ich genauer auf die Entfernung eingehen, da ihm das offenbar besonders wichtig war. Ich bezeichnete diesen Umstand als zusätzlichen Faktor, da ich theoretisch kein Problem damit hatte, die Zugfahrt und den Fußmarsch von über sieben Kilometern auf mich zu nehmen, nur um beim Doc in die Sprechstunde gehen zu können. Sicher, ich wollte meine ehemalige Pflegefamilie nie wieder sehen. Doch hätte ich mir wirklich etwas von der Sprechstunde versprochen, wären mir diese Umstände egal gewesen.

Daher sagte ich ihm ehrlich, dass mir ein Besuch bei ihm nichts bringen würde. Wir hätten beide unsere Zeit verschwendet, da Aufmunterungsversuche seinerseits an mir abgeprallt wären.

Ich gab zu, dass der Versuch, mich langsam von ihm zu lösen, dazu führen sollte, dass der drohende Verlust nicht gar so schmerzhaft ausfallen würde. Schließlich würde das dazu führen, dass ich in vollkommener Einsamkeit enden würde. Ich sagte ihm daher erneut, dass ich nicht von ihm verlangen könne, für mich da zu sein, da seine Möglichkeiten verschwindend gering seien.

Seine Aussage, mich nicht therapieren zu wollen, wehrte ich mit der Tatsache ab, dass ich mich nie wieder therapieren lassen würde. Erneut betonte ich meine Verweigerung, jegliche medizinische Hilfe anzunehmen. Selbst wenn ich sein Angebot annehmen und weiterhin Fragen zu meiner Gesundheit stellen würde, dann würde dies früher oder später doch einen Arztbesuch erforderlich machen – sei es bei ihm oder bei einem seiner Kollegen.

Ich ließ es mir nicht nehmen, mich kurz in seine Lage zu versetzen. Daher verschwieg ich ihm nicht, dass ich versucht hatte zu überlegen, was ich eigentlich von ihm erwartete. Meine fordernde Haltung widersprach meinem absoluten Unvermögen, sagen zu können, was ich von ihm wollte. Er war als Einziger meiner Vertrauten übrig geblieben, auch wenn ich ihm jegliches Recht zugestand, Ruhe vor mir einzufordern. Ich gab zu, ihm vielleicht auch deshalb etwas ablehnend gegenüberzustehen. Er sollte genau das machen, was ich tun würde (auch wenn mir die betreffenden Personen dabei egal waren). Noch immer war ich nicht imstande zu verstehen, warum er mich nicht wegwarf.

Schlussendlich sagte ich ihm, dass ich ohne ihn zwar verloren war, mich allerdings mit ihm selbst verlor. Im Grunde lief das auf das gleiche Ergebnis hinaus, aber er sollte wissen, dass er keine Schuld trug. Ich war wohl für mein Unglück selbst verantwortlich, konnte es aber nicht mehr ertragen.

Meine Antwort schloss ich mit der Aussage, dass ich es leid sei, und der Vorhersage, dass eine Zukunft für mich nicht existent sei.

Zu meinem Bedauern sollte sich eine weitere Vermutung von mir erneut bestätigen. Denn der Doc machte in seiner Antwort deutlich, dass er mein „aktuelles Verhalten“ lediglich für eine Phase hielt. So bezeichnete er meine Verweigerung gegenüber zukünftigen Arztbesuchen als Thema, über das wir später noch einmal sprechen sollten. Schließlich würde nicht alles so heiß gegessen werden, wie es gekocht würde. Zudem würde ich mich ja schließlich nicht zur „Aluhutfraktion“ zählen.

Ich hatte nicht die geringste Ahnung, was er mit dieser Aussage meinte, doch mir war sofort klar, dass er mich nicht ernst nahm. Zwar war ihm klar, dass momentan niemand etwas mit mir anfangen konnte, doch dass er dies als vorübergehend betrachtete, war offensichtlich. Mich jedoch machte das nicht nur wütend, sondern es enttäuschte mich auch.

Daher nahm ich bei meiner Reaktion hierauf kein Blatt vor den Mund und startete mit meiner Vermutung. Ich stellte ihm direkt die Frage, ob es sein könne, dass er mich nicht ernst nehmen würde. Zwischendurch fragte ich mehrmals nach, was er mit seiner seltsamen Vorhersage gemeint hatte, doch überwiegend äußerte ich meine Enttäuschung darüber, dass er in mir ein kleines, bockiges Kind sah.

Ich ließ es mir auch nicht nehmen, ihn auf seine eigenen Worte hinzuweisen. So erklärte ich ihm, dass er (mit anderen Worten) selbst gesagt hatte, dass alles Tests – bis auf seine – in Wirklichkeit negativ ausgefallen seien und meine Beschwerden rein psychischer Natur seien. Rein logisch gesehen würde ein Besuch bei ihm also keinen Sinn ergeben, da ich hier im falschen Bereich Hilfe suchen würde. Für die Psyche sind andere zuständig, aber sicher nicht die Hausärzte.

Ich war mir unsicher, ob es eine gute Idee gewesen war, dem Doc vorzuwerfen, dass er gern die Integrität seiner Kollegen untergrabe. Doch mir blieb keine andere Wahl. Schließlich hatte er das deutlich gesagt und war zudem jeglichen Kommentaren zu seinen eigenen Tests und deren Ergebnissen ausgewichen.

Ich beendete meine Antwort auf seine enttäuschenden Äußerungen mit einem Beispiel, das die ganze Situation ins Lächerliche zog. Ich suchte mir eine meiner aktuellen Beschwerden aus und vermischte die nervigsten Erklärungen, die ich bis dato gehört hatte, zu einem irrationalen Diagnosebrei. Was er konnte, konnte ich schließlich schon lange.

Als ich die Mail abgeschickt hatte, rasten mir unzählige mögliche Reaktionen darauf durch den Kopf. Entweder würde der Doc beleidigt sein und mich als unfair bezeichnen oder er würde alles abstreiten. Dass ich alles missverstanden hätte, war eine der Lieblingserklärungen, wenn sich mein Gegenüber ertappt fühlte. Doch da er sich schon einmal zu Ehrlichkeit überwunden hatte, hoffte ich darauf, dass es gleich ein zweites Mal funktionieren würde. Trotzdem wurde ich die Erkenntnis nicht los, dass ich schon wieder recht behalten hatte: Eine weitere Person nahm mich nicht ernst und leider war diese auch noch eine vertraute. Diese Erkenntnis war zwar nicht neu, aber trotzdem erdrückend.

Ich konnte mir nicht vorstellen, dass der Doc so sehr auf meine Vernunft zählte, dass ich niemals zu Dummheiten imstande sein würde. Zwar versuchte ich ihm zu erklären, dass diese noch lange kein Hindernis für mich sei, doch mir war klar, dass er mir das sowieso nicht abkaufte.

Was mich innerlich aber überhaupt nicht loslassen wollte, war eine unruhige Ahnung. Eine Ahnung, dass der Doc irgendetwas im Schilde führte. Dauernd schloss er seine E-Mails mit „bis bald". Nun konnte argumentiert werden, dass dies für seine fehlende Ernsthaftigkeit gegenüber meiner Aussage sprach, da ich nicht mehr in die Ortschaft kommen wollte und somit ein Besuch bei ihm ausgeschlossen war. Es konnte aber auch bedeuten, dass er mit gewissen Mitteln versuchte, mir zu helfen, auch wenn er stets betonte, dass ihm die Hände gebunden waren. So schossen mir Meetings mit meiner ehemaligen Pflegefamilie durch den Kopf, Telefonate mit ehemaligen Therapeuten und Pläne für zukünftige Aufenthalte in speziellen Einrichtungen. Diese Gedanken waren allerdings zu fantasiereich und die Tatsache, dass solche Dinge nie ohne mein Einverständnis erfolgen durften, zerstörten sie komplett.

Die Antwort auf meine „Vorwürfe" fiel entsprechend optimistisch aus und fand sich auch in meinen vorigen Vorstellungen kaum wieder. Der Doc betonte erneut, dass ihm bewusst sei, dass meine Beschwerden momentan nicht behandelbar seien. Das hieße für ihn aber noch lange nicht, dass sie das nie sein würden (worin er meines Erachtens falschlag).

Außerdem ließ er es sich nicht nehmen zu erwähnen, dass ich bei anderen Erkrankungen, wie z. B. einer Lungenentzündung, sicherlich trotzdem einen Arzt aufsuchen würde. Hier baute er seine Theorie mit der Aluhutfraktion ein, die sich – wie vermutet – aus Heilpraktikern und Globuli-Fanatikern zusammensetzte. Da diese ebenfalls echte Ärzte meiden, wolle ich sicher nicht zu ihnen gehören. Ich fand diesen Vergleich mehr als absurd, da mir jeglicher Glaube an Übernatürliches und Magie fehlt. Doch belassen wir es dabei.

Er versuchte es mit einer anderen Theorie und sprach den Gedankengang an, dass psychische Erkrankungen vielleicht auch zu organischen zählen könnten. Das Gehirn – selbst ein Organ – müsse ja nicht unbedingt abgegrenzt werden. Doch aufgrund fehlenden Wissens darüber blieben wohl weitere Entwicklungen dahin gehend abzuwarten.

Mir selbst war nicht ganz klar, was für einen Sinn diese Umformulierung ergeben sollte. Schließlich sind dann Psychiater, Psychologen und Psychotherapeuten trotzdem für die Erkrankungen des Organs Gehirn zuständig. Also weiterhin verlogene, egoistische Narzissten, die sich für ein höheres Wesen und somit für Herrscher über die Gedankenwelt anderer halten.

Was mich jedoch am meisten überraschte, war seine Feststellung, dass die Psychiatrie in einer schweren Sackgasse stecken würde, überschattet von veralteten Modellen und Herangehensweisen, die kaum einem Patienten langfristig helfen könnten.

Diese Aussage verwirrte mich allerdings noch mehr, sodass ich nicht anders konnte, als ihn zu fragen, woher denn plötzlich dieser Sinneswandel komme. Schließlich hatte er mich zu den ganzen Gängen in „den Tartaros“ überredet. Und nun erfuhr ich, dass er ebenfalls wusste, dass es nichts brachte? Das erklärte zwar, warum er nach all den Auseinandersetzungen stets hinter mir stand, doch die Ermutigungen zu weiteren Versuchen sprachen wiederum dagegen.

Ich erkundigte mich auch nach den vorgetragenen „Erfolgen“, die er mir als Beispiel in seinen Überredungskünsten präsentiert hatte, und hielt mich auch nicht zurück zu fragen, ob auch bei seinen Erfolgspatienten die rosarote Brille sehr schnell von der Realität entfernt worden war.

Meine Meinung über die sinnlose Zusatzbezeichnung des Gehirns (organisch oder psychisch) ließ ich ebenfalls nicht unerwähnt. Mir war wichtig, dass dem Doc klar wurde, dass ich gegen Wortspiele immun war und meine Meinung dadurch eher gefestigt wurde, aber sicher nicht verändert werden konnte.

Der einzige Punkt, in dem wir uns einig waren, war die Sinnlosigkeit der Gruppentherapie bzw. Selbsthilfegruppe. Der Doc bestätigte eine Aussage, die ich vor vielen Jahren bereits gemacht hatte: Was bringt es, wenn man sich das Gejammer von anderen anhören muss?

Ich lieferte ihm eine Antwort auf diese Frage, die ich in den Kliniken zuhauf gehört hatte. Theoretisch soll es anderen Betroffenen helfen, ein Bewusstsein dafür zu entwickeln, dass sie mit ihrem Problem nicht allein sind. Durch den Austausch mit Gleichgesinnten sollen Verständnis, Mitgefühl und auch das Gefühl für Gemeinschaft gestärkt werden, während die wahrgenommene Leere und Einsamkeit geschmälert werden sollen.

Auch hier konnte ich mir eine Nachfrage nach seinem Sinneswandel nicht verkneifen, da ich mich noch gut daran erinnern konnte, dass mir auch der Doc ein „Lassen Sie sich darauf ein“ hinterhergeworfen hatte.

Zu guter Letzt betonte ich noch mal, dass ich mich nie wieder in die Hände eines Arztes begeben würde (sofern es nicht die üblichen Kontrollen waren, wie z. B. der Zahnarzt). Er sollte wissen, dass ich keine Angst vor gesundheitlichen Folgen hatte, da ich sowieso keine Hilfe erwartete und eine Suche danach daher pure Zeitverschwendung wäre.

Die Antwort hierauf fiel sehr kurz aus, bestätigte aber überwiegend meine Vermutungen. Der Doc hielt das hiesige System für falsch, betonte jedoch seine Ohnmacht gegenüber meiner Situation. Ihm waren damals die Hände gebunden, daher blieb ihm nur noch der Vorschlag der Psychiatrie. Damals wollte er mich wohl nicht mit seiner wirklichen Haltung, dass dies alles Schwachsinn ist, negativ beeinflussen und spielte mir daher Optimismus vor. Dass er das jedoch ruhig hätte tun können, da ich mich sowieso innerlich gesperrt hatte, wurde ihm wohl erst viel später bewusst.

In meiner Reaktion darauf betonte ich, dass ich ihm keinerlei Vorwürfe machte und die Schuld für das Versagen anderen gab. Schließlich war es meine eigene Entscheidung gewesen, verschiedene Therapeuten aufzusuchen und mich so in einen Sog voller Verrat ziehen zu lassen.

Diese Mail nutzte ich auch, um ihm erneut durch die Blume zu sagen, wie es mir wirklich ging:

„Es wurde nie besser, nur schlimmer. Heute muss ich mit den Folgen der letzten Jahre leben […] Diese überschatten sogar meine ersten fünf Lebensjahre. Leider habe ich damals Strategien erlernen müssen, die mich heute enorm robust machen. Zumindest zum Teil. Und genau das hasse ich daran so sehr. Ich möchte endlich gehen, muss aber bleiben. Dieses Gefühl begleitet mich, seit ich denken kann, und zeigt mir jeden Tag mit einem dreckigen Grinsen, dass meine Qualen noch viele Jahre so weitergehen werden.

Selbst mein junges Aussehen und meine Unfähigkeit, ernsthaft verletzt zu werden, bestätigen das. […]

Es war auch mein Fehler, Menschen zu vertrauen, bei denen ich von Anfang an die wahren Absichten hätte erkennen müssen. Ich hätte niemals meinen Instinkt verraten und ignorieren dürfen. Die Quittung dafür zahle ich nun.

Ich denke, dass wir uns einig sein können, dass mir niemand in den nächsten Jahren helfen kann (als ob ich darauf warten würde …).

Nur weil ein Wille da ist (bei Ihnen) oder da zu sein scheint (bei allen anderen), sind noch längst nicht die Möglichkeiten zur Besserung gegeben. […]

Machen Sie sich keine Gedanken. Ich weiß, dass Sie niemals aufgeben werden. Brauchen Sie auch nicht, da ich das schon längst gemacht habe. Jeder hat seinen eigenen Weg und jeder trifft individuelle Entscheidungen. Manche sind richtig, manche sind falsch. Die Zuordnung kommt auf den Betrachter an. Meine Entscheidungen mögen in aller Augen falsch sein, doch sind sie die richtigen für mich.

Um die eigenen Träume und Wünsche erfüllen zu können, müssen manchmal ungewöhnliche Wege beschritten werden, von denen es keine Rückkehr mehr gibt. Ich habe meinen Weg gefunden. Noch vor einigen Jahren stand ich an einer Gabelung. Gesäumt von Familie, Freunden und Vertrauten lockte mich der steinige Weg und versprach Unterstützung bei dessen Bewältigung. Weg von meinem dunklen Traum, hin zu einer möglichen, hellen Zukunft.

Der einfache Weg erschien düster, falsch, leer und führte durch das Nichts zu meinem tiefen Wunsch.

Mit den Jahren wurde steinige Weg unbegehbar, wurde düster und leer. Langsam verbanden sich die zwei Wege zu einem und zeigten mir, dass es nur einen Pfad gibt, nur eine Zukunft. Nur Sie stehen am Anfang des Weges, rufen mir hinterher und versuchen mich mitzunehmen. Mitzunehmen in Richtung eines neuen Pfades, der Ähnlichkeit mit dem hat, den Sie gehen durften. Nur Sie wissen also, dass ein solcher existiert, und glauben entsprechend fest daran, dass jedem ein solcher zusteht.

Doch Ihre Rufe werden von der Dunkelheit verschluckt, während Sie in der Ferne immer kleiner werden.

Metaphern sind wirklich eine feine Art, inneren Vorgängen ein Aussehen zu verleihen, nicht wahr? […]“

Auf diese Mail blieb eine Antwort lange aus. Natürlich dachte ich über den möglichen Grund hierfür nach. Dass der Doc auch diese Nachricht nicht ernst nahm, bewies die fehlende Reaktion darauf. Das war die erste Theorie. Die zweite Theorie: Er wusste nicht, wie er darauf reagieren sollte, da ihm nicht verborgen geblieben war, dass bei mir alles verloren war.

Doch ganz wollte und konnte ich diese Vermutungen nicht akzeptieren. Immer wieder landete ich bei der dritten und wahrscheinlich unverschämtesten Annahme: Er hatte mich vergessen. Ich habe bereits mehrfach meinen Verdacht erwähnt, dass der Doc durch meine Antworten bzw. Anfragen an mich erinnert wurde und erst dann auf vorige Mails reagierte. Dies hatte sich mehrfach durch zusätzliche Anschreiben meinerseits bewiesen und auch hier war mir klar, dass es wieder so gelaufen sein musste. Vielleicht hatte er sich in der ersten halben Stunde Gedanken gemacht, doch spätestens am nächsten Tag gehörte meine Mail der Vergessenheit an, bis irgendwann eine neue in seinem Postfach auftauchen und ihn daran erinnern würde, dass da ja noch etwas war. In jeder Mail betonte er „dass er da sei“, doch mit jeder ausbleibenden Reaktion bewies er mir, dass dies lediglich eine Floskel war. Natürlich war er da. Jedoch nur für diejenigen, die ihn in seiner Sprechstunde aufsuchten. Alle anderen hatten schlicht Pech gehabt, wenn sie nicht gerade Anspruch auf einen Hausbesuch hatten. Ich jedoch gehörte in keine Kategorie. Also wartete ich einsam und verzweifelt auf eine Antwort, die niemals eintreffen würde, sofern ich ihn nicht an meine Existenz erinnern würde.

Zwischenzeitlich gewöhnte ich mich an den Gedanken, keinerlei Unterstützung zu haben, doch es gab genug Momente, in denen mich meine momentane Situation traf wie ein Hammerschlag.

So auch in dem Moment, in dem ich unerwartet eine Nachricht von meiner Pflegemutter bekam. In dieser beschrieb sie ihr Bedauern darüber, dass ich mich nicht mehr gemeldet hatte. Sie schien zu hoffen, dass es mir besser ging, auch wenn ich sie wohl nicht als Gesprächspartner erwählt hatte. Zudem musste sie unbedingt betonen, dass ich es wohl als quälende Pflicht angesehen hatte, sie jedes Wochenende zu besuchen. Daher kam sie sich durch den plötzlichen Kontaktabbruch abserviert vor. Trotzdem sollte ich wissen, dass ich ihr nie egal gewesen war.

Diese Nachricht machte mich derart wütend, dass ich stundenlang vor mich hin fluchte und mich darüber ärgerte, wie vorhersehbar diese Frau doch war. Ich hatte lange auf eine solche Nachricht gewartet und konnte nicht fassen, dass ich nun tatsächlich als Schuldige hingestellt worden war. Trotzdem ließ ich es mir nicht nehmen, zu antworten, und beließ es dabei, ihr zu sagen, dass ich es nie als Pflicht angesehen hatte, ihr Gesellschaft zu leisten. Doch ich hätte gemerkt, dass sie immer mehr Beschäftigung ohne mich gefunden hatte, sodass ich mir fehl am Platz vorkam. Zudem wäre meine momentane Problematik (privat wie auch beruflich) nicht änderbar und daher nicht wert, darüber zu sprechen. Ich beschrieb weiterhin den Grund meines Schweigens auf eine vorherige Nachricht von ihr und brachte diesen auch bei ihre aktuellen Nachricht zur Sprache.

Ein paar Stunden später, nachdem mein Ärger etwas verflogen war, versuchte ich mich daran zu erinnern, warum ich meiner

Pflegemutter nicht ein Wort glauben durfte. Zum einen war es ihr Hobby, andere als Schuldige hinzustellen, damit sie im rechten Licht stehen konnte. Zum anderen war ich allein, während sie von ihrer Familie und ihren Freunden umringt war. Selbst der Gedanke, dass evtl. der Doc eine Mitverantwortung an diesem Kontaktversuch trug, kam hin und wieder auf.

Und doch zwang ich mich dazu, das Wesentliche nicht aus den Augen zu verlieren: Sie hatte mich stets gedemütigt, hintergangen und belogen. Natürlich war ich ihr nicht egal. Dieser Frau ist niemand egal, was man an meiner kleinen Schwester gut sehen konnte. Ich gab auf diese Worte überhaupt nichts, da ich von ihr noch nie welche gehört hatte, die mir wirklich etwas bedeutet hätten. Sie war noch nie stolz auf mich gewesen, hatte mich noch nie „geliebt“ und war nie hinter dem gestanden, was ich tat. Stets war ich nicht gut genug. Stets waren andere besser als ich. Stets gehörte ich nicht dazu, weil ich anders war als die anderen.

Nicht zu vergessen der klägliche Versuch, den Alkoholismus ihres Mannes zu verbergen und jeden zu bestrafen, der sich auch nur annähernd bei der Lösung des Problems beteiligen wollte. Stattdessen wurden nur die akzeptiert, die mitspielten und bei der Vertuschung assistierten. Dass ich jedoch enorm darunter gelitten hatte, wurde geflissentlich übersehen. Nie wurde ich gefragt, wie es mir ging. Meine Pflegemutter wurde von ihrer Familie unterstützt, doch für mich war niemand da. Ich lag mehrfach am Boden, doch musste ich mir selbst auf die Beine helfen. Lediglich der Doc hatte mir stets seine Hand gereicht.

Es waren nicht nur das ständige Ausgelachtwerden, das Untergraben meiner Integrität, das Unterschätzen meiner Fähigkeiten und das Übersehen meines Potenzials. Das ständige Gefühl, ein Fremdkörper in einer unwirtlichen Umgebung zu sein, brachte mir Jahre der Qualen ein. Doch was sollte ich tun? Ich spielte das Spiel jahrelang mit, verriet mich so selbst, nur, um irgendwie dazuzugehören. Doch schlussendlich hielt ich es einfach nicht mehr aus und musste dem Druck, endlich meine eigenen Wege zu gehen, nachgeben. Diese Familie hatte ihre Pflicht erfüllt und mich großgezogen, doch sie hatte nie unterschrieben, mich auch als vollwertiges Mitglied annehmen zu müssen.

Bewiesen wurde das auch durch meine fehlende Beteiligung an der halben Million, die durch den Grundstücksverkauf erzielt worden war. Warum sollte jemand Mittelloses, Krankes auch etwas Unterstützung verdienen? In den Augen dieser Menschen hatte ich das nicht verdient und musste mich entsprechend immer erst beweisen. Doch da mir absolut nichts zugetraut wurde und sowieso nichts gut genug war, befand ich mich in einem Teufelskreis.

Das alles brachte mich derart in Rage, dass ich beschloss, das Angebot des Docs anzunehmen und ihm zu schreiben. Mir fehlte jemand, mit dem ich reden konnte, und meine Wut musste irgendwohin. Also eröffnete ich meine Mail mit meiner Vermutung, dass er mich wohl verdrängt hätte, ich aber trotzdem gern ein paar Worte loswerden wolle. Das Wort „verdrängt" begriff ich dabei in zweierlei Hinsicht. Zum einen wortwörtlich: Mir war klar, dass der Doc pro Tag Dutzende E-Mails bekam. Deshalb rutschten meine Mails automatisch nach unten und gerieten so in Vergessenheit. Ich wurde also nach unten verdrängt. Die zweite Bedeutung war mehr kognitiv. Schon oft hatte ich betont, dass er sehr viel zu tun hatte und er daher Prioritäten setzen musste. Hierbei rangierte ich natürlich in den unteren Rängen.

Ich erzählte ihm also in knappen Worten von der Nachricht meiner Pflegemutter und meiner damit verbundenen Wut. Ich ließ auch nicht die oben beschriebenen Erniedrigungen aus und schloss mit der Feststellung, dass mich diese Reaktion von ihr erneut in ein Loch zurückgeworfen hatte. Denn ich hatte es zwischenzeitlich geschafft, mich mit meiner Situation zumindest so weit abzufinden, dass ich mir ein Lächeln entringen oder mir einen Spaß erlauben konnte. Mir selbst brachte das zwar nicht viel, doch ich fand es wichtig, mein Umfeld nicht permanent im Dunkeln tappen zu lassen. Ich hatte auf der Arbeit von meiner familiären Situation erzählt und so zu einer weiteren Art der Verarbeitung beigetragen.

Die Antwort des Docs ließ dieses Mal nicht lange auf sich warten, doch ich las sie bewusst erst einen Tag nach ihrer Ankunft. Ich war noch immer wütend und erwartete, dass die Reaktion des Docs die Luft wahrscheinlich nicht spürbar herausnehmen würde. Erneut sollte sich meine Vermutung bestätigen.

Der Doc interpretierte die Reaktion meiner Pflegemutter als weiteres Zeichen dafür, dass ich ihr nicht egal war. Zwar beschäftigte ihn immer noch die Tatsache, dass ich nie als richtige Tochter angenommen wurde, doch er blieb dabei, dass sie weiterhin Teil meines Lebens sein wollte. Erneut wies er darauf hin, dass ich ihr einiges zu verdanken und sie mir vieles ermöglicht hätte.

In der Mail hatte ich erneut die halbe Million angesprochen, was er jedoch für unwichtig hielt. Für ihn war Geld eben nur das: Geld.

Womit er aber den Vogel abschoss und mich alle weiteren Zeilen von ihm komplett ignorieren ließ, waren seine Worte über meinen Pflegevater: „… er war, wie er war, das können Sie heute nicht mehr ändern und haben auch keinen Einfluss darauf …"

Dieser Satz machte mich rasend vor Wut, was mich anfangs dazu bewog, überhaupt nicht darauf zu reagieren. Auch nach einer weiteren Nacht war ich immer noch geladen und kam daher nicht umhin, meine Wut zum Ausdruck zu bringen. Ich warnte am Anfang meiner Mail vor meinem Gemütszustand und schrieb in Rekordzeit auf dem Weg zur Arbeit eine lange E-Mail voller Wut und Hass.

Mich ließ einfach nicht der Gedanke los, dass der Doc offenbar von mir verlangte, das Vergangene zu vergessen bzw. darüberzustehen. Ich hatte ihn so verstanden, dass ich sowieso nichts ändern konnte, also wäre es pure Zeitverschwendung, mich weiter mit diesem Thema zu beschäftigen. Ich wies ihn wütend darauf hin, dass ich genau so über meine ersten Lebensjahre gedacht hatte, was er als falsch und Bagatellisierung abgetan hatte. Ich müsse mich mit meinem Leben beschäftigen, um mögliche Traumata überwinden und verarbeiten zu können. Doch jetzt verlangte er von mir, dass ich alles vergaß?!

Wie konnte er von mir verlangen, meinen Pflegeeltern zu verzeihen, und es damit begründen, dass ich sie nun einmal nicht ändern konnte? Sofort projizierte ich dies auf meine Mutter und meinen Stiefvater. Sollte das etwa heißen, dass ich mit den beiden auch so verfahren sollte? Mein Stiefvater hatte mit mir gemacht, was er wollte, ich war sein Eigentum und er hatte mich misshandelt und missbraucht. Wandte ich hier die Worte des Docs an, so war er nun mal, wie er war, und daher lohnte sich kein Gedanke daran. Ändern konnte ich nichts, also sollte ich ihn wahrscheinlich am besten einfach vergessen oder noch besser: ihm verzeihen.

Über Tage beschäftigten mich diese Worte. Ich konnte einfach nicht begreifen, warum er einen derartigen Sinneswandel vollzogen hatte. Ich kämpfte innerlich mit mir, ihm nicht erneut zu schreiben und sein Statement an die Justiz weiterzuleiten. Schließlich wären alle Verbrecher – seien es Mörder oder Kinderschänder – nun mal eben so, wie sie seien. Man konnte sie nicht ändern und schon gar nicht rückgängig machen, was sie getan hatten. Warum sie also bestrafen?

Wenige Tage später bekam ich eine Antwort auf meine wütende Reaktion, doch viel anfangen konnte ich damit nicht. Ich hatte ihm vorgeworfen, dass er die ganze Situation lustig fand und absolut alles ins Lächerliche zog, was jedoch sehr ernst für mich war. Wie konnte er nur behaupten, dass ich jeden so zu akzeptieren hatte wie er war? Selbst die Menschen, die in meinen Augen lediglich Abschaum waren? Ich schrie ihn in der Mail regelrecht an und äußerte meine Empörung über diese übertriebene und absurde Menschenliebe und sein Verlangen nach Verständnis. Der Doc versuchte meine Reaktion lediglich zu entschärfen, blieb seiner Menschenliebe und seinem Optimismus aber weiterhin treu, was meine Wut infolgedessen kaum dämpfte.

Doch ich konnte es einfach nicht mehr hören, dass ich lediglich ein Drittel meines Lebens abgeschlossen hätte und damit noch einiges vor mir liegen würde, auf das er enorm gespannt war. Natürlich ließ er es sich auch nicht nehmen, mir erneut zu sagen, dass er davon überzeugt war, dass sich meine Pflegemutter wieder bei mir melden würde. Doch dazu wäre ein Angebot der Aussprache nötig. Ich jedoch wollte nicht schon wieder den ersten Schritt machen, zumal ich nicht die Schuldige war. Warum sollte ich mir das antun, nur damit ich lediglich geduldet, aber weiterhin nicht akzeptiert würde? Daran hatte ich nicht das geringste Interesse, was ich ihm erneut in einer Antwort versuchte zu verdeutlichen. Ich nutzte auch diese Mail, um ihn vorzuwarnen. Ich bat ihn, damit aufzuhören, mir permanent vor Augen zu halten, dass ich noch sehr viele qualvolle Lebensjahre vor mir hätte und ein Ende noch lange nicht in Sicht sei.

Seinen Optimismus bezüglich meiner Pflegemutter versuchte ich erneut zu dementieren, indem ich ihn fragte, warum ich denn immer noch eine richtige Familie vermissen würde. Schließlich dürfte dies nicht der Fall sein, wenn ich jahrelang Geborgenheit und Liebe erfahren hatte.

Eine Antwort hierauf blieb lange aus, allerdings lag das auch an einer „neuen alten" Entscheidung von mir:

Bei meinem dritten Termin in der Physiotherapie konnte ich mich nicht mehr zusammenreißen und fing wieder an, bewusster auf die Uhr zu schauen. Bei den ersten beiden Terminen hatte ich bereits vermutet, dass mir die versprochenen Leistungen nicht geboten worden waren. Ich hatte die Therapiesitzungen beide Male bereits nach 60 Minuten verlassen, was somit nicht mit den versprochenen 70 Minuten übereinstimmte. Beim ersten Mal ließ mich mein neuer Physiotherapeut warten, was eine Verspätung von zehn Minuten nach sich zog. Die kurze manuelle Therapie schob ich danach jedoch auf die nötige Besprechung davor. Doch beim zweiten Termin war zwar der Start nach Plan, doch ich fand mich sofort wieder in der altbekannten Langweile im Fango wieder. Die Zeit schien nicht zu vergehen, doch die manuelle Therapie schien etwas länger zu verlaufen. Dass ich mich darin getäuscht hatte, musste ich dann beim Verlassen der Praxis mit überraschtem Blick auf die Uhr feststellen. Daher beschloss ich, mich künftig genauer auf die Abläufe zu konzentrieren.

Bei meinem dritten Termin befand sich die Uhr nur wenige Zentimeter hinter meinem Kopf. Ich versuchte im Fango lange der Versuchung zu widerstehen, die Zeit zu überprüfen, doch irgendwann war ich es leid zu warten. Schließlich musste ich meinem schlechten Gefühl nachgeben. Nach dem erwarteten Ablauf der halben Stunde wuchs meine Verärgerung mit jeder Minute. Meine Wut hatte sich inzwischen in unruhigen Bewegungen und geflüsterten Flüchen ausgedrückt, als sich nach 45 Minuten endlich die Tür öffnete und mein Physiotherapeut enorm entspannt eintrat. Immer noch gereizt, spielte ich den Teenager und fragte, meinen Ärger überspielend: „Fango ist so langweilig! Bleibt es jetzt immer bei dieser Dreiviertelstunde? Dann lohnen sich die 15 Minuten danach wirklich nicht mehr."

Ich erwartete auf diese fast schon kindliche Frage eine Richtigstellung und Entschuldigung. Ich erhoffte mir, dass er seine Verspätung auf den vorigen Patienten schieben und mir versprechen würde, dass er die verlorene Zeit draufschlagen würde, und mir sagen würde, dass die 45 Minuten kein Standard waren. Doch stattdessen grinste er mich an und warf mir ein „Jammer nich' rum!" entgegen.

Mir war von Anfang an klar gewesen, dass er sich für enorm witzig hielt und fast schon zu locker war. Er konnte mich auch noch nicht einschätzen und tat sich daher schwer zu erkennen, wie er mir gegenübertreten sollte. Doch ich konnte mit diesem Hipster-Auftreten absolut nichts anfangen. Ich fand ihn nicht komisch und hatte nicht das geringste Interesse daran, ihm weiterhin vorzuspielen, dass ich seine langweiligen Kommentare witzig fand. Seine anderen Patienten fanden es offenbar angenehm, durch locker vorgebachte, sinnfreie Kommentare noch mehr entspannt zu werden. Doch für meinen Geschmack war dieses Niveau einfach zu niedrig. Daher saß ich auch beim dritten Mal ruhig und ernst da und fragte mich, was genau sein Vorgehen überhaupt bezwecken sollte.

Die Therapie unterschied sich nämlich enorm von der seines Vorgängers. Dieser hatte viel massiert und sich überwiegend auf meinen Schädel konzentriert. Bestimmte Dehnungen und Massagen sollten so Spannungen aus dem Schädel nehmen und mir so die Kopfschmerzen erleichtern. Geholfen hatte es nur mäßig, auch wenn er mir den einen oder anderen Schmerz durch kleine Tricks für ein bis zwei Tage nehmen konnte.

Sein Nachfolger ging jedoch anders vor. Seine Methode erinnerte mich an die kurze Phase bei der Kollegin meines ersten Physiotherapeuten, die mir meine Bauchschmerzen mittels Osteopathie erleichtern wollte – was überhaupt nicht funktioniert hatte. Hierbei suchte sie sich einen beliebigen Punkt aus und drückte für ein paar Sekunden auf ihn. Tat dieser Punkt weh, sollte ich den Schmerz aushalten, bis er sich langsam löste.

Genau das tat auch mein Physiotherapeut, allerdings an meinem Nacken. Zwar stemmte er sich enorm gegen die von ihm ausgesuchten Punkte, doch wirklich schmerzhaft war sein Drücken nicht. Ich merkte es zwar, blieb jedoch unbeeindruckt. Für mich war es nichts anderes als das Anschlagen des Ellenbogens an einer Kante. Auch dieser Schmerz war irgendwann vorbei. Was diese beiden meiner Meinung nach gemeinsam hatten? Beide Male wird ein Nerv gereizt, der sich so natürlich bemerkbar macht. Entweder bleibt der Schmerz dabei an einem Punkt oder er verteilt sich eben auf den Verlauf des jeweiligen Nervs. Früher oder später beruhigt er sich jedoch wieder oder betäubt sogar die umliegende Region.

Nach dem Glauben meines neuen Physiotherapeuten sollten seine seltsamen Methoden jedoch „Knoten" lösen und mir so auf Dauer Erleichterung verschaffen. Natürlich prognostizierte er mir die berühmte „Erstverschlechterung", die jedoch nicht eintrat. Da er jedoch auch meine Kiefergelenke nicht in Ruhe ließ, reagierten diese wie auf jede Reizung: Sie taten weh, entzündeten sich leicht und ließen mich tagelang merken, was geschah, wenn sie geärgert wurden. Als ich ihm das jedoch erzählt hatte, verbuchte er das als Erfolg und prophezeite mir, dass er auch zukünftig an meine Gelenke gehen würde. Dass ich dies jedoch nicht zulassen würde, behielt ich für mich.

Nachdem die kurze Behandlung nach noch kürzeren 20 Minuten an diesem Tag vorbei war, verließ ich wutentbrannt die Praxis. Sauer wischte ich mir das widerliche Massageöl aus dem Gesicht, an dem mein Physiotherapeut nicht gespart hatte. Erneut hatte ich meine Zeit verschwendet und musste mich nun wieder dem gleichen Gefühl hingeben, das ich schon Wochen zuvor regelmäßig verspüren musste. Daher schrieb ich dem Doc eine Mail und sagte ihm, dass sich das Problem mit der Versicherungskarte wegen des neuen Quartals gelöst hatte, da ich kein neues Physiorezept erbitten würde. Ich war erneut belogen worden und da ich auch wieder nicht ernst genommen, sondern sogar verlacht wurde, hatte das Ganze für mich keinen Wert. Ich schloss mit der Vermutung, dass wohl jeder Physiotherapeut nach diesem Muster verfahren würde und ich daher gar nicht erst nach einem ehrlichen Therapeuten suchen müsste.

Ich erwartete auch hierauf keine Antwort vom Doc. Nachdem ich mir bei meiner vorigen Metapher besonders Mühe gegeben hatte, mein Innerstes zu erklären, hatte ihn das sprachlos gemacht. Er hatte zugegeben, dass er nicht wusste, was für eine Antwort ich erwartete. Mir war nur wichtig gewesen, dass er sich auf das Schlimmste einstellte, doch offenbar hatte er einen – für mich entscheidenden – Punkt mit allen anderen gemeinsam: Er nahm mich schlichtweg nicht ernst.

Ich war davon überzeugt, dass er mir nicht glauben würde, selbst wenn ich mich vor ihn hinstellen und ihm ins Gesicht schreien würde, dass ich Schluss machen wollte. Ich hatte ihm zwar etwas versteckt vorgeworfen, dass auch er eine gewisse Ernsthaftigkeit nicht für angebracht hielt, doch ihn direkt darauf anzusprechen, traute ich mich nicht. Zu groß war die Angst davor, ihn derart zu verärgern, dass auch er sich von mir abwenden würde. Also blieb mir leider nichts anderes übrig, als mich zurückzuhalten und ihm weiterhin versteckte Hinweise zu geben, in der Hoffnung, dass die Vorwürfe nicht überwiegen würden.

Natürlich versuchte ich mich auch weiterhin in ihn hineinzuversetzen. Mein Instinkt sagte mir immer wieder, dass er sicherlich nicht wusste, was er auf die Mail mit der Physio antworten sollte. Schließlich hatte ich klargemacht, dass ich auch hier aufgegeben hatte. Eine Ermutigung zum Weitermachen war also sinnlos. Ich erwartete zwar eine Antwort, war aber auch nicht überrascht darüber, dass mein Postfach leer blieb. Ich war nicht sicher, ob es dem Doc ebenfalls aufgefallen war: Weiterhin beendete er seine

Mails mit den Worten „bis bald". Dass er mir nicht glaubte, dass ich nicht mehr zu ihm gehen würde, war somit klar. Doch mit meiner Aussage, dass ich keine Rezepte mehr benötigen würde, hatte ich mein Statement gefestigt. Denn nun hatte ich tatsächlich keinen Grund mehr, in der Sprechstunde aufzutauchen. Mein Schwur, nie wieder einen Arzt aufzusuchen, war weiterhin aktuell und daher wurde mir rasch bewusst, dass dies wahrscheinlich die letzte E-Mail war, die ich ihm geschrieben hatte. Denn mit jeder vorherigen hatten sich weder mein Frust noch meine Trauer geschmälert. Der Doc konnte mir einfach nicht helfen und ich war davon überzeugt, dass ihm das bewusst geworden war. Einfach nicht mehr zu antworten, genau so war auch ich bei schwierigen Bekanntschaften vorgegangen. Damit wendete er eine Methode an, die mir nur allzu bekannt vorkam, mit der ich aber nicht gerechnet hatte.

Die Antwort kam spät und beinhaltete, wie gewohnt, eine Ausrede für den Grund der Verspätung. Und wie ebenfalls bekannt, ignorierte er meine lange E-Mail und konzentrierte sich lediglich knapp auf meine Entscheidung bzgl. der Physiotherapie. Ich sollte sie doch noch einmal überdenken, da der aktuelle Therapeut zwar „leider" ebenfalls betrügen würde, er jedoch einfach nur Lücken suchen würde, da er nun einmal nicht viel verdiente. Doch diese Ausrede konnte ich einfach nicht mehr hören. Ständig sollte ich Mitleid haben und Verständnis aufbringen. Doch dieser Mann hatte sich seinen Beruf ausgesucht und war sich sicher bewusst, dass er damit nicht reich werden würde. Warum sollte ihm das das Recht geben, mich zu belügen und über den Tisch zu ziehen? Ich war es leid, dauernd mit so einer Denkweise über alles hinwegsehen zu müssen. Genau das schrieb ich dem Doc auch und mehr. Ich sagte ihm, dass in meinen Augen alle Physiotherapeuten so handeln würden und ich so nur von Betrüger zu Betrüger wandern würde, sollte ich mich dazu entscheiden, einen weiteren aufzusuchen.[54]

54 Tatsächlich versuchte ich noch bei einer Physiotherapeutin, die sich jedoch als Osteopathin herausstellte und mir mit ihren verqueren Ansichten nicht helfen konnte.

Der Doc nahm sich wenige Minuten später Zeit, mir zu schreiben, dass er meine Meinung dazu unfair finde und hoffe, dass ich diese noch ändern würde. Zeitgleich wandte er seine Methode an:

Ich hatte meine letzte Mail mit dem Satz beendet, dass er sich nun freuen durfte, da ich nun keinen Grund mehr hatte, ihm zu schreiben. Schließlich hatte auch mein letzter Wutausbruch überhaupt nicht geholfen und daher war das Schreiben wohl mehr Zeitverschwendung als Erleichterung.

Ich erwartete hierauf eine Ermutigung, doch stattdessen schien der Doc bei meinem letzten Therapeuten abgeschaut zu haben. Er sagte mir, dass ihm nicht entgangen sei, dass ich ihn loswerden wolle. In meinen letzten E-Mails hätte er bereits herausgelesen, dass ich mich distanzieren wolle und ihm so die Tür dauernd vor der Nase zuschlüge. Er würde das respektieren und sich nicht mehr bei mir melden, doch er bot mir gleichzeitig an, irgendwann wieder zu schreiben, da wohl niemand die Einsamkeit lange aushalte.

Als ich diese Antwort gelesen hatte, war ich zuerst verwirrt. Er hatte mir doch glatt die Worte im Mund verdreht und alles so hingestellt, als ob es meine Intention gewesen wäre. Ich hatte mich bisher immer gemeldet und ihn sozusagen zu einer Antwort gezwungen. Noch nie war von ihm aus etwas gekommen. Wie kam er also darauf zu sagen, dass er sich von nun an zurückhalten würde? Und was sollte diese ätzende Metapher mit der Tür? Ich schrieb ihm, dass ich ihm nicht schreiben würde, wenn ich keinen Gesprächspartner benötigen würde. Doch er müsste zugeben, dass es einfach nichts brachte. Ich hielt auch nicht damit hinter dem Berg, dass er mich mit seiner Tür-Metapher stark an meinen letzten Therapeuten erinnerte und ich fast schon behaupten könne, dass die beiden eng zusammenarbeiteten. Daher bat ich ihn, diese Anspielung sein zu lassen, da sie mit schlechten Erinnerungen verbunden war.

Erneut versuchte ich ihm zu verdeutlichen, dass ich mich von ihm zu entfernen versuchte, weil mir durchaus bewusst war, welch große Last ich darstellte. Da mir jeder den Rücken zugekehrt hatte, war es nur logisch, dass auch er das irgendwann tun musste. Indem er sich als Held und mich als Böse darstellte, entsprach das genau diesem Vorgehen. Ich bestritt nicht, dass ich dauernd abgeblockt hatte, doch er wollte schließlich meinen Standpunkt nicht verstehen. Immer und immer wieder sagte er mir dasselbe, doch ich kannte die ganzen Tricks und fiel einfach nicht darauf herein.

Schließlich ging ich aufs Ganze und schrieb in meinen letzten Zeilen: „Es gibt nur eine Lösung und ich werde sie auf jeden Fall durchziehen! Da mich sowieso keiner ernst nimmt sogar ohne Probleme."

Ob er nun endlich verstand, was ich ihm schon monatelang sagen wollte, konnte ich noch immer nicht beantworten. Mir war auch unklar, warum ich dauernd versuchte, ihm zu sagen, wie nah ich wirklich am Abgrund stand. Vermutlich war das einfach der verzweifelte Versuch, wenigstens von einer Person richtig verstanden zu werden. Doch allein die letzte Antwort und die Interpretation meiner Worte des Docs hatten mir gezeigt, dass ich auch bei ihm an der falschen Adresse war. Zeitgleich beruhigte mich das auch, da es hieß, dass ich tatsächlich ungestört genau das tun durfte, wovon ich schon so lange träumte. Doch wie immer sollte sich das Blatt wenden.

Der Doc hatte mich zwischenzeitlich gefragt, was sich hinter meiner mehrfach erwähnten Lösung verbarg. Ich verschwieg ihm jedoch die Wahrheit und erfand eine Art „Selbstrettung", indem ich mir angeblich eine eigene Frist setzen würde, in der ich meine eigene Zufriedenheit erhöhen musste, bevor ich mir selbst wieder Hilfe suchen würde. Zu meiner Überraschung bedankte er sich für meine Offenheit und das damit verbundene Vertrauen zu ihm. Doch mich machte diese Antwort, neben der Erleichterung, extrem wütend. Denn mir wurde klar, dass er offenbar aufgehört hatte, zwischen meinen Zeilen zu lesen und sich selbst ein Brett vor den Kopf genagelt hatte. Daher hielt ich das Thema überwiegend aus allen nachfolgenden Mails raus, hielt aber weiterhin mit meiner Verzweiflung nicht hinter dem Berg. Mir entging dabei natürlich nicht, dass ich mit jeder Mail wütender und gleichzeitig enttäuschter wurde. Diese beiden Gefühle wechselten sich mit wachsender Verzweiflung ab und ich musste irgendwann der Tatsache ins Auge sehen, dass ich der Wahrheit schon viel zu lange ausgewichen war.

Trotz meines quälenden Alltags vergaß ich nie Dinge, die ich noch erledigen musste. Dazu gehörte auch das Versprechen an den Doc, meine Patientenverfügung zu aktualisieren. Ich bereitete ihn auf die kommenden Unterlagen vor, druckte diese überarbeitet aus und … ließ sie liegen. Aus irgendeinem Grund konnte ich sie nicht unterschreiben. Selbst der Umschlag war schon bereit, doch ich schaffte es nicht, meinen Namen auf die gepunktete Linie zu schreiben. Immer und immer wieder las ich mir die Verfügung und die dazugehörige Vollmacht durch. Stieß ich dabei auf den Namen des Docs, machte sich ein seltsames Gefühl breit. Doch relativ schnell wusste ich, was das Problem war. Ich wollte ihm einfach nicht mehr die Verantwortung für meine Gesundheit überlassen. So wie ich die Vollmacht meiner ehemaligen Pflegemutter für mein Konto sehr schnell gelöscht hatte, musste ich auch hier meinem Instinkt folgen.

Und so schrieb ich dem Doc die ehrlichste Mail, die ich ihm jemals zugesendet hatte. Darin beschrieb ich meinen Vertrauensverlust ihm gegenüber, der auch meine Zweifel bezüglich der Patientenverfügung erklärte. Doch ich ging noch einen Schritt weiter. Ich erzählte ihm von meinem Ruhewunsch, den ich hinter den vielen Lügen versteckt hatte, aus Angst, eingesperrt zu werden.

Mir war klar, dass ich mit dieser Ehrlichkeit ein großes Risiko eingegangen war. Obwohl ich betont hatte, dass ich nur sterben wollte, den entscheidenden Schritt jedoch nie selbst tun würde, war doch die Angst präsent. Die Angst, dass der Doc alles falsch verstehen und mich deshalb einsperren lassen würde.

Doch wie ich fast schon erwartet hatte, nahm er nicht ein Wort von dem, was ich ihm geschrieben hatte, ernst. Er deutete meine Worte um und beschrieb sie als Schwarzmalerei. In seinen Augen war ich unfähig, mich auf andere einzulassen, und würde so meiner Umwelt keine Chance geben, mir zur Besserung zu verhelfen.

Enttäuscht antwortete ich ihm darauf, dass ich diese Antwort erwartet hatte und mich genau das in meinem Vorhaben bestätigen würde. Vor allem war damit mein verlorenes Vertrauen gerechtfertigt und auch mein Entschluss, ihn nicht mehr als Bevollmächtigten angeben zu wollen. Daher bat ich ihn um die Rücksendung meiner Unterlagen.

In einer letzten Mail versprach mir der Doc, mich nicht mehr zu kontaktieren, auch wenn er meine Entscheidung für sehr schädlich für mich selbst hielt. Doch mich interessierte das nicht mehr, was ich in einer kurzen Antwort mit dem Satz „Leben Sie wohl!" untermauerte.

Die ersten Wochen nach diesem Bruch waren überraschenderweise sehr entspannt. Kein Wunder, ich hatte schließlich keinen Grund mehr, mich aufzuregen. Plötzlich waren die Tage voller Ungeduld, Wut und Enttäuschung vorbei. Übrig blieb eine Leere, die ich vorher schon kennengelernt hatte, die ich nun aber deutlicher spürte.

Ich aktualisierte meine Patientenverfügung und hatte somit meine ehemalige Pflegemutter als auch den Doc komplett aus meinen Angelegenheiten und somit meinem Leben entfernt.

Meiner neuen negativen Einstellung ließ ich zeitgleich vollen Lauf. Vor allem bei der Arbeit wurde dies deutlich. Freundlichkeit bekamen nur die Patienten zu spüren, die mir wohlgesonnen waren. Meine Kolleginnen mussten mit meiner neuen brutalen Ehrlichkeit zurechtkommen, die sie manchmal auch verletzte. Dass mir das jedoch völlig egal war, ist wohl anzunehmen. Mein Humor kam trotzdem wieder etwas zurück, blieb aber sehr dunkel, zynisch und manchmal auch fragwürdig. Doch für Außenstehende sah es so aus, als ob wir alle ein hervorragendes Verhältnis zueinander hätten. Ich streite nicht ab, dass ich zumindest etwas Spaß bei der Arbeit habe. Witze und Sticheleien nehmen etwas den Frust ob der langweiligen Arbeit. Unstimmigkeiten und kleinere Feindseligkeiten wurden gelöst und mündeten in einer harmonischen Zusammenarbeit. Wenigstens in diesem Punkt ging es für mich nicht signifikant schneller bergab, doch insgesamt immer noch rasant genug.

Die Einsamkeit war nun ein fester Teil meines Lebens, was mich dazu bewog, mich wieder diesem Buch zuzuwenden, es zu aktualisieren und auch zu korrigieren.

Gedanken verschwendete ich nur wenige an meine ehemalige Familie oder den Doc. Ich ließ es mir jedoch nicht nehmen, beide Seiten zu verfluchen. So wünschte ich der familiären Seite Pech ohne Ende. Meiner Ex-Pflegemutter wünschte einen qualvollen Tod (wie ich es auch bei ihrem Mann getan hatte). Das Unglück sollte den Alltag dieser Menschen bestimmen, ohne Aussicht auf ein Ende.

Der Fluch für den Doc fiel nicht ganz so grausam aus. Ihn sollte zwar auch etwas Unglück heimsuchen, doch dieses sollte nicht lebensverändernd und schmerzhaft sein. Viel wichtiger war mir, dass er vor allem an einem enorm schlechten Gewissen leiden sollte. In meiner Vorstellung zerfraß es ihn regelrecht und ließ ihm somit keine Ruhe.

Das Ergebnis meines Fluches sollte sich bei den nächsten Feiertagen tatsächlich zeigen: Plötzlich fand ich, pünktlich zum Start derselben, eine Mail vom Doc in meinem Postfach vor. Natürlich begann er mit den obligatorischen Glückwünschen. Dann folgte die Nachfrage nach meinem Befinden mit der Hoffnung auf ein erträgliches Niveau. Er ließ es sich auch nicht nehmen, mir mitzuteilen, dass ihm bewusst war, dass er sein eigenes Versprechen gebrochen hatte, mich in Ruhe zu lassen.

Ich antwortete hierauf mit einer, für mich, kurzen Mail, konnte es mir aber nicht verkneifen, ihm zu sagen, dass ich eine Mail erwartet hatte. Vielleicht nicht gerade zu den Feiertagen, aber eben doch eine Reaktion.

Auf meine wenigen Sätze antwortete er sehr zeitnah, was mir verdeutlichte, dass er sich Hoffnungen auf eine neue Kontaktaufnahme gemacht hatte. Doch diesen Zahn zog ich ihm in meiner Antwort, in der ich seine „Aktualisierung“ als abgeschlossen erklärte und die zukünftigen großen Feiertage zum nächsten „Checkpoint“ erklärte.

So ganz wollte er diese Aussage jedoch nicht auf sich sitzen lassen, was mir eine schnelle Antwort hierauf bewies. Meine Bezeichnung der „Aktualisierung“ stellte er als absurd und unbrauchbar dar. Er prophezeite mir weitere Mails, da es für ihn nichts Schlimmeres gebe als den Glauben, dass man für niemanden wichtig, sondern allen egal wäre.

Auf diese doch eher pathetische Mail reagierte ich nicht mehr und würdigte sein offenbar heroisches Wirkenwollen nicht mit einer Antwort. Vielmehr freute ich mich darüber, dass mein Fluch offenbar genau ins Schwarze getroffen hatte. Daher wettete ich mit mir selbst, dass er mir spätestens zu meinem Geburtstag erneut schreiben würde (schließlich hatte er stets Einsicht in meine Akte).

Das war jedoch der letzte Gedanke, den ich an ihn verschwendete. Der Doc schien immer noch nicht begriffen zu haben, dass ich nicht mehr auf seine optimistischen und hoffnungsvollen Versuche hereinfallen würde.

Ganz vergessen kann ich ihn und seine Taten aber trotzdem nicht. Deshalb habe ich ihm auch dieses Buch gewidmet. Mir ist sehr wohl bewusst, dass Hass auf ihn enorm falsch wäre. Er hat sehr viel für mich getan und war immer für mich da, wenn ich jemanden gebraucht habe. Mit den Jahren lernte er mich immer besser kennen und traute sich immer mehr zu. Irgendwann kam dann der Punkt, an dem er sich einen Schritt zu weit vorwagte und mich damit sehr verletzte. Für ihn war es der Versuch, näher an mich heranzukommen und mir damit zu helfen. Das Scheitern der ganzen Therapeuten war auch für ihn unerträglich mit anzusehen. Doch er wollte mir unbedingt helfen und hat es daher selbst versucht. Ich glaube ihm, wenn er sagt, dass er niemals aufgibt, doch wie schmerzhaft so etwas sein kann, bleibt ihm verborgen. Nur die, die Ähnliches durchgemacht haben, können nachvollziehen, was ich damit meine.

# FAZIT

Als ich mich nach einer langen Pause wieder mit diesem Buch beschäftigt habe, kam ich natürlich nicht um das Korrekturlesen herum. Dabei ließ mich beim Lesen des wütenden Briefes an meinen letzten Therapeuten ein Gedanke nicht los: Die abschließende vernichtende Beurteilung der Psychotherapie würde sich ziemlich gut für das Schlusswort eignen. Also habe ich mir die Freiheit genommen und nehme mich selbst als „Paradebeispiel“:

Viele erwarten sich vor einer Psychotherapie sehr viel, doch meistens ist das ein Trugschluss. Auch ich habe meiner Fantasie etwas zu viel Freiraum gelassen, auch wenn mich mein Instinkt, meine Rationalität und meine Kognition vor so manchen Tricks bewahrt haben.

Ich habe jede ambulante Therapie in dem Glauben begonnen, interessante und Augen öffnende Gespräche führen zu können. Erkenntnisse sollten natürlich auch von mir kommen, doch alles unter der Führung des Therapeuten. Gezielte Fragen, Anmerkungen und Erklärungen sollten mir somit die Augen öffnen und so einigen Beobachtungen meinerseits Sinn verleihen. Die kleine Hoffnung, auch meine Amnesie lösen zu können, war zwar stets da, doch ich hatte nie die Komplexität dieses Problems außer Acht gelassen.

Doch in Wahrheit musste ich mich selbst unterhalten. Ich führte in jeder Sitzung Selbstgespräche und hatte dabei die Möglichkeit, meinen stummen Zuhörer beobachten zu können. Kam es doch einmal zu richtigen Gesprächen, war deren Inhalt banal und absolut irrelevant für die Therapie selbst. Wurden doch Fragen gestellt und Anmerkungen gemacht, basierten diese auf Feststellungen, die ich zuvor selbst gemacht hatte. Dabei war es egal, ob ich dies in derselben Sitzung oder in einer davor ausgesprochen hatte. Offenbar basiert eine „erfolgreiche“ Therapie auf einem grauenvollen Gedächtnis des Patienten, da wohl vorausgesetzt wird, dass er sich an zurückliegende Sitzungen nicht mehr erinnern kann. Wie ein Mentalist sitzt der Therapeut dann vor dem Patienten und offenbart ihm eine bahnbrechende Erkenntnis bzw. Beobachtung, die der Patient selbst allerdings nur kurze Zeit vorher von selbst hervorgebracht hat. Die meisten fallen auf dieses „Augenöffnen“ herein und baden den Therapeuten damit in Respekt und Hochachtung.

Wird der Therapeut aber erwischt und auf diesen offensichtlichen Trick und dessen Scheitern angesprochen, so reagiert er mit Wut und dem Vorwurf der Lüge – natürlich seitens des Patienten. Schlussendlich steht Aussage gegen Aussage und den Kürzeren zieht der Patient. Er ist schließlich der Kranke und bedarf der Heilung. Dieses „löchrige“ Gedächtnis ist dann nur der Beweis für die dringend benötigte professionelle Hilfe.

Dieses Vorgehen findet sich übrigens auch bei Astrologen, Hellsehern und ähnlichen Betrügern. Lediglich ehrliche Mentalisten geben zu, wie sie sich ihr scheinbares Wissen aneignen:

Astrologen, zum Beispiel, glauben fest an einen Zusammenhang zwischen den Sternen und jedem einzelnen Menschen. Sie messen Sternzeichen und den damit verbundenen individuellen Personenbeschreibungen eine große Rolle zu. In Wahrheit ist es jedem einzelnen Stern, Planeten und sonstigen Mitglied unserer Galaxie völlig egal, was auf unserem unbedeutenden blauen Planet passiert. Das Universum ist wahrlich zu groß, als dass sich so viele Gestirne um eine einzige Person kümmern, geschweige denn diese beeinflussen könnten.

Experimente mit individuellen Beschreibungen zu den Sternbildern haben Erstaunliches, aber gleichzeitig wenig Verwunderliches zutage gebracht. Astrologen geben vor, anhand von Sternzeichen ein detailliertes Profil der betreffenden Person erstellen zu können. Der Leser, der an diese Charakterdarstellung mittels Sternzeichen glaubt, wird sich mit großem Erstaunen in dem Geschriebenen wiederfinden. Doch wird ihm heimlich ein Profil eines anderen Sternzeichens untergejubelt, wird die Begeisterung nicht geringer ausfallen. Doch wie können die Beschreibungen präzise sein, wenn diese nur für ein bestimmtes Sternzeichen gelten und nicht für ein anderes?

Der Trick dahinter ist einfach, effektiv und wird von Betrügern gern genutzt: Es wird schlichtweg alles in den Text geworfen, was dem Kreierenden einfällt. Den Rest macht dann der Leser. Hierzu ein Beispiel:

„Sie umgeben sich gern mit Menschen und genießen die Gemeinschaft. Doch sind Sie gegenüber Ruhe ebenfalls nicht abgeneigt und beschäftigen sich daher gern auch mal allein."

Hier finden sich sowohl Intro- als auch Extrovertierte. Denn das Zutreffende versperrt durch den scheinbaren Treffer die Sicht auf das Unzutreffende. Dieses wird einfach ausgeblendet und ignoriert. Zurück bleibt pure Faszination und Begeisterung.

Wie bereits erwähnt, ist das auch mit der Psychotherapie nicht anders, allerdings nicht so durchdacht.

Bei den ersten Terminen macht sich der Therapeut durch die Berichte des Patienten ein grobes Bild der Situation. Was der Patient aber nicht weiß: Gedanklich hat sich der Therapeut bereits an einer Diagnose festgebissen und erstellt einen inneren Plan für die Behandlung, die streng nach Lehrbuch erfolgen soll. Dass diese immer gleich abläuft, weiß der „ungebildete, naive Patient" natürlich nicht. Schließlich sollte er die Integrität der „letzten Rettung" nicht untergraben und somit nicht ausbleibende Hilfe riskieren.

Was der Therapeut bewusst ignoriert: Durch anfängliche Skepsis, fehlendes Vertrauen, Unsicherheit, Verzweiflung und/oder mangelndes Selbstvertrauen erzählt der Patient anfangs nur grob, worin sein Problem besteht. Doch das Bild ist dann sowieso schon geformt, die Einstellung gegenüber dem Patienten unveränderlich gefestigt und die Meinung des Therapeuten nicht mehr beeinflussbar.

Was bedeutet das für den Patienten?

Ist er tatsächlich so naiv, wie der Therapeut hofft, wird er sich widerstandslos gemäß dessen Leitfaden entlangführen lassen. Unter Ignoranz und Selbstüberschätzung kommentiert der Therapeut zu zufällig gewählten Zeitpunkten, dass Fortschritte zu verzeichnen seien und der Patient sich somit auf dem Weg der Besserung befinde. Um jedoch eine nicht allzu kurze Abhängigkeit zu riskieren, wird sogleich ein langer, steiniger Weg prognostiziert. Jedoch nicht ohne zu untermauern, dass der steinige trotzdem der richtige Weg ist. Dabei sind die bisherigen Erfolge natürlich nicht zu verachten, jedoch nur kleine Schritte im Vergleich zu dem noch bevorstehenden harten Aufstieg zur ersehnten Gesundheit.

Schon bald entsteht tatsächlich eine Abhängigkeit, da der Patient sich schnell an die regelmäßigen Momente gewöhnt, in denen ihm ein offenes Ohr und Verständnis entgegengebracht werden – wenn auch vorgespielt. Jegliches Hinterfragen der einzelnen Situationen wird oft rasch abgeschaltet, denn die scheinbare „Geborgenheit" hat die Oberhand gewonnen und wird daher gern akzeptiert.

Währenddessen sollen platzierte Kommentare während des Erzählens seitens des Therapeuten, wie z. B. „Das ist so traurig" oder „Ist Ihnen klar, dass Sie Schreckliches überlebt haben?", für die nötige Anteilnahme sorgen und stellen gleichzeitig eine Einladung zu Gefühlsausbrüchen dar.

Mit Glück führt Mitleid tatsächlich zu Tränen und schlussendlich zu dem lang ersehnten „Öffnen des Ventils". Dieser Erfolg kann zufrieden verbucht werden, um dann später als „Schlüsselmoment" verkauft werden zu können.

In der Fantasie des Therapeuten soll diese Mischung aus Öffnen, Vertrauen, Emotionen und Zeit dafür sorgen, dass der Patient irgendwann jeglichen störenden Bezug zu dem zu behandelnden Teil seiner Geschichte verloren hat. Die psychische Belastung wird mithilfe von absurden Erklärungen, sinnfreien Tricks und kindischen Beschäftigungen verdrängt.

Erstaunlich ist dabei, dass es trotzdem offensichtlich bleibt, wie wenig Interesse an den Belangen des Patienten besteht. Denn das eigene Ego soll schließlich gepusht werden. Daher wird kurz Mitgefühl und Sorge vorgespielt, damit sich die beginnende Skepsis des Patienten schnell wieder auflöst. Das heißt jedoch nicht, dass nun aktiv dabei geholfen wird, eine Genesung zu erreichen. Weiterhin wird nur den Selbstgesprächen gelauscht. Patienten, die offene Fragen haben, müssen damit leben, dass diese auch weiterhin nie beantwortet werden können. Wer hat denn gesagt, dass eine professionelle Meinung weiterhelfen könnte? Der Patient muss selbst auf alle Lösungen kommen und muss hoffen, dass diesen ein zufälliges Nicken oder Lächeln als Zustimmung geschenkt wird.

Doch nicht nur die Probleme des Patienten werden überspielt und mit gespielter Anteilnahme kommentiert. Die Persönlichkeit des Patienten an sich ist wohl das Uninteressanteste an der ganzen Therapie. Was soll es dem Therapeuten auch bringen, sich in sein Gegenüber hineinzuversetzen, wenn er das auch durch Vermutungen tun kann? Schließlich wird doch immer er recht behalten, daher kann der erwähnte Umweg ruhig ignoriert werden.

Patienten beginnen die Therapie jedoch mit der Hoffnung, dass sich endlich jemand die Zeit nehmen wird, ihn richtig kennenzulernen. Das mag bei kleineren psychischen Problemen wie Trauer, Beziehungsproblemen oder Ähnlichem durchaus funktionieren. Warum?

Eine Therapie nimmt zu Anfang in der Regel 120 bis 160 Sitzungen in Anspruch, wobei die Diagnose natürlich eine Rolle spielt. Auch der Abstand zwischen den einzelnen Sitzungen ist ausschlaggebend. In den oben genannten akuten Problematiken ist vermutlich eine Frequenz von anfangs einer Sitzung pro Woche und schließlich eine Sitzung alle zwei Wochen angebracht. Hochgerechnet ergibt sich somit ein sehr langer Zeitraum, in dem der Patient sich auf einen Zuhörer verlassen kann. Dabei erzählt er von seinem Leben, von seinem Alltag und von seinem Umfeld. Während er also berichtet, wird ihm im Idealfall klar, wie viel Unterstützung er eigentlich hat. Der Therapeut muss nur noch dafür sorgen, dass der Patient seine Ausführungen wiederholt und sich somit öfter ins Gedächtnis ruft, was er hat und was ihm fehlt. So wird das Negative vom Positiven wettgemacht, was wiederum zu einer Besserung führt.

Beim Lernen sollen wir auch den Stoff immer und immer wieder wiederholen. So gelangt das zu Lernende vom Kurzzeit- ins Langzeitgedächtnis. Rufen wir uns nun immer wieder ins Gedächtnis, dass wir eine Familie oder Freunde haben oder einen gut laufenden Job, vielleicht ein erfüllendes Hobby oder ein liebenswürdiges Haustier? Es findet sich bestimmt irgendetwas, wofür es sich lohnt, seine ständige Aufmerksamkeit darauf zu richten. Der Fokus wird somit gedreht, sodass sich der Patient irgendwann sagt: „Ich mag dieses verloren haben, doch jenes habe ich behalten und weiß es nun noch mehr zu schätzen."

Doch was ist, wenn das eben nicht funktioniert? Was, wenn es keine Familie, keine Freunde, keine Haustiere, keine Hobbys oder keine Aufgaben gibt, die es hervorzuheben gilt? Dann wird die Sache schon schwieriger. Denn es gibt nun keine Möglichkeit mehr, den Blick auf etwas anderes zu lenken. Das funktioniert, wie gesagt, bei Trennungsschmerz oder ähnlichen Belangen. Und selbst wenn das Ziel nicht fehlt, wäre da noch das Problem der individuellen Persönlichkeit. Denn je komplexer, desto schwieriger. Doch auch hier hat der Therapeut Methoden, um die Unterordnung des Patienten zu gewährleisten: Angst.

Diese Emotion wird sowohl als Drohung als auch als Ausrede sowie als Angriff genutzt – es kommt ganz auf die Situation an. Die Drohung erfolgt in manchen Therapieformen bereits am Anfang. Hierbei wird vorausgesagt, dass der Patient im Laufe der Therapie an einen Punkt kommen wird, an dem er aufgeben möchte. Die Last wird an diesem Punkt so enorm werden, dass er flüchten und somit alles Vorige wegwerfen möchte. Genau dieser Punkt wird als Wendepunkt und somit als wichtigster Moment der ganzen Therapie beworben. Genau hier wäre es wichtig, der Angst nicht nachzugeben, sondern Mut zu zeigen und mit zusammengebissenen Zähnen weiterzumachen. Erst dann wäre ein Erfolg ersichtlich. Mit der Androhung dieser Emotion wird schon zu Anfang getestet, ob es der Patient ernst meint.

Die Angst als Ausrede ist eine der lächerlichsten Behandlungsmethoden, die es in der Psychotherapie überhaupt gibt – allerdings eröffnet sie einem aufmerksamen Patienten Einblicke in die Einstellung des Therapeuten ihm gegenüber. Genauer gesagt ist die „Ausreden-Angst" ein gern genutztes Argument für alles Mögliche. Nicht nur Angehörige oder Bekannte, auch Ärzte nutzen dieses sehr gern. Ich selbst habe es mir sehr oft anhören müssen, wenn ich nach Hilfe gesucht habe. Immer wieder kam der Satz: „Sie sind eine junge Frau, die schnell zur Angst und Panik neigt. Da kommen solche Symptome schon einmal vor." Dass ihnen eine ruhige, skeptische Person gegenübersaß und eben keine in Tränen aufgelöste mit verängstigtem Blick, war ihnen dabei egal – Fall gelöst, der Nächste bitte.

In der Psychotherapie wird die Angst immer dann als Ausrede genutzt, wenn der Patient keine Antwort parat oder er eine Aufgabenstellung nicht durchgeführt hat. Natürlich kann der Grund hierfür tatsächlich Angst sein, aber gewiss nicht jedes Mal. Manchmal findet er einfach keine Antwort. Oder er hat diese schon Dutzende Male gegeben und erwartet, dass der Therapeut diese bereits kennt. Daher ist er es leid, die Frage schon wieder beantworten zu müssen. Aufgaben können ebenfalls aus Angst nicht bewältigt werden, z. B. wenn es um Phobien geht. Aber auch hier kann es schlichtweg sein, dass der Patient einfach keine Lust hatte, die Aufgabe zu erfüllen. Vielleicht hat die Motivation gefehlt, der Sinn oder die Zeit. Wenn er mutig und selbstbewusst ist, wird er das dem Therapeuten sagen. Allerdings ist dann trotzdem nicht gewährleistet, ob ihm das geglaubt wird oder nicht. Denn mit dem Argument Angst lässt sich eine sehr gute Brücke bauen zu deren Ursachen. Diese wiederum führt zu einem Thema, über das der Patient aus verschiedenen Gründen nicht sprechen möchte, der Therapeut aber schon. Das hat den günstigen Effekt, dass der Patient auf dem geplanten Weg bleibt, sollte er etwas davon abgedriftet sein.

Aber das bloße Fallenlassen des Wortes „Angst" kontrolliert den Patienten natürlich nicht. Wird es falsch genutzt, kann es sogar zum Verstummen des Patienten führen. Doch in der ruhigen Phase kann sich der Patient dann vor Augen führen, wie schlecht ihn der Therapeut kennt, da ihm offenbar das Feingefühl fehlt bzw. nie vorhanden war.

Die Methoden von Therapeuten sind sowieso enorm fragwürdig. Es fängt alles mit dem Vortäuschen von Sorge und tiefem Interesse an den Problemen des Patienten an. Hiermit möchte er eine Vertrauensbasis schaffen, die dann im Laufe der Therapie zu einem festen und beinahe unzerbrechlichen Vertrauensverhältnis führt – im Idealfall. Der Patient bekommt dann das warme Gefühl von Geborgenheit und Sicherheit, was wiederum seine Abhängigkeit fördert. Da er nun einem engen Vertrauten gegenübersitzt, sprudeln die Informationen nur so aus dem Patienten heraus, was sich der Therapeut dann eifrig zunutze macht. Mit viel Glück redet sich der Patient fast schon in Rage, löst Knoten und schlittert ungewollt an seine Probleme heran, prallt mit ihnen zusammen und muss sich so mit ihnen auseinandersetzen. Der Therapeut sieht diesem Schauspiel stolz zu, während er sich selbst gedanklich auf die Schulter klopft.

Aber was, wenn genau das nicht passiert? Was, wenn der Patient keinen Sinn hinter einer Therapie sieht, in der nur er spricht und sich lediglich die Umgebung, nicht aber die Situation geändert hat? Er führt fast schon Selbstgespräche, wird allerdings dabei beobachtet, was das Ganze eher unangenehm macht, statt befreiend zu wirken. Im Idealfall wird der Therapeut versuchen, sich dem stummen Patienten verbal zu nähern, indem er sein Wissen über ihn zu Hilfe nimmt. Er kann z. B. bereits diskutierte Themen nutzen und fragen, ob es daran liegt, dass der Patient so still ist. Vielleicht hat er auch gut aufgepasst und weiß, was der Patient mit der Stille sagen möchte. Möchte er in Ruhe gelassen werden? Möchte er zum Sprechen überredet werden? Möchte er einen kleinen Schubser bekommen? Belastet ihn vielleicht etwas, über das er ohne Hilfestellung nicht reden kann?

Der Therapeut steckt durchaus in einer Zwickmühle, da jedes Verhalten Gefahren birgt. Doch hat er sich ernsthaft mit der Persönlichkeit des Patienten auseinandergesetzt, weiß er damit umzugehen.

Besonders angriffslustige und von sich selbst überzeugte Therapeuten sehen eine plötzlich einsetzende Stille jedoch als Machtspiel an. Die verweigerte Kommunikation wird als Herausforderung angesehen, die natürlich angenommen wird. Die Prüfung der Geduld und Professionalität muss unbedingt gewonnen werden. Wenn dadurch der Patient und seine aktuellen Sorgen in den Hintergrund rücken müssen, dann ist das ein Opfer, das gern gebracht wird – Hauptsache das eigene Ego wird gestärkt.

Doch wie kommt es zu dieser Entwicklung des Zweikampfes? Die Vorstellung, dass Therapeut und Patient mit der Zeit beste Freunde werden und sich alles erzählen können, ist reine Fantasie. Auch auf komplette Seriosität zu hoffen, ist mehr naiv als hilfreich. Therapeuten verkaufen gern eine Fähigkeit an den Patienten, die jedoch mehr dem Wunsch als der Realität entspricht: totale Abgrenzung von dem Patienten.

Was heißt das genau? Im Grunde widersprechen sich die Therapeuten in ihren eigenen Ausführungen und ihrem Umgang mit den Patienten. So gaukeln sie in den Sitzungen Mitgefühl, Anteilnahme und Sorge vor, um dem Patienten das Gefühl zu geben, in seiner Situation nicht allein zu sein. Wenn die Stimmung doch etwas aufbrausender wird, geben sie sich wiederum ruhig, entspannt und unantastbar. Doch nur nach außen hin und unsichtbar – sofern der Patient zu sehr auf sich selbst fokussiert ist und es infolgedessen nicht mitbekommt.

Allerdings wird irgendwann der Punkt kommen, an dem selbst die beste Fassade bröckelt und sich schließlich auflöst – und das nicht bei dem Patienten.

Wenn man nicht gerade ein Psychopath ist, ist es unmöglich, nicht emotional involviert zu werden.

Somit kann ein Therapeut keinerlei Emotionen empfinden, wenn er dem Patienten zuhört. Die für ihn bzw. die Behandlung wichtigen Emotionen werden sogar an den Patienten verkauft. Schon zu Anfang prahlt er mit seiner Fähigkeit, jeden an Empathie übertreffen zu können. Alle Mauern sind somit bedroht und sogar durchsichtig – zumindest für den mitfühlenden Röntgenblick des Therapeuten, der sich mit der Zeit sicher in eine Abrissbirne verwandeln wird. So etwas mag sich in der Theorie toll anhören, doch die Praxis sieht gewöhnlich anders aus.

Natürlich profitiert der Patient von dem Verständnis und Mitgefühl des Therapeuten. Allerdings kommt es auf die Ausprägung, Dauer und Echtheit an. Dem Patienten bringt es nur temporäre Erleichterung, wenn der Therapeut die Ausführungen lediglich spiegelt, um Anteilnahme zu suggerieren. Sofort fühlt sich der Patient verstanden, atmet innerlich auf und öffnet sich – im Idealfall zugunsten des Therapeuten – noch mehr.

Diese „Notlüge" ist der Professionalität geschuldet, weswegen sie nicht unbedingt schlecht sein muss. Viele Berufe verlangen von dem Ausübenden, dass er eine emotionale Distanz wahrt. Sonst würde er Gefahr laufen, daran zu zerbrechen und selbst therapeutische Hilfe zu benötigen.

Auch dem Patienten wäre es wohl früher oder später unangenehm, auf emotionaler Ebene den Spiegel oder noch Schlimmeres vorgehalten zu bekommen. Wobei der Gesichtsausdruck sicher unbezahlbar wäre, wenn der Therapeut plötzlich anfangen würde, bitterlich zu weinen, weil ihn das Gehörte zu sehr mitgenommen hat.

Kurz: Professionalität wird in einer Therapie benötigt, aber keine Freundschaft. Der Patient mag hin und wieder in Watte gepackt werden, doch ehrliche Worte und Konfrontationen sind ebenso Inhalt einer Therapie.

Aber was, wenn die Emotionen des Therapeuten doch die Oberhand gewinnen? Bei aller Professionalität kommt doch irgendwann der Punkt, an dem er seine wahren Gefühle nicht mehr verbergen kann. Das obligatorische „Die Arbeit wird nicht mit nach Hause genommen" ist dabei eine gern genutzte Lüge, die zuerst auffliegt.

Vielleicht ist der Patient ausfallend gegenüber dem Therapeuten geworden. Oder er verweigert jegliche Mitarbeit. Vielleicht gibt ein privates Ereignis den Ausschlag für eine plötzliche Verhaltensänderung des Therapeuten. Was es auch ist: Ohne Vorwarnung sieht sich der Therapeut selbst auf dem Prüfstand und liegt, metaphorisch gesprochen, „auf der Couch" – und das gefällt ihm ganz und gar nicht.

Nun gilt es richtig zu handeln und sich selbst zu analysieren und zu therapieren.

Doch leider passiert mit großer Wahrscheinlichkeit genau das, was wohl schon jeder in irgendeiner Form beobachten musste: Jemand anderes ist an der eignen Misere schuld – in diesem Fall der Patient.

Das Verlieren der Geduld und der Motivation, steigendes Desinteresse, Kränkung, Wut oder Enttäuschung lässt sich vor einem aufmerksamen Patienten nur selten verbergen. Ist dieser dann auch noch mutig genug, seine Beobachtung anzusprechen, sticht er in ein sprichwörtliches Wespennest. Denn nun fürchtet der Therapeut um seine Macht und einen Kontrollverlust. Auch die Erkenntnis der eigenen Fehlbarkeit lässt bei vielen die Sicherungen durchbrennen. Schließlich hat der Therapeut doch stolz Geduld, Empathie und Durchhaltevermögen als seine höchsten Tugenden gepriesen.

In Wahrheit fürchtet der Patient lediglich um das erfolgreiche Fortschreiten der Therapie. Schließlich sollen seine Probleme und seine Person im Mittelpunkt stehen. Doch mit dem augenscheinlich drohenden Verlust der dringend benötigten Hilfe scheint diese in unerreichbare Ferne zu rücken.

Im schlimmsten Fall wird der Patient ab dem Moment der vorsichtigen Nachfrage nach dem Grund für die vermuteten Schwankungen mit Vorwürfen bombardiert. Aus Rache vor dem Untergraben der therapeutischen Integrität muss diese nun noch deutlicher hervorgehoben werden:

Am laufenden Band werden dem Patienten zusammenhanglose Erklärungen für sein Verhalten an den Kopf geworfen. Plötzlich gibt es für alles eine Erklärung, für die vor dem Gefühlsausbruch jahrelange Arbeit prognostiziert worden war. Jegliches Hinterfragen und Verweisen des Patienten auf die wachsenden Widersprüche werden als Lüge abgetan, gepaart mit dem Vorwurf der Angst und der Vermeidung.

Man bedenke hierbei, dass laute Gegenwehr ein Indiz dafür ist, dass die Vorwürfe einen Nerv getroffen haben und somit die Schuld eben nicht beim Patienten zu suchen ist. Wie ein Raubtier, das in die Ecke getrieben wurde, wehrt sich der Therapeut gegen die vermeintlichen Angriffe. Er möchte nicht zum

Patienten gemacht werden und opfert mit seiner Abwehr sogar das hart erarbeitete Vertrauen des Patienten zu ihm – solange er nur recht behält.

In einer etwas milderen Form bleibt der rachsüchtige Angriff auf den Patienten aus.

Beginnend mit der Nachfrage des Patienten, was denn der Grund für die vermeintlichen Missstände sein könnte, läuft es wie gewohnt. Der Patient muss selbst Vermutungen anstellen. Aus diesen sucht sich der Therapeut dann eine oder mehrere aus und bestätigt sie. Ob sie der Wahrheit entsprechen, obliegt ganz der Ehrlichkeit des Therapeuten. Vielleicht führt er sie weiter aus und versucht auf diesem Weg eine Lösung zu finden. Doch auch das würde das Eingestehen von Verletzlichkeit erfordern. Kein Therapeut stellt sich gern unter den Patienten. Und den schlimmsten Fehler, den ein Patient überhaupt machen kann, ist, den Therapeuten zu beobachten und zu lesen. Dass er mit seinen Anmerkungen aber beweist, dass er genau das gemacht hat, grenzt für den Therapeuten fast schon an ein Verbrechen. Besitzt der Patient dann auch noch das Selbstbewusstsein, sich nicht von Vorwürfen der Angst, der Vermeidung und der Lüge unterkriegen zu lassen, gibt es für den Therapeuten nur zwei Möglichkeiten:

1. zugeben, dass er entlarvt wurde
2. den Patienten mittels Rauswurf loswerden

Leider greifen die meisten auf die zweite Lösung zurück. Das eigene Ego ist viel zu wichtig, als dass es durch einen psychisch Gestörten geschmälert werden könnte.

Dass dabei durch diesen Bruch die Wertvorstellungen, Ansichten und erarbeiteten Fortschritte des Patienten komplett zerstört werden, spielt für den Therapeuten keine Rolle. Schließlich ist sich jeder selbst der Nächste.

Die Belange des Patienten haben dem Therapeuten sowieso nie etwas bedeutet. Das Vertrauen, das ihm dabei geschenkt wurde, kam freiwillig, und somit kann der Therapeut damit machen, was er möchte. Für ihn ist der Fall abgeschlossen, er kann aufhören, Verständnis zu heucheln, und in Ruhe seine Wunden lecken.

Der Patient hingegen wird auf einem Trümmerhaufen allein gelassen und kann lediglich auf sein erlerntes Weltbild zurückgreifen. Wie ihm dies auf Dauer schaden wird, scheint niemanden zu interessieren. All der Mut, die Kraft und das letzte Quäntchen Hoffnung sind nicht gegen den Stolz eines Menschen angekommen, der offenbar den falschen Beruf gewählt hat.

# EPILOG

Für den ein oder anderen mag meine Sichtweise auf die Psychotherapie sehr negativ, ja geradezu vernichtend sein. Doch ich greife lediglich auf Erfahrungen zurück, die vielleicht anfangs positiv erschienen, sich jedoch mit der Zeit in negative gewandelt haben.

Um es fair zu gestalten, wäre nun ein positives Statement nötig. Doch solch eine Beschreibung kann ich nicht liefern, ohne meiner Fantasie freien Lauf lassen zu müssen.

Ich behaupte nicht, dass eine Therapie immer mehr Schaden verursacht, als sie eigentlich reparieren soll. Allerdings muss bei der Anpreisung der eigenen Unfehlbarkeit und der vergangenen Erfolge auch die Ehrlichkeit zu Wort kommen dürfen. Nicht jede psychische Erkrankung spricht auf dieselben Behandlungsmethoden an. Genauso wie eine Tablette nicht bei unterschiedlichen Beschwerden hilft. So wird ein Asthmatiker im Akutfall nicht besser Luft bekommen, indem er Schmerztabletten nimmt.

In all den Jahren, in denen ich psychisch kranken Menschen begegnet bin, gab es nicht einen darunter, der „geheilt" wurde. Und die, denen es signifikant besser ging, litten unter akuten Problemen, die in keiner Weise mit einer schweren chronischen Erkrankung vergleichbar waren. Dazu kamen viele nach kurzer Zeit gebrochen zurück in die Klinik oder in eine ähnliche Einrichtung. Der Grund hierfür ist simpel:

Mit einem Aufenthalt in einer Klinik bietet sich eine temporäre Flucht vor dem belastenden Alltag. In der Regel wird diese „Pause" auf vier Wochen beschränkt. Dieser Monat wird unbewusst als „Urlaub für die Seele" wahrgenommen. Dabei ist es absolut irrelevant, was den Stress verursacht hat: die Familie, eine Beziehung, die Arbeit … Hauptsache eine Weile weg davon. Der Preis hierfür ist vergleichsweise gering. Gruppentherapien, Entspannungseinheiten und „Alltagstraining" werden widerstandslos hingenommen. Die ganzen Programme dienen dabei lediglich, außer der Einzeltherapie, der Ablenkung, jedoch nicht Besserung.

Ohne Übergang folgt nach dem Verlassen der schützenden Umgebung schließlich der freie Fall in den verdrängten und verhassten Alltag. Anfangs mag sich bei dem Patienten eine veränderte eine veränderte mentale Haltung bemerkbar machen. Doch die unveränderten Bedingungen machen die ganze Arbeit innerhalb kürzester Zeit zunichte und lassen die Last womöglich noch schwerer als zuvor erscheinen.

Ohne eine komplette Gehirnwäsche, welche die Änderung der Persönlichkeit zur Folge hat, ist eine Besserung sogar noch weiter entfernt als vorher. Der Grund hierfür ist die Hoffnung, die im (teil-)stationären Setting geschaffen wird. In der Vorstellung wird dabei eine heile Welt kreiert, in der alle Probleme gelöst und alle Hürden überwunden sind. Dieses Bild bestand zwar schon vor der Therapie, doch die Verzweiflung und Hoffnungslosigkeit des Patienten ließen den Glauben an die Verwirklichung dieser Wunschvorstellung gar nicht erst zu.

Zwischen Therapieeinheiten und anderen Mitleidenden wächst der Mut, doch an eine mögliche Änderung glauben zu können. Mit jedem Gespräch wird das Bild heller, bunter, schöner. Schließlich wird der Blick auf die Realität verblendet, indem der lange Weg zum ersehnten Ziel schlichtweg ausgeblendet wird. Die Therapie wird somit mit der Einstellung verlassen, dass sich auch außerhalb davon alles zum Guten verändert hat. Daher ist auch der Schlag umso größer, wenn dies eben nicht der Fall ist. Nicht selten ist eine Rückkehr in die Zuflucht schenkende Klinik vorprogrammiert.

Erstaunlicherweise wird den Patienten in Kliniken genau dieser Verlauf angekündigt. Doch die meisten sind so mit sich selbst beschäftigt, dass sie dies zwar vernehmen, aber nicht wirklich verstehen. Sie hören eben das, was sie hören möchten. Diese Prophezeiung wird vor allem in Gruppentherapien vom Therapeuten regelrecht hinausgeschrien: „Sie sind hier! Doch nicht Sie sollten hier sitzen, sondern die da draußen gehören hierher!

Die, die ihre Sorgen verursachen, müssten hier sitzen, denn sie müssen behandelt werden. Mit Ihnen ist alles in Ordnung!"

Im ersten Moment mag diese Aussage beruhigend wirken, da es das unbeliebte „Verrücktsein" aus dem Weg räumt. Niemand gesteht sich gern ein psychisches Problem ein. Befinden sich der Ursprung und die Lösung ganz woanders, schafft dies Erleichterung. Denn wenn andere Schuld haben, erzeugt das positive Gefühle.

Im Laufe des Aufenthaltes werden natürlich trotzdem kleinere psychische Erkrankungen „kuriert", der Patient wird durch verschiedene Aktivitäten abgelenkt und dazu animiert, sich Ziele zu stecken. Und doch wird der Kern des Eingangsmantras aufrechterhalten: Die klinische Therapie mag Urlaub für die Seele gewesen sein, doch die Rückkehr ist immer unvermeidbar. Der ein oder andere muss hinterher trotzdem Entscheidungen treffen, doch die Vorbereitung darauf blieb aus. Somit stürzt das Kartenhaus zusammen. Das „Heile-Welt-Bild" wird schwächer, die Hoffnung sinkt und die Verzweiflung übernimmt wieder das Zepter – der Teufelskreis beginnt von vorn.

Nun wäre durchaus das Argument angebracht, dass in der Klinik doch das Selbstvertrauen geschaffen worden sein sollte, das für das Tätigen der nötigen Schritte notwendig ist – ausgehend davon, dass es sich z.B. um eine Trennung, einen Jobwechsel oder Vergleichbares handelt.

Doch ein fest verknotetes Geflecht aus Verzweiflung, Hoffnungslosigkeit und Angst kann nicht innerhalb von ein paar Wochen gelöst werden. Auch zusätzliche Zeit vermag bei einem monate-, wenn nicht gar jahrelangen Martyrium kaum Abhilfe zu schaffen. Das beworbene Eingehen auf die individuellen Bedürfnisse ist seitens des Klinikpersonals nicht nur unmöglich, sondern bildet mit dem Start der stationären Therapie den Beginn der ganzen Farce. Während des gesamten Aufenthaltes wird nur ein Bruchteil der versprochenen Aufmerksamkeit tatsächlich in die Tat umgesetzt. Mehr geben sowohl die Kapazität als auch die Organisation nicht her. Zusammengerechnet stehen die Bedürfnisse somit seltener im Mittelpunkt als während einer ambulanten

Therapie. All die anderen Angebote dienen lediglich der Ablenkung und tragen in keiner Weise zur Besserung bei. Schließlich spricht nicht jeder auf ein und dieselbe Methode an. Doch hier wird die Individualität des Einzelnen bewusst ignoriert.

Ein Nichtansprechen, Hinterfragen oder gar eine Verweigerung (aus Desinteresse) wird als Angst, Vermeidung und/oder fehlende Erfahrung kommentiert. Und diejenigen, die tatsächlich aus genannten Gründen „hinterherhinken“, bekommen mehr Aufmerksamkeit. Somit können die Therapeuten offenbar auseinanderhalten, aus welchen Gründen die Patienten handeln, wie sie handeln.[55]

Ich kann auch hier weder von positiven Verläufen berichten noch von Therapieansätzen, die sich auf schwere psychische Erkrankungen spezialisieren. In den Kliniken wurden verschiedene Ausprägungen von Depressionen behandelt, doch nicht einer Person wurde geholfen. Viele kamen jedes Jahr wieder, was in meinen Augen für das Scheitern der Ansätze spricht.

Vor jedem Antreten einer Therapie wurde mir professionelle Hilfe zugesichert. Dass jeder Einzelne gnadenlos überfordert war, dürfte nun offensichtlich sein. Doch woran lag das?

Außenstehende würden wahrscheinlich mir die Schuld geben – wie es auch all die Therapeuten getan haben. Schließlich stand und stehe ich noch immer alles und jedem skeptisch gegenüber. Ich hatte noch nie Probleme damit, Dinge zu hinterfragen und logische Erklärungen zu finden. Mit dem Selbstvertrauen das auch offenzulegen, damit habe ich mir sicher den einen oder anderen Ärger eingehandelt. Doch Gegenwehr, Selbstvertrauen und die Fähigkeit, zu beobachten und logische Schlüsse zu ziehen, sind Talente, die in einem psychotherapeutischen Umfeld nicht gern gesehen werden. Denn diese sollen erst durch die Therapie entstehen und nicht schon vorhanden sein – zumindest in

---

55 Die unterschiedlichen Reaktionen wurden bereits analysiert und dargelegt.

der Vorstellung der Therapeuten. Wer steht denn sonst am Ende als Held da? Sicher nicht der aus wütender Verzweiflung aufgebende Behandelnde.

Ich möchte nicht unerwähnt lassen, dass ich vielleicht selbst einem Skotom erlegen sein könnte. Schließlich habe ich gewisse Erwartungen, die sich immer bewahrheiten. Daher musste ich mir auch schon oft die Floskel der „selbsterfüllenden Prophezeiung“ anhören. Unbewusst wird dabei angeblich eine Situation derart manipuliert, bis das erwartete Ergebnis tatsächlich eintritt. Charmant ist dieser Vorwurf nicht gerade und er bringt auch die negative Ansicht über den „Angeklagten“ zum Ausdruck. Mir selbst wurde das dauernd vorgeworfen. Versteckt von den Therapeuten und offen vom Doc. Doch ich glaube nicht an solch einen Humbug. Die Erklärung für mein Verhalten ist so einfach, dass sich jeder Therapeut in Grund und Boden schämen sollte, der zu schnell aufgibt, sobald er sich einem atypischen Patienten gegenübergestellt sieht – wie mir eben.

Für jeden Normaldenkenden dürfte klar sein, dass mein psychischer Zustand und meine antrainierten Fähigkeiten für mein Handeln verantwortlich sind. Somit müsste es für einen Profi ein Klacks sein, damit umgehen zu können. Doch verschiedene Formen des Scheiterns meines Umfeldes bilden den roten Faden, der sich durch mein Leben zieht.

Mit der Illusion der selbsterfüllenden Prophezeiung lässt sich gut die Fähigkeit erklären, eins und eins zusammenzählen zu können. Ich selbst bezeichne mich dadurch scherzhaft gegenüber meinen Kolleginnen als Hexe oder Hellseherin. Doch im Grunde ist es nichts anderes als eine Mischung aus Menschenkenntnis, Körpersprache lesen, Beobachtung, Wahrnehmung von Details und Erfahrung.

Ich möchte gern eine weitere Fähigkeit meiner selbst nennen, um zu zeigen, dass es auch ohne Therapeut möglich ist, zu erkennen, was mit mir „nicht stimmt“ und warum. Das Zauberwort hierzu heißt: Selbstreflexion.

Mein letzter Therapeut hat diese Fähigkeit sogar lobend hervorgehoben, bevor er mir kurz danach regelmäßig vorgeworfen hat, wie blind ich doch mir selbst gegenüber wäre.

Ich werde also grob erläutern, was ich seit meiner Kindheit durch den angeblichen „Schleier der Verleumdung“ sehen kann. Zum Schluss werde ich aufzeigen, inwiefern mich die Therapie verändert hat.

Mein fehlendes Vertrauen dürfte nicht überraschend sein, wie ich es auch bereits thematisiert habe. Schon als Kind wurde ich von Menschen, die mich eigentlich hätten beschützen sollen, betrogen. Dieses Buch ist ein Zeugnis dessen, dass ich auch im Laufe vieler Jahre in meiner Skepsis immer wieder bestätigt werden sollte.

Meine Fähigkeit, Menschen lesen zu können, ist nichts, was ich mir bewusst angeeignet hätte, und wurde mir erst recht spät als „nützlich“ bewusst. Als Kleinkind aktivierte mein Gehirn die entsprechenden Überlebensprogramme, die ich heute besser wahrzunehmen lerne („Hellsehen“). Ich war gezwungen, meinen Stiefvater und meine Mutter lesen zu lernen, um abschätzen zu können, wann Gefahr bestand und was zu tun war, um diese zu meiden.

Die Wahrnehmung von Details gehört zur Körpersprache. Diese zu lesen, bedeutet, schon kleinste Veränderungen in Mimik und Gestik ausmachen zu können. Erst mit dem Eintritt ins Erwachsenenalter habe ich angefangen, mich bewusster mit diesem Thema auseinanderzusetzen. Ich wollte genauer erklären können, was ich sah und warum ich darauf auf eine spezielle Art reagierte.

Trotzdem funktioniert diese Detailverliebtheit nicht immer, denn meine Sensoren sind spezialisiert. Ich erkenne nicht unbedingt, ob eine meiner Kolleginnen neue Ohrringe hat oder ob sie darauf wartet, dass ich ihre neue Hose kommentiere. Der Grund hierfür ist simpel: Schmuck und Klamotten sind absolut irrelevant für mein Überleben, da von beiden keine Gefahr ausgeht. Mir mag diese Veränderung vielleicht auffallen, doch sie wird innerhalb von Millisekunden als unwichtig bewertet und somit ignoriert.

Nicht nur meine Augen scannen ununterbrochen mein Umfeld. Auch meine Ohren tragen ihren Teil dazu bei, mich immer auf dem Laufenden zu halten. Dies führt jedoch zu einer Geräuschempfindlichkeit, die mich bei Überlastung sehr schnell die Fassung verlieren lässt. Dabei ist die Hemmschwelle, zu meinem Leidwesen, sehr gering.

Das Leben in einem Mehrfamilienhaus mag für andere kein Problem sein, doch ich werde tagtäglich mit dem Alltag meiner Nachbarn konfrontiert. Das obligatorische Trampeltier, viele Familienmitglieder, Handwerker und Musikliebhaber gehen ihrem Leben nach und erschweren dabei meines. Auch wenn ich aus Erfahrung weiß, dass es schlimmer sein könnte, reicht mir der momentane Lärmpegel trotzdem. Andere würden mein Umfeld als angenehm ruhig bezeichnen, doch ich empfinde es als quälend laut.

Daher musste ich mir etwas einfallen lassen und beschloss, mein Gehör abzulenken bzw. zu dämpfen. Tagsüber trage ich deshalb durchgehend Kopfhörer, die meine Ohren mit Musik oder dem Ton des Fernsehers beschallen. Alles, was trotzdem durchkommt, ist weiterhin nervig und beinahe unerträglich, aber besser als vorher.

Nachts hilft mir ein individuell angepasster Gehörschutz, der einen Großteil der Geräusche dämpft, mich aber trotzdem den Wecker nicht überhören lässt.

Immerhin kann ich mit meinen Ohren feinste Nuancen wahrnehmen, was mich zu einem audiophilen Menschen gemacht hat. Ich höre sehr gern klassische Musik in unterschiedlichen Formen, bin ein großer Fan von Synchronsprechern und nutze mein Gehör natürlich auch zur Vermeidung von Gefahr (z. B. auf dem Fahrrad auf nahende Autos horchend).

Auch meine feinen Ohren stehen mit meiner Kindheit in Verbindung. Medizinisch gesehen höre ich nicht besser als andere. Doch die Differenzierung unterscheidet sich, da auch hier mögliche Gefahren im Mittelpunkt stehen.

Auch in meinem Schlaf arbeitet mein Gehör brav weiter und sorgt als „Bodyguard“ dafür, dass ich sehr schnell aufwache. Der Gehörschutz mag vieles abblocken, doch für mich Relevantes bleibt weiterhin gut hörbar. So wache ich bei der Aktivierung meines Radioweckers oft nicht erst beim Geräusch der Musik/ Nachrichten auf, sondern bei dem Knacken, das erzeugt wird, wenn sich das Radio einschaltet.

Mein Schlaf selbst wird aber nicht nur von meinen Ohren überwacht. Schon als Kind habe ich erkannt, dass meine Schlafgewohnheiten sich immens von denen anderer unterscheiden.

Ich habe bereits erwähnt, dass ich früher nie ein Kuscheltier oder Ähnliches in meinem Bett ertragen habe. Auch die fast schon zwanghafte Wendung meines Gesichtes zur Tür ist enorm ungewöhnlich, aber instinktiv für mich notwendig. Erst mein bereits beschriebener Albtraum hat mich erkennen lassen, warum ich das mache. In mir schlummert immer noch die Ansicht, dass jederzeit jemand mein Schlafzimmer betreten könnte. Ich darf somit nicht komplett ungeschützt im Bett liegen. Also muss ich dafür sorgen, dass ich in diesem wehrlosen Zustand nicht überrascht werden kann. Leider hat meine Reaktion in dem Traum bewiesen, dass all die Vorsichtsmaßnahmen wahrscheinlich umsonst sind. Trotzdem kann ich dieses Verhalten nicht abstellen. Bewusst kann ich es natürlich manipulieren und mich drehen, doch oft wird mir erst später bewusst, dass mein Körper mir wieder zuvorgekommen ist.

Drehe ich mich im Schlaf also mit dem Gesicht zur Wand, wird mein Schlaf noch leichter. Geräusche werden plötzlich lauter und ich wende mich daher sofort. Auf dem Rücken liegend habe ich automatisch mehr „im Blick“ und kann meinen Kopf ggf. drehen.

Nicht selten wache ich auf und finde mich verdreht wieder. So weist mein Oberkörper zur Tür, doch ab der Hüfte wende ich mich der Wand zu. Eine kleine Änderung veranschaulichte mir schließlich, wie schnell diese Anpassung wirklich vonstattengeht.

Bis dato war ich immer davon ausgegangen, dass ich mich an das Neigen des Kopfes nach rechts gewöhnt hatte und dies somit meine Lieblingsposition war. Irgendwann beschloss ich, das Fuß- und Kopfende meines Bettes zu tauschen. Damit wurde auch jeweils die Position der Tür und der Wand getauscht.

In meiner ersten Nacht mit diesem neuen Blickwinkel kam mir die gewohnte Wendung des Kopfes nach rechts enorm falsch und ungemütlich vor. Automatisch zog mich die linke Seite an. Wie es sich also gehört, wandte sich mein Gesicht der Tür zu.

Als jemandem, dem die Unfähigkeit diagnostiziert worden ist, die Wahrheit zu erkennen, bezeugen meine Beschreibungen genau das Gegenteil.

Was die Therapie für mich getan bzw. was sie angerichtet hat, soll die nachfolgende Tabelle zeigen.

| | vor den Therapien | nach den Therapien |
|---|---|---|
| Vertrauen fassen | -- | --- |
| Glaube in den Menschen | + | --- |
| Skepsis | ++ | +++ |
| Hoffnung | ++ | --- |
| Zynismus | - | --- |
| Anpassung | ++ | -- |
| Ruhewunsch | -- | ++ |
| Einsamkeit | --- | +++ |
| Lebensqualität | ++ | --- |
| Geduld | | ++ |

Im Laufe dieses Buches müsste offensichtlich geworden sein, dass es mir seit den Therapien schlechter geht als davor. Der Schaden, der durch fremde wie auch vertraute Menschen verursacht wurde, ist nicht mehr zu reparieren. Ich habe mich von dem Gedanken verabschiedet, dieses mir verhasste Leben selbst zu einem vorzeitigen Ende zu führen. Diese Entscheidung grenzt wohl an ein Wunder, doch der zuvor beschriebene Zwiespalt wie auch die Angst vor dem Scheitern sind zu groß. Schließlich habe ich noch immer kein Verständnis für Menschen, die ihr Leben selbst beenden, auch wenn ich es in manchen Fällen trotzdem nachvollziehen kann. Oft findet sich eine Lösung und selten ist es schlicht ausweglos.

In meinem Fall glaube ich definitiv an ein Fortschreiten meines Unglücks. Qualvoller wird das Ganze noch durch den Gedanken, dass ich an den großen Leiden nicht einmal schuld bin. Und trotzdem scheine ich keine Besserung verdient zu haben.

All das Potenzial, das in mir schlummert, hat hin und wieder versucht, an die Oberfläche zu gelangen, um genutzt werden zu können. Doch viele Menschen haben es immer wieder hinuntergedrückt, mit Füßen getreten, beschimpft, bespuckt und dafür gesorgt, dass es sich nie wieder blicken lassen möchte.

Das Einzige, was bleibt, ist meine Fantasie. In dieser stelle ich mir ein Leben zusammen, in dem jede Sekunde nicht qualvoll, sondern wertvoll ist. In dem ich Menschen nicht misstrauen, sondern vertrauen kann. In dem ich eine Familie habe, die mich nicht misshandelt, sondern liebt. In dem ich Freunde habe, die mich nicht verraten, sondern mich so nehmen, wie ich bin. In dem ich ganz ich selbst sein kann, ohne als Freak dargestellt zu werden.

Oft genug sitze ich weinend vor einem Film oder liege mit tränenüberströmtem Gesicht im Bett, weil ich meine Situation nicht wahrhaben möchte und mir so sehr wünsche, was andere haben – egal ob dies fiktiv ist oder real. Warum kann ich nicht auch eine liebende Familie haben? Warum kann ich keine treuen Freunde haben? Warum bin ich mit niemandem auf einer Wellenlänge? Was macht mich so anders und warum ist das so schwer für andere zu akzeptieren? Was habe ich getan, um das alles zu verdienen? Warum muss ich so sein wie alle anderen, um anerkannt zu werden? Und warum bin ich offenbar dazu verdammt, das noch viele Jahrzehnte aushalten zu müssen?

Auf diese und andere Fragen werde ich wohl nie eine Antwort finden. Es wird immer laufen wie beim Jugendamt: Sobald ein Dritter involviert ist, verliere ich jegliches Recht auf Antworten. Ohne das Einverständnis der betreffenden Personen bleibt die Lücke ein Geheimnis.

Auch bei der Suche in meinem eigenen Unterbewusstsein waren Dritte involviert. Doch diese befanden sich außerhalb. Sie sicherten mir zwar das Recht auf Antworten zu, doch dieses Mal war mein Instinkt nicht damit einverstanden. Im Nachhinein weiß ich auch warum. Schon beim ersten Kontakt habe ich instinktiv gespürt, dass ich keinem der Therapeuten, Ärzte und angeblichen Bezugspersonen trauen kann. Das Privileg, einer Enthüllung der durch die Amnesie verdrängten Informationen beiwohnen zu dürfen, muss verdient werden. Wie auch mein Respekt verdient werden muss. Kleinere Fragmente wurden enthüllt, jedoch nie richtig bearbeitet (z. B. der Albtraum). Das hat bewiesen, dass ich dem falschen Ansprechpartner gegenübergesessen bin.

Doch möchte ich überhaupt noch wissen, was damals wirklich passiert ist? Oft wird großer Neugierde der Satz „Stell keine Fragen, zu denen du die Antwort nicht hören möchtest" entgegengehalten. Mir ist klar, dass die Folgen einer Beantwortung der begehrten Fragen immens sein können. Dabei kann der Schaden Ausmaße annehmen, die sich der Betroffene niemals hätte ausmalen können. Daher bleibt die Neugierde vorrangig und schützt gewissermaßen vor möglichen negativen Konsequenzen.

Es mag sein, dass auch ich noch immer von meiner Neugierde geblendet werde. Doch ich habe nie hinter dem Berg damit gehalten, dass meine Neugierde mich dazu drängt, endlich Antworten zu bekommen. Damals habe ich angenommen, dass ich mit meiner Familie, meinen Freunden und meinen Vertrauten genug Unterstützung hinter mir wissen konnte, um einen möglichen Schaden verhindern bzw. mildern zu können.

Auch heute ist die Neugierde nicht geschmälert, doch mein Plan B hat sich geändert. Ich bin felsenfest davon überzeugt, dass mich die Wahrheit nicht mehr aus der Bahn werfen kann, da ich mich schon lange nicht mehr in der Spur befinde. Die Wahrheit kann mir nicht mehr wehtun, weil es andere bereits getan haben. Sie kann mein Weltbild nicht mehr zerstören, weil das meine ehemaligen Vertrauten bereits erledigt haben. Sie kann mir keinerlei Verzweiflung bescheren, weil ich mich bereits darin befinde. Sie kann nicht den Blick auf mich selbst ändern, weil das bereits viele versucht haben und kläglich daran gescheitert sind.

Natürlich bin ich nicht so naiv zu glauben, dass sich die Amnesie eines Tages lösen wird und ich mich plötzlich an alles erinnern kann. Dazu arbeitet mein Instinkt tagtäglich viel zu hart, um mich zu beschützen. Die Intensität und die Kraft dieser täglichen Aufgabe sind mit den letzten Jahren stetig gestiegen und meine Erfahrungen haben mich gelehrt, dass ich nur mir selbst vertrauen darf.

Doch was heißt das nun für die Aussage dieses Buches? Habe ich das Recht, die Psychotherapie als traumatisierende und schädigende Therapieform zu verdammen, die Menschenleben zerstört und den zerbrechlichen Zustand von verzweifelten Menschen für die Stärkung des eigenen Egos ausnutzt? Nur um diese dann halb durchgekaut auszuspucken?

Meine Skepsis und mein Menschenhass gebieten mir zu sagen, dass ich jedem von der Betrügerei von Psychologen, Psychiatern und ähnlichen Therapeuten abraten sollte. Doch dann müsste ich auch vor Pflegefamilien, Physiotherapeuten, Ärzten, Eltern, Geschwistern, Männern, Frauen und Menschen im Allgemeinen warnen. Denn ich habe mit jedem von ihnen schlechte Erfahrungen gemacht und bin durch viele von ihnen gezeichnet.

Der Unterschied besteht jedoch darin, dass mir lediglich die Psychologie Besserung versprochen hat. Ich wurde hereingelegt und mit billigen Tricks für dumm verkauft. Jedes Mal, wenn ich das Vorgehen durchschaut habe, wurde sich meiner entledigt.

Manche Ärzte wollten mir helfen, konnten es aber nicht. Manche hätten mir helfen können, wollten es aber nicht. Und bei manchen wollte ich selbst keine Hilfe.

Meine Familie hat mich nicht als vollwertiges Mitglied akzeptiert, sondern mich erst wie Eigentum und dann wie Müll behandelt. Ich wurde weggeworfen und mir selbst überlassen.

Meine Pflegefamilie hat mich als Pflicht angesehen, nicht als neues Familienmitglied. Ich wurde mit den Jahren eine Last und daher immer mehr als solche behandelt. Ausgelacht, ignoriert, angeschrien und für dumm verkauft – erneut.

Meine Physiotherapeuten konnten mir mehr oder weniger helfen, haben mich aber hinter meinem Rücken betrogen. Auch hier wurde ich nach der Entlarvung entsorgt.

Meine Freunde standen mir eine Weile beiseite, doch nur solange ich sie bei Laune hielt und keine Last war. Sobald ich meine eigenen Sorgen entwickelte, wandten sie sich ab, verletzten mich oder zwangen mich zum Kontaktabbruch.

Egal wo ich hinschaue, sehe ich Verrat, Missgunst, Neid, Bosheit, Gier, Egoismus, Hass, Verachtung, Narzissmus und Gewalt. Vieles davon habe ich selbst zur Genüge erfahren, manches selbst ausgeübt. Doch ich hätte niemals erwartet, den Großteil dieser Emotionen ausgerechnet dort zu beobachten, wo er angeblich nicht zu finden ist: in der Psychotherapie. Ich habe sowohl bei Ärzten als auch bei Freunden, ja sogar bei Familienmitgliedern Sorge, Verständnis, Hoffnung und Optimismus erfahren. Ich kann daher sehr gut unterscheiden, wann diese echt sind und wann nicht. Allerdings ist es ein gewaltiges Armutszeugnis zu behaupten, dass nur jemand in der Lage ist zu helfen, der sich so sehr distanziert, dass er wie ein Fremder, nicht aber wie ein Vertrauter ist. Rückschläge, die der Unterstützung bedürfen, werden daher nicht als normal angesehen. Sie werden als Angriff auf die eigene Person wahrgenommen, was zu den erstgenannten negativen Emotionen führt. Und genau davor möchte ich warnen.

Ich möchte jetzt nicht sagen: „Suchen Sie niemals einen Therapeuten auf! Er wird sie nur hinters Licht führen!“ Meine eigenen Erfahrungen können nicht auf die Mehrheit projiziert werden. Ich möchte jedoch jeden dazu auffordern, sich bewusst zu machen, dass sich ein zweiter Blick lohnt. Es sollte nicht alles als wahr hingenommen, sondern in Ruhe überdacht und analysiert werden. Manchem werden dadurch die Augen geöffnet werden und er wird klarer sehen.

Nur weil jemand einen Beruf ausübt, der Güte, Ruhe und Verständnis suggeriert, heißt das noch lange nicht, dass er diesem auch gerecht wird. Manche sind für einen Beruf geboren, andere nicht. Ich selbst hatte nur einmal das Privileg, eine Person kennenlernen und zu meinen Vertrauten zählen zu dürfen, die für ihren Beruf geboren ist. Und dieser Person ist dieses Buch gewidmet.

Alle anderen waren Fehlgriffe, wobei ich bei der Auswahl mehr oder weniger beteiligt war. Manchmal hatte ich Einfluss, manchmal nicht. Zu oft musste ich mit ansehen, wie ich auf einen weiteren Bruch zugesteuert bin. Manchmal habe ich versucht, diesen aufzuhalten oder ihn abzubremsen. Doch oft genug bin ich an die Wand geprallt – an die Wand des Verrats. Jeder Sturz hat dazu geführt, dass mein (Selbst-)Vertrauen in tausend Scherben zerbrochen ist, die ich nur mühselig wieder aufzusammeln vermochte. Mit jedem Mal nahm das mehr Zeit und mehr Kraft in Anspruch und irgendwann ließ ich die Scherben einfach liegen.

So stehe ich heute vor dieser Wand, inmitten der Scherben, und sehe an ihr hoch. Ich kann dieses Hindernis nicht allein überwinden und kann nur erahnen, was sich dahinter verbirgt. Doch ich vermute, dass es genau das ist, was ich mir schon seit meiner Kindheit ersehne:

Als die Person akzeptiert zu werden, zu der mich andere gemacht haben.

*Moira Dawkins*

# LITERATURVERZEICHNIS


Eickhoff-Fels, S. (10. November 2011). „Dissoziative Störungen erkennen und behandeln“ (Vortrag). Hannover, Deutschland.

Hantke, L. & Görges, H.-J. (2012). Handbuch Traumakompetenz: Basiswissen für Therapie, Beratung und Pädagogik. Paderborn: Junfermann Verlag GmbH.

Hase, D. M. (ohne Datum). Emdria Deutschland e. V. http://www.emdria.de/emdr/was-ist-emdr/[abgerufen im August 2015].

Lüttichau, M. G. (2014). Dissoziation und Trauma. Autonomie und Chaos: http://www.autonomie-und-chaos.de\mondrian-v-luettichau-dissoziation-und-trauma [abgerufen am 1. September 2015].

Novak, S. (ohne Datum). Aromantik und Asexualität – We are the misfits. http://www.aromantik.de [abgerufen am 20. Mai 2016].

Peichl, J. (2012). Die inneren Trauma-Landschaften. Stuttgart: Schattauer Verlag.

Preschl, D. B. (ohne Datum). Deutschsprachige Gesellschaft für Psychotraumatologie. DeGPT: http://www.degpt.de/informationen/fuer-betroffene/trauma-und-traumafolgen/wie-%C3%A4u%C3%9Fern-sich-traumafolgest%C3%B6rungen/komplexe-posttraumatischebelastungsst%C3%B6rung/[abgerufen am 26. November 2015].

# Die Autorin

Moira Dawkins, geboren 1990 in Löbau, wuchs zunächst als Heimkind und später in einer Pflegefamilie auf. Nach dem Abitur absolvierte sie eine Ausbildung zur Medizinischen Dokumentarin und ist heute als Arzthelferin tätig.
Die Autorin liest gern, vor allem Sachbücher. Außerdem genießt sie es, sich in der freien Natur zu bewegen. In der Vergangenheit hat sie sich überdies ihrem großen Talent des Zeichnens gewidmet. „Skotom – Der Verstand sieht, was er sehen will“ ist ihr Erstlingswerk. Die Leidenschaft zum Schreiben hat Moira Dawkins bereits in ihrer Jugend entdeckt. Dabei kommen ihr ihre einzigartige Beobachtungsgabe sowie ihr sensibles Gespür für die Körpersprache äußerst zugute.

Zeitfracht Medien GmbH
Ferdinand-Jühlke-Straße 7
99095 Erfurt, Deutschland
produktsicherheit@kolibri360.de